하나님을 믿는 악마들

전혜성의 또 다른 피맺힌 기록

한 인간의 피 맺힌 절규 !!

하나님을 믿는
악마들

"악마들의 천국" 저자 전혜성의
또 다른 피맺힌 기록

전혜성 지음

북허브

하나님을 믿는 악마들
전혜성의 또 다른 피맺힌 기록

초판 인쇄 2023년 9월 20일
초판 발행 2023년 9월 20일

지은이 전혜성
펴낸이 박찬후
편집 김이슬
디자인 마이북스튜디오

펴낸곳 북허브
등록일 2008. 9. 1.

주소 서울시 구로구 구로중앙로 27다길 16
전화 02-3281-2778
팩스 02-3281-2768
이메일 book_herb@naver.com
카페 http://cafe.naver.com/book_herb

값 22,000원
ISBN 978-89-94938-61-5 (03300)

차례

Part 1

Part 2

머 리 말

사람을 섬기며 살고 싶었다.
섬기며 살아야 한다고 생각했다.
사람들은 그런 나를 괄시하며 짓밟았다.
헌신하면 헌신짝 취급받는 것.
결국 만신창이가 되었다.
이젠 남 아닌 나 자신을 섬기며 살고 싶다.
그런데 너무 늦었다.

한국에서 가장 낮은 곳.
감옥보다 더 낮고 어두운 곳.
죄수들도 인권이 있는데,
한국에서 유일하게 인권이 없는
처절한 '바닥 밑의 세상'에 대한 이야기.
목사, 전도사, 장로, 권사, 집사들이
칼춤 추는 곳의 기록(일기)

하나님은 정녕 있는가….

chapter 1

1993.10.2.(토) - 2005.7.10.(일)

1993.10.2.(토)

부활선교회에 도착했다. 어둠이 살랑대고 있을 때였다. 양옥 곁에 붙어 있는 천막하우스에 들어서니 식당인 듯 왼편에 긴 식탁과 의자가 놓여있었다. 그곳을 벗어나 양옥의 미닫이 문을 열고 들어서니 복도가 나타나고 복도를 지나니 꽤 넓은 방이 있었다. 남자들 방이라고 했다. 선교회 식구(장애인)들과 인사를 나누고 돌아갈 때 이 전도사는(내가 있었던 시설 원장) 내게 봉투 하나를 내밀었다. 봉투에는 10,000원짜리가 들어 있었는데 10장은 족히 되어 보였다. 내게 는 거액이었다. 입막음용 같았다.

이 전도사는 선교회 식구들에게 자기 이야기를 하지 말라고 요구했었다. 안 그래도 안 할 것 인데... 봉투를 돌려주었으나 이 전도사는 받지 않았다. 내가 함께 온 총무에게 주면서 안 받으면 우편으로 보낼 거라고 위협하자 총무는 마지못한 듯 받았다. 차에 오르는 이 전도사에게 나는 이렇게 인사했다. "나는 앞으로 하나님을 믿지 않을 것입니다. 전도사님이 믿는 신을 믿 는 것은 수치스러운 것이니까요. 앞으로 꿈에서도 전도사님을 안 만났으면 합니다."

여자 방에는 이부자리가 세 채 나란히 깔려 있었는데 김정서 자매가 가운데 이부자리를 가 리키며 자기 자리인데 누우라고 말했다. 자기는 교회에 내려가서 기도하고 내일 아침에 올라 올 거라면서 김 자매는 방을 나갔다. 나는 그 자리에 눕기가 미안해서 이불만 끌어다가 위쪽 에 있는 대형냉장고 앞에 누웠다. 가운데 자리를 제외한 나머지 자리는 척추장애인 이옥진 집 사와 반신장애인 오선옥 자매 자리인데, 이 집사님 이부자리는 안쪽 벽에, 오 자매 이부자리는 그 반대편 벽에 닿아있는 문갑에 붙어 있었다. 남은 공간은 냉장고 앞의 바닥뿐인데 내가 그 곳에 누웠으니 네 사람이 함께 누우면 거의 가득 차는 방이었다.

1993.10.3.(일)

이른 아침에 김정서 자매가 들어와 자리에 누웠다. 7시 30분이 되자 김 자매는 내게 식당에 나가 식사하라고 했다. 자기는 아침 식사를 안 한다고 했다. 나도 안 하지만 분위기 파악을 위 해 식당에 나갔다. 식당은 내가 처음에 들어섰던 천막 하우스인데 식당 너머엔 부엌이 있었다. 식구들은 모두 식사하고 있었는데 하나같이 표정이 밝았다. 어둡고 힘든 얼굴은 나 하나뿐이 었다. 반찬은 국을 포함해서 5가지나 되었다. 주방 봉사원은 이한신 자매였다. 방으로 돌아와 김 자매에게 원장은 누구냐고 물었다(나는 죽을 듯 힘든 상태에서 김 자매 지인을 통해 입소했다).

"원장은 없어요. 전에는 전도사님이 원장으로 있었는데 사임했어요. 원장을 보내 달라고 기도하고 있는 중이에요." 라고 김 자매는 대답했다.

식구 4명이 운영위원 직함을 가지고 공동으로 선교회 대표를 하고 있는데 운영위원은 해마다 식구들이 선출하며 현재의 운영위원은 이옥진 집사님, 윤철영 형제, 김삼영 형제, 그리고 자기라고 이야기했다. 식구들인 장애인 원생들이 대표를 하고 있는 시설이라서 신세계 같은 느낌이었다. 저녁 식사 후 식구들이 모두 남자 방에 모였다. 방은 8평쯤 되어 보였는데 남자 식구는 10여 명이었다. 이옥진 집사님의 인도로 예배를 드리는데 이 집사님은 지도자(원장)를 보내 달라고 기도했다. 죽을래야 죽을 기운도 없고, 그 때문에 안 죽고 살아 있는 나는 기도할 기운도 없었다. 속으로만 원장을 안 보내 주셨으면 좋겠다고(원장들한테 질려서), 이대로 식구들이 대표를 계속하도록 해 주셨으면 좋겠다고 중얼댔다.

1993.10.4.(월)

이옥진 집사님이 "혜성 씨 전화 와도 받지 마라. 잘못 받으면 안 되니까. 방에 아무도 없을 때만 받아라."하고 말했다. 어이가 없었다. 내가 전화도 제대로 받을 줄 모르는 정박아로 보이는가? 모멸감에 내가 정박아로 보이냐고 묻고 싶은 것을 참고, "네." 하고 대답했다. 얼마 후 이 집사님은 또 같은 말을 했다. 내가 말귀도 못 알아듣는 사람으로 보이냐? 또다시 모멸감을 느꼈으나 또 "네." 하고 대답했다.

오후에 전화가 왔는데 방에 나뿐이어서 수화기를 들고 "네." 하고 응답하는데 수화기에서 이 집사님의 성난 음성이 들려왔다. "받지 말라 했는데 와 받노! 빨리 끊어라!" 식당에 있는 다른 수화기를 들고 성(화)을 내는 것이다. '방에 아무도 없을 때는 받으라고 하셨잖아요!' 하고 말하고 싶은 것을 차마 그러지 못하고 잠자코 수화기를 내려놓았다.

1993.10.6.(수)

전화가 왔다. 방에 이옥진 집사님이 있어서 나는 가만히 있었다. 이 집사님이 신경질적으로 "전화 좀 받아라! 전화 받을 줄도 모르나!" 하고 소리를 질렀다. 다리를 뻗고 편안히 앉아서 그러는 것이었다. 전화를 받았다고 성을 낸 게 그저께다. "받지 말라고 하셨잖아요!" 하고 내쏘고 싶은 것을 차마 못 그러고 전화를 받아서 이 집사님에게 넘겨주었다.

1993.10.11.(월)

세면장 앞을 지나는데 세면장 안에서 이옥진 집사님의 음성이 들려왔다. "손 깨끗이 씻고 널어라. 안 그러면 죽인다."

살기 띤 음성이었다. 정말 죽일 것 같은 음성이었다. 문이 열려있어서 안을 볼 수 있는데, 이집사님이 조한수 형제에게 자기 속옷을 담은 대야를 건네면서 하는 말이었다. 충격과 공포가내 전신을 강타했다. 이 집사님은 자기 속옷을 손으로 빨아서 매번 조 형제나 성용만 형제에게 주며 탈수해서 널라고 시킨다. 성 형제는 지능만 낮지만 조 형제는 낮은 지능에 한쪽 다리를 절름거린다. 허리만 구부러진 이 집사님보다 장애가 심하다. 자기보다 장애가 심한 식구에게 자기 속옷을 탈수해 널라고 시키면서 깨끗이 안 하면 죽이겠다니...

1993.10.15.(금)

부활선교회는 한승주라는 장애인이 설립했다고 한다. 설립할 때는 '부활자립회'라는 이름이었는데, 후에 '부활 장애인 선교회'로 바꾸었으며, 한승주 장애인은 다른 곳으로 떠났다 한다. 예배는 매일 저녁에 드리는 가정예배를 제외하곤 선교회 건물 아래층에 있는 부활교회에 가서 드리는데, 부활교회는 선교회 설립 후에 선교회 식구들을 위해 설립한 곳이라 한다.

다른 시설 장애인들이 마지못해서 신앙생활을 하는 것과는 달리 부활선교회 식구들은 믿음이 아주 깊다. 하나님을 진심으로 믿고 기도도 열심히 한다. 학대나 핍박하는 원장이 없고 물질적 혜택도 조금 누리기 때문인 듯하다. 식구들은 모두 생활보호대상자들로 한 달에 얼마씩국가로부터 지급 받고 있는데, 그것으로 교회에 십일조와 감사헌금을 내고 나머지는 본인 마음대로 쓰고 있었다. 선교회 운영은 후원금으로만 하고 있었다.

다른 시설 장애인에 비하면 큰 축복을 받고 있는 셈이다. 시장에 나가서 행상을 하는 식구도 몇 명 있는데 그들은 저축액도 수백만 원이라고 한다. 전 재산이 20만 원뿐인 내 눈엔 천상의 사람들처럼 행복하게 보이는 식구들이다.

1993.10.16.(토)

선교회 회보를 들여다보았다. 운영위원들이 3개월에 한 번씩 발행하는 것으로 회계 내역 외에는 특별한 것이 없었으나 표지 뒷면에 선교회 건물 사진과 새로운 생활관 건축을 위해 10억 원을 모금한다는 내용이 실려 있었다. 선교회 건물은 부실하게 건축된 싸구려 양옥으로 보였으나 각도를 잘 잡아서 사진을 찍어서인지 회보에 실린 모습은 꽤 좋은 건물로 보였다. 돼지우리 같은 천막하우스 장애인 시설이 허다한데 부자 장애인 시설로 보였다.

내가 "왜 생활관을 새로 지으려 하냐."고 묻자, 김정서 자매가 "너무 비좁아서요. 28평 공간에 20명이 넘게 사니... 그래서 저기 선교회 건물 곁에 있는 땅을 사려고 기도하고 있어요. 혜성 씨도 기도해요." 하고 말했다. "그래도 회보에 10억이라는 액수는 안 밝혔으면 좋겠어요. 거지 소굴 같은 천막 시설도 가끔 매스컴에 나오는데 근사해 보이는 양옥에 살면서 새로 건축을 하려고 10억을 모금한다면 사람들이 부자로 알 것 같아요." 내 말이 끝나자마자 이옥진 집사님이 밉살스럽다는 말투로 "혜성 씨가 왜 나서노. 10억을 모금하든 100억을 모금하든 나서지 말아라."고 면박을 주었다. 나는 그만 꿀 먹은 벙어리가 되었다.

1993.10.17.(일)

이옥진 집사님이 내게 회보에 실을 글 하나 쓰라고 명령조로 말했다. 전화도 잘못 받으면 안 된다고 받지 말라면서 더 어려운 글은 쓰라니, 잘못 쓰면 어쩌려고, 하는 반감이 치솟았으나 나는 잠자코 있었다.

1993. 10. 18.(월)

이옥진 집사님이 빨리 글을 쓰라고 재촉했다. 잘못 쓰면 어쩌려고 그러냐고 대꾸하고 싶은 것을 참고 펜을 들었으나 어떤 글감도 떠오르지 않았다. 기력이 없어서 간신히 거동하고 있는 신체에, 머리로는 죽어야 한다는 생각을 하면서도 죽을 힘이 없어서, 자살할 힘이 없어서 살아 있는 상태의 나 자신에 대한 분노와 절망, 고통이 날뛰는 심경으로 글감이 떠오를 리 없었다.

안 그래도 글재주 없는 나다. 주변이 조용하면 정신을 조금은 가다듬을 수 있을 것 같고 그러면 좀 나을 것 같았으나 오늘따라 여자 식구가 다 방 안에 있어서 머리가 더 집중되지 않았다. 이 집사님에게 머리가 산만해 집중이 안 되니 사무실을 3시간만 사용하게 해달라고 청했다.

사무실은 운영위원들이 어쩌다 잠깐씩 들어갈 뿐 거의 비어 있었다. 이 집사님은 단호하게 거절했다. 사무실은 운영위원들이 사용하는 곳이다. 아무나 들어가 된다.

'그러면 글도 운영위원들이 써야지 아무나 쓰면 안 되잖아요.' 하고 내쏘고 싶은 것을 그러지 못하고 간신히 산만한 머리를 진정시켜 알랑한 글 한 편을 써 주었다.

1993.10.20.(수)

물을 마시러 아침 식사 시간에 부엌에 나갔다. 윤철영 형제가 김상영 형제에게 "결혼했나? 금반지를 끼고."라고 말했다. 김 형제는 미소를 지으며 "그냥 한 번 껴보고 싶어서."라고 말했다. 김 형제 손가락엔 작은 금반지가 빛나고 있었다. 김연배 집사가 말했다. "돼지 목에 진주 목걸이네. 장애인이 금반지를 끼고, 주제에 맞게 살아야지!"

김 형제는 반지 낀 손을 슬그머니 식탁 아래로 감췄다.

김연배 집사는 이웃에 살면서 식사만 선교회에서 할 뿐 선교회 구성원은 아니다. 예전에 구성원이었기에 식사를 계속하는 것뿐이다. 외부인이 식구한테 모욕을 주는데도 식구들은 식사만 열심히 했다. 모욕당한 김 형제도 잠자코 있었다. '내가 화가 나서 장애인은 사람이 아니에요? 장애인은 금반지 하나 낄 주제가 못 되는 거예요? 집사님이 돼지니까(김 집사는 도통 씻지를 않아서 늘 역겨운 냄새를 풍겼다.) 다른 사람까지 돼지로 보여요!' 하고 퍼대고 싶은 것을 차마 못하고, 물을 마시고 나오는데 김 집사가 자기가 짚고 다니는 목발로 내 엉덩이를 툭 쳤다. 놈과 나는 눈인사조차 한 적 없고 말 한마디 나눈 적 없는 사이다. 모멸감과 치욕감에 피가 거꾸로 솟았다.

당장 목발을 빼앗아서 놈의 머리통을 후려치고픈 것을 등신이라 그러지 못하고 왜 사람을 치냐고 대들었다. "뭘 쳐!" 놈의 반응이었다. "목발로 치지 않았냐."는 내 말에 놈은 "치긴 누가 쳐, 장난으로 건드린 것을 가지고 사람 잡아 먹겠네." 라고 지껄였다. "건드려! 왜 건드려 내가 지나가는 개에요? 함부로 건드리게." 내가 내지르자 놈은 얼굴을 험악하게 일그러뜨리며, "장난 좀 치면 안 되냐! 성질 더럽네. 진짜 뭐가 잘 났다고 장난친 것을 가지고 미친개처럼 날뛰어." 하고 소리를 질렀다.

"뭐 미친개? 여자를 함부로 치고 모욕하는 것을 장난으로 여기는 댁은 무슨 개야! 잘 나지 못한 사람은 모욕해도 되냐!" 내가 악을 쓰자 놈은 잡아먹을 듯한 얼굴로 "누구한테 악을 쓰는 거야! 배워먹지 못한 티를 내냐!" 하고 소리를 질렀다. 나는 그만 실소를 터뜨렸다. "그래 너는 배워 처먹어서 사람을 함부로 치냐!" 하고 내 뱉으며 방으로 들어와 분을 삼키고 있는데, 오선옥 자매가 들어와 "그래도 혜성 씨는 안 패네! 쥐새끼 같은 놈이 나는 팼잖아. 나를 부딪히기에 따졌더니 목발로 패서 내가 바닥에 넘어졌잖아." 하고 분한 듯이 말했다. 어제 그랬다는데 어제도 오 자매는 그 이야기를 했었다. 놈이 식구를 목발로 패는데도 다른 식구들은 보고만 있었다는 말도 했었다.

밤에 전화가 왔다. 방에 아무도 없어서 내가 받았는데 김 집사놈이 이옥진 집사님을 바꿔 달라고 했다. 안 계신다며 전화를 끊었는데 얼마 후 놈이 발로 내 엉덩이를 툭 치면서 "왜 함부로 전화를 끊어." 하고 따졌다. 방문은 조금 열려 있고 나는 방문을 등지고 앉아 있는데 기척도 없이 들어와 그런 것이었다. 참을 수 없는 치욕감과 모멸감에 놈의 발을 도끼로 찍어 버리고 싶었다. "너는 왜 사람을 발로 차냐!"고 내가 악을 쓰자 놈은 또 나를 잡아먹을 듯한 험악한 얼굴로 "누구한테 악을 쓰는 거야! 더럽게 못 배워 처먹었네!" 하고 소리를 질렀다. "너는 잘 배워 처먹어서 걸핏하면 여자를 치냐! 내가 개로 보이냐!" 하고 내가 악을 쓰자 놈은 "그래 개로 보인다." 라고 응수하며 방을 나가서 남자 식구들에게 큰소리로 말했다. "전화를 함부로 끊는 것은 큰 실례야!"

1993.10.21.(목)

김정서 자매와 오선옥 자매가 방을 나가자 이옥진 집사님이 또 TV를 확 꺼버렸다. 두 자매가 방에 없기만 하면 이 집사님은 내가 TV를 보고 있어도 내게 말도 없이 TV를 꺼버린다. '너는 무시해도 되는 인간이야.' 라는 듯이, 그래서 그때마다 나는 모멸감을 느낀다. TV를 끈 이 집사님은 이전과 마찬가지로 성경을 펼쳐서 눈으로 읽기 시작했다. 나도 이전과 마찬가지로 아무 말 못하고 멍하니 그 모습을 바라보았다.

1993.10.25.(월)

편지를 쓰고 있는데 이 집사님이 들어오더니 불을 확 꺼 버렸다. TV를 볼 때처럼 내게 말도 없이 불을 꺼 버리고 이 집사님은 자리에 누웠다. 김 자매와 오 자매는 방에 없었다. 둘 중에 한 명이라도 있다면 불을 안 껐을 것이다. 왜 이렇게 식구를 무시하냐고 따져야 되는데 기운이 없어서인지 등신이어서인지 따지고픈 마음이 일지 않았다. 불을 꺼 버려서 위의 일기도 어제 쓰지 못하고 26일 오늘 썼다.

1993.10.30.(토)

월례회가 열렸다. 매월 말일경에는 그달의 수입과 지출을 보고하고 식구들이 의견을 제시하는 회의가 열린다고 한다. 회계담당자 김정서 자매가 한 달 동안의 수입(후원금)내역과 지출(생활비 등의 운영비)내역을 보고했다. 지출을 제하고 수입이 50여만 원 남았다. 회계보고가 끝나자마자 나영진 집사님이 이옥진 집사님에게 공격조의 언사를 날렸다. "집사님은 대체 선교회를 뭘로 보는 거예요!" 시작 때부터 얼굴이 굳어 있던 이 집사님은 "왜요?" 하고 물었다. 나 집사가 "왜요 라니. 선교회를 개판으로 만들고 있잖아요! 선교회가 그렇게 우스워요! 남자들이 사람으로 안 보여요!" 하고 언성을 높였다. "내가 뭘 어쨌는데요?" 이 집사 물음에 나 집사는 "어쨌냐니, 그걸 말이라고 하는 거예요!" 하고 사납게 몰아쳤다. 이 집사님은 울음을 터뜨리더니 일어나 자리를 떴다.

잠시 후 돌아온 이 집사님은 "말해 보이소! 내가 뭘 잘못 했는지."하고 말했다. "이곳은 집사님의 개인 선교회가 아니예요. 나잇살이나 먹어가지고 모범은 못 보일망정 남자나 밝히고 다른 선교회 같으면 벌써 쫓겨났어요. 연애를 하려면 나가서 해야지 어디 선교회에서 난잡하게 놀고 있어!"

나 집사의 사나운 공격에 이 집사는 아무 반격도 못했다. 이 집사의 연애 상대자인 이성기 집사도 아무 말 못했다. 이 집사님이 죄인마냥 눈을 내리깐 체 울음을 삼키고 있는데 주방장 이한신 자매가 깔깔 웃으며 말했다. "질투가 나십니까? 남성 동지 여러분!"

이 자매는 부엌에 딸린 조립식 방에서 거처하고 있었다. 자리가 파하고 이 집사님은 곧바로 교회로 내려갔다. 여자 방으로 돌아와서 내가 김 자매에게 물었다.

"이 집사님과 이성기 집사님은 언제부터 연인이 되었어요?"

"이 집사님은 처음 들어 왔을 때 걷지도 못하고 팔도 잘 움직이지 못했어요. 그래서 이성기 집사님이 밥을 떠먹여 주었는데, 이 집사님이 치료를 받고 건강하게 된 다음부터 그렇게 되었을 거예요. 그때부터 이상한 짓거리 한다고 남자들이 씹었으니까."

"남자들은 두 사람 사이를 안 좋게 보나요?"

"세상 어떤 남자들이 여럿이 있는 방에서 커튼을 쳤다지만(이성기 집사님 자리는 커튼이 쳐져 있었다) 연애질 하는 것을 좋아하겠어요. 자기들은 못하는데."

"설마."

"진짜예요. 입 맞추고 만지고 하는 것을 한두 사람이 본 게 아니에요."

"결혼은 언제 한대요?"

"안한대요. 이 집사님이 싫대요. 이성기 집사님한테 돈이 없다고,"

"하나님은 믿으면서 돈은 왜 탐하나 결혼을 안 할 거면서 연애는 왜 하지! 돈이 없는 것도 아니잖아. 둘 다 생보자니까."

"그 돈 아니라도 이 집사님은 돈이 있을 거예요. 예전에 통장이 바닥에 떨어져 있기에 주워 봤더니 900만 원인가 들어 있었어요. 그런데도 돈 있는 남자한테 시집갈 궁리를 하고 있어요. 나는 '1년 내로 시집 갈 거다' 하고 공언을 했어요. 시집가게 해달라고 기도하다가 응답을 받은 것 같아요. 40이 넘은 나이에 왜 그렇게 시집을 가고 싶은지!"

"이성기 집사님이 불쌍하네요."

"불쌍할 것 없어요. 그 집사님은 남자들한테 이 집사님 가슴을 만졌는데 좋았고 어쩌고 하면서 둘이 한 성적인 일들을 다 까발리고 있으니까. 그러면서 다른 여자들을 어떻게 하려고 늘 추접을 떨어요. 그래서 여자들이 가까이 안 가잖아요. 두 집사가 열나게 연애하면서 열나게 다른 상대 넘본다니까요."

1993.11.4.(목)

극동방송의 장애인 프로에 한풀이 삼아 사연을 보낸 것이 생각나서 책장 앞에 놓여있는 라디오를 내려다 틀었는데 이옥진 집사님이 들어와 한 마디 말도 없이 코드를 확 잡아 빼서 라디오를 제자리에 올려놓았다. 내가 황급히 "집사님 제가 꼭 듣고 싶은 것이 있는데 그것만 잠깐 들을게요."하고 말했으나. 이 집사는 들은 척도 않고 성경을 꺼내 읽기 시작했다.

이 집사님은 기도 꾼이다. 늘 새벽에 일어나 교회에 내려가 한 시간씩 기도를 하고 올라와 아침식사를 하고 오후에 또 내려가 기도를 하고 밤에도 내려가 기도를 한다. 그 중간에 할 일을 하고 방안에 김 자매와 오 자매가 있으면 누군가를 씹는다. 아무 잘못 없는 주변사람들을 씹는다. 씹다가 기도할 시간이 되면 교회에 내려가 기도를 하고 올라와 또 누군가를 씹는다. 씹지 않을 때도 있지만 그런 때는 드물다. 씹는 음성엔 미움이 가득 들어 있다. 마치 기도하고 사람을 미워하기 위해 태어난 것 같다.

나는 때때로 사람에 대한 이유 없는 그의 미움이 어떻게 생기는 것일까 라는 의문이 생긴다. 처음엔 사람들로부터 상처를 많이 받아서인가 싶었지만, 그의 지난 날에 대한 이야기를 들으면 그는 넉넉한 가정에서 부모형제의 사랑과 보호를 받으며 생활했다.

그는 방안에 나와 둘만 있을 때는 누구를 씹지 않고 주로 성경을 읽는다. 내가 TV를 보고 있어도 말없이 TV를 꺼버리고 읽는데 오늘은 라디오를 잠깐만 듣겠다는데도 훼방을 하고 성경을 읽는 것이다. 그래도 나는 TV를 꺼버릴 때와 마찬가지로 아무 말 못하고 멍하니 그 모습을 바라본다.

1993.11.5.(금)

남자 방에서 욕설과 누군가를 패는 듯한 소리와 비명이 동시에 들려왔다. 뒤이어 이옥진 집사님이 방으로 뛰어 들어와 안쪽 구석에 가서 기대며 "문 닫아라" 하고 소리쳤다. 방문을 열어둔 채 구석에 서서 누워있는 내게 그러는 것이었다. 내가 미처 반응할 틈도 없이 이 집사님은 싸운다. "어서 문 닫아라." 하고 외쳤다. 남자 방에서는 같은 소리가 계속 들려오고 있었다. 심각한 상황임이 분명했다.

내가 어이가 없어서 몸을 일으키며 "식구가 싸우는데 왜 안 말리세요? 집사님은 어른이고 운영위원이잖아요." 하고 말했다. 이 집사님은 성난 얼굴로 "혜성 씨가 뭔데 나서나! 나서지 마라." 하고 소리를 질렀다. '집사님이 나서면 제가 왜 나서겠어요. 식구가 싸우는데 안 말리고 뒤로 숨는 게 말이 돼요!' 하고 내쏘고 싶은 걸 차마 그러지 못했다.

남자 방으로 나가 보니 오인용 형제가 자기보다 몸집이 절반쯤이나 작은 김영기 형제를 구석에 몰아넣고 마구 두들겨 패고 있었다. 내가 말로 그만하라고 외쳐도 오 형제는 발길질까지 가했다. 김 형제는 비명을 멈추고 울부짖는데 남자 식구들은 얌전히 외면을 하고 있었다. 잘못한 것이 있으면 말로 하라고 내가 계속 외치자 오 형제가 씩씩대며 물러났다. 얼마 후 외출했던 김정서 자매가 돌아왔다. 김 자매가 방에 들어오자마자 이 집사님이 말했다.

'세상에, 아까 남자들이 싸움을 했는데 혜성 씨가 나보고 싸움 안 말린다고 뭐라 헌다. 내가 전화 받느라 못 말렸는데 그따위로 말을 헌다. 내가 얼마나 성이 나던지…' 이 집사의 목소리엔 분노가 가득 차 있었다. 내가 정말 그런 듯했다. 나는 또 어이가 없어서 이 집사님 얼굴을 바라본 순간 전신에 소름이 쫙 끼쳤다. 이 집사님이 잡아먹을 듯이 험악하고 살기 띤 얼굴로 나를 노려보고 있었다. 내 면전에서 나를 음해하면서 나에게 죽일 듯한 독기와 악감정을 품고 있는 것이다. 나는 공포를 느끼며 아무말도 못했다.

1993.11.8.(월)

식당에 있는데 안에서 또 울부짖는 소리가 들렸다. 급히 남자 방으로 들어가 보니 오인용 형제가 또다시 김영기 형제를 폭행하고 있었다. 오 형제는 왼팔이 장애인데, 성한 오른팔로 마구 두들겨 패고 다리로 걷어차면서 무슨 짐승 때려잡는 것처럼 무자비하게 폭행하고 있었다. 김 형제는 성장장애로 오 형제보다 몸집이 절반쯤 작아서 방어를 전혀 못하고 개처럼 맞으면서 마구 울부짖었다. 오인용을 잡아 끌어내고 싶었지만 팔다리 관절이 성치 못한 내겐 그럴 힘이 없어서 입으로만 외쳤다. '그만두지 못해요! 비겁하게 어린애 같은 애한테 힘자랑하는 거예요!'

그래도 놈은 폭행을 멈추지 않았다. 구경만 하고 있던 김기성 형제가 그만하라고 한마디 하자 놈은 욕설을 뱉으며 물러났다. 그때 한쪽 구석에서 윤철영 형제가 누웠던 몸을 슬며시 일으키는 것이 눈에 들어왔다. 내 눈에 불이 확 이는 듯했다. "윤형 어떻게 그래, 힘없는 식구가 구타를 당하는데 어떻게 보고만 있을 수 있어! 지나가는 개도 그 정도로 맞으면 가만히 못 있겠다!" 하고 내가 퍼붓자, 윤 형제는 "함부로 말하지 마! 나는 바깥에서 방금 들어왔어. 패는 걸 봤어야 말리지!" 하고 큰 소리로 말했다. 방금 들어 왔다고? 귀신이야 형체도 없이 들어오게! 내가 대들자 김기성 형제가 "이제 들어 왔어요. 정말이에요." 하고 옹호했다.

더 야단치기도 뭐해서 오인용 놈에게 대체 왜 바람 불면 날아갈 것 같은 사람을 패냐고 물었다. "쓸데없이 좋알대잖아요. 듣기 싫게." 놈의 대답이었다. 김영기 형제는 어린애 같은 작은 몸집에 지적장애까지 가지고 있다. 불필요한 말을 좋알댈 때가 있지만 제지하면 즉시 입을 다문다. '그게 김영기 장애잖아요. 하지 말라고 하면 금방 그치잖아요.' 하고 내가 탄식했다. 놈은 잠자코 있었다.

외출했던 이옥진 집사님과 김정서 자매가 돌아왔다. 내가 두 사람에게 폭행사건을 일러바치면서 어떻게 식구가 맞는 것을 보고만 있을 수가 있어요. 하고 남자 식구들을 비난했다.

저녁식사 때 식구들이 식탁에 둘러앉았을 때 이 집사님이 말했다. "영기가 맞는 것을 남자들이 보고도 안 말리고 있었다면서 사람이 어떻게 그럴 수가 있노. 내가 그 얘기를 듣고 얼마나 속이 상하던지 속이 상해서 죽을 뻔 했다." 이 집사님 음성은 정말 속상해 하는 것이 역력했다. 나는 또 어이가 없어서 이 집사님 얼굴을 멍하니 바라보았다. 분명 어이없어 하는 내 시선을 느꼈으련만 이 집사는 아무렇지 않은 얼굴로 밥을 먹기 시작했다.

1993.11.16.(화)

김정서 자매와 오선옥 자매가 방을 나갔는데 이옥진 집사님이 TV를 끄지 않았다. 나 혼자 보고 있으면 지체없이 꺼버리는 분이라 이상하다고 여기는데 미움과 멸시가 가득한 이 집사님 목소리가 날아왔다. 으이그, 코미디 따위나 보고 있고 한심스럽기 짝이 없다.

TV에서 이 집사님에게로 시선을 돌린 나는 순간 전신에 소름이 쫙 끼쳤다. 이 집사는 독기가 가득 찬 눈으로 나를 노려보고 있었다.

1993.11.22.(월)

이옥진 집사님이 고향인 대구에 내려갔다. 대구에는 남동생들이 산다고 했다. 4일 후에 온다며 방을 나가자 오선옥 자매가 냉큼 지껄였다. "오긴 뭘 와. 제발 오지마라. 우리 좀 살자!"

"안 오면 두 사람 목욕은 누가 시켜 주냐."는 내 말에 김정서 자매가 "목욕을 못해도 안 보고 살았으면 좋겠어요!" 하고 말했다. "맞아 집사님만 없으면 불행 끝 행복 시작이야!" 오 자매가 맞장구를 쳤다. 이 집사님은 일주일에 한 번씩 위의 두 자매 목욕을 시켜주고 있었다.

주방장 이한신 자매와 김가인 자매가 들어왔다. 김가인 자매도 식구지만 가정을 가졌기에 이웃에서 별도로 살고 있다. 네 사람이 함께 있을 때면 늘 그렇듯이 이 집사님을 씹기 시작했다. 씹으면서 이구동성으로 제발 어디로 떠나든가 시집을 가버렸으면 좋겠다고 푸념했다. 김가인 자매는 이 집사님은 선교회의 저주야! 하고 내뱉었다. 이 집사는 이유 없이 나를 유난히 미워하지만 자기는 나를 제외한 여자 식구들 모두로부터 미움을 받고 있는 것이다. 남자 식구들 여러 명으로부터도 미움을 받으면서...

1993.11.25.(목)

여자 식구들의 소망을 걷어차며 이옥진 집사님이 올라왔다. 오선옥 자매가 실실 웃으며 말했다. '행복 끝 불행 시작이야!'

차량봉사자는 노래를 불렀다. '풀어졌던 올무가 다시 묶였네.'

이 집사는 내가 누워있는데 내 상체를 넘고 지나갔다. 다리 쪽을 넘어도 되고 다리도 안 넘고 지나갈 수 있는데도 굳이 얼굴 바로 밑 어깨를 두 다리로 타 넘었다. 어린애 신체도 상체는 넘지 않는 게 상식인데 서른이 넘은 성인의 상체를 타 넘는 것은 철저한 인격모독이다. 너는 같잖은 존재라는 표현이다. 황당하면서도 치욕감에 피가 거꾸로 솟는데 이 집사님은 또다시 상체를 타 넘고 지나갔다. 옷을 들고 불필요하게 왔다 갔다 하면서 타 넘었다. 나는 옆으로 누워 있고 이 집사는 다리가 짧고 허리가 구부러져서 나를 타 넘는 게 가벼운 일은 아니다. 그럼에도 굳이 타 넘는 건 벌레 취급으로 나를 모독하려는 의도적 행위다.

4번째 타 넘을 때 그가 넘어지도록 옆으로 누운 상태인 내 몸을 홱 돌려 버리고 싶었으나 차마 그러지 못하고 "어떻게 사람을 함부로 넘을 수가 있어요!" 하고 한마디 했다. 누구로부터 상처를 받고도 쉽게 되받아치지 못하는(상대가 상처 받을까봐) 성격이라 죄인인마냥 기어들어가는 목소리로 말했다. 이 집사님은 아무 말 없이 방을 나갔는데 김정서 자매가 말했다. 그 말 했다고 입이 댓발이나 나와서 나가네...

1995.2.6.(월)

후원자인 유화순 집사님이 찾아왔다. 식구들은 건물을 짓기 전에 천막생활을 했는데 그때부터 유 집사님은 후원을 했다고 한다. 유 집사님은 내 등을 다정히 어루만지며, "어쩌다 병에 걸려서... 어서 나았으면 좋겠다. 나아서 시집도 가고 아들딸 낳고 살면 얼마나 좋을까," 하고 천사처럼 말했다. 오랜만에 듣는 따뜻한 말에 나는 눈물이 쏟아지려 했다. 유 집사님이 돌아간 뒤 김정서 자매가 이 집사님이 유 집사님한테 '혜성 씨하고 마음 안 맞아서 함께 못 살겠다고 하던데.' 하고 말했다. 내가 방에 없을 때 그 말을 했단다.

오선옥 자매도 혜성 씨가 일은 안 하고 처먹기만 한다고 말했다. 이 집사님이 그랬냐는 내 물음에 오 자매는 "이 집사님 아니면 누가 그러겠어!" 하고 대답했다. '왜 나하고 마음 안 맞지? 나를 사람이 아니라는 듯이 무시하고 모욕해도 내가 자기를 안 미워하고 안 씹어서 마음 안

맞나? 나도 다른 식구들처럼 자기를 미워하고 씹어대야 마음이 맞으려나?'

나는 입소 때부터 점심 저녁 두 끼만 먹는데 한 끼에 반 공기도 안 되는 분량을 먹는다. 그 때문에 늘 기운이 없어서 간신히 거동하고 있다. 그런 환자에게 일은 안 하고 처먹기만 한다니. 선교회를 위해 단순한 의견제시만 해도 나서지 말라고 면박을 주면서 일은 안 하고 처먹기만 한다니, 그 같은 말을 해야 하는데 말하는 것도 힘들고 귀찮아서 잠자코 있었다.

1995.5.14.(월)

주방장이 다리가 아프다고 주방일을 그만두었다. 하나님은 왜 열심히 봉사한 사람에게 병을 주시는가? 나도 봉사를 하다가(병든 몸이라 많이 못 했지만) 관절이 망가져 장애인이 되었다. 주방장은 제발 건강케 해 주시기를...

주방일은 이웃집 아줌마가 하시기로 되었다.

1995.6.14.(수)

유화순 집사님이 식구들을 자기 집으로 초대했다. 매년 한 번씩 식구들을 초청해서 음식을 대접 한단다. 집은 귀신이 살 것 같은 낡고 허름한 한옥인데 마당 입구엔 장미 넝쿨이 화사하게 꽃을 피우고 있었다. 유 집사님 남편은 경찰인데 그도 집사라고 했다. 떡, 잡채, 불고기, 과일, 등이 풍성하게 차려졌고 식구들 모두가 즐거워하며 마음껏 먹었다. 유 집사님 남편 조정일 집사님이 도중에 나타나서 남자 식구들의 손을 일일이 잡으며 여러분들과 가까이 지내는 게 큰 행복이고 축복이야 하고 말했다.

내가 유 집사님께 '이렇게 하시는 거 한 번도 쉽지 않은데 해마다 하신다니 너무 훌륭하세요.' 하고 칭송했다. 유 집사님은 "하나님 믿는 사람이면 이 정도는 해야지! 하나님은 사랑을 베풀길 원하시잖아. 우리는 이 세상 다하는 날까지 선교회 식구들을 섬기고 사랑하며 함께 할 거야!" 하고 말했다. 유 집사님이 천사로 보였다. 지옥 같은 세상이 갑자기 천국으로 느껴졌다.

1995.6.15.(목)

김정서 자매가 말했다. 이 집사님이 혜성 씨보고 낮에는 가만히 자빠져 있다가 밤만 되면 글 쓴다고 지랄병 한다는데.

오선옥 자매도 말했다. 가만히 자빠졌다가 잠 잘 시간만 되면 화장실 가고 자빠졌대.

하루 일과가 끝나는 것은 밤이기에 밤에 일기를 쓰는 것이고 잠자는 도중에 일어나 화장실에 가는 것은 옆 식구들에게 폐가 되는 것이란 생각에 잠자기 직전에 미리 가는 것인데 그런 것도 욕할 정도로 이 집사는 나를 미워하는 것이다. 이 집사가 선교회에서 없어지길 원하지 않는 여자 식구는 나뿐이다. 이웃에서 별도로 살고 있는 김가인 자매조차도 이 집사가 없어지길 바란다. 식구 대부분이 이 집사를 미워하고 싫어한다. 나는 그를 싫어 하지만 미워하지는 않는다. 다른 식구들이 그를 씹어도 나는 씹지 않는다. 그가 나를 미워하고 씹어도 그에 대한 언급도 안 하고 불만도 토하지 않는다. 그럼에도 그는 식구 중에 나를 가장 극도로 미워하니 참 알 수 없는 분이다. 누구보다 기도를 많이 그리고 열심히 하면서… 기도를 하면 하나님이 아무 잘못 없는 식구들을 미워하라고 시키시나?

1995.6.18.(일)

혼자 누워있는데 이옥진 집사님이 들어와 파리를 잡으며 말했다. "그렇게 누워만 있지 말고 파리라도 좀 잡아라!"

내가 기운이 없다고 힘없이 말하자 이 집사는 사나운 음성으로 "파리 잡을 기운도 없으면 죽어야 된다!" 하고 내지르며 방을 나갔다. 그때 김정서 자매가 들어와서 밉살스럽다는 듯 말했다. "이 집사님은 치료를 받기 전에는 생리대도 자기가 못 차서 현숙 씨가(부활교회 교인) 채워주기도 했어요."

1995.6.21.(수)

이옥진 집사님이 방으로 튀듯 뛰어 들어오더니 다짜고짜 나를 향해 포악을 치기 시작했다. "느그가 다 해랏! 느그가 다 해랏─!" 잡아 죽일듯한 험악한 얼굴로 나를 노려보며 이 집사는 눈에 눈물까지 담고 발악하듯 포악을 계속 쳤다. '와, 날 잡아 먹으러 허놋! 와 걸핏하면 날 잡아 먹으러 허놋—!'

참으로 희한한 집사님이었다. 진짜 내가 자기를 잡아먹으려 한듯 했다. 종종 있는 일처럼 남자 식구들로부터 지적을 당한 모양인데 왜 엉뚱하게 자기한테 죽어지내는 내게 포악을 치는가? 자기를 공격하는 식구들한테는 찍소리도 못하면서 말이다. 눈에 눈물까지 담고 포악을 치는 모습이 내가 이전에 OO의 집에 있을 때 하반신 장애인인 권정미가 아무 이유 없이 매일 내게 포악을 치다가 급기야 억울하고 분해서 못 견디겠다는 듯 눈에 눈물을 글썽이며 포악을 치던 모습과(정녕 분하고 억울해야 할 사람은 죄 없이 공격당하는 나였는데) 너무도 흡사해 소름이 끼쳤다.

며칠 전 자기 속옷 빨래를 걷어와 건네주는 성용만 형제에게서 속옷을 낚아채면서 이 집사는 말했었다. "너도 내가 싫지! 조금만 기다려라, 모두 다 속이 시원하도록 나가줄 테니까!"

그러고도 나갈 준비는 하지 않았는데 그렇게 식구들이 자기를 싫어하는 줄 알면서도 떠나지 않고 버티면서 왜 유일하게 자기한테 온정적인 내게 적대적인가?

'그 말은 내가 집사님한테 해야 하는 말이잖아요! 집사님이야말로 걸핏하면 나를 잡잖아요. 남자들이 집사님을 잡아먹으려 하면 집사님이 먼저 남자들을 잡아먹던가. 원인제공을 하지 마세요. 집사님한테 온정적인 나만 잡아먹으려 하지 말고.' 하고 쏘아주고 싶은 걸 차마 그러지 못하고 밖으로 나가보니 조명운 형제와 김기성 형제가 이 집사님을 성토하고 있었다.

성용만과 조한수를 종 부리듯 하며 자기 속옷 빨래까지 시킨다고 했다. 내가 '그냥 탈수해서 널라고 했어. 그런 것도 안 시켜야 되지만 집사님도 하는 일이 있으니까.' 하고 끼어들었다. "기도하는 일요, 남자한테 속옷 빨래까지 시키면서 기도만 하면 되는 거예요?" 조 형제가 대들듯 말했다. 내가 "집사님이 물론 잘못하는 게 있지만 잘하는 것도 있잖아 잘하는 것도 생각해 줘야지. 왜 잘못하는 것만 가지고 그래." 하고 나무라듯 말했다. 조 형제가 "잘하는 것이 있으면 못하는 것이 그 몇 배인데, 뭐든지 자기 위주고 자기는 이렇게 하면서 다른 식구가 그렇게 하면 욕하고 정서 누나 봐요. 도움을 받으면서도 괜히 미워해요? 혜성 자매도 더 겪어봐. 안 미워하고 배기나. 우리 선교회에서 기도는 제일 많이 하면서 제일 악하게 구는 사람이 이 집사님이잖아요. 그런 사람이 믿는 하나님 나는 차라리 안 믿고 말겠어요." 하고 말했다.

1995.6.25.(일)

취침시간인 밤 11시가 막 지났을 때 조인우 형제가 들어오더니 다짜고짜 폭언을 퍼 댔다. '이 더러운 놈의 선교회 내가 이다음에 칼침을 꽂아버릴 거야!'

조 형제는 입소한지 한 달이 채 안 됐고, 그동안에 선교회가 자기한테 잘못한 게 하나도 없다. 식구들이 그새 잠들었을 리 없건만 누구도 나무라지 않았다. 김기성 형제만이 "믿는 사람이 웬 술."하고 말했다. 조 형제는 즉시 "야! 이 새끼야! 믿는 사람은 똥 안 싸냐!" 하고 욕설을 퍼부었다. 그래도 모두 잠자코 있었다.

1995.6.27.(화)

일어나라 태평하게 누워있을 때가 아니다. 명운이 그 미친놈이 선교회를 교회로 넘겨버린단다. 넘기고 목사가 잘못하면 저는 선교회를 떠난단다.

이옥진 집사님이 다급하게 방으로 뛰어 들어오며 내게 하는 말이었다. "식구들이 원하나요? 왜 넘긴대요?" 내 물음에 이 집사는 "힘 있는 사람이 있어야 모두 다 지랄 안 할 거란다. 내가 그 미친놈을 진작 내쫓아 버리려고 했는데." 하고 씩씩거렸다.

대상이 그렇지 않은 대상을 내쫓으려 했다니, 식구들이 내쫓고 싶어 하는 조명운 형제를 교회로 불러내서 선교회를 교회로 넘기려 하는 게 사실이냐고 물었다. "사실이에요."

"왜 넘기려는데?"

"너무 개판이라서... 조인우는 깽판 치고, 이옥진 집사님은 자기밖에 모르고, 이길용 집사는 식구들한테 너무 고압적이고."

"그러지 말라고 얘길 해서 못하게 하면 되지 왜 개판이 되도록 방임하면서 그래. 개판이 똥판 되면 어쩌려고. 목회자들이 관리하는 장애인 시설이 어떤지 알기나 하는 거야?"

"돈벌이로 이용하다가 죽으면 그 시체도 팔아먹는 게 장애인시설 목사들이죠."

"돈벌이로 이용만 하는 게 아냐. 짐승처럼 학대도 해."

"조 형제=학대하면 우리가 가만 안 있죠."

"아무 권한도 안 가진 자가 행패를 부려도 제압 안 하면서 교회 권력자한테 대항을 하겠다고? 쥐새끼도 못 잡으면서 사자를 잡겠다고? 만약 명운 씨가 주도해서 선교회를 넘겼는데 다른 시설들처럼 식구들이 인권유린을 당하면 나는 명운 씨를 죽여 버리고 싶을 거야!"

조 형제는 피식 웃더니 그럼 "혜성 자매가 총대를 메어 볼래요? 운영위원을 해 볼래요?" 하고 물었다. 뜻밖의 질문에 당황하다가 내가 "나는 기운도 없고 능력도 없어!" 하고 말했다. 조 형제는 "거봐요. 책임은 안 지려고 하면서... 넘겨도 식구들과 의논해서 넘겨야지 그냥 안 넘겨요." 하고 말했다.

1995.10.27.(금)

동사무소의 민복기 복지사가 또 찾아와 내게 생보자 신청을 하라고 강권했다. 세 번째 하는 강요다. 다른 복지사들은 신청을 해도 잘 안 받아주려고 한다는데, 선교회 식구들은 언급도 않는데 참 이상한 분이다. 선교회에 의탁해 사는 것도 굴욕스러운데 정부의 도움까지 받으라고? 굴욕에 굴욕을 더하면 치욕이다. 차라리 죽는 게 낫다. 죽을 수 있다면 얼마나 좋은가 생보자가 되려면 장애인 등록을 해야 된다.

나는 분명 장애인이다. 믿어지지 않지만 사실이다. 그것도 싫은데 장애인이라고 등재를 해야 한다니, 죄수라는 낙인이 찍히는 것처럼 느껴진다. 하나님은 왜 나를 장애인으로 만드셨을까. 건강할 때 장애인을 멸시하는 자를 보고 분개해서, 괜스레 장애인을 사랑스러워 해서 장애인으로 만드셨을까? 장애인을 멸시하는 자들은 놔두고 장애인에게 온정적이고 호의적인 나를 장애인으로 만드신 것을 보면 하나님은 선한 자 편이 아니잖은가? 선하게 살아온 나를 병으로 10여 년이나 지옥의 고통을 주고도 모자라서 장애인으로 만드셨을까?

1995.11.24.(금)

민 복지사 등쌀에 장애2급 진단을 받아서 등록하고 생보자 신청을 했다. 내년부터 거택보호 1종 혜택이 주어질 거라고 민 복지사가 말했다.

1995.11.30.(목)

월례회가 열렸다. 김정서 자매의 회계보고 후 내년도 운영위원을 선출하게 되었다. 이옥진 집사님과 김 자매가 재선출 되고 2명을 더 선출해야 되는데 남자 식구들은 하나같이 싫다고 꽁무니를 뺐다. 구영호 형제가 나를 지목했다. 나는 내 몸 하나도 건사하지 못하고 비실대는 상태인데 내가 무슨, 펄떡 뛰었으나 남자들이 "해요 해."하고 강요했다. 나는 "능력도 없고 기운도 없어요. 하면 안 되는 사람입니다." 하고 거부하자, 이 집사님이 "해라 일은 내가 할 테니 혜성 씨는 자리만 지키고 있어." 하고 말했다.

일반식구 때도 일은 안 하고 처먹기만 한다고 욕하면서 운영위원 자리만 지키고 있으라고? 나는 늘 휑한 머리라서 선교회 일에 신경 쓸 여력이 없다. 그러나 거부할 기운도 없어서 잠자코 있었다. 결국 내년 운영위원은 여자들만, 그것도 3명만 되었다.

이옥진 집사님이 시커먼 뱀으로 또 검은 마귀로 보인다. 그가 누군가를 씹으며 앉아 있을 때마다 커다란 뱀, 어느 때는 검은 마귀로 보여서 나는 몸서리가 쳐지고 공포가 인다. 그래서 얼른 고개를 돌려 외면을 하지만 소용이 없다.
'이 집사님! 제발 좀 사람, 그만 씹으세요.'

1996.1.31.(수)

운영위원으로 월급 4만 원을 받았다. 아무 일도 안 하면서 돈을 받으니 도둑질한 기분이다. 그런데도 반납할 마음은 일지 않는다. 돈이 없어 늘 불안하기 때문이다. 몸이 아프기로서니 이토록이나 치사하고 굴욕적인 삶을, 4만 원도 탐하는 삶을 내가 살게 되리라고 꿈엔들 상상할 수 있었으랴!

김정서 자매가 말했다. 이 집사님이 혜성 씨가 운영위원이면서 처먹는 일만 한다고 하던데,
'그러면 그렇지. 자리만 지키고 있으라 해 놓고도 내가 실제 그렇게 하면 그냥 봐줄 집사님이 아니지! 내가 소화불량으로 자기를 비롯한 다른 식구들의 식사량의 3분의 1도 못하는데도 처먹는다고 욕을 하니 내가 본인만큼 먹으면 얼마나 더 욕을 할까?'

1996.6.3.(월)

조인우가 혜성 씨한테 청혼할 거란다. 그래서 내가 턱도 없는 소리 말라고 했다. 이옥진 집사님 말이었다. 나는 황당해서 아무말 못하는데 오선옥 자매가 깔깔 웃으며 말했다. 남자들은 주제를 몰라. 턱도 없는 사람을 넘봐. 오줌보까지 찼으면서. 조인우는 하반신마비로 소변팩을 차고 있다. 얼굴은 유인원과 흡사하고 돼지처럼 살찐 몸통과 사악한 눈빛에 바지를 내려 입고 엉덩이를 드러내 놓고 다니는 자다. 내가 결혼을 할 것이면 보다 나은 남자들이 수두룩한데 왜 술 먹고 행패까지 부리는 인성까지 장애가 있는 자기와 할 거라고 그따위 생각을 하는가? 황당하고 어이가 없으면서도 그런 자가 나를 넘본다는 생각에, 그런 자가 넘볼 만큼 내가 같잖은 존재라는 생각에 참을 수 없는 모멸과 치욕감이 덮친다.

박영선이라는 40대 정상인 여자가 임시로 입소했다. 예전에 가끔씩 찾아와 봉사를 했던 이라는데 여름에만 있을 것이며 식사만 선교회에서 하고 잠은 교회에서 잘 것이라고 한다.

1996.8.8.(목)

결혼을 했기에 주로 외부에서 지내는 나영진 집사님이 나타났다. 그가 이옥진 집사님한테 말했다. "선교회를 교회에 넘겨줘야 되지 않겠어요?"

이 집사는 볼멘소리를 했다. "그동안 얼마나 힘겹게 지켜온 선교회인데 이제 와서 왜 남한테 넘겨줍니까!" 나 집사님은 "선교회를 지킬 마음이 약하잖아요. 그러면 넘겨줘야 해요." 하고 말했다. 내가 "집사님! 우리 선교회만큼 식구들의 권익을 지켜주는 것이 없잖아요. 교회에 넘겨주면 다른 시설과 마찬가지로 식구들의 권익이 다 뺏기잖아요." 하고 말했다. 나 집사님은 "그렇게 좋은 곳인 줄 알면 제대로 해야 될 것 아냐!" 하고 큰 소리로 호통을 쳤다. 어떻게 해야 제대로 하는 거냐고 묻고 싶었으나 화만 낼 것 같아서 말없이 방으로 들어 왔는데 한참 후에 이 집사가 들어와 성난 어조로 말했다.

우리 선교회에 스파이가 있다. 티끌만한 것까지 나 집사한테 고자질해서 나 집사가 모르는 게 없다. 내가 모르는 것까지 알고 있다.

내가 "알면 어때요. 잘못한 게 없으면 떳떳한 거지." 하고 위로했다. 이 집사는 잘못한 게 없다고 그 인간이 가만있나 온갖 생트집을 잡는데, 하더니 김정서 자매를 향해서 나 집사가 운영위원들이 형편없고, 싸가지도 없고, 선교회를 개판으로 운영한단다. 돈 주는 게 아깝단다. 그래서 선교회를 교회로 넘겼으면 좋겠단다. 그래서 내가 그랬다. 집사님은 집이 있지만 우리는 방 한 칸 없다. 교회로 넘겼다가 잘못되면 식구들이 길바닥에 나 앉게 된다고, 자기가 이곳에 있을 땐 서, 진, 이가(옛 식구) 법인으로 만들려고 한다고 내쫓아 놓고 집이 생기니까 식구들이 어찌 되건 그따위로 헌다. 라고 말했다. 김 자매는 말없이 방을 나갔는데, 이 집사는 흥! 배 터지게 주면서 한 달 4만 원도 돈이라고 주면서, 그것도 안 주고 공짜로 부려 처먹으려고 하고 내뱉었다.

운영위원들이 잘못하고 있으면 나 집사더러 하라고 하셔요. 내 말에 이 집사는 펄쩍 뛰었다. "그 인간이 운영위원을 하면 식구들 숨도 못 쉬게 할끼다. 지금도 올 때마다 생트집 잡는 거 못 봤나. 생사람 때려잡는 도사다. 그 인간이 오기만 하면 식구들이 벌벌 떤다."

1996.8.9.(금)

나영진 집사님이 조명운 형제를 여자 방으로 불러다 놓고 야단을 쳤다. "너 임마, 선교회 후원자들로부터는 개인적으로 후원을 안 받도록 되어 있잖아. 그런데 왜 받아! 왜 받냐구!"

조 형제는 죽을죄라도 지은 양 "잘못했습니다. 다신 안 받겠습니다.를 연발했다." 조 형제는 류마티스 때문에 어릴 때 학교를 못 다녀서 검정고시 학원에 다녔다. 나는 공부하는 식구에겐 예외 규정을 둘 필요가 있지 않냐는 말을 하고 싶었지만 씨도 안 먹힐 것 같아 잠자코 있었다.

1996.8.11.(일)

여느 날과 마찬가지로 잠을 깨고도 기운이 없어서 일어나지 못하고 누워있는데 거칠게 문 두드리는 소리가 났다. 대답을 하자마자 방문을 걷어차며 나영진 집사님이 고함을 질렀다. "뭣들 하는 거 얏! 밥도 안 주고!"

깜짝 놀라 시계를 보니 아침식사 시간이 살짝 지나 있었다. 간신히 일어나 세수를 하고 나오는데 식당 쪽에서 나 집사의 고함이 들려왔다. "너! 나한테 죽을래!" 이옥진 집사님의 외침도 들려왔다. "죽여라 죽여! 너 같은 것한테 죽으려면 태어나지도 않았다."

식당으로 나가니 나 집사가 자기보다 나이가 위인 이 집사를 향해서 무언가를 내던지며 연신 고함을 질러대고 있었다. "기도만 하면 다냐! 식구를 굶기면서 성경만 읽고 있으면 다냐!" 이 집사도 거침없이 응수했다. "행패만 부리면 다냐! 늦었으면 얼마나 늦었다고 행패. 곳! 더 늦었다간 때려죽이겠다." 하면서 이 집사는 실내로 들어갔다. 나 집사는 나와 김정서 자매를 향해 고함을 질렀다. "장애인들은 한 끼만 굶으면 죽는 사람들이얏! 장애인들은 먹는 기쁨만으로 사는 사람들이얏!"

내가 밥솥 뚜껑을 여니 잘 완성된 밥이 뜨거운 수증기와 고소한 냄새를 뿜어 올렸다. 주방장님이 집안 사정으로 결근이어서 대신 식사준비를 하는 이 집사님이 밥을 안혀놓고 교회에 내려가 있었던 모양인데, 그 새를 안 참고 난리를 친 것이다. '집사님 댁은 늘 식사시간을 칼같이 엄수하세요?' 하고 묻고 싶었으나 나 집사의 살벌한 기세가 무서워 나는 아무말도 못했다. 김 자매도 잠자코 있었다. 내가 반찬을 차리는 동안 이 집사님이 나와서 밥을 퍼 주었다. 식사 후에 이 집사님이 이야기 했다. 교회에서 기도를 하다가 밥을 차려 주려고 올라왔는데 나 집사가 다짜고짜 폭언을 퍼붓었다고...

1996.8.12.(월)

나 집사가 여자 식구들을 다 강간해 버리겠단다. 정서 씨한테 여자 식구들을 하나하나 강간해 먹을 거라고 했단다. 이옥진 집사님의 말이었다. "설마 잘못 들으신 거 아녜요? 나 집사님이 아무리 사람이 아닐지라도 그 정도로 사람이 아닐라구." 내 말에 오선옥 자매가 "정말이야! 나도 들었어!" 나 집사가 "나한테도 그런 말 했어." 하고 말했다. 늘 밝은 그의 얼굴이 어둡게 굳어 있었다.

"그놈 미친놈 아냐? 어떻게 그런 말을 할 수가 있어. 더구나 딸이 있는 놈이 사람의 탈을 쓰고 어떻게 그렇게 흉악할 수가 있어!" 내 외침에 이 집사님이 "온갖 지랄을 허면서 식구들을 못 살게 허다가 이젠 그 짓거리 허고 싶은 모양이다." 하고 내뱉었다. "당장 내 쫓아요. 그런 악마 놈을 그냥 뒀다간 큰일 나겠어요!" 내 비명에 이 집사님은 "어떻게 내쫓냐. 혜성 씨가 내쫓아 봐라." 하고 말했다.

"내가, 우리가 운영위원이잖아요. 선교회 대표인데 대표는 선교회에 해를 끼치고 식구들을 짓밟는 놈은 내쫓을 수 있잖아요." 하고 말했다. 이 집사는 "내버려 둬라. 정서 씨가 동의 안 할 거다." 하고 말했다. "정서 씨도 여자인데 그런 치욕을 당하고 그냥 있겠어요? 동의 안 하면 그 악마 놈과 똑같은 거지. 정서 씨가 동의 안 하면 집사님과 제가 남자들의 동의를 얻어서 내쫓을 수 있어요. 남자들도 그놈을 싫어하는 이가 있으니까." 하고 내가 말했다.

그런 놈을 놔두는 것은 선교회를 악마소굴로 만드는 것이다. 선교회가 악마소굴이 되면 언젠가는 하나님한테 얻어터질 것이다. 내 강력한 주장에도 이 집사는 호응을 하지 않았다. '강간당해도 괜찮다는 것인가. 더러운 놈. 여자가 버려지로 보이나. 그런 식으로 짓밟고 싶어 하게. 지 에미년이나 딸년이 버려지인가? 여자를 버려지 취급하게. 구더기 같은 놈. 제 딸년이나 강간해 처먹지 남의 딸 해처먹지 말고. 밟아 죽여도 시원찮을 놈.'

내가 치를 떨고 있는데 외부인인 박영선이 방으로 쑥 들어오며 "야! 전혜성, 무슨 말을 그렇게 독살 맞게 하냐! 네가 그렇게 독한 줄 몰랐다." 하고 큰 소리로 나무랐다. "독하다고! 여자를 그것도 식구를 강간하겠다는 악마 놈한테 그 정도 말이 독살 맞다고. 강간을 해도 된다는 거야." 하고 내가 내지르자 박 년은 나 집사님이 "괜히 그랬겠어! 여자들이 잘못하니까 그러지," 했다. "잘못하면 강간해도 되는 거야? 영선씨도 잘못하면 강간해도 되겠네." 내 반격에 박 년은 "야! 너 인제 봤더니 아주 흉측한 인간이구나! 나를 뭘로 보고 그따위 소릴 하는 거야?" 하고 소리를 질렀다. 잘못하면 강간해도 된다며? 그럼 영선 씨에게도 해야지, 왜 영선 씨는 하면 안 돼? "왜 우리는 해도 되고 영선 씨는 하면 안 되지? 우리는 장애인이라서 해도 되는 건가? 여자들이 뭘 그렇게 잘못했는데. 건강한 영선 씨를 무위도식하게 해준 게 잘못인가?" 내 말에 박 년은 "이 집사는 내가 있는 것을 싫어해." 하고 말했다. 이 집사는 방을 나가고 없었다. "싫어할 수도 있지. 싫은 것을 봐 주는 게 쉬운 게 아닌데 나가라고 안 하고 봐주면 고마워해야지. 영선 씨가 이 집사님 입장이면 더 싫어할 걸." 하고 내가 말했다. 박 년은 더 말 않고 방에서 나갔다.

내가 더러운 벌레 같은 느낌에 나도 모르게 벽에 걸린 거울을 바라보았다. 거울에는 커다란 벌레 한 마리가 똥통 속에서 허우적대고 있었다. 몸서리가 쳐졌다.

하나님은 무슨 목적으로 남자를 만드셨을까 속으로 피눈물이 쏟아졌다. 나영진 악마 놈을 갈갈이 찢어 죽이기 전에는 결코 이 치욕감을 떨치지 못하리라. 짐승도 안 당할 치욕을 당한 내 자신을 갈갈이 찢어 죽이고 싶다. 내가 장애를 입은 것이 미치도록 저주스럽다. 장애인이 아니라면 짐승 같은 치욕을 안 당할 것이다. 하나님이 원망스럽다. 정말 원망스럽다. 위의 사실을 기록하는 것도 몸서리가 쳐져서 간신히 기록했다.

아침 7시 전이었다. 누군가가 방문을 두드리며 말했다. 운영위원들 나오래요.

두려움에 떨면서 식당으로 나가는데 이옥진 집사님의 외침이 들려왔다. "개 같은 너 허고는 상대 안 헌다."

식당에 들어서니 나 집사 악마 놈이 식탁 위의 물주전자 휴지 등의 물건을 닥치는 대로 이 집사님을 향해 마구 던지며 "뭐야 이년아! 왜 날 씹어댔냐! 내가 네 씹을 훔쳤냐? 네 돈을 훔쳤냐? 이 못된 년아!" 라는 등의 쌍욕을 퍼 대고 있었다.

나 집사는 이 집사 동생뻘이다. 이 집사도 집기들을 나 집사 쪽으로 던지며 "네놈 주둥아리는 똥구멍보다 더 더럽다." 하고 응수했다.

식당과 부엌은 두 집사가 던진 물건들로 아수라장이었다. 가까이 서 있던 박영선 년이 어디 어떻게 되나 구경 좀 하자라는 표정으로 곁에 있는 의자에 걸터앉으며 두 집사의 막장 싸움을 주시했다. 년의 짓인 듯했다. 년과 나 집사 악마 놈은 어제 한밤중에 한강변에 간다며 함께 나갔었다. 년도 하나님을 믿는다.

"내가 어젯밤에 들었지만 당장 들어와서 뒤집어 엎으려다 다른 식구들 생각해서 참았어! 대체 내가 뭘 잘못했다고 씹고 자빠졌니, 이 더러운 년아!" 하고 쌍욕을 퍼 대며 휠체어를 탄 채 이 집사에게 돌진하는 나 집사 놈을 운전봉사원 박광록 형제가 붙잡았다. 이 집사는 "네 집구석에 자빠져 있지 여기는 와 걸핏하면 와서 개지랄을 허냐! 생사람 잡으려고 오냐? 와 올 때마다 개지랄이고." 라는 등의 욕설을 퍼 대다가 개보다 더 더러운 네 놈을 상대허기 싫다, 고 하면서 밖으로 나가 버렸다. 그 뒤에 다 대고 나 집사 놈은 "누구보고 개 같다는 거야! 마귀 노릇 잘하게 해 달라고 그렇게 열심히 기도하냐! 이 더러운 년아!" 하고 퍼붓고 "때려죽일 년 저년을 그냥 둬선 안 돼." 하며 씩씩거렸다.

'내가 사람을 강간하겠다는데 그 정도 욕도 못합니까? 하고 내쏘았다. 네 놈은 개보다 수만 배 더러운 놈이야! 너 같은 악마 놈을 개 같다고 한 것을 고마워해야 돼!' 하고 퍼 대고 싶었으나 무서워 그러지 못했다. 나 집사 놈은 내가 실제로 강간을 했나? 하고 지껄였다.

'아무리 여자를 같잖게 여겨도(여자는 같잖은 존재. 나 집사 놈을 낳은 것은 여자니까) 사람이 악마가 아니라면 그런 생각을 할 수 없어요. 댁의 딸이나 아내에게 누가 그런 생각을 한다면 용납할 수 있습니까?' 내 공격에 나 집사 놈은 '내 딸이나 마누라는 그런 생각을 하게 할 정도로 품위 없이 안 놀아. 혜성 자매처럼 품위 없이 안 놀아.' 하고 말했다. 내가 어떻게 품위 없이 놀았냐는 내 물음에 나 집사 놈은 밤에 문을 열어놓고 잠을 잔다고 했다.

너무 더워서 새벽에 잠깐 조금 열어놓고 앉아 있었더니(사실이다.) 그것으로 그런 생각을 했군요? 인간의 탈을 쓰고 짐승도 안 할 짓을 생각하다니 참으로 품위가 넘치십니다. 라고 내뱉는데 박영선 년이 사납게 호통을 쳤다. "야! 전혜성 너는 무슨 말을 했니, 나 집사님 딸을 두고 한 말은 사람이 할 수 있는 생각이니."

내가 나 집사 놈을 가리키며 "저쪽이 먼저 시작했어! 내가 버러지로 보여? 그런 말을 듣고도 가만히 있어야 된다고 생각해?" 하고 응수했다. 년은 더 말하지 않았다.

내가 병에 걸렸어도 돈이 있었다면 장애를 입지 않았을 것이다. 돈이 없어서 예전에도 시설에 살며 일을 하다가 장애를 입었다. 장애를 입었어도 돈이 있다면 지금껏 시설 생활을 하지는 않을 것이고 짐승 이하의 취급을 받는 치욕은 안 당했을 것이다. 가난이 장애인에게는 죄 중에 큰 죄다.

내 몸에 수만 마리의 구더기가 달라붙어서 꾸물대는 느낌에 몸서리를 치면서 방에 들어 왔다가 나갔더니, 박영선 년이 세탁장에서 세탁기를 가동시키고 있었다. 자기 빨래를 하는 것이다. 사지육신 멀쩡한 년이 남의 집에 빌붙어 처먹고 있으면서 집주인이 싫어한다고 칼을 휘두르도록 선동하다니 참 대단한 년이다.

"싸움 붙이려고 일부러 이 집사님을 고자질했지?" 내 추궁에 년은 "고자질이라니 말 함부로 하지 마! 그냥 집사님이 뭘 얼마나 많은 잘못을 했기에 이 집사가 그 토록 미워해요. 했을 뿐이야!" 하고 아주 당당하게 말했다. 마땅히 해야 할 말은 했다는 투였다.

"그러셨어요. 영선 씨가 있는 것을 이 집사님이 싫어한다고 그런 모양인데 두 달이나 신세를 지고 있으면서 그런 악심을 품고, 참으로 하나님 믿는 사람다워, 여자는 잘못을 하면 강간해도 되고 남자는 잘못해도 미워하면 안 되는 거야!" 내 공격에 년은 "나 집사님은 잘못한 게 없어, 나 집사님은 완벽한 사람이야!" 하고 말했다.

"여자를 강간하겠다는 악마가 완벽하면 실제로 강간을 하면 하나님 같은 사람이겠네! 네가 사람 맞아? 여자 맞냐고. 그래, 늘 하나님을 부르는 입으로 같은 식구끼리 더러운 욕을 퍼 대며 싸우는 것을 보면서 얼마나 기분이 좋으셨나! 쾌감을 느끼셨겠네!" 내 비아냥거림에 년은 "원래 이곳은 개판이야!" 하고 지껄였다. 내가 맞장구를 쳤다. "맞아 신체 건강한 사람이 몇 달이나 무위도식해도 내버려두고 다른 시설이면 어림없는데 개판 아닌 똥판이야!"

1996.8.15.(목)

나 집사 놈이 식구들의 동의를 얻어서 이옥진 집사님을 내쫓을 거란다. 이 집사는 내쫓으려면 내쫓길 거라고 당당히 말했다. 그러면서 년은 그지없이 상냥하게 나 집사 놈을 대한다. 이 집사가 쫓겨날 거란 생각에선지 강간 옹호녀, 박영선 마녀는 이전보다 더 기세 당당하게 선교회를 누비며 식구들의 언행이 마음에 안 들면 가차 없이 나무란다. 선교회 구성원 아닌 외부인 신분으로 선교회 밥을 공짜로 먹으면서도 선교회 구성원보다 더 당당하다. 그럼에도 나 집사 놈은 일체 언급을 않는다. 식구들에겐 별것 아닌 것으로도 트집을 잡아 공격을 하면서. 지금은 기도원에 가 있는 이한신 자매에게도 그랬다. 이 자매가 주방 일을 그만두고도 식구들의 허락도 구하지 않고 반년이 훨씬 넘도록 빈둥거리며 빌붙어 있었다. 그러면서 당당해도 한 마디의 기척도 하지 않았다. 두 여자는 정상인이어서 그런 것인가?

밤에 조명운 형제가 여자 방에 들어와서, "내가 운영위원들을 씹으려고 고기 많이 먹자 한다고 말한 사람이 누구에요?" 하고 물었다. 누가 그런 말을 했냐고 묻자 조 형제는 "여자들이 그런 말을 했다던데요." 하고 말했다. 즉시 이옥진 집사님이 떠올랐으나 여자 중에 그런 말 할 사람 누가 있어, 이 집사님은 하고픈 말은 해야 되는 사람인데, 그런 말하는 것은 나는 못 들었고, 정서 씨는 말을 함부로 하는 사람이 아니고, 오선옥 씨는 들은 말 외에는 못하는 사람이고, 나는 그런 생각할 지능이 안 되고, 했다면 남자들이 했겠지! 하고 말했다.

조 형제는 "내가 돈벌이 한다고 씹은 사람이 누구에요?" 하고 또 물었다. "왜 명운 씨는 돈벌이 하면 안 되는 거야? 다른 식구들도 하는데(시장에서 행상), 명운 씨는 돈이 있어야 공부를 하니까? 돈벌이를 더 해야지! 공부하는 식구에게 선교회가 지원을 해줘야 되는데 안 해주면서 왜 씹어 씹었다면 남자들이 씹었겠지, 남자들이 더 헛소리 잘하고 더 잘 씹더구만." 하고 내가 몰아붙였다. 조 형제는 "내가 주동자라고 한 사람이 누구에요?" 하고 물었다. "내가 했잖아. 이전에 명운 씨가 선교회를 교회로 넘기니 어쩌니 했을 때, 어디 그 말만 했나 선교회를 넘겼다가 식구들이 인권유린을 당하면 명운 씨를 죽여 버리고 싶을 거란 말도 했는데." 내 대답에 조 형제는 핑글핑글 웃으며 죽이지 왜 안 죽였냐고 물었다. "내가 죽이고 싶을 거라고 했지. 죽인다고는 안 했어." 하고 말했다.

조 형제는 "나를 돈벌이 한다고 씹는 것은 나더러 선교회를 떠나라는 거예요" 하고 말했다. "비약하지 말어, 말이 안 되는 말에, 말이 되지 않는 생각을 하고 있어, 똑같은 인간 되려고." 내 핀잔에 조 형제는 "비약이 아니에요. 이따가 칼 들고 이 방에 들어올 거예요." 하면서 방을 나갔다. 내가 "제대로 알고 칼을 들고 들어오든지 총을 들고 오든지 해!" 하고 소리를 질렀다.

이옥진 집사님에게 명운 씨가 공부하느라 힘든 상황이니 지원을 좀 해주면 안 되겠냐는 건의를 하고 싶었으나 턱도 없는 소리로 받아들일 집사님이라서 아무 말도 못했다.

1996.8.27.(화)

강간 옹호녀 박영선 마녀가 떠났다. 떠나기 전 내게 악수를 청했지만 나는 거절했다.

1996.9.10.(화)

이옥진 집사님이 말했다. 조인우가 여자들을 다 강간해 버리겠단다. 여자들이 다 자기를 싫어한다고 다 강간해 버리겠단다.

"뭐라구요? 정말이에요?"

"그럼 정말이지. 어떻게 그런 거짓말을 허노."

"언제 그랬어요?"

"아까 점심시간 후에 내가 교회에서 기도하고 있는데 내려와서 그런다."

"그놈 미친놈 아녜요? 아무리 여자가 사람으로 안 보여도 그렇지 어떻게 그런 생각을 해요. 더구나 교회에서, 그런 말을 듣고도 가만히 있었어요?"

"가만히 있기는 같은 식구끼리 그러면 되냐고 서로 도와 가면서 좋게 살아가야 한다고 말했지! 나이도 나보다 적은 놈한테 그런 말을 들으니 어찌나 더럽던지."

"그런 짐승보다 못한 놈을 대가리를 부셔버리지 않고 어떻게 그렇게 곱게 말 할 수가 있어요. 당장 내쫓아요. 그냥 뒀다간 큰일 나겠어요!"

펄펄 뛰는 내게 이 집사는 내버려둬라. 공연히 말뿐이지 뭐라고 했다. "말로는 강간을 해도 되는 거예요? 우리를 사람으로 여긴다면 그런 말을 할 수 없는 거잖아요 아무리 생긴 대로 논다지만, 흉측하게 생겼다지만, 어떻게 그 정도로 흉측해요. 우리를 벌레처럼 짓밟고 싶어서 그러는 거예요 여자들만 제 놈을 싫어하나, 남자들도 싫어하잖아요. 제 놈을 왜 싫어하는데, 생긴 것만 흉측한 게 아니고 인성도 못돼 먹어서 싫어하는데 오죽하면 오선옥 씨까지(살짝 모자라는) 싫어할까. 왜 제 놈이 싫어하도록 만들면서 싫어한다고 그 지랄해요. 그런 놈은 그냥 두면 안 돼요."

내 강력한 주장에 이 집사는 갑자기 낄낄 웃으며 말했다. "강간하고 싶어 환장을 해도 못헌다. 아랫도리를 못 쓰는데 어떻게 허노. 오줌통을 차고 그런 짓 허는 거 상상을 해봐라!"

놈은 하반신마비로 소변이 새는지 소변 팩을 차고 있다. 얼마나 강간을 하고 싶어 환장을 했으면 소변 통을 차고서도 하려고 하는가. 얼굴은 유인원이고 눈빛은 사악해 보이고 엉덩이를 드러내 놓고(바지를 내려 입고) 다니는데다 인성까지 더러워 가끔 쌍욕을 해대서 이 집사를 제외한 여자 모두가 싫어한다. 남자들도 싫어한다. 이 집사님은 이상하게도 싫어하지 않는다. 돈이 많다는데, 그래서인지 흉측하게 생긴 놈의 얼굴을 잘 생겼다고 말한 적도 있고, 놈이 기분 내키는 대로 식구에게 쌍욕을 해도 나무라거나 씹지 않는다. 그렇지만 악마 놈임이 드러났음에도 괘념치 않는 그 심산을 이해할 수가 없다. 사람 같은 조명운 형제는 내쫓고 싶어 하면서 왜 나영진 악마, 조인우 악마는 그대로 두려는가? 재미있다는 듯 낄낄대는 이 집사 얼굴이 나영진, 조인우 악마 놈들의 얼굴과 겹쳐지면서 내 전신에 소름이 쫙 끼쳤다. 류마티스 병마도 감내하기 힘든데 장애인이라는 괴물 타이틀을 쓰고 똥보다 더 더러운 치욕을 두 번이나 당한 나는 저주받은 존재다. 악한 것들은 떵떵거리며 잘 사는데 죄도 없이 짐승도 안 당할 치욕을 당하는 내가, 하나님의 저주를 받은 내가 미치도록 저주스럽고 혐오스럽다. 치욕을 당하면서도 살고있는 내가 강간해도 되는 존재인 내가 똥통 속에서 꿈틀거리는 구더기 같다.

1996.9.13.(금)

조명운 형제가 선교회를 떠난단다. 내게 누구에게도 말하지 말라면서 성남에 방을 얻어서 10월에 떠날 거라고 말했다. 그가 없으면 선교회가 더 엉망일 것 같아서 붙잡고 싶은데 그를 설득할 기력이 없다. 무기력한 내 자신이 혐오스럽다. 이옥진 집사님이 조 형제를 조금만 아껴 줘도 설득할 텐데... 조 형제도 떠날 생각을 안 했을 텐데... 이 집사님은 대체 무엇을 위해 그토록 기도를 많이 그리고 열심히 하는 것일까. 사람을 끊임없이 미워하게 해달라고 기도하는 것일까.

1996.9.20.(금)

조인우 악마 놈이 또다시 내게 추근댔다. 이전부터 툭하면 맛있는 걸 사주겠다고 지분거리더니 오늘 또 맛있는 걸 사주겠다며 나가자고 했다. 세상 어떤 여자가 쓰레기 심성을 가지지 않고서야 저 같은 놈이 사주는 걸 먹을 거라고... 저주를 퍼 대고 싶은 걸 차마 그러지 못하고, "아프고 기운이 없어서 못 나간다고 했잖아요. 왜 아픈 사람을 자꾸 힘들게 하세요?" 하고 짜증을 냈다. 그러자 놈이 "이 씹팔년아, 아픈 년이 박광록(차량 봉사원)한테는 늘 헤헤 거리냐!" 하고 욕설을 퍼 댔다. 내가 즉시 욕설로 응수했다. "네 에미가 씹팔년인가 보구나!"

놈이 "그래 이 세상 사람들은 다 씹팔년이고 씹팔놈이다." 하고 말했다.

내가 "왜 사람들이 다 씹팔년이고 씹팔놈이냣! 너 같은 놈을 내 질러 놓은 네 에미년이 씹팔년이고 그 뱃속에서 나온 네 놈만 씹팔놈이지." 하고 퍼 대자 놈은 곁에 있는 전화기를 집어 들고 나를 패려고 했다. 최병일 형제가 전화기를 빼앗자 빗자루를 가져와서(돼지라면 당장 잡아먹고플 만큼 우람하게 살이 쪄서 거동이 느려터진 놈이 저만치 벽에 걸려있는 빗자루는 어떻게 그렇게 잽싸게 가져왔는지 모를 일이었다) 패려고 했다. 최 형제가 그것도 빼앗자 놈은 미친 듯 욕설을 퍼부었다. "장애인은 사람이 아니 냣! 씹팔년앗! 장애인은 전염병 환자처럼 피하면서 정상인한테는 늘 붙어 있고 왜 장애인을 차별 하냐! 이 더러운 년 앗! 장애인을 왜 싫어 하냣! 이 씹팔년 앗!"

나도 질세라 욕설을 퍼부었다. "네 놈이 장애인이라서 내가 싫어 하냣! 이곳에 장애인 아닌 사람이 몇이나 되냣! 네 놈 말고 내가 싫어하는 장애인 있냣! 네 놈이 인간 같잖아서 싫어하는 거닷! 장애인이라는 것만으로 악마 같은 네 놈을 가까이 해야 되냣! 네 놈이야말로 장애인을 차별 하잖앗! 장애인 식구들한테는 아무 잘못 없어도 개지랄 하면서 네 놈한테 함부로 구는 박영선 한테는 늘 친절 했잖앗! 정상인만 사람으로 보이고 너와 같은 장애인은 사람으로 안 보이냣! 이 더런 놈 앗!"

놈은 안 그래도 흉물스런 얼굴을 죽일 듯 험악하게 일그러뜨리며, "이년이 뒈지려고 환장을 했냣. 이 씹팔년 앗! 뭐가 어째!" 하고 고함을 질렀다. 나도 외쳤다. "네 에미년이 씹 팔던 년이 짓! 그러기에 너같이 더러운 놈을 내질러 놨지?"

놈은 욕설을 퍼 대며 물러갔다. 얼마 후 이옥진 집사님이 말했다. "식구끼리 싸우면 안 된다. 사이좋게 지내야지," 나무라는 말투였다. "그런 놈하고 어떻게 사이좋게 지내요." 내 볼멘소리에 이 집사는 "사이좋게 못 지낼 거 뭐 있노." 하고 야단치듯 말했다.

내가 놈의 똥물 공격에 맞대응한 게 못마땅한 듯했다. 자기에게 온정적인 나하고는 살벌하게 지내려고 나를 미워하고 씹어 대면서, 식구들 대부분을 씹어대고 식구들에게 매정하면서 자기를 포함한 여자 식구를 강간하고파 하는 악마 놈하고는 사이좋게 지내고, 내게도 그러길 원하는 듯하니, 기가 차서 심장이 몸 밖으로 튀어나올 지경이다.

놈이 하반신을 쓸 수 있다면 벌써 강간을 시도했을 것이다. 그런 놈을 혐오하지 않는 이 집사가 놈보다 더 소름끼친다. 나 집사 악마놈과 조인우 악마 놈이 장애인과 정상인을 차별하듯 이 집사는 악마와 사람을 차별한다. 악마에게 돈이 많아서인가?

1996.10.3(목)

조명운 형제가 성남으로 떠났다. 나는 그를 붙잡을 힘이 없음을 한탄만 하고 있었다.

1996.10.7(월)

김정서 자매가 말했다. 이 집사님이 유 집사님한테, '혜성 씨하고 마음 안 맞아서 못 살겠다.'고 했어요. 예전에도 그러지 않았냐는 내 물음에 김 자매는 "오늘 낮에도 했어요. 유 집사님이 오는 걸 싫어하면서도 유 집사님이 오면 하소연 조로 그런 말을 해요." 하고 말했다. 조인호 악마 하고는 마음이 잘 맞는데(아주 친절하고 상냥하게 놈을 대한다) 왜 악마가 아닌 나와 조명운 형제와는 마음이 안 맞을까. 이 집사가 씹지 않았다면 조 형제는 안 떠났을지 모른다.

1996.10.31(목)

월례회 때 조인우가 운전봉사원 박광록 형제를 되먹지 못했다고 비난했다. 박 형제는 한마디 반박도 안하고 즉시 짐을 챙겨 떠나버렸다.

(신학대를 나온 박광록은 다른 장애인 시설에 들어갔는데 내게서 40만 원을 빌려갔다. 곧 갚겠다더니 얼마 후 연락을 끊어 버렸다. 돈을 뜯기 위해 빌려 간 것이다).

1996.11.5(화)

김삼영 형제가 떠났다. 서울에 있는 아는 장애인에게로 가서 함께 살 거라고 했다. 사람은 떠나고 악마들은 떠날 기미도 안 보인다. 우리 부활선교회가 악마들의 선교회가 되는 게 아닌가 싶어 두렵다.

1996.11.21.(목)

이옥진 집사님이 내게 물었다.

"유 집사를 원장으로 세우는 거 어떻노?"

"왜요? 누가 원장으로 세우자고 하세요?"

내 물음에 이 집사님이 "식구들이 원장으로 세우잔다." 라고 말했다. 내가 일부러 "그분이 원장 되면 너무 좋죠. 그분만큼 장애인을 생각해주는 사람이 없잖아요," 하고 반색을 했다.

이 집사님은 선교회가 운영위원 체계인 현상태로 유지되길 원한다. 남자 식구들에게서 선교회를 교회로 넘기자는 말이 나올 때마다 내게 '이대로 우리끼리 사니 얼마나 좋노 교회로 넘어가면 마음 편하게 못 산다.' 라는 말을 자주 했었다 그때마다 나는 이대로 살기를 원하면서 왜 식구들이 불만이 쌓이게 만들고, 식구들 중심으로 운영하지 않고 자기 위주로 마음대로만 운영하려 할까 의아했는데, 이유 없이 사람들을 미워하고 씹어대기까지 하고(나에 대해서는 더 심하게), 거기다 악마들까지 끼고 있으니 대표 자리를 다른 사람에게 맡기는 게 낫다 싶었다. 더구나 장애인에 대한 애정이 각별하신 유 집사님이라면야 그분이 선교회 원장이 되는 건 하나님의 크신 은총이요 행운이다. 나는 모처럼 기쁨이 솟았다.

1996.11.30.(토)

월례회가 열렸다. 김정서 자매의 회계 보고가 끝나자 나영진 집사 놈이 말했다. "선교회가 개판인데 이대로 두면 안 되잖아요. 그래도 교회로 넘기는 건 위험한 일이고 목사도 믿을 수 없으니 유 집사한테 넘기는 게 나아요. 운영위원들이 선교회를 엉망으로 만드는 바람에 식구들이 떠난 거야! 제일 큰 희생양은 삼영이와 명운이지."

참으로 같잖은 놈이었다. 선교회가 개판이면 그 책임은 제 놈한테 있다. 선교회 권력자는 제 놈이다. 선교회 대표인 운영위원들 위에 군림하면서 운영위원들을 죄인 다루듯 한다. 그래도 운영위원들은 저항하지 못한다. 최근에서야 이옥진 집사님이 대항했는데 쥐가 궁지에 몰리면서 고양이를 물 수밖에 없는 상황이기 때문이었다. 선교회 최고 권력자면 선교회가 바르게 운영되도록 인도하는 게 옳다. 운영위원들이 제 놈한테 꼼짝 못 하니 인도하는 게 힘든 일도 아니다. 선교회가 개판이면 왜 그렇게 되도록 방치했는가? 선교회가 개판이라고? 선교회는 기도와 자유가 넘치는 곳이다. 식구들의 권익이 보장되는 곳이다.

실제 개판이라 할지라도 제 놈하고 조인우 놈만 없다면 다른 장애인 시설보다 월등히 나은 곳이므로 굳이 외부인에게 맡길 필요가 없다. 여자 식구를 강간하겠다는 제 놈과 조인우 놈이 있는 곳이니 선교회는 개판 아닌 똥판이다. 똥판으로 만든 놈이 개판이므로 그냥 두면 안 된다고, 그 같은 말을 하고 싶었다. 그러나 부질없는 짓이다.

나 집사 놈은 말을 이었다. "유 집사는 선교회를 10년이나 후원해 왔는데 한결같고 변함없이 잘했으니 원장이 되면 더 잘할 거예요. 유 집사한테 선교회를 맡깁시다." 남자 식구들이 반색하는 목소리로 일제히 네! 하고 합창했다. 이옥진 집사님도 오선옥 자매와 나도 호응했다. 김정서 자매만 잠자코 있었다. 나 집사 놈이 '그럼 유 집사를 선교회 원장으로 추대합니다.' 하고 선포했다. 식구들이 네! 하고 호응했다.

이전에 선교회를 교회로 넘기자는 식구도 있었는데 교회 아닌 유 집사님에게 넘어간 것이다. "운영위원회는 그대로 존속되는 거죠?" 하고 내가 물었다. 조인우 놈이 즉각 "운영위원이 무슨 필요가 있어! 원장이 있는데!" 하고 내질렀다. "알량한 직분이라도 가지고 있으면서 식구들의 의견을 전달하는 게 좋을 것 같아서요." 내 말에 조인우 놈은 "할 말 있으면 직접 하면 되지, 무슨 개지랄이야!" 하고 또 내질렀다. "내가 말하기 어려워하는 식구도 있을 텐데 중간역할을 하는 사람이 요구사항이나 의사를 전달하는 게 더 효력이 있을 것 같은데요." 하고 말했다. 조 놈이 성난 목소리로 '개수작 하지 마' 하고 내질렀다. 다른 식구들도 잠자코 있어서 나는 입을 다물었다.

1996.12.3.(화)

오전 일찍 유화순 집사님이 나타났다. 그는 이전과 달리 식구들에게 인사를 하지 않았다. 인사는 안 하고 곧바로 사무실을 접수했다. 김정서 자매가 회계장부를 넘겨주려 했다. 내가 화들짝 놀라며 그것도 넘겨줘야 되냐고 묻자 김 자매는 장부를 도로 거뒀다.

밤이 되자 유 집사님 남편인 조정일 집사님이 나타났다. 인사를 하는 둥 마는 둥 자리에 앉으면서 조 집사님은 말했다. "원장으로 추대해준 건 고마운데 나는 솔직히 선교회를 맡기 싫습니다. 어유——! 이곳에 오는데 꼭 도살장에 끌려가는 소 같은 심경이었어. 정말로, 예전엔 즐거운 마음으로 왔는데 원장이 되어 오니까 진짜 도살장에 끌려오는 소 같더라니까."

조 집사님은 '정말'이라는 말에 힘을 주었다. 뭐지? 우리는 유 집사님을 원장으로 선출했는데… 뭔가 잘못 되었다는 생각이 들었다. 도살장에 끌려오는 소 같았다는 조 집사님 얼굴엔 미소가 가득 실려 있었다. 기쁨을 애써 억누르고 있는 듯한 표정이었다.

갑자기 불안감이 일었다. 조 집사가 두 얼굴 같은 느낌이 들었다. 도살장에 끌려오는 것 같았으면 왜 왔냐고 묻고 싶었으나 그러지 못했다. 다른 식구들도 아무 말 없었다. 조 집사는 내일부터 유 집사가 정식으로 출근할 거라고 말한 뒤 자리에서 일어나 나갔다. 식구들은 여전히 말이 없었다. 늘 있었던 왁자지껄한 이야기 소리와 유쾌한 웃음도 없었다.

1996.12.4.(수)

유 집사님이 출근해서 회계장부를 접수했다. 이옥진 집사님도 선교회 최고 권력자 나영진 집사도 유 집사에게 넘겨주는 게 맞다고 말했다. 유 집사는 선교회를 사람 편에서 운영하지 않고 하나님 편에 서서 운영할 거라고 말했다. 하나님을 믿는 사람은 그렇게 해야 한다고 말했다. 운영위원은 해체한다고 한다. 운영위원이 있으면 일을 제대로 할 수 없다고 했다.

1996.12.5.(목)

지금 남자들이 유 집사한테 여자들을 온갖 말로 헐뜯고 있다. 식당이 여자들 욕하는 대회장 같다. 나 집사는 정서 씨가 공주병 환자라서 방에 가만히 앉아서 밥을 가져오라 시켜서 먹는다고 욕한다. '욕먹으려고 그렇게 떠받들었나! 흥!'

이옥진 집사님의 적의에 찬 말이었다.

김정서 자매는 나와 같은 류마티스 환자인데 통증은 나보다 더 심해서 어느 땐 밥을 방으로 갖다 달라 해서 먹은 적 있는데 딱 한 번이었다. "떠받들 듯 잘했는데도 그러네요! 하긴 악한 것들은 자기한테 잘하는 사람은 꼭 짓밟더라구요. 나 집사가 여자들에게 어떻게 했는지를 이야기해 주시지 그랬어요." 내 말에 대꾸는 않고 이 집사는 여자 방에 있는 전화를 남자 방에 내놓고 냉장고도 들어내서 원장실에 갖다 놓으란다. 남자들이 유 집사한테 그런다 하고 말했다 그리고는 '제 것을 남에게 넘겨 준 등신들' 하고 탄식했다.

1996.12.6.(금)

유 집사님이 전화기를 교체했다. 정상적인 전화기는 원장실로 가져가고 받는 기능만 가진 벙어리 전화기를 달아 놓았다. 식구들은 사회생활이 제한적이기에 전화사용을 거의 안 한다. 그래서 요금이 많이 나오지 않는다. 내가 그것을 이야기 하자 유 집사가 "꼭 해야 할 전화가 있으면 내 방에 와서 해." 하고 말했다. "원장님이 계신데 누가 마음 편히 전화 하겠어요" 내 말에 유 집사님은 "내가 비켜줄게. 그것도 싫으면 떠나! 싫으면 떠나야지." 하고 말했다. 언제나처럼 조용한 목소리였다. 나는 내 귀를 의심했다. 원장 일을 시작한 지 사흘밖에 안 된 이가 식구더러 떠나라니...

1997.1.2.(목)

유 집사님이 식구들에게 문건 한 장씩을 주면서 지장을 찍으라고 했다. 선교회 운영권을 원장에게 전적으로 맡긴다는 내용과 민사 형사소송의 문제가 있을 시에 그에 대한 처리를 원장에게 일임한다는 등의 내용이 들어 있었다. 교통사고 등의 사고를 당했을 때 보상금을 챙기기 위해서인가? 라는 생각에 내가 왜 찍으라는 거냐고 물었다. 유 집사는 식구들을 위해서라고 대답했다. 어떻게 식구들을 위한 게 되냐고 묻고 싶은 걸 따지는 것으로 들을까 봐 묻지 못하고 안 찍으면 안 되냐고 물었다. '찍기 싫으면 떠나. 떠나면 안 찍어도 돼' 유 집사의 대답이었다. 여전히 얌전하고 조용한 음성이었다.

나는 숨이 헉 막혔다. 처음 그런 말을 들었을 때는 어이가 없으면서도 무심히 한 말일 거라 여겼다. 하지만 살벌한 말을 2번이나 무심히 할 수는 없는 것이다. 유 집사의 얼굴은 이전처럼 온화한 게 아니었다. 냉기가 서린 얼굴이었다. 그러고 보니 첫 출근을 했을 때부터 차가운 얼굴이었다. 후원자 신분으로 올 때는 언제나 사랑이 가득한 듯한 온화한 미소를 담고 있던 얼굴이 어떻게 차갑게 돌변할 수 있는지 이해가 되지 않았다. 고 이옥진 집사도 말했었다. 유 집사 눈빛이 이전하고 완전히 다르다. 어떻게 원장이 되었다고 며칠 새 그렇게 달라지는지 모르겠다. 했었다. 나는 더 말 못 하고 다른 식구들과 마찬가지로 지장을 찍었다.

1997.1.3.(금)

유 집사님이 식구들에게 팜플렛을 하나씩 나누어 주었다. 조정일 집사님이 선교 회 원장임을 선포하는 팜플렛이었다. 자기가 부활선교회 원장이 되었다며 조 집사가 쓴 원장 취임 인사 글에는 원장으로 추대되어 몹시 기뻤다는 내용이 들어 있었다. 원장이 되어 선교회에 오는 게 도살장에 끌려오는 소 같은 심정이었다고 해놓고... 유 집사에 대한 내용은 한 구절도 없었다.

1997.1.4.(토)

김정서 자매가 말했다. "유 집사님이 십일조를 안 주시는데 어떻게 해야 될지 모르겠네!"

선교회는 식구들 개개인이 부활교회에 십일조를 내고, 선교회 재정으로(후원금) 십일조를 내왔다. 그런데 유 집사가 그러기를 거부한다는 것이었다. 김 자매가 회계담당일 때는 어김없이 십일조를 냈다. "믿음도 깊고 기도도 열심히 하는 분이니 싫어서는 아닐 거야 한 번 더 말해봐." 내 말에 김 자매는 "말을 했는데 안 내겠대요." 하고 말했다. 유 집사님은 다른 교회에 다니고 있어서 김 자매가 받아서 내려고 하는데 유 집사가 거부한다는 것이었다. 김 자매가 방을 나가자 이옥진 집사님이 성난 어조로 내뱉었다. '흐 흥! 하나님 편에 서서 일하면 십일조도 안 내는 갑다.'

주방은 예전의 주방장, 이한신 자매로 교체되었다. 이전의 주방장은 죄 없이 쫓겨났다.

1997.1.5.(일)

선교회가 원장을 추대하고 원장의 관리를 받은 지, 한 달이 되었다. 자유가 넘치던 곳이 노예소굴처럼 조용해졌다. 유쾌한 웃음소리와 대화가 사라졌다. 매달 열리던 월례회와 회계보고도 예고 없이 사라졌다. 후원금이 얼마나 들어왔고 얼마가 쓰이고 남았는지 알 수 없게 되었다. 하반신 장애인인 이성기 집사님에게 용변 팩 비용을 매월 4만 원씩 선교회가 지원했는데 그것이 중단되었다. 성용단 형제가 허드렛일을 많이 해서 용돈을 만 원씩 주었는데 그 또한 중단되었다.

이옥진 집사님은 후원금이 이전보다 더 많이 들어올 거라고 말했다. 조 집사가 경찰 신분을 내세워 후원을 받아 내는데 도사라고 했다. 해마다 봄가을에 식구들을 자기 집으로 초대해서 음식 대접을 한 것도 유 집사가 다니는 은평교회 지원을 받아서 한 것이라고 했다. 그런데 선교회를 거머쥤으니 얼마나 후원을 열심히 받겠냐고 했다. 거기다 음식까지 돼지 밥이니 식비도 절반 이하로 줄어서 지출되는 돈은 더 적을 거라고 했다.

유 집사는 원장으로 출근한 다음 날부터 콩나물 한 통을 시루째 가져왔다. 커다란 고무통 시루에 고봉으로 솟아있는 콩나물을 공장에서 기르던 상태에서 한 줌도 뽑아내지 않은 완전한 콩나물 한 시루를 통째로 가져온 것이다. 묵나물도 커다란 마대자루에 가득 담아서 세 자루나 가져오고, 시래기도 그만큼 가져왔다. 다음날부터 콩나물, 묵나물, 김치, 시래기, 된장국만의 식사가 매일 매일 매끼마다 주어졌다. 콩나물이 두 끼 분량 남으면 유 집사는 지체없이 똑같은 콩나물시루를 또다시 하나 갖다 놓고 아침 점심 저녁 반찬으로 주게 했다. 김치는 작년에 목양교회에서 담궈준 것인데, 그 김치와 묵나물과 시래기 된장국도 콩나물과 함께 매끼마다 주어졌다. 매일 매끼 똑같은 반찬이 주어지는 것이다. 마치 가축에게 사료를 주는 것 같았다. 육류는커녕 생선 한 토막, 계란 반찬 한번을 주지 않았다. 이전에는 과일도 거의 매일 먹었는데 과일 후원이 갑자기 끊겼는지 거의 주지 않았다.

유 집사는 식구들과 단 한 번도 식사를 함께 하지 않았다. 선교회를 떠나서 OOO집, 운전기사로 들어간 박광록의 이야기에 의하면, 그곳 원장인 목사가 장애인 식구들에게는 채소 반찬만 주고 저는 따로 식사를 하면서 고기반찬을 주로 처먹는다 고 한다. 나 집사 놈 말대로라면, 먹는 기쁨만으로 사는 식구들이 늘 유쾌하지만 식사 때는 더 유쾌하던 식구들이 누구도 유쾌해하지 않았다. 모두 다 조용히 기계적으로 식사를 했다. 불한당이던 조인우 놈도 점잖이가 되었다. 걸핏하면 이옥진 집사를 공격해서 이 집사에 의해 생사람 때려잡는 도사로 불리고 선교회를 개판으로 운영한다고 여자 식구들을 다 강간하겠다고 했던 나 집사 악마 놈은 그 모든 것을 보면서(놈은 무엇 때문인지 선교회에 온지 한참이 지났는데도 제집에 가지 않고 있었다) 단 한 번의 비판도 비난도 하지 않았다. 가벼운 지적이나 언급조차 하지 않았다.

같은 장애인에rps 이유 없이 쌍욕을 했다. 세면장에서 김정서 자매와 오선옥 자매가 샤워를 하고 있는데 세면장 앞을 지나가면서 '씹팔년들이 목욕하는 날도 아닌데 목욕을 하네!' 하고 내뱉었다. 이전과 다른 요일에 한다고 그런 욕을 한 것이다. '니 에미가 씹팔년이지!' 하고 퍼 대고 싶었으나 그러면 나만 검은 낙인이 찍힐 것이기에 잠자코 있었다.

내가 이옥진 집사님한테 말했다. "운영위원들이, 같은 장애인들이 지금 유 집사가 하는 것처럼 했다면 나 집사는 운영위원들을 때려죽이려 했을 거예요." 이 집사님이 말했다. "때려죽이려 하지 않고 실제 때려 죽였을 끼다." 내가 말했다. "그런 사람이 유 집사한테는 말 한마디 안 하고 아무 잘못 없는 장애인한테는 쌍욕하고 장애인도 장애인 차별하고, 우리나라 사람들 참 우스워요."

점심 후 주방장에게 내가 '채소 반찬만 먹을지라도 가끔은 다른 채소도 먹어야지 어떻게 한 달 동안을 매끼마다 같은 채소 반찬만 먹게 하냐.'고 말했다.

1997.1.6.(월)

식구들의 동의도 구하지 않고, 식구들을 철저히 무시하고 제 맘대로 원장으로 취임한(?) 조정일 집사가 나타났다. 인사도 받는 둥 마는 둥 자리에 앉으면서 그는 호통 치듯 말했다. '군대는 3대원칙이 있습니다. 때리면 때리는 대로 맞고, 시키면 시키는 대로 하고, 주면 주는 대로 먹어야 한다고, 그런데 벌써부터 웬 불만이야! 도움을 주면 고마운 줄 알아야지, 그것도 모르고 불평을 하면 아무도 안 도와줍니다. 정상인들은 여러분들을 징그럽게 봅니다.'

식구들을 휘둘러보는 조 집사 얼굴에 멸시가 가득했다. 세상에, 우리와 가까이 하는 게 큰 행복이라고 했던 얼굴이 저 얼굴이었다니, 예전에 예수님 같던 얼굴은 가면임을 알고 있었지만, 장애인이라고 멸시까지 하는 얼굴이었다니, 장애인 면전에 대고 장애인을 징그럽다고 서슴지 않고 말하는 인성이면서 10년 동안이나 천사의 얼굴을 하고 있었다니, 식구들의 얼굴은 일시에 굳어졌다. 그러나 누구도 반발하지 않았다.

도움을 주면 고마운 줄 알라니, 무슨 도움을 준다는 것인가? 장애인을 내세워 돈을 끌어들이면서 가축에게 사료 주듯 매끼 매끼마다 똑같은 음식만 먹이는 게 도움인가. 1억의 재정과 영락교회, 소망교회 등등의 쟁쟁한 교회를 후원처로 둔 알짜배기 선교회를 티클 만한 대가도 없이 거저 받아 쥐고도 선교회 구성원들을 돼지 취급하는 게 도움인가?(돼지 취급을 받으면서도, 징그럽다는 말까지 듣고도 입 한번 벙긋 않으니 돼지는 돼지다). 허탈한 상태로 여자 방으로 돌아오니 유 집사가 앉아 있었다. 그가 차가운 얼굴로 얌전하고 조용한 음성으로 말했다. '이곳처럼 잘 먹는 곳이 어딨어! 있으면 그것으로 가. 불평하지 말고.'

내 뇌리에 언젠간 그가 한 말이 떠올랐다. '우리는 죽을 때까지 선교회 식구들을 섬기고 사랑하며 함께 할 거야!'

그때 나는 얼마나 감동하고 감사했던가.

이옥진 집사님이 말했다. 내가 유 집사한테 우리는 더 좋게 살려고 집사님을 원장으로 세웠다. 그러니 먹는 것만이라도 제대로 먹게 해 달라고 몇 번이나 사정을 했는데도 피도 눈물도 없는 것처럼 눈도 깜짝 안 터니, 조 집사가 그런다. '둘 다 집사가 아니고 완전 독사다.'

1997.1.21.(화)

'장애인은 사람이 아니다. 다 죽어야 한다. 다 죽자!' 나영숙 이를 들여놓는단다. '여자들 숨 막혀 죽으라고!'

이옥진 집사님의 성난 외침이었다. 나영숙은 30대 여자로 하반신 장애인데 이전에 한번 선교회를 다녀갔었다. 이 집사님, 김정서 자매, 오선옥 자매가 가로로 눕고 내가 그 머리맡에 누우면 남는 공간이 거의 없는 방안에 또 한 명을 들여놓겠다니, 장애를 가진 몸으로 서로 포개서 잠을 자라는 것인가? 유 집사에게 지금도 비좁은데 한 명이 더 들면 감옥처럼 숨이 막혀서 사는 게 감옥살이 같을 것이니 이대로 살게 해달라고 간청했다. 유 집사가 말했다. '장애인끼리 서로 사랑하고 도우며 살아야지 혼자만 편하게 살려고 하면 안 돼.'

좁아터진 방에 사람을 더 들여놓으려는 건 인원이 많아야 후원 받는데 더 유리해서다.

'천사도 아니고 아픈 몸으로 숨 막히게 살면서 서로 사랑하기 힘들잖아요. 우리는 더 편하게 살려고 집사님을 원장으로 선출했어요. 그런데 더 힘들면 안 되잖아요. 집사님도 우리가 힘들게 사는 것보다 즐겁게 사는 게 좋을 거잖아요. 집사님도 우리 입장이면 더 힘들게 사실 거 아니잖아요.' 내 호소에 유 집사는 아주 단호하게 '사람의 일상은 다 하나님이 주관하시는 거야! 내가 하고 싶어서 하는 게 아니고 하나님이 하시는 거야! 이곳처럼 편하고 좋은 곳이 어딨어! 싫으면 떠나 절이 싫으면 중이 떠나는 거야!' 하고 말했다.

'후원자들에게 집사님의 실체를 알려도, 선교회가 어떻게 변질되었는지 알려도, 다 하나님이 주관하시는 거니까, 집사님은 이의 없으시겠네요.' '절 주인이 누군데요 절이 싫으면 절 주인이 절을 고치거나 부수고 새로 지어야지, 왜 절 주인인 중이 떠나요.'라고 말하고 싶었으나 쫓겨날 게 뻔해서 그러지 못했다.

1997.1.23.(목)

손영빈 집사님이 찾아왔다. 손 집사님은 선교회와 관계없는 분으로 교회 교인인데 빼어난 그의 미모가 전에 없이 굳어 있었다. 손 집사님은 유 집사가 교회 목사님의 사택 전세금 800만 원을 회수하려 한다고 말했다. 그 돈을 회수해 버리면 사택이 없어져 교회에 새로 오실 목사님이 못 오신다고 몇 번을 얘기해도 유 집사는 요지부동이란다. '나는 식구들이 원하는 대로 할 뿐이네요.' 하면서 회수하려 한다는 것이었다.

전세금 800만 원은 선교회 돈이다. 이옥진 집사님이 즉각 반박했다. '어떤 식구가 원해! 내가 운영위원들이 할 때만큼이라도 해 달라고, 우리는 더 좋게 살려고 집사님을 원장으로 세웠다고 몇 번이나 사정해도 묵살하고, 돈 챙기는 것은 와 식구가 원하는 대로 허려고 허노, 돈에 환장했는 갑다. 십일조도 안 내려고 하다가 안 내면 안 된다고 조르니까(김정서 자매가) 마지못해 내고.'

내가 거들었다. '우리 식구 중 그 돈을 회수하길 원하는 사람 한 명도 없을 거예요. 사람 편에 안 서고 하나님 편에 선다는 분이… 하나님 편에 서서 그런가? 재정을 1억 이상 가졌으면서 후원금도 더 많이 들어올 텐데, 교회 목사님 사택 돈도 챙기려는 건 너무 하는 거 아닌가?'

손 집사가 말했다. "이을영 사모님이 그러더만. 유 집사 부부가 장애인을 돕는다면서 물품들을 얻어 와서 선교회엔 조금 갖다주고 자기네 창고에 쌓아두고 자기들이 사용한다고. 또 조 집사가 선교회 돕는 것을 비디오로 찍어 놓은 걸 봤는데 선교회를 자기가 설립했고 박봉을 쪼개서 장애인을 돕는 것으로 되어 있더래요. 김기용 전도사님이(부활교회 예전 전도사로 이을영 사모의 남편) 교회를 떠날 때 그걸 터트리려다가 차마 못 했대요. 예전에 그랬지만 지금도 장애인을 돕네! 하고 돈을 얼마나 착복하고 있는지 앞으로도 얼마나 착복할지 모르는 일이에요. 식구들은 왜 그런 사람들한테 선교회를 넘겨줬어요! 자기들 먹거리를 그런 사람들 입에 다 넣어 주고…"

내가 탄식했다. "우리는 전혀 몰랐잖아요. 천사 같은 줄만 알았어요. 사모님이 그걸 터트리시지… 우리가 알았다면 절대로 안 넘겨줬을 텐데,"

손 집사님은 다시 한 번 말해 본다며 유 집사 방으로 건너갔다. 얼마 후 손 집사의 성난 음성이 들려왔다. 나는 그동안 한 번도 손 집사님이 화내는 걸 본 적이 없다. 얼마 후 다시 여자 방으로 건너온 손 집사님은 화풀이 하듯 말했다. "원장은 왜 세웠어요! 식구들끼리 여태껏 잘 살아왔으면서, 원장을 세워서 교회까지 힘들잖아요!" 내가 성을 내니까 마지못해서 그럼 그냥 두겠다더라구.

이 집사님이 또다시 '제 밥그릇을 남한테 넘겨주는 등신들이 세상천지 어디 있노!' 하며 씨근거렸다. 나는 그만 성이 나서 '집사님이 제대로 하셨으면 왜 넘겨줬겠어요! 공부에 집중해야 하는 명운 씨는 시끄러운 남자 방에서 공부하게 놔두고 공부 안 하는 운전봉사원에겐 사무실을 내주고 그러면서 명운 씨를 욕하고… 그런 식의 큰 잘못을 한두 건 했나요? 아무 잘못 없는 명운 씨는 내쫓고 싶어 하면서 여자를 능욕하는 악마 놈들은 끼고 있고 싶어 하고… 집사님의 인성과 사고가 정상이라면 유 집사님이 아무리 좋아도 남이고 식구가 대표인 게 편한 것이기에 나는 유 집사를 반대하도록 다른 시설 원장들의 형태를 제시하면서 식구들을 설득했을 거예요! 집사님은 정신세계도 장애를 가졌기에 불안해서 유 집사님을 선택했어요.' 하고 내 뱉고 싶었다. 그러나 차마 못 했다. 식구들이 예전부터 자기에 대한 불만으로 선교회를 교회로 넘기라는 말을 해 왔었고 자기는 그러기 싫어하면서 왜 제 버릇 고수해서 남에게 넘겨주게 만들어놓고 식구들 원망인가, 자기도 넘겨주는 걸 찬성해 놓고.

유 집사를 해임시켜야 한다. 예전에 전도사가 원장이었는데, 그 원장은 큰 잘못이 없는데도 식구들이 사임하라고 압박해서 내몰았다고 했다. 선교회에 유 집사 것은 아무것도 없다. 그런데도 선교회의 모든 것을 움켜쥐고 선교회 주인들인 식구들을 가축 취급을 하고 있다. 유 집사 남편이 경찰이니 매스컴에 터트리면 내쫓는 거 크게 어려운 일도 아닐 것이다. 식구들이 원한다면 내가 그것을 주도할 수도 있다. 그럴 기운이 없지만 선교회를 살리기 위해서 총대를 멜 수 있다. 하지만 그런 후엔 이전 체제로 되돌아가서 이 집사가 악마들을 수호할 텐데 그것이 끔찍하다.

오후에 이 집사님이 말했다. '나영숙은 사정이 있어서 안 들어온단다.'

1997.3.5.(수)

이옥진 집사님이 기가 막힌다는 투로 말했다. '우리는 이 건물이 장애란다. 건물이 좋아서 후원이 안 들어와 다른 곳으로 떠나야 한단다.'

유 집사가 방에 들어 왔기에 내가 후원금이 전보다 많이 들어오지 않느냐고 했더니 유 집사는 다른 곳에 비하면 우리 선교회는 거지와 다름없어. 그러니 비닐하우스로 떠나야 돼! 그래야 후원을 제대로 받을 수 있어, 했다. "비닐하우스면 환경이 엉망일 텐데 집사님 말대로 이런 좋은 곳에 살다가 그곳에 가면 사는 것 같지가 않을 텐데요." 내 말에 유 집사는 "비닐하우스라도 살만해. 이곳을 떠나야 돼 그래야 후원금을 더 받을 수 있어 이곳에 있다가 평생 이 꼴이야." 하고 말했다. 이것보다 더 좋은 곳은 없다면서 이 꼴이라니, 내가 "집사님이 우릴 좀 더 배려해 주시면 우리는 평생 이 꼴이라도 괜찮은데요." 하고 말했다. 유 집사가 "더 이상 어떻게 배려를 해, 여기보다 더 잘 해주는 곳이 어디 있어, 싫으면 떠나!" 하고 말했다. 여전히 얌전하고 조용한 음성이었다. 독을 품은 목소리가 어떻게 그토록 얌전하고 조용할 수 있는지…

'어떻게 제가 말만 하면 떠나라고 하세요?' 식구가 떠나는 게 선교회에 무슨 이익이 있다고, 내 볼멘소리에 유 집사는 '혜성 자매가 그렇게 만들잖아.' 라고 했다. 문득 진정 내가 떠나기를 원하는 게 아닌가? 라는 생각이 들었다. 장애인 시설 원장들은 바른말을 조금이라도 하는 장애인들은 내쫓거나 못 견디게 괴롭혀서 스스로 떠나도록 만든다는 게 정설이다. 내가 떠나기 원하냐고 묻고 싶은데 그럴 수가 없었다. 그렇다는 대답이 나올 것 같아서였다.

유 집사가 방을 나가고 내가 '후원금이 많이 들어온대도 식구들은 좋을 게 없지 뭐. 식구들을 위해 쓸 건 아니니까.' 하고 주절대자 이 집사님이 성난 음성으로 내뱉었다. '운영위원들이 운영할 때도 후원금이 먹고 살 만큼 들어왔는데 운영위원들은 장애인 몸으로도 부족함 없이 식구를 먹여 살렸는데 지금은 성한 몸뚱이로 운영하는데 후원금이 부족해? 전보다 더 들어오고 쓰는 건 곱절도 안 쓰는데 거지야? 그 놈의 돈 그렇게 끌어 쳐 모아서 뭐 할라 꼬, 지옥 갈 때 가져 갈라 꼬.'

1997.3.16.(일)

유 집사가 공식적으로 선언했다. '이사를 갈 거라고. 서울 상일동에 비닐하우스가 있는데 그곳으로 갈 거라고,' 오선옥 자매가 '남자들은 다 따라가기로 결정했다.'고 내게 말했다. '왜 따라가는 거냐.'고 묻자 오 자매는 '유 집사가 좋아서 따라가는 거지 뭐.' 하고 대답했다.

1997.3.17.(월)

이옥진 집사님이 말했다. 교회 목사님이(2월에 새로 부임하신 목사님) 이사 간다는 소리 듣고 얼마나 좋은 곳이기에 이런 곳을 버리고 이사를 가나 싶어서 찾아가 봤더란다. 그랬더니 사람 살 곳이 아니더란다. 돼지우리도 그런 돼지우리가 없더란다. 무허가 비닐하우스로 방이 원래 는 하난데 그걸 두 개로 만들어서 여자 방, 남자 방으로 나눴고, 방 하나는 다른 방을 거쳐서 들어갈 수 있게 되어 있고 휠체어 장애인은 혼자서 들어가지도 못허고 누가 업어서 들여 줘야 되게 되어있더란다. 거기다 도로는 가까이 있고 차들이 쌩쌩 달리고 있어서 공기도 이곳과는 비교도 안 되게 나쁘더란다. 그래서 목사님이 저절로 눈물이 줄줄 흐르더란다.

"그러면 식구들한테 이야기해서 못 따라가게 해야 되잖아요."

"그런다고 안 따라가겠나! 유 집사한테 환장하는 것들이, 운영위원들은 잘못한 게 없어도 뭔가 트집을 잡고 지랄을 했으면서 유 집사는 사람 취급을 안 해도 말 한마디 안 허는 것 봐 라, 나둬라 따라가서 돼지 취급 받으며 잘 살도록, 나 좀 살자. 혜성 씨만 안 따라가면 된다. 교 회 목사님이 식구가 한 명이라도 남아있으면 선교회가 유지되도록 해주신단다."

"목사님은 교회 목사님이지 선교회 목사님이 아니잖아요."

"그래도 도와주신단다. 선옥 씨도 안 따라가고 김가인도 안 가기로 했다."

내가 기쁨이 넘쳐서 '유 집사가 떠난다니 어떻게 이런 좋은 일이 있을 수 있죠.' 하고 외치듯 말했다. 이 집사가 말했다. '다 하나님의 은혜다.' 그리곤 또 말했다. '유 집사가 선교회 재정이 며 세간살이를 다 가져간단다.'

걸레까지 다 쓸어 갈지라도 떠나기만 하면 고맙고 감사하다. 유 집사 없는 선교회 생각만 해도 시원하고 행복하다. 그런데 얄밉다. 그동안 얼마나 악을 행했는데, 떠날 때만이라도 악 을 멈춰야 하지 않는가. 교회 목사님한테 선교회는 이곳이며 유 집사는 선교회를 떠나는 입장 인데 선교회를 떠나는 이가 선교회 재정들을 선교회 허락 없이 가져가면 안 된다는 밀서를 보 냈다.

1997.3.19.(수)

교회 예배시간에 목사님이 선교회 이야기를 했다. 이사를 간다는데 따라가고 싶은 사람은 따라가고, 남고 싶은 사람은 남으라고 선교회는 계속 유지 될 거라고 했다. 예배를 끝내고 선교회에 올라온 목사님이 유 집사에게 재정을 어떻게 할 거냐고 물었다. 김정서 자매가 '재정은 그 권리를 유 집사님에게 넘겨주었기 때문에 다 가져가야 된다.'고 말했다. 김기성 형제도 말했다. '재정은 나누는 게 아니에요. 나눠도 되는 것이면 진작 나눠 먹었어요.' '선교회 재정은 선교회를 떠나는 사람들에게 한 푼도 안 주는 거예요.'

내가 얼른 맞장구를 쳤다. '맞아요. 선교회를 떠나는 이들에게 선교회 돈을 주는 거 말이 안 되는 거예요. 그러므로 제정은 한 푼이라도 가져가면 안 돼요. 선교회를 떠나는 쪽은 그쪽이잖아요.'

목사님도 말했다. 선교회는 이곳입니다. 선교회를 떠나는 사람들이 선교회 재정을 가져가면 안 됩니다. 유 집사가 '재정을 남겨 줄 수 없어요. 다 가져갈 거예요.' 했다. 이옥진 집사님이 '하나님 편에 서서 일한다면서 왜 그렇게 재물 욕심을 부리세요.' 하고 나무랐다 유 집사는 '욕심 부리는 거 아니에요. 식구들을 위해서예요.' 했다. 나는 그만 웃음이 터질 뻔했다. 원장이 되자마자 식구들을 가축 취급하면서 티끌 만한 권익까지 박탈하고 3개월이 지난 지금까지도 매끼마다 똑같은 채소 반찬만 주면서 식구들을 위해서라니! 유 집사는 재정을 다 가져갈 거라고 계속 고집을 부렸다. 결국 목사님은 내일 다시 모여서 얘기하자고 말했다.

1997.3.20.(목)

나영진 집사가 나타났다. '그는 재정문제에 끼려고 온 건 아니야, 어떤 놈이 선교회를 망쳐 먹으면 머리통을 부셔버린다고 해서 해명하러 온 거야.' 하고 말했다. 누가 묻지도 않는데 그런 말을 하는 걸 보면 재정문제에 끼려고 온 듯했다.

교회 목사님이 나타났다. 목사님은 '유 집사님과 합의를 했는데요 부활장애인선교회 라는 이름과 전화번호는 안 가져가기로 했고요. 차와 비품은 떠나는 쪽이 가져가기로 했습니다. 후원자들은 통보를 해서 원하는 쪽을 선택하도록 했고, 재정 문제는 의논하기로 했습니다.' 하고 말했다.

유 집사가 나타났다. 선교회 식구지만 가정을 가졌기에 이웃에서 별도로 생활하는 김가인 자매와 그의 남편인 이길용 집사도 나타났다.

이길용 집사는 나영진 집사를 보자 '야! 나영진 너 다시는 이곳에 오지 마! 올 때마다 선교회를 들쑤시더니 말아 먹기까지 해!' 하고 소리를 질렀다. 나 집사는 '뭐 얏! 이 씨발새끼야! 네가 뭔데 지랄이야!' 하고 고함을 질렀다. 이길용 집사도 '너만 안 오면 문제없는 선교회야! 그걸 네가 망쳐 먹었어! 무슨 못된 심사 얏' 하고 맞고함을 질렀다. 두 집사의 육탄전이 벌어지려는 찰나 목사님이 의자를 치켜들며 그만두지 못하냐고 호통을 쳤다. 둘은 순순히 물러났다.

목사님이 물었다. 하나 묻겠습니다. '나영진 씨가 선교회 식구입니까, 아닙니까?' 거북이처럼 느려터지게 뒤적거리며 식구를 속 터지게 하는 정광성 형제가 전광석화로 '식구'라고 대답했다. 이옥진 집사님이 즉각 식구 아니라고 반박했다. 별거 아닌 것을 가지고도 이 집사를 쥐 잡듯이 잡던 나영진 집사가 웬일인지 이 집사를 잡지 않고 엉뚱한 말을 했다. '내가요 요즘 생명의 위협을 받고 있어요. 어떤 놈이 나를 죽인다고 계속 협박을 해 와요. 어젯밤에도 선교회를 망쳐 먹으면 대갈통을 부셔 버릴 거라고 전화를 해 왔어요. 그래서 변호사를 사야겠으니 변호사 비를 좀 주셔야겠습니다.'

목사님이 식구들에게 나영진 씨 요구가 합당하냐고 물었다. 아무도 대답하지 않았다. 나영진 씨 요구는 잘못된 거 같다고 말한 목사님은 회의를 시작하겠다고 말한 뒤 회의가 아름답고 선하게 진행되도록 인도해 달라는 기도를 했다. 그리고는 다 알고 있지만 한 번 더 확인을 해야겠으니 '떠날 분은 손을 들어 주십시오.' 하고 말했다. 10명이 손을 들었다. 나영진 집사가 '응—! 나는 어디에 낄까, 여기에 끼어야겠네.' 하면서 유 집사파 쪽으로 다가앉았다. 갑자기 내 머릿속에 언젠가 유 집사가 나 집사를 두고 한 말이 떠올랐다. 그것을 즉시 꼬집어냈다. '유 집사님은 가정을 가지고 외부에서 사는 사람은 식구가 아니라고 식구에서 제외시킬 거라고 했습니다.' 목사님이 유 집사에게 정말 그런 말을 했냐고 물었다. 유 집사는 '네!' 하고 대답했다. 나 집사가 '정말 내가 식구 아닙니까? 정말 식구에서 제외시킬 겁니까?' 하고 유 집사에게 물었다. 유 집사는 대답하지 않았다. 나 집사는 당황하는 기색이 역력했다. '아니 어떻게 이런 일이… 이쪽에도 안 끼워주고 저쪽에도 안 끼워주면 나는 갈 곳이 없어져 버렸네! 이거 어떻게 해야 돼!' 하고 비명을 토했다.

장애인들인 운영위원들이 식구 신분을 박탈한다면 미친 듯 날뛰며 운영위원들을 때려죽이려 할 놈이 정상인이 박탈한다고 하니 분노조차 하지 않았다. 선교회를 넘겨준 일등공신이니 따지고 항의해야 마땅하거늘, 같은 장애인한테는 폭군이던 놈이 정상인한테는 비굴한 쥐새끼라니. 같은 장애인들인 운영위원들은 저한테 크게 잘못한 게 없어도 강간하겠다던 놈이 저한테 치명상을 입히는 정상인한테는 노예처럼 굴다니, 나이도 마흔 이상 처먹은 놈이, 머리 좋다고 알려진 놈이, 나는 은근히 고소했다. 유 집사 행태가 가증스러워 나 집사 때문에 선교회를 공짜로 움켜 줬으면서 은혜를 원수로 갚네요. 토사구팽이네요! 하고 내뱉고 싶었으나 나 집사는 토사구팽 되어도 싸다는 생각으로 잠자코 있었다.

목사님이 재정을 어떻게 할 거냐고 물었다. 유 집사가 다 가져갈 거라고 말했다. 김가인 자매가 '우린 어떻게 살라고 다 가져간다는 거예요!' 하고 언성을 높였다. 그러자 나 집사가 밉살스럽다는 듯이 '이길용 이가 쓰는 공구도 선교회 거니까 다 챙겨.' 하고 말했다. 귀가 밝지 않은 이길용 집사인데 금방 알아듣고 '공구 그거 내가 내 돈 주고 산 거야!' 하고 말했다. 나 집사가 '웃기고 자빠졌네! 씨발 새끼!' 하고 욕설을 날려서 이길용 집사가 달려들고 두 집사는 또 고함을 지르며 맞붙으려다가 목사님의 제지로 물러났다. 내가 공구가 선교회 거면 선교회가 챙겨야지 하고 말했다.

목사님이 재정을 다 가져가면 안 되고 나눠야 한다고 말했다. 유 집사파들이 약속을 한 듯 합창으로 외쳤다. '재정을 왜 나눕니까. 나누면 안 됩니다.' 거북이 정광성 형제가 가장 열정적으로 나섰다. '선교회 재정을 왜 나눕니까? 선교회 재정은 선교회가 다 가져가야지.'

그때까지 나는 정 형제가 보통 속도로 말하고 행동하는 것을 단 한 번도 본 적이 없었다. 선교회 문제에 관심을 기울이거나 신경을 쓰는 경우도 본 적 없다. 빨리 좀 하라고 속 터져 죽겠다고 독촉해도 절대로 느러터진 언행을 고치지 않던 그가 보통 속도보다 더 빠른 어휘로 강력히 주장했다. '선교회가 어디입니까.' 목사님의 물음에 그는 총알처럼 빠르게 대답했다. '선교회가 우리죠. 우리가 이사 가는 겁니다. 부활선교회가 이사 가는 거라고요.' 내가 즉시 반박했다. '선교회는 이곳입니다. 재정은 아까 말한 것처럼 선교회 것이고요. 기성 씨도 말했죠. 선교회를 떠나는 이들에게 선교회 재정은 한 푼도 안 주는 거라고 선교회를 버리고 떠나는 사람들이 선교회 재정을 다 가져가는 것은 있을 수 없는 일입니다.'

그러자 주방장 이한신이 조용히 '햇!' 시건방지겟! 하고 소리를 지르는 게 아닌가. 나보다 나이가 아래여서 어제까지도 나를 언니라고 부르던 인간이었다. 언니에게 건방지다니 내가 '너는 가만히 있어 너는 선교회 구성원이 아니야. 직원이야, 나설 입장이 아니야!' 하고 말했다. 그러자 이한신은 몸을 발딱 일으켜 무릎으로 꼿꼿이 서면서 두 주먹을 불끈 쥐고 당장 때려 죽일 듯한 기세로 두 눈을 부릅뜨고 나를 무섭게 노려보며 '그래 나는 직원이닷! 어디 한번 해볼 랫!' 하고 외쳤다. 눈에는 살기가 가득했다. 나는 전신에 소름이 쫙 끼쳤다. 단세포적 머리여서 사고력이 낮았지만 언제나 식구들에게 따뜻하고 올바른 사람처럼 행세하는 그의 어디에 살기가 숨겨져 있었을까?

사지육신 멀쩡한 몸으로 몇 달 동안 빌붙어 처먹어도(이전에) 아무 말 않고 봐주었더니 그것을 원수로 갚네! 유 집사파 답구나! 하고 퍼 대고 싶은데 충격으로 입이 열리지 않았다. 목사님이 년을 제지했다. 정광성이 나를 공격했다. '들어온지 얼마 되지도 않았으면서 나서서 시비야! 입 다물고 가만히 있어. 씨一!' 그도 내 동생뻘이었다. '흐흠! 들어온지 오래 되었으면 그만큼 선교회 신세를 많이 진 것인데 그래서 배신을 하고 짓밟는구나!' 하고 내가 받아쳤다.

조인우가 소리를 질렀다. '가지 마—! 어디 재정을 뺏으려 들어 도둑들 아냐 이거! 다들 떠나지 마. 도로 주저 앉앗!' 김가인 자매가 즉시 반격했다. '안 되지. 누구 맘대로 주저앉아, 떠난다 했으면 떠나야지!'

식구들은 나와 정신지체 인들을 제외하곤 모두 기도 꾼이다. 예배시간 외에도 틈틈이 교회 내려가 기도를 한다. 기도가 생활인 이들이다. 그런 이들이 자기들의 인권과 주권의 모든 권익을 모조리 빼앗은 유 집사에게 선교회 돈을 다 안겨주려고 양심도 의리도 인정도 다 팽개치고 있었다. 돈에 환장한 유 집사가, 돈에 미쳐서 석 달이 넘도록 가축 사료 주듯 매끼마다 같은 음식만 준 이가, 재정을 자기들을 위해 쓸 거라는 멍청한 생각을 하는 것일까. 최용일 형제가 재정을 식구 수대로 나누자고 했다. 목사님이 그러면 '저쪽이 7천을 갖고 이쪽이 3천을 가집시다.' 하고 말했다. 저쪽이 10명, 이쪽이 10명인데 어떻게 식구 수대로 하냐고 지적해야 했지만, 누구도 하지 않았다. 이옥진 집사님이 '기름 티켓 200만 원어치 있는데 그것도 나눠야 된다.'고 말했다. 김정서 자매가 그것은 돈으로 환산해서 재정에 포함시켰다고 말했다.

원 재정이 1억 원이기에 그에 대한 이자와 200만 원을 포함시키면 1억 이상이라고 말해야 했지만 나는 잠자코 있었다. 매년 12월에는 후원금이 1,000만 원 이상 들어왔고 유 집사 부임 후엔 더 들어왔을 것이기에 그 재정도 수백만 원 이상일 거라고 생각했지만 그 또한 말하지 않았다. 유 집사가 1억뿐이라고 거짓말을 할 게 뻔하고 상황이 빨리 끝났으면 해서였다. 목사님은 기존의 선교회 통장은 해지시키고 새로 통장을 만들기로 유 집사와 합의를 했다고 말했다.

선하고 아름답긴 커녕 살벌하기 짝이 없는 회의가 끝나고 방으로 돌아와서 내가 김정서 자매에게 말했다. '왜 따라 가노. 유 집사를 겪어 봤으면서, 가난한 자를 멸시하는 자는 그를 지으신 이를 멸시하는 것이라고 했는데 장애인을 징그럽다고 하는 사람에게 가서, 하나님을 징그럽다고 하는 이들과 어떻게 살려고 그래.' 김 자매는 아무 말도 안 했다. 그를 붙잡고 싶었다. 착하고 머리 좋고 내게 잘해준 식구다. 보답을 하고픈 데도 너무 힘들고 아픈 상태라 다음에 해야지 하며 미루어 왔는데 떠나버리면 그럴 기회가 안 올 수도 있다. 무엇보다 환경이 엉망이라는 게 걱정되었다. 선교회를 넘겨준 일등공신 나 집사를 내 치는 걸 보라고. 언젠가는 정서 씨도 내칠 거라며 설득하고 싶었다. 하지만 유 집사와의 애착이 깊고 이옥진 집사를 몹시 싫어하기에 소용없을 것이었다. 내게 잘해준 식구조차 붙잡을 능력이 없는 내가 참을 수없이 싫어졌다.

1997.3.21.(금)

주방장 이한신이 여자 방에 들어왔다. TV를 보기 위해서였다. 내가 '왜 내가 시건방지다고 생각하냐.'고 물었다. '말이 너무 길어서.'라고 이가 대답했다. '그래? 그 정도가 긴 거야? 해야 할 말도 다 못 했는데 그게 시건방진 거라면 나설 입장도 아니면서 나서는 건 어떤 거지?' 내 말에 이가 또다시 눈에 살기를 가득 채우며 어젯 밤과 똑같이 앉은 자세에서 발딱 몸을 일으켜 무릎으로 꼿꼿이 서면서 두 주먹을 불끈 쥐고 살기 가득 찬 눈을 부릅뜨고 나를 노려보면서 "어디 해 볼래!" 하고 외쳤다. 당장 때려죽일 듯한 기세였다. 나는 또다시 소름이 쫙 끼쳤다. 해보라고 들이 대고 싶었지만 그러면 진짜 때려죽일 것 같았다. 그래서 얼른 일어나 방을 나오면서 '저런 사람인 줄도 모르고 내가 좋아했으니' 하고 탄식했다.

년이 즉시 되받아쳤다. '나도 마찬가지야! 이중인격자!'

'너야말로 이중인격자지! 야누스인가? 어떻게 여태껏 그런 살기를 감추고 선한 사람인 척 해왔지?' 응수하는 내 가슴에 비수가 깊숙이 파고들었다. 간신이 거동할 만큼 아프고 무기력한 상태라서 해준 건 없지만 속으로 얼마나 좋아하고 사랑하는 년인가. 천사도 돈 앞에선 악마가 되는 게 인간이구나!

1997.3.22.(토)

유 집사는 넋이 나간 듯하다. 멍해 보이는 상태로 출근해서 자기 방에 들어가 화장실에 갈 때 외엔 하루 종일 나오지 않는다. 선교회를 옮겨갈 계획이 무산되어 허탈한 듯하다. 제대로 했으면 식구들이 다 따라갈 것이고 선교회는 자동적으로 옮겨질 것이었다. 그에게 내가 일격을 가했다. '집사님! 세간살이를 그냥 두고 가시면 안 될까요? 우리가 새로 장만해 정돈하려면 이길영 집사님이 허리가 아프다 하는데 너무 힘들 것 같아서요.' 하고 말했다. 벽에 기댄 체 힘없이 앉아 있던 유 집사는 "혜성 자매가 원하는 대로 해." 했다. 내 요청에 처음으로 떠나라는 말을 안 하는 순간이었다.

김학철 형제는 유 집사파에 섰다가 자진해 선교회로 돌아섰다.

1997.3.23.(일)

대한OO의 김원일 국장님이 노기등등해서 들이닥쳤다. '이사를 간다고!, 돈을 벌기 위해서 비닐하우스로 간다고!, 장애인들이 물건이야! 돈벌이로 이용해 먹겠——! 이사를 간다기에 좋은 곳이 있어서 가는 줄 알고 가봤더니 순——! 돼지우리보다 못한 곳으로 장애인들을 처넣어! 안 그래도 몸 불편한 장애인들을 어디 그런 곳에 처넣으려고 이사를 햇! 그리고 떠나려면 그냥 떠나야지, 왜 이곳 재산을 가져가는 거야! 단체를 하려면 자기 것으로 해야지, 왜 남의 것을 가져가냐 곳——!' 하고 김 국장님이 고함을 버럭버럭 질러댔다. 같은 식구들한테는 살벌하기 짝이 없는 유 집사파들이 찍소리도 내지 않았다. 유 집사는 방에 있으면서도 내다보지 않았다. '재정은 이미 나눴다니까 내버려두겠는데 살림살이는 손대지 맛! 조정일이는 경찰이야. 다쳐!'

얼마간 고함을 질러 된 국장님은 백완경 형제에게 어떻게 하기로 했냐고 물었다. 백 형제는 국장님의 친구 형이다. 백 형제가 떠날 거라고 대답하자 국장님은 소리를 버럭 질렀다. '안됏! 여기서 떠나면 안 됏! 내가 형님을 여기에 맡겼는데 형님이 잘못 되면 나는 선우(백 형제 동생)한테 맞아죽어!'

한참만에 김 국장님은 노기를 가라앉히고 오랫동안 한 식구로 살았으니 좋게 헤어져야 한다면서 함께 사진을 찍자고 했다. 나는 그러기가 싫어서 교회로 내려갔다가 얼마 후에 올라오니 나영진 집사 놈이 국장님한테 이쪽저쪽을 다 싸잡아 비난을 하고 있었다. 양쪽 다 이기심과 욕심만 머리 꼭대기에 차 있어서 선교회가 망가지고 분리되고 이 꼴이 되었다는 것이었다.

참으로 가증스러운 놈이었다. '적반하장도 유분수지 선교회를 이 꼴로 만든 건 네놈이잖아, 네놈이 이 꼴로 만들어놓고 누구한테 뒤집어씌우는 거야!' 하고 퍼 대고 싶은 것을 상대도 하기 싫어서 잠자코 있었다. 백 형제는 김 국장님의 위협으로 선교회로 돌아섰다. 유 집사파 식구는 8명 선교회 식구는 12명이 되었다. 재정은 선교회가 더 챙겨야 했지만 누구도 언급하지 않았다.

1997.3.24.(월)

'나 집사가 그러는데 선교회를 유 집사한테 넘긴 건 자기가 아니래, 각본이 다 짜여져 있었던 거래. 자기는 각본이 짜여진 대로 따라 갔을 뿐인데 억울하게 선교회를 말아먹은 악인으로 죄 없이 덤태기를 쓰고 있는 거래.' 하고 이경혜 자매가(교회교인) 말했다. 각본 짠 자가 누구냐는 내 물음에 이 자매는 "정서 언니래" 하고 대답했다. 내가 말했다. '그 새끼 끝까지 인간이길 거부하네. 정서 씨가 각본을 짰다 해도 자기가 짠 거나 마찬가지야. 정서 씨가 제 놈 뜻을 거스르는 사람이야. 선교회 권력자는 제 놈이야! 운영위원이고 평식구고 제 놈 뜻 거부하는 사람 한 명도 없어. 그런데 그런 중대한 일을 정서 씨 혼자서 짜? 제 놈이 짰거나 짜라고 시켰겠지. 제 놈이 원치 않는데 정서 씨가 짰다면 정서 씨를 때려죽이려 했을 걸. 어디 정서 씨한테 뒤집어씌워. 더러운 놈이, 선교회가 개판이라고 유 집사한테 넘겼는데 선교회가 개판이면 선교회 최고 권력자인 제 놈한테 책임이 있는 거지, 제 집이 따로 없고 우리처럼 선교회가 집이라면 개판 아닌 똥판이어도 안 넘겼을 거야! 집이 따로 있어서 넘겨주고 살 수 있으니까 넘겼지. 식구들이 다른 시설 장애인들보다 자유도 누리고 권익도 보호 받고 있으니깐 배 아파서 넘겼겠지. 아니라면 유 집사가 식구를 짐승 취급하는 걸 보고만 있지 않았을걸. 제 놈이 식구들을 조금이라도 생각했다면 유 집사를 내쫓았을 거야! 조정일 집사가(유 집사 남편) 경찰이기 때문에 매스컴을 이용해서도 해임 시키는 것 일도 아니야. 그런데 내쫓을 생각은커녕 지가 내쫓겨도 찍소리도 안 했어. 식구들이 지를 내쫓았다면 미친개처럼 날 뛰며 식구들을 때려죽이려 했을 거야! 같은 장애인인 운영위원들은 별것 아닌 것에도 사냥개처럼 물어뜯었으면서 식구를 개돼지 취급을 한 유 집사한테는 찍소리 안 한 건 식구들이 개돼지 취급 받는 게 좋아서였겠지 쥐새끼 같은 놈이.'

오후엔 동사무소의 민복기 복지사가 찾아왔다.

"이사를 간다면서요? 어디로 간다는 거예요?"

"비닐하우스로요. 이곳은 건물이 좋아서 후원금이 적게 들어와서 비닐하우스로 가야 한 대요."

"지능이 있는 식구들은 다 떠난다면서요."

"지능이 있기는 한데 좋지는 않아서 생각하는 게 작은 테두리를 못 벗어나요. 사고력이 모자라요."

"참 알 수 없는 일이야! 이만한 곳이 없는데 원장을 세운다고 난리더니 이제는 또 떠난다고 난리니 대체 왜들 이러는 거야!"

"이만한 곳이 없어서 그러는 거예요. 호강에 겨운 나머지. 변기통 속으로 들어가는 거예요."

민 복지사는 어두운 얼굴로 돌아갔다. 그때 김청 아저씨가 눈물을 쏟으며 서 있는 게 보였다. 유 집사파 최병일 형제와의 친분관계로 어쩔 수 없이 떠나기로 했지만 떠나기 싫다면서 매일 눈물을 쏟고 있었다. 내가 '떠나기 싫으면 안 떠나도 되요, 생각해 보고 다음에 떠나고 싶을 때 떠나세요.' 하고 말했다. 아저씨는 "그래도 돼?" 하고 물었다. "그럼요 김학철 형제도 안 떠나기로 했잖아요. 아저씨도 하고픈 대로 하셔야 돼요." 내 말에 아저씨는 환하게 웃으며 눈물을 닦으며 기쁜 듯 말했다. "난 안 가 떠나기 싫어 이곳에서 살 거야!"

1997.3.25.(화)

김기성이 김청 아저씨를 사납게 몰아치고 있었다. '떠난다고 했으면 떠나야지 왜 안 떠나는 거야! 비겁하게 배신자가 되면 어떤 꼴을 당할 줄 알지 영감!'

김은 30대, 김 아저씨는 60대다. 아저씨는 겁에 질린 얼굴로 아무 저항도 못 하고 있었다. 지능은 정상이지만 뇌성마비를 살짝 안고 있는데 순하고 선하다.

'김기성 알아서 하게 내버려둬! 평양감사도 저 싫으면 그만이라잖아. 싫다는 걸 억지로 데려가면 나중에 원망 들을 수 있어!' 내 말에 놈이 다짜고짜 욕설을 퍼 댔다. '이 개 같은 년앗! 내가 욕 할 줄 몰라서 가만히 있는 줄 아냣, 이 더런 년앗!'

놈은 나보다 세 살 아래다. 동생뻘인 놈한테 죄도 없이 쌍욕을 들은 치욕에 피가 거꾸로 솟았다. '이 새끼가 눈에 뵈는 게 없냐? 열심히 기도하더니 그렇게 막돼 처먹으려고 기도하니! 기도할 때 하나님이 그렇게 막돼 처먹으라고 했냣! 네가 무슨 권리로 싫다는 사람을 협박해 끌고 가려하니!' 하고 내가 퍼 대자, 놈은 계속 쌍욕을 퍼 대며 휠체어를 탄 채 내게 돌진했다. 나를 휠체어로 들이받으려는 것이다. 가까이에 있는 화분을 들어서 놈의 머리통에 던져버리고 싶은 걸 차마 못 하고 나는 놈을 피했다. 놈은 김학철 형제에게도 안 떠나면 장사를 못하게 할 거라는 협박을 했다고 오선옥 자매가 말했다.

1997.3.26.(수)

김청 아저씨가 떠난다고 선언했다. 김기성 놈은 의기양양 하더니 정신지체인 성용단 형제를 위협했다. '이 멍청한 새끼야! 왜 떠난다고 해놓고 안 떠난다는 거야! 떠난다고 했으면 떠나야 되는 거야 이 멍청한 새끼야! 머리가 모자라면 말이라도 잘 들어. 이 배신자야!'

성 형제는 판단력이 없기에 친형의 뜻에 의해 그대로 있기로 결정되었었다. 내가 말했다. '선교회를 버린 자가 배신자지. 왜 용단 씨가 배신자야. 멍청이라도 너보다 나은 사람이야 용단 씨는 식구를 도와주며 살지만 너는 그렇게 사니? 그렇게 끝까지 오랫동안 함께 살아 온 식구에게 못된 짓을 하면서 떠나야겠니? 돼지우리 같은 곳으로 끌고 가야 되겠어! 안 그러면 안 되겠어?'

웬일인지 놈은 잠자고 있었다. 김가인 자매가 유 집사에게 말했다. '빨리 떠나세요. 적반하장도 유분수지 누구더러 배신자래! 자기들이 배신자면서 우리에게 배신자라고.' 이를 갈고, '더 함께 있다면 큰일 나겠어요.'

저녁 때 조인우 놈이 내게 그동안 못되게 굴어서 미안하다고 말했다. 진정성이 조금도 느껴지지 않는 말투였다. 면죄부를 받으려 가식적으로 하는 것 같았다. 그래서 내가 '여자를 짐승처럼 능욕하려는 게 사과해서 되는 일인가요. 사과해도 용서할 수 없는 거예요.' 하고 말했다. 놈이 즉시 쌍욕을 퍼 댔다. 그래서 '어쩔래, 이 씨 팔년아!'

곁에 있는 음식 쓰레기통을 놈의 머리통에 내던지고 싶었으나 차마 그러지 못하고 '네 놈이 끝까지 인간이 아니구나! 하긴 세상이 뒤집혀서 쥐새끼가 사람이 되는 일이 일어나도 너 같은 악마는 절대로 사람이 안 되지!' 하고 퍼 대며 자리를 떴다.

1997.3.27.(목)

유 집사와 그의 추종자 식구들이 떠났다. 7,000만 원이 넘는 선교회 돈을 유 집사에게 안겨 주고도 선교회 남겨진 3,000만 원도 안겨 주지 못해서 선교회 식구들에게 적개심을 품고 거의 10년을 함께 살아온 식구들에게 인사도 없이 차갑게 떠났다. 자기들의 자유와 권리를 지켜준 선교회를 버리고 자기들을 가축 취급하면서 돈 벌이 도구로 이용할 유 집사를 따라갔다. 8명이 떠나가고 12명이 남았다. 저녁식사 후 가정예배 때 교회 목사님이 찾아와 예배를 인도했다. 예배 후 목사님은 기쁜 목소리로 말했다. '여러분들과 함께하게 되어서 매우 기쁩니다. 앞으로 우리 멋있고 행복하게 삽시다.' 식구들의 얼굴에 행복한 미소가 번졌다. 목사님이 나간 후 내가 이옥진 집사님에게 목사님에게 선교회를 맡아 달라고 했냐고 물었다. 집사님은 아니라고 대답했다. 목사님은 '선교회 대표가 된듯 하셨잖아요.' 내 말에 이 집사님은 '나둬라 목사가 맡으면 안 낫겠나.' 했다.

1997.3.29.(토)

받는 기능만 가진 전화기가 일반 전화기로 교체되었다. 유 집사 부임 이틀 후부터 떠날 때까지 거의 4개월 동안 단 하루, 아니 단 한 끼도 바뀌지 않던 콩나물, 묵나물, 김치, 시래기, 된장국도 다른 반찬으로 바뀌었다. 목사님은 운영위원 때의 제도를 다 되살린다고 말했다. 이성기 집사님에게 월 4만 원의 의료비도 다시 지원하고 성용단 형제는 물론 조한수 형제에게도 용돈 10,000원을 매달 지급할 거라고 했다. 그러면서 자기는 돈 문제에 일체 관여 안 할 거라고 말했다. 이웃집 김유진 아줌마가 다시 주방 일을 하게 되고 유 집사 방은 목사님 방이 되었다. 감옥처럼 음울하고 무겁고 냉기가 감돌던 선교회가 햇살처럼 밝고 온기가 감도는 곳이 되었다.

1997.4.6.(일)

저쪽 식구하고 통화를 했는데 식구들이 마음을 못 잡고 헤매고 있단다. 하고 이옥진 집사님이 말했다. "왜 마음을 못 잡아요. 그토록 섬기는 유 집사한테 엄청난 돈을 안겨 주고 앞으로도 더 안겨 줄 텐데." 내 말에 이 집사님이 "비닐하우스라고 해도 살 만한 곳인 줄 알았지 그 정도인 줄 몰랐단다. 남자들은 방에 누우면 머리는 위쪽 벽에 닿고 발은 아래쪽 벽에 닿고 남는 공간이 없어서 옴짝을 못한단다." 하고 말했다. 내가 코웃음을 치면서 말했다. "원장이 되자마자 식구를 가축 취급하고 권익을 다 박탈한 인간이 돈 아까워서 어떻게 살 만한 곳으로 데려 가겠어요. 거지처럼 보이게 해서 돈 끌어 보려는 목적으로 데려가는 것인데. 김원일 국장님도 그랬잖아요. 돼지우리보다 못한 곳으로 데려간다고, 나영진 집사는 식구들이 그 꼴 되어서 기분이 좋겠네요. 같은 장애인들이 선교회 대표인 것을 못 봐서 걸핏하면 횡포를 부리고 선교회를 개판으로 운영한다고 유 집사한테 넘겨주더니 유 집사가 진짜 개판으로 운영하니까 마음에 드는지 아무 말 안 하다가 이젠 아예 통판에다 식구들을 처넣었으니 얼마나 기쁘겠어요. 그런데 식구가 조금밖에 안 갔는데도 옴짝 못할 정도로 비좁은데 어떻게 다 데려가려 했대요? 유 집사 완전 미친 거 아녜요?" 이 집사님은 또 말했다. "이름은 (유 집사네) OOO선교회란다."

1997.4.11.(금)

효죽동 교회 박완성 목사님한테서 전화가 왔다. 통화를 끝낸 이옥진 집사님이 말했다. 박 목사님이 왜 부활같이 좋은 곳을 버리고 갔나 싶어서 찾아가 봤는데 '기도 안 차더란다. 남자 들이 자기들이 성급했다고 하면서 너무 힘들다고 하더란다.'

문득 그들을 다시 데려와야 한다는 생각이 들었다. 식구가 많아야 후원도 더 들어오니 목사 님도 받아 줄 것 같았다. 그런데 거의 10년을 함께 살아온 식구들에게 선교회 돈을 한 푼도 안 주려고 독기를 내뿜던 모습이 떠올랐다. 내게 살기까지 내뿜던 이한신 년도 떠올랐다. 소름이 끼쳤다. 나는 고개를 저었다. 그런데 유 집사는 선교회 건물도 팔아서 가려고 했었단다. 팔려 고 애를 썼는데 건물이 '노회유지재단'에 등록이 되어 있어서 못 팔았다고 부활교회 목사님이 이야기했다.

1997.4.13.(일)

목사님이 창문 너머 땅을 바라보며 간구했다. '하나님! 저 땅을 우리에게 주시옵소서!'

땅은 선교회 건물부지에 붙어있는 것인데, 선교회가 재건축을 하려고 오래 전부터 매입하기 를 소망한 것이다. 내가 말했다. "목사님 그 땅만 달라 마시고 그 옆에 있는 땅까지 달라고 하 세요. 새로 건축할 때 크게 지어서 마을 어른들 쉬는 방도 만들고 나무랑 꽃을 많이 심을 수 있도록요." 목사님이 화답했다. "그럼 저 땅만 아니라 저 산 밑의 땅까지 달라고 합시다."

오후엔 외부 장애인 진병수 집사와 그의 아내 박미영 자매가 옥탑방에 입주했다. 김학철 형 제는 말도 없이 떠나버렸다.

1997.7.24.(목)

목사님이 말했다. '유 집사네 선교회가 얼마 전 TV에 나왔다고, 유 집사 남편 조정일 집사가 자기 개인 돈을 털어서 선교회를 만들어 장애인을 돌본다고 나왔더란다. 부활선교회 돈을 7,000만 원이나 가져갔는데 다 어쩌고 자기 개인 돈을 털었노.'

(이후 오래 지나지 않아서 유 집사네 선교회 식구들이 뿔뿔이 흩어져 있다는 소식이 들려왔다. 국가로부터 생활비를 지급받는 개인 통장을 조정일 집사에게 뺏기게 되자 거의 다 떠났다고 했다. 내게 살기를 내뿜던 이한신도 짝꿍과 수백만 원을 가지고 있었는데 완전 빈털털이로 떠났다 했다. 유 집사네는 서울 변두리에 땅을 3,000평 샀다는 소문도 들려왔는데 이후 유 집사와 조 집사는 둘 다 목사가 되었다)

1997.7.25.(금)

최용일 형제가 떠나고 이운기라는 하반신 장애인인 30대 남자가 새 식구로 입소했다. 목사님은 새로 구입한 컨테이너로 사무실을 옮겼다.

1998.2.26.(목)

OO교회 청년회에서 봉사를 하러 왔는데 그중 한 청년이 봉사원으로 근무하길 원해서 채용하기로 했단다. 청년의 이름은 황운영이고 출퇴근 할 것이라고 한다.

1998.7.23.(목)

점심때 콩국수가 나왔다. 콩물이 엊그제 것인데 관리를 잘 못 했는지 맛이 살짝 변해 있었다. 내가 무심히 '맛이 살짝 갔네!' 라고 했더니 황운영 전도사님이(신학대 출신이라고 그렇게 호칭했다) 아주 고까워하는 어조로 '우리는 혜성 씨가 해주는 음식만 먹어야 돼. 그래야 신선한 음식만 먹지.'하고 말했다. 내가 음식이 상했다고 불평이라도 한 듯했다. 불평했다 한들 자기한테 한 게 아니니 자기가 고까워해야 할 게 없다. '상한 음식 줬다고 불평이라도 했으면 때리겠네요.' 라고 말하고 싶었지만 아무 말도 못 했다.

하여튼 이상한 전도사님이다. 아무것도 아닌 식구들의 언행에도 가차 없이 윽박지르듯 면박을 준다. 며칠 전에는 이운기 형제가 휠체어 부품을 사다 달라고 비용을 주고 부탁을 했는데 다른 부품을 사왔다. 이 형제 입에서 '어, 이게 아닌데.' 라는 말이 무심히 흘러나오자 잘못

사왔다고 지적을 한 것도 아닌데 전도사님은 즉시 '사다 주면 고맙다고 인사는 안 하고' 라고 윽박지르듯 면박을 주면서 저리로 가 버렸다. 월급 받고 봉사하면서 마치 거저 해주는 듯하다. 나는 몇몇 시설을 거쳤지만 직원이 아니 원장조차도 황 전도사님처럼 사소한 것에 불한당마냥 함부로 면박 주는 경우를 본 적이 없다.

1998.9.4.(금)

나영진과 윤철영 형제가 찾아왔다. 지나던 길에 들른 것이라고 했다. 나 집사가 어떤 놈인지를 잊었는지(간 뒤에 나는 생각했다) 식구들이 환호성을 지르며 반가워했다. 모두 유쾌하게 이야기를 나누고 있는데 황 전도사님이 들어왔다. 평소 때와 달리 차갑게 굳은 얼굴이었다. 나집사와 윤 형제가 인사를 해도 마지못한 듯 '네,' 라는 대답만 하고 인사는 하지 않았다.

밤에 목사님이 곱지 않은 얼굴로 '나영진이가 뭔데 식구들이 그렇게 반가워해요, 앞으로는 그 사람이 오더라도 반가워하지 마세요. 그 사람이 선교회 뭘 해줬다고 반가워하는 거예요. 그냥 평범하게 대하세요. 그 사람이 그렇게 좋으면 그 사람한테 가서 사세요.' 하고 비난하듯 말했다.

낮에 목사님은 선교회에 없었다. 식당에서 식구들이 나 집사 등과 유쾌하게 이야기하고 있을 때 전도사님이 굳은 얼굴로 내내 곁에 앉아 있더니 목사님한테 악의적으로 보고를 한 것 같았다. 옛 식구를 반가워하는 것도 죄냐고 우리는 누구를 반가워할 자유도 없냐고 묻고 싶은데 차마 그러지 못했다. 목사님이 나간 후 이운기 형제가 말했다. '외출도 하지 말라더라구'

"누가?"

"전도사님이."

"설마."

"진짜예요. 밖에 나가려면 허락을 맡으라고. 그래서 몰래 나갔다가 왔더니 그랬다고 야단이야 전도사님이."

"혼자 나갔어?"

"용단 형이 휠체어를 밀어줬어!"

"그런데 무슨 사고가 난다는 거야! 찻길도 아니고, 비탈길도 아닌데."

"짐승처럼 가둬놓고 싶어서 그러지 뭐."

1998.9.8.(화)

황 전도사님이 말했다. 목사님이 일을 분담해야 한 대요. "용단 한수에게만 시키지 말고 이옥진 집사님과 혜성 씨가 나눠서 해야한대요." 내가 말했다. "나는 아파서 내 몸도 간신이 지탱하고 있는 상태예요. 환자인 내가 어떻게 일을 해요."

전도사가 혜성 씨보다 더 심한 사람도 일해요. 마음만 있으면 어떤 일도 할 수 있어요. 하기 싫으니까 못 하는 거지 하고 면박을 주었다. "내가, 마음대로 되는 거라면 정말 좋겠어요. 일하며 내 힘으로 좀 살아보게." 하고 말했다. 전도사님은 "용단 한수만 일하는 게 가여워 죽겠어요. 목사님도 가슴 아파해요. 그러니 좀 나눠서 해요." 하고 말했다.

성용만 조한수 형제가 주로 하는 일은 청소다. 실내를 쓸고 닦고 성 형제가 걸레를 빨아 널고 내가 식구들의 빨래를 세탁기로 돌려서 널어 말리면 걷어 오고 이 집사님의 속옷 빨래를 탈수해 너는 게 거의 전부다. 화장실 청소는 이길용 집사가 한다. 운동을 하지 않으니 그나마 안하면 근육이 약해질 수 있다. 환자인 내가 치료를 못 받고 식사도 제대로 못 하고 있어도 신경쓰지 않으면서 일은 하라니. 성 형제 조 형제는 나 같은 병자도 아니고 식사도 잘하고 장애 상태도 나보다 경하다. '그렇게 가엾으면 전도사님이 좀 하세요. 전도사님은 건강하고 월급도 받으시잖아요. 운전만 하지 말고 청소도 좀 하세요!' 라고 내뱉고 싶은데 그러지 못하고 '병자가 치료도 못 받고 식사도 하루 두 끼 그것도 한 끼에 겨우 서너 숟갈 먹는데 일을 시키고 싶으신가? 일할 수 있는 상태면 일을 해서 떳떳하게 혼자 힘으로 살지 왜 이런 곳에서 가난뱅이로 힘들게 살 거라고' 하고 내뱉었다. 전도사님은 더 말하지 않았다. 얼마 후 내가 통증 때문에 인상을 쓰자 조한수 형제가 "아퍼?" 하고 물었다. 내가 놀리느라고 "네가 말을 안 들어서 아픈 거야!" 하고 말했다. 목사님이 지나가시면서 "얼마나 부려 먹으면 말을 안 들을까." 하고 말했다.

1998.9.9.(수)

이길용 집사가 소리를 버럭 질렀다. '왜 우리 집엔 유효기간 지난 빵만 주는 거 얏!' 이길용 집사는 가정이 있어 외부에서 별도로 살기에 후원품에 대해 세세하게 알지 못한다. '그런 빵만 들어왔어요. 우리가 먹는 것도 똑같아요.' 내 말에 이 집사는 더 말 않는데 황 전도사가 내게 '언제 들어온 빵인데 유효기간이 지났다는 거예요.' 하고 사납게 야단을 쳤다. 내가 '오늘 들어온 것인데 날짜가 지났더라고요. 요새 계속 그런 것만 들어오잖아요.' 하고 사실 그대로 말했다. 그래도 전도사는 '유효기간이 왜 지나요.' 하고 또 야단을 쳤다. '유효기간이 왜 지났는지 내가 어떻게 알아요. 봉지에 있는 날짜가 지났으니까 지난 것으로 알지 그리고 내가 지났다고 했어요. 왜 나한테 그래요.' 어이없어 하는 내 태도에도 전도사는 '오늘 들어온 건데 왜 유효기간이 지났다는 거예요.' 하고 계속 야단을, 아니 호통을 쳤다. 유효기간을 언급한 사람은 두고 생사람을 잡는 것이다. 이길용 집사도 장애인인데 그 대신 나를 잡는 것은 이길용 집사는 만만하지 않기 때문일 것이다. 이옥진 집사님이 그에게 엊그제 '요즘은 유효기한 지난 빵만 들어오네예.'라고 이야기 했었다. 그때 이 집사한테도 아무 말 안 했으면서 무고한 내겐 내가 죄라도 지은 양 계속 호통을 치는 것이다. 어이가 없으면서도 뭐! 이런 인간이 다 있어! 라는 말이 튀어나오려고 했다. 유효기한이 지났다고 내가 지적했다고 한들 거짓말이거나 불평한 게 아니니 잘못이 아니지 않는가?

'빵 봉지에 적힌 유효기한 날짜가 지나도 오늘 들어온 것이면 유효기한이 안 지난 거냐고 유효기한 지났다고 내가 욕이라도 했냐고, 빵 갖다준 이가 전도사님 애비라도 되냐고, 전도사님이 원장이라도 되냐고.' 퍼 대고 싶은데 기가 막혀서 말이 나오지 않았다. 분해서 눈물만 나왔다.

전도사는 정신적 장애인이다. 나보다 나이가 많은 것도 아닌데 가끔씩 불한당처럼 엉뚱한 억지로 내 심장을 할퀸다. 내게 하는 짓을 정상인에게 했으면 두들겨 맞아서 몸이 성치 않을 텐데 그렇지 않은 것을 보면 정상인에겐 막된 언행을 안 한 게 분명하다. 장애인에게 악하게 구는 것들 대부분이 그러하듯이, 직원일 뿐이면서 권위라도 가진 듯이 함부로 구니 원장이면 가관이 아닐 것이다. 아무튼 장애인이 태산 같은 죄라는 것을 심심치 않게 깨우쳐주는 전도사다.

(위와 같은 전도사의 막된 언행이 종종 있어도 나는 제대로 대항도 못했는데, 후일에 전도사는 내게 진중한 목소리로 혜성 씨가 나한테 한 것을 보면 '혜성 씨는 성질이 사나워요.' 라고 말했고 그에 나는 큰 충격을 받았다)

1998.9.10.(목)

황 전도사가 식단을 짜서 식생활을 계획적으로 해야 한다고 말했다. 이옥진 집사님이 자기는 식단을 못 짠다고 말했다. 내가 예전에 짜 봤는데 '우리는 비싼 재료 음식을 먹을 형편이 안 되니까 재료 선택을 제한적으로 하려니 쉽지 않더라고요. 그때그때 상황에 맞춰서 해 먹는 게 좋을 것 같아요.' 하고 거들었다. 황 전도사가 사나운 목소리로 '내일부터 고기 종류만 사서 혜성 씨가 주방일 다 해요.' 하고 윽박질렀다. 순간 나는 내가 해선 안 될 말을 했나 싶었다.

식구가 잘못했을 때만 윽박지르는 전도사가 아님에도, 내가 기분이 좋지 않아서 '내가 왜 그런 말을 들어야 되죠.' 라고 한 다음 '전도사님은 가끔씩 오선옥 씨(지능이 살짝 낮은) 같은 때가 있어요.' 하고 말했다. 전도사가 노기등등한 얼굴로 곁에 있는 오 자매에게 '이건 선옥 씨를 모욕하는 거예요 나 같으면 이런 모욕을 받으면 머리칼을 잡아 뜯어 놓을 거예요.' 하고 말했다. 내가 속으로 '전도사님은 혀를 잡아 뜯어놔야 돼요.' 라고 응수했다. 그러나 곧 전도사님이 상처 받으면 어쩌지 라는 걱정이 들었다. 제발 상처가 오래 가지 말기를…

1998.9.12.(토)

이옥진 집사님이 '혜성 씨보고 처먹는 거 잘 한다고 욕하던데.' 하고 오선옥 자매가 말했다. 내가, "언제?" 하고 묻자 오 자매가 "아까 혜성 씨가 떡 갖다주고 나간 뒤에" 하고 대답했다.

떡 공장에서 시루떡 등이 일주일에 두 번씩 한두 박스씩 들어온다. 팔다 남은 것인지 주로 냉동 떡인데 매일 먹어도 남는 분량이어서 내가 매일 쪄서 식구들과 함께 먹었더니 욕을 했다는 것이다. 자기는 매번 나보다 곱절 이상 먹으면서…

전성자 집사님이(후원자) 말했다. 황 전도사가 자기는 봉사하는 걸 좋아한다던데 봉사하는 걸 좋아한다고 안 그래도 아픔 많은 장애인들에게 상처 주는 걸 좋아하는 게 아니고…

1998.9.15.(화)

식구들에게 떡 쪄주는 것을 내가 중단하자 이옥진 집사님은 직접 떡을 쪘다. 오늘은 시루떡을 두 곳에 쪘는데, 한 곳에선 쉰내가 물씬 풍겼다. 쉰 떡을 남자 식구들에게 갖다주고 이 집사님은 별도로 찐 신선한 떡은 여자 방으로 가져갔다. 신선한 떡이 남아도는 데도 쉰 떡을 버리기 아까워서 남자 식구들에게 주고 자기는 신선한 떡을 따로 쪄서 먹는 것이다.

이 집사의 먹거리에 대한 탐욕은 병적이다. 내가 무엇이든 자기보다 절반 이하로 먹는데도 간식거리를 먹으면 뒤에서 욕을 한다. 남아도는 간식거리인데도 말이다. 피자가 한꺼번에 10

판이 들어온 적 있었는데, 이 집사는 한 조각씩만 먹으라고 했다. 거의 굳은 것이어서 내가 더 굳으면 맛없어서 못 먹는다고 하자 화난 음성으로 마음대로 먹으라고 했다. 두리볼이 한 박스 들어오자 낱개로 다섯 개씩 식구들에게 나눠주고 창고에 갔다 넣으려 하다가 내가 거의 굳어 가는데 더 굳으면 못 먹는다고 하자 취소한 적도 있다.

과일을 혼자 먹으려고 세면장에서 몰래 먹다가 이길용 집사에게 들킨 적도 있다. 자기가 많이 먹는 것도 아니다. 살찔가봐 과식은 절대 안 한다. 나는 처음에 과거에 못 먹어서 그런가 보다 했는데 아니었다. 이 집사는 가끔 자기가 살아온 내력이나 배경을 이야기 했는데 비교적 여유로운 집안에서 자랐고 먹거리가 부족하지도 않았다. 그럼에도 불구하고 가난으로 제대로 못 먹었던 식구들은 가지고 있지 않은 먹거리 탐욕이 유난한 것을 보면 인간의 기질이나 성향은 선천적임을 새삼 절감하게 된다.

1998.9.16.(수)

새벽 2시쯤인가 엄청난 통증을 느끼며 잠을 깼다. 가슴팍 근육의 세포들이 모두 미쳐 날뛰는 듯 극렬한 통증이었다. 너무도 통증이 극렬해서 숨을 제대로 쉴 수가 없었다. 너무도 심해서 관절을 잘라 버리고 싶었던 류마티스 통증보다 더 극렬했다. 이옥진 집사님을 깨우고 싶은 마음이 간절했다. 이유 없이 나를 미워하고 욕하지만 너무도 고통스러워서 도와달라고 청하고 싶었다. 그러나 폐를 끼치면 안 된다는 생각에 용기가 나지 않았다. 손으로 가슴팍을 문지르며 이를 악물고 아침까지 버텼다.

잠시도 견디기 힘들어서 날이 밝자마자 병원으로 달려갔다. 응급실에 들어가자마자 진통제를 요청했다. 간호사가 주사기를 꽂으려 하는데 혈관이 나타나지 않았다. 왼팔 오른팔을 문지르고 두드리며 무진 애를 쓰고도 한참 만에 주사를 꽂아 피를 뽑는데 검은 피가 나왔다. 먹물에 붉은빛이 약간 도는 듯했다. 너무도 검어서 공포가 일었다. 20년 전 류마티스 진단을 처음 받을 때의 피는 너무 빨개서 공포스러웠다.

1998.9.X. (오늘이 며칠인지 생각나지 않는다)

숨을 제대로 쉴 수 없을 정도로 극렬한 통증이 진통제 때문에 조금 완화되었다. 간호사는 주사기를 꽂으려 할 때마다 애를 먹는다. 팔을 마사지하고 주물러도 혈관은 좀처럼 나타나지 않는다. 너무 약해서라고 한다. 10여 년을 제대로 먹지 못한 탓인 듯하다. 천신만고 끝에 주사를 꽂았는데 피주사까지 다른 팔에 꽂혔다. 영양상태도 죽음 직전이란다. 주사를 꽂은 부위마다 시퍼렇게 부어서 주사를 이리저리 옮겨 꽂아야 한다. 오른팔과 왼팔에 주사를 꽂은 채 둘을 매단 밀대를 밀고 화장실에 다닌다. 주사액 때문인지 거의 2시간마다 다녀야 한다. 다닐 때마다 몸이 주저 앉으려 한다. 다른 침대 환자들은 모두 나보다 상태가 경해도 다들 간병인이 있는데 나는 오롯이 나 혼자다. 화장실에 갔다 온 후 보조 침대에 잠시 앉아 있다가 정신을 잃으며 바닥으로 고꾸라졌다.

1998.10.X.

날짜도 요일도 모르겠다. 누구에게 묻기도 귀찮다. 통증이 근육과 살을 무자비하게 후벼 판다. 음식을 먹을 수가 없다. 음식을 입에 넣기만 하면 알 수 없는 거부감이 입안을 휘젓는다. 음식을 보기만 해도 거부감이 날뛴다. 진통제를 먹어도 통증이 미친 듯 극렬해졌다가 다소 완화되기를 반복한다.

1998.10.X.

밤이고 낮이고 추웠다 더웠다를 반복한다. 간간이 열이 40도 가까이 치솟는다. 양쪽 팔은 주사기를 꽂은 것 때문에 시퍼렇게 부어올랐다. 더 이상 주사를 꽂을 수가 없어서 목에 꽂았다. 혼자 밀대를 밀며 검사 받으러 다니는 게 죽을 듯 힘들다. 온갖 검사를 다 해도 원인 불명인지 병명을 물어도 의사는 대답을 안 한다. 문병 온 김가인 자매는 이옥진 집사 때문에 울화증이 생긴 거라고 했다. 나는 이 집사 때문에 화가 난 적은 별로 없다. 내 자신에 대해 화나고 분노했을 뿐, 피주사를 여러 대 맞았는데 몇 대인지 기억도 안 난다.

1998.10.X.

발병 원인을 모른 채 퇴원을 했다. 한 달여 만인 듯하다. 통증만 완화되었을 뿐 그 외의 상태는 그대로다. 생보자 비를 십일조 내는 것 외엔 거의 쓰지 않고 모아둔 덕에 병원비를 감당할 수 있었다. 민복기 복지사 아니었으면 어떻게 되었을까 생각만 해도 아찔하다. 그의 강권으로 생보자가 되었었다.

기력이 없어 혼자 힘으로는 일어설 수가 없다. 목사님한테 부탁해서 헌 침대를 구입했다. 침대에 걸터 앉은 다음에 일어설 수가 있다. 방 구조가 침대를 놓기 어려워 이전에 목사님 방으로 옮겨갔다. 이옥진 집사님이 사람을 씹을 때마다 그가 커다란 뱀이나 검은 마귀로 보여서 공포스러웠는데, 이젠 그런 공포는 안 느껴도 되게 되었다.

1998.11.X.

누워있는 상태에서 상체도 일으킬 수가 없다. 누가 등짝을 떠밀어야 된다. 성용단 형제나 조한수 형제를 불러서 등짝을 떠받치게 해야 한다. 목소리를 내는 것도 힘에 부쳐 둘을 부르는 소리가 다 죽어 가는 소리다. 화장실에 갈 때를 제외하곤 시체처럼 거의 하루종일 누워 있게 된다. 앉아 있을 기력조차 없다. 팔은 약간만 움직여도 찌르는 듯 통증이 팔 전체로 덮치고 옆으로 돌아눕거나 화장실에 갈 때 전신을 움직이면 통증은 전신을 덮친다. 가만히 있으면 금방 지루함을 느끼고 지루함을 못 견디는 성격인데 온종일 누워 있어도 지루함이 느껴지지 않는다. 머리 속은 늘 멍하다 뇌세포도 탈이 나서 제 기능을 잃은 듯하다. 피골이 상접하다. 뼈에 얇은 껍질만 붙어 있는 듯하다.

성 형제는 나를 일으킬 때마다 죽으면 어떡해 하고 걱정을 한다. 내게 특별한 관심과 애정을 기울이던 임화연 권사님은(후원자) 나를 죽을 것 같다고 했단다. 어쩌다 머리를 빗으면 머리칼이 공포스러울 정도로 뭉텅뭉텅 빠진다. 시력도 급격히 떨어져 사방이 흐릿하게 보인다. 영양 실조 때문인 듯하다. 화장실이나 세면장에 가려고 일어나 앉거나 걸으면 통증은 기다렸다는 듯 덤비고 전신은 녹아내리는 듯 힘이 든다. 걸음은 무중력상태처럼 휘적거린다. 이웃사람이 와서 보고 해골 같단다. 또 다른 이웃사람은 관 속에서 시체가 나온 듯하단다.

1998.11.X.

교회 교인인 이경혜 자매가 너무도 말랐다며 체중계에 나를 올려 세웠다. 32kg이었다. 살찌는 체질이라 15세 이후로 살을 빼려고 눈물이 나도록 힘들게 노력해도 몇 달 동안을 하루에 간식 없이 밥 한 공기만 먹어도 54kg 이하로 절대 내려가지 않았던 몸이다. 살이 없어서 뼈에 피부 껍질만 붙어 있는 형태다. 화장실에서 변기 앞부분에 걸터앉지 않고 정상적인 편안한 상태로 앉으면 엉덩이가 변기 속으로 쑤욱 빠진다. 나를 미워하던 이옥진 집사님도 '아이고 엉덩이가 형체도 없다. 어째 저리 말랐노!' 하고 애처러워한다. 그러면서 때때로 밥을 쟁반에 차려서 갖다 주기도 한다. 그것을 나는 하루에 두세 숟갈 먹는다. 한 숟갈도 못 먹을 때도 있다. 밥을 씹으면 모래 씹는 것 같다는 말이 처음으로 이해되었다.

가장 고통스러운 것은 목욕이다. 옷을 벗을 때도 입을 때도 죽을 듯 힘들고 두들겨 맞은 듯 뼈까지 아프다. 너무도 기운이 없어서 간신히 머리만 감고 몸을 씻지 못하고 샤워기로 물만 뿌리는 데도 뼈와 근육이 없는 듯 힘들고 통증은 미친 듯 달려들어서 죽을 듯 고통스럽다. 지옥의 행군 같은 목욕을 끝내고 옷을 입으면 죽음 같은 통증에서도 이젠 살았다는 안도감이 든다. 이 집사님은 고맙게도 목욕을 시켜 주겠다고 했지만 나를 미워하는 이에게 몸을 맡기는 게 싫다. 일기는 간신히 그나마도 어쩌다가 쓰는데 한줄 쓰는 것도 고문당하는 것처럼 고통스럽다.

1998.11.X.

얼굴이 병든 호박처럼 퉁퉁 부었다. 일제 말기에 식량을 다 빼앗겨서 오랫동안 굶주린 사람들은 얼굴이 누렇게 부었다던데(내 고향 어른들이), 나는 푸르딩딩하게 부었다. 누가 봐도 위중한 상태의 얼굴이다. 내가 봐도 가관이다. 죽을 것 같은 고통을 참으며 죽는 힘을 다해 가끔씩 쓰던 조악한 일기도 더는 못쓰겠다.

1999.10.X.

발병한 지 일 년째다. 간신히 혼자 힘으로 상체를 일으킬 수 있게 되었다. 밥을 하루 한 공기 정도는 먹을 수 있게 되었다. 걸음을 걸을 때 여전히 힘은 없지만 주저앉으려 하거나 허공을 걷는 듯한 상태는 벗어났다. 뭉텅뭉텅 빠지던 머리칼도 덜 빠지고 죽어가던 목소리도 조금 되살아났다. 그래도 얼굴은 병든 호박처럼 흉하게 부어 있고 얼굴 외의 부위는 피골이 상접하다. 그 상태로 이옥진 집사님 방에 들어갔다. 오렌지 주스가 마시고파서 였다. 반 잔만 달라는 요청에(어떤 음료수든 반 잔이상 마시면 통증이 가중된다) 이 집사님은 친절하게 그대로 해주었다. 잘 마셨다는 인사를 하고 방을 나와서 잠시 서 있는데 다 닫히지 않는 문 사이로 이 집사의 말이 새어 나왔다. '일은 안 하고 자빠져 있으면서 처먹는 건 잘헌다.'

충격이었다. 간식거리가 남아돌아도 식구들이 먹는 것을 아까워하는 집사님이지만(안 먹으면 상할 것이기에 분량 많은 것은 나눠 주지만) 못 먹어서 뼈만 앙상하고 얼굴이 부어 있는 식구가 주스 반 잔 마셨다고 욕을 하다니. 죽음 직전에서 겨우 소생하려는 환자가 주스 반 잔 마셨다고 욕을 하다니, 며칠 전에 여러 병이 들어 온 것을 내게 한 방울도 안 줬으면서, 이전에도 무엇이든 나보다 곱절 이상 먹으면서 건강한 몸으로 자기 속옷조차 남자 식구에게 탈수해 널라고 시키면서 병자인 내게는 일은 안 하고 처먹기만 한다고 욕한 이 집사. 신선한 떡이 남아도는데도 쉰 떡을 쪄서 남자 식구들에게 준 희한한 집사님이지만(소설에 그런 내용이 있다면 너무 작위적이라고 작가가 욕먹을 것이다) 영양실조로 피골이 상접한 식구가 주스 반잔 먹었다고 욕할 정도로 악하다니. 예전부터 오렌지 주스는 주로 같은 방 식구들(여자들)하고만 마셨으니 이번에도 그럴 것이면서… 곧 죽을 것 같을 때는 애처로워하면서 밥을 챙겨 갖다 주기도 하더니… 그러고 보니 그때도 밥, 국, 반찬, 한 가지 외엔 그 어떤 것도 없었구나!

몇 개월 만에 쓴 위의 일기가 이전과 거의 똑같이 참담한 내용이다. '하나님! 저는 언제까지 참담한 일상만 기록해야 하는 건가요?'

1999.11.2.(화)

주방장님이 집안 사정으로 한 달간 결근한다는 이야기를 하면서 이옥진 집사님이 내게 말했다. '혜성 씨하고 나하고 일주일씩 번갈아 가며 밥을 허자. 나는 선옥 씨 허고 헐 테니까. 혜성 씨는 미영이 하고 다음 주부터 해라!'

겨우 자리에서 몸을 일으키게 된 환자에게 영양실조로 뼈만 앙상하고 얼굴이 부어 있는 환자에게 14명의 밥을 일주일 내내 하라니 건강한 자기하고 똑같은 분량의 일을 하라니!

1999.11.12.(금)

주방 일을 맡은 지 닷새째다. 정신지체 박미영 자매는 식탁에 수저를 놓고 음식을 나르는 것 외엔 어느 것도 깔끔치 못해서 나 혼자 14명의 식사 준비와 그 뒤처리까지 하니 쓰러질 지경이다. 그런데도 누구도 거들어 주지 않는다. 이운기 형제는 내 입장에선 지나친 요구까지 하기 일쑤다. 점심 때 미역국을 주면 아침에 먹은 된장국을 달라는 식이다. 미역국을 싫어하지도 않으면서 더 좋아하는 것을 먹으려고 그러는 것이다. 그러면 된장국을 데워서 갖다주어야 한다. 건강한 주방장님이나 이옥진 집사님이 밥을 할 때는 어떤 요구도 하지 않고 주는 대로 잘 먹으면서 환자인 내게는 원하는 것을 요구하는데 거침이 없다.

오늘 점심 때는 국을 포함한 반찬이 다섯 가지인데 고추를 달라고 했다. 내가 힘들어 죽겠으니 그냥 있는 것만 먹으라고 했다. 이 형제는 그거 주는 게 뭐가 힘드냐고 따졌다. 나는 몸이 아픈 상태라서 한 걸음 걷는 것도 힘들다는 내 말에 이 형제는 그럼 어떻게 여태까지 밥을 했냐고 대들었다. 내가 힘들고 아픈 걸 참고 한다고 말했다. 이 형제는 '좀 줫ㅡ!' 하고 소리를 질렀다. 나는 그만 화가 치밀어서 '식구가 아프다는데 그렇게 시켜 먹고 싶니! 왜 그렇게 다른 사람 생각할 줄 모르니! 어떻게 그렇게 이기적이닛ㅡ!' 하고 소리를 질렀다. 이운기는 '왜 말을 그 따위로 햇! 말 함부로 하지 맛! 뭘 달라고 하면 밥 하는 사람이 줘야 할 것 아냣ㅡ!' 하고 악을 썼다. '내가 아프다고 했잖아. 그래도 꼭 필요한 건 줘. 꼭 필요한 게 아니잖아. 내가 피골이 상접한 거 안 보이닛! 이런 몸으로 밥 하는 거 애처롭지도 않닛!' 하고 내가 내질렀다.

이 형제는 '그런 것도 주기 싫으면서 밥을 왜 햇ㅡ!' 하고 악을 썼다. 말도 행동도 거북이처럼 느려 터졌으면서 사람을 공격하는 언어는 정상적인 속도이니 참 신기하다. 예전 식구 정광성 형제도 그랬었다. 나는 더 이상 상대를 안 하려고 '그래 아픈 몸으로 밥 하는 게 잘못이다.' 라고 내뱉으면서(이젠 안 할 테니 네가 해라고 해야 했는데 멍청하게 그 생각을 못했다) 빈 그릇을 부엌으로 가져가는데, 이 형제가 휠체어에 탄체 내 앞을 가로막았다. 내가 오른쪽으로 가려 하면 오른쪽을 맞고 왼쪽으로 비켜 가려 하면 왼쪽을 막았다. 자기가 아무 잘못이 없을 때도 윽박지르듯 면박을 주는 황 전도사님에게는 말 한마디 않고 죽은 듯 잠자코 있으면서 내게는 불한당 같은 행패를 부리는 것이다. 내가 정상인이라면 절대로 안 그럴 것이다. 이는 성용단 형제에게도 때때로 불한당처럼 굴어서 이옥진 집사님이 정신병자 같다고 한 적이 있다.

각설하고 비키라고 해도 놈은 같은 짓을 계속했다. 나는 이성을 잃고 나도 모르게 들고 있던 빈 그릇으로 놈의 어깨를 내리쳤다. 놈도 식탁 위의 음식 담긴 그릇들을 닥치는 대로 나를 향해 던졌다. 놈을 피해 실내로 들어오는데 어느새 뒤쫓아 온 놈은 복도 문 앞에서 '야 이 미친 년 앗—! 야 이 미친 년 앗——!' 하고 발악하듯 악을 썼다. 쓰레기통을 들어서 놈의 머리통을 내리치고 싶은 걸 간신히 참았다. 대응을 않고 잠자코 있는데 놈은 실내로 들어와 내 방으로 들어갔다. 그리고는 한참이 지나도 나오지 않았다. 문을 열어보니 놈이 책과 쓰레기통을 바닥에 내던져서 방안을 난장판으로 만들어놓고 얌전히 앉아 있었다. 남의 방에서 뭐 하는 짓이냐고 야단을 치자 놈은 아주 당당한 어조로 '못살게 하려고 들어왔어!' 하고 말했다. 목사님도 전도사님도 이옥진 집사님도 나가고 없었는데 그 때문에 놈이 마음 놓고 행패를 부리는 것이다. 끓어오르는 분기를 억누르며 '목사님을 부르기 전에 어서 나가.' 라고 말했다. 놈은 '불러 얼른 불러'하고 되받았다. 내가 전화기를 향해 가자 놈은 비적비적 방을 나오면서 '좋게 봤는데 실망했어!' 하고 내뱉었다. 아픈 몸으로 밥해 바치면서 나보다 7살이나 적은 놈한테 치욕을 당한 내 자신을 갈갈이 찢어 죽이고 싶다. 내 자신이 미치도록 저주스럽다.

1999.11.13.(토)

황 전도사님이 말했다. 목사님이 '주방 봉사자를 계속 두지 말고 그냥 이대로 했으면 좋겠대요.' 가만히 있어도 아픈 환자가 주방 일을 하느라 죽을 지경인데, 참새 발톱만큼의 도움도 받게 안 하면서 계속하면 좋겠다니, 일을 할 수 없는 상태라서 온갖 수모와 모욕과 치욕을 당하면서 단체 생활을 하는 것인데, 일할 수 있는 상태라면 왜 간도 쓸개도 없어야 되는 시설에 있을 거라고, 일하길 바라시는가. 어쩜 그렇게도 목회자들은 다 똑같은가. 내가 예전에 있었던 시설 목회자들도 김천일 전도사님을 제외하곤 다 그랬다. 건강한 자기들은 빈둥거리면서 병자이며 장애인인 내가 일하기를 원했다. 자기들은 많은 후원금을 챙기면서 내게는 용돈 한 푼 안 주면서 그랬다.

OO선교회의 김종X 여 전도사는 내가 일을 하다가 관절이 망가져 더는 일을 해서는 안 되는 상태가 되었는데도 일을 중단 하자 일을 계속 안 한다고 날이면 날마다 갖은 폭언과 독설을 퍼부으며 일하기를 강요했다. 건강한 직원들은 내버려 두고 중증환자이며 일할 의무도 없는 내게만 그랬다. 그 전도사 때문에 나는 장애인이 되었다. 그때 일을 하지 않았다면 나는 병마만 안고 있을 뿐 장애는 안 입었을 것이다. 류마티스 라는 모질고 독한 질병을 앓으면서도 치료를 못 받고 있는 상태로 일을 해도 그 전도사는 고맙게 여기거나 내 건강에 신경 쓰지 않았다. OO집 김천일 전도사님 외에는 다 그랬다.

이옥진 집사님은 청소부로 1년 동안 직장 생활을 했는데 그때도 피곤한 기색이 전혀 없었을 정도로 건강하니 주방 일을 하고도 남을 것이다. 그럼에도 식탁도 한번 안 닦아 주는 그 집사님이 국자를 제자리에 안 두었다고 점심 후 박미영 자매를 야단쳤단다. 설거지까지 내가 하는 걸 알기에 그런 듯하다.

1999.12.1.(수)

나는 결국 또다시 자리에 드러누웠다. 주방장은 다시 출근했다.

(아픈 내가 뼈만 앙상한 몸으로 밥을 할 때는 거의 매일 자기가 먹고 싶은 반찬을 달라고 요구해 먹은 이운기는 건강한 주방장님이 다시 밥을 해 주자 이전과 마찬가지로 그 어떤 것도 요구도 하지 않고 주는 대로 얌전히 잘 처먹었다)

1999.12.5.(일)

일요일이어서 모든 식구가 교회에 내려가고 나 혼자 남았다. 물을 마시러 부엌으로 가려는데 복도 문이 밖에서 잠겨 있었다. 여태껏 한 번도 잠근 적 없는 문이다. 선교회를 비워두고 모두 외출할 때도, 모든 식구가 교회에 내려갈 때도 안 잠그는 문이다. 부엌문만 잠그면 실내로 들어올 수 없기에 잠글 필요가 없는 문이다. 실내외로 출입할 수 있는 유일한 문이기에 사람이 실내에 있을 때 잠그면 사람을 감금 하는 것이 된다. 빨리 거동하지 못하는 환자가 안에 있는데 밖에서 문을 잠근 것이다.

12시가 지나고 예배를 끝낸 식구들이 올라와 문을 열었다. '문을 왜 잠궜어! 불이 나도 밖으로 피하지 못하고 안에 갇힌 채 불에 타 죽으라고 잠궜니!'

누구 짓인지 짐작하면서도 애꿎은 조한수 형제에게 일부러 소리를 질렀다. 조 형제가 억울하다는 듯 눈을 부라리며 '집사님이 잠그라고 했어!' 하고 언성을 높였다. 성용단 형제도 시원찮은 발음으로 집사님이 어쩌고 했다. 오선옥 자매도 말했다. '정말이야, 내가 혜성 씨가 안에 있지 않냐고 해도 이 집사님이 잠그라고 했어!'

어제 테이프로 성경을 듣는 시간에 전화가 왔는데 이옥진 집사님이 받아서 성경 듣는 시간이라며 그냥 끊었다. 내 전화 같아서 몇 시간 후에 내 전화 아니었냐고 물었는데 이 집사는 대답하지 않았다. 그는 그 시간에도 통화를 하는지라 내가 '집사님은 통화하시면서 왜 나는 못하게 하세요?' 하고 볼멘소리를 했는데 그것에 앙심을 품은 듯하다. 끔찍한 집사님이다.

1999.12.8.(수)

점심 때 이옥진 집사가 밥공기를 들고 자리에서 일어서며 '한수야 내가 밥을 다 못 먹겠다. 네가 좀 먹어라!' 하더니 다른 식탁에서 밥을 먹고 있는 조한수 형제에게로 가서 자기가 먹던 밥을 조 형제 밥공기에 덜어줬다. 어제 내가 남자들 방에서 식구들과 함께 후원자가 갖다준 인절미를 먹다가 체한 듯한 느낌이 들어서 내게 주어진 것 중에 3개 남은 것을 조 형제에게 주었다. 이 집사가 밉살스럽다는 목소리로 남자는 찌꺼기 먹는 사람인가! 하고 면박을 주었다. 그래서 잠자코 내 방으로 들고 왔었는데 남자는 낱개로 된 것이어서 지저분하지 않은 떡을 먹으면 안 되고 입에 넣었던 숟갈로 떠먹던 밥은 먹어도 되는 사람인가? 순간 잠자고 있던 혐오와 미움이 용수철처럼 튀어올랐다.

'집사님은 특별한 분이에요. 다른 식구가 하면 안 되는 일을 집사님은 해도 되는 거예요.' 하고 내뱉었다. 이 집사가 즉시 성난 얼굴로 나를 노려보며 '내가 뭘 어쨌다고 트집이야. 이제 살아났구나! 또 함부로 입을 놀리는 걸 보니.' 하고 말했다. 지난 수년간 죄 없이 욕을 먹어도 심지어 감금을 당하고도 따지지 않고 목사님이나 그 외의 사람에게도 말하지 않았는데 또 함부로 입을 놀린다니 '집사님은 입을 마음대로 놀리셔도 되고 나는 놀리면 안 되요? 집사님이 제왕이라도 돼요.' 하고 내가 대들었다. 이 집사는 '너 같은 걸 사람이라고 상대허는 내가 그르다. 개 같은 것 이번엔 절대로 그냥 안 둔다. 네가 나가던지 내가 나가던지 헐끼다.' 하면서 안으로 들어갔다. 그 뒤에 대고 '내가 왜요? 그동안 수없이 상처 받으면서도 가만히 있어서 인간이 아닌가요. 죄 없이 욕먹으면서도 집사님한테 온정적이어서 내쫓고 싶나요.' 하고 내지르는데, 이길용 집사가 '왜 싸워!' 하고 소리를 질렀다. 그러더니 목사님이 들어오자 나를 가리키며 싸웠다고 일러바쳤다. 예전의 경우지만 자기는 이 집사와 소리소리 지르면서 한참을 싸웠고 자기 아내인 김가인 자매도 이 집사와 몇 번을 싸웠는데.

목사님이 '싸우지 말라는데 왜 싸워요.' 하고 소리를 질렀다. 내가 죄송하다고 사과를 했다.

저녁 예배 후 목사님이 노기등등한 목소리로 '나이가 많은 식구에게 대들고 싸우는 건 절대 용납할 수 없어요. 내가 그 전에 싸우지 말라고 했는데 얼마나 나를 무시하면 내 말을 무시하고 싸우겠어요.' 하고 말했다. 왜 싸웠는지는 묻지도 않았다. 목사님은 이전에 이운기 형제와 성용단 형제가 싸우는 것을 보고 싸우지 말라면서 앞으로 싸우면 하루종일 금식을 시킬 거라고 했었다. 친형제끼리도 싸울 때가 있는데 남남끼리 그것도 여러 명이 함께 사는데 어떻게 안 싸울 수 있냐고 하루 종일 금식은 너무 심하다는 내 이의제기는 무시했다. 식구를 얼마나 하찮게 여기면 싸움 좀 했다고 하루 종일 굶기려 했는가? 그러면서 뭔 무시 운운하는가? 라는 반감을 느끼면서 나는 또 죄송하다고 사과했다.

목사님은 죄송하다면 되는 거냐고 내쏜 뒤, 식구들에게 어떻게 하면 좋겠냐고 물었다. 진병수 집사님이 처음 싸운 것이니 용서해주자고 말했다. 그러자 이옥진 집사님의 남자인 이성기 집사가 묘한 웃음을 지으며 '목사님 하고 싶은 대로 하세요.' 하고 선동하듯 말했다. 유 집사파가 떠났을 때 유 집사에게 전화를 걸어서 그쪽으로 가고 싶다고 한 것 등등의 검은 행각도 목사님이 싫어할 행각이라 그런 것을 봐줄 이옥진 집사 외에는 누구한테도 나는 발설하지 않고 덮어주었었는데… 내가 그동안에 쌓인 게 많아서 그랬다고 앞으로는 안 그러겠다고 말했다. 그순간 목사님이 천둥소리 같은 고함을 질렀다. '쌓인 게 많으면 떠나세 욧! 당장 떠나세 욧—!'

내 평생에 처음 들어보는 고함이었다. 사람이 지르는 게 아닌 괴물이나 악마가 지르는 것 같이 무시무시한 고함이었다. 천장이 날아갈 것 같은 위력의 고함이었다. 그런 고함을 목사님은 몇 번이나 연달아 질러댔다. 아무리 잘못했기로서니 어떻게 저토록이나 극악한 고함을 질러댈 수가 있는가. 나는 공포로 머릿속이 새까맣게 되면서도 치욕감과 모욕감으로 심장이 비수로 난도질 당하는 듯했다. 목사님은 얼마 후 고함을 멈추고 이 집사에게 재정장부를 '혜성 씨한테 넘겨주고 그동안 했던 선교회 일 아무것도 하지 마세요.' 하고 명령했다. 그리고 내게 '그동안 이 집사님이 했던 일, 손님 맞는 일, 먹거리 나누는 일, 시장 봐오는 일도 다 하세요.' 하고 윽박지르듯 명령했다. 내가 '저는 아픈 몸이고 기력도 없어서 못합니다. 제가 이 집사님 일하는 것 때문에 싸웠나요. 이 집사님이 일하는 것에 대해선 고맙게 여기고 있습니다.' 하고 말했다. 목사님은 '혜성 씨가 해야 돼요. 하세요.' 하고 재차 명령한 다음 '내일 모두 금식하세요. 나도 할 테니까. 식구들 다 하루 동안 금식하세요.' 하고 명령했다.

심장이 떨어져 나가는 듯해서 내가 '다른 식구들은 죄 없으니까 금식 시키지 마세요. 제가 많이 하겠습니다.' 하고 말했다. 목사님은 개의치 않고 또다시 윽박지르듯 '이 집사님이 하던 선교회 일 대신 하세요.' 하고 말했다. 나도 악이 받쳤다. '나이가 많으면 나이 값을 못할망정 형편없으면 어른 대접이 안 되는 것입니다.' 하고 내뱉었다. 즉시 이 집사가 자리를 차고 일어서며 '너는 형편 있는 인간이냣—!' 하고 악을 썼다. 그는 분기로 미칠 듯한 얼굴이었다. 당장 달려들어 나를 잡아 죽일듯한 험악한 얼굴로 '너는 인간이 아니얏——!' 하고 악을 썼다. 내가 '집사님이야말로 인간이 아니에요. 나를 인간으로 안 보는 이는 집사님뿐이지만 집사님을 인간으로 안 보는 이는 집사님을 아는 이들 대부분이에요. 식구들이 왜 집사님을 미워하고 싫어하겠어요.' 라고 대꾸했다.

이 집사는 다른 식구들은 향해 '내가 어떻게 했다고 나를 미워허놋! 나는 한다고 했는데 결과가 이거얏——!' 하고 발악하듯 악을 썼다. 연달아 악을 쓰는데 곧 목사님의 천둥 같은 고함에 중단되었다. 목사는 고함을 지르고 '내가 있는 데서 저러니 내가 없는 곳에서는 어느 정도겠어요,' 하고 내뱉은 뒤 '쌓인 게 많으면 떠나라'는 고함을 또다시 천둥 치듯 질렀다. 지르고 또 지르고 쉬임 없이 질렀다. 사람의 목소리가 어떻게 저토록 무시무시할 수 있을까 믿어지지 않는다. 몸서리가 쳐졌다. 사람이 지르는 고함이 아닌 괴물이나 외계인이 지르는 고함 같았다. 결국 심장이 약한 오선옥 자매가 겁에 질려 벌벌 떨면서 '목사님 그만 하세요. 제가 심장마비로 죽을 것 같애요.' 하고 말했다. 목사님은 '고함을 치고 생선이 썩었다고 말한 사람이 누구에요.' 하고 위협적으로 물었다. 아무도 대답하지 않았다. 목사님은 박미영 자매에게 '앞으로는 미영 씨가 생선 사와 돈을 줄 테니까 사와!' 하고 명령했다.

어느 때 이옥진 집사가 시장을 봐 왔는데 생선이 심하게 상해서 씻지도 못할 정도로 살이 문드러졌다. 박 자매가 보고 썩었다고 했는데 이 집사는 싱싱하다고 우기며 화를 냈다. 그때가 한 달쯤 전인데 목사님은 용케도 잊지 않고 있었다. 자기한테 한 것도 아니고 욕한 것도 아니고 언급만 했었는데 목사는 내게 다시 '이 집사님이 하던 일 다 하세요.' 하고 명령한 다음 이집사에게 '재정을 혜성 씨한테 넘겨주고 다른 모든 일들도 혜성 씨가 하게 하세요.' 라면서 자리에서 일어났다.

속에서 커다란 불덩어리 같은 게 계속 치받고 올라온다. 그 때문에 숨을 제대로 쉴 수가 없다. 거대한 바위에 심장이 짓눌러 있는 느낌도 든다. 피눈물도 흐른다. 목사는 이 집사가 어떤 사람인지를 조금은 알고 있다. 교회 교인인 이경혜 자매가 이 집사의 인성을 대충 이야기 했었다. 물론 이 자매도 이 집사 인성이 어느 정도로 나쁜지는 모른다. 얼마나 죄 없는 사람을 씹어대고 미워하는지 모른다. 나에 대한 행태도 모른다. 내가 누구에게도 말하지 않았으므로, 이 자매뿐 아니라 주변사람 대부분이 이 집사에 대한 부정적인 인식과 혐오를 가지고 있다. 그럼에도 이유는 알려고도 않고 괴물 같은 무시무시한 악감정을 폭발시킨 건 원래 나에 대한 악감정이 있었던 듯한데 내가 뭘 잘못했는지 도무지 기억이 나지 않는다.

목사의 고함은 끊임없이 뇌를 울리고 몸서리는 계속 쳐지고 공포로 내장이 오그라드는 듯하다. 치욕감에 전신이 부들부들 떨리기도 한다. 이 치욕을 어떻게 갚아주나 분노도 들끓는다. 돈이 있다면 이 사실을 후원자들에게 알리고 이 집사의 실체도 알리고 즉시 떠날 텐데, 돈이 사람을 죽인다. 속에서 치솟는 불덩어리와 공포와 치욕감과 분노로 손가락 하나도 까딱하기 힘들다. 죽을 듯 고통스러운데 죽을 힘을 다해서 이 일기를 쓴다. 중요한 내용을 잊으면 안 되겠기에...

<h2 style="text-align:center">1999.12.9.(목)</h2>

식구들이 아침 점심을 굶었다. 약을 먹는 식구도 있는데, 나로 인한 식구들 금식, 나의 또 다른 고통이었다. 그런데 목사님이 저녁부터 식사를 하라고 했단다. 오선옥 자매는 너무 좋아서 고맙다는 인사를 했다고 내게 이야기했다. 저녁식사 후 예배를 인도하러 온 목사님은 내 인사를 받지 않았다. 예배 후 목사는 내게 이 집사가 하던 일을 대신하라고 윽박지르고 명령했다. 나를 고문하는 듯했다 '왜 제가 해야 되는데요?' 내 물음에 목사는 '인간이 아닌 사람에게 일 시키고 싶지 않아서요. 인간 같은 혜성 씨에게 시키고 싶어서요.' 했다. 인간이 아니라는 말은 이 집사가 먼저 했는데 이 집사는 해도 되고 나는 하면 안 된다고 여기는 모양이었다. '저는 아픈 사람입니다. 하고 싶어도 할 수가 없습니다.' 내 말에 목사는 '일할 수 없으면 이 집사한테 대들지 마세요. 썩은 생선을 사오든 말든 씹지 마세요. 나에 대해서도 씹지 마세요. 이빨 부러지는 수가 있어요. 앞으로 나이 많은 사람에게 대드는 사람은 누구든 내쫓을 거예요.' 하고 말했다.

'나이 많은 사람은 제왕이냐고, 우리는 개도 안 먹을 썩은 생선을 먹어야 되는 존재냐고, 나이 적고 일을 못 하는 사람은 인권이 없냐고, 선교회는 일할 수 없는 이들이 살아야 하는 곳인데 건강한 이 집사가 끼어들어서 살면 일하는 게 당연한 거 아니냐고, 이 집사가 일주일에 한 번씩 시장 봐오고 재정을 보고 간식거리가 들어오면 식구에게 나눠 주는 일을 하는데(자기 몫은 훨씬 많이 챙기면서) 그 정도 안 한다면 너무 몰염치한 것 아니냐고' 하고 싶었는데 그랬다가 목사의 그 무시무시한 기세에 으레 당장 내쫓길 것 같았다.

내 뇌리에 목사의 고함이 다시 들려왔다. 몸서리를 치는데 갑자기 언젠가는 목사가 이 집사 때문에 크게 다칠 것 같은 느낌이 들었다.

1999.12.10.(금)

문득 막가남이(?) 아닌 목사가 그런 건 나를 오해해서가 아닌가라는 생각이 든다. 식구들 함부로 대하는 황 전도사에 대한 불만을 수일 전 김가인 자매에게 토로했는데 직후에 보니 내 방 창밖에 목사가 서 있었다. 내 불만이 자기에 대한 것으로 알고 그런 게 아닐까. 이옥진 집사의 영향도 있을지 모른다. 교회 교인인 권선숙 집사님은 목사에게 '혜성 씨는 성격이 강해서 함께 살기 힘든 사람이잖아요.' 라고 했었다. 권 집사는 선교회 식구들과 마찬가지로 내 강한 모습을 본 적이 없다. 선교회 식구 중에 권 집사님과 이야기를 나누는 사람은 이 집사뿐이다. 예전에 유 집사가 선교회에 가끔 올 때도 유 집사에게 나하고 마음 안 맞아서 못 살겠다고 한 이 집사가 가까이 지내는 권 집사에게 나를 음해하거나 모함하지 않았을 리 없고 목사 한테도 마찬가지일 것이다.

그동안 이 집사가 내게 한 행태를 다 글로 써서 목사한테 주고 싶다. 그러면 목사가 나를 조금은 이해할 것 같은데 그럴 기력이 없다. 일기 쓰는 것도 죽을 듯 힘이 든다.

저녁 예배 때 목사님이 말했다. 앞으로 식구끼리 싸우면 하루 동안 금식시킬 것이며 싸우다가 때리면 내쫓을 것입니다. 내가 속으로 물었다. '목사님이 부부싸움을 하면 하루 종일 굶고 아들들이 싸우면 하루 종일 굶길 건가요.'

1999.12.27.(월)

이옥진 집사가 식구들에게 말했다. 선교회 곁에 있는 땅을 사기로 했다고 예전부터 선교회가 사기로 소망했는데 진짜 사기로 했다는 것이다. 땅은 270평이며 평당 70만 원이란다.

2000.1.5.(수)

목사님이 말했다. '우리는 건물을 다시 지어야 합니다. 현재 건물은 장애인들이 살기에 너무 불편한 구조인데다 부실하게 지어져서 새로 건축해야 됩니다. 그러기 위해선 땅을 사야 되는데 식구들이 동참해야 합니다. 여러분들이 살 집을 지을 땅인데 최소한 한 평씩은 사야 되지 않겠습니까? 후원자들한테도 알려서 후원을 요청하고 교회도 동참 하도록 할 것입니다. 그러

니 여러분들도 잘 협조해 주시기 바랍니다.'

2000.1.16.(일)

교회 예배 때 목사님은 선교회에서 몇 번 했던 말을 또 했다. '여러분들이 살 집을 지을 땅인데 한 평씩은 사야 되지 않겠습니까? 대지헌금을 한꺼번에 내기 힘들면 2년 동안 100만 원 적금을 넣어도 됩니다.'

2000.1.21.(금)

이옥진 집사가 성용단 형제를 폭행했다. 성 형제가 성가시게 한다는 이유였다. 빗자루 손잡이로 어깨를 두들겨 패서 시퍼렇게 멍이 들여놓았는데 이번이 두 번째다. 이 집사에게 대들었다고 무시무시하게 나를 몰아쳤던 목사님이 첫 폭행은 그냥 넘기더니 이번에는 성 형제와 함께 하루 동안 금식하라고 명령을 내렸다. 성 형제는 멍이 들도록 두들겨 맞고 하루 종일 굶었다. 정신지체인들은 배고픔을 못 참는데, 이 집사는 자기 방 냉장고에 먹을 것이 많으니 안 굶을 수 있다.

2000.1.23.(일)

목사님이 교회 예배 때 '권선숙 집사님이 대지헌금 하려는 것을 말렸다는 이야기를 했다.' 왠지는 말하지 않았다. 예배 후에 김가인 자매가 내게 '목사님은 보람이네가 대지헌금 하려는 것도 말렸어. 보람이네는 잘 사는데 왜 말렸는지 모르겠어!' 하고 말했다. 권 집사님도 보람이네도 교회 교인일 뿐 선교회완 무관하다고, 선교회 땅을 사는 거라서 그랬나보다. 라고 내가 말했다.

2000.2.17.(목)

목사님이 말했다. 식구들이 돈을 꾸어주었으면 한다고 식구들은 돈 쓸 일이 없을 테니까 꾸어주면 합해서 땅을 사고 식구가 선교회를 떠나게 되면 그 돈을 내줄 거라고.

늘 약을 먹고 있는데도 자주 아픈 식구들이 돈 쓸 일이 없다니, 먹고 싶은 것 안 사먹고, 입고 싶은 것 안 사서 입고, 생계비를 모으는 게 의료비 때문인데...

2000.2.22.(화)

목사님이 말했다. '여러분들이 살 집을 지을 땅인데 여러분들이 사야 되지 않습니까? 자립해서 나갈 사람은 돈을 안 내도 됩니다. 꾸어줄 돈인지 헌금할 돈인지 밝히고 내세요. 헌금한 돈을 나중에 돌려 달라고 하면 안 됩니다.' 라고 말을 한 목사님이 내게 '헌금 할 거예요 꾸어줄 거예요.(아니 내가 언제 돈 낸다고 했나?)' 하고 물었다. 내가 100만 원을 헌금하겠다고 말했다. 다른 식구들도 모두 헌금하겠다고 말했다. 목사님은 기쁜 얼굴로 자리에서 일어서며 말했다. '내기 싫은데 목사가 내라고 해서 냈다는 말은 하지 마세요.'

2000.6.30.(금)

대지헌금을 100만 원 냈다. 몇 달 전에도 10만 원 냈었다. 오선옥 자매는 돈이 없어서 아들 몫으로 예금 해 둔 것을 냈고 이옥진 집사님은 500만 원을 냈다. 백완경 형제와 성용단 형제는 1,000만 원씩을 냈고 다른 식구들도 몇 백만 원씩 냈다고 이옥진 집사가 말했다. 국가가 주는 생계비를 수년간 모은 비상금이다. 나는 너무 적어서 낯이 뜨거웠지만 더 내고 싶지는 않았다. 병든 몸에 돈 없는 삶은 완전 지옥이기에, 그보다 선교회 건물을 재건축 하게 될지 어떨지 모르므로...

2000.7.11.(화)

선교회 땅을 오늘 계약한다고 목사님이 말했다. 선교회 돈은 3천만 원인데 식구들이 돈을 보태서 계약한다면서 목사님은 이옥진 집사, 김가인 자매와 함께 나갔다.

2000.8.1.(화)

땅을 교회 명의로 계약했다고 김가인 자매가 말했다. '왜 교회 명의로 했지. 선교회 땅을, 그래도 되는 건가?' 내 반응에 김 자매는 목사님은 '선교회보다 교회를 중요시 하니까.' 하고 말했다. 교회 명의로 할 것이면 식구들한테 헌금 요구를 말았어야지, 후원자들한테도 선교회 재건축을 하려고 땅을 사는 거라고는 말도 않고, 식구들한테 여러분들이 살 집을 지을 땅인데 한 평씩은 사야 되지 않냐고 강요하다시피 하고 후원자들한테도 선교회 장애인들 집을 지으려고 땅을 산다고 해서 후원을 받으면서 교회 명의로 하는 건 잘못된 거 아냐? 내 말에 김 자매는 '어차피 선교회 이름으로 해 봤자 선교회 것이 안 될지 모르는데 뭐.' 했다.

2000.8.10.(목)

황 전도사가 나와 오선옥 자매에게 대지헌금을 더 내라고 했다. 백완경 형제는 1,700만 원을 더 내기로 했는데 가지고 있는 돈 전부이며 다른 식구들도 조금씩만 남기고 다 내기로 했다고, 200만 원이 더 필요하니 한 구좌씩 맡아서 내라고 했다. 교회 명의로 땅을 사면서 지능 낮은 식구들의(백완경 등) 비상금을 다 내게 하는 건 너무하는 거 아니냐고 말하고 싶은데 그랬다간 무사치 못할 것 같았다. 내가 '나는 기력이 좀 회복 되면 팔다리 관절을 수술해야 하기에 더 낼 수 없다.'고 말했다. 수술보다도 선교회에서 땅을 사면서 교회명의로 살 것이기에 내기가 싫었다. 오 자매는 돈이 없으니 50만 원만 내겠다고 했다. 전도사는 그럼 100만 원을 꾸어달라고 했다. 오 자매는 돈이 없는데 어떻게 꾸어 주냐고 말했다. 전도사가 나가자 이옥진 집사가 나는 500만 원을 냈는데 더 내란다 하고 말했다. 내가 더 낼 거냐고 묻자 이 집사는 '그럼 어짜노 내야지.' 했다.

2000.8.14.(월)

김가인 자매가 말했다. '목사님이 교회 재직자들한테 땅을 자기 명의로 등기하겠대. 농지이기 때문에 교회명의로도 선교회명의로도 안 된다고 자기 명의로 하겠대. 내가 "노회유지재단"에(교회 재산을 관리해주는 기관) 넣자고 했더니 목사님이 그러고 싶지 않대. 나 혼자 말하면 미움만 받을 테니까. 식구들이 다 함께 나서서 목사님의 행태를 막아야 돼.'

김 자매도 교회집사다. 내가 말했다. '이옥진 집사님이 동의하겠어, 무조건 힘 있는 사람한테서는 사람인데 이 집사가 동의 안 하면 식구들이 이 집사님이 무서워서 동의 안 할 걸.'

김 자매가 말했다. '안 그래도 이 집사한테 이야기했더니 나도 유지재단에 넣는 것 싫다 하더라고. 왜 싫으냐니까 재산권 행사를 못 해서라는 거야, 그러면서 나는 목사님을 믿는다. 목사님은 물질에 아주 깨끗한 사람이다.' 그러더라고.

내가 말했다. '물질에 깨끗한 사람도 적은 물질에 깨끗하지 큰 물질엔 아닐 수도 있어, 목사님이 올바른 분이라면 땅을 교회명의로 계약하지도 않았고 하려면 식구들 동의를 받아야 했어, 교회명의로 하려면 식구들한테 헌금 요구를 말았어야지. 선교회 땅을 산다고 헌금을 강요해놓고 교회명의로 계약하는 분이 깨끗하면 얼마나 깨끗하겠어, 노회에 등록하면 재산권행사를 못 한다지만 목사님 명의로 해도 못해. 목사님밖에 재산권행사 못해, 자기명의로 등록하는 것도 식구들한테 동의를 구해야지 왜 교회 제직자들한테 구해, 김 자매가 맞는 말이야, 잘못되지 않도록 기도를 열심히 해야겠어.' 하면서 어두운 얼굴로 돌아갔다.

2000.9.5.(화)

목사님이 식구들에게 추석에는 다 집에 가라고 했다. 황 전도사가 이운기 형제에게 언제 집에 갈 거냐고 물었다. 이 형제는 엊그제 갔다 와서 추석엔 안 갈 거라고 말했다. 전도사는 엊그제는 엄마 제사 때문에 갔으니까 추석에 가라고 했다. 이 형제는 싫다고 했다. 전도사는 '그럼 앞으로는 절대 집에 가지 말아요.' 하고 윽박질렀다. 내가 '운기 씨는 집이 없잖아요. 부모도 안 계시고 동생 집만 있는데 동생 집에 자주 가는 거 편치 않을 거예요.' 하고 말했다. 전도사가 '혜성 씨는 언제 집에 갈 거예요?' 라고 물었다. 내가 '나는 동생집도 없어요. 갈 곳이 없어요. 나는 이곳이 우리집이예요.' 라고 대답했다. 내 딴에는 좋은 대답이라고(사실이기도 하고) 생각하면서 했는데 전도사는 '선교회가 혜성 씨 거예요.' 하고 윽박질렀다. 그래도 나는 불한당 같은 그의 언행에 매번 그렇듯이 아무 반발도 못했다.

등신...

2000.11.5.(일)

땅을 목사님 명의로 이전받았다고 이옥진 집사가 말했다. 김가인 자매의 기도는 효력이 없는 것이다. 허탈하다. 왠지 불안하다.

2001.2.22.(목)

친척 언니한테 양 앵두나무 묘목을 부탁했는데 12그루나 보내왔다. 양 앵두나무는 꽃도 예쁘고 열매도 예쁘다. 이길용 집사에게 부탁해서 땅 가장자리에 심게 했다. 예쁜 꽃을 피운 다음에 예쁜 과일의 모습을 그려보니 저절로 행복해졌다. 나뭇값으로 20만 원을 보낸 게 조금도 아깝지 않다.

2001.2.28.(수)

황 전도사가 사임한단다. 잘못한 게 없을 때도 함부로 면박을 주거나 윽박질러서 상처를 주던 사람인데도 기쁘지 않은 것을 보면(물론 섭섭하지도 않다) 좋은 면도 있었던 듯하다. 전도사는 사모의 뜻이라면서 식구들에게 선물 하나씩을 주었는데 내 것은 노트 2권이었다.

2001.3.15.(목)

목사님께 감나무와 밤나무를 사달라고 15만 원을 드렸더니 수십 그루를 사왔다. 목사님은 교회 예배 때 땅에 나무를 사다 심으라고 했었다. 내가 예전에 있었던 시설 목회자들은 돈과 장애인 학대만 좋아했는데 우리 목사님은 나무를 좋아하시는 듯하니, 아주 고맙고 감사하다. 이길용 집사가 나무를 땅 가장자리에 심어주었다.

과일과 과자가 어제 많이 들어와서 먹고 많이 남았는데 오늘 하나도 보이지 않았다. 이옥진 집사가 습관대로 자기 방으로 가져가 버린 것이다. 간식거리가 들어오면 이 집사는 내가 가까이 있을 때만 내게 주고 내가 가까이 없을 때는 다른 식구들에게만 조금 나눠주고 나머지는 자기 방으로 가져가 버린다. 오래 전부터 그랬기에 무덤덤해질 때도 되었는데 오히려 화가 점점 쌓여간다.

2002.4.24.(화)

형님 집에 다니러 간 김덕환 형제를 못 돌아오게 한단다. 목사님이 형님에게 전화를 해서 다른 곳을 알아보라고 했다고 이옥진 집사가 말했다. 이 집사 뜻에 의한 것일 거라 생각이 들었다. 내가 '땅 살 때 수백만 원을 넣었는데 내쫓는 게 말이 되냐.'고 했다. 이 집사는 장애인단체란 원래 다 그런 것 아니냐고 말했다. 다 그렇다고 우리 선교회까지 그러라는 법 있냐는 내 말에 이 집사는 '씻지도 않고 냄새만 풍기고 더러워서 내보내야' 한다고 말했다. 내가 덕환 씨는 겉만 더러워 씻으면 깨끗해지지만 양심이 썩어서 풍기는 냄새는 없어지지도 않는다고 내가 말했다. 이 집사는 잠자코 있었는데 자기를 두고 한 말임을 알겠지!

2002.8.1.(수)

동네 주민들이 시청에다 선교회에 불법 건축물이 있으니 철거해 달라는 민원을 넣었단다. 그래서 옥탑방에 있는 진병수 집사는 내보내고 부엌도 철거해야 한단다. 2곳 다 불법건축물이란다. 민원을 주도한 사람은 바로 우리 선교회 건너편에 사는 여자인데 그는 광성교회 김경희 집사란다.

2002.8.20.(월)

부엌을 철거했다. 싱크대 등의 기구들은 남자 방으로 옮겨져 남자들 방이 부엌을 겸하게 되었다. 진병수 집사님네는 꽤 먼 곳으로 방을 얻어 떠나고 이옥진 집사와 한 방에 있던 오선옥 자매가 내 방으로 옮겨졌다.

2002.8.22.(수)

목사님이 말했다. '동네 주민들이 민원을 넣은 건 여러분들을 쫓아내기 위해서입니다. 시청에서 나에게 다른 곳으로 떠나면 안 되냐고 했습니다. 주민들이 그동안 많이 봐준 것이라고 했습니다. 그래도 동네 사람들을 미워해선 안 됩니다. 우리나라에 장애인을 보려고 하는 사람 아무도 없습니다. 여러분은 정상인들에게 고마워해야 합니다. 정상인들이 낸 세금으로 생계비 주는 것입니다. 여러분들은 세금을 한 푼이라도 낸 적 있습니까?'

목사님의 음성엔 악감정이 들어 있었다. 그러니 어쩌라는 것인가. 세금 한 푼 낸 적 없으니 생계비를 받지 말라는 것인가. 세상에 사랑을 존재하게 하려고 장애인을 만들었다는 성경구절이 있는 것 같은데 목사님은 그 구절이 같잖은가. 그래서 안 그래도 아픔 많은(나는 한이 많은) 장애인들은 세금을 낼 수 없는 신세인 게 서러운 장애인들의 영혼을 할퀴는가. 장애인을 만든 건 하나님이지 장애인 본인의 뜻이 아니다.

내가 인간세상 어느 곳에도 장애인은 존재하게 되어 있는 게 자연의 법칙이고 하나님의 뜻이라고, 우리가 장애인이 안 되었다면 정상인들이 대신 되었을 것이니 세금을 안 낸다고 해서 그것이 장애인 잘못은 아니라고 말하고 싶었지만 목사님이 무서워 잠자코 있었다.

2004.5.14.(금)

김재훈 형제가 또다시 쓰러지며 혼절했다. 그리고 한참을 깨어나지 못했다. 벌써 3번째다. 내가 또다시 병원에 데려가자고 이옥진 집사를 졸랐다. 이 집사는 이전과 마찬가지로 '병원에 가면 입원하라고 할 낀데, 간병을 누가 허노!' 하고 거부했다. 김 형제에겐 생계비 모아둔 게 있다. 자기가 간병하기 싫으면 선교회 돈으로, 간병인을 사기 싫으면, 김 형제 돈으로 간병인을 사면 되는데 무슨 심산인지 알 수가 없다. 예전 운영위원체제일 때는 뇌성마비 최용일 형제의 상태가 심해져 걷지 못하게 되었는데 수술을 해야 한다는 진단을 받았다. 운영위원인 이 집사는 간병할 사람이 없다면서 수술을 반대했다. 최 형제에겐 행상을 해서 모아둔 1,000만 원 이상이 있는데, 조명운 형제가 수술 받게 해야 한다고 앉은뱅이로 살게 할 수 없다고 강력히 주장을 해서 마지못해 수술을 받게 했고 최 형제는 다시 걷게 되었다(그때 최 형제 간병을 그의 여동생을 불러다 시킨 것 같은데 명확하게는 기억이 안 난다).

간병비를 부담할 돈이 당사자에게 있음에도 간병인 타령을 하면서 위중한 식구를 방치하는 건 식구가 죽으면 그 식구 돈이 선교회 것이 될 수 있다는 생각에서일까 목사님한테 병원에 데려가자는 말을 하고 싶은데, 그랬다간 이 집사가 나를 더 미워할 게 뻔하기 때문에 말을 할 수가 없다. 비겁하고 비겁한 나 전혜성, 이 집사와 다를 게 없다.

2004.5.19.(수)

김재훈 형제 상태가 심상치 않다. 하루 종일 혼수상태이며 성용단 형제가 일으켜 앉히면 잠시 멍해 있다가 곧 혼절한다. 밥을 조금 먹으면 금방 토한다. 오늘은 이길용 집사가 일으켜 세우려 하는데 일으켜지지가 않았다. 이길용 집사는 병원에 데려가야 한다며 차를 부르라고 했다. 이옥진 집사가 '차만 부르면 다야! 병원에 누가 데려 가노.' 하고 소리를 질렀다. 집사님이나 목사님이 데려가야 하지 않냐고 묻고 싶은데 등신같이 그러지 못하고 내가 '이길용 집사님이라도 데려가야 되잖아요.' 라고 했더니 이 집사는 '데려가기만 하면 간병은 누가 허노.' 하고 또 소리를 질렀다. 나는 할 말을 잃었다. 이옥진 집사는 누가 소망이 뭐냐고 물을 때마다 '나는 봉사를 하고 싶다 봉사하는 게 내 소망이다.' 라고 말한다. 그러면서 식구를 위해서는 최소한의 도리조차 안 하는 것이다. 결국 이길용 집사는 성난 얼굴로 휑하니 나가버렸다. 짐승도 아프면 치료해주거늘 장애인은 짐승보다 못한 존재다. 장애인도 장애인을 짐승 이하 취급 하는구나.

점심 때 김 형제는 혼수상태에 빠져있고 그 곁에서 목사님 내외와 식구들은 고기를 구워 맛있어 하며 잘 먹었다. 하나님 보시기에 좋았더라. 지금 내가 이 일기를 쓰고 있는 밤 10시 넘은 시간까지도 김 형제는 깨어나지 못하고 있다.

(김 형제는 사흘 후에 저절로 깨어났다)

2004.6.26.(토)

오늘도 이옥진 집사님의 걱정이 선교회에 울려 퍼진다. 벌써 며칠째다. 큰일이다. 이길용 집사에게 월급을 못주게 생겼다. 월급 줄 돈이 없다.

이길용 집사는 식구이며 직원이다. 듣다못해 오늘은 월급을 못주는 거냐고 물었다. 이 집사가 돈이 없는데 어떻게 주노, 했다. 와락 겁이 났다. 안 그래도 선교회에 불만이 큰 이길용 집사 부인이 월급을 제때 안 주면 어떻게 나올까 싶었다. 불만으로 이전에 선교회를 떠나려 했던 사람이 아닌가. 겁이 나서 내가 '월급 못주면 일을 시키면 안 돼요. 일을 시켜놓고 돈을 안 주는 건 있을 수 없는 일이에요.' 하고 말했다.

2004.7.8.(목)

이옥진 집사가 말했다. '이길용 집사 선교회 그만둘 거다. 목사님이 그만두라고 했다.' '그만둘 거라니요 왜요?' 내 물음에 '왜요 라니 돈이 없는데 그만둬야지.' 하고 말했다. 아니 돈이 없으면 계속 없나? 돈 생길 때까지(후원금 들어올 때까지) 쉬게 하면 되지 왜 식구와 다름없는 사람을 잘라.

믿어지지 않은 상황에 멍해진 머릿속에 갑자기 공포가 터져서 전류처럼 전신을 타고 흘렀다. 이길용 집사에게 월급을 안 줄 것이면 일은 시키면 안 된다는 말을 내가 했었다. 공짜로 일시키면 안 된다는 뜻이었는데 해고시켜야 된다는 의미로 받아들인 게 아닌가.

목사님이 '이길용 집사를 그만두게 하고 싶은데 이길용 집사 부부가 무서워서 말을 못 하겠단다.' 라는 이야기를 언젠가 이옥진 집사가 했었는데 내 말을 전해 듣고 목사님이 결단을 내린 것이 아닌가. 그렇다면 내가 이길용 집사를 내쫓은 거 아닌가. 원치 않는 큰 범죄를 나도 모르게 저지른 듯한 거대한 공포가 심장을 마비시키는 듯하다.

2004.7.10.(토)

'나를 내쫓는데 앞장선 사람이 누구얏—!' 이길용 집사가 나타나서 벼락 치듯 고함을 질렀다. 이옥진 집사가 자리에서 튀듯 일어나 표범처럼 날새게 자취를 감췄다. 이길용 집사는 계속

고함을 질렀다. '목사님은 왜 자기한테 그러냐고 했어, 식구들이 내쫓았다는 거잖앗ㅡ!'

 '일 시키면 안 된다.'는 내 말을 이옥진 집사가 해고시켜야 된다는 말로 둔갑시켜 보고하면서 해고를 권했을지 모른다는 생각이 들었다. 그래도 결정권은 목사님한테 있다. 내가 '돈이 없어서 어쩔 수가 없었어요. 월급을 안 주면서 일을 하게 할 수가 없어서 그런 거예요.' 하고 변명했다. 이길용 집사는 '나한테 의논을 했어야 되는 거잖아!' 하고 소리를 질렀다. 그리고는 '돈이 없으면 집으로 가야지. 다들 집으로 돌아가. 이옥진이는 부자면서도 이런데 와서 혜택을 누리면서 못된 짓만 골라서 하고 먹을 게 들어오면 챙겨놨다가 혼자 몰래 처먹고 퇴직금 내놔. 안 내놓으면 이곳을(건물을) 다 부셔버릴 꺼야!' 하고 내지른 다음 돌아갔다.

 이옥진 집사가 즉시 나타나서 억울하다는 듯 '목사님은 어찌 이런 일 하나 처리 못하고 우리한테 책임을 돌리노.' 하고 울부짖듯 외쳤다. 내가 '목사님이 공격받는 것보다 우리가 받는 게 낫잖아요.' 하고 그를 달랬다.

 밤에 목사님이 들어와 자리에 앉지도 않고 싱크대에 기대선 채 말했다. '나는 오늘로 선교회를 사임합니다.' 순간 가슴이 철렁 내려앉으며 눈앞이 캄캄해졌다. 대표가 없는 선교회, 이옥진 집사가 대표 행세를 하며 선교회를 자기 왕국으로 만들어서 폭군이 되어 식구들의 인권, 주권, 권익을 짓밟을 게 너무도 뻔했다. 이 집사가 권세를 가진 선교회는 완전한 지옥일 것이다.

 목사님의 말은 이어졌다. '선교회를 이끄는 게 힘에 부치는데 목사 신분으로 도와 달라 구걸할 수도 없고 식구들의 생명줄인 생계비를 거두는 것도 내키지 않고 회보를 왜 안 만드느냐고 추궁하고 싶은 식구들도 있겠지만 회보 만드는 것을 여러분들은 한 번도 도와주지 않았습니다. 그동안 왜 울어야 하는지도 모르면서 많이 울었습니다, 예전처럼 운영위원을 구성해서 운영하든지 외부에서 원장을 영입하든지 식구들이 알아서 운영하세요. 나는 이제 교회만 할 것입니다. 하고 싶은 말 있으면 다 하세요. 그런데 선교회를 계속 맡아달라는 말은 절대로 하지 마세요.'

 지옥에 떨어진 느낌이었다. 내가 '그동안 잘해드리지 못해 죄스러웠는데 무슨 할 말이 있겠어요. 사임을 철회해 달라는 말 밖에는요.' 하고 힘없이 말했다. 이옥진 집사가 '목사님의 사례비를 진작 올려드렸어야 했는데 곧 올려드리려 했습니다.' 하고 말했다. 내가 올려드려야 한다고 했을 때는 들은 척도 안 했으면서… 목사님은 '사례비 때문이 아닙니다. 그동안 많이 힘들었습니다. 선교회를 계속 맡아달라는 말만 하지 마세요.' 하면서 선교회 통장을 바닥에 내려놓고 자리를 떠났다. 통장을 이 집사가 가지고 있는 줄 알았는데…

2004.7.11.(일)

예배시간 목사님의 설교가 끝나자마자 이길용 집사가 벌떡 일어나 앞으로 나가며 '내가 할 말이 있습니다.' 하고 외쳤다. 김가인 자매가 막아섰으나 밀치고 나갔고 목사님은 서둘러 예배를 마쳤다. 강대상 앞으로 나간 이길용 집사는 '선교회가 나를 쫓아냈습니다. 아무 잘못 없는 나를 다짜고짜 쫓아냈습니다.' 하고 외쳤다. 김가인 자매는 격앙된 목소리로 '왜? 일을 이렇게 만들어요. 알아서 그냥 떠나게 하지. 이 집사 성질 알면서 왜? 이렇게 만들어요!' 하고 소리를 질렀다. 나는 얼른 선교회로 올라왔는데 얼마 후 김가인 자매가 올라와서 '언니가 뭔데 우리를 잘라.' 하고 따졌다. 자기 말대로 아무것도 아닌 내가 어떻게 직원을 자를 수 있겠는가. 그렇게 말하고 싶은데 화살이 목사님에게 날아가게 할 수 없다는 생각에 잠자코 있었다.

내 무반응에 김 자매가 목사님이 자른 거냐고 물었다. 내가 '목사님은 죄 없어. 식구들이 원해서 목사님한테 얘기 한 거야. 우리가 사랑이 없는 탓이야. 사랑이 있다면 아무리 돈이 없어도 싸 안을 거야.' 하고 말했다. 김 자매는 '인서가(딸) 잠을 못자.' 하고 말했다. 내가 말했다. '나도 못자. 우리는 가해자 입장이라서 더 힘들어.'

이길용 집사에게 퇴직금을 줘야 한다고 돈이 없으면 빚을 내서라도 빚을 낼 수 없으면 식구들의 돈을 거둬서라도 줘야 한다고 내가 말했다. 이옥진 집사는 '말 같지도 않은 말 허지 마라. 그 둘이서(이길용 집사 부부) 나를 얼마나 못살게 굴었는데 돈을 주노. 나는 한 푼도 못 준다. 그리고 이런 단체에서 퇴직금 주는 데가 어디에 있노.' 하고 소리를 질렀다.

2004.7.13.(화)

목사님이 들어와 '나는 선교회를 그만두었으니 중재자 역할만 할 거에요.' 라고 말한 뒤 이길용 집사 부부를 불러서 퇴직금을 얼마나 원하냐고 물었다. 이길용 집사는 돈을 원하는 게 아니라고 진실을 말하면 돈은 안 받아도 된다고 말했다. 목사님이 무슨 진실 말이냐고 묻자, 이길용 집사는 나를 가리키며 '식구들이 잘랐다. 하고 이옥진이는 식구들이 안 잘랐다 하고, 목사님도 내가 안 잘랐다 하고. 왜 거짓말을 해.' 라고 말했다. 김가인 자매가 말했다. '돈을 원하는 게 아니에요. 여자들이 선교회를 떠나길 원해요. 여자들이 선교회를 떠나면 우리도 돈 안 받고 떠날 수 있어요. 목사님 여자들을 다 내보내고 다시 시작하는 게 어떠세요?'

목사님이 버럭 소리를 질렀다. '그런 건 집사님이 이래라저래라 나설 일이 아니에요.'

이길용 집사가 '액수가 중요한 게 아니에요. 내가 속이 너무 뒤틀려서 꼭 받으려는 거예요. 2,000만 원을 받아도 안 많아요. 15년간 고생도 많이 했고 설움도 많이 받았어요. 1,000만 원 이상이어야 해요.' 하고 말했다. 부부가 돌아간 뒤, 이옥진 집사가 목사님한테 분해 못 견디겠다는 듯 '내가 왜 떠나야 된다는 소릴 들어야 하는데예!' 하고 울부짖었다. 그리고는 '설움을 받아? 자기들이 나한테 설움을 줬지, 자기 집에서는 밥 한 끼 안 해먹고 넷이 다(이길용 집사 가족) 선교회 밥을 먹어도 아무 말 안 했는데 무슨 설움을 받아…'

2004.8.26.(목)

식구들이 돈을 각출해서 900만 원을 만들었다. 이길용 집사의 월급으로 퇴직금을 환산하면 그 금액이 된다고 이옥진 집사가 말했다. 이길용 집사는 '내가 얼마나 고생을 했는데 겨우 이거야!' 하고 화를 냈다. 교회 교인인 이순자 전도사님이 이길용 집사에게 다가가 '집사님 제가 나설 일은 아니지만 좀 봐주세요. 돈이 선교회 것이 아니고 식구들이 비상금으로 드리는 거잖아요. 이게 다 선교회에 돈이 없어 이렇게 된 거니까 집사님이 사랑의 마음으로 좀 봐주세요. 네' 하고 다정히 말했다. 이길용 집사는 선교회에 대한 이런저런 비난을 토한 뒤 '이 돈은 사회복지기관에 후원금으로 줄 거야!' 하면서 돈을 들고 나갔다. 이옥진 집사가 '후원금으로 줘. 흥!' 하고 코웃음을 친 뒤 돈을 줘버리니까 속이 다 시원하다, 고 말했다.

2004.8.27.(금)

'두 사람이 나가고 나니까 선교회가 선교회 같지 않네요.' 힘없는 내 말에 이옥진 집사가 "와 선교회 안 같노. 진짜 선교회 같고만. 그동안 이길용이가 얼마나 못되게 굴었노." 하고 핀잔을 주었다. 자기는 안 못되게 굴었다는 듯이, 내가 '돈도 없고 앞으로 어떻게 해요.' 걱정하자 이 집사가 '걱정허지 마라. 두 사람 월급이 안 나가니까 그 돈이 그대로 있다. 그뿐인 줄 아나 통장이 하나 더 있는데 그 통장에 500만 원이 더 들어 있다. 목사님도 그 통장 모른다.' 하고 뻐기듯 말했다.

응? 나는 놀라서 '멍—! 해' 졌다. 500만 원이나 더 있다면 이길용 집사를 해고시킬 필요가 없었지 않은가. 후원금이 차츰 더 들어올 수도 있고... 목사님도 사임 안 했을 거 아닌가. 이길용 집사가 분노를 토하는 통에 사임했으니...

이길용 집사는 15년을 내 집처럼 아끼며 일했는데 어떻게 하루아침에 내쫓을 수가 있어! 하고 울부짖으며 집기를 내던지기도 했는데 그것을 보면서도 돈을 감추고 있었다니.

이 집사는 그동안 몇 번이나 말했었다. '돈이 있었다면 목사님이 절대로 선교회 그만 안 뒀다. 돈이 없으니까 그만뒀지'.

돈 없어서 그만둔 줄 알면서 돈을 감추고 있었던 건 그만둔 게 좋아서가 아닌가. 돈을 빼돌린 것을 밝히기 싫으면 돈을 찾아서 자기 돈이라며 내놓고 목사님을 붙잡아야 하지 않는가. 돈을 빼돌려서 두 사람이나 내쫓고도 돈 빼돌린 걸 자랑하다니, 선교회 통장을 목사님이 가지고 있었는데 빼돌렸다니, 어떻게 그런 재주를 부릴 수가 있지, 나는 너무 놀라서 어떻게 그럴 수 있었냐고 묻지도 못했다. 한참 후에야 이 집사가 통장을 관리하다가 목사님한테 넘길 때 빼돌렸다는 생각이 들었다. 어쩌면 또 다른 통장이 있을지도 모른다는 의심도 들었다. 그리고 예전에 내가 목사님이 언젠가는 이옥진 집사 때문에 크게 다칠 것 같은 느낌을 가졌던 게 떠올랐다.

갑자기 탁상시계기 생각났다. KBS마크가 찍힌 예쁘고 귀여운 내 탁상시계가 없는 게 생각났다. 내가 책상으로 사용하는 작은 상위에 놔두었는데 놔둔지 얼마 후부터 안 보였던 게 생각났다. 아무리 힘들다 한들 없어진지 수년이 지난 오늘에야 생각나다니 그동안 한 번도 없어진 걸 생각 못 했다니, 훔친 사람은 이옥진 집사밖에 없다. 그 외의 여자 식구 누구도 남의 것을 탐내지 않았다. 이 집사는 김정서 자매가 떠날 때 빠뜨린 손톱깎기 세트를 내가 돌려주려고 내 책상 위에 둔 것을 감췄다가 들킨 적도 있고, 교회 여전도회가 짠 참기름을 한 병 빼돌린 적도 있다. 참 가지가지 하는 이옥진 집사다. 아! 아까운 예쁜 내 시계...

2004.8.28.(토)

목사님이 들어왔다. 그냥 둘러보러 온 듯하다. 선교회를 다시 맡아달라고 하고 싶었다. 이옥진 집사가 식구들 위에 군림하면서 식구들을 탄압할 것을 생각하면 끔찍했다. 이 집사가 대표 행세하는 선교회는 상상만 해도 지옥이다. 그것을 이야기하면서 살려달라고 애원하고 싶었다. 그런데 무서웠다. 붙잡지 말라고 못을 박았는데 무시하고 귀찮게 한다고 화를 낼 것 같았다.

(목사님은 선교회 사임을 곧 후회하고 식구들이 붙잡지 않은 것을 서운해 하고 괘씸해했는데 몇 년 후에야 그것을 안 나는 가슴을 쳤다. 치면서 붙잡지 않은 것을 뼈저리게 후회했다).

2004.9.9.(목)

이옥진 집사가 또다시 억지를 내뱉는다. '이곳은 질서가 없어. 이런 곳은 질서가 있어야 되는데 질서가 없어 큰일이야!'

식구들이 이전과 조금 다름없이 지내는데, 목사님이 사임한 이후부터 틈만 나면 조용히 있는 식구들에게 다짜고짜 내뱉는다. 누구도 제멋대로 하는 게 없는데도 느닷없이 '너희들 마음대로 해봐라! 어디 마음대로 해봐라!' 하고 몰아치기도 한다. 그러는 목소리엔 독기가 가득 차 있다. 예전에 나영진 집사를 생사람 때려잡는 도사라고 하더니 나 집사보다 더 잘 때려잡는다. 억지로 식구 모두를 잡는데도 누구도 반발하지 않고 죽을 듯 가만히 있다. 그대로 두면 점점 더 할 것임을 아는 나도 등신이라 잠자코 있다.

이유 없이 식구들을 그렇게 잡다가 또 종종 행복에 겨운 목소리로 백완경 형제에게 '아저씨 우리 이대로 잘 살다가 함께 천국 갑시다.' 라고 한다. 이전엔 전혀 없던 모습이다. 자기가 선교회 대표가 되었다는 생각으로 감격해 하는 듯하다. 누가 찾아오면 찾아와서 대표를 찾는 것도 아닌데 자기가 선교회 책임자라고 한다. 먹거리가 들어오면 남에게 나눠주기 바쁘다. 하남 새마을회에서 감자를 10박스 갖다 주었는데 그것도 반 박스 남기고 잘사는 이웃집에까지 다 나눠줘 버렸다. 식구들 모두가 감자를 좋아하는데, 목사님이 계실 때는 행사 때는 교회 교인이 음식을 먹어도 아까워 못견뎌 하며 매번 뒤에서 씹어대더니...

2004.9.13.(월)

점심 때 주방장님이 간장이 없다고 해서 내가 내 돈으로 간장을 사왔다. 학원에서 돌아온 이옥진 집사에게 그것을 이야기했더니 화를 벌컥 내며 "와. 마음대로 사노. 앞으로는 어떤 것도 사지 마라. 필요한 것 있으면 내 허락받고 사라!" 하고 말했다. 그러면서 마지못한 듯 간장값을 주었다. 아침 일찍 검정고시학원에 나가서 밤 9시가 지나서 돌아오면서 허락을 맡고 사라니, 필요품을 제때 사지 말라는 것이다. 목사님이 원장일 때는 목사님의 허락을 구하지 않고 자기 마음대로 사놓고 원장도 아닌 자기 허락을 받으라는 것이다. 나는 여러 시설을 거쳤지만 여러 시설의 실태를 알지만 식재료를 원장 허락 하에 사는 경우는 보도듣도 못했다. 원장도 아니면서 원장 이상의 권위를 부리니. 참...

2004.9.14.(화)

주방장님이 말했다. 어젯밤에 이옥진 집사가 자기한테 전화를 걸어와서 '앞으로는 내 허락 없이는 그 어떤 것도 못 사게 하세요.' 라고 했다.

이운기 형제의 수동휠체어가 고장 나서 옛 식구가 버리고 간 낡은 휠체어를 꺼내 손질해 놓았더니 이옥진 집사가 "와 허락도 없이 마음대로 허노!"하고 난리를 쳤다. 원장이라면 웅가 싸는 것도 허락 맡고 싸라 하겠네...

2004.10.18.(월)

이옥진 집사가 말했다. '목사님이 교회도 떠나신단다. 이달 말까지만 있고 그만두신단다. 선교회에 돈 떨어지니까 후원받으려는 노력도 안 허고, 그만두더니 교회도 어려워지니까 교인 수 늘리려 안 허고 떠난단다. 내가 이순자 전도사님한테 그랬다 교인 수 예전만큼 채워놓고 떠나시라고...'

교인 수가 많이 줄기는 했다. 그런데 그렇게 된 것엔 이 집사도 일조를 했다. 일부 교인들은 일요일 예배 후 선교회에서 식사를 마친 후 실내로 들어와 오후 예배 때까지 TV를 보곤 했는데 이 집사는 그게 싫었는지 어느 날부터 일요일 낮에는 TV를 틀지 못하게 했다. 교회에는 마땅히 시간 보낼만한 공간이 없어서 선교회에서 TV를 보는 것인데, TV 보던 교인들이 밖에서 서성대는 것을 보고 내가 선교회에서 그냥 앉아 있기 뭣해서 밖에서 서성대는데 편하게 앉아 있게 TV를 틀게 해달라고 말했으나 이 집사는 묵살했다.

일요일 점심 때 교회 교인들이 선교회에서 식사하는 때엔 이 집사는 매번 국수만 주게 해서 일부 교인들은 싫은 티를 팍팍 냈고, 내가 점심 메뉴를 바꾸자고 몇 번이나 사정해도 이 집사는 "쳐 먹기 싫으면 즈그 집에 가서 밥 처먹으라 해라!" 하고 성질을 내며 묵살했다. 아, 나는 왜 그런 건의사항들을 목사님한테 직접 말하지 않았던가. 밖을 서성이던 교인들도 국수만 준다고 불평하던 교인들도 결국 교회를 떠나버렸다. 그런데 목사님한테 교인 수 채워놓으라 하다니, 재정을 빼돌려서 목사님을 선교회에서 내치고 교회에서도 내치려고 붙잡긴커녕 목사님의 분노를 일으킬 망언을 했는가.

2004.10.24.(일)

식구들이 멸치 내장을 제거하면서 한두 마리 집어먹는데 이옥진 집사가 다듬는 것보다 먹는 게 더 많겠다. 하고 난리를 쳤다. 먹거리가 들어오면 건강하고 잘사는 외부인들에겐 아낌없이 주면서 함께 사는 식구들이 먹는 것은 뭐든지 아까워하니! 참.

2004.12.2.(목)

이옥진 집사가 말했다. 교회가 노회에다가 목사님을 보내달라고 했는데 노회가 가난한 교회라고 오려고 하는 목사님이 없다고 한단다.

2004.12.19.(일)

이옥진 집사가 말했다. 교회제직회가 이순자 전도사님을 교회 담임자로 세우기로 했다. 그리고 또 말했다. '이 전도사님이 선교회에 간섭하려 들면 절대로 못허게 할 거야. 선교회는 교회와 분리된 곳인데 간섭하면 안 돼.'

2005.1.2.(일)

이웃에서 갖다준 쪽파가 시들어 있어 파전을 했더니 이옥진 집사가 또 난리를 쳤다. 더 시들면 버려야 될 것이기에 아까워서 했다는 내 설명에 이 집사는 '허락을 맡고 해야 될 것 아녀! 와, 혜성 씨 마음대로 허노. 혜성 씨가 원장이가?' 하며 계속 난리를 쳤다. 내가 '집사님이 원장이세요.' 하고 묻자 이 집사는 '그럼 내가 원장이지 누가 원장이야.' 하고 외쳤다. '이곳이 집사님 게 아니잖아요. 집사님 것이 아닌데 집사님 마음대로 하면 안 되죠.' 내 말에 이 집사는 '원장 없으면 선교회를 어떻게 운영 허노. 외부에서도 모두 다 내가 원장인 줄 알고 있다.' 라며 나를 노려보았다.

'벌써 외부에도 원장인 척 하셨나보네요. 그러는 게 옳은 게 아니잖아요. 식구들한테는 티끌만한 것까지 허락을 맡으라면서 원장 같은 중요한 문제는 집사님 마음대로 하는 건 있을 수 없는 일이잖아요.' 하고 내가 말했다. 이 집사는 '혜성 씨는 양심도 없다. 나는 10년이 넘도록 일을 해 왔다. 그래도 사례비 한 푼 못 받았다. 나를 10년이 넘게 봐오고도 원장을 못하게 허고 어찌 그리 양심도 없노.' 하고 몰아쳤다. 내가 '집사님만 일해요. 용만, 한수도 일해요. 이곳은 일할 수 없는 이들이 살아야 되는 곳이잖아요. 건강한 몸으로 일 못하는 사람들이 사는 곳에서 살면 일하는 거 당연한 거 아니에요. 청소나 밥을 하는 것도 아니고 일주일에 한 번씩 시장 봐 주는 것만 하시면서 10년이 넘도록 먹고 자고 혜택을 누렸다는 생각은 안 드세요. 마음대로 원장 하시는 건 양심 있는 거예요. 10년 동안이나 봐왔기 때문에 못하게 하려는 거예요.' 하고 응수했다.

이 집사가 "네가 다해라 다해. 나는 이제 일 안 할 거다." 하고 외쳤다. 나도 외쳤다. "하지 마세요. 악하게 굴면서 일하느니 차라리 안 하는 게 나아요." 이 집사의 남자 이성기 집사가 내질렀다. "혜성 씨가 원장 해요!"

이 집사가 자리를 뜨자 이운기 형제가 말했다. "누나가 이 집사한테 일하지 말라고 했을 때 내가 속이 다 시원했어."

2005.1.3.(월)

선교회 공간을 떠나서 외부에서 살고 있는 진병수 집사 부부와 부활교회 담임자인 이순자 전도사님이 나타났다. 이 전도사님이 '이옥진 집사님이 저를 찾아와서 식구들 앞에서 선교회 원장으로 임명해 달라고 해서 왔는데 식구들 생각은 어떠세요.' 하고 물었다.

참으로 어이없게 하는 집사다. 아무도 언급하지 않는데도 이 전도사님이 선교회에서 간섭하러 들면 절대로 못하게 할 거라는 공언을 몇 번이나 해놓고 원장 임명권을 주다니, 내가 말했다. '우리 선교회는 운영위원체제로 해야지, 원장이 있으면 안 됩니다. 원장이 되면 식구들의 인권과 권익을 유린하기 쉽습니다.' 이 집사님이 그런다는 게 아니라 그 자리가 그런 자리입니다.

이성기 집사가 '이 집사님이 원장이 되어야 해요.' 하고 반격했다. 진병수 집사도 찬성한다고 말했다. 진 집사는 이옥진 집사의 실체를 모른다. 이 집사가 원장 되는 것 생각만 해도 끔찍하다던 오선옥 자매는 무서운지 잠자코 있었다. 이운기 형제만이 '반대예요. 운영위원체제로 해야 해요.' 라고 말했다.

이 전도사님이 반대하는 이유를 밝히라고 말했다. 이 집사의 행태를 말하고 싶은데 말이 나오지 않았다. 이 전도사님은 다수결원칙으로 할 수밖에 없다고 말했다. 내가 '이런 곳에 사는 장애인들은 다칠까봐 무조건 힘 있는 사람 편에 서는 경향이 있어요. 다수결은 안 돼요. 시간 여유를 주세요.' 하고 말했다. 이 전도사님이 '저는 이 집사님이 원장인줄 알았어요. 이 집사님이 저한테 목사님이 자기한테 원장을 하라고 했다고 했어요.' 하고 말했다. 내가 '목사님이 운영위원체제로 하던지 원장을 외부에서 영입하던지 식구들이 알아서 하라고 했어요. 그리고 목사님도 전도사님도 원장을 임명할 권한이 없어요. 이것은 교회에 소속된 기관이 아니고 교회와 분리된 별도의 기관이에요. 초창기부터 분리되었어요. 이 집사님도 그걸 잘 알아요.' 하고 반박했다.

이운기 형제도 '목사님이 운영위원체제로 하든지 원장을 영입하든지 식구들이 알아서 하라고 했어요.' 하고 말했다. 이 집사가 '목사님은 그런 말 한 적 없다. 거짓말 허지 마라!' 하고 외쳤다. '내가 목사님한테 확인하면 금방 드러날 것을 그렇게 거짓말을 하세요.' 하고 말한 다음 '원장이 아닌데도 원장 이상의 권세를 가졌으면서 왜 굳이 원장을 하려고 하세요.' 하고 물었다. 이 집사는 대답하지 않았다. 내가 '전도사님이 선교회에 간섭하면 절대로 못하게 할 거라고 몇 번이나 공언해 놓고, 선교회는 교회와 분리된 기관이라서 간섭하면 안 된다고 해놓고, 원장으로 임명해 달라는 게 말이 돼요. 간섭을 하면 안 되고 원장을 임명하는 중대한 일은 해도 되는 거예요. 언제부터 선교회가 교회에다 원장임명권을 줬어요.' 하고 따졌다.

이 집사는 '나는 선교회를 위해서 15년을 일했다. 일하는 사람이 원장 하는 거 당연한 거잖아. 와 그리 양심도 없노.' 하고 소리를 질렀다. 나도 소리를 질렀다. '자기 것도 아닌데 자기 마음대로 원장 하는 건 양심 있는 거예요. 용만 한수는 더 많이 하는데 둘 다 원장 해야겠네요. 집사님은 나는 봉사하고 싶다. 내 소망은 봉사하는 것이다, 라면서 혜택을 받은 선교회에 봉

사한 건 아깝고 억울하세요.'

이 집사는 '네가 일 다 해라. 나는 이제 안 헌다.' 하고 외쳤다. 나도 외쳤다. '하지 마세요. 이유 없이 식구를 갈구고 먼지 알 만큼의 주권도 인정치 않고 노예 취급하면서 하는 일 안 하는 게 나아요.' 이 집사가 '너는 기도를 얼마나 했노. 난 늘 기도하는데 너는 기도도 안 하면서 함부로 나서냐.' 하고 외쳤다. 나도 외쳤다. '식구를 무시하고 노예처럼 억압하면서 원장 하겠다고 기도하세요. 기도만 하면 무슨 짓이든 해도 되는 거예요. 기도하면 하나님이 뭐든지 네 맘대로 막된 짓 하라고 해요. 제 것이 아닌데도 제 맘대로 하려는 그런 악한 기도 나는 돈 주고 하라고 해도 못해요.'

이 집사가 '성광교회에서 합병하자고(교회를) 전화가 왔는데 그 교회 밑으로 들어가라!' 하고 외쳤다. 내가 '집사님 밑에 있는 것보단 났죠 뭐.' 하고 대꾸한 뒤 이 전도사님한테 '신중하게 결정해야지 애들 소꿉놀이도 아닌데 단번에 결정해선 안 되는 일입니다.' 하고 말했다. 이 전도사님이 그러겠다고 하는데 이 집사가 "지금 하세요. 지금!" 하고 다그쳤다.

이 전도사님은 우리 방으로 불러들여서 이 집사가 아무 이유 없이 사람들을 미워하고 씹어댄다는 이야기를 한 다음 무고한 사람을 미워하는 이가 원장이 되면 안 된다고 말했다. 전도사님은 간섭을 못하게 할 것이면 원장으로 임명할 수 없다고 말했다. 1년 임기로 임명해 주겠다. 했더니 이 집사가 싫다고 했다는 이야기도 했다. 이 전도사님이 돌아간 뒤, 내가 큰소리로 '식구들을 같잖게 여기고 제 맘대로 하는 사람을 원장으로 세우면 안 돼. 원장이 아닌데도 제 맘대로 하는데 원장이 되면 완전 폭군이 될 거야! 차라리 선교회를 교회로 넘기는 게 나아.' 하고 말했다. 이집사가 '선교회가 네 거 냣! 네 맘대로 넘기 겟——!' 하고 악을 썼다. 나도 악을 썼다. '선교회가 집사님 거에 욧! 집사님 마음대로 원장하겟——!' 악을 행치 않으면서 원장행세하면 뭐라 하지 않을 텐데 악을 행하면서 선교회에 아무 권한도 없는 교회 전도사님을 끓여들여서 원장이 되려하니 기가 막힌다.

이 형제가 내게 와서 겁에 질린 목소리로 말했다. '이 집사가 원장이 되면 어떡하지. 이것이 완전 지옥일 텐데...'

2005.1.4.(화)

이 집사가 전도사님한테 무슨 말을 했냐고 따졌다. 집사님에 대해 '사실 그대로 말했어요.' 라는 내 말이 채 끝나기도 전에 이 집사가 나를 잡아 죽일 듯한 흉포한 얼굴이 되면서 "양심이 좀 있어봐랏! 일은 죽도록 시켜 먹고 어찌 그리 독하놋! 너 겉이 독한 인간이 세상에 없을끼닷——!" 등등의 악을 마구 써댔다. 자기도 다른 사람이 자기의 실체를 알면 원장을 해선 안 될 사람으로 여길 것임을 아는 것이다. 나도 악을 써댔다. "집사님이 일을 했으면 얼마나 했어욧! 청소를 했어욧! 주방 일을 했어욧! 그나마라도 했으니까 여지것 있었지, 안 그러면 팔다리 멀쩡한 사람이 이런 곳에서 놀고먹는 생각이야말로 양심 없는 거예욧——!"

"팔다리 멀쩡한 게 죄갓——! 너같이 모질고 독한 인간 내 평생 처음 본닷! 내가 종년이냐 일만 하겟——!"

"하나님이 일하는 사람을 종년이라 했나욧! 일하지 않는 자 먹지도 말라고 하지 않았나욧! 일은 종년이 하는 거라고 여기고 조선시대 양반보다 더 미개한 의식을 가졌으면서 원장 하려고 하세욧! 집사님이 원장 하기에 합당하다고 여길 사람 거의 없어욧! 식구가 아파 혼절해 있어도 병원에 안 데려가는 집사님보다 내가 더 독하다고 하나님한테 그렇게 말하세요. 전혜성 이만큼 모질고 독한 자 없다곳. 집사님은 순하고 선하다곳——!"

"안 그래도 하나님은 다 아신다. 하나님을 믿으면서 어떻게 그렇게 모질고 독허놋! 네가 인간이갓——!"

"집사님은 하나님 안 믿어서 모질고 독 하세욧! 내가 인간이 아니면 집사님 같아야 인간이에욧! 자신에게 해당되는 것을 남에게 뒤집어 씌워야 인간이에욧! 내가 인간이면 아무 죄 없이 집사님한테 욕을 먹으면서도 영양실조에 걸려서도 처먹는다고 욕을 먹고도 가만히 있었겠어욧! 불이 나도 안에서 타 죽도록 실내에 감금을 당하고 가만히 있었겠어욧! 인간이 아니니 가만히 있었깃——!"

이 집사는 "누가 널 욕 했놋! 나는 욕한 적 없닷! 감금 한 적도 없닷! 거짓말 허지 마랏——!" 등등의 악을 써대다가, '내가 원장이 될라고 허는 건 돈 욕심 때문이 아니고 선교회를 잘 운영하고 싶어서다. 와 원장이 되면 안 된다고 생각허노.' 하고 물었다. 내가 대답했다.

'예전 식구들이 집사님을 왜 미워하고 싫어했는지 모르세요? 집사님은 지나치게 본인 위주에요. 집사님은 동등한 입장으로 함께 살기 힘든 분이세요. 티끌 만한 것까지도 집사님 내키는 대로만 하려고 하고 그게 안 되면 악감정을 품으세요. 거기다 사람들을 너무 미워하세요. 예전엔 제가 집사님을 감싸고 온정적이었는데, 그런 저를 계속 미워하셨어요. 저만 미워하면 내가 마음에 안 들어서 그런가보다 할 텐데. 주변인 대부분을 미워하셨어요. 정작 미워해야 할 조인우 짐승은 안 미워하시고 마치 사람다운 사람을 안 미워하고는 못 견디는 것처럼 무고한 사람들을 미워하세요. 일도 어쩌다 허드렛일 조금 하게 되면 그때마다 일을 분담해서 나하고 해야 한다고 하시면서 티끌 만한 주권도 안 주시고 티끌 만한 부분에까지 권위를 부리시고,

오로지 권위 부리는 일만 하시려 하고 권위엔 의무가 따르는 법인데 의무는 싫어하시면서 권위만 부리려 하세요. 집사님이 보통 사람이라면 식구들한테 잘하면서 내가 잘 할 테니 원장 시켜줘 하실 거예요. 굳이 원장 시켜달라고 안 해도 잘하면 아니 나쁘게만 안 해도 원장 하라고 할 거예요. 원장 할 만한 사람도 없고 집사님이 제일 능력이 있으니까요. 그런데 집사님은 잘 할 마음이 조금도 없으시잖아요. 오직 식구들의 인권도 주권도 없는 개돼지나 노예 취급을 하려 하시고 노예 취급하면서 그 위에 왕처럼 군림하면서 권위만 부리려 하시잖아요. 원장이 아닌데도 왕보다 더한 권위를 부리는데 원장이 되면 물 먹는 것, 화장실에서 볼일 보러 가는 것까지 허락 맡으라 할 것 같잖아요. 이 세상 어떤 제왕이나 절대자도 집사님처럼 간장 하나까지 허락 맡고 사라고 하지 않아요. 자기 돈으로 시설을 만들고 자기 개인시설의 원장들도 집사님 정도는 안 해요. 예전의 우리 선교회 원장들도 그렇게 안 한 것 집사님도 아시잖아요. 그런데다 집사님은 식구가 위중해도 병원에 안 데려 갔어요. 우리가 죽게 되어도 병원에 안 데려 갈 텐데 우리가 죽을 짓을 제가 어떻게 하겠어요. 나를 모질고 독하다고 하시는데 집사님도 제 입장이면 집사님 같은 분이 원장 되는 것 결사적으로 반대할 거예요.'

나는 말을 버벅댈 때가 많은데 웬일인지 연습을 한 것처럼 술술 이어져 나왔다. 이 집사는 '어찌 그리 거짓말도 잘 허놋! 나는 내 맘대로 헌적 없닷! 나는 나쁜 사람으로 몰지 맛! 와 나를 나쁜 사람으로 모놋! 나는 절대 나쁜 사람 아니얏—! 못 배워먹어도 어찌 그리 못 배워 쳐 먹었놋! 너는 인간이 아니얏——!' 등등의 악을 마구마구 써댔다. 나도 마구마구 악을 써댔다. '집사님은 이래서 원장이 되면 안 되는 사람이에욧! 뭐든지 마음대로 하면서 마음대로 한 적 없다 하고 집사님을 아는 주변인들 대부분이 집사님을 나쁜 사람으로 아는데 혼자서만 아니라고 우기시고 나쁜 짓을 하면서 나쁜 짓 하는 순간에도 나쁜 사람 아니라고 우기고 거짓말을 하면서 상대가 거짓말한다고 뒤집어씌우고 잘하면 원장을 안 하려고 해도 하라고 등 떠밀 텐데 원장 하려고 기를 쓰면서도 잘하기는 죽도록 싫고 악하게만 굴고 이 세상에 집사님 같은 사람 아주 드물 거에욧——!'

이 집사의 남자 이성기 집사가 이윤기 형제에게 "네가 원장 해라!" 하고 소리를 질렀단다. 이 형제가 이 집사님은 절대로 원장이 되면 안 된다고 했더니 그렇게 하더라는 이야기를 하면서 이 형제가 오선옥 아줌마도 이 집사가 원장 되면 우리 다 죽음 이래 하고 말했다.

2005.1.8.(토)

가스렌지 받침대를 작은 것으로 교체했더니 종전의 받침대 밑의 바닥이 시커먼 기름때에 뒤덮인 게 드러났다. 내가 대야에 가루비누를 풀어서 수세미와 함께 갔다 놓으면서 성용단 형제에게 좀 닦으라고 시켰다. 나는 무릎관절이 망가져 바닥에 앉기 힘들어서다. 이옥진 집사가 "하지마라 주방 아줌마가 할 일이다." 하고 제지했다. 내가 "이 정도 것을 가지고 역할 구분을 하세요." 하고 말했다. 이 집사가 성난 목소리로 "아줌마가 해야될 일을 와 식구가 해야 되노! 아줌마가 그렇게 좋으면 아줌마한테 가 살아 랏!" 하고 소리를 질렀다. 내가, "아줌마 위해서 이러는 거예요. 아줌마는 내일이 일요일이라서 모레나 올 텐데 그때까지 저렇게나 더러운 걸 놔둬야겠어요. 아사가(후원자들) 올라 올 텐데(교회에서) 그 사람들에게 선교회가 이토록이나 더러운 곳이라는 인식을 줘야 되겠어요?" 하고 물었다. 이 집사는 신문을 가져다가 기름때를 덮으며 "공짜로 일하는 것도 아니고 돈 받고 하는데 자기 일은 자기가 해야지" 하고 말했다. 자기 속옷 빨래는 남자식구들 일이라서 매번 성 형제 등에게 널라고 시키는가. 정말 사람을 환장하게 만드는 집사다. 원장이 되고 싶어 안달을 하면서도 원장이 되어선 안 될 짓을 거침없이 한다. 스스로 원장직을 걷어차는 짓을 끊임없이 행한다. 참으로 징그러운 집사다.

2005.1.15.(토)

이 집사는 내게 말을 안 하면서 과일 등의 간식거리를 다른 식구들에게만 나눠주고 내게는 일체 주지 않는다. 내가 자기에게 온정적일 때도 종종 그랬으니 원장으로 인정을 안 해주는데 당연한 것이다. 악하게만 안 하면 원장 시켜준다는 말을 몇 번이나 했는데도, 악을 행치 않으면 원장이 될 것임에도, 원장이 되려고 발광을 하면서도 악행을 멈추지 못하니 악을 행하지 않고는 못 견디는 집사다.

선교회도 교회도 사임하신 목사님이 용인으로 떠나신다는 소식이 들린다.

2005.1.25.(화)

아침 일찍 목사님의 발소리가 들리더니 '지금 떠납니다. 모두 건강하세요.' 하는 목사님의 음성이 들렸다. 용인으로 떠나신다니 정말 떠나시는 것이다. 다시 선교회를 맡아주시길 간절히 원하고 있었는데 허망한 꿈이었다. 암굴 속에 갇힌 듯한 절망이 밀려왔다. 자리에서 일어나려고 하는데 절망감 때문인지 다른 때보다 더 몸이 움직여지지 않았다. 결국 8년이나 우리를 돌보신 목사님이 우리를 버리고 떠나시는 모습을 안 보고 말았다.

이옥진 집사는 볼멘소리로 말했다. 목사님이 선교회 돈을 1,000만 원이나 가져가셨다. 사택 전세금 1,000만 원이 선교회 돈이라서 500만 원은 퇴직금 하시고. 500만 원은 돌려달라고 했는데 그러겠다고 하더니 안 주고 그냥 가셨다.

2005.1.28.(금)

이 집사에게 진병수 집사님 부부를 선교회에 입주시켰으면 좋겠다고 말했다. 목사님의 사무실이 비었으니 외부에서 살고 있는 식구를 데려와야 되는데 그럴 기미가 보이지 않아서였다. 이 집사는 '잘 살고 있는데 와 데려 오노.' 쓸데없이, 하고 핀잔을 주었다. '진 집사님도 선교회 식구잖아요. 우리는 이 안에서 사는데 따로 떨어져 살게 놔두면 안 되잖아요.' 내 말에 이 집사는 "방이 어디 있다고 데려 오노" 했다. 내가 컨테이너 방이 2개나 있지 않냐고 하자 그는 그 방에 살리려면 수리를 해야 된다고 말했다. 멀쩡한 방을 수리라니, 라고 생각하면서도 내가 수리비를 50만 원 내겠다고 말했다. 이 집사는 아무 반응이 없었다.

2005.2.4.(금)

집병수 집사님이 입원을 했다. 위궤양이라고 했다. 내가 이 집사를 또 졸랐다. 진 집사님이 강철로 만들어진 사람일지라도 그 환경에선 건강치 못 할 거라고 대화도 나눌 수 없는 사람과(정신지체 아내) 단둘이서만 하루하루를 지내는데 어떻게 견디겠냐고 데리고 와서 건강을 챙겨줘야 한다고 사정했다. 이 집사는 와락 성을 내며 소리를 질렀다. '와 이리 들볶노. 내가 알아서 헐 일이다.'

방을 비워둔다 해서 돈이 나오는 것도 아닌데 선교회 식구를 기어코 선교회에 안 들여 놓으려는 그 심보를 도무지 이해할 수가 없다. 먹거리가 차고 넘쳐도 식구가 먹는 것을 아까워하는 것처럼 방을 내주기도 아까운 것인가?

2005.2.13.(일)

이 집사가 또 분통을 터트렸다. 전도사님이 나를 볼 때마다 재정 보고를 하라고 들들 볶는다. 내가 못 살겠다.

그러게 왜 전도사님을 끌어들였냐고, 선교회는 교회와 분리된 곳이니 간섭하면 안 된다는 말을 몇 번이나 해놓고도 원장으로 임명해 달라고 선교회로 끌어들였지 않냐고 원장 임명권은 예전부터 식구들한테 있음을 알면서도 원장직에 미쳐서 전도사님한테 임명권을 줘서 선교회가 교회의 부속기관이라는 인식을 심어줬지 않냐고 그 때문에 전도사님이 그러는 것 아니냐고 식구들한테 잘하면 저절로 원장이 될 텐데 잘하기 싫어서 선교회와 무관한 전도사님을 끌어 들여놓으니 전도사님이 그러는 것 아니냐고 들이받고 싶은데 차마 그러지 못했다.

이 집사가 진병수 집사님에게 아파트를 얻어서 이사를 가라고 했단다. 박미영 자매가(진 집사부인) 내게 그 이야기를 하면서 "우리 죽어도 아파트 못가. 가면 선교회에 오지 못하니까." 라고 말했다. 선교회 입주를 막으려고 멀리 쫓아버려서 입주 할 가능성을 아예 차단하려는 수작이다. 입주시켜도 손해 볼 것 없는데 식구가 많으면 후원 받는 데도 유리한데 그러는 것은 방이 아까워서일 것이다. 남아도는 간식거리도 식구가 먹는 것을 아까워 하는데 비어있는 방도 식구가 사용하는 게 아까운 것이다. 물욕과 소유욕의 화신이다. 패악을 가지가지 행한다. 그러면서도 원장이 되려고 발광한다. 기도는 끊임없이 하면서 기도할 때 하나님께 어떤 요청을 하는 것일까. 패악질을 잘 하게 해달라고 하는 것일까?

2005.2.20.(일)

이 집사가 말했다. 이 전도사님이 땅이(선교회에서 산) 교회 땅이란다. 저번에도 그러더니 또 그런다.

2005.2.25.(금)

이 집사가 말했다. 우리 차를(목사님이 운전하시던) 전도사님한테 넘겨줬더니 전도사님이 중고차를 팔 때는 수리를 해서 파는 거라며 수리비로 50만 원을 달란다. 그래서 내가 우리가 차를 전도사님한테 팔았냐고 했다.

참 기막히게 하는 집사다. 왜 선교회 차를 식구들한테 말도 없이 남에게 넘기는가. 내가 말했다. "주지 마세요. 폐차 시킨다고 차를 돌려달라 하세요." 이 집사가 말했다. 벌써 줬다 수리할 상태도 아닌데 50만 원이나 뜯어갔다.

돈이 없어서 선교회가 뒤집히는 걸 눈으로 봤으면서 전도사가 공짜로 차를 준 장애인들의 돈을 뜯다니…

몸이 성치 못한 식구는 멸치 한두 마리 집어먹는 것도 아까워하는 집사가 건강한 전도사님한테는 차를 바치고 돈까지 바치다니 식구에겐 간장 한 병도 마음대로 못 사게 하면서 자기는 차에다 돈까지 마음대로 남에게 주다니…

차가 집사님 거예요. 집사님 것도 아닌데 왜 마음대로 넘겨줘요. 식구들한테 이야기했으면 내가 돈 없다고 폐차시키거나 팔 거라며 차를 돌려달라고 했을 텐데, 왜 돈까지 줘요 하고 들이받고 싶은걸 차마 못했다.

2005.2.27.(일)

교회의 이순자 전도사님이 찾아와서 목사님이 떠날 때 주었다면서 선교회 회칙서 라는 것을 읽었다. 식구들의 인권과 주권에 제약을 가하는 내용이 대부분이었는데 우리는 본 적도 들은 적도 없는 것이었다. 내가 그것을 언급하자 전도사님은 황운영 집사님과 함께 만들었고 식구들 동의를 받은 거라고 한 목사님이 말했다고 했다. 내가 '왜 우리가 우리 권리를 박탈하는 것을 동의하겠어요.' 하고 반박했다. 전도사님은 '몇 년 전에 만든 것이어서 잊어버린 것 아니에요. 한 목사님이 이걸 주면서 교회가 선교회를 관리해야 한다고 했어요. 식구들의 동의를 받았으니 문제 없을 거라고 했어요.' 하고 말했다. '우리는 뇌에 장애를 입은 게 아니에요. 그렇게 중요한 것을 잊을 리 없어요. 그리고 그거하고 교회가 관리하는 것하고 무슨 관련이 있어요.' 내 반격에 이 전도사님은 '이걸 만든 분이 부활교회 한진수 목사님으로 되어있어요. 선교회가 부활교회 부설이라는 증거잖아요.' 하고 말했다. 내가 말했다. '한 목사님이 부활교회 담임자이

기도 해서 그런 거죠. 우리 동의를 받은 거라면 몇 년 동안이나 왜 실행하지 않았겠어요.'

전도사님은 그래서 교회 관리를 안 받겠다는 거냐고 물었다. 웬일인지 입을 닫고 있던 이 집사가 나와 동시에 '네' 하고 대답했다. 이 전도사님은 알겠다고 말했다. 목사님은 8년이나 함께 한 식구들에게 참 좋은 선물을 주고 가셨다. 목사님은 이전에 후원자들한테 우리를 원생 아닌 가족이라고 했었다. 그리고 우리한테 우리를 책임질 거라고 했었다.

2005.3.11.(금)

'목사님이 무슨 짓을 했는지 알아요. 선교회 땅을 몰래 저당 잡히고 5,000만 원을 대출 받아 갔어요. 이 전도사님이 컴퓨터를 치다가 우연히 알게 된 거래요. 그러고도 전세금을 안 주고 갔어요.' 이 집사가 식구들한테 한 말이다. 모두 다 어안이 벙벙해 아무 말도 못했다. 땅을 저당 잡히고도 식구들을 교회에 저당 잡히려 했다니...

2005.3.13.(일)

이 집사가 말했다. 이 전도사님이 선교회 후원금 통장을 지급 중지 시켰다. 선교회 이름으로 되어있고 도장은 교회 것이 찍혀있을 뿐인데 교회 통장이라면서 그런 짓을 헌다.

내가 선교회 통장에 왜 교회도장이 찍혀있냐고 묻자 이성기 집사가 '선교회가 법인이 아니라서 통장을 못 만든다고 해서 그렇게 했을 거예요.' 하고 말했다. '교회 도장이 찍혀있어도 선교회 이름이 있고 선교회에서 사용하는 것이면 선교회 것이잖아요.' 내 말에 이 집사가 '그 인간이 그걸 몰라서 그러나. 옛날부터 알고 있었다. 땅도 선교회 거라는 걸 알면서 교회 것이라고 우기는 것 봐라. 예전에 어땠는지 아나? 나한테 만약에 목사님이 땅을 선교회를 위해 쓰지 않으면 제가 나서서 막아줄게요.' 라고 했었다. 그래놓고는 교회 담임자가 되자마자 교회 것이라고 우겼다. 그러더니 통장까지 교회 것이라고 헌다.

2005.3.17.(목)

이 집사가 말했다. 목사님이 이 전도사한테 선교회 후원금 통장이 국민은행 것도 있다고 했단다. 내가 전화로 이 전도사가 통장 중지 시켰다는 이야길 했더니 목사님이 내가 국민은행 것도 있다고 했는데 라고 헌다. 이 전도사한테도 이야길 듣고 가리켜 준 모양이다. 기가 막혀 죽겠다.

내가 다급히 외쳤다. '큰일 났군요. 이 전도사님이 그것도 지금 정지시킬 거예요. 빨리 그 통장 돈 찾아요.' 그러자 이 집사가 이 전도사가 책잡을 건데 했다. 내가 '우리 돈 찾는데 왜 책잡아요, 책잡으면 제가 했다고 하세요. 제가 책임질게요. 제가 찾아오게 통장 주세요.' 하고 성화를 부려도 이 집사는 잠자코 있었다.

2005.3.23.(수)

이 집사가 말했다. 교회제직회가 목사님한테 땅을 교회로 이전하는 내용증명을 보냈다.

땅은 목사님 명의로 되어있다. 내가 펄떡 뛰었다. '왜 교회로 이전하라고 해요. 선교회 땅이 잖아요.' 이 집사가 말했다. 누구 땅인지는 중요치 않다. 땅을 빨리 찾는 게 중요허다.

2005.4.1.(금)

주방장님이 허리와 무릎이 아프다고 해서 성 형제와 함께 야채 다듬는 걸 거들었다. 주방장님이 퇴근한 후에 이 집사가 왜 주방장을 도와주냐고 난리를 쳤다. 아픈 몸으로 일하는 게 힘들 것이기에 도운 것이라는 내 말에 이 집사는 '아파도 동네 아줌마들 밥은 공짜로 다 해준다. 몇 년째 해주고 있다. 우리 선교회 일은 돈 받고 하는데 와 도와주노. 앞으로는 도와주지 마라!' 하고 명령했다.

"일반사회에서도 사람이 아프면 배려해 주는데 하나님을 믿는 곳에서 어떻게 모른 체 해요."

"사회에서 누가 아프다고 도와 주노. 우리 선교회처럼 좋은 직장이 어딨노. 점심 저녁만 해주고 일요일엔 쉬고 그런데도 제대로 허는 게 뭐 있노."

"대신 월급이 적잖아요. 그 정도면 잘하는 거잖아요. 여태까지의 주방장 중에서 제일 잘 하잖아요. 깔끔하고 음식 맛있고 식구들한테 따뜻하고 세상에 완벽한 사람 없으니까 좋게 봐주세요."

"와, 완벽한 사람이 없어. 혜성 씨가 주방 아줌마한테 잘하는 거 완전 병적이다. 지나치게 병적이다."

나는 이 집사가 나를 나무라느라 억지 쓰는 줄 알았다. 그런 면으로 소질이 있는 분이라서 그런데 나를 보는 이 집사 표정이 진지하기 이를 데 없었다. 진정 그렇게 여기고 있는 것이다. 아프다고 해도 크게 도와주는 것도 아닌데, 겨우 야채 다듬는 것만 도와줬을 뿐인데,

이 집사의 뇌 구조를 들여다보고 싶었다. '주방장님한테 잘하는 게 병적이라고요. 집사님이 패악질만 안 하면 나는 집사님한테는 훨씬 더 잘 할 사람이에요. 집사님은 장애인이고 식구니까.'

2005.4.3.(일)

예배를 드리러 교회에 내려갔더니 목사님이 와 계셨다. 예배 후 이순자 전도사님이 누구든지 한 목사한테 하고 싶은 말 있으면 하라고 말했다. 목사님이 앞으로 나가서 말했다. "죄송합니다. 제가 부족해서 만든 잘못입니다. 대출금은 제 개인을 위해 쓴 게 아니고 교회를 위해 사용했습니다. 교회를 개척하는데 돈이 필요했습니다. 4년 내로 갚겠습니다. 선교회가 땅이 선교회 땅이라고 했다는데 교회 땅입니다."

정상인 교인은 잘 사는 데도 대지헌금을 못하게 하면서(권 집사와 보람이네 등등) 선교회의 몸 성치 못한 가난한 장애인들한테는 비상금을 다 털어 넣도록 강요를 해서 땅을 사놓고 선교회 땅이 아니라니, 내가 말했다. '땅 살 때 목사님께선 저희에게 몇 번이나 여러분들이 살 집을 지을 땅인데, 한 평씩은 사야지 않느냐고 하시면서 헌금을 하도록 하셨고, 후원자들한테도 선교회를 재건축 한다고 헌금을 받았습니다. 교회 땅을 사는 것이었다면 그러지 않았어야 하는 것 아닙니까.'

한 목사님은 '땅을 팝시다. 팔아서 3등분 해서 교회 선교회가 나누고 제게도 주세요. 땅 살 때 저는 있는 것 없는 것 다 털어 넣었고 고생도 많이 했습니다.' 하고 말했다. 이 집사가 '돈 낸 장부 좀 보여주세요.' 하고 말했다. 목사님은 '그런 것을 여태 가지고 있겠습니까. 저는 잘 모릅니다.' 라고 했다. '중요한 자료인데 잘 보관하셨어야죠.' 내 말에 목사님은 '황 전도사가 알고 있을지 모르니까 물어 보겠습니다.' 하고 말했다.

이 전도사님이 땅 문제를 어떻게 했으면 좋겠냐고 물었다. 아무도 대답을 안 해서 내가 4년 내로 갚는다 하셨으니 그때까지 기다려야 한다고 말했다. 이 전도사님은 따지듯 그때까지 안 갚으면 어떡하냐고 물었다. 내가 말했다. '그건 그때 가서 결정하면 됩니다.'

2005.4.7.(목)

이 집사가 탄식하듯 말했다. '지난 주일에 내가 한 목사님한테 대지헌금 장부를 달라고 했잖아. 그때 목사님이 자기는 모른다고 하더니 교회에선 그래놓고 밖에 나와서는 이 전도사에게 송 집사헌테(선교회 외 집사) 있으니까 가져가라 했단다. 이 전도사가 그 이야길 하면서 장부를 달라고 해서 송 집사가 장부를 넘겨줬단다. 목사님이 대체 우리한테 왜 그러는지 모르겠다.'

내가 속으로 말했다. '멍청인가요. 그걸 모르게. 집사님 네가 목사님한테 교인 수 예전만큼 채워놓고 가라고 해서 그런 거잖아요. 목사님이 속이 뒤집혀서 보복하는 거잖아요. 왜 늘 기도하는 입으로 죄 없는 목사님께 독을 뿜어서 목사님이 그걸 되 뿜게 만들어요.'

2005.4.10.(일)

예배를 끝내며 이 전도사님이 말했다. '시찰장이신 김수인 목사님과 우리 부활교회당회장이신 길흥서 목사님이 와 계셔서 회의를 하겠으니 한 분도 나가지 마시고 그대로 계시기 바랍니다.'

예고도 없이 회의라니… 시찰장이라는 목사님과 당회장이라는 목사님이 들어왔다. 시찰장 김수인 목사님이 강대상을 앞에 두고 서더니 문건 하나를 흔들며 선교회 규칙 어쩌고 했다. 이 집사가 '우리는 그 규칙에 동의한 적 없습니다.' 하고 말했다. 김 목사님은 '그럼 이것은 없애버리겠습니다.' 하며 문건을 내린 뒤 '장애인들은 교회 관리를 받아야 합니다. 교회 관리를 받아야만 편안합니다. 장애인들이 이순자 전도사님의 관리를 안 받으려면 이곳에서 떠나야 합니다. 장애인들은 자신들이 사는 곳을 관리할 권리가 없습니다. 앞으로는 노회가 모든 교회에 연락해서 교회 관리를 안 받는 단체에는 후원을 못하게 할 것입니다.' 하고 말했다.

'맑은 하늘에 날벼락'이었다. 거대한 공포가 숨통을 조여 왔다. 김 목사님이 사이비종교 지도자 같은 느낌이 들었다.

"우리가 장애인이라는 이유로 이 전도사님의 지시를 따라야 합니까."

"당연히 따라야 됩니다."

"정상인은 장애인을 배려해주지 않습니다."

"이 전도사님은 너무 잘할 것입니다. 내용증명도 받아놓지 않았습니까. 여자로서 대단한 일을 한 것입니다. 장애인들은 교회 관리를 받아야 편안합니다. 이게 다 장애인들을 편안하게 해주기 위해서입니다. 교회 관리를 받아야 회계도 투명합니다."

"우리 선교회는 예전이나 지금이나 투명합니다."

김 목사님은 '이때까지의 회계내역을 이 전도사님한테 제출하세요.' 했다 이 집사가 '그렇게 하겠습니다.' 하고 화답했다. 김 목사님은 선교회 후원금 통장도 다 교회에 넘기라고 말했다. 내가 후원금 통장이 교회 것이 아니고 선교회 것인데 왜 넘겨야 하냐고 반발했다. 당회장 길흥서 목사님이 '왜 교회 것이 아닙니까. 후원금을 교회에서 보내주지 스님이 보내줍니까.' 하고 같잖은 말로 면박을 주었다. 그리고는 '이 안에는 감옥에 가야 할 사람도 있습니다.' 하고 위협조로 말했다. 그는 또 '선교회로 들어오는 모든 물품과 먹거리도 교회로 다 넘겨서 교회에서 관리해야 합니다.' 하고 말했다. 내가 '장애인들은 교회에서 주는 것만 먹고 가져야 된다는 것입니까.' 하고 묻자 길 목사님은 '당연히 그렇게 해야 합니다.'하고 대답했다. 조폭들 같았다.

나는 더 있을 수가 없어서 선교회로 올라와 버렸는데 얼마 후에 올라온 이 집사가 '이순자가 선교회를 넘기란다. 후원금 통장은 물론이고 식구들 개인통장도(생계비를 받는) 다 자기한테 넘기고 선교회의 모든 자료와 회계장부도 넘기란다.' 하고 말했다. 그래서 어떻게 했냐고 묻자 이 집사는 '다 넘겨주겠다고 했다.' 라고 말했다. 내가 펄쩍 뛰 듯 '넘기면 안 돼요. 왜 넘기라고 하겠어요. 우리를 인권도 주권도 없는 존재로 만들고 돈벌이 도구로 삼으려 그러는 거예요. 절대로 넘겨주면 안 돼요.' 하고 강력히 주장했다. 이 집사는 이순자가 선교회만 뺏으려는 게 아니고 땅도 뺏으려고 교회 땅이라고 우긴다. 라고 말했다.

시찰장은 뭐며 당회장은 또 뭐냐고 이 집사한테 물었다. 한 번도 들어본 적 없어서였다. 이 집사가 '시찰회라는 곳이 있다는데 노회 지부 같다. 당회장은 교회담임자가 목사가 아니고 전도사일 때 노회가 교회관리자로 임명하는 목사란다.' 하고 대답했다. 그런데 왜 우리는 여태껏 우리 교회에 당회장이 있는 줄 몰랐냐는 내 물음에 이 집사는 이순자가 '선교회를 뺏으려고 요청을 해서 이번에 임명했을끼다.' 라고 대답했다.

2005.4.12.(화)

이 집사가 말했다. 한 목사님헌테 교회에서 있었던 일은 전화로 이야기했더니 목사님이 '내가 다시 돌아가야겠군요.' 이러시는 거야 교회제직회가 받아주기만 허면 다시 돌아올 수 있단다.

내가 기뻐하며 말했다. '돌아와서 이 전도사를 잘라버리라 하셔요.' 이 집사는 시찰장을 찾아가서 한 목사님을 다시 부활교회 목사로 세우게 해달라고 해야겠다고 말했다. 내가 펄쩍뛰었다. '제직회가 받아주면 다시 올 수 있다면서 왜 시찰장한테 해요. 시찰장이 하는 것 보셨잖아요. 그분이 우리 편이에요. 이순자편에다 왜 그런 말을 해요 못 돌아오게 할 게 100%인데.'

오후에 황운영 전도사님이 찾아와 '이대로 있으면 땅 때문에 한 목사님이 다치고 식구들도 힘들어지니까 한 목사님을 다시 모시세요.' 하고 말했다. 식구들이 모두 반가운 목소리로 '네!' 하고 호응했다. '교회 제직회 때 안건을 내고 통과가 되면 한 목사님이 다시 돌아올 수 있으니까 통과 되도록 하세요. 선교회에 집사가 4명이나 되고 교회집사들도(선교회 외) 다 목사님과 선교회편이니까 쉽게 통과될 거예요. 한 목사님이 돌아오면 이 전도사는 잘라버릴 수 있어요. 이 전도사가 알면 못 돌아올 수 있으니까 절대로 입 밖에 내면 안 돼요.' 하고 몇 번이나 신신당부를 하고 황 전도사님은 돌아갔다.

그런데 이 집사가 또다시 시찰장님을 찾아가서 제직회 이야기를 하고 한 목사님을 다시 모시게 해달라고 부탁을 해야 되겠다고 말했다. 참으로 이상한 집사였다. 적군을 찾아가서 아군을 못 돌아오도록 막아달라는 부탁을 하겠다니, 황 전도사님이 일부러 찾아와서 신신당부도 했는데... 뇌에도 장애를 입었나? 목사님을 못 돌아오게 하려는 것인가. '왜요 목사님이 못 돌아오도록 시찰장님이 훼방을 놓게요.' 내 물음에 이 집사는 잠자코 있었다.

2005.4.15.(금)

이 집사가 말했다. '임태성 권사님한테(후원인) 이순자 이야기를 했더니 이종성 권사님한테 (후원인) 얘기해 보라고, 그분은 불의를 못 참은 분이라서 도와줄 거라고 하는 거야. 그래서 이종성 권사한테 전화를 했더니 도와주시겠단다.'

2005.4.24.(일)

교회제직회가 목사님을 다시 교회담임자로 선출했단다. 이 집사가 목사님을 다시 모시라는 안건을 내자 이순자 전도사는 사색이 되면서 제직회를 중단시키려 했는데 선교회 외 정상인 집사들이 다 선교회 편을 들어서 의결을 해주었단다. 그 이야기를 한 다음 이 집사는 다음과 같이 말했다. '한 목사님이 교회를 사임할 때 노회가 지원하는 목사가 없다는 통보를 해 와서 친구 목사를 소개시켜 주려고 했단다. 그런데 이순자가 한 목사님한테다 선교회 식구들이 목사님이 싫어서 목사님이 소개해주는 목사님도 싫다던데요. 하더래! 그래서 한 목사님이 화가 나서 친구 목사를 소개 안 시킨 거래. 그래서 내가 한 목사님한테 우리는 목사님을 싫다고 한 적이 없다고 했다.'

충격이었다. 이 전도사는 목사님이 교회를 사임하신 며칠 후 나를 찾아와서 한 목사님이 선교회원장으로 어땠냐고 물었고 나는 잘 하셨다고 대답했는데... 사실이라면 이 전도사는 우리와 한 목사님을 이간질해서 부활교회 담임목회자직을 가로챈 것이다. 부임하려는 목사가 없어서 담임자로 세운 것이니까.

2005.4.25.(월)

한 목사님한테 전화로 이 전도사가 선교회 식구들이 목사님이 싫어서 어쩌고 한 게 사실이냐고 물었다. 사실이라고 목사님이 대답했다. '그런데 왜 그냥 계셨어요. 저희한테 왜 싫냐고 따져야 되는 거 아녜요. 그랬다면 이 전도사를 담임으로 안 세웠을 거 아녜요!' 내 부르짖음에 목사는 '나는 한다고 했는데 나를 싫어한다니 배신감에 그럴 기운도 없었어요.' 하고 말했다. 내가 '우리는 목사님 싫어하지 않았어요. 싫어 할 이유가 없었어요.' 하고 말했다. 목사님은 '이순자가 땅을 교회로 넘기래요. 안 넘기면 가만 안 있겠대요.' 하고 말했다. 내가 '그 인간은 물질에 눈이 뒤집힌 것 같애요. 선교회도 선교회 후원금 통장도 식구들의 통장도 다 뺏으려 하고 있어요. 악인 곁에 있다가 악인이 벼락 맞을 때 함께 맞는다고 했어요. 그 인간 편에 섰다가 함께 다치지 마시고 땅 넘겨주지 마세요.' 하고 말했다. 목사님은 알았다고, 걱정하지 말라고 했다.

통화를 끝냈는데 이 집사가 이 전도사한테 실제 목사님이 싫어서 어쩌고 했을지 모른다는 생각이 들었다. 독한 말을 잘하는 이 집사, 능히 그런 말을 하고도 남을 이 집사가 아닌가. 목사님이 교회를 떠나신다니까 예전만큼 교인 수 채워놓고 떠나라고 한 사람이 아닌가. 옛 식구 누군가도 이 집사를 두고 말했었다. 기껏 도와주고(목욕) 도와준 공을 입으로 다 깎아 버린다고, 그렇게 해서 도움 준 식구도 자기를 미워하게 만든다고...

2005.4.26.(화)

시찰장 김수인 목사님이 선교회를 찾아와 말했다. '이순자 전도사가 선교회를 넘기라고 하는 건 이 전도사 개인 뜻이 아니고 노회 뜻을 이행하는 것뿐입니다. 한 목사가 있을 때 노회가 관여하지 않은 것은 한 목사가 선교회에 대해 보고하지 않아서 노회가 선교회 존재를 몰랐기 때문입니다. 장애인단체장들이 후원금을 혼자서 착복하기에 교회에 관리토록 하려는 것입니다. 선교회가 교회 관리를 거부할 시엔 노회가 선교회를 후원하는 모든 교회에 연락해서 후원을 끊도록 할 것입니다.'

"한 목사님은 예전에 노회에 선교회 장애인들이 추위에 떨고 있으니 난방비를 좀 지원해 달라고 했는데 거절당했습니다.(사실이다) 선교회 존재를 몰랐다는 건 말이 안 됩니다. 저는 이곳이 4번째 단체라서 이런 곳의 실상을 잘 압니다. 후원금을 착복하는 단체장들이 다 전도사 목사입니다. 선교회를 넘겨주면 이 전도사도 그럴 것입니다. 그럴 게 아니라면 선교회를 탐하지 않을 것입니다. 그리고 교회와 선교회는 초창기부터 분리되었습니다. 그 때문에 이전의 교회 목사님들이 선교회에 관여하지 않았습니다. 엄연히 별개의 기관인데 왜 넘겨줘야 합니까."

"교회는 노회 지시를 받기에 결코 비리를 저지를 수 없습니다. 제직회에서 한 목사를 다시 부임시키기로 했어도 노회가 인준 안 할 수 있고 한 목사는 목사직을 박탈당할 수 있습니다. 담임교역자가 있는데 그 앞에서 다른 교역자를 세우는 것은 해선 안 되는 일입니다. 한 목사는 이 전도사에게 사람으로서도 도저히 할 수 없는 말들을 문자로 보냈습니다."

"그 문자 확인 해 보셨어요."

"그러진 않았습니다."

이 집사에게 내가 이 전도사가 거짓말을 해서 담임자가 된 것을 말해도 되냐고 물었다. 이 집사는 들은 척은 않고 김 목사님에게 어린애가 때 쓰는 어조로 '한 목사님이 안 되면 다른 목사님이라도 보내주세요. 네, 목사님.' 하고 계속 졸랐다. 이 집사는 나이가 쉰이 넘었기에 나는 민망해서 자리를 뜨고 싶었다. 김 목사님은 안 된다고 했다. 내가 이 전도사가 식구와 한 목사님을 이간질해서 담임직을 가로챘다는 이야기를 했다. 이 집사가 실제 한 목사님이 싫다는 말을 했을지도 모른다는 생각을 하면서도 그렇게 했다. 김 목사님은 '그건 중요치 않습니다. 선교회를 교회로 안 넘기려면 독립해서 이곳을 나가는 수밖에 없습니다.' 하고 말했다. 내가 '이곳은 우리 집입니다. 우리 선교회가 건축한 선교회건물입니다. 집주인을 장애인이라는 이유로 나가라고 하는 건 있을 수 없는 일입니다. 더구나 목사님들이요, 조폭도 그렇게 안 할 것입니다.' 하고 말했다.

이 집사가 '우리는 땅 사는데 가진 돈 다 털어 넣었습니다. 나가야 된다면 우리 몫을 챙겨서 나가야 됩니다.' 하고 말했다. 김 목사님이 말했다. '땅을 사는데 선교회가 아무리 큰 역할을 했다 해도 선교회는 교회 부설이기 때문에 몫을 따로 챙기는 건 있을 수 없습니다. 몫을 챙긴다고 교회와 분쟁이 일면 노회는 교회 편을 들 것입니다.' 내가 말했다. '선교회가 교회 부설이면 그동안의 선교회 운영비는 모두 교회에서 지원했어야 합니다. 생활비 직원 인건비 등등을, 교회는 여태껏 선교회에 쌀 한 톨 지원하지 않았습니다. 오히려 선교회가 교회를 지원해 온 셈입니다. 선교회는 후원금에서 십일조와 감사헌금을 내고 식구들 개인적으로 십일조와 감사헌금을 냈습니다. 그 때문에 교회는 그동안 별 어려움 없이 운영되었습니다. 부설기관에 쌀 한 톨 지원 안 하는 교회가 어딨습니까. 부설이 아니니까 그랬지요.'

김 목사님은 '앞으로는 다 지원할 것입니다.' 라고 한 다음 이 집사에게 '한 목사가 땅을 저당 잡힐 때 집사님은 알고 있었죠.' 하고 물었다. 이 집사는 대경실색을 하고, 나는 이 집사를 구하려고(?) "나는 '이 전도사와 함께 그러지 않았냐.' 라고 생각했는데" 라고 말했다.

김 목사님은 목요일까지 선교회 자료를 교회에 넘기라고 명령했다. 내가 '왜 우리 것을 대가도 배상도 없이 넘겨야 되죠. 장애인이라서요.' 하고 따졌다. 김 목사님은 대꾸를 않고 장애인은 교회 관리를 받아야 된다는 말만 장황하게 늘어놓았다. 개돼지로 살아야 한다는 식이었다. 이순자로부터 얼마나 받아쳐 드시려고 목사가 날강도 같은 패악을 행하는가. 이 집사가 어떻게 할지 밤 10시까지 알려드리겠다고 말했다.

밤에 황 전도사님이 찾아와 선교회를 넘겨주면 안 된다고 절대 넘겨주지 말라고 말했다.

이 집사는 김수인 목사님한테 전화로 우리는 독립을 할 거라고 말했다. 김 목사님은 어떻게 독립할 거냐고 물었다. 이 집사는 우리가 가진 것 전부를 땅 사는데 넣었으니 그것을 챙겨서 나가겠다고 했다. 김 목사님은 '나가고 싶으면 나가세요. 누가 말립니까.' 하고 화를 냈다. 내가 전화를 빼앗아서 '일반 헌금 하고는 다릅니다. 땅 살 때 한 목사님이 여러분들의 집을 지을 땅인데 한 평씩은 사야지 않냐고 선교회 땅을 산다는 걸 말했고, 그 때문에 우리는 죽은 이가 입던 헌옷까지 얻어 입으며 모아둔 비상금을 모두 털어 넣었습니다. 그렇게 해서 선교회에서 땅을 샀고요. 그런 땅을 못 가지면 배상을 받아야 되는 거잖아요' 하고 말했다. 그래도 김 목사님은 헌금을 돌려받는 게 아니다. 독립해 나갈 것이면 선교회를 안 넘겨도 되지만 그대로 살면 교회에 넘겨야 된다. 등등의 말을 쉼 없이 쏟아놓았다. 어쩜 그리도 혀가 빠르게 돌아가는지… 뱀이 혓바닥을 쉴 새 없이 나불대는 모습이 떠올랐다. 이 집사가 이곳을 떠나야 한다고 말했다.

2005.4.29.(금)

이 집사가 밖에서 전화를 걸어왔다. 이순자가 지급정지 시켰던 선교회 농협통장을 분실했다는 거짓 신고를 해서 재발급을 받아갔다. 농협통장만 그런 게 아니고 국민은행 통장까지 그렇게 했다. 사랑모임(후원단체)에서 후원금을 보낸다고 해서 국민은행 계좌로 보내라고 했는데 그것도 못 찾게 됐다.

내가 소리를 버럭 질렀다. '그러게 내가 돈을 빨리 찾자고 했잖아요. 아니 그리고 국민은행 통장은 한 목사님이 이순자한테 지급정지 시키라고 알려준 건데 이순자가 얼씨구나 하고 돈을 못 찾게 할 게 뻔한데, 왜 그 통장으로 돈을 보내라고 했어요. 이순자더러 돈을 더 많이 가로채라고 한 꼴이잖아요.'

이 집사는 누가 그 통장까지 그럴 줄 알았나. 황 전도사님도 돈 찾으면 이순자가 책잡는다고 했다. 라고 말했다.

금덩이가 2개 있는데 도둑놈이 1개만 훔쳐갈 거라고 생각했다니 참으로 복장 터지게 하는 집사다. 뇌가 완성되다 말았나. 오후에 최재린 언니가 (이웃주민)통장 이야기를 듣고 이순자한테 전화로 왜 그랬냐고 묻자 이순자는 시찰장이 시켜서 그랬다고 말했다. 최 언니가 왜 장애인을 못살게 구냐고 나무라자 이순자는 나는 '한 목사님이 하자는 대로 했을 뿐이에요. 나는 잘못 없어요.' 라고 대꾸했다. 내가 '이순자가 한 목사님한테 땅을 교회로 넘기라고 했다는 이야기를 하자 최 언니는 펄쩍뛰며 선교회 땅을 왜 넘겨줘 절대로 넘겨주게 하지 마. 식구들이 이전받아.' 하고 말했다. 이 집사가 식구가 이전받으면 생계비가 떨어진다고 말했다. 최 언니가 난리를 쳤다. '그까짓 생계비 몇 푼 때문에 몇 억짜리를 날릴 거예요. 몇 년 후엔 수십억짜리가 될 텐데 생계비는 선교회 돈으로 주면 되잖아요. 빨리 식구들 앞으로 이전 받으세요.'

이 집사가 시찰장 김수인 목사님한테 전화로 이순자에게 통장을 재발급 받으라 시켰냐고 묻자 김 목사님이 그렇다고 대답했다. 이 집사는 또 떠나야 된다는 말을 했다. 내가 말했다. 우리나라에 장애인을 거부하지 않는 곳이 어딨냐고 있을지라도 병원에 정기적으로 가야 하는 우리 식구는 병원 다니기 힘들어서 다른 곳으로 가면 안 된다고 이 동네처럼 병원 다니기 편하고 외출하기 좋은 곳은 없다고...

2005.4.30.(토)

한 목사님은 언제부터 부임하시는 거냐고 이 집사에게 물었더니 '노회가 절대로 승인해 줄 수 없단다.' 라고 말했다. 황 전도서님이랑 다른 사람들도 제직회가 의결만 하면 노회도 어쩔 수 없는 거라고 했지 않느냐는 내 말에 이 집사는 '다들 모르고 하는 소리다. 노회가 승인 안 하면 절대로 부임 못 한다.' 라고 말했다.

2005.5.1.(일)

예배를 드리러 교회에 내려갔더니 이순자 전도사가 찬송을 인도하고 있었다. 한 목사님은 교인석에 앉아 있었다. 이전과 다름없이 이순자가 예배를 인도했다. 예배 후 내가 이 집사에게 그래도 되는 거냐고 묻자 그는 노회가 한 목사님은 안 된다는데 어쩌노 했다. 한 목사님은 그냥 가셨는지 보이지 않았다.

2005.5.5.(목)

한 목사님이 전화를 해왔다. 다 죽어가는 목소리로 '지금 이순자하고 김수인 목사하고 노회장 세 사람이 땅을 교회로 이전 안 한다고 나를 죽이려 하네.' 하고 말했다. 내가 넘겨주면 안 된다고 외치자 한 목사님은 '그럼 내가 어떻게 할까. 안 넘기면 죽일 것 같은데.' 라고 했다. '같은 목회자인데 그럴 리가 있나요.' 내 말에 한 목사님은 '목회자라도 어떤 사람은 더 무서워요.' 했다. 내가 말했다. '교회로 넘기면 이순자가 집어삼킬 거예요. 선교회를 삼키려 하고 통장도 빼앗은 거 보세요. 식구들의 생계비통장도 뺏으려 했어요. 그런 걸 노회장님한테 얘기하세요. 이순자가 자기 개인 것으로 안 삼킬려면 그렇게 혈안이 안 됐어요.'

2005.5.6.(금)

이 집사가 말했다. 시찰장 김수인 목사가 한 목사한테 땅을 가압류 시켜버리겠다고 했단다.

2005.5.7.(토)

후원인들이 모였다. 아흔이신 백인혜 권사님도 오셨다. 박철우 권사님이 모시고 왔는데 차에서 내려 휠체어를 타고 오시는 것을 보고 나는 목이 메었다. 백 권사님은 장애인을 위해 땅 사라고 돈을 냈는데 왜 교회가 뺏으려 하냐며 울음을 터트렸다. 전정자 집사님도 오셨다. 장애인의 땅을 지켜주려고 왔다고 하셨다. 장애인들의 땅을 사는 거라고 해서 돈을 낸 것이지 교회 땅을 산다고 했으면 돈을 안 냈다고 하셨다. 이종성 권사님과 이웃 주민 최 언니도 오고 다른 후원인들도 몇 분 왔다. 이종성 권사님이 상황을 설명하고 후원회를 조직해서 교회와 노회의 악행에 대항 하자고 말했다. 후원인 전원이 찬성하며 이 권사님을 후원회 회장으로 선임했다. 나는 이 권사님을 처음 뵈었다, 이전에 내가 너무 아파서 못 뵈었는지 뵌 기억이 없다. 처음 그분의 얼굴을 뵈었는데 순간 가슴이 철렁 내려앉으며 불안이 엄습했다. 그분의 눈빛이 아주 사악하고 간교해 보이는 이 집사 눈빛과 너무도 흡사하지 않은가. 저런 눈빛의 사람이 과연 우리 선교회를 진정 도와줄까라는 의심이 동시에 들었다.

2005.5.9.(월)

최 언니가 찾아와서 '땅을 빨리 가져와야 한다면서 식구들에게 자기명의로 이전받을 사람?' 하고 물었다. 아무도 대답하지 않았다. 생계비 때문이었다. 내가 이성기 집사를 지목하자 그는 싫다면서 팔을 내저었다. 내가 생계비가 떨어지면 선교회 돈으로 대급해 줄 거라 해도 싫다고 했다. 이옥진 집사를 제외한 식구 모두가 싫다고 거부했다. 최 언니가 '내가 후원회장님한테 전혜성이를 10년 동안 지켜봤는데 양심적이고 형제들도 없어서 최고 적임자라고 전혜성이 앞으로 이전하자고 했는데 회장님도 좋다고 했거든. 식구들 생각은 어떠세요.' 하고 물었다 이옥진 집사를 제외한 식구들 모두가 반색하듯 '좋아요.' 를 외쳤다. 무거운 짐을 본인들이 안 져도 되는 걸 기뻐하는 모습들이었다. 나도 싫다고 발뺌 하는데 최 언니가 화를 벌컥 냈다. '지금

네가 네 생각만 할 때야 선교회 생각을 해야지...'

2005.5.18.(수)

노회임원들이 왔으니 다들 빠짐없이 교회로 모이라는 전갈이 왔다. 교회로 내려가니 당회장 길흥서 목사님이 마이크를 앞에 두고 서 있고 낯선 남자들 3명이 보였다. 노회장 목사님, 부서기장 목사님과 또 누구라고 했다.(누구라는지 알아듣지 못했다) 시찰장 김수인 목사님도 보였다. 후원회장 이종성 권사님과 최 언니도 나타났다. 길 목사님이 누구든지 하고 싶은 말 있으면 다 하라고 말했다. 최 언니가 교회가 장애인들을 도와주지는 못할망정 권익을 뺏으면 안 된다고 신체적으로 경제적으로 어려운 장애인을 도와주는 게 교회 역할이며, 사랑하라고 가르치시는 것이 하나님을 섬기는 일이라고 말했다. 이종성 권사님이 간곡한 어조로 장애인을 배려해 달라고 간청한 다음 노회가 어떻게 장애인들의 통장을 가로채라고 시킬 수 있냐고 말했다.

말이 채 끝나기도 전에 노회장 목사님이 자리를 박차고 일어서며 '노회가 시키다 닛! 당신 그 말에 책임질 수 있엇——!' 라는 등의 고함을 지르기 시작했다. 체면이라는 것도 모르는지 나이도 지긋하신 분이 그 어떤 괴물 집단의 수장처럼 천장이 날아갈 듯한 고함을 마구 질러댔다. 이 권사님이 시켰다더라, 책임질 수 있다고 해도 노 회장님은 고함을 멈추지 않고, 부서기장님이 나서서 노회는 결코 시킨 적 없다고 말했다. 이 권사님은 '통장을 돌려주십시오. 교회가 어떻게 장애인들의 생존권을 뺏을 수 있습니까. 통장은 분명히 선교회 이름이 적힌 선교회통장입니다.' 하고 호소했다.

내 뒤에 앉아있는 최 언니가 내게 땅을 이전받게 해달라고 말했다. 땅을 뺏으려는 이들에게 땅을 이전받게 해달라니, 오히려 이전받기 힘든 상황이 올 것 같아서 무시하고 있는데 이옥진 집사가 '땅을 우리가 이전받게 해 주세요.' 하고 말했다. '우리가 땅을 못 가져오게 해 주세요.' 하는 것 같았다. 부서기장님이 누구 명의로 이전 받으려하냐고 물었다. 내가 '제 명의로 받겠습니다.' 했다. 이 집사가 재빨리 아직 결정하지 않았습니다. 하고 크게 외쳤다. 부서기장님이 같은 장애인끼리 분란을 일으키면서 무슨 땅을 이전해 달라는 거냐고 면박을 주었다. 이 권사님과 최 언니가 땅은 선교회 것이니 선교회가 이전받아야 한다고 주장했다. 교회 장애인(선교회 외 장애인) 현종율 집사가 선교회가 거짓말만 한다고 외쳤다.

내가 무슨 거짓말을 하냐고 외치고 오선옥 자매가 거짓말은 이 전도사가 한다고 외쳤다. 내가 '땅 살 때 한 목사님이 여러분들이 살 집을 지을 땅인데 한 평씩은 사야지 않냐고 해서 저희가 비상금을 다 털어 넣었고 후원자들도 장애인을 위해 돈을 냈다고 말하고 있고 선교회에서 땅을 샀습니다.' 하고 말했다. 이 권사님이 백인혜 라는 권사님이 새로 선교회를 건축하면 당신도 입소하신다며 2,500만 원을 후원해주셨다는 등의 이야기를 하면서 땅은 선교회 땅이라고 주장했다. 김수인 목사님이 아니라고, 한 목사가 이전에 왔을 때 선교회 땅이 아니라 했다고 반박한 뒤, 이옥진 집사를 두고 은혜를 받아서 건강해졌으면 선교회를 떠나야 되고 어쩌고 하면서(이 집사는 걷지 못하는 상태로 입소했다가 걷게 되었다) 장애인을 편하게 해주려고 이러는 것이라고 말했다. 대놓고 우리를 바보취급을 하는 말이기에 나는 심한 모멸감을 느꼈다.

내가 말했다. '배고픈 사람의 밥을 뺏으면서 배부르라고 뺏는다는 것과 똑같네요. 장애인들의 인권과 주권과 재산을 뺏으려 하면서 편안하게 해주려고 그런다니 장애인이라고 조롱하는 것 같습니다. 우리의 인권과 권익을 빼앗지 말고 이대로 놔두는 게 편안하게 해주는 일입니다.'

김수인 목사님이 말했다. '장애인들은 자신들이 사는 곳을 관리할 권리가 없습니다.'

세상 어떤 불한당이 저런 막말을 할 수 있을까. 내가 '장애인은 인권도 주권도 없습니까. 장애인은 자기 집 관리도 할 권리가 없다니, 하나님이 장애인은 사람이 아니라고 했습니까.' 하고 외쳤다. 장애인의 인권과 주권과 재산을 뺏으려 하면서 편안하게 해주려고 그런다니 그런 궤변이 어딨냐고 퍼대고 싶은데, 궤변이라는 말을 차마 할 수 없었다. 김 목사님이 또 어쩌고 저쩌고 하는데 이 권사님이 도저히 참을 수 없는지 말도 안 되는 소리 그만하라는 등의 고함을 지르기 시작했다. 그러자 이 집사가 덩달아 악을 쓰기 시작했다. 이 권사님은 분명 노회의 만행을 지적하고 규탄하는 고함을 지르는 것일 텐데, 이 집사가 악을 써대니 무슨 내용인지 도무지 알아들을 수가 없었다.

이 권사님을 훼방하려고 일부러 그러는 듯했다. 곧 그치겠지 싶었으나 이 권사님의 고함 수위에 맞춰서 발악을 멈추지 않았다. 노회목사들은 어이가 없는지 모두 잠자코 있었다. 천둥소리 같은 이 권사님의 고함과 발악하는 듯한 이 집사의 찢어지는 괴성이 합쳐진 굉음은 괴물들이 성이 나서 내지르는 소리 같았다. 괴물들이 내지르는 듯한 굉음은 한참이나 교회를 뒤흔들고, 나는 넋이 빠져나간 듯했다. 더는 참을 수가 없어서 내가 이 집사에게 가만히 있으라고 외치려는데 이 권사님이 고함을 멈추었다. 그러자 이 집사도 괴성을 뚝 그쳤다. 대체 이 집사 머리통엔 무엇이 들었을까.

길 목사님이 한 목사님을 이러쿵 저러쿵 비난한 뒤 한 목사가 대출한 5,000만 원을 어떻게 해야 되냐고 물었다. 내가 4년 내로 갚겠다 했으니 그때까지 기다려야 한다고 말했다.(선교회 땅이니 선교회가 알아서 하겠다고 해야 했는데 멍청하게도 그 생각을 못했다). 이 집사가 종전과는 너무도 다른 아주 공손한 목소리로 제직회에서 한 목사님을 초빙하기로 했으니 한 목사님을 다시 모시게 해 줬으면 좋겠다고 말했다. 교회법으로 제직회 뜻이면 노회도 어쩌지 못한다는데, 왜 이 집사는 노회에 맹종하려는가. 노회가 한 목사님 재임을 불허할 게 분명하니까 노회 핑계로 한 목사님 재임을 막으려는 것인가.

부서기장님이 '당회장 없는 제직회는 무효입니다.' 하고 말했다. 내가 잽싸게 '이 전도사를 담임자로 선출할 때도 당회장님이 안 계셨으니 이 전도사가 담임자인 것도 무효입니다.' 하고 외쳤다. 길 목사님이 황급히 '그건 상관없습니다. 이만 끝내겠습니다.' 하더니 서둘러 기도를 하고 회의를 끝낸다고 선언했다. 선교회에 올라와서 이 집사에게 '대체 왜 권사님이 노회 잘못을 규탄하는데 악을 쓰셨어요. 꼭 권사님의 행동을 훼방하는 것처럼요.' 하고 물었다. 이 집사는 천연덕스레 '내가 그랬더나?' 하고 마치 남의 일인 양 되물었다. 그리고는 '혜성 씨가 땅을 이전 받으면 안 된다. 혜성 씨가 죽으면 혜성 씨 형제들이 어떻게 할 끼다.' 하고 말했다. 내가 내 형제들은 나하고 절연한 지 10년이 넘었다고 하지 않았느냐. 내가 죽어도 장례비 들까봐 안 나타날 사람들이다. 그리고 선교회 땅임을 공증해 놓으면 되지 않느냐고 해도 이 집사는 같은 말을 반복하고 또 반복했다. 언제까지나 계속할 것 같아서 교회로 내려갔더니, 이 전도사님께서 소리 높여 부르짖고 계셨다. '하나님! 선교회와 교회가 하나 되게 해 주소서! 하나 되어 서로 화합하고 사랑하게 해 주소서!'

2005.5.19.(목)

내게 용건이 있어도 문 앞에서 말하고 방 안에 들어오지 않는 이 집사가 오전 일찍부터 우리 방에 들어와 또 나를 갉아댔다. '혜성 씨 이름으로 이전하면 안 된다. 혜성 씨가 죽으면 혜성 씨 형제들이 어떻게 할 끼다.'

내가 형제들과 절연한 지 10년이 넘었음을 잘 아는 집사다. 그런데도 내 침대에 올라앉아서 같은 말을 반복하고 또 반복하고 줄기차게 반복했다. 어떻게 못하도록 법적 장치를 해놓겠다고 해도 멈추지 않았다. 참으로 집요했다. 완전한 사이코였다. 침대에 버티고 앉아서 줄기차게 읊어대는 모습이 절대로 그냥 포기할 기세가 아니었다. 결국 내가 '그럼 집사님 이름으로 하세요.' 하고 말았다. 그제서야 이 집사는 입을 다물었다. 이 집사는 형제들이 4명이나 되고 왕래하며 전화도 자주 하고 있었다. 이 집사는 슬그머니 일어나 나가서 다른 식구들한테 말했다. '땅을 내 이름으로 이전받을 낀데, 그러면 생계비가 떨어질 거니까 선교회 돈으로 그걸 대줘야 되요. 1년에 한 번씩 내가 건강검진 받는데 그 비용도 대주고요.'

2005.5.31.(화)

최 언니가 찾아와서 이 집사에게 말했다. '왜 혜성이 앞으로 땅을 못 가져오게 했어요. 이젠 양도세가 5,000만 원으로 올라서 집사님 명의로도 못 가져와요.'

2005.6.1.(수)

후원인들이 다시 모여 김계성 권사님을 후원회 총무로 선임하고 땅에 근저당 설정을 하기로 했다. 임화연 권사님이 선교회 대표를 뽑자고 했다. 내가 중요한 일이니 신중히 결정해야 한다고 말했다. 임 권사님은 식구들끼리 뽑으면 번복할 수 있으니 후원회가 있을 때 뽑아야 된다고, 어느 단체든 리더가 있어야 된다고 말했다. 제왕, 아니 하늘같은 권세를 휘두르고 있는 리더가 있는데... 필경 이 집사의 공작에 의한 것이니라. 이 집사가 원장 되는 거 생각만 해도 끔찍하다고 했던 오선옥 자매가 이 집사를 지목했다. '임 권사님이 이 집사님이 제일 활동적이니까 대표해요.' 하고 말했다. 이 집사가 '우리 식구는 너무 잘 나서 일을 시켜 먹으면서 대표가 되는 거 원치 않거든요. 저 보고 특권층이냐고 하는 식구도 있어요.'라고 말했다. 이전에 내가 왜 그렇게 특권 특혜를 누리려 하냐고 특권계층이냐고 물었었다.

내가 '왜 그러는지는 생각 안 해보셨어요.' 하고 물었다. '예전 식구들은 집사님이 평 식구라고 일을 하는데도 내쫓고 싶어 했어요.' 라는 말도 하고 싶었는데 차마 못했다. 이 집사는 대답하지 않았다. 임 권사님이 '이옥집 집사님이 선교회 대표입니다.' 하고 선포했다. 식구 누구도 호응하지 않았다. 오 자매조차도 무반응이었다.

2005.6.2.(목)

어제 이 집사에게 후원회 앞이라 차마 못한 말을 오늘 했다. 왜 일을 하는데도 대표를 못하게 하는지를 정말 모르냐고 물었다. 이 집사는 왜 못하게 하냐고 물었다. 내가 말했다. '10년 동안 집사님을 겪은 걸 다 이야기하려면 하루도 모자라니까 하나만 얘기할게요. 집사님은 사람을 이유 없이 미워하세요. 사람을 안 미워하고는 못 견디는 것처럼 미워하세요. 무고한 사람을 미워하면 안 되는 거잖아요.'

이 집사는 얼굴을 험악하게 일그러뜨리며 '내가 언제 사람을 미워하더놋! 나 만큼만 사람들한테 잘 해봐랏! 어찌 그리 모질고 독허놋! 일은 죽도록 시켜먹고 대표는 못하게 허곳! 네가 사람이갓—!' 하고 악을 썼다.

내가 말했다. '그것도 집사님이 대표가 되면 안 되는 이유에요. 집사님은 일하신 걸 억울해하시는데 시간상으로 따져서 하루 한 시간꼴도 안 되잖아요. 그 정도나마 안 했다면 이곳에 못 있었어요. 팔다리 멀쩡한 사람이 놀고먹으면 누가 있게 했겠어요. 일 한 것을 감사히 여기셔야죠.'

이 집사는 식구들헌테는 감사하게 안 여기지만 하나님헌테는 감사하게 여기고 있다. 팔다리 멀쩡하다고 일을 해야 되고 아픈 사람은 일을 안 해도 되나? 하고 물었다. '집사님은 아파도 일할 수 있으세요. 아픈 사람에게 일하기를 바라는 건, 병이 더 악화되기를 바라는 것과 같아요.' 내 말에 이 집사는 '팔다리 성한 게 죄갓! 10년이 넘도록 일했다. 그래도 10,000원 한 장 준적 있냣! 이길용 이와 주방장 아줌마는 와 월급을 주곳 나는 안 주놋—!' 등등의 악을 쓰기 시작했다.

나도 따라 악을 썼다. '이래서 집사님은 대표가 되면 안 되는 거에욋! 10년 동안 돈 안 들이고 먹고 자고 했다는 생각은 안 드세욋! 이길용 집사와 주방장님의 10분의 1이라도 했어욋! 집사님은 일주일에 한번 시장 봐 오는 게 전부 였잖아욋! 그 정도라도 했기에 있었지 안 했으면 한목사님이 있게 했겠어 욋! 하나님한테만 감사하면 하나님한테 대표시켜 달라고 하세요. 같잖게 여기는 식구한테 뭐라 하지 말구요. 옛날 식구들은 일을 해도 집사님을 미워하고 쫓아내고 싶어 했어욋—! 그런 걸 집사님도 아시잖아욋—!'

이 집사는 '네가 그동안 나한테 얼마나 모질고 독허게 했놋—!' 등등의 악을 마구마구 써댔다.

나도 질세라 바락바락 악을 써댔다. '집사님이 나한테 모질고 독하게 했잖아요. 이런 것 또한 집사님이 대표가 되면 안 되는 요소에욋! 자기가 모질고 독하게 해놓고 내가 그랬다고 뒤집어씌우는 것, 낯도 안 뜨거우세욋! 그동안 나한테 독하고 모질게 해도 따지지도 않고 다른 사람들한테 얘기도 안 했는데, 내가 모질고 독하면 내가 집사님한테 온정적이었을 때도 나를 미워하고 패악질을 한 집사님은 얼마나 모질고 독한 거에욋! 집사님만큼 모질고 독한 사람 없어요. 기도를 열심히 하면 일을 조금 하면서도 일하는 게 억울하게 여겨지나욋! 하나님이 빈둥거리고 놀면서 먹으라고 했어욋! 성경에도 있을 거에욋! 일하지 않는 자 먹지 말라구욋—!'

부엌문 앞에서 있는데 안에서 이 집사가 이를 갈듯 나를 욕하는 게 들려왔다. '내 평생에 저년처럼 모질고 독한 년 처음 봤다. 세상에 둘도 없이 모질고 독한 년이다.' 등등의 욕이 한참이나 쏟아졌다. 기도를 많이 하면 본인의 인성을 남의 인성이 그렇다며 이를 갈고 욕을 하게 되나 보다.

2005.6.4.(토)

황 전도사님이 찾아와서 이 집사에게 대표가 되셨으니 목숨 바쳐 선교회를 지키라고 했다. 순간 나도 모르게 웃음이 터지려 했다. 목숨은커녕 헌신이라도 할 집사인가. 돈을 챙기는 것과 식구들의 인권과 권익을 짓밟는 데는 헌신할 집사다.

2005.6.9.(목)

후원회에서 대전으로 이사한 한 목사님을 찾아갔다. 임화연 권사님은 건강치 못 하신데도 어린 손자까지 안고 동행했고 이 집사도 동행했다. 이 집사는 돌아와서 아무 이야기도 해주지 않았다.

2005.6.13.(월)

후원회 회장 이 권사님이 찾아와 땅에 5억짜리 근저당 설정을 했다고 이야기했다. 식구들의 생계비 때문에 자기와 김계성 총무 명의로 했다고. 5월 30일부터 세금이 5,000만 원 이상으로 올라서 이전받을 수 없다고, 한 목사님으로부터 땅은 선교회 식구들의 돈과 선교회 재정으로 산 것이며 선교회 땅이라는 확인서를 받았다고 했다. 이 집사가 한 목사님이 대출한 돈은 5,000만 원이 아니고 7,000만 원이라고 말했다. 이 권사님이 7,000만 원과 그에 대한 이자도 선교회가 다 갚아주길 한 목사님이 원해서 그렇게 하기로 했다고 말했다.

이 권사님은 선교회 땅이라는 확인서와 근저당 권리증을 법무사 사무실에 둔다면서 가지고 돌아갔다. 이 집사가 불만을 토했다. '나는 사람을 잘 의심하지 않는데 이 권사님은 좀 그렇다.

암까마귀인지 숫까마귀인지 모르겠다. 그걸 와 가져가노! 복사본이라도 우리도 가져야 된다.'

내가 말했다. '달라고 하세요.' 땅을 근저당 설정하는데 810만 원이 들었다고 해서 식구들이 각자 18만 원씩을 냈다.

2005.6.14.(화)

이길용 집사가 선교회에 직원으로 있을 때 땅을 밭으로 일구어 놓았었다. 그곳에 내가 콩을 심어 놓았는데 다 뽑혀지고 한 포기도 남아있지 않았다. 이름은 모르지만 아주 맛있는 것이어서 내가 시골 친척언니한테 부탁해 사서 심은 것이다. 크고 튼실하게 자라서 꽃이 무수히 피어 있던 것이다. 이 집사에게 왜 뽑았냐고 묻자 콩이 안 열려서 뽑았다고 대답했다. 콩이 열리려고 꽃이 잔뜩 피어 있지 않았냐는 내 말에 이 집사는 '그래? 그럼 안 뽑을 걸 그랬다.' 라고 지껄였다. 추호도 미안해하거나 뉘우치는 기색을 보이지 않았다. 콩이 열리려니까 뽑았겠지. 내 영혼을 할퀴고 싶어서인지 내가 심은 콩이 주렁주렁 열리면 눈꼴 시러워서 인지는 모르지만 패악질 할 것만 있으면 가차 없이 패악을 부리는 이 집사.

콩대가 살고 있던 면적은 6평쯤 된다.

콩을 심을 때 기운이 없는 탓에 눈앞이 아득하고 다리는 휘청거렸다. 뽑고 싶어도 식구가 아픈 몸으로 심은 걸 생각해서 인간이라면 참았을 것이다. 콩이 열리면 나 혼자 먹을 것도 아니다. 어떻게 식구가 애써 심어 놓은 걸 말도 없이 없앨 수 있냐고 따져야 하는데(따져봤자 이만 갈 이 집사지만) 왠만한 일은 따지지 못하는 나는 아무 말도 못했다. 이렇게 등신인 나는 종종 모질고 독하다는 등의 욕을 처먹고 기회만 되면 모질고 독한 패악질을 하는 이 집사는 앞으로도 끊임없이 나를 모질고 독한 년이라고 욕할 것이다. 이운기 형제가 전해 주는 이야기에 의하면 이 집사는 내가 가까이 없을 때마다 그런 욕을 한댔다.

2005.6.16.(목)

옛 식구 조명운 형제가 전화를 걸어 왔다. 이 집사가 없어서 내가 받았는데 이 전도사를 내쫓아야 한다고 말했다. 교인들이 의결만 하면 내쫓을 수 있다면서 이 집사한테도 그 말을 했다고 말했다. 이 전도사가 통장을 가로챘을 때부터 그 말을 했다고 했다. 나영진 집사도 엊그제 전화를 걸어와 이 전도사를 내쫓으라고 했었다. 내가 나 집사 말을 전하면서 이 전도사를 내쫓자고 졸랐는데 노회 때문에 절대 못 내쫓는다고 우긴 이 집사, 오늘 조 형제 말을 전해도 절대로 못 내쫓는다고 또 우겼다. 내가 조 형제도 나 집사도 교인 생활을 오래 했고 교회법이 그렇다고 하지 않느냐고, 교회법은 교인들의 뜻은 노회도 어쩌지 못한다고 하지 않았냐고 내쫓자고 계속 조르자, '뭘 모르면 가만히나 있어라! 교인들이 의결을 해도 노회가 반대하면 아무 소용없는 기다.' 하고 성을 버럭냈다.

(후에 알게 된 사실인데 한 목사님 내외도 번갈아 가며 이 전도사를 내쫓으라고 교인들이 의결만 하면 이 전도사는 교회법상 물러나야 된다는 전화를 했었다. 그런데도 이 집사는 한 목사님의 재임을 막기 위해서인지 내게 주구장창 거짓말을 하면서 이 전도사를 수호한 것이었다.)

2005.6.25.(토)

이 권사님이 찾아왔다. 남자방에서 이런저런 이야기를 하다가 자리에서 일어서며 뜬금없이 우리 식구들 한번 안아보자 하고 말했다. 그리고는 곁에 있는 남자 식구들을 내버려 두고 건너편에 앉아 있는 이 집사에게로 향했다. 이 집사는 반가운 듯 얼굴에 미소를 띠우며 얼른 일어나 이 권사님에게 안겼다. 맞은편에서 자기 남자인 이성기 집사가 보고 있는데, 자기보다 7살이나 많고 얼굴도 늙은 이 집사와의 포옹을 끝낸 이 권사님은 내게로 왔다. 내가 웃으며 '아이 저는 싫어요.' 하며 팔을 내저었다. 이 권사님은 왜 서양에서는 남자 여자 자연스럽게 안잖아 했다. '여기는 서양이 아니잖아요,' 내 말에 이 권사님은 순순히 물러났다. 이 권사님이 장애인이라고 같잖게 여기고 까마귀 같은 검은 마음으로 성추행을 한 건지 순수한 인간적 애정으로 그런 건지 혼란스럽다.

2005.6.30.(목)

이 전도사가 땅을 부활교회 대표 이순자에게 이전하라고 소송을 냈단다. 주변에서 어떻게 교회가 장애인들의 땅을 뺏으려하냐고 나무랄 때마다 '뺏으려는 게 아니에요. 땅을 지키려고 (한 목사님이 삼킬까봐) 그러는 거예요.' 라고 하더니... 내가 이순자를 내쫓자고 또다시 채근하는데 이 집사는 또 노회 때문에 절대로 못 내쫓는다고 우기면서 이곳을 떠나는 것만이 우리가 살길이라는 주장을 되풀이했다.

<h2 style="text-align:center">2005.7.4.(월)</h2>

최 언니가 찾아와서 내가 알아봤는데, '한 목사와 이순자를 함께 고소해야 땅을 찾을 수 있대. 안 그러면 절대로 땅을 못 가져온대. 두 연놈을 고소해야 돼. 고소하자.' 라고 말했다. 내가 차라리 땅을 뺏기고 말지 8년이나 함께 한 목사님을 고소할 수는 없다고 말했다. 최 언니는 '이 모든 게 이 집사로부터 시작된 일이어서 이 집사가 떠나지 않으면 선교회는 절대로 땅을 가져올 수 없어. 그가 대표로 있는 한 법원에서 절대로 땅을 안 줘. 장애인은 땅을 관리할 능력이 없기 때문에 절대로 안줘. 이 집사의 대표성은 법원에서도 인정 안 해. 장애인들의 대표는 정상인이어야 인정받아. 정상인이어야 제대로 돌보니까. 그래서 내가 이 집사한테 나를 대표로 세워주면 땅을 찾아주겠다고 했는데 대답을 안 하는 거야. 땅보다는 제자리가 중요한 거야. 그런데 어떻게 땅을 찾아 절대 못 찾아. 그 인간을 내쫓아야 찾을 수 있어.' 하고 말했다.

원장 병 환자가 이웃에도 있다니, 장애인은 저능아라고 강조하면서 장애인들의 대표가 되려고 하는 게 장애인을 노예 취급하면서 장애인들 대표가 되려는 이 집사와 어쩜 그리도 똑같은가.

이순자가 선교회에 왔기에 어떻게 그럴 수 있냐고 따졌더니 '여러분들에게 땅을 지켜주기 위해서예요. 내가 땅이 탐나서 이러는 거 아니에요.' 하고 말했다. 내가 땅을 지켜주려면 우리 앞으로 이전하라고 해야지 하고 들이받자 '그러지 못하는 사정이 있어요. 이다음에 다 말해 줄게요. 내가 왜 이러는지.' 라고 했다. 내가 사정이 뭐냐고 지금 말하라고 다그쳤으나 이순자는 끝내 말하지 않았다.

2005.7.5.(화)

선교회에 어려운 문제들이 많아서 잘 해결할 수 있는 원장을 모셔야겠으니 마땅한 사람 있으면 추천하라고 이 집사가 말했다. 그토록 집착하는 원장직을 포기하겠다니 힘든 상황을 헤쳐 나가기 싫은 모양이었다. 진병수 집사가 기다렸다는 듯 '황 전도사님' 했다. 그러자 식구들이 아주 반가운 듯 너도나도 '좋아요' 하고 호응했다. 나는 황 전도사님에게 받은 상처들이 떠올라서 황 전도사님도 장애인 일을 하면 안 되는 분이라고 했으나, 이 집사는 그동안 많은 연단을 받아서 괜찮으니 원장으로 모시자고 했다.

2005.7.10.(일)

황 전도사님이 찾아와서 대표직을 수락하겠다고 말했다. 그런데 한 목사님이 대표직을 원하고 있어서 외부에 알려지면 안 되니 선교회 일을 해도 당분간 자주 오지는 않을 거라고 했다. 땅을 2억 3천만 원 주었는데 선교회 돈이 2억이었다고 식구들 돈이 6,000여만 원이었고, 선교회 재정과 후원자들 돈을 합해서 그렇다고 나머지는 부활교회 지원이었다고 말했다.

한 목사님이 대표를 원한다니 황 전도사님이 아는 것을 이 집사가 모를 리 없다. 그런데도 식구들한테 말을 않고 나불대기 좋아하는 입을 다물고 있었다니, 한 목사님이 아닌 황 전도사님을 선택했다니 힘든 일은 후원회가 해주는데 원장 병 환자가 웬일로 원장직을 내던지나 했더니 한 목사님의 원장 재임 기회를 차단하기 위해서였나 보다.

한 목사님이 대표가 되는 게 훨씬 선교회에 유리한데 그걸 차단하다니 부활교회 재임도 막더니, 부활선교회 재임도 막고 선교회를 위한 것은 뭐든지 막는구나. 선교회와 한 목사님의 원수요 적이다. 예전에 누가 그랬었다. 이옥진이는 선교회에 저주라고. 황 전도사님도 의리 없는 인간 아닌가? 한 목사님한테 선교회가 필요한 것을 알 텐데 자기가 차지하다니, 아. 아. 한 목사님이 내게 얘기를 하셨다면 아무리 감옥살이 하는 죄수같이 힘없는 신세지만 어떤 방법을 찾아서라도 한 목사님 재임을 추진했을 텐데 이젠 늦었다. 원통하고 절통하다.

chapter 2

2005.8.10.(수) - 2009.7.9.(목)

2005.8.10.(수)

이 전도사가 선교회 통장을 모두 달라고 광주경찰서에 선교회를 고소했단다. 통장 2개를 뺏고도 성에 안 차서 나머지 통장도 다 뺏으려는 것이다. 남의 통장을 내놓으라고 고소를 하다니 하늘 아래 이순자 같은 날강도가 있을까. 황 전도사님이 전화로 기가 막히다며 말했다. '이순자가 돌았어! 돌아도 너무 돌았어! 잘못하면 내가 감옥가게 되었어요!'

내가 농담을 했다. '전도사님은 죄수복을 입고 있어도 멋있을 거예요. 감옥에 계시게 되면 제가 면회 갈게요. 카메라 가지고요.'

2005.8.11.(목)

이 집사가 혀를 차며 말했다. 이순자가 한 목사님을 횡령죄로(대출받은 것을 두고) 고소했다. 전도사라는 게 장애인들 땅을 뺏으려고 눈이 뒤집혔다. 완전히 뒤집혔다.

그러게 진작 내쫓았으면 좋잖아 이 머저리 집사야.

2005.8.12.(금)

이 집사가 광주경찰서에 출두했다. 선교회 통장을 다 가지고 오란다면서 다 가지고 갔는데 몇 시간이나 조사를 받았다면서 밤에 돌아왔다.

2005.8.13.(토)

후원이 다 끊겼다고 이 집사가 말했다. 시찰장이며 노회임원인 김수인 목사가 후원하는 교회마다 연락을 해서 후원을 하지 말라고 했단다. 장애인은 인간이 아니라는 듯 장애인은 자신들이 사는 곳을 관리할 권리가 없다던 김수인 목사는 불한당들보다 더 악랄하다.

이 집사가 탄식했다. '노회허고 교회허고 어찌 그리 똑 같노. 장애인들 땅을 뺏으려고 온갖

짓을 다헌다.'

노회가 교회목사들이 주축이 된 조직인데 당연히 똑같지...

2005.8.15.(월)

예전에 부활교회 집사였던 오경숙 권사님이 찾아왔다. 소식을 듣고 그냥 있을 수가 없었다면서 오 권사님은 이정훈 목사님이 부활교회 담임자일 때 선교회와 부활교회가 분리되었다고 말했다. 문서상으로 안 남긴 건 교회가 그런 짓을 하리라곤 생각도 못해서라고 했다. 분리되었기 때문에 교회가 선교회 것을 뺏으려는 것은 잘못된 것이라 했다.

오 권사님과 함께 교회로 내려갔다. 찬양예배가 끝나고 오 권사님이 선교회 외 장애인, 김연배 집사에게 선교회 문제 때문에 왔다고 말했다. 김연배는 예전에 선교회구성원도 아니면서 선교회에서 식사를 하면서 나와 눈인사도 나눈 적 없는 상태에서 자기 목발로 내 엉덩이를 치는 등 비열하고 비루한 짓을 서슴지 않는 자다. 그런 자가 선교회 식구들을 두고 '못된 것들이 어유——! 인간들이 아니야!' 하고 비난을 퍼댔다. 이순자 뜻을 따르지 않는다고 하는 비난이었다.

오 권사님이 이순자에게 교회와 선교회는 예전에 분리되었다는 것, 예전에 선교회 식구였던 장애인 목사님이 소식을 듣고 가만히 안 있으려 한다는 등의 이야기를 한 다음 한 목사님을 왜 고소했냐고 물었다. 이순자는 그럼 내가 한 목사님한테 '개 같은 년, 악마 같은 년이라는 욕까지 먹고 가만히 있겠습니까.' 하고 내뱉었다. 한 목사님은 쌍스러운 것을 싫어하시는 분인데...

내가 말했다. 한 목사님이 몇 번이나 우리한테 말했어요. '여러분이 살 집을 지을 땅인데 한 평씩은 사야지 않겠냐고. 그리고 후원자들이 선교회 장애인들을 위해 땅을 산다고 해서 돈을 냈다고 했어요. 그런데 왜 전도사님 앞으로 땅을 넘기라고 해요. 땅이 전도사님과 무슨 관련이 있다고.' 이순자가 말했다. '내가 그 전에 말했잖아요. 이다음에 다 얘기할 거라고. 내가 땅이 탐나서 이러는 게 아니고 여러분들에게 땅을 지켜주기 위해서라고. 한 목사님이 땅을 어떻게 할지 모르니까 그걸 못하게 하기 위해서라고.'

이순자가 선교회에 나타나자 이 집사가 통장 뺏은 것도 모자라서 땅까지 뺏냐면서 통장을 달라고 다그쳤다. 이순자는 '언젠가는 내 진심을 알게 될 거에요. 식구들 마음을 아프게 한 건 미안하지만 내 마음도 아파요. 이다음에 진실이 다 밝혀질 거에요.' 하고 말했다. 대체 그 진실이 뭐냐고 지금 밝히자고 내가 다그치자, 이순자는 지금은 밝힐 수 없다고 이다음에 밝혀질 거라고 말했다. 이 집사가 하나님도 안 무섭냐고 퍼붓자 이순자는 아주 당당한 어조로 하나도 안 무섭다고 응수했다.

　하나님을 우습게 여기고 있구나. 악을 행하면서도 안 무서워하고 라고 내가 내뱉었다. 이순자는 이 집사에게 '집사님한테는 내가 할 말 없는 줄 아세요? 한 목사님이 땅을 팔아서 지방으로 가려고 했을 때 내가 선교회 땅이라 하라고 했잖아요. 그런데도 집사님은 가만히 있었잖아요.' 하고 말했다. 내가 '선교회 땅임을 잘 알면서 왜 본인 앞으로 넘기라는 거야!' 하고 내질렀다. 이 집사는 '거짓말 허지 마라!' 하고 외쳤다.

2005.8.16.(화)

　오 권사님과 옛 식구 나영진 집사 부부, 윤철영 형제, 조명운 형제, 김삼영 형제가 함께 찾아왔다. 나 집사가 말했다. 예전에 부활교회에 이정훈 목사님이 계실 때 교회와 선교회가 분리되었다고, 한승주라는 장애인이 부활자립회라는 단체를 만들었고 자립회가 부활장애인 선교회가 되었으며, 선교회에서 부활교회가 탄생했기에 선교회가 교회보다 먼저 생겼다고, 노회가 선교회를 떠나라고 했다는데 절대 떠나서는 안 된다고, 강명아(옛 식구) 전도사님도 절대 떠나면 안 된다 했다고, 선교회 건물이 노회유지재단에 들어 있지만, 선교회 공간인 '윗층은 장애인들이 계속 살도록 한다는 문구를 건물등록 때 넣었기에 누구도 내쫓지 못한다고' 예전에 부활교회 주보에 선교회를 부활교회 부설로 실어놓아서 나중에 문제가 되지 않을까 우려하면서도 교회니까 피해를 안주겠지 하고 그냥 넘어갔던 게 잘못이라고.

　오 권사님은 부활교회 예전 담임자였던 이정훈 목사님에게 가서 선교회와 교회가 분리된 확인서를 받아오겠다며 나갔는데 몇 시간 후 전화를 걸어왔다며 이 집사가 말했다. 오 권사님이 '이정훈 목사님을 찾아갔더니 김수인 목사가 한 달 전에 찾아왔었다고 허더란다. 목사라는 게 장애인 땅을 뺏으려고 환장을 했다. 교회와 선교회는 그 전 목사님인 김훈 목사님 때 분리되었다고 하더래. 이 목사님이 부임했을 때 이미 분리가 되어 있었다고 하시더라는 거야, 이 목사님은 분리된 것을 도표로 기록해 두었는데 그것을 우편으로 보내주겠다고 하셨대.'

　옛 식구 강명아 전도사님이 전화를 걸어왔다. 인사 후 강 전도사님은 남편인 서진 목사님을 바꿨는데 서 목사님은 대뜸 '전혜성이는 바보다.' 라고 했다. 내가 '알고 있습니다.' 라고 응답했다. 서 목사님은 선교회가 교회보다 먼저 생겼으며 오래전에 분리가 되었다고 말했다. 내가 김연배는(선교회 외 장애인) 교회가 먼저 생겼다고 박박 우긴다고 말하자, 서 목사님은 '그 새낀 저도 장애인이면서 옛날부터 정상인 편에만 섰었어. 내가 올라가서 그 새낄 죽여 버릴 거야. 내가 길흥서도 만나고 이순자도 만나고, 노회도 찾아가서 이순자를 제명시키게 할 거야!' 하고 말했다. 그러더니 '이게 다 옛날 식구들 나영진, 김정서, 그리고 나 때문이야. 이렇게 안 되도록 만들어 놨어야 되는데, 그러지 않아서 이렇게 된 거야!' 하고 탄식했다. 내가 '아닙니다. 지금의 식구들이 못나서 이렇게 되었습니다.' 라고 말했다.

(이정훈 목사님이 우편으로 보내온 선교회와 교회가 분리된 도표는 제3자가 보기엔 다소 명확하지 않았다).

2005.8.17.(수)

강명아 전도사님과 서진 목사님 부부가 시골에서 올라왔다. 서 목사님은 땅을 노회유지재단에 등록시키라고, 이 땅은 장애인을 위해서 사용한다는 문구를 넣어 등록하면 아무 문제 없다고 말했다. 강 전도사님은 건물이(선교회) 노회에 등록되어 있지만 '윗층은 장애인들이 살도록 한다는 내용을 명시했기에' 노회 어느 누구도 내쫓을 수 없다고 말했다.

교회에 내려가니 서진 목사님과 길흥서 목사님이 언쟁을 하고 있었다. 서 목사님이 어떻게 그럴 수 있냐고 몰아부치자 김 목사님이 의자에서 벌떡 일어서서 휠체어에 앉아있는 서 목사님을 내려다보며 함부로 말한다고 호통을 쳤다. 잠시 후 다시 앉으며 길 목사님은 '나는 선교회 식구들을 도와주려고 했어요. 그런데 식구들이 나를 안 믿었습니다. 그래서 나도 식구들을 안 믿습니다.' 하고 말했다.

서 목사님이 나와 이 집사에게 지금도 안 믿냐고 물었다. 이 집사가 비위도 좋게 진정어린 목소리로 지금은 믿는다고 대답했다. 언제 우리를 도와주려 했냐고, 장애인 것은 물질도 주권도 다 뺏어야 한다는 목사님을 어떻게 믿냐고, 길 목사님한테 내뱉고 싶었지만 등신같이 그러지 못하고 내가 '모르겠습니다.' 하고 대답했다. 서 목사님은 '이 회색분자야!' 하고 핀잔을 주었다. 길 목사님이 밖으로 나가자 강 전도사님이 '도둑놈이 따로 있었네, 한 목사가 도둑이네, 그 도둑 때문에 이렇게 되었어! 혜성 씨, 한 목사가 땅을 팔아먹으려다 못 팔아먹게 되자 일을 이렇게 만들었어, 이 전도사는 죄 없어.' 하고 흥분한 목소리로 말했다. 서진 목사님이 '한 목사가 땅을 팔아먹으려 함께 다닌 자가 이 전도사 남편이야. 그걸 막은 사람이 이 전도사야 그걸 모르고 이 바보들아!' 하고 한심하다는 듯 말했다.

2005.8.18.(목)

서진 목사님이 성난 목소리로 고함을 질렀다. '한 목사한테 7,000만 원을 변제해준다는 게 말이 되는 거얏! 누가 그러자고 한 거얏——!'

연달아 고함을 지르는데도 이 집사는 입을 다물고 있어서 내가 대답했다. '제가 그랬습니다.' 잠시 후 서 목사님은 이순자를 만나러 가려는데 함께 가자고 했다. 병원에 입원해 있는데 선교회가 상상치도 못하는 증거자료를 가지고 있으니 가서 보자고 했다. 이 집사가 '그 여자를 보면 속이 너무 상해서 안 갈랍니더.' 하고 말했다. 서 목사님이 지금 속상한 게 문제냐고 고함을 질렀다. 나는 평소 때보다 더 아프고 기운이 없었지만 뭐가 있는지 가보자고 말했다.

이 집사와 함께 서 목사님 부부를 따라서 병원으로 가니 이순자는 침대에 누워있었다. 잠시 후 길흥서 목사님이 나타났다. 이순자가 일어나 앉아서 말했다. '한 목사님이 저에게 땅을 팔아서 나누어 갖자고 말했습니다. 그래서 제가 그래선 안 된다고 했습니다. 그리고 한 목사님이 이 회칙서를 주면서(문건 한 장을 흔들며) 꼭 이대로 해야 한다고 했습니다.'

서 목사님이 회칙서를 빼앗아 읽었다. 선교회는 교회의 부설기관이니 선교회식구는 교회 관리를 받아야 한다. 예배에 3번 이상 불참하는 식구는 선교회를 떠나야 한다는 등등의 내용으로 이순자가 이전에 제시했던 것이었다.

선교회가 교회부설이면 왜 교회와 분리된 상태로 운영했는가? 왜 선교회와 교회에서 별도로 월급을 받았는가? 왜 선교회 운영비를 교회가 지급토록 안 했는가? 왜 이길용 집사에게 교회 재정으로 월급을 안 주고 선교회에 돈이 없다고 내쳤는가? 설립 때부터 교회는 선교회에 쌀 한 톨 지원하지 않았다고 했다. 선교회가 먼저 생기고 선교회로 인해 교회가 생겼는데 교회부설이라니...

이순자의 말은 계속되었다. 한 목사님은 이옥진 집사를 내보내야 한다고 했습니다. 이 집사님이 공금횡령을 하는 것 같다고 했습니다. 제가 그걸 어떻게 아시냐고 했더니 봉투에서 돈을 (후원금) 빼내고 나머지를 주면 어떻게 알겠냐고 했습니다. 선교회 통장이 5개가 더 있다는 말도 했습니다. 지능 낮은 식구들의 차명계좌가 있는데 이 집사님이 돈을 빼서 사채놀이를 하는지도 알아보라고 했습니다. 이사 갈 때 이 집사님이 선교회 통장을 다 주면서 돈을 마음대로 빼가라고 했다는 말도 했습니다. 한 목사님이 충청도에 있는 폐교를 사서 이사 가려고, 이 집사님에게 땅을 팔아서 가겠다고 했더니. 이 집사님이 그렇게 하라고 했다는 말도 했습니다. 그래서 제가 이 집사님에게 선교회가 더 어려워지면 어떻게 하려고 이사를 가려고 하냐고 물었더니, 이 집사님이 '그게 아니고예(이 집사 말투로) 땅을 팔아서 교회만 옮겨가고 선교회는 놔두라고 했는데예' 라고 말했습니다.

내가 그런 이야기를 왜 이제서야 하냐고 따지자 이순자는 '식구들이 상처 입을까봐 할 수 없었어요. 그러니 내가 얼마나 힘들었겠어요. 여러분들 지켜주랴 한 목사님 지켜주랴.' 하고 말했다. 서진 목사님이 '누가 진짜 도둑인지도 모르고 바보들이 땅을 지켜주려고 그런 것을 도둑으로 몰고... 두 사람 다 전도사님한테 사과해!' 하고 명령했다. 이 집사가 '즉시 죄송합니다.' 하고 사과를 하고 나도 어떨결에 죄송하다고 사과를 했다. 이 집사가 이순자 손을 부여잡고 통곡을 했다. 나는 믿을 수가 없어서 그럼 통장은 왜 안 돌려 주냐고 물었다. 이순자와 길 목사님이 동시에 한 목사님에게 '돈을 빼줄까 봐서' 라고 했다. 이순자가 '내가 왜 거짓말을 하겠어요.' 라고 말했다.

이 집사는 울면서 밖으로 뛰쳐나갔다. 내가 이순자에게 이 집사님이 한 목사님에게 돈을 마음대로 빼가라고 했다는 게 사실이냐고 물었다. 이순자가 사실이라고 말했다. 길 목사님이 말했다. 그래서 내가 그랬잖아 선교회는 돈도 많다. 그렇게 돈 많으면 나도 좀 달라고. 한 목사에게는 컴퓨터도 사주고, 핸드폰도 사주고, 학비도(대학원) 대주고, 돈도 빼주고.

이순자 말이 거짓말이라면 이 집사가 펄펄 뛰었을 것이다. 내 머릿속은 혼란 그 자체였다. 땅을 팔아 가라고 했다니 땅을 없애려 해놓고도 이후에 내 명의로 이전을 훼방하고 자기명의로 이전하려 기를 썼다니 땅을 원치도 않으면서 내 명의로 되는 게 배 아파서 그랬던 것인가. 교회를 옮겨가라 했다니 식구들이 어디서 예배를 드리라고 옮겨가라 했는가. 교회는 선교회와 한 건물에 있는데 건물은 교회명의로 등록되어 있는데 교회를 옮기려 건물을 팔면 선교회 식구는 길바닥에 나앉으라는 것인가. 이 집사는 얼마 후 돌아와서 내가 정말 하나님 앞에 한 점 부끄럼 없이 회계를 했고, 한 목사님을 물질에 깨끗하다고 늘 추켜 주었는데, 그런 나를 그렇게나 나쁜 사람으로 몰다니 하면서 계속 울먹였다. 500만 원을 빼돌리고도(몇 천만 원을 빼돌렸는지 알게 뭐람) 하나님 앞에 한 점 부끄럼 없다니 하나님이 그렇게도 우스운가.

선교회로 돌아와서 이 집사한테 한 목사님은 왜 교회를 옮겨가려 한 거냐고 물었다. 이 집사는 '한 목사님은 장애인을 싫어하셨어.' 임태성 권사님한테 2번이나 우리 교회는 장애인들 때문에 부흥이 안 된다고 했단다. 자기가 오기 전엔 장애인들이 더 많이 있어도 정상인 교인들이 곱절이나 많았는데, 나한테도 그랬다. 부활교회에 오기 전에 '하나님 목사직을 내놨으면 내놨지 장애인 교회는 싫습니다.' 라고 했다고. '그런데 왜 왔대요?' 내 물음에 이 집사는 '갈 데가 없어서 왔겠지 와 왔겠노.' 했다.

내가 목사님은 장애인보다 나은 사람인가. 목사 신분으로 몰래 대출 받은 분이라 낫나?. 장애인이 싫으면 다른 교회로 가시지 장애인 땅을 왜 팔아가려 해. 하고 내뱉은 다음, 내가 "집사

131

님은 왜 땅을 팔아가라고 하셨어요." 하고 물었다. 이 집사는 "내가 언제 땅을 팔아가라 했노." 하고 되물었다. 나는 할 말을 잃었다. 이 집사는 식구들한테 비정해도 목사님께는 잘했다.(힘 있는 분이라서) 그런 이 집사에게 한 목사님이 악감정을 품은 건 한 목사님더러 교인 수 예전만 큼 채워놓고 떠나라고 씨부린 탓일 것이다. 떠나겠다는 분을 붙잡진 못할망정 심장에 비수를 꽂는데 어찌 악감정을 안 품을 수 있는가. 하여튼 이 집사는 입이 방정이다. 아니 늘 독을 품고 있는 그 인성이, 독 덩어리 심장을 가진 그 인성이 방정이고 문제다.

2005.8.19.(금)

후원회장인 이 권사님과 한 목사님이 왔다. 한 목사님은 교회 개척을 포기하고 지방의 모 교회에 부목으로 갔다는데, 그 교회 담임목사 부부도 함께 왔다. 서진 목사님은 내게 근저당을 풀라고 풀어야만 이 문제가 해결될 수 있다고 다그쳤다. 근저당을 풀고 땅을 노회에 등록시키고 길흥서 목사 교회와 합병시키고 그 교회에 나가서 예배를 드리라고 했다. 장애인의 것은 뭐든지 뺏아도 된다는 식의 목사한테 교회를 넘겨주라니 선교회도 넘겨주고 후에 땅도 넘겨줘야 될 텐데, 그런 교회에 나가라니 생각만 해도 끔찍했다. 내가 나는 힘이 없다고 이 집사님과 후원회장님의 의사를 물어봐야 된다고 말했다. 서 목사님은 이 권사님과 한 목사님이 있는 옛 사무실로 들어가고 강 전도사님과 이 집사도 따라 들어갔다. 한참 후 서 목사님은 성난 얼굴로 사무실을 나왔다. 모두 돌아간 뒤 내가 이 집사에게 어떻게 하기로 했냐고 물었다. 이 집사가 서 목사님은 땅을 유지재단에 넣으라고 했는데 이 권사님은 그렇게 하면 노회 간섭을 받을 수밖에 없어서 안 된다고 했다.

길 목사 교회와의 합병은 거부하고 땅을 노회에 등록시키면 될 것 같은데...

2005.8.28.(일)

내가 이순자에게 생활비가 모자란다고 한 목사님에게 돈을 빼주는 일은 절대 없을 테니 통장을 돌려 달라고 말했다. 이순자가 말했다. '내 맘대로 못해요. 내 손에서 떠났어요. 모든 걸 노회에서 해요.'

오후에 이 집사가 말했다. 안성준(부활교회 3대 담임자) 목사님한테서 전화가 왔는데 김수인이가 거기까지 찾아왔더란다. 찾아와서 막 귀찮게 하더란다. 그래서 안 목사님이 교회와 선교회는 옛날부터 분리가 되었고 장애인들이 투명하게 잘 운영하고 있으니 제발 못살게 굴지 말고 내버려 두라고 하셨단다. 목사라는 사람이 연약한 장애인들 땅을 뺏으라고 참 열심히도 돌아다닌다.

2005.8.30.(화)

이 권사님, 황 전도사님, 오경숙 권사님, 나영진 집사 등등이 왔다. 나 집사는 이 권사님에게 선교회가 먼저 생겼으며 예전에 분리되었다고 말했다. 그는 예전에 유 집사가 식구들을 데리고 떠난 이야기도 하면서 '그때 식구들이 나가서 이꼴이지, 남자들이 탄탄하게 잘 만들어놨는데 여자들이 권력다툼을 벌여서 선교회가 그렇게 찢어진 거야!' 하고 씨부렸다.

참으로 같잖은 놈이었다. 제 버릇 개 안 준다더니 선교회에서 무소불위 권력을 휘두르다가 선교회를 유 집사한테 넘겨주어서 선교회가 찢어지게 만들었으면서 비열하게 여전히 여자한테 책임을 뒤집어 씌우는 것이다. 아내 덕으로 살고 있으면서.

오 권사님과 나 집사 일행이 돌아간 뒤 이 권사님이 문건 한 장을 이 집사에게 주면서 식구들이 동의하면 도장을 찍으라고 말했다. 이 권사님이 나간 뒤 황 전도사님이 물었다. '이 권사님이 처음에 읽어준 근저당 설정서에는 식구들이 원할 땐 언제든지 근저당을 푼다는 내용이 첨부되어 있었는데, 조금 전에 준 문서는 식구와 후원회원 3분의 2 이상이 찬성해야만 근저당을 푼다고 되어 있어요. 우리가 필요해도 후원회가 반대하면 못 풀게 되어있는데 도장을 찍을 거예요.' 식구들이 일제히 못 찍는다고 대답했다.

이 집사가 내뱉었다. 이 권사님이 암까마귀인지 숫까마귀인지 모르겠다.

이 집사가 말했다. '임화연 권사님이(후원인) 그러시는데 땅 살 때 대지헌금을 낸 후원자 명단을 며칠 전에 봤는데 자기 이름이 없더래. 그래서 한 목사님한테 왜 없냐고 물었더니 왜 없지 왜 없지 라고만 하더란다. 임 권사님이 후원을 적게 할 분이 아닌데 김계성 권사님도 냈는데 김 권사님 이름도 없고 어떤 분은 30만 원을 내고 후에 70만 원을 냈는데 30만 원만 적혀 있더래. 이 권사님도 그런 말을 했었어. 백인혜 권사님이 선교회가 건축되면 당신도 입소하신다면서 2,500만 원을 냈는데 1,000만 원만 적혀있더라고, 황 전도사님이 한 이야기인데 후원금 내역

을 한 목사님 혼자서 다 썼대. 그래서 좀 보자고 했더니 얼른 책상서랍에 넣어버리더래.'

내가 속으로 말했다. '집사님도 열심히 기도하면서 돈 빼돌리고, 이순자도 열심히 기도하고 부르짖으면서 장애인들 것을 다 뺏으려 혈안이 되어있고, 한 목사님도 기도 열심히 하셨겠네요.'

2005.8.31.(수)

노회가 공문을 보내왔다. 100페이지가 넘어 보이는 분량이었다. 부활교회는 선교회보다 먼저 생겼다. 이순자 전도사가 통장을 지급 중지 시킨 것은 정당하다. 이정훈, 안성준, 한진수 목사가 교회와 선교회는 분리되지 않았다고 증언했다. 교회와 선교회는 한 공동체로서 선교회는 교회의 관리감독을 받는 게 마땅하다. 선교회가 교회 뜻을 따르지 않으면 특단의 조취를 취할 것이다. 이옥진은 교회가 임명한 대표가 아니기에 선교회 대표일 수가 없다. 후원회 회장역시 교회가 임명하지 않았기에 회장이 아니다. 근저당 설정은 불법행위이기에 해지시키지 않으면 법적조취를 하겠다는 등등의 내용이었다.

교회 잘못을 바로잡아야 할 노회가, 교회감독기관인 노회가, 힘없는 장애인들의 땅과 집을 뺏으려고 조폭들처럼 비열하게 협박을 하는 것이다. 선교회에 관심도 없다가 땅이 있는 것을 알자마자 들개 떼처럼 몰려와 짖어대더니 된장이 똥이라는 거짓을 우겨대면서 땅과 선교회를 내놓지 않으면 물어뜯겠다고 위협을 하는 것이다. 내가 안성준 목사님한테 전화로 공문 이야기를 했더니 안 목사님은 '무슨 소리야! 내가 분명히 분리되었다는 이야기를 했는데.' 하고 언성을 높였다.

이 집사는 또다시 떠나야 된다는 주장을 했다. 내가 그렇게도 땅이고 선교회도 다 이순자에게 거저 주고 싶냐고, 땅을 가져온 다음에 떠나도 늦지 않다고 말해도 같은 주장을 되풀이했다.

2005.9.1.(목)

먼저 생긴 것도 중요하다기에 강명아 전도사님한테 전화를 했다. 강 전도사님은 선교회가 먼저 생겼다고 말했다. 그 이전에 '자립회'라는 이름으로 장애인들이 함께 모여 살고 있었고, 서진 목사님도 그렇게 기억하고 있다고 말했다. 내가 그에 대한 기록이나 자료가 있냐고 묻자 없다고 했다.

옛 식구 최용일 형제에게 전화로 선교회가 몇 년도에 설립되었냐고 물었더니 '86년'이라고 대답했다. 그때 교회라는 명칭을 사용했냐고 묻자 아니라고 했다. 진병수 집사님에게 물어보니 선교회는 '86년'에 설립되었고 자기는 '88년'에 입소했는데, 그때도 선교회는 교회와 분리되어 있었고 선교회는 김갑순 전도사님이 교회는 김훈 목사님이 담당하고 있었으며 모두가 선교회가 먼저 생긴 것으로 알고 있더라고 말했다.

선교회 설립자 한승주 목사님한테 전화로 문의했다.

"선교회가 먼저예요. 내가 부활자립회를 설립했는데 그게 부활자립선교회가 되고 선교회에서 부활교회가 생겼으니까 부활교회가 처음엔 부활장애인교회였어요. 그런데 정상인들이 오고 하니까 그냥 부활교회가 된 거예요."

"자립회를 만든 게 몇 년도예요."

"86년 5월이에요. 내가 시장에서 장사를 했는데 나와 같은 장애인 13명을 모아 만들었어요. 그 후에 교회를 다니게 되었는데 힘이 들어서 월세 5만 원짜리 천막을 얻어서 그곳에서 예배를 드리고 그랬어요. 그때부터 우리 교회가 있으면 좋겠다고 하다가 부활교회가 만들어진 거예요."

"천막에서 예배드릴 때 그것을 교회라고 했나요."

"아니, 교회라는 개념 없이 외부에서 목사님을 초빙해서 예배만 드린 거예요."

"부활자립선교회라는 이름은 김갑순 전도사님이 오신 후에 사용했나요."

"아니에요. 내가 부활자립회를 설립하고 시장에서 전도를 하면서 부활자립선교회로 바꿨어요. 김 전도사는 그 후에 왔어요."

"혹시 그에 대한 기록이나 자료가 있나요."

"없어요."

"그럼 그때 13명의 회원 중에 연락하는 분 있나요."

"아뇨, 없어요."

내가 선교회 상황을 전하자 한승주 목사님은 노한 음성으로 말했다. '부활선교회가 어떤 선교회인데 감히 전도사가 뺏으려해. 내가 확실하게 증언해 줄 테니까 도움이 필요하면 꼭 연락 주세요. 부활선교회를 망치는 것들 나는 누구라도 용서 안 해요.' 이 집사에게 사실을 전하자 그는 연락하면 안 된다. 나중에 무슨 욕심을 부릴지 모른다고 말했다. 나중 문제는 나중에 해결하면 될 것을…

한승주 목사님은 물론이고 서진, 강명아, 노영진, 김정서, 조명운 등 선교회에 머리 좋은 이들이 수두룩했는데 선교회에 관한 기록을 한 이가 한 명도 없다니 통탄할 일이다.

(한승주 목사님의 증언을 받아야 했다. 수년 후 선교회가 또다시 위기에 처했을 때 한 목사님은 적극적으로 증언을 자청하며 선교회가 먼저 설립되었다는 확인서도 써주었지만 그에 대한 대가는 완강히 거부했다).

2005.9.13.(화)

이 집사가 말했다. 이순자가 한 목사님을 죽이려고 작정을 했단다. 경찰서에서 대질심문을 받는데(횡령죄로) 이순자가 한 목사님한테, 목사님이 나한테 땅을 팔아서 나눠 갖자고 하지 않았냐고 악을 바락바락 쓰면서 대들었단다. 한 목사가 이 권사님한테 그 이야기를 하면서 권사님과 후원회가 대출금을 빨리 갚아주시면 안 될까요. 하더란다. 목사님이 여기에 계실 때 자기보다 나이가 많다고 누님, 누님 허면서 얼마나 저를 섬겼는데 전도사라는 게 물질에 미쳐가지고 그 지랄을 헌다.

내가 속으로 말했다. 집사님도 목사님을 죽이려고 했잖수. 이순자를 내쫓자고 해도 거부하고 목사님을 청빙하자고 해도 거부하고, 이순자는 물질에 미쳐서 그런다지만 집사님은 무엇에 미쳐서 그러시나요.

2005.9.14.(수)

하나님의 빽으로 승리할 수 있다면서 이 집사의 변호사 타령을 묵살하던 이 권사님이 결국 변호사를 선임했다. 변호사비는 착수금이 600만 원이라고 해서 식구 한 명당 60만 원을 냈다.

오후에 한 목사님에게 전화를 했더니 사모님이 받아서 잘 지냈냐고 인사했다. 목사님 때문에 아주 잘 지낸다는 가시 있는 대답이 튀어나갈 뻔했다. 내가 이순자가 그동안 했던 거짓말을 이야기하자 사모님은 '교인들이 이순자를 원치 않는다고 서명해서 노회에 제출하면 그만인데 왜 가만있으세요. 가만히 있으니까 이순자가 식구들을 바보로 알고 그런 거잖아요.' 하고 나무랐다. 내가 왜 그것을 진작 가리켜주지 않았냐고 따지자 사모님은 '이 집사한테 말했어요. 이렇게 하면 이순자를 내쫓을 수 있으니 내쫓으라고요. 목사님도 같은 말을 해줬는데요.

교인이 원하면 교회법상 노회는 어쩌지 못해요. 진작 이순자를 내쫓았다면 소송 걸고 고소하는 일 없었을 것 아녜요.' 하고 말했다.

이 집사에게 사모님 말을 전했다. 이 집사는 이전과 똑같이 노회가 반대하면 절대로 못 내쫓는다고 말했다. '잘못 아시는 거 아니에요. 많은 사람들이 교인들이 원하면 노회는 어쩌지 못한다는데 왜 집사님만 노회 때문에 안 된다고 하시는 거예요?' 내 물음에 이 집사는 성을 버럭 내면서 말했다. '내가 안 알아보고 이러는 줄 아냐. 나도 다 알아봤다.'

2005.10.10.(월)

이 집사가 준비서면이라는 것을 주었다. 이순자가 땅이 교회 것이라면서 법원에 제출한 것이라는데(소송 해당자들은 서로의 자료를 볼 수 있다) 예전의 부활교회 주보 등등의 복사본이 들어 있고 그 주보엔 부활교회부설 부활선교회라는 문구가 실려 있었다. 선교회에 쌀 한 톨 지원하지 않으면서 멋대로 부설로 실어놓은 것이다. 이순자가 쓴 진정서도 있었는데 그가 쓴 것답게 온통 거짓으로 채워져 있었다.

교회가 선교회보다 먼저 설립되었으며 선교회는 교회부설기관인데, 장애인들이 땅을 자기들 것이라고 주장하는 것은 땅을 팔아서 나눠먹으려고 그런다. 장애인들이 후원금을 주먹구구식으로 지출한다는 등등의 내용이었다. 땅이 교회 것이라고 주장하는 부활교회 교인명단에는 몇 년 전에 교회를 떠난 이의 이름도 있고 오륜교회 교인들 이름도 있었는데 오륜교회 교인들은 브니엘 찬양단으로 일요일 오후에만 부활교회에 와서 찬양만 하고 가는 이들이다. 사기를 치고 싶으면 자기 교회에서나 칠 것이지...

선교회 통장을 다 달라고 이순자가 선교회를 고소한 것은(진정서를 낸 건가) 어떻게 되었냐고 물었더니 이 집사는 '남의 것을 강탈하려는데 하나님이 허락하시겠나.' 라고 말했다.

2005.10.11.(화)

선교회는 교회 부설기관이라는 이순자의 주장을 반박하는 글을 썼다. 부활교회와 부활선교회의 관계라는 제목으로 쓴 글을 이 집사에게 주면서(변호사에게 주라고) 내가 내 생활을 기록한 게 있는데 식구들이 선교회를 유 집사에게 넘긴 것, 땅을 선교회에서 매입하는 내용이 있으니 그것을 복사해서 법원에 제출하자고 말했다. 이 집사는 무반응이었다. 그래서 이 권사님에게 전화로 똑같은 말을 했는데 이 권사님은 그렇게 안 해도 하나님 빽으로 이길 수 있다고 했다.

2005.10.14.(금)

예전의 선교회 운영위원들이 선교회가 먼저 생겼으며 초창기부터 분리되었다는 확인서에 서명을 해주었다. 서명을 받아온 이 집사는 이걸 받는데 얼마나 더럽든지, 모두 다 서명을 해줘 가지고 법원에 불려 가면 어떡하냐. 그러고 나 집사 마누라는 법원에 불려갈 것이면 안 해줘야 한다고 같은 장애인인데도 그런다. 정서 씨만 나도 장애인인데 해줘야지 하면서 좋게 해줬다 하고 말했다.

2005.10.16.(일)

동네 주민들이 땅이 선교회 것이라고 서명을 해주었다. 한 목사님이 떠나기 전에 이웃에서 살았는데 한 목사님이 선교회 땅을 사는 거라고 말해서 선교회 땅인 줄 알고 있다고 주민들은 모두 말했다. 후원자들도 모두 선교회가 땅을 산다고 해서 대지헌금을 냈다고 서명했다.

2005.10.18.(화)

이 집사가 진정서라는 것을 주었다. 우리 변호사 사무장이 작성했는데 어이가 없었다. 선교회가 교회보다 먼저 설립되었다면서 선교회 설립연도를 교회 설립연도와 똑같은 '87년 6월로 써놓았다. 내가 선교회 설립 목적과 설립연도를 '86년 5월로 기재한 부활교회와… 라는 글을 주었는데도 그것을 무시하고 이순자가 작성한 진정서에 거짓으로 기재된 연도를 참고한 것이다. 이순자가 제출한 자료에 부활교회 회의록이 있고 그 회의록에 땅을 사기로 한다는 내용이 있음에도(땅이 교회 것으로 보이는) 그에 대한 설명 없이 이순자가 교회 땅이라 주장하나, 선교회 땅이라고만 쓰여 있었다. 왜 선교회 땅인지는 설명하지 않고 무턱대고 선교회 땅이라는 것이다.

변호사 사무실 사무장이 그같이 멍청할 수 있다니... 설립연도를 '86년 5월로 수정하고 부활교회 제직회에서 땅을 사기로 했으나 의결만 했을 뿐 실제로는 선교회에서 땅을 샀다는 진정서를 써서 이 집사에게 주었다.

2005.10.21.(금)

사무장이 재판 때 나를 증인으로 세우고 싶다는 전화를 해왔다. 이옥진 집사는 너무 순해서 말을 잘 못하더라고 사무장에게 말했다. 순해서 말을 못한다고, 중요한 말 필요한 말이나 못 할 뿐이지 독하고 악한 말을 누구보다 잘한다. 나는 등신이라서 머릿속에 떠오르는 말도, 마땅히 해야 할 말도 웬만해선 못하고...

2005.10.26.(수)

재판 날이다. 이 집사와 함께 법원이 있는 성남에 갔다. 변호사 사무실에 들렀는데 한 목사님과 황 전도사님이 왔다. 판사 출신이라는 우리 변호사가 '김수인 목사가 저쪽 편 증인으로 나오는데 목사니까 거짓말은 안 하겠죠?' 하고 말했다. '더 잘 합니다. 엄청 잘합니다.' 라고 하고 싶은 걸 그러지 못하고, '할 수 있습니다. 얼마든지 할 수 있는 사람입니다.' 라고 내가 말했다. 변호사는 '나는 교회에 안 다니지만 목사가 거짓말을 할 거라곤 생각지 않습니다.' 라고 말했다. 그 믿음이 잘못된 게 아니라면 얼마나 좋을까, 목사라는 직업은 지상 최고 직업이다. 일반인보다 더 한 패악을 행하고 거짓말을 해도 인격자로 인식되고 있으니, 변호사는 재판을 한 번 더 하기로 했다고 말했다.

부활교회 제직자들이 선교회 땅이라고 서명한 확인서는 날짜가 쓰여 있지 않아서 인정받지 못한다고 했다.(날짜가 빠진 것을 왜 그대로 제출했는지 멍청한 변호사 아닌가) 땅을 사기로 했다는 교회제직회 기록 때문에 힘든 싸움이라고 했다. 한 목사에게 보낸 '땅을 교회로 이전하라는 내용증명'에 장애인들의 서명이(선교회 장애인 집사들의) 들어있어서 그 또한 불리한 요소라고 했다. 이 집사는 이전에 내게 교회제직회가 한 목사님 앞으로 땅을 교회로 이전하라는 내용증명을 보냈음을 아주 뿌듯해 하는 태도로 이야기 했었다. 왜 선교회 땅을 교회로 이전하라 했냐고 펄떡 뛰는 내게 이 집사는 누구 땅인지는 중요치 않다고 빨리 찾는 게 중요하다고 했었다. 땅을 교회로 이전하라는 건 교회 땅임을 인정한 거나 마찬가지다.

　재판 시간이 가까워서 법원으로 향했다. 이순자와 김수인 목사와 김연배가 나타났다. 김연배에게 이 집사가 '구걸이나 하고 있지 왜 오는 거야!' 하고 내뱉었다. 김연배는 예전에 선교회 식구였기에 선교회가 먼저 생겼음을 잘 알면서도 교회가 먼저 생겼다는 거짓말을 하면서 선교회를 핍박하는 자로, 집사이고 한쪽 다리만 장애면서도 중증장애인으로 위장해서 구걸을 하는데, 구걸을 부끄러워하지도 않고 하루에 10만 원 이상 번다고 자랑스러워한다.

　후원회장 이 권사님도 나타났다. 재판이 시작되었다. 김수인 목사가 위증 시 처벌을 감수하겠다는 선언문을 읽었다. 판사가 땅 살 때 장애인들이 개인 돈을 헌금한 것을 아냐고 묻자 김 목사는 모른다고 대답했다. 이 집사가 몇 번이나 우리가 가진 것을 땅 살 때 다 넣었다고 말했고, 그때마다 헌금한 것을 돌려주는 법 없다 해놓고, 이순자 측 변호사가 선교회보다 교회가 먼저 생긴 것을 어떻게 알았냐고 묻자 김 목사는 김기용 목사(부활교회 예전 전도사) 사모로부터 들었다고 대답했다.(아, 한승주 목사님을 증인으로 세웠다면 한승주 목사님이 김 목사의 코를 납작하게 했을 것 아닌가) 우리 변호사가 부활교회에서 우리를 위협한(4월 10일에) 사실을 들추자 김 목사는 '아닙니다. 그날 분위기가 좋았으며 장애인들이 저를 믿었습니다.' 하고 위증을 했다. 판사는 다음에 다시 할 것이라는 말을 한 뒤 종료를 선언했다. 법원을 나섰을 때 김수인 목사가 그 음험한 얼굴로(우리를 장애인이라고 인간 이하로 취급하지만 그도 장애인이다. 음험하게 생긴 얼굴장애인) '내가 잘하라니까 이렇게 만들어!' 하고 나무랐다. 강대상에서도 '그렇게 거짓말 합니까!' 하고 쏘아야 했는데 멍청하게도 그 생각을 못했다. 이 집사가 이순자를 향해서 어떻게 그럴 수 있냐고 악을 썼다. 이순자는 '집사님이 이렇게 만들었잖아요.' 하고 말했다. 김연배 집사 놈이 선교회인데 교회 밑으로 들어가야지. 뭐가 잘났다고 하고 지껄였다. 내가 나도 모르게 "너나 들어가라!"하고 내쏘았다. 놈은 당장 나를 잡아 죽일듯한 험악한 얼굴이 되면서 "그래 이년앗!" 하고 욕설을 퍼대며 목발을 치켜들고 나를 패려고 달려들었다. 놈의 특기는 목발로 여자 장애인을 패는 것이다. 김수인 목사가 얼른 놈을 부여잡아 이끌고 갔다.

2005.11.2.(수)

미암교회 권사님들이 많이 오셨다. 선교회 사태에 대한 이야기를 할 때 박경신 권사님이 교회가 어떻게 그럴 수 있냐고 분개하면서 말했다. '선교회가 먼저 생겼어, 우리가 선교회를 후원하기 시작한지 한참 지나서 교회가 생겼으니까!'

2005.11.9.(수)

두 번째 재판 날이다. 내가 앞으로 불려나가서 사실대로 말하고 위증을 않겠다는 선서문을 읽고 한 목사님도 읽었다. 한 목사님이 증인으로 호명된 뒤 내게 밖에 나가 있으라는 명이 내렸다. 밖에서 한참을 기다리니 안내인이 들어오라고 했다. 이순자 변호사가 '4월 3일 한 목사가 교회에서 땅을 팔아서 나누자는 말을 했죠?' 하고 물었다. 그랬다고 선교회하고도 나누자고 했는데 그게 위법행위냐고 따지고 싶었는데 횡령죄로 고소당한 한 목사님에게 혹시라도 불리한 요소가 될까봐 기억이 안 난다고 위증했다. 이순자 변호사는 두툼한 문건을 내게 들이대고 이옥진, 진병수, 이성기, 오선옥의 이름이 적힌 곳을 짚으며 '땅을 교회로 이전하라는 내용증명을 보낼 때 선교회 장애인들이 서명한 것 아시죠?' 하고 물었다. 내가 '네, 저는 제직이 아니어서 그때 없었는데 이순자 전도사의 압박을 못 이겨서 한줄 알고 있습니다.' 라고 대답했다.

변호사는 부활교회 명판에 부설 부활선교회라는 이름이 박힌 복사본을 들이댔다. 내가 '그것은 한 목사님이 계실 때 일반적으로 만든 것입니다.' 하고 말했다. 변호사는 '4월 10일 교인총회를 열어서 김수인 목사가 이야기할 때 끝까지 있었나요? 도중에 나갔나요?' 하고 물었다. 내가, '폐하기 직전에 나갔습니다. 교인총회는 하지 않았습니다. 우리는 얘기한다는 말만 들었고 실제 회의는 하지 않았습니다.' 하고 대답했다. '김수인 목사가 장애인들의 의견을 물었었죠.' 하고 물었다. 내가 '의견을 물은 게 아니고 이 전도사 뜻을 따라야 한다고 따르지 않으면 다른 곳으로 떠나야 한다고 우리를 몰아치고 위협했습니다.' 하고 대답했다.

이순자 변호사의 질문이 끝나고 우리 변호사가 내게 질문했는데 내가 무지해서인지 별 중요치 않은 것 같은 질문뿐이었다. 좀 나은 것 같은 질문이 '이순자 전도사와 결별 수순을 밟고 있다는데 왜 그렇게 되었죠?' 였다. 내가 '이 전도사가 교회 담임자가 되기 전에는 선교회 땅임을 인정했는데 담임자가 된 후에는 교회 땅이라 우기기 시작했고, 선교회까지 뺏으려 하기 때문입니다.' 하고 대답했다. 판사가 "증인 왜 장애인들 땅이라고 하지요?" 하고 물었다. 내가 '한 목사님이 몇 번이나 여러분의 집을 지을 땅인데 한 평씩은 사야지 않냐고 하셨고 저희들의 생활관을 새로 지으려고 땅을 구입했고, 후원자들한테도 장애인들의 집을 지을 거라면서 후원을 받았기 때문에 저희들 땅이라고 생각합니다.' 라고 대답했다.

가장 핵심적인 것은 선교회에서 땅을 산 것은 왜 생각나지 않았을까 아으 한심한 내 머리통, 판사는 '그럼 왜 목사명의로(땅을) 해 놨지요?' 하고 물었다. 내가 '목사님이 선교회대표를 맡고 있었기 때문입니다.' 하고 대답했다. 판사는 아무리 땅 사는데 돈을 많이 냈다고 해도 교회 안에 있는데 교회로 넘겨야 되지 않나? 하고 혼잣말처럼 중얼댔다. 내가 선교회는 독립된 기관으로 교회 안에 있지 않다는 말을 하려는데 우리 변호사가 '장애인들 땅입니다.' 라고 했다. 선교회는 교회와 별개의 기관임을 말해야 하는 상황인데 '장애인들 땅입니다.' 라는 한마디만 하고 마는 변호사의 머리가 변호사머리 치고는 시원찮은 것 같다는 생각이 드는 건 내 머리가 시원찮기 때문일까.

판사가 장애인들이 땅을 가지면 관리를 할 수 있나? 하고 또 중얼댔다. 왜 한국인들은 장애인은 머리가 모자란다고 생각하는 것인가. 할 수 있다고 몸만 장애를 입었지 뇌는 정상이라고 말하고 싶은데 어이가 없어서인지 말이 나오지 않았다. 판사가 왜 교회로 안 들어가려 하냐고 물었다. 내가 이 전도사가 우리의 인권과 주권을 무시하기 때문이라고 대답했다. 판사가 이순자에게 장애인들이 왜 당신을 거부하냐고 물었다. 이순자는 땅 때문이라고(땅을 차지하기 위해서라는 듯) 대답했다. 판사가 23일에 선고한다고 말했다.

증인석에서 내려오는데 가슴이 바위에 눌린 듯 답답하고 내 자신에게 화가 치밀었다. 답변을 제대로 못한 것 같아서였다. 이 집사는 '수고했다' 말했고 한 목사님은 '잘 한 거예요.' 라고 말했다. 밖으로 나오자 낯선 남자가 다가오며 말을 걸어왔는데 한 목사님의 형이라고 했다. 이순자가 가증스럽게도 내게 '수고하셨어요.' 라고 말했다. 같잖아서 내가 마음에도 없는 말을 왜 할까 하고 내뱉었더니, 이순자는 '진심으로 하는 말이에요.' 했다. 내가 그놈의 진심은 왜 그 모양이지 하고 또 내뱉는데 이 집사가 '통장이나 돌려줘!' 하고 소리 질렀다. 이순자가 '통장 모른다고 했잖아요. 그래서 그렇게 한 거잖아요.' 하고 말했다. 이 집사에게 부활교회 이름으로 된 통장을 가지고 있냐고 두 번이나 물었는데, 이 집사가 두 번 다 안 가지고 있다고 대답해서 지급 중지시키고 재발급을 받았다는 것이다.

이전에 이순자가 내게도 이야기 했었다. 이 집사는 반박하지 않았다. 이순자가 알고 있어서 묻는 게 뻔한 것이기에 나라면 가지고 있다고 선교회 명의로는 통장을 만들 수가 없어서 한 목사님이 선교회 통장을 교회 이름으로 만들었다고 사실대로 이야기했을 것이다. 하여튼 시골의 무지한 노인처럼 꽉 막힌 이 집사다. 뒤늦게 밖으로 나온 변호사는 한 목사에게 '이젠 판결을 기다리는 수밖에 없습니다. 그래도 판사한테 장애인들 땅이라고 한 번 더 말해 보겠습니다.' 하고 말했다. 변호사는 이 집사와 나를 만날 때마다 우리 얼굴을 외면한다. 우리에게 말을 할 때도 우리를 보지 않고 얼굴을 옆이나 아래로 돌려서 눈길을 다른 방향에 둔다. 우리가 장애인이라서 얼굴도 싫은 것인가?

2005.11.10.(목)

이 집사가 말했다. 판사가 한 목사님헌테 장애인들 땅이냐 교회 땅이냐고 물었는데 목사님이 대답을 안 허고 우물우물 했다. 판사가 땅을 교회로 이전한다고 했으면 하지 왜 안 하냐고 물어도 장애인들 땅이라서 이전할 수 없다고 대답하지 않고 얼버무리고 이순자 측 변호사가 선교회의 후원금 관리에 문제가 있다고 조사를 해보라고, 이 전도사에게 말하지 않았냐고 물어도 대답 안 하고 우물거렸다. 사무장이 나헌테 이야기 했는데 '판사와 이순자 변호사가 목사님헌테 한 질문은 모두 우리 변호사가 한 목사님헌테 말해 준 것이었대. 말해주면서 어떻게 답변하라는 것까지 다 알으켜 주었단다. 그런데도 목사님은 하나도 제대로 답변을 안 허고 얼버무린 거야.' 거기다 판사가 '이순자 앞으로 땅을 교회로 넘기겠냐고 물으니까 넘겨주겠다.'고 대답했다. 황 전도사님도 이순자가 교회에서 물러나면 땅을 교회로 넘길 거냐고 물으면 장애인들 땅이라서 못 넘긴다고 대답해야 한다고. 넘긴다고 대답하면 교회 땅이라는 뜻이 된다고 목사한테 말했고 변호사도 같은 말을 해줬는데 목사는 넘기겠다고 대답했다. 사무장이 애가 타서 저렇게 말하면 안 되는데 안 되는데 하고 어쩔 줄을 몰라 했단다.

'그 인간 이순자하고 내통한 거 아녜요. 우리에게 땅을 안 주려 하는군요.' 하고 내가 도중에 비명을 질렀다. 한 목사는 그동안 수 차례 지방에서 올라올 때마다 선교회에 들러서 땅이 선교회 것이라는 뜻의 발언을 하면서 선교회 편인 것처럼 행동 했었다. 올라왔을 때마다 차비를 사양하지 않고 받아갔었다. 땅 살 때 우리에게 강요하다시피 해서 비상금을 다 털어 넣게 했었다.(나는 내 의지로 거부) 대출금 7,000만 원에 대한 이자도 선교회에 부담시켰었다. 교회에 땅을 넘길 것이면 그러지 말았어야 하지 않는가. 교회 땅이면 자기가 횡령죄로 고소를 당했기에 자기에게도 불리할 수가 있다. 횡령죄로 경찰서에서 조사받을 때 선교회 장애인들에게 대출받겠다는 말을 했다고 선교회 땅인데 선교회 장애인들한테 말을 하지 누구한테 말하나 했다고 한 목사는 내게 이야기했었다. 이야기하면서 대출받겠다는 말을 했다는 확인서를 부탁해서 우리는 그걸 써주었었다.

선교회 땅이면 횡령이 안 될 수가 있지만, 교회 땅이면 몰래 대출받은 게 인정되어서 횡령죄가 성립될 것 같은데... 대체 얼마나 선교회에 땅을 주기 싫으면 자기의 불리함을 감수하면서까지 교회로 땅을 넘기려 하는가. 넘기려면 식구들의 소송에 대항하는 것을 제지했어야 되지 않는가. 8년이나 함께 한 장애인들에게 비상금은 땅 사는데 다 털어 넣게 만들고도 성에 안 차서 돈 낭비, 에너지 낭비하게 했는가.

오후에 변호사 사무실에 갔다 온 이 집사가 말했다. '사무장이 게임 끝났단다. 땅이 물 건너갔단다. 한 목사가 말한 거 듣지 않았냐고 하면서 한 목사는 선교회 편이 아니란다. 변호사도 자기가 많이 괴롭단다.'

2005.11.23.(수)

'땅을 교회로 넘기라는 선고가 내렸대'. 법원에 간 이 집사에게 전화를 한 이운기 형제가 송화기를 내려놓으며 한 말이다. 순간 내 머리 속 세포가 일시에 죽은 듯 멍——! 해졌다. 곁에 있던 손영빈 집사님이(선교회 외 집사) 안타까워하는 목소리로 '말이 안 되는 일이 일어났네, 어떻게 좋게 될 거야. 땅 살 때 교회에서 한 일이 없는데 교회로 땅을 넘기라는 건 말이 안 되지.' 하고 말했다.

2005.11.24.(목)

전화소리가 울리고 이 집사가 목사님도 힘드시죠. 하고 위로하는 소리가 들려왔다. 그리곤 조금 열려있던 이 집사 방문이 닫혔다. 무슨 모의를 하려나 내가 잠시 주저하다가 문을 두드리고 들어갔더니 이 집사는 늘 방문 가까이에 있는 전화기를 안쪽에 끌어다 놓고도 목소리를 낮춰서 통화를 하고 있었다. '한 목사님이시죠.' 내 말에 이 집사는 전화를 내게 넘겨주었다. 내가 '왜 땅을 교회로 넘겨준다고 하셨어요. 한 번도 아니고 두 번이나 배신당했다는 생각에 마음이 이루 말할 수 없이 아파요.' 하고 말했다.

"(공격조로)배신이라니 말 함부로 하지 마세요. 혜성 씨는 말 잘했어요. 판사 유도심문에 휘둘려서 그렇게 말한 거예요."

"목사님은 머리가 좋은 분이에요. 예상치 못한 질문도 아니고 황 전도사님이랑 변호사님이 그런 대답을 하면 안 된다고 알으켜 주었는데도 그런 대답을 하셨는데 어떻게 유도심문에 넘어갔다고 할 수 있어요."

"나도 미치겠어요. 내가 그렇게 말한 건 교회로 넘기겠다는 게 아니고 교회 땅이니까 교회 안에서 해결한다는 취지로 한 말이에요."

"교회 땅이라고요?. 교회 땅이면 왜 선교회 땅을 사는 것처럼 하시고 식구들 비상금을 다 털어 넣게 하셨어요?. 후원자들한테도 선교회 땅을 산다고 해서 후원을 받으셨잖아요. 교회 땅이면 소송당했을 때, 왜 선교회 땅인 것처럼 하시고 변호사를 사게 하시고 후원회를 조직하게 놔두시고 후원자며 동네주민들한테 땅이 선교회 것이라는 서명을 받게 하셨어요. 그렇게 많은 사람과 우리를 힘들게 하시면 안 되는 거잖아요. 선교회에 땅을 줄 것처럼 하셔서 우리가 대항하게 해놓으시고 이제 와서 교회 땅이라고 하시는 건 우리와 후원인들을 농락한 거밖에 안 되잖아요."

"농락은 누가 농락을 해요. 검찰청에 갔더니 검사가 막 야단을 치면서 이런 자료로는 절대로 이길 수 없다. 항소를 해도 못 이긴다. 라고 하는데 어떻게 해요. 해결책이 없는 것도 아니에요. 선교회식구들이 교인이니까 교회 안에서 결정하면 돼요."

"땅을 교회로 넘기겠다고 하면 이기나요. 그리고 이순자가 자기 패거리를 늘리려고 외부에서 장애인들을 끌어들이고 있어요."

"좋은 목사가 오면 돼요."

"좋은 목사가 어디에 있어요. 8년이나 함께한 한 목사님도 우리한테 이러는데요."

한 목사는 볼멘소리로 '이순자를 내보내라니까 안 내보내고 있다가 이제 와서 불만이야!' 하면서 전화를 끊어버렸다.

(며칠 후에 한 목사 고소사건 담당검사에게 전화를 했다. 검사는 내가 '부활선교회인데요.' 라는 말을 하자마자 대뜸 '땅을 뺏기지 않으려면 한 목사가 항소를 해야 돼요.' 하고 말했다. 내가 검사님께서 '한 목사한테 항소를 해도 절대로 재판에서 이길 수 없다고 하지 않으셨나요.' 묻자 검사는 '나는 결코 그런 말을 한 적이 없습니다.' 라고 말했다).

2005.11.25.(금)

이 집사가 말했다. 검찰청에서 전화가 왔는데 땅을 계약할 때 한진수(한 목사)가 자기 돈으로 계약하는 것처럼 했었냐고 묻는 거야. 내가 안 그랬다고 대답했더니 정말 선교회 땅이라고 생각하냐고 묻는 거야. 내가 그렇다고 하니까. 검사가 '한진수는 선교회 땅이라고 하지 않던데요.' 하는 거야. 그러더니 '한진수는 처벌받습니다.' 라고 하는 거야.

경찰서에서 조사받을 때 선교회 장애인들한테 말을 하고 대출을 받았다고 진술하고 그게 사실이라고 식구들이 확인 서명을 해주었기에 선교회 땅이라는 주장을 계속 해야만 처벌을 받아도 덜 받을 것 같은데, 처벌을 더 받을 걸 감수하면서까지 땅 살 때 비상금을 다 털어 넣은 식구들이 아닌, 자기를 짓밟는 이순자에게 땅을 넘기려는 것은(교회로 넘기는 건 이순자에게 넘기는 것과 같은 것이다) 우리에게 땅을 주기 싫은 마음이 그만큼 크기 때문이겠지.

이 집사가 말했다. 노회에나 선교회를 떠날 테니, 집을 한 채 사 달라고 할 것이라고, 내가 말했다. 땅이 노회 것이 된 것도 아닌데 왜 집을 사주겠냐고, 설사 노회 땅이 되었을지라도 집을 사줄 노회라면 왜 땅을 뺏게 했겠냐고. 장애인들이라서 말도 안 되는 말을 한다고 비웃기나 할 거라고.

이 집사는 그들이 이순자를 부추겨서 땅을 빼앗아놓고 집을 안 사주면 말이 안 된다고 우기더니, 정말 노회에 전화를 걸어서 우리는 가진 것 다 땅 사는데 넣었다. 그것을 빼앗았으니 집을 사달라고 요구했다. 당연하게 거부당했다. '집값이 땅값보다 비싼데 나라도 안 사 주겠네!' 강도떼가 자기들이 강탈한 물건보다 더 비싼 물건을 사줄 거라 생각을 어떻게 할 수 있는지... 불가사의한 집사다.

2005.11.26.(토)

이웃의 최재린 언니를 찾아갔다. 언니는 후원회장을(이 권사님) 믿을 수 없는 사람이라며 이전에 땅 문제에 손을 뗐는데, 내가 재판 이야기를 하자 '당연하지, 내가 말했잖아. 누구도 병신들한테 땅 안 준다고. 누가 병신들한테 땅을 주니!' 하고 아주 고소하다는 듯 말했다. 우리가 땅을 뺏긴 것에 쾌재를 부르는 듯했다. 이 집사에게 선교회장을 시켜 달라고 했다가 거부당한 것 때문인 듯했다. 이 집사는 만만치 않으니까 아무 말 않고 나는 착하니까(최 언니가 보기에) 나한테 화풀이하는 것이다. '글쎄 선교회와 아무 관련이 없고 포악성까지 가진 이를 누가 원

장을 시켜주겠냐고. 안 그래도 시켜줄 이 집사가 아니지만.'

'사람들이 다 언니와 똑같지 않아요. 우리는 신체적 병신이지만 언니는 정신적 병신이에요.' 하고 내쏘고 싶은데 차마 그러지 못하고(나는 착한 게 아니라 등신이다) 언니 방을 나오는데 언니는 따라 나오면서 같은 말을 강조하듯 반복했다. '병신들한테 왜 땅을 주겠니! 누구도 병신들한테 땅 안 줘. 절대로 안 줘!'

언니는 시청의 자원봉사센터 소속의 자원봉사자다. 내가 일을 해서 비상금을 좀 만들어놓고 봉사를 하라고 권해도 듣지 않고 봉사를 안 하고는 못산다며 봉사를 하러 다닌 사람이다. 그가 자궁근종이 있는데 100만 원이 없어서 수술을 못 받는다고 해서 내가, 내게는 거금인 백만 원을 비상금에서 떼어내 거저 준 적도 있다. 우리 선교회엔 봉사한 적도 없는데, 도움을 준 사람으로부터도 병신이라고 멸시받는 장애인. 한 목사가 자기를 짓밟는 이순자에게 땅을 주려 하고, 자기에게 온정적이며 땅 주인인 우리에게 안 주려고 할 정도로, 그러니까 한 목사가 본인의 원수보다 더 싫어하는 장애인 부류에 내가 속해있는 게 치욕처럼 견디기 힘들다. 노회와 이순자가 땅을 뺏은 것은 땅주인이 장애인이기 때문일 것이며, 소심한 한 목사가 몰래 대출받은 것도 우리가 장애인이기 때문일 것이다. '저주받은 자들이여 그대들 이름은 장애인.'

후원회장 이 권사님한테 전화를 했더니 권사님이 땅을 사기로 한다는 부활교회 제직회 기록 때문에 패소했을 거라고 말했다. 내가 그렇다면 회의는 그렇게 했지만 회의만 했을 뿐 실제로는 선교회에서 땅을 샀다는 서명을 교회제직들한테 받아서 항소를 하자고 말했다. 이 권사님은 판결문이 나올 때까지 기다리라고 말했다. 이순자가 제출한 교회 재직회의록을 이 권사가 봤으니 당연히 이 집사와 변호사도 봤을 것이다. 그런데도 세 멍청이가 그것에 대한 대처를 안 한 것이다. 이 집사한테 이 권사님에게 내가 한 말을 그대로 했더니 이 집사는 변호사가 그랬다. '항소해도 못 이긴다.' 라고 말했다. 바로 어제 그는 내게 사무장한테서 항소 안 하냐는 전화가 왔다고 말했었다. 항소하기 싫어서 거짓말을 하는 것이다.

갑자기 이 인간이 선교회를 짓밟아 뭉개놓은 수위가 어느 정도일까 라는 생각이 들면서 이 집사에 대한 미움이 미칠 듯이 끓어올랐다. 웬만해선 사람을 미워하지 않고 미워해도 그 강도가 낮은 나인데, 이 집사가 선교회를 제멋대로 농락하지 않았다면 땅을 사기로 한다는 교회제직회의록을 내게 보여줬더라면 나는 '땅은 선교회 것이다.' 라는 단순 확인서를(날짜조차 빠진) 제출케 하지 않았을 것이다.

'땅을 사기로 한다는 기록이 교회 땅이라는 입증이 될 수 있기에 제직회에서 땅을 사기로 의결했지만 의결만 했을 뿐 실제로는 선교회에서 땅을 샀고 선교회 땅이다.' 라는 확인서를 제출하게 했을 것이다. 제직들 대부분이 선교회의 요청은 다 들어주니까 어려운 일도 아니다.

이 집사가 나가고 없을 때 식구들에게 이 집사의 그동안 행각을 들려주면서 이 모든 게 이 집사 때문이라고 씹어댔다. 한참을 씹어대고 돌아서는데 오선옥 자매가 밉살스럽다는 듯 '왜 그만 둬. 더하지.' 하고 내뱉었다. 누구보다 이 집사를 싫어하고 없어지기를 바라고 이 집사가 원장이 되면 선교회는 지옥이 된다던 그가 이 집사가 원장행세를 지속하면서부터는 무작정 이 집사 편을 든다.

2005.11.28.(월)

이 권사에게 전화를 했다. 이 집사를 설득해서 이순자를 내몰도록 해달라고 부탁했다. 교회 법상 교인들이 의결만 하면 이순자를 내칠 수 있다는 내 말에 이 권사님은 그게 사실인지 확인을 해보자고 말했다. 오랫동안 큰 교회에 다녔고, 권사인 분이 모를 리가 없는데, 이 집사에게 이 권사님 말을 전했다. 그러자 이 집사가 말했다. 교인총회에서 의결만 하면 어떤 목회자도 모실 수 있고 이순자도 내쫓을 수 있다. 교인들이 허고 싶은 대로 해도 노회는 어쩌지 못헌다. 순간 내 입에서 "뭐라구요"라는 외침이 터져 나왔다. 이순자를 내쫓자고 내가 설칠 때마다 노회 때문에 안 된다. 노회가 반대하면 교인들이 원해도 소용없다는 주장을 반복하면서 이순자를 지켜온 이 집사가 아닌가. 나는 진짜 그렇게 믿어서 그러는 줄 알았다. 그런데 교인들이 원하면 이순자를 퇴출시킬 수도, 한 목사님을 재임시킬 수도 있고 그래도 노회는 어떻게 할 권한이 없음도 알고 있었던 것이다.

교회 교인들 대부분 선교회 편이기에 선교회 뜻대로 하는 것 일도 아니었다. 땅과 선교회를 강탈하려 혈안이 된 이순자를 수호한 것은 한 목사님 재임을 막기 위해서라는 생각이 들었다. 한 목사님이 재임하면 선교회를 마음껏 유린하지 못할 거라는 생각에 재임을 막은 거라는 생각이 들었다. '이순자를 내쫓을 수 있다는 것을 집사님도 알고 있었군요. 그런데도 안 내쫓고 선교회를 이 지경으로 만들었군요.' 하고 내가 소리를 질렀다. 이 집사가 '소리 지르지 마라. 길흥서가 내보내면 안 된다는데 그럼 우짜노.' 하고 말했다. '길흥서가 식구를 죽이라고 하면 죽일 거에욧! 길흥서가 이순자와 함께 땅도 선교회도 다 뺏으려고 혈안인데 왜 그 사람 말을 들어욧! 왜 선교회를 지켜주려는 사람들의(옛 식구 등등) 말을 안 듣고 선교회와 땅을 뺏으려는 사람 말을 들어욧! 선교회와 땅보다 길흥서가 더 중요해 욧! 왜 내 집 강탈하고 내 가족을 유린하는 원수의 뜻을 따라욧! 내 집, 내 가족을 원수가 유린하길 원하는 거에 욧! 그럴려고 원장을 했어욧——!' 하고 내가 악을 써대자, 이 집사도 악을 써대기 시작했다.

"이게 와 나 때문이곳!"

"선교회와 관련도 없는 이순자를 선교회로 끌어들이고 내쫓자고 해도 안 내쫓고 ,한 목사님을 다시 세우기로 해놓고도 안 세우고 그 때문에 땅을 뺏겼는데 당신 때문이 아니엿! 한 목사님이 대출한 것도 당신이 땅 팔아 가라고 해서 그런 거잖앗――!"

"땅 뺏긴 게 왜 나 때문이곳! 나는 땅 팔아 가라고 헌 적 없다. 교회만 옮겨가라 했닷――!"

"땅 팔아서 교회를 옮겨가라 했잖앗――!"

"교회만 옮겨가라 했닷――!"

이 집사는 성이 나서 미칠 듯한 얼굴로 발악하듯 같은 악을 쉼 없이 써댔다. 나도 마구마구 악을 써댔다. '노회 때문에 이순자 못 내쫓는다는 말도 안 했지, 한 목사님 재임 못한다는 말도 안 했지, 교회는 선교회가 만들었는데 왜 네 맘대로 옮겨가라 했냣! 한 목사님은 왜 못 오게 했냣! 선교회를 네 개인 것으로 못 만들게 할까봐 못 오게 했냣! 안 돌아오면 한 목사님도 선교회도 치명상을 입는데 하루에 몇 번이나 기도하고 성경을 읽으면서 우리를 8년이나 돌본 목사님을 죽이고 싶더냣! 15년이나 신세진 선교회를 죽이고 싶었냣――!'

이 집사는 나를 잡아 죽일듯한 흉포한 얼굴이 되어서 '네년이 나를 얼마나 씹었는지 알고 있다. 네년이 나를 잡아 뜯는다고 했지. 자 잡아 뜯어라 이년앗!' 하고 외치며 달려와 머리통으로 소처럼 나를 들이받았다. 나는 받혀서 싱크대에 부딪혔다. 내가 어제 미움을 주체하지 못하고 이 집사가 없을 때 이 집사를 씹으며 잡아 뜯고 싶다고 했는데 내가 누구를 그토록이나 미워하는 것에 내 자신도 놀랐다. 내 평생에 그토록 극렬한 미움을 품은 것은 처음이었다. 이 집사는 나를 죽일 듯이 머리통으로 내 가슴팍을 들이받으며 '이년앗! 어서 잡아 뜯어랏.' 하고 쉼 없이 내뱉었는데 나를 들이 받느라 머리를 숙여서인지 악을 쓰지 못했다.

나 또한 가슴이 들이받혀서 악이 써지지 않았다. 이 집사는 내 가슴팍을 미친 듯이 들이받으며 류마티스 병마가 점거하고 있는 내 양 손목을 움켜잡고 뭉개져라 연신 짓눌렀다. 내가 빠져 나가지 못하도록 하면서 손목에도 폭력을 가하는 것이다. 그러면서 입으로는 연신 어서 '잡아 뜯어라 이년앗!' 을 뱉아댔다. 세 가지 폭력을 함께 가하니 대단한 능력자였다. 이 집사 손은 힘이 엄청 강해서 나는 내 손을 빼내거나 뿌리칠 수가 없었다. 그의 몸통 또한 힘이 엄청나서 내가 죽을 힘을 다해 밀어내도 밀쳐지지 않았다. 그의 머리통은 분을 못 이겨서인지 열이 나서 뜨거웠고 전신은 부들부들 떨었다. 분을 못 이겨 부들부들 떨 사람은 나인데.

정신병자 같았다. 정신병자가 발광하는 것 같았다.

내가 '땅 뺏긴 것 정말 아무 책임이 없으세요.' 하고 물었다. 그는 씩씩대며 조금의 책임도 없다. '이년앗!' 하고 내질렀다. 한참을 발광하던 그는 전화기 있는 곳으로 달려가며 후원자들을 다 불러야지 하더니 전화를 걸어 '이 권사님 이리 좀 오세요.' 여기 싸움이 나서 어쩌고 외쳤다. 그럴 때 나는 얼른 교회로 내려갔다. 이 집사가 나를 들이받기 시작한 시간이 밤 9시 30분쯤이었는데 교회 시계는 10시 직전이었다. 10시 20분에 교회를 나서서 선교회로 올라왔는데 이 집사가 악을 쓰며 내 욕을 하고 있었다.

예전에 옛 식구들이 별것 아닌 것을 가지고 걸핏하면 죄인마냥 몰아쳤을 때는 왜 저 정신병적 기질이 안 드러났을까. 그때 드러났다면 나영진 집사가 선교회를 마음대로 휘젓다가 끝내 말아먹는 짓을 안 했을 텐데. 이 집사는 악을 쓰며 나를 욕하다가 나를 보고는 다시 내게 달려들었다. 거의 30분을 나를 들이받고도 기운이 남았는지 또다시 내 두 손목을 움켜잡고 뭉개져라 세차게 짓누르며 자기 머리통으로 내 가슴팍을 들이받으며 '이년앗! 어서 잡아 뜯어 랏! 와 안 잡아 뜯노. 어서 뜯어 랏! 뜯겨서 죽고 싶다. 이년앗!'을 쉬지 않고 내뱉었다. 당하는 내가 지쳐서 '그만 합시다.'를 반복했다.

그러나 이 집사의 기세는 조금도 수그러들지 않았다. 기도를 열심히 하면 거짓말만 잘하는 게 아니고 기력도 넘쳐나는 것인가. 그는 나를 내 방으로 밀어 넣더니 침대에 밀어붙인 뒤 성난 황소처럼 쉼 없이 들이받았다. 몸서리가 쳐졌다(이 일기를 쓰는 중에도 몸서리가 쳐져서 고통스럽다). 그의 몸뚱이가 악마 몸으로 느껴져 몸서리가 쳐지고 공포가 엄습했다. 그는 '어디서 굴러먹다가 들어온 네년을 왜 받아주었는지 후회막급이 닷! 문딩이(문둥이) 겉은 보따리를 들고 왔을 때 안 받았어야 하는데 가슴을 치고 싶다. 이년앗!' 하고 내질렀다. 나는 가방과 옷 박스를 들고 왔었다.

'그 마음 이해합니다. 내가 없었으면 선교회까지 이순자한테 넘겨줬을 텐데, 나 때문에 못 넘겨줬으니 얼마나 원통할지 이해가 됩니다.' 하고 내가 응수했다. 이 집사는 '어디서 굴러먹다가 들어온 년이 감히' 하고 내질렀다. 너는 어디서 굴러먹다가 굴러 들어왔니 하고 내가 내질렀다. 이 집사는 '나는 우리 집에 있다가 왔다. 이년앗!' 하고 내질렀다. 내가 '이곳은 집 없는 이들이 있는 곳인데 집 있으면 왜 들어왔니. 네 것 먹기는 아까워서 남의 것 먹고 살려고 들어왔니.' 하고 내질렀다.

이 집사는 내 가슴팍에서 머리통을 떼고 나를 노려보았다. 나도 따라서 그를 노려보았다. 독사 겉은 눈으로 노려보면 '어쩔 거냣' 하고 그는 외쳤다. '당신 눈은 악마 눈이야.' 하고 내가 내뱉었다. 이 집사가 '너 같이 흉측한 인간 처음 본다.' 하고 내뱉었다. '누가 할 소릴. 당신같이 흉측한 인간 세상에 없어!' 하고 내가 내뱉었다. 이 집사가 '사람들이 다 네년 욕하더라 이년앗!' 하고 내뱉었다. 내가 '당신을 욕하지 그걸 왜 나라고 바꿔치기를 해.' 하고 내뱉었다. 이 집사는 방을 나가서 물을 마시더니 물컵을 바닥에 내팽겨치면서 또 '욕해 랏! 누구든지 욕만 해랏! 초

상들 치룰 줄 알앗!' 하고 외친 뒤 자기 방으로 들어갔다.

　내가 큰소리로 떠들어 댔다. '아이고 무서워, 정신병자야 정신병자 자기는 아무 잘못 없는 사람도 닥치는 대로 씹어대면서 땅을 말아먹고도 안 씹히려 하네, 자기가 하나님이라도 되나 옛날 식구들이 욕할 땐 찍소리도 안 해 놓고 방안에 갇히고서도 (예전에) 아무 말 않던 내가 씹으니까 비열하게 폭행을 하네! 내가 옛날 식구들 같다면 내가 잡아먹으려 하고 쌍욕을 해도 가만히 있었을 거야! 내가 옛 식구 같다면 멋대로 원장질도 안 하고 땅도 안 말아 먹었겠지만 말이야!'

　이 집사는 반응이 없었다. 그의 손아귀에 짓눌렸던 내 두 손목은 시퍼렇게 멍들었고 부서지는 듯이 쑤시고 아팠다. 자기를 강간하겠다는 놈들도 폭행 안 하고(놈들이 다 하반신 장애인이어서 얼마든지 폭행을 할 수 있는 상태였다) 곱게 놔둔 인간이 나를 폭행한 것을 보면 강간당하는 것보다 내 폭언이 더 참을 수 없었나 보다.

2005.12.3.(토)

　이 권사님이 판결문이 나왔다고 전화로 말했다. 땅을 교회로 이전하고 선교회 장애인들이 부활교회 교인들이니까 교회 안에서 땅 문제를 해결하라는 판결문이라고 했다. 선교회는 교회부설이 맞다는 내용도 있다고 했다. 이 권사님은 나도 땅이 교회로 넘어가게 된 게 화가 나서 '하나님께 왜 그렇게 하셨냐고 했더니, 기도 중에 하나님이 장애인들에게 더 좋은 삶을 주시려고 그랬다고 하셨어. 그러니까 이 집사와 싸우지 말고 마음을 합해서 사이좋게 지내.' 하고 말했다. 내가 말했다. '죄송합니다. 심려 끼쳐 드려서 그런데 이 집사님과 사이좋게 지내려면 이 집사님이 선교회를 망가뜨리는 것을 구경만 하고 있어야 하는데 저는 그럴 수가 없어요. 예수님도 이 집사님과는 사이좋게 못 지낼 거예요. 오직 마귀만이 이 집사님과 사이좋게 지낼 수 있어요.'

　선교회가 교회부설이 아니라는 증거자료로 선교회를 설립한 한승주 목사님의 증언과 선교회를 유 집사한테 넘겨주는 과정 등등이 기록된 내 일기를 채택했어야 했다는 아쉬움이 자꾸만 내 머릿속을 휘젓는다. 이 집사와 이 권사님의 거부로 채택하지 못했었다.

2005.12.4.(일)

　노회임원 길흥서 목사가 찾아왔다. 그는 서 있는 내게 차가운 목소리로 앉으라고 한 뒤, 지난번에 왔을 때 '점심을 국수로 먹고 바닥도 차가운 게 마음 아팠습니다. 필요한 게 있으면 말하세요.' 하고 말했다. 내가 말했다. '땅이 필요합니다. 미인가 시설은 해체시키는 게 정부 방침이기에 신고시설을 지어야 하는데 그러려면 땅을 돌려받아야 됩니다. 신고시설로 전환하지 않으면 저희들은 아픈 몸으로 거리를 떠도는 신세가 됩니다.' 길 목사는 그것은 안 된다면서 이 집사에게 제직회를 다음으로 미루면 안 되냐고 물었다. 노회 충견 이 집사는 그러겠다고 대답한 뒤 이순자가 인도하는 예배에는 은혜가 안 되고 어쩌고 했다. 길 목사는 '자기들이 뽑아놓고 싫다 하네.' 하고 지껄였다.

　내가 그런 사람인 줄 모르고 뽑았다고 말한 다음 '이순자가 거짓말을 잘하는데 병원에 입원했을 때, 이 집사님 말에 따르면 그것도 거짓말이었습니다. 이 집사님이 당시엔 충격을 받아서 부인하지 못했답니다. 이순자는 이 집사가 한 목사님에게 돈을 마음대로 빼가라고 했다. 라는 말을 한 목사님이 했다는데 그게 거짓말이라고 합니다.' 하고 이야기했다. 길 목사는 '무슨 말이야! 이 전도사는 그런 말 한 적 없는데.' 하고 펄떡 뛰었다. 내가 '그때 목사님도 들으셨잖아요. 들으시고 그런 말까지 하셨잖아요. 선교회는 돈도 많다. 컴퓨터도 사주고(한 목사님께) 핸드폰도 사주고 뭣도 해주고 돈도 빼주고 그렇게 돈 많으면 나도 좀 달라고 해야겠다, 라고 하셨잖아요.' 하고 말했다. 길 목사는 공격조로 '나는 그런 말 한 적 없어! 이순자도 그런 말 한 적 없어! 거짓말 하지 마!' 하고 반박했다.

　내가 이 집사에게 '내가 거짓말을 하고 있어요. 집사님이 분명히 이순자가 거짓말 한 거라고 말했잖아요.' 하고 물었다. 비겁도 남보다 특출한 이 집사는 대답하지 않았다. 내가 말했다. '저는 기도를 열심히 하는 사람이 아니기에 거짓말 따위는 잘하지 않습니다. 거기다 선천적으로 거짓말을 싫어하는 체질입니다.' 길 목사는 '하지도 않은 말을 했다고 거짓말하면서 안 한다고 하네. 몸이 병들었으면 마음이라도 바르게 가져야지.' 하고 면박을 주면서 일어서 나갔다. 그 뒤에 대고 내가 외쳤다. '목사님은 마음이 바르셔서 힘없는 장애인들 땅을 빼앗았습니까. 이순자와 어찌 그리 똑같으세요. 저는 목사님보다 백배는 마음이 바릅니다.'

　목사들도 거짓말 잘하는 줄 알고 있었지만 거짓말하면서 이 집사처럼 상대가 거짓말한다고 덮어씌우기까지 할 줄 몰랐다.

　아무리 생각해도 분이 가라앉지 않아서 길 목사한테 전화로 '제가 거짓말 할 것 같으시면 서진 목사님과 강명아 전도사님한테 확인해 보세요. 그분들도 기억하고 있을 겁니다.' 하고 말했다. 말이 채 끝나기도 전에 무시무시한 굉음의 고함소리가 들려왔다. 마구마구 질러대는 것이라서 '그곳이 싫으면 나 갓──!' 하는 것만 알아들을 수 있었다. 사람의 고함이 아니었다. 어마어마한 괴력을 가진 괴물이나 악마가 발악해서 지르는 고함 같았다. 그 어떤 흉포하고 힘센 사람도 그 정도의 고함을 지르지 못할 것 같았다.

악마가 덤비는 듯한 공포가 덮쳐왔다. 땅을 뺏고도 땅 주인에게 악마나 괴물이 발악을 해서 지르는 듯한 고함을 마구마구 지르는 것은 땅 주인이 장애인이기 때문일 것이다. 슬픔으로 가슴이 저몄다. '제가 언제 이곳이 싫다고 했습니까. 그리고 목사님이 왜 나가라 말아라, 하시는 거예요.' 하고 내가 외치자 길 목사는 '그곳은 부활교회 부속이 잖앗──!' 하고 고함을 질렀다. 내가 '교회와 선교회는 분리된 기관이고 이곳 건물은 선교회가 건축한 것입니다. 왜 우리가 건축한 우리 집에서 나가야 되죠. 장애인이라서요.' 하고 외치자 길 목사는 '우리 집은 무슨 우리 집. 너 태도가 그게 뭐얏──! 태도가 아주 글러먹었엇──!' 하고 계속 고함을 질렀다.

목사가 불한당이나 조폭보다 더 악랄하고 비열하고 패악스러울 수 있다는 것을 일반인들은 상상이나 할 수 있을까. '너라뇨. 성인한테 너라고 반말하는 목사님 태도는 바른 거예요.' 하고 내가 외치자 길 목사는 '그럼 바르지.' 하더니 뭐라고 욕지거리 같은 말을 내뱉으면서 전화를 끊어버렸다. 노회임원 김수인 목사는 '장애인들은 자신들이 사는 곳을 관리할 권리가 없습니다. 장애인들이 이순자 전도사 관리를 안 받으려면 이곳을 떠나야 합니다.' 라고 위협했었다. 목사들이 장애인들은 본인들의 집에서도 내쫓아도 되는 존재로 여기고 있는 것을 목사들을 접하기 전에는 상상할 수도 없는 것이다. 한국에서의 장애인 존재는 개돼지보다 못함을 또다시 절감한다.

2005.12.7.(수)

이운기 형제가 말했다. '재훈이가 이 집사 말이 법이래, 화가 나 죽겠어.'

김재훈 형제는 지적장애인이다. 내가 웃으며 말했다. '그런 말도 할 줄 알고 아주 바보는 아니네. 식구를 두 파로 나눠서 선교회를 이 꼴로 만든 사람 파는 떠났음 좋겠다.' 오로지 떠날 생각만 하니, 내 말이 끝남과 동시에 이 집사가 방에서 튀어나오며 나를 잡아 죽일듯한 흉포한 얼굴로(대체 악감정의 수위가 어느 정도로 극에 달하면 살인귀 같은 흉포한 얼굴이 될까) '내가 이 꼴로 만들었냐 이년앗──! 나를 잡아 뜯어랏 이년앗──!' 하고 포악을 치며 내게 달려왔다. 나는 공포에 질려서 피할 생각도 못한 체 내 자신도 모르게 비명을 마구 질러댔다.

이 집사는 또다시 머리통으로 나를 마구 들이받으며 내 두 손목을 움켜쥐고 뭉개져라 세차게 짓누르기 시작했다. 발을 내리쳐 내 발등을 찧기도 했다. 나는 그를 밀쳐내려 사력을 다했지만 수년째 식사도 제대로 못한 내 몸집이 세끼 식사와 간식에 보약까지 챙겨먹어 온 그의 몸집을 벗어날 수가 없었다. 그는 '어서 잡아 뜯어라 이년앗! 나를 어서 뜯어 먹어랏! 이년앗!' 하고 연신 뻗대며 내 두 손목을 짓누르다가 비틀다가 다시 뭉개져라 세차게 짓누르기를 발광하듯 반복했다. 안 그래도 아픈 손목이 뼈가 뭉개진 듯이 아팠다. 내가 많이 씹기는 했다. 그가 나가고 없기만 하면 씹어댔으니, 하지만 내가 자기처럼 했다면 자기는 나를 씹기만 했겠는가.

'너 같으면 씹기만 했겠냐! 아무 잘못 없는 사람도 틈만 나면 씹어대는 네가, 내가 너같이 했다면 너는 벌써 나를 때려죽였을 꺼다.' 내 말에 이 집사는 '때려죽여 봐 랏. 이년아! 어서 때려죽여랏, 이년앗!' 하면서 미친 듯이 더 세차게 들이받았다. 나는 성난 황소에 떠받히듯 이리저리 떠밀렸다. 식구들이 다 함께 있는데 이성기 집사가 딱 한번 '그만두지 못해요.' 하고 내지를 뿐 누구도 만류하지 않았다. 이 집사에 대한 불만이 가득 차 있는 이운기 형제도 이말 저말 가리지 않고 지껄이기 좋아하는 오선옥 자매도 입 한번 벙긋하지 않고 구경만 하고 있었다. 얼핏 이 형제가 내 눈에 들어왔다. 이 집사를 끔찍이 싫어하며 내편인 그는 고개를 돌려 내 쪽을 외면하더니 슬금슬금 안쪽 깊이 들어갔다.

아, 어쩜 예전 식구들과 그리도 똑같은가. 예전 식구들도 힘없는 식구가 폭행당하는 걸 구경만 했었다. 이 집사는 내 가슴팍을 들이받던 머리통을 쳐들고 내 입에 똥물을 퍼 넣고 싶다고. '퍼 넣어 봐랏 이년앗!' 하고 외쳤다. 나는 상상도 못한 욕이었다. '어떤 인간이 그런 거짓말을 했냐! 나는 그런 말 안 했다. 인간앗!' 내 말에 이 집사는 '이년이 거짓말까지 하는 것 봐랏!' '어서 똥물을 퍼 먹여랏 이년아!' 하고 계속 외쳤다. '내가 언제 거짓말하는 거 한 번이라도 봤냐! 똥물이 어디 있기나 하냣! 인간앗!'하고 내가 외치자, 이 집사는 '뜯어먹고 싶다며 어서 뜯어먹어랏 이년앗!' 하고 발악하듯 포악을 치며 다시 머리로 내 가슴팍을 들이받으며 손목을 짓누르고 발로 내 발등을 내리쳐 찍기 시작했다.

나는 아픈 건 둘째 치고 몸서리가 쳐져서 '인간아 소름 끼친다 저리 갓!' 하고 외쳤다. 이 집사는 '그래, 나는 인간이고 네 년은 짐승이닷 이년앗!' 하고 외쳤다. 내가 '그래 나는 짐승이고 너는 악마닷!' 하고 응수했다. 이 집사는 '어찌 그리도 씹냣! 이년앗! 구렁이보다 네년이 더 징그럽다 이년앗!' 하고 외쳤다. 나도 외쳤다. '너는 악마보다 더 끔찍하다. 네가 네 잘못을 조금이라도 뉘우쳤다면 내가 씹었겠냣!' 이 집사는 '네년이 이순자한테 선교회를 넘긴다고 했지. 넘겨랏 이년앗──!' 하고 악을 쓰기 시작했다. '웃기고 있네, 네 입으로 이순자한테 넘겨준다 해놓고 나한테 뒤집어씌우고 낯도 안 뜨겁냣! 네가 이순자한테 넘겨준다고 했잖앗! 나는 네가 원장

시켜달라고 이순자를 끌어들이기에 넘겨주는 게 낫다고 했고 너 같은 인간한테 넘기는 것보다 이순자한테 넘기는 게 낫지.' 하고 내가 말했다.

이 집사는 '넘겨랏 넘겨, 이년앗──!' 하고 악을 써대다가 '이 권사님한테 물어보자 나 때문에 이렇게 되었는지 이년앗──!' 하고 악을 쓰며 전화기로 달려가 전화를 걸어서 흥분한 목소리로 '권사님 이순자한테 선교회를 넘기려한 건 혜성이 저 인간이었어요. 내가 못 넘기게 해서 안 넘겼지 내가 안 그랬으면 벌써 넘어갔어요.' 하고 호소하듯 말했다. 내가 소리를 질렀다. '네가 이순자를 끌어들이고 일은 안 한다고 해서 넘기자는 말만 했지만 너는 노회 김수인 목사 앞에서 직접 이순자한테 넘겨준다고 했잖앗! 펄쩍뛰며 넘겨주면 안 된다고 막은 게 나고 사실 그대로 말햇.'

이 집사는 '인간앗! 네가 넘겨준다고 해놓고 와 거짓말 하놋!' 하고 외친 뒤 전화에 대고 '그래 놓고 날마다 나를 씹어예.' 하고 하소연했다.

시계를 보니 아침 9시가 지나고 있었다. 나를 들이받기 시작할 때가 8시 10분이었는데 처음 당할 때 너무나 오래 당했기에 이번엔 얼마나 당하나 하고 일부러 벽시계를 봤다. 이 집사가 전화를 내려놓고 '네 더러운 입으로 내 이름 들먹거리지 마랏! 이년앗! 하고 외쳤다.' 나도 외쳤다. '네 더러운 이름 입에 안 올릴란다. 어찌 그리 거짓말 잘하는 것까지도 이순자하고 똑 같냣! 똑같이 기도 열심히 한다고 거짓말 잘하는 것까지도 이순자하고 똑 같냣!' 이 집사는 발악하듯이 악을 써댔다. '네년이 거짓말 했짓. 내가 무슨 거짓말을 했냣 이년앗! 와 네년이 한 거짓말을 나한테 덮어 씌우놋 이 더런 년앗──!'

나는 진저리가 쳐졌다. '네 하는 꼬락서니 보니까 하나님한테 기도할 때도 거짓말 하겠다. 나를 앞에 두고도 내가 거짓말한다고 거짓말을 해대니 나 없는 데서 얼마나 해댈지 짐작이 가고도 남는다. 이순자를 노회 때문에 못 내쫓는다고 거짓말한 것도, 거짓말 하면서 안 내쫓은 것도 네가 아니고 나라고 해라.' 라고 내뱉으며 내 방으로 들어와 버렸다.

이 집사가 식구들에게 '모두 정신 똑바로 차려라. 사탄 마귀가 발악을 한다.' 하고 경고하는 말이 뒤따라 왔다. 오 자매에게 내가 씹은 것을 이 집사에게 일렀냐고 물었다. 오 자매가 '내가 왜 일러. 나는 남의 말을 잘 전하지 못하는데' 했다. '그럼 이성기 씨가 그랬네. 똥물 퍼 넣는다는 거짓말까지 보태서 이옥진의 남자답네, 나는 절대 생각 못할 똥물 생각까지 하고 나보다 머리가 좋네,' 라고 지껄이는데 이성기 집사가 내 행각을 일러바칠 때 이 집사가 똥물을 퍼 넣을 년이라고 해놓고 내가 자기에게 했다고 뒤집어씌운 것 같다는 생각이 들었다. 그런 특성까지 보유하고 있는 이 집사니까 내가 이 집사에게 짓눌러서 시퍼렇게 멍든 손목을 내밀며 '이것 좀 봐 안 그래도 아픈 데를 이렇게 만들어놨어.' 하고 말했더니 오 자매는 얼른 고개를 돌려 외면을 했다.

점심 때 이 집사가 부엌에 있기에 일부러 주방장한테 다가가서 '아줌마 이것 좀 보세요.' 하면서 두 손목과 발을 내밀었다. 발등도 시퍼렇게 멍들어 있었다. 주방장이 깜짝 놀라면서 왜 그러냐고 물었다. '악마가 자기를 씹었다고 이렇게 만들어 놨어요.' 하고 내가 대답했다. 박미영 자매가 와 있었는데 그가 보더니 '어머 아프겠다. 어떡해. 어떡해.' 하고 팔팔 뛰며 어쩔 줄 몰라 했다. 내가, '이거 아픈 건 참겠는데 마음이 너무 아파 견디기 힘들어.' 라고 말한 뒤 "요강단지" 들고 들어오고 부모형제 누구도 없다고 거짓말하면서 들어왔으면서(이 집사는 그렇게 들어왔다고 옛 식구들이 이야기했었다) 나보고 문딩이 같은 보따리 들고 들어왔다네 하고 지껄였다. 밖에 나갔다가 이전의 선교회 주방장을 만났다. 주방장이 내 손목을 보고 놀라면서 진단서를 끊어 고소를 하라고 고소를 해야 한다고 말했다. 그런데도 나는 고소할 마음이 조금도 있지 않다. 나는 왜 이렇게 등신일까. 손목도 손가락도 아프다. 아픈 손으로 이토록 일기를 길게 써야 하는 인생이 나 외에 또 있을까. 나는 왜 이렇게 저주를 받았을까. 선한 마음으로 나쁜 짓 안 하고 살아와서 저주를 받은 것인가.

2005.12.11.(일)

이순자가 말했다. 폭행당한 것을 알고 있다고 노회에 이야기를 해서 이 집사를 내보내도록 하라고, 원한다면 자기가 대신 노회에 이야기를 해주겠다고. 내가 펄쩍 뛰며 말하지 말라고 말하면 안 된다고 말했다. 이순자는 알았다고 말했다.

노회가 사람들의 기관이면 얼마나 좋을까 그렇다면 믿고 선교회를 교회가 맡도록 할 텐데...

2005.12.13.(화)

이 집사는 나를 두 번이나 폭행하고 뉘우치기는커녕 악감정을 더 품었다. 그래야 이 집사이긴 하다. 내가 먹는 것을 간식거리만 아까워했는데(식사도 아까운 것 차마 드러내지 못했을지도 모른다) 첫 폭행 이후부터 반찬 먹는 것도 아까워한다. 나는 아침 일찍 못 일어나기에 이 집사와 그 외의 식구들이 식사를 한 후에 나 혼자 식사를 하는데 그때마다 찌개나 국이 없다. 아침에는 출근을 하지 않는 주방장이 매번 전날 저녁 때 다음날 아침에 먹을 것을 끓여놓는데 이 집사가 식사 후 감춰버린 것이다. 이곳저곳을 뒤져봐도 없는 것을 보면 자기 방에 갖다 놓은 듯하다. 멸치볶음이나 생선졸임 등의 반찬도 이 집사가 점심식사 때는 안 내놓고 저녁식사 때는 내놓는다고 주방장이 이야기했다. 내가 자기와 같은 때에 식사하는 점심 때는 감춰놓고 안 내놨다가 내가 혼자 나중에 식사하는 아침 때와 식사를 안 하는 저녁때 내놓고 먹는 것이다. 내가 아침 점심때만 먹는 밥과 반찬도 자기가 먹는 아침 점심밥과 반찬 양의 절반도 안 되는데…

매일 밤 공포에 시달린다. 처음 폭행을 당한 후부터 잠이 들 때마다 시커먼 물체가 악마로 느껴지는 물체가 소리도 없이 나를 덮쳐 짓누른다. 나는 비명을 지르며 악마에게서 벗어나려 몸부림을 치는데 도무지 꼼짝을 할 수가 없다. 오늘은 실제 비명을 질렀는지 오 자매가 놀란 목소리로 '왜 그래! 왜 그래!' 하고 다급하게 말을 걸었는데 그 말을 들으면서도 꼼짝하지 못했다. 한참을 몸부림치다가 간신히 악마를 떨쳐냈는데 오 자매가 '왜 그렇게 소리 질러, 내가 무섭잖아!' 하고 걱정스레 말했다. 살아있는 게 무섭다.

<h2>2005.12.14.(수)</h2>

선교회 비밀원장 황 전도사님이 나타나지 않기에, 왜냐고 이 집사에게 물었더니 원장을 그만두었단다. 재판 판결문에 "선교회는 부활교회 부설"이라는 내용이 있어서란다. 이제라도 이 집사를 시키거나 자기가 교회에 출석하면서 교인총회를 열어 선교회는 교회부설이 아니라는 확인을 하고 선교회와 교회를 재분리 시킨다는 의결을 하면 될 텐데… 그런 생각을 못한 것일까 전화를 해서 그렇게 하자고 하려다가 그도 장애인을 할퀴는 사람이라 원장을 하면 안 되기에 그만두었다.

오후엔 땅 문제를 이야기하려고 이 권사님한테 전화를 했더니 '대뜸 왜 걸핏하면 싸우는 거얏! 함께 뭉쳐야 되는 판에 걸핏하면 싸우고 이 집사더러 그만두라고 하면 어쩌라는 거야!' 하고 소리를 질렀다. '이 집사가 그랬나요. 내가 그만두라고 했다고' 내가 따지자 이 권사님은 '그런 말 안 했어. 싸우니까 하는 소리야!' 하고 말했다. 이 집사가 나를 폭행하고도 나를 모함한 게 분명했다. 폭행 피해자는 아무 말 안 했는데 폭행범은 피해자를 모함까지 하는 이 현실에 이 집사가 내가 자기를 폭행했다는 말은 안 하더냐고 묻고 싶은데 맥이 빠지고 폭행당하던 순간들이 떠오르며 몸서리가 쳐져서 아무 말도 못하고 말았다.

한 목사님한테서 전화가 왔다. 교인총회를 열어서 땅을 가져가라고 했다. 교회재산권은 교인들한테 있는데 땅이 교회 것이라는 판결이 났으니 교인들이 땅을 선교회로 이전한다는 의결만 하면 땅을 선교회로 이전할 수 있다고 했다. 내가 당회장은 퇴출시킬 수 없냐고 물었다. 의결만 하면 퇴출시킬 수 있다고 교회법상 교인들이 의결만 하면 뭐든지 할 수 있다고 목사님은 말했다. 내가 희망에 들떠서 이 집사한테 한 목사님의 말을 전한 뒤 당회장과(길흥서목사) 이순자를 퇴출시키고 선교회와 교회를 재분리시키고 땅을 이전받자고 말했다.

이 집사를 생각만 해도 몸서리가 쳐지고 공포스러운데 그것을 참고 말했다. 이 집사는 얼굴을 흉하게 일그러뜨리며 '재판에서 판결이 났는데 어떻게 땅을 가져 오노.' 하고 언성을 높였다. 교회재산권은 교인들한테 있기에 라는 등의 내 설명에도 이 집사는 같은 말을 반복한 뒤 '내가 오늘 임은빈 목사님을(노회임원) 만나서 집을 한 채 사달라고 헐끼다.' 하고 말했다.

참으로 환장케 하고 복장 터지게 하는 집사였다. '땅이 노회 것이 된 것도 아닌데 왜 집을 사주겠어요. 노회 것이 되었을지라도 집을 사주겠어요?. 집값이 땅값보다 비싼데 집을 사줄 노회면 왜 땅을 빼앗게 했겠어요. 설사 사준다 해도 시골 외딴곳 아니면 이사 가기 쉽지 않아요. 우리나라 어떤 사람들이 장애인시설이 동네에 들어오는 걸 봐주겠어요. 사람들이 이곳만큼 위치가 좋은 곳이 없다잖아요. 떠나도 땅을 가져온 다음에 떠나면 더 좋잖아요.' 내 주장에 이 집사는 말 같지 않은 말 하지마라고 역정을 냈다. 임은빈 목사님을 만나러 간다면서 이 집사가 나간 뒤 이 권사님한테 전화로 한 목사님 말을 전하고 '교회총회를 해서 땅을 가져오도록 권사님이 이 집사님을 좀 설득해 주세요. 이 집사님은 오로지 이곳을 떠날 생각만 해요. 노회로부터 집을 한 채 얻었어요. 우리 식구 누구도 이 집사님 외에는 이곳을 떠나고 싶어 하지 않아요. 우리 식구들 다 병원에 다니기 때문에 다른 곳으로 떠나면 병원에 다니기 힘들어서 안 돼요.' 하고 호소했다.

이 권사님은 '이 집사가 어떤 사람이야 죽어도 남의 말 안 듣는 사람이잖아, 싸움이나 하지마! 왜 그렇게 싸우는 거야!' 하고 야단을 쳤다. '이 집사님이 잘못하지 않는데 제가 싸워요. 이 집사님이 선교회를 어떻게 하건 말건 내버려둬야 해요. 제가 이 집사한테 두 번이나 폭행을 당했어요. 그런데도 고소 안 하고 있어요. 이 집사가 싸운 이야기할 때 저를 폭행했다는 말을 한 적 있나요.' 내 항변에 이 권사님은 '혜성 자매가 가만있는데 폭행했어.' 하고 몰아쳤다. 내가 말했다. '물론 제가 많이 씹었어요. 하지만 제가 이 집사처럼 선교회를 이 지경으로 만들었다면 이 집사님은 저를 때려죽이려 했을 거예요. 그렇지만 저는 이 집사님이 티클 만큼이라도 미안해했다면 조금도 안 씹었어요. 선교회를 이 지경으로 만들어놓고 추호도 뉘우치지 않고 당당하고 식구들한테 제왕 같은 권위를 부리고 횡포까지 부리는데 어떻게 안 씹을 수 있어요. 제가 천사가 아닌데요. 천사도 이 집사님을 안 봐줄 거예요.' 이 권사님은 그래도 참아야야 했다.

저녁 때 들어온 이 집사에게 '집 한 채 사준대요.' 하고 물었다. 이 집사는 신경질적으로 '목사님을 만나러 간 게 아니다.' 하고 말했다. 내 그럴 줄 알았다. 세상 어떤 강도떼 조직이 강탈한 땅의 대가를 주겠는가. 잘은 모르지만 임 목사님이 속으로 이런 멍청이 집사가 있나 하고 비웃었을 것이다.

2005.12.19.(월)

이 집사와 이운기 형제가 소리를 지르고 싸우는 소리가 들리더니 얼마 후 이 형제의 비명이 들려 왔다. 나가보니 세면장에서 이 집사가 막대기로(이성기 집사가 사용하는) 이 형제를 마구 두들겨 패고 있었다. 이 형제는 방어하려고 이 집사 두 손을 움켜잡았다. 둘은 손을 잡고 잡힌 채 떠밀고 막고 소리를 지르며 거세게 싸웠다. 다치겠다고 그만하라고 내가 소리를 질러도 이 집사는 밀어부치며 이 형제는 방어하며 싸움을 계속했다. 이 집사는 서 있는 상태로 하반신장애인 이 형제는 앉은 상태로 싸우는데 이 형제가 떠밀려서 뒤로 나뒹그래졌다. 그래도 이 집사 손을 놓지 않았다. 정말 큰일 날 뻔했다. 내가 경찰을 부르겠다고 소리를 질러도 이 집사는 '불러라 불러!' 하고 외치면서 이 형제에게 잡힌 두 손을 이리저리 휘두르며 빼내려고 기를 썼다.

빼내지지 않자 머리통으로 이 형제를 마구 들이받기 시작했다. 내게 했던 것처럼 마구 들이받으며 연신 '나를 뜯어 먹어랏! 뜯어 먹엇!' 하고 외쳤다. 결국 이 형제는 이 집사 손을 놓쳤다. 내가 '집사님이 먼저 패놓고 뭘 그러세요. 그만하세요.' 하고 외쳐도 이 집사는 발악하듯 '뜯어 먹어랏!' 을 외치며 계속 이 형제를 들이받았다. 얼마 동안을 그러다가 벌떡 일어나 세면장을 나와서 재빨리 문을 닫으며 '빨리 열쇠 가져와랏! 문을 잠가버려야 되겠다.' 하고 외쳤다. 내가 사람을 감금하면 안 된다고 말하는데 겁에 질린 소리를 지르던 이 형제가 문을 걸어차고 세면장을 나왔다. 이 집사가 다시 들이받으며 "뜯어먹어라"를 외쳤다. 이 형제는 그새 겁에 질려 넋이 나갔는지 소리를 지르지 않고 가만히 있는데 이 집사는 '와 네 맘대로 하닛! 여기가 네 집이 갓! 네 맘대로 하겟! 네가 뭔데 네 맘대로 하닛!' 하고 외치면서 발광을 하기 시작했다. 중증 정신병자 같았다. 정신병자가 발광하는 것 같았다. 우리식구들만 보기엔 정말 아까운 장면이었다.

제 맘대로 원장 행세하면서 하나에서 백까지를 제 맘대로 하면서 식구들에게 왜 네 맘대로 하나니, 이 집사의 정신세계는 대체 무엇이 지배하고 있을까. 이 집사의 뇌는 대체 어떤 구조로 형성되어 있을까. 이 집사의 발광 아니 발악은 멈추지 않았다. 머리로 이 형제를 들이받고 미친 듯 발악을 하면서 끊임없이 외쳤다. '내가 뭘 잘못했다고 날 잡아먹으려 허닛! 내가 잘못한 것은 네가 두 번 나갔다가 세 번째 들어올 때 한 목사가 받아주지 말자고 하는 걸 받아준 것밖에 없다. 그런데 왜! 뜯어먹으려 허닛! 네가 뭘 하는 게 있다고 나를 잡아먹으려 허닛!'

급기야 조한수 형제가 '집사님 참아요.'를 외치며 이 집사를 부둥켜 안았으나 이 집사의 거센 발악에 금방 떨어져 나갔다.

내가 '운기 씨는 가만히 있잖아요. 잘못했다고 생각하니까 가만히 있는 거잖아요. 그러니까 좀 봐주세요.' 하고 사정했다. 아프고 힘없는 내가 물리력으로 제지할 수는 없었다. 이 집사는 나만 없으면 씹고 '내가 뭘 잘못했다고 날 씹닛!' 하고 끊임없이 외쳐대면서 끊임없이 발악을 했다. 내가 '운기 씨는 안 씹었어요. 땅 때문에 제가 씹었어요. 제발 좀 그만하세요.' 하고 애원을 해도 이 집사의 발악은 계속되었다. 광기는 약자 앞에서만 생기는 것이다.

예전 식구들한테는 언어공격을 자주 받아도 광기를 부리기는커녕 대항도 거의 안 하더니 자기한테 해야 할 말도 안 하는 식구들에겐 악마가 발악하는 듯한 광기를 부린다. 아, 예전 식구가 단 한 명이라도 와서 발악하는 모습을 봤으면… 이 집사의 발악을 몸으로 받으면서 이 형제는 돌부처처럼 가만히 있었다. 저녁 7시 10분쯤에 싸움이 시작되었는데 8시가 되었다. 이 집사의 저녁 기도 시간이었다. 이 집사가 순식간에 발악을 뚝 그치고 발딱 일어서더니 '앞으로 누구든지 날 씹기만 해, 저 죽고 나 죽는 거얏!' 하고 외치며 저만큼 가서 무언가를 세차게 내던지고 밖으로 나갔다. 기도하러 교회에 내려가는 것이다. 발악 중에 시간은 어떻게 정확히 알았을까 참으로 신기한 이 집사였다.

이 형제가 '누나도 가만히 있고 씨――!' 하면서 울먹였다. 내가 폭행당할 때는 외면하며 안쪽으로 슬금슬금 들어갔으면서. 9시 10분 이 집사가 기도를 마치고 돌아올 시간이다. 이 집사가 들어오더니 즉시 이 형제에게 뛰어가서 '나를 뜯어먹어라!' 하고 외치며 이 형제 뺨을 두세 차례 갈겼다. 이 형제는 찍소리도 내지 않았다. 이 집사는 자기 방으로 들어갔다. 내가 이 형제에게 다가가보니 얼굴은 벌겋고 손등은 퍼렇게 부어올라 있었다. 내가 내 손목을 보여주면서 '그래도 나보다는 덜 부었네, 하고 말했다. 이 집사가 방에서 나와 바깥으로 나가면서 고소해라! 사진 찍어 고소해라!' 하고 내뱉었다. 이 형제가 '때리기만 한 게 아냐. 처음엔 꼬집고 잡아 뜯었어.' 하면서 얼굴과 목을 가렸다. 얼굴엔 생채기가 나 있었는데 목에는 더 많이 나 있었다. 뭣 때문에 그런 거냐고 묻자 이 형제는 발을 씻으려고 이성기 아저씨한테 보일러를 목욕으로 눌러달라고 했는데 이 집사님이 실내를 눌러도 더운물이 나온다고 해서 내가 그냥 목욕으로 눌러달라고 했더니 왜 네 맘대로 보일러를 트냐면서 그랬어. '살고 싶지 않아!' 하고 슬픈 목소리로 말했다. 내가 말했다. '장애인인 게 큰 죄다.'

2005.12.20.(화)

한 목사님이 찾아왔다. 이 집사 방에 들어가더니 얼마 후 나를 불러서 말했다. 김수인 목사와 길흥서 목사와 이순자 전도사 셋을 만났는데 그 셋이 일주일 여유를 줄 테니 근저당을 풀고 땅을 교회로 이전해라 안 그러면 목사직을 박탈하고 살림살이 모두 다 차압을 붙이고 2월 9일 재판 때(한 목사님이 횡령죄로 고소당한) 가중처벌을 받게 하겠다 했다고. 한 목사님은 이야기를 한 뒤 죽는 시늉을 하면서 우리 가정이 깨지고 나는 목사도 못하고 어쩌고 했다. '그러게 땅을 왜 교회로 넘겨준다고 하셨어요. 선교회 땅이니 선교회로 넘길 거라고 하셨어야죠.'

내가 노회가 목사직 박탈하면 다른 교단으로 옮기면 안 되냐고 묻자 한 목사님은 목사직을 박탈당한 꼬리표가 붙어 다닌다고 말했다. 노회 압력에 굴하지 않고 장애인 땅을 지켜주려다가 박탈당한 것을 알리면 의로운 꼬리표가 될 것 아니냐고 목사직 박탈은 부당하다고 소송을 제기해도 되지 않겠냐고 말하고 싶은데 소용없을 것 같아서 잠자코 있었다.

한 목사님은 이 권사님한테 얘기를 했더니 절대로 근저당을 못 풀어준다 하고, 권사님은 내 생각은 조금도 안 하고, 선교회 생각만 하고 어쩌고 푸념을 했다. 내가 '목사님만 생각하다간 선교회가 죽을 판이니까 그렇죠.' 하고 말했다. '한 목사님은 그냥 근저당을 풀어줄 수 없으니까 우리가 원하는 것을 요구하면서 들어주면 풀어주겠다고 하자고요.' 이 집사님 뜻대로 집을 한 채 마련해 달라든가 라고 말했다. 이 집사가 맞장구를 치듯 '그래요 집을 한 채 사주면 풀어준다고 해요.' 라고 호응했다. 사짜 직분의 두 사람이 무직분인 나를 복장 터지게 하는 것이다. 내가 말했다. '집 한 채는 최소 몇 억인데 그런 걸 사줄 노회면 왜 땅을 빼앗게 했겠어요. 그것을 아셔요. 우리가 옮겨 갈 곳이 마땅치 않은 것을 노인들이 낮에만 모이는 경로당도 이웃에 못 만들게 하는 나라에서 장애인을 곱게 받아주는 곳이 있을 것 같아요. 집 한 채 얻는 것보다 교인총회 열어서 땅을 가져오는 게 몇 배 나아요.'

2005.12.23.(금)

이 형제가 울먹이며 말했다. '동생이 나하고 의절하겠대.' 내가 이 집사님한테 못되게 굴었다고. 이 집사님이 동생한테 나를 아주 나쁜 사람으로 몰았어. 내가 아무리 사실이 아니라 해도 내 말을 안 믿어. 이 집사님 말만 믿어. 내가 폭행당한 거 얘기했냐고 묻자 이 형제는 '응, 의절하겠다고 해서 이야기를 했는데 내가 못되게 굴어서 그런 거래. 오죽 못되게 굴었으면 그랬겠냐.' 하고 말했다. 이 형제에겐 부모가 없고 동생뿐이다. 식구를 폭행하고 그 식구 동생한테 식구를 나쁜 자로 몰다니, 이 집사답다. 내가 말했다. '걱정하지 마. 내가 네가 폭행당하는 상황을 그대로 써놓은 게 있는데 그걸 복사해 줄 테니까 동생한테 보내.'

(이 형제를 이 집사가 폭행하는 장면을 사실 그대로 쓴 일기를 복사해서 이 형제 동생한테 보여주게 했고 동생은 마음을 돌이켰다).

2006.1.7.(토)

한 목사님이 찾아왔다. 내게 탄원서를 내밀며 좀 보라고 했다. 법원에 낼 거라고(횡령죄 피고인이어서) 했다. 선교회 식구들이 쓴 것처럼 되어있는 것으로 한 목사가 선교회를 위해 애썼으며 땅도 한 목사님 때문에 매입했으며 선교회 식구 누구도 한 목사를 처벌하는 걸 원하지 않으니 선처를 바란다는 내용이었다. 내가 보기엔 지극히 형식적인 것으로 별볼 일 없는 거였다. 내가 말했다. '제 생각엔 교회제직회에서 땅을 사기로 의결했지만 의결만 했을 뿐 실제로는 선교회에서 땅을 샀기에 선교회 땅이며 그래서 대출을 선교회 식구들한테 승인받았으며 따라서 목사님은 잘못이 없다고 쓰는 게 좋을 것 같은데요. 교회제직들한테도 땅을 사기로 했지만 실제로는 선교회에서 땅을 샀다는 서명을 받아서 함께 제출하고요. 이 내용은 너무 약하고 목사님이 잘못이 인정되는 것이라서 좀 그런데요.'

한 목사님이 말했다. '선교회에서 땅을 샀다는 말을 검찰에서 했어요. 처벌을 안 받을 수는 없대요. 벌금형이나 집행유예를 받을 거래요. 대출금은 갚았어요. 그래야 나도 할 말이 있을 것 같아서...' 내가 말했다. '제 생각엔 목사님이 땅이 선교회 것이라고 하셔야... 그래도 법적으로는 걸리는 건지 모르지만 도의적으론 죄가 아니기에 처벌을 덜 받을 것 같아요'. 한 목사님은 다시 써야겠네 하면서 탄원서를 들고 일어섰다.

2006.1.10.(화)

　노회임원이며 부활교회 당회장인 길흥서 목사가 한 목사를 가중 처벌해 달라는 청원서를 법원에 제출했단다. 그 이야기를 하면서 한 목사님이 내게 탄원서를 써달라고 했다. 내가 더 잘 쓴단다. 잘 쓰긴 개뿔, 나는 일기 쓰는 것도 힘에 부치고 손이 아프다. 무엇보다 그런 거 쓸 정신적 여력이 없다. 그래도 써야 된다는 마음에 아픈 손으로 탄원서를 쓰는데 이런 생각이 뛰어들었다. 이 모든 문제를 일으켜서 우리를 힘들게 하고도 선교회에서 산 땅을 선교회에 주기 싫어서 자기를 짓밟는 이순자에게 넘겨주는 이를 위해서 탄원서를 쓰는 게 희극인지 비극인지 모르겠다.

　(땅은 선교회에서 샀으며 한 목사님은 장애인들을 헌신적으로 돌보신분이니 선처해 달라는 탄원서를 이 집사를 통해 한 목사님한테 전달했다).

2006.1.26.(목)

　이 집사가 말했다. '한 목사가 이순자에게 합의서를 써달라고 했더니 이순자가 근저당을 먼저 풀라고 하면서 소송비용을(이순자가 땅을 넘기라고 제기한) 다 내놓으라고… 안 내놓으면 그에 대한 소송도 할 거라고 하더란다. 그러면서 이순자가 노회가 그렇게 하라고 시켰다고 하더란다. 한 목사가 나헌테 그 이야길 하면서 자기는 돈이 없으니까 선교회에서 그 소송비용을 내달라고 하는 거야. 내가 선교회에도 돈이 없다니까 한 목사가 자기는 땅 때문에 왔다 갔다 하면서 힘들었다는 거야.'

　목회자들의 잘못을 바로잡아야 할 노회 목사들이 전도사를 부추겨서 장애인들 땅을 빼앗게 만들고(그러라고 노회 목사들이 이순자에게 시켰었다) 땅을 빼앗은 비용까지 뜯어내라고 시켰다니, 목사라는 이가 땅을 빼앗기게 만들고 땅 뺏긴 땅 주인들에게 땅 뺏긴 비용을 달라고 하다니, 세상에 이런 경우도 있는가. 피가 미쳐 혈관 밖으로 뛰쳐나올 일이다.

　내가 화가 나서 말했다. '땅 때문에 왔다 갔다 한 게 누구 때문인데, 왔다 갔다 해서 땅을 우리한테 주었나. 왔다 갈 때마다 우리가 차비 주고 점심 사주고 했는데 그래도 우리한테 땅을 안 줬으면서 땅 뺏긴 우리에게 땅 뺏긴 대가를 달라고? 아무리 우리가 장애인이지만… 힘들면 변호사비 내고 땅 뺏긴 우리보다 힘드나. 더 이상은 할 수 없어. 할 만큼 했어!'

얼마 후 전화벨이 울리자 이 집사가 '나 없다고 해라!' 하면서 저리로 가버렸다. 내가 전화를 받으니 한 목사님이었다. 내가 이순자 소송비를 낼 수 없다고 말하자 한 목사님은 '내가 죽어야겠네! 나더러 죽으라는 것이구만.' 했다. 처음으로 그가 밉살스러웠다.

"그럼 우리더러 죽으라는 거예요."

"내가 선교회 땅이라고 하지 않고 내 땅이라고 했더라면 일이 더 쉬웠을지 몰라요."

"(어이가 없어서) 선교회 땅이라고 안 하셨잖아요. 선교회 땅이라고 하셨으면 일이 이렇게 안 되었을 거예요. 선교회에 땅을 안 주시려고 교회로 땅을 넘기겠다고 하셨으면서 소송비를 선교회더러 내달라고 하는 것 너무 하시는 거 아녜요. 그리고 목사님 땅이 아닌 걸 목사님 땅이라고 했으면 진짜 나쁜 사람이 되죠."

"어차피 나쁜 놈이 되었는데 뭐,"

"아무튼 우리는 돈을 낼 수가 없어요. 왜 우리가 땅 뺏기고 땅 뺏긴 비용까지, 땅 뺏은 자의 돈까지 내야되죠. 이런 일 하늘 아래 있을 수 있는 일이에요."

"내가 너무 힘들어요. 이순자에게 선교회 후원금 통장에 있는 돈으로 하라고 해요"

"그 돈은 선교회 돈이잖아요. 이순자가 그 돈을 차지하려고 소송비로 안 할걸요. 자기가 안 차지하려면 왜 빼앗아 갔겠어요. 이런 일들 목사님께서 시작하신 거잖아요. 대출을 안 받았으면 아니 받았더라도 처음부터 선교회 땅이라고 하셨으면 소송 같은 거 안 당하셨을 거 아녜요".

"그거 때문에 이렇게 된 게 아니에요."

그럼 대체 무엇 때문에 이렇게 되었냐고, 식구들의 비상금을 다 털어 넣게 해서 땅을 사고 그 땅을 빼앗았으면 배상을 해주지는 못할망정 오히려 돈을 내라니 너무 후안무치하고 양심 없는 것 아니냐고 내뱉고 싶은데 차마 그러지 못하고 식구들에게 물어봐야 되니 나중에 전화를 드리겠다면서 전화를 끊으려는데 한 목사님은 '내가 직접 이순자에게 말해야겠네!' 라면서 전화를 끊었다.

가슴이 철렁 내려앉았다. 이순자와 노회가 어떤 것들인가. 급히 한 목사님에게 전화를 해서 이순자한테 '통장이야기 하지마세요. 노회가 얼씨구나 좋아할 거예요. 안 그래도 목사님에 대해서 온갖 험담을 하면서 목사직을 박탈하네! 어쩌네! 하는데 소송비를 안 내려고 하면 잘 됐다 하며 진짜 목사직을 박탈할지 몰라요.' 하고 말했다.

한 목사님은 '할 테면 하라지 어차피 죽을 것 같은데, 나는 죽어야 돼!' 했다. '죽긴 왜 죽어요. 이순자하고 노회 좋으라고 죽어요.' 하고 내가 소리를 질렀다. 한 목사님은 곧 죽을 것 같은 목소리로 '죽어야 될 형편이에요. 노회엔 나를 음해하는 자들이 있고 선교회는 땅을 가져가라 해도 듣지 않으면서 등을 돌리고 정말 죽겠어요.' 하고 말했다. 나도 따라서 죽는 시늉을 했다.

'우리는 더 죽겠어요.' 한 목사님은 다시 '나는 죽어야 돼.' 했다. 내가 화가 나서 '이순자한테 그런 말 하세요. 우리한테 그러지 마시고 이순자한테 차라리 나를 죽여라! 라고 하시라고요'. 하고 언성을 높였다. 한 목사님이 말했다. '그러면 이순자는 더 마음 놓고 죽이려 할 걸.'

내가 그만 웃음을 터트리며 말했다. '그렇겠네요. 그러고도 남을 인간이네요.'

이 집사를 졸랐다. 교인총회를 해서 땅을 가져오자고. 교인총회할 때 선교회는 교회와 분리되었지만 재분리 시킨다는 의결도 하고 이순자와 당회장도 해임시킨다는 의결도 하고 한 목사님을 청빙하자는 의결도 하자고 노회도 이순자도 교인총회 의결대로 따라야 한다고 교회법이 그렇다고 애원했다. 이 집사는 변함없이 완강하게 말했다. '교회 땅이라고 판결이 났는데 어떻게 가져오노. 교인총회 아니라 더 한 것을 해도 못 가져온다. 그리고 한 목사님 때문에 우리가 얼마나 고생을 했는데 또 청빙 허노. 우리가 선교회 맡아달라고 하지도 않았는데 자기 맘대로 맡아가지고 이 꼴로 만들어놓고 자기만 살려고 하고 그런 사람을 왜 또 모시노.'

OO선교회가 오는 날이 지났는데도 오지를 않아 걱정을 했더니 오선옥 자매가 '이젠 안 온대, 말썽 있는 곳이라서 더 이상 후원 안 해준대.' 하고 말했다. 10여 년이 넘도록 매달 찾아와서 맛있는 점심을 해주고 후원금을 주시던 분들이 이젠 안 온다니, 임화연 권사님과 김계성 권사님이 회원인 선교회인데 그분들을 못 뵙게 되다니 가슴이 무너져 내린다.

2006.2.1.(수)

길흥서 목사와 황문세 라는 이가 찾아왔다. 황문세는 장로인데도 노회임원이라고 했다. 길목사가 하고 싶은 말 있으면 다하라고 했다.

"우리는 먹고 싶은 것을 못 먹고 입고 싶은 것 못 입으며 돈을 모아 땅을 샀어요."

"교회는 여태껏 선교회에 쌀 한 톨 지원한 적 없어요. 오히려 선교회가 후원금에서 십일조와 감사헌금 내고 식구들은 식구들대로 개개인이 십일조와 감사헌금을 내서 교회가 운영되어 왔어요. 선교회가 교회부설이면 선교회 운영비며 식구들의 생활비를 교회가 지원했어야 돼요. 부설이 아니기에 쌀 한 톨 지원하지 않은 건데 어떻게 부설이에요. 노회는 교회 감독기관이면서 교회가 잘 못한 걸 바로잡지는 못할망정 어떻게 교회를 선동해서 땅을 뺏게 할 수 있어요."

"한진수가(한 목사) 법정에서 선교회 땅이라는 증언을 안 해서 교회 땅이라고 판결한 거잖아요."

"그랬을지라도 노회가 하나님을 사랑하고 믿는 기관답게 땅을 주인에게 돌려주도록 할 수 있는 거잖아요."

"말도 안 되는 소리 말아요."

"노회는 여태껏 선교회에 아무것도 지원해준 것 없고 예전에 한 목사님이 노회에 가서 장애인들이 추위에 떨고 있으니 연료비 좀 지원해달라고 해도 안 줘놓고 그러네요."

"왜 안 도와줍니까. 영락교회, 명성교회가 노회소속입니다. 노회가 도와주라하니까 도와주는 것입니다(김인수 목사는 노회는 선교회 존재를 몰랐다고 했었다)."

"우리가 땅을 가지려는 것은 오직 신고시설을 짓기 위해서예요. 신고시설로 전환하지 않으면 정부가 미 인가시설을 폐쇄시킬 거라고 하니까요. 신고시설과 교회를 예쁘게 짓고 살게만 해준다면 교회가 우리를 간섭하지 않고 자유롭게 해 준다면 굳이 우리 땅이라고 주장할 마음 없어요. 땅을 교회명의로 해도 괜찮다는 생각이에요."

"아, 제발 신고시설 짓고 사세요. 누가 뭐래요."

"땅은 그렇다 치고 어떻게 선교회 통장을 지금 중지 시키고 이 추운겨울에도 안 돌려줄 수 있어요."

"그래도 후원금 들어오죠. 개인통장으로 받고 있는 거 다 알아요."

"예, 그것도 지금 중지 시키세요."

"용인에(한 목사님이 이전에 살았던) 가서 알아봤더니 한 목사가 5,000만 원에 집을 얻었다가 9,000만 원에 넘기고 갔더라고요, 그러고도 대출을 해 갔기에 또 그럴까봐 그런 것이지 한 목사만 그러지 않았으면 노회가 왜 그랬겠어요. 땅을 무단경작하고(밭으로 사용하고) 근저당 하고 그런 거 다 법에 걸려요. 나는 법을 전공한 사람이에요. 그래서 법을 잘 아는데 노회가 법에 걸면 근저당 한 사람 법에 걸리게 되어있어요. 땅이 교회 땅인데 근저당을 풀어야지 안 풀면 구속돼요. 여기 있는 사람들도 다 함께 감옥생활 해야 돼요. 장애인들이라서 봐주고 있는 거예요."

장애인들 땅이라서 늑대 떼처럼 달려들어서 장애인들 영혼을 짓밟으면서 빼앗아놓고 장애인들이라서 봐주고 있다니 너무 같잖고 역겨워서 나는 토악질을 할 뻔했다. 나 혼자라면 봐주지 말라고 감옥에 보내달라고 들이받고 싶었다. 길 목사와 한 목사가 나에게 온갖 말을 다했는데, '하남의 부활교회는 이가 갈린다고 부활교회 쪽으로는 오줌도 안 눈다.' 하더라고 하고 지껄였다. 오죽했으면 얼마나 괴로웠으면 저급성을 싫어하는 한 목사님이 그런 말을 했을까. 재판 때 선교회 땅이라고 안 한 것도 노회가 목사직 박탈 운운하고 협박을 했기 때문이리라.

노회의 두 사람이 돌아간 뒤 이 집사가 '근저당을 안 풀면 이 권사님이 다치니 안 풀 수가 없으니까 어떻게 할 건지 말하세요.' 라고 말했다. 식구들에게 겨자씨만한 주권도 허용치 않으면

서 전에 없이 식구들의 의사를 묻는 건 근저당 문제에 대한 책임을 식구들에게 돌리기 위해서
일 것이다. 내가 말했다. '신고시설을 짓고 교회간섭을 안 받고 살게 된다면 땅을 교회명의로
이전해도 괜찮다고 생각해요. 근저당 푸는 조건으로 땅을 교회명의로 노회에 등록시키고 신
고시설 짓고 교회간섭 안 받고 살게 해달라고 했으면 좋겠어요.' 이 집사는 인상을 팍 쓰면서
신고시설을 짓게 해줄 리가 있냐고 교회가 간섭을 안 할 리가 없다고, 이곳에 살면 교회 간섭
을 받아야 한다고 말했다. 내가 아까 장로님이 신고시설 짓고 살라고 하지 않았냐고 해도 이
집사는 말만 그렇지 실제로는 못 짓게 할 거라고 우겼다. 내가 '신고시설 짓게 해주고 간섭 안
한다는 문서를 받거나 교회 교인들이 대부분 우리 편이니까 제직회나 교인총회를 열어서 선
교회는 분리되었다는 의결을 하면 되잖아요.' 하고 말했다. 이 집사는 '말이 안 되는 소리 허지
마라. 그동안 수차례 내가 말했지만 이곳을 떠나야 된다. 노회와 이순자가 기어코 우리를 못
살게 헐끼다.' 하고 말했다.

'분리되었는데 무슨 권리로 못살게 굴어요. 그렇게 하기 싫으면 땅이라도 가져와야 돼요. 몸
도 성치 못한 우리가 빈 몸으로 떠나면 더 힘들잖아요. 땅을 가져와서 팔거나 융자를 받아서
떠나면 더 좋잖아요.' 내 말에 이 집사는 '어찌 그리 말이 안 되는 소리만 허노. 교회 땅이 되었
는데 어찌 가져 오노.' 답답해 죽겠다. 하고 역정을 냈다. 나야말로 답답하고 속 터져 죽을 지경
이다. 노회 때문에 이순자도 못 내쫓고 한 목사님도 재 청빙 못 한다고 하면서 선교회를 위기
에 몰아넣은 것 때문에 내게서 무지막지 욕을 먹고도 거짓말을 멈출 줄을 모르니… 다 내가 등
신인 탓이다. 내가 악행에 제대로 대항할 힘이 있다면 이 집사는 말이 안 되는 거짓말도 패악
질도 안 할 것이다. 이 집사의 악행에 패악질에 맞설 기운도 의지도 없는 내가 혐오스럽고도
혐오스럽다.

2006.2.2.(목)

한 목사님이 전화로 이순자에게 소송비 얘길 했냐고 물었다. 밉살스러워서 내가 '후원금 통
장의 돈은 선교회 것인데 왜 우리가 이순자가 내야 할 돈까지 내야 되죠. 땅 뺏기고 땅 뺏은 이
의 소송비까지 내는 게 있을 수 있는 일인가요.' 하고 말했다. 한 목사님은 '그럼 내가 여태까지
선교회를 위해 싸워온 게 헛일이었네.' 했다.

'선교회를 위해 싸워오셨다고요. 목사님은 결정적인 순간에 선교회를 외면하셨잖아요. 판
사들한테도 선교회 땅이라고 안 하시고 검사에게도 안 하시고 심의할 때도 안 하시고, 한 목

사님은 급히 검사 앞에서는 이미 민사재판이 끝난 뒤라서 할 필요 없었고 판사 앞에서는 선교회 땅이라는 자료를 제출했기에 할 필요가 없었어요.' 하고 말했다.

내가 '목사님의 증언이 무엇보다 중요했대요. 목사님이 선교회 땅이라고 증언만 했다면 재판부도 선교회 땅이라고 인정했대요. 그리고 용인에서 5,000만 원에 집을 얻었다가 9,000만 원에 넘기고 가셨다면서요.' 하고 나불댔다. 속으로 그런데 왜 돈 없다 하시냐고 나무라면서… 한 목사님이 '어떤 놈이 그따위 소릴 해.' 하고 소리를 버럭 질렀다. '왜요 사실이 아니에요.' 내 물음에 한 목사님은 성난 목소리로 '대체 어떤 놈이 그따위 말도 안 되는 거짓말을 했어요. 그 놈이 어떤 놈이에요.' 하고 다그쳤다. 내가 '아 제가 잘못 들었나 봐요.' 라고 발뺌해도 한 목사님은 '그런 소리 하지 말아요. 노회에 나를 음해하는 말들이 돌고 있어요. 사실은 용인에서 3,000만 원을 손해 보고 떠났어요. 그런데도 그런 말도 안 되는 거짓말을 하고… 어떤 놈인지 대세요.' 하고 계속 다그쳤다. '그랬군요. 목사님 말이 믿어져요. 제가 잘못들은 거 같으니까 그 냥 털어버리세요.' 하고 전화를 끊었는데 목사님은 몇 번이나 줄기차게 전화를 걸어와서 어떤 놈인지를 대라고 닦달했다. 결국 나는 황 장로임을 불었다.

2006.2.3.(금)

한 목사님한테 전화를 했더니 '황 장로 그놈이…' 내가 이렇게 욕하면 혜성 씨는 나를 나쁘게 여길지 모르지만 내가 전화를 해서 3,000만 원을 손해 보고 갔는데 대체 누가 그따위 말을 했 냐고 물었더니 '그게 뭐 그리 중요하네요.' 하고 말했다. 내가 말했다. '놈은 사람한테 하는 욕 인데 그런 거짓말을 하는데 놈이라는 욕도 아깝네요. 한 목사님은 어서 교인총회를 해서 땅을 가져가세요.' 하고 말했다. '내가 땅을 아무리 가져오자고 해도 이 집사님이 안 들어줘요. 식구 들은 이 집사님이 힘이 있으니까 이 집사님을 싫어하면서도 이 집사님 말만 듣고요. 안 그러면 제가 나서서 교인총회를 주도하겠는데 이 집사님은 오직 노회에 집을 한 채 요구해서 이곳을 떠날 생각만 해요.' 하고 하소연했다. 한 목사님이 '노회가 어떤 곳인데 노회 어떤 놈들이 집을 사줘!'하고 소리를 질렀다. 내가 '목사님이 이 집사한테 땅 가져가라고 좀 해주세요. 이 권사님 한테도 땅 가져오게 해달라고 했는데 이 권사님도 안 들어줘요. 이 집사님 편들어주느라 그런 것 같아요'. 하고 호소했다. 한 목사님은 '이 집사한테 그런 말 두 번이나 했어요. 이 권사님한 테도 하고 그런데도 안 가져가면 다 뺏기고 살아야지 뭐 했다.'

한 목사님이 왜 이젠 땅을 선교회에 주려는 것일까. 임화연 권사님이(후원회원) 왜 장애인들 땅이라는 말을 안 했냐고 나무랐다는데 그래서일까 노회와 이순자가 이가 갈려서인가.

노회의 황 장로한테 전화를 했더니 그가 대뜸 '후원회장이라는 자식 아주 못 됐다만 무식한 자식이 말이야. 불법을 저지르면서 큰소리만 치고 내가 그 자식 고소해 버릴 거야! 돈을 주지도 않았는데 5억 근저당을 하고. 그거 불법이야! 불법을 행하면서 장애인을 돕는 체 사기를 치고 있어! 장애인들이 속고 있는 거예요. 내가 사람을 잘 보는데 그 자식은 돈 욕심에 사람을 속이고 좋은 사람인 척 가면을 쓰고 사기를 치고 있는 거야! 딱 봐도 사기꾼 얼굴이야!' 하고 말했다. 내가 '그분은 교회에서 목사님 같다는 말을 듣고 불의를 용납 못하는 분이에요. 우리가 수년간 알고 지냈는데 절대 나쁜 사람이 아니에요. 근저당을 우리가 해 달라고 해서 한 거예요. 이순자가 장애인들의 피 같은 땅을 뺏으려는 게 악행으로 여겨서 그런 거예요.' 하고 열심히 변명했다.

황 장로는 '무슨 권사가 그래. 그 자식 권사 맞아?. 나는 법을 전공한 사람이야 그 자식은 법을 어기고 있는 거야.' 하고 말했다. 나는 그만 화가 치밀어서 '자식아, 자식아, 하지 마. 자식아, 법 좋아하네. 사람보다 우선이면 법만 섬기지 하나님은 왜 믿나 자식아.' 라는 욕이 튀어나오려 했다. 황 장로는 계속 '불법을 행하면서 자기는 잘못한 게 없다고 고소할 테면 하라고, 그 자식 고소할 거야.' 하고 씨부려 댔다. 내가 흥분해서 '장애인들의 생존권이 위협받으니까 그런 건데 고소하면 저희들 정말 참을 수 없어집니다. 이런 말을 하면 장로님한테 결례가 되는 것이지만 고소하면 저희들 절대 용납할 수 없습니다. 근저당 풀라고 할 테니까 고소하지 마세요.' 하고 협박을 하는데 나도 모르게 눈물이 쏟아져 내렸다. 피눈물 같았다. 황 장로 아니 법 장로는 '자매님이 그렇다면 고소 안 하지요. 자매님처럼 말을 그렇게 하면 될 텐데. 그 자식은 저가 잘했다고... 고소를 보류 할 테니까. 나한테 사과하라고 그러고 2월 9일이 한 목사 재판 날인데 근저당을 풀어야지. 무슨 소린지 알죠.' 한 뒤 전화를 끊었다.

근저당을 풀어야 한 목사한테도 좋다는 말 같았다. 참을 수 없는 굴욕감 치욕감이 치솟았다. 피 같은 땅을 빼앗아간 날강도에게 욕은커녕 하고픈 말도 못하고 저자세로 굴어야 하다니, 나를 고소한다고 했다면 다시 전화를 해서 당장 고소하라고 들이받고 싶었다. 이 권사님한테 전화로 황 장로가 고소한다고 했냐고 물었더니 그랬다고 대답한 뒤 이 권사님이 말했다. '그 사람 아주 나쁜 자야. 그 사람 장로 맞아?'

2006.2.4.(토)

이 권사님한테 전화로 말했다. '이 집사님이 이곳을 떠나려는 건 이순자 때문이 아니에요. 원장 행세하면서부터 가끔 우리 선교회는 동네 한가운데 있어서 이 안에 있는 일들이 동네로 새어나가서 안 좋아. 라고 말했어요. 제가 우리가 나쁜 짓 안하면 새어나간들 무슨 상관이냐고 해도 이 집사님은 그렇지 않다고 했어요.(사실이다) 나쁜 짓을 더 실컷 하려고 떠나려 한다고 저는 생각해요. 이곳에서는 밖으로 새어 나갈까봐 마음껏 못해서요. 그렇지 않다면 교회제직들이 대부분 선교회 편을 들어주는데 제직회를 열어서 선교회를 분리시키고 이순자도 퇴출시키면 교회 간섭 안 받을 수 있는데 기어코 떠나려고 하지 않을 거예요. 떠나려면 이 집사님 혼자 떠나야 해요. 우리 식구 누구도 떠나고 싶어 하지 않아요. 모두 다 병원에 정기적으로 다니기에 떠나서도 안 돼요. 권사님도 아실 거예요. 이곳 환경이 너무 좋다는 것을요.'

이 권사님은 역정을 냈다. '떠나는 건 나중에 생각할 문제고 서로 화합해야 하는데 싸움만 하면 어쩌나.' 내가 '그러면 이 집사님이 선교회를 망치고 있는데 구경만 해요.' 하고 반발했다. 이 권사님은 '하여튼 싸우지 마! 이순자와 노회가 좋아할 일을 왜 해.' 했다. 그런 일은 이 집사가 하고 있는데, 이 권사님은 교인총회를 열자고 말했다. 교인총회를 열어서 땅을 누구 명의로 이전 받을지 결정하면 된다면서 이 집사한테 열라고 시켰다고 말했다.

'황 장로님 고맙습니다. 고소한다고 협박을 하시니 교인총회를 열라고 하네요.'

교인총회 이야기를 하려고 한 목사님한테 전화를 하니 사모님이 받아서 '탄원서를 써주어서 너무 고마워요. 힘들어도 선교회를 지켜줄 걸 그랬다는 이야기도 목사님과 했어요.' 라고 말했다. 선교회를 지켜주셨으면 목사님도 지켜졌을 텐데…

2006.2.9.(목)

한 목사님의 횡령죄 재판 날이다. 한 목사님한테 전화로 어떻게 되었냐고 물었더니, 형은 안 받고 벌금 500만 원 선고를 받았다고 했다. 형을 안 받아서 정말 다행이다. 다행이지만 처음부터 선교회 땅임을 주장했다면 벌금형도 안 받을지 모르는데 무엇보다 이리떼 같은 노회 목사들로부터 수모와 모욕을 안 받았을지도 모르는데 아쉽다.

2006.2.12.(일)

지난주에 교인총회 요청을 했었는데 오늘 이순자가 불허한다고 공포했다. 한 목사님은 말했다. 교회법에 교인들이 요청하면 총회를 열어주어야 한다고, 교회가 거부할 땐 일주일 전에 공고한 다음 교인들끼리 열면 된다고...

2006.2.22.(수)

교인총회를 한다는 공고문을 교회 광고판에 붙여놓았는데 그 옆에 노회장 이름으로 된 노회 공고문이 척 붙어 있었다. 교회 재산은 교인들이 아닌 교회가 관리하는 것이며 교회 부동산에 근저당 설정을 한 이종성과(이 권사) 김계성은(후원회 총무) 법적조치를 할 것이며, 교인총회를 인정할 수 없다는 내용이었다. 그 이름도 유명한 대형교회를 위시한 많은 교회의 상위기관이, 권위도 드높은 교회 감독기관인 노회가 아프고 어려운 장애인들의 땅을 뺏으려고 노회장까지 나서서 패악질을 하는 것이다.

2005.2.23.(목)

한 목사님한테 전화로 노회 공고문 이야기를 했더니 아으. '아으. 정말 나쁜 놈들이야 살 떨린다. 살 떨려!' 하고 진저리를 쳤다. 치다가 말했다. '노회는 교인총회에 관여할 권한이 없어요. 교회법에 교회재산 문제에도 노회는 관여할 수 없게 되어있어요. 땅을 뺏으려고 교회법까지 어기는 거예요. 교회재산은 교인들한테 권리가 있어요. 노회가 내게도 전화를 해왔는데 이 권사님을 고소했다고 빨리 연락해서 근저당을 풀라고 했어요. 풀면 고소를 취소한다고요. 아으. 아으. 이갈려.'

2006.2.26.(일)

　교인총회 날인데 이 집사는 교회에 가면서도 총회를 한다고 땅을 가져올 수 있나.나는 이곳을 떠나야 된다는 생각에 변함이 없다고 말했다. 이 권사님이 시켜서 싫은 걸 억지로 열기로 한 것이다. 내가 '선교회도 재분리 시키고 이순자도 퇴출시키면 간섭 안 받고 살 수 있는데 왜 떠나요.' 했다. 이 집사는 인상을 팍 쓰면서 '어찌 그리 말 안 되는 말만 자꾸 허노. 이 건물이 노회에 등록되었기에 선교회가 분리되면 당장 쫓겨난다. 이순자도 건드리면 노회가 가만히 있나.' 하고 언성을 높였다. 위층엔 장애인들이 계속 살기로 한다는 내용이 명시되어 등록되어 있어서 어떤 상황에도 계속 살 수 있다는 데도 억지를 계속 쓰는 것이다. 누가 이 집사 거짓주장과 억지를 이기랴.

　예배 후에 내가 교인들에게 공동회의를 할 것이니 잠시만 자리해달라고 했다. 이순자는 '노회가 열지 말라고 했는데 열면 여러분들이 더 힘들어져요. 진심으로 여러분을 생각해서 하는 말입니다. 좀 더 지나면 내 진심을 알게 될 것입니다.' 하고 진정어린 음성으로 말했다. '댁, 진심은 땅 뺏고 선교회 뺏는 것이지.' 하고 내가 쏘아 붙였다. 말하기 좋아하는 이 집사는 한마디도 하지 않았다. 이순자는 횡하니 밖으로 나가버렸다. 이순자파 교인 2명은 이미 나가고 없었다. 겨자씨만한 것까지도 마음대로 해야 하는 이 집사는 입도 벙긋 않고 내가 땅을 선교회 명의로 이전케 해달라고 말했다. 장영희 집사님이(선교회 외 집사) 당연히 그렇게 해야지 하고 호응했다. 손영빈 집사님은(선교회 외 집사) '어떻게 해 줄까요. 해달라는 대로 해 줄게요.' 했다. 내가 '땅을 선교회 앞으로 이전하는데 동의해 주세요.' 하고 말했다. 이 집사를 제외한 교인들 모두가 '좋아요, 또는 동의합니다.' 하고 흔쾌히 호응했다.

2006.3.2.(목)

　교회 서기 손영빈 집사님이 찾아와서 땅을 이전 시 선교회 식구 명의로 이전하기로 의결한다. 라는 교회 총회서에 식구 누구에게 라고 식구 이름이 들어가야 된다더라고 말했다. 이 집사가 누구도 못 팔아먹게 한수나 용단이 이름으로 하라고 말했다. 내가 '한수 용단이나 그 외의 선교회 식구 명의로 이전하기로 한다.' 라고 해주세요. 했다. 손 집사님은 그렇게 쓴 회의록을 이 집사에게 주었다. 나는 그것을 복사해서 내게도 달라고 하고 싶었지만 들어 줄 이 집사가 아니기에 잠자코 있었다.

(회의록을 내가 챙기든지 복사해서 나눠 가져야 했다. 후에 필요해서 달라고 요구했을 때 이 집사는 자기가 안 가지고 있다고, 왜 자기가 가지고 있겠냐고 펄펄 뛰었다).

2006.3.3.(금)

한 목사님한테 전화로 교인총회 이야기를 했더니 한 목사님이 이 집사하고 통화했는데 '그런 말 안 하던데요.' 했다. 내가 말했다. '그분은 오직 이곳을 떠날 생각밖에 안 해요. 땅을 가져와서 팔거나 융자를 받아서 떠나면 더 좋을 텐데, 노회로 부터 집을 얻어서만 떠나려 해요. 교인총회도 이 권사님이 하라니까 마지못해 한 거예요. 이 권사님은 노회가 고소하다고 협박하니까 하라고 시킨 거고요.'

2006.3.7.(화)

한 목사님이 땅을 빨리 가져가라고 말했다. 이 집사에게 한 목사님 말을 전하면서 땅을 빨리 가져오자고 말했다. 이 집사는 '어찌 그리 불가능한 걸 하자고 하노. 교회로 넘어간 땅을 무슨 재주로 가져 오노.' 하고 역정을 냈다. 내가 어처구니가 없어서 '땅을 못 가져 온다면 교인총회는 왜 했어요. 가져올 수 있으니까 했잖아요.' 했다. 그래도 이 집사는 같은 말을 반복하면서 떠나는 것만이 살길이라고 말했다. '왜 그렇게 떠나려고만 하세요. 제직회를 열어서 선교회를 분리시키면 교회가 간섭 못 할 텐데, 떠나더라도 땅을 가져와서 떠나면 더 좋을 텐데.' 내 말에 이 집사는 '말이 안 되는 소리 그만해라. 노회가 가만있나.' 하고 언성을 높였다. 내가 '노회가 원하는 걸 해주려고 떠나려는 거예요. 왜 그렇게 노회편만 드세요. 노회는 교회재산권 문제에 개입할 권한이 없다는 것을 아시잖아요.' 라고 해도 이 집사는 같은 말을 반복했다.

이 권사님한테 전화로 한 목사님 말을 전하면서 땅을 가져오자고 말했다. 이 권사님은 땅을 가져올 돈이 있냐고 물었다. 내가 돈이 없으니 융자를 받든지 노회유지재단에 등록시키자고 말했다. 이 권사님은 '노회가 그렇게 해주나 안 해 줘. 배상을 받아야지.' 했다. '등록도 안 시켜줄 이들이 배상을 해줘요. 배상을 해 줄 사람들이 땅을 빼앗나요. 노회가 등록 안 해주면 융자 내면 되잖아요.' 내 주장에도 이 권사님은 '배상 받으려면 분란이 있으면 안 돼. 이 집사한테 태클 걸지 마!' 하고 말했다. '제가 태클 걸고 싶어 걸어요. 저는 병자에요. 제 몸 하나 건사하기도 힘든 상태에요. 이 집사님은 오직 떠날 생각만 하니까 그러면 선교회가 망가지는데 어떻게 보고만 있어요. 식구들 누구도 떠나고 싶어 하지 않는데.' 하고 내가 볼멘소리를 냈다. 이 권사님은 '아무튼 싸우지 마, 내가 힘들어.'했다. 이 집사는 싸울 때 미친 듯 날뛰고도 이 권사님한테 나를 매도하며 난리를 치는 모양이었다. '배상을 받아야 한다니. 한 목사님 말대로 노회 어떤 놈이 배상을 해줘.'

2006.3.11.(토)

발음이 많이 안 좋은 성 형제가 아주 걱정스런 얼굴로 무어라 이야기를 했다. 간신히 알아들었는데 이 집사님이 '누나를 쫓아낸데 어떡해.' 였다. 오 자매에게 사실이냐고 물었더니 사실이란다. 뭐라고 하면서 쫓아낸다 했냐고 묻자. 오 자매가 '문딩이(문둥이) 같은 보따리를 들고 들어왔을 때 안 받아 주었어야 했다.면서 어디서 굴러먹다가 들어온 년이 못되게 군대. 그러면서 쫓아낸다고 했어.' 하고 말했다. 내가 이 집사가 들으라고 일부러 큰소리로 말했다. '나는 굴러먹지 않았고 들어올 때 가방 들고 왔고 사기도 치지 않았어. 옛 식구들이 그러더만 누구는 들어올 때 요강단지 들고 왔고 변호사, 고등학교 교사, 등의 쟁쟁한 동생들이 있는데 부모도 형제도 없는 고아라고 사기치고 들어왔다고...'

밭에 나갔더니 이웃집 수미 엄마가 '이 집사님이 언니를 내쫓을 거라는 소문이 동네에 파다해. 그래서 쫓아내면 동네사람들이 나서서 막아주기로 해놓고 있어.' 하고 말했다. 내가 말했다. '고마워라, 그런데 내가 바보이긴 해도 이 집사한테 쫓겨날 만큼 바보는 아냐.'

죽어도 땅을 안 가져 오고픈 것인가. 나를 내쫓으려 하게.

2006.3.13.(월)

교회문 앞에서 이순자가 말했다. '이 집사님이 쫓아낸다는 소문이 동네에 나돌아요. 조심하세요. 한 목사님이 전에 그랬어요. 이 집사님이 앞에서는 잘하는데 뒤에서는 영 아니라고. 혜성 씨는 앞에서는 말하고 뒤에서는 말 안 한대요. 땅을 교회로 이전하라는 내용증명도 이 집사님이 빨리 보내자고 서둘렀어요. 후원금 통장도 내가 두 번이나 있냐고 물어도 이 집사님이 없다고 대답해서 그렇게 한 거예요.'

자기를 강간하겠다는 악마들은 내쫓기 싫어했으면서 그중 조인우 놈과는 계속 연락하며 친하게 지내면서 선교회와 땅을 강탈하려는 이순자는 안 내쫓고 기를 쓰고 수호하면서 나는 내쫓으려 하니 강간당하는 것이나 이순자보다 내가 더 싫은 게 분명하다. 그렇게나 선교회를 망치고 싶은가. 그렇게도 땅을 가져오기가 싫은가.

2006.3.15.(수)

내가 화분에 심어서 가꾸는 양 앵두나무(체리앵두) 세 그루가 몸통에서부터 부러져 있었다. 모두 성인남자 엄지손가락만 굵기의 몸통이기에 어른이 고의로 분질렀다고 볼 수밖에 없었다. 양 앵두나무는 화분에서도 꽃을 잘 피우고 과실도 제대로 열려서 이 권사님에게 선물하려고 정성을 다해 키우는 것이었다. 단박에 이 집사가 떠올랐다. 작년에 그가 듣는데서 내가 밭 가장자리에 있는 라일락 뿌리에서 새로 탄생한 아기 라일락을 화분에 옮겨 심을 거라고 말한 다음날 그 아기 라일락이 모두 뜯겨져 죽어있었다. 풀과 엄마나무에 가려져서 일부러 들여다 보지 않으면 보이지 않는 것들이기에 누구도 나무에 손대지 않기에 이 집사 짓으로밖에 볼 수 없었지만 증거가 없어 아무 말도 못했었다. 난이 부러져 있는 것도 화분의 동백꽃이 피려고 할 때마다 매년 봉우리가 뜯겨져 나무 곁에 보란 듯이 나란히 죽어있는 것도 이 집사 짓이 분명했지만(다른 식구들은 식물에 관심이 없었다.) 아무 말 못했었다. 그런데 또 나무를 죽인 것이다. 내 신체가 부러진 듯한 통증이 밀려왔다.

이 집사는 나 못지않게 꽃과 나무를 좋아한다. 그런 이가 나를 얼마나 증오하면 그런 짓을 할까. 싸운 직후라면 또 모른다. 싸운 지 한 달이 넘었다. 다른 나무 해칠 때도 싸운 직후가 아니었다. 나에 대한 증오가 골수에까지 뻗쳐있는 것이다. 나는 자기를 증오하진 않는데 잘못은 자기가 하면서 자기는 가해자이고 나는 피해자인데 가해자가 피해자보다 더 깊은 악감정을 품었다. 나에 대한 증오가 얼마나 극렬하면 내가 키우는 식물에게 위해를 가하는가. 그 극악 함에 새삼 소름이 끼치고 공포가 인다.

실내에 들어서면서 '어떤 인간이 나무를 부러뜨린 거야! 죄 없는 나무를 그렇게 한 손목은 나무와 똑같이 부러져야 돼.' 하고 큰소리로 말했다. 이 집사가 잡아먹을 듯이 험악하게 얼굴을 일그러뜨리며 '저주를 퍼내면 그 저주가 너한테 돌아가지 누구한테 갈 거라고 그런 저주를 퍼붓놋——!' 하고 악을 썼다. 내가 '왜 죄 없는 나무를 해쳐.' 하고 내뱉는데 이 집사는 '일부러 부러뜨린 거 네 눈으로 봤냣! 보지도 않고 저주를 퍼붓고 양심이 썩어 문드러졌닷——!' 하고 악을 썼다. 자기 입으로 범인이 자기임을 불다니 하여튼 멍청한 면이 있는 집사다.

2006.3.19.(일)

진병수 집사가 교회에 안 나왔다는 이야기를 하면서 오 자매가 '미영이가(박 자매) 그러는데 술병이 나서 못 나온 거래.' 하고 말했다. 내가 '왜 그렇게 술을 마시나 건강을 생각해야지.'라고 걱정을 했더니 오 자매가 '그렇게 살다가 죽는 거지 뭐,' 했다. 내가 죽으면 안 돼지, 우리선교회에서 제일 착한사람인데 하고 말했다. 그러자 이 집사가 '그 사람만 착하고 다른 식구는 나쁘냐. 너는 얼마나 착허기에 다른 식구를 나쁜 사람으로 모놋!' 하고 외쳤다. 내가 '한 번이라도 나쁜 짓 하는 거 보셨어요. 그리고 식구들을 다 나쁘다고 했어요.' 하고 내가 대들었다. 이 집사는 '여기에 나쁜 사람이 어딨노. 별사람 있는 줄 아낫! 사람이 다 거기서 거기지. 네가 뭔데 식구들을 나쁜 사람으로 모놋——!' 하고 악을 썼다.

장애인시설 전전하면서 악귀 같은 것들 많이 접했지만 본인을 나쁘지 않다고 말하는 것들은 한 명도 못 보았다. 식구든 아니든 이 집사의 실체를 아는 이들 중 이 집사를 나쁜 사람으로 안 보는 이 단 한 명도 없다. 이 집사도 그것을 알고 있다. 나쁜 사람이라는 평판이 싫으면 나쁜 짓을 안 하면 될 텐데. 안 하면 못 견뎌서 끊임없이 패악질을 행하니 구제불능 집사다. '거기서 거기인 사람들 범주에도 집사님은 못 들어가잖아요.' 라고 내뱉고 싶은 걸 차마 못 그러고 '흐 흥, 식구들을 꽤나 생각하는 것 같네!' 하고 내뱉었다. 이 집사가 얼굴을 흉하게 일그러뜨리고 '그럼 생각 안 허냣! 나만큼만 식구들을 생각해 봐랏. 나만큼만 식구들한테 잘해봐랏——!' 하고 악을 썼다.

내가 말했다. '오호라 그렇게 생각해서 빈방을 두 개나 두고 식구를(진병수 씨네) 힘들게 살게 하고 외로워서 술이나 마시게 내버려두고 있군요. 잘하는 게 그 정도군요.' 이 집사가 악을 썼다. '네가 다 해랏! 다 넘겨 줄 테니까. 네가 다 해랏——!' 나도 악을 썼다. '다 넘겨 주세욧! 다 할 테니깟——!'

내가 원장이 되었으면 좋겠다는 생각이 처음으로 들었다. 진병수 집사 부부를 선교회 내로 들여놓고 선교회를 재분리시키고 이순자를 퇴출시키고 한 목사님에게 자리를 넘기고, 그러면 굳이 땅을 안 가져와도 된다. 하남이란 말만 들어도 진저리가 쳐진다니까 거부하실지 모르지만 그래도 모른다. 그런데 이 집사는 패악질을 하고파서 죽기 전에 원장 자리를 포기 안 할 것이다. 원장질을 못하도록 딱 한 달만 그가 의식을 잃었다가 깨어났으면...

2006.4.9.(일)

길흥서 목사가 들어와서 한 목사가 대출한 7,000만 원을 선교회에서 대납해 주지 않았느냐는 등의 뚱딴지같은 말을 늘어놓은 뒤 이순자가 선교회 후원금 통장에서 차량운행비를 지출하고 있다고 말했다. 내가 내뱉었다. '그 인간이 차를 공짜로 주었더니 수리할 상태가 아닌데도 수리비를 50만 원이나 내라고 해서 뜯어가더니 장애인들 생활비까지 훔친다고요. 하긴 그러려고 통장을 뺏어갔지, 노회가 그러라고 시켰군요. 어떻게 목사님이 가난한 장애인들의 돈을 건강하고 가진 것 많은 전도사가 빼앗아서 쓰게 해요. 정상인들 돈이라면 안 그러겠지, 힘없는 장애인들 돈이니까 그러겠지.' 길 목사는 그렇게 생각지 말라면서 내게 왜 교회에 안 나가냐고 물었다. 내가 큰소리로 대답했다. '이순자 같은 악인이 될까봐서요.'

2006.4.16.(일)

몇 주일 전부터 교회 오후 예배에 참석한다는 어떤 사람들이 떡과 과일을 가지고 선교회에 올라왔다. 전도사, 장로, 일반교인들이라고 했다. 교회에는 나가지 않고 집안에 모여서 예배를 드리는데 부활교회를 알게 되어서 오후 예배에 나오게 된 것이라고 했다. 전도사라는 이가 예전에 교회에 나갔었는데 사람들한테 모든 걸 다 뺏겨서 하나님을 저주한 적도 있다는 등의 이야기를 했다. 그의 눈을 보니 이글거리는 게 앞으로도 안 좋은 일을 당하면 하나님을 저주할 것 같았다.

나는 류마티스에 건강을 뺏기고 그 때문에 류마티스 통증보다 더 악랄한 언어폭력을 사람들로부터 당하며 지옥 같은 생활을 20여 년이나 하고 있으면서도 하나님을 저주한 적이 없는데 전도사가 건강도 뺏기지 않으면서 다 뺏겼다고 하나님을 저주했다니, 공포가 검은 마귀처럼 내 전신을 덮쳐왔다.

2006.4.18.(화)

우리 방문이 벌컥 열리더니 이 집사가 성난 음성으로 '이순자가 와서 밥 처먹는다.' 하고 일렀다. 나가보니 정말 이순자가 밥을 처먹고 있었다. 그는 밥 한 끼도 뺏고 싶은지 식사시간에 올 때엔 식구가 권하지 않아도 '저도 밥 좀 주세요.' 하면서 꼭 식구들 틈에 끼어서 밥을 처먹는다. 안 처먹을 때가 없다. 밥을 처먹은 후 이순자가 말했다. '노회가 어떤 목사님을 우리 교회에 보내려고 하는데 내가 볼 때는 장애인들을 위하는 분이 아니에요. 그래도 여러분들이 원한다면 나는 물러날 거예요. 부활절에 떡과 과일을 가지고 왔던 사람들이 노회가 부임시키려는 목사님의 신도들이에요. 내가 노회에 땅을 장애인들을 위해 사용하겠다는 각서를 쓰라고 했는데 안 썼어요. 그래서 엄청 싸웠어요. 나는 이제 정말 지쳤어요. 노회목사들하고 싸우는 것 너무 힘들고 그래서 여러분들을 위하는 목사님이라면 물러날 거예요.'

나는 두려움에 네가 언제 우리를 생각했냐는 반발도 일지 않았다. 이순자가 쫓겨나게 되었는데 기쁨이 일지 않았다. 식구 누구도 기뻐하는 모습이 보이지 않았다. 하나님을 저주했었다는 전도사 외의 교인들 대부분도 인상이 좋지 않았었다. 그들이 우리 교회를 장악한다면 이순자보다 더한 만행을 행하지 않을까.

이순자의 말은 이어졌다. '내가 볼 때는 그 목사님은 아닌 거 같은데 여러분들이 싫다면 길흥서 목사님한테 의사표현 분명히 하세요. 나는 좋은 목사님 오시면 떠날 거예요. 여러분이 싫다는데 왜 있겠어요.'

이순자가 나간 뒤 내가 오 자매에게 오후예배에 오는 사람들 어떤 사람들 같냐고 물었다. 오 자매는 그답지 않게 굳은 얼굴로 '찬양할 때 박수를 치는데 광적으로 쳐, 광신도들 같아, 나는 무서워.' 라고 말했다. 장애인들 땅을 뺏고 돈을 뺏은 것도 모자라서 장애인교회까지 장악해서 장애인들 숨통을 조이려고 광신도들을 보내, 어디 맛 좀 봐라하는 식으로 서울OO노회 목사들 정말 이 갈린다.

이 집사에게 어떻게 할 거냐고 물으니 좋은 목사라면 노회가 보내줄 리 없다. '차라리 이순자가 낫다.' 라고 말했다. 한 목사님은 전화를 걸어와서 땅을 빨리 가져가라고 했다. 땅 때문에 의료보험비까지 많이 나와서 너무 힘들다고 했다. 내가 이 집사 때문에 못 가져 오고 있으니 좀 더 기다려 달라고 했다. 한 목사님은 '혜성 씨 이름으로 가져가요.' 하고 말했다. 내가 '이 집사가 그 꼴은 또 못 볼 거예요. 어떤 방법으로든 훼방을 하면서 저를 못 견디게 할 거예요. 그런 것은 이겨낼 수 있는데 돈이 없어요.' 하고 통화를 끝낸 뒤 이 권사님한테 전화를 해서 재발 땅을 가져오자고 애원을 했다. 권사님은 '땅은 못 가져와. 혜성 자매가 앉아서 천 걸음을 걸어도 절대로 못 가져 와.' 하고 말했다. 내가 못 가져 오는 걸 교인총회는 왜 했냐고 볼멘소리를 하자 이 권사님은 '노회 때문에 못 가져 와. 노회가 가만히 있을 것 같아. 절대로 가만 안 있어.' 했다

'노회는 교회 재산문제에 관여할 권한이 없다잖아요. 그래서 교인총회 한 거잖아요.' 내 말에 권사님은 '그렇다고 노회가 가만히 있나. 가만히 안 있어.' 했다. 노회와 이순자 악행을 막아야 된다면서 후원회를 조직하고 회장이 되었으면서… 아무 권한도 없는 노회에 대항하지 않으려면 왜 나섰는가. 땅을 노회가 뺏는 걸 막아야 한다며 후원인들을 불러 모은 게 한두 번인가. 그럴려면 처음부터 가만히 있지, 왜 나서서 바쁜 후원인들을 오라 가라 해서 시간낭비. 에너지 낭비시키고 우리에게 시간낭비 돈 낭비를 하게 했냐고 따지고 싶은 걸 차마 그러지 못하고 '노회가 또 나서면 매스컴에 터트리고 인터넷에 올려요. 아무리 노회지만 사회적 지탄을 받으면서까지 장애인을 짓밟지 못 할 거예요. 법적으로 어쩌지 못하는데 우릴 죽이겠어요.' 하고 말했다.

이 권사님이 말했다. 법적으로 교회 땅이 되었는데 법적으로 된 건 매스컴도 어쩌지 못해,

교인총회에서 땅을 선교회식구 명의로 이전하기로 한다고 의결했는데 의결하면 선교회가 땅을 가져와도 된다고 의결하라고 자기 입으로 시켜놓고 교회 땅이어서 못 가져 온다니, 말도 안 되는 거짓을 늘어놓는 사악함이 완전 이 집사 판박이다. 눈빛이 간악한 이 집사 눈빛 판박이라서 그런가. 맥이 풀려서 더 이상 말이 나오지 않았다.

이 권사님이 땅을 거부하는 것은 이 집사가 원해서일 것이다. 교인총회를 하게 한 것은 노회가 고소를 하네! 어쩌네! 해서이고, 아흔이 가까운 백인혜 권사님께 권해서 2,500만 원을 후원토록 하는 등 여러 사람에게 권해서 후원을 하도록 해놓고 그 후원금으로 산 땅을 이 집사 한 사람을 위해서 내버리려는 것이다. 자기 땅이거나 자기 돈이 많이 들어갔다면 결코 그러지 않으리라. 이 집사 이야기에 의하면 이 권사님은 100만 원을 후원했다고 한다. 임화연 권사님과 김계성 권사님 외 후원회 여러 회원분들은 수백만 원씩 후원했다 한다. 그런데 그 귀중한 돈을 폐지 조각으로 만들려는 것이다. 임 권사님은 건강치 못한데도 땅을 지켜주기 위해 갖은 노고를 마다하지 않았다. 임 권사님 김 권사님을 위시한 여러 후원회원들의 그 헌신적 지원과 마음을 짓밟으려는 것이다. 선교회 식구들을 배신하려는 것이다. 야욕에 눈 뒤집혀서 선교회를 유린하는 이 집사 한 명을 위해서…

2006.5.2.(화)

이 집사가 또 난리를 치기 시작했다. 주방장이 부추를 다듬어 놓으라는 전화를 해왔다는 것이었다. '세상에 이런 법이 어디에 있노. 자기가 할 일 누구한테 시키노. 이게 다 혜성이가 버릇을 잘못 들여놓은 탓이다.' 주방장을 비난하며 난리 치는 게 일주일에 두 번 이상 있는 일이어서 이전처럼 곧 그치겠지 하고 잠자코 있는데 한참이 지나도 그치지 않았다. 듣다못해 방문을 열고 서서 '그렇게 나쁘다 싶으면 말을 하세요. 왜 매번 앞에서는 친절하게 웃으면서 대하고 뒤에서만 그러세요,' 하고 나무랐다. 이 집사는 성난 들개처럼 내게 달려와서 나를 팰 듯한 기세로 '네가 버릇을 그렇게 들여놔서 그렇잖아.' 하고 외쳤다.

내가 말했다. '일반사회에서도 아프면 배려해 주는데 하나님을 믿는 단체에서 아플 때 도와주는 게 잘못된 거예요. 도와주면 한 달에 몇 번 도와줘요?. 일 년에 몇 번씩 야채 다듬는 것 거들어주는 것을 가지고 그러세요.' 이 집사는 '네가 지나치니까 그렇지. 아파도 내가 알아서 쉬게 해줄 텐데, 네가 뭔데 쉬어라 말라 하놋!' 등등을 쉬지 않고 외쳐댔다. 지난 몇 년 동안 주방장님이 가끔씩 아프다며 힘들어해도 이 집사는 단 한 번도 쉬게 하거나 일을 거들어 준 적 없다.

'네가 뭔데? 집사님은 뭔데요? 집사님이 언제 알아서 쉬게 해준 적 있어요.' 하고 내가 대들었다. 이 집사가 '나는 원장이닷!' 하고 외쳤다. 내가 '왜 집사님이 원장이야! 누가 원장으로 세웠는데?' 하고 물었다. 이 집사는 '시청에 가봐랏! 내가 원장이 아닌지, 식구들한테 물어봐랏! 내가 원장이 아니라고 하는지, 너나 원장으로 인정 안 하지, 다른 식구들은 다 인정한다. 그런데 네가 와 주제넘게 남한테 쉬어라 말라 허놋――!' 하고 악을 썼다. 나도 악을 썼다. '시청에 가서도 원장행세 했군요. 주제 넘게욧! 집사님이 원장행세 하는 건 어떻고욧! 선교회가 집사님 거예욧! 마음대로 원장하겟――!'

이 집사는 같이 사는 식구들 날마다 씹고, '너 같이 못된 인간은 하늘 아래 없을끼닷――!' 하고 악을 썼다. 나도 악을 썼다. '예전에도 내가 씹었어욧! 땅 문제 불거지기 전에 씹었냐고욧! 그전에는 집사님이 아무 잘못 없는 나를 씹을 때도 나는 집사님을 안 씹었어요. 하늘 아래 집사님만큼 씹는 사람 없어욧! 아무 잘못 없는 사람도 닥치는 대로 씹는 사람은 집사님밖에 없어욧――!'

이 집사는 '내가 언제 씹었냣――!' 하고 악을 쓰면서 또 내 양 손목을 움켜잡고 뭉개져라 짓눌렀다. 뱀같이 징그러운 그의 손. 나는 그를 똑바로 쏘아보면서 말했다. '하나님한테 그렇게 말하세요. 나는 사람을 안 씹었다고 당신도 내가 싫겠지만 나는 당신이 정말 싫어. 잘하면 아니 잘 안 해도 큰 잘못만 안 한다면 원장을 안 하려 해도 원장 하라고 떠밀 거라고 하는데도

죽어도 잘하기 싫어서 식구한테 횡포까지 부리면서 원장하려 하고…'

이 집사가 '내가 무슨 횡포를 부렸냣! 횡포부린 거 다 말해봐랏──!' 하고 악을 썼다. 내가 '다 하려면 하루 종일 걸려!' 하고 내뱉었다. 이 집사는 내 손목을 놓고 세상에 '너처럼 모질고 독한 인간은 없다. 너도 양심이 있어봐랏! 나만큼 식구한테 잘하는 사람이 어딨노. 아줌마한테 내가 씹었다고 말해랏!' 하면서 몸통으로 나를 들이받기 시작했다. 자기 몸통을 내 몸에 바싹 밀착시켜서 구석으로 몰면서(피하지 못하도록) 내 숨통을 조이듯이 들이받으면서 '말해랏. 씹었다고 말해랏.' 하고 위협했다. 쉬지 않고 위협했다. 알아서 할 테니까 강요하지 말라고 외쳐도 이 집사는 집요하게 위협했다. 악귀 같았다. 그의 몸뚱이가 너무 징그럽고 끔찍한데 구석에 갇혀서 피할 수 없었다. 그를 밀쳐버리고 주방장님한테 전화를 해서 이 집사가 위협하는 대로 하고 싶었다.

그러나 내겐 그를 밀칠 기운이 없었다. 죽을힘을 다해 밀쳐도 그는 마왕처럼 옴짝도 하지 않았다. 쉼 없이 나를 들이받으며 같은 위협을 줄기차게 행했다. 몸서리가 쳐졌다. 그를 진정 물어뜯고 싶었다. 얼마나 극악하면 이토록 집요한가. 악마가 아니고서야 이토록이나 집요할까. '이래서 집사님은 원장이 되면 안 되는 거예요. 왜 이리 사람을 몸서리치게 해요──!' 하고 외치자 이 집사는 '네가 아줌마를 도와줘도 너무 지나치니까 그렇지. 완전 병적이야 병적──!' 하고 외쳤다. 내가 말했다. '나는 집사님이 지나치다고 생각해요. 내 상식으론 아픈 사람 도와주는 거 당연한 거예요. 집사님이 얼마나 몰인정한지 아세요.(몰인정한 게 아니라 비정하다) 팔다리 망가진 내게도 일해야 한다고 하고 그러면서 내가 모질고 독하다 하고…'

이 집사는 '아프면 다리 뻗고 앉아서 못허낫──! 아줌마한테 일 시키는 게 그렇게 싫으면 아줌마한테 가서 살어랏──!' 하고 악을 썼다. '아플 땐 다리 뻗고 앉아도 아파요. 그렇게 못 마땅하시면 얘길하세요. 왜 앞에서는 늘 웃고 따뜻하게 대하고 뒤에서는 걸핏하면 그러세요.' 내 말에 이 집사는 '말 할 테니까 네가 다 해랏!' 하고 외쳤다. '왜 내가 해요. 집사님이 해야지,' 내 반격에 이 집사는 '네가 아줌마를 그렇게 만들어 놨잖앗! 네가 원인제공자인데 네가 해야짓!' 하고 외치더니 '병적이야, 병적, 왜 그렇게 도와주려 하는지 이해가 안 돼. 예전부터 병적이라는 생각이 들었어.' 했다. 진정어린 목소리로 몇 번이나 반복해 말했다. 진정으로 그렇게 생각하는 듯했다.

자기는 생리대 차는 것 밥 떠먹는 것까지 도움을 받은 전력이 있으면서… '나는 집사님이 이해 안 돼요. 남이라도 아픈 사람을 도와주고 싶은 게 사람마음인데 아파본 사람은 아픈 사람을 잘 이해한다는데 집사님은 아파보고도 아픈 사람을 도무지 배려할 줄 모르니' 하고 내가 탄식했다. 이 집사는 '너를 식구로 인정할 수가 없다. 기도도 안 허고' 말했다. 내가 '기도만 하면 사람한테 비정하게 굴어도 되는 거예요? 기도만 하면 그 어떤 패악질을 해도 되는 거예요? 기도하다가 누구처럼 나쁜 사람 될까봐 겁이 나서 못해요.' 라고 응수했다. 이 집사는 '나만큼만 되어봐라. 나만큼 식구들한테 잘 허는 원장이 어딨노.' 했다. 내가 속으로 '당신처럼 악랄한 사람이 되느니 차라리 죽는 게 나아' 라고 하면서 겉으로 '낯도 안 뜨거우세요? 어떻게 말도 안 되는 그런 말을 그렇게 당당하게 하세요. 나 같으면 누가 돈을 준다 해도 식구들한테 집사님처럼 하지 않겠지만 했다면 세상이 뒤집힌 데도 그런 말 못해요.' 하고 말했다. 이 집사가 잡아먹을 듯한 얼굴로 나를 노려보면서 '나만큼만 잘해 봐랏! 너는 어찌 그리 양심도 없놋! 너도 사람이라면 양심 좀 있어 봐랏! 부추 네가 다듬엇! 네가 아줌마를 그렇게 만들었으니 네가 다듬엇!' 하고 외쳤다.

그때 주방장이 이웃 아줌마를 대동하고 나타났다. 이 집사가 얼른 내게서 떨어져 나갔다. 주방장은 몸이 너무 아파서 거들어 달라고 데려왔다고 했다. 주방장은 나중에 내게 이 집사가 난리치는 걸 이웃 아줌마가 듣고 도움을 자청한 것이라고 말했다.

내가 우리 부활선교회에 입소한 후 주방장이 8명 거쳐 갔다. 현 주방장이 가장 깔끔하고 음식을 맛있게 하고 식구들한테 친절하고 따뜻하다. 닥치는 대로 사람을 씹어대는 이 집사지만 왜인지 주방장들은 잘 씹지 않았다. 그런데 가장 잘하는 현 주방장은 틈만 나면 씹어댄다. 아무것도 아닌 것을 트집 잡아서 씹으며 난리를 친다. 예전에 자기한테 가장 온정적인 나를 가장 많이 미워하고 씹어댄 것과 똑같다. 사람을 씹어대는 이 집사 음성엔 예나 지금이나 미움과 적개심이 가득 차 있다. 악인은 본능적으로 좋은 사람을 증오하고 미워하는 듯하다. 예전에 내가 있었던 OO선교회의 김종O 목사 년도, OOO집. 이동O 목사 놈도 본인한테 무심하고 식구들한테 매정한 봉사원과 식구들은 안 미워하면서 본인과 식구들한테 헌신하는 나는 죽어라 미워하고 학대 했었다.

2006.5.14.(일)

이순자가 올라와서 말했다. '노회가 목사를 부임시키려고 해요. 그 때문에 명성교회에서 얼마나 싸웠는지 몰라요. 식구들이 떠난다는 말이 있던데 왜 권리를 포기하려고 하세요. 부활교회는 장애인을 위해 세운 교회니까 앞으로도 장애인을 위한 교회가 될 거예요. 떠난다니까 노회가 이용하잖아요.'

너무도 같잖아서 내가 누구 때문에 떠나려 하는지 몰라서 그런 말을 하냐고 따지자 이순자는 '나는 노회가 시켜서 했을 뿐이에요. 소송을 한 것도 노회가 시켜서 한 거예요. 노회가 소송비를 대줄테니까 어서 하라고 재촉했어요. 그런데 여태껏 소송비를 안 줬어요. 장애인을 위해주는 목사가 오면 나는 물러날 거예요.' 하고 말했다. 내가 '노회가 사람을 죽이라고 했으면 죽였겠네, 시킨다고 악을 행하는 것이 시키는 것보다 더 악하지, 시킨다고 여태껏 악행도 저질러 왔으니 앞으로도 시키는 대로 하면 되겠네!'

2006.5.15.(월)

길 목사가 찾아와 말했다. '나는 나쁜 목사가 아닙니다. 부드러운 데도 있고 좋은 목사입니다.' '아니 누가 뭐라 했나.' 내가 말했다. '목회자들 다 좋은 분들이죠. 정상인한테와 장애인한테는 그 반대죠. 저는 여러 장애인시설을 거쳤는데 목사들이 장애인한테는 무자비한 악마이면서 정상인들한테는 천사였어요. 장애인을 학대하지 않는 목사는 한 목사님밖에 못 봤어요. 그래서 저는 하나님이 목사들에게 장애인을 학대하라고 시키시나 라는 생각도 했어요.'

길 목사는 팔을 내저으며 '큰일 날 소리' 하고 제지한 뒤 '나는 여러분들 마음 아프게 할 생각 조금도 없습니다. 이순자 전도사는 그만두게 할 것입니다. 전부터 물러나라고 했는데 못 물러난다고 버티고 있습니다. 목사가 와야 정리가 됩니다.'하고 말했다. 이 집사가 '우리는 교회 관리를 받게 되면 이곳을 떠날 거예요. 떠나게 되면 살 곳을 만들어 주셔야됩니다.' 하고 말했다. 길 목사는 자리에서 일어서면서 '부활교회가 사람들로부터 욕을 먹고 있어요.' 하고 말했다. 내가 잽싸게 응수했다. '노회 덕분이죠. 예전엔 주변사람들이 다 좋은 교회라고 했습니다. 지금은 장애인 땅을 빼앗았다고 날강도 교회라고 합니다. 어떤 사람들은 교회에 다니면 안 된다는 말도 합니다.'

2006.5.16.(화)

이 집사가 외부에서 살고 있는 진병수 집사 부부를 불러다 놓고 '나는 처음부터 지금까지 이곳을 떠나야 헌다는 마음인데 진병수 씨는 어떻게 생각하세요?' 하고 물었다. 진 집사는 '이것에 살고 싶어요. 정이 들어서 다른 곳은 안 가고 싶어요.' 라고 대답했다. 이 집사는 '이곳에 살면 다 뺏기게 될 텐데 그래도 좋아요?' 하고 다그쳤다. 나는 '이곳에서 떠나면 당신한테 다 뺏기지 당신이 다 뺏으려고 떠나려는 거잖아.' 라고 하고 싶었지만 차마 못했다. 이 집사는 '노회에 땅값의 절반을 달라고 해서 집 한 채 얻어나가면 우리를 욕할 사람 아무도 없어요.' 하고 말했다. 내가 말했다. '그냥 이야깃거리로 들으세요. 노회가 땅값의 절반을 왜 주겠어요, 땅을 가져와 팔거나 융자 내는 게 더 쉽지, 그게 싫으면 땅을 노회에 등록시키고 선교회가 교회와 분리되었다는 걸 문서로 만들어놓는 게 어때요. 그러면 교회가 우리 것을 못 빼앗잖아요.' 이 집사가 잡아먹을 듯한 얼굴로 나를 노려보며 '네 맘대로 노회에 넣을래.' 하고 소리를 질렀다. '내가 넣는다고 했어요. 그러는 게 어떠냐고 묻는 거지' 하고 내가 내쏘았다. 이 집사는 '그래도 그런 말 허면 안 돼지.' 했다. 나는 너는 네 맘대로 원장질하고 네 맘대로 선교회를 이 꼴로 만들어놓고 철면피하게 그런 말이 나오냐! 하고 대들고 싶었지만 싸우기 싫어서 잠자코 있었다.

강도떼가 강탈한 물건의 절반을 돌려줄 거라는 생각을 하다니, 아무래도 이 집사는 뇌에도 장애가 있는 듯하다.

오후 늦게 옛 식구 조명운 형제가 전화를 걸어와 말했다. 단체를 하나 만들어 등록을 하면 그 단체 명의로 세금 한 푼 안 내고 땅을 가져올 수 있대요. 이 집사한테 그 이야기를 하니 들은 척도 안 했다.

2006.5.17.(수)

이 형제가 말했다. 이 집사가 어제 식구들한테서 선교회를 떠나겠다는 서명을 받았다고. '너도 서명 했어?,' 내 물음에 이 형제는 움찔하더니 "했나? 생각이 안 나네." 했다. 내가 너같이 기억력 좋은 애가 어제 일이 생각 안 난다고? 하고 핀잔을 주자 이 형제는 한 것도 같고 안 한 것도 같고 하고 얼버무렸다.

2006.5.21.(일)

오후예배를 길흥서 목사가 인도했다. 길 목사는 예배를 끝내고 '그동안 이순자 전도사님이 많은 수고를 했습니다. 이 전도사님이 무슨 허물이 있어서는 아닙니다. 교회통장이며 직인 등의 자료를 모두 내게 넘겨주시기 바랍니다.' 하고 말했다. 이순자를 해임시킨다는 선언을 한 것이다. 이순자 관리를 안 받으려면 다른 곳으로 떠나야 된다고 우리를 겁박하고 이순자가 땅을 뺏도록 노회장까지 나서서 갖은 노고를 아끼지 않다가 이순자를 해임시키는 건, 물론 자기들이 선교회와 땅을 차지하기 위해서다. 자기네 패거리를 심어서 소유권을 차지하려는 것이다. 이순자가 쫓겨나는 것에 이젠 살았다고 환호성을 질러야 하는데 원통하게도 그럴 상황이 아니었다. 이순자가 '우리 교인은 목사님을 안 모시기로 했습니다. 교회자료는 안 내놓을 겁니다.' 하고 말했다. 길 목사는 그래서 안 된다고 말했다.

길 목사는 선교회에 올라와서 '박순일 목사가 오기로 결정된 건 아니지만 온다고 해도 내가 있기 때문에 잘못되지는 않을 것입니다.' 하고 말했다. '네가 있기 때문에 더 잘못되지, 목사님 아!'

내가 '왜 우리 의사도 묻지 않고 보내는 거냐고.' 볼멘소리를 내자 길 목사는 '여러분들을 섬기려고 오는 것입니다.' 하고 똥딴지 같은 소리를 했다. '장애인들의 인권과 권익을 뺏으러 오는 게 아니고요.' 하고 반박하고픈 걸 참고 '내가 섬기는 것 원치 않습니다. 저는 믿음이 얕아서인지는 모르지만 병에 걸린 지 20여 년을 지옥생활을 했어도 하나님을 저주한 적 없습니다. 순간순간 원망스러울 때는 있었습니다. 그런데 전도사가 건강한 몸을 가지고도 하나님을 저주한 적이 있다는데 왜 우리가 그런 사람들과 함께 해야 되죠. 싫습니다.' 하고 말했다. 밖에 나가보니 이순자가 분기 가득 찬 얼굴로 마당에 서 있었다. 내가 앞에 가서 고소하다는 듯 지껄였다. '토사구팽, 땅 사냥이 끝났으니 이순자를 잡아야지.'

2006.6.25.(일)

자기는 법을 전공한 사람이라며 말끝마다 법을 들먹이는 노회임원 황문세 법 장로가 찾아왔다. 그토록 싫어하는 이순자와 왜 함께 하려는지 알려고 왔다 했다. 그는 노회가 이순자에게 통장을(이순자가 빼앗아 간) 돌려주라고 했는데 안 돌려 주었다고 말했다. 노회가 소송비를 준다고(이순자에게) 한 적 없다는 말도 했다. 내가 이순자와 함께하려는 건, 박 목사님의 신도들이 싫어서라고 우리에게 땅에 신고시설을 짓도록 해주고, 선교회가 독립된 기관임을 인정해주면 박 목사님 아닌 다른 목사님일 경우 거부하지 않겠다고 말했다.

법 장로는 '신고시설 짓고 사세요. 하지만 교회 관리는 받아야 해요. 땅도 교회 땅인데,' 했다 내가 말했다. '하나님보다 법을 중요시하시는 듯하네요. 법적으로 교회 땅이라 할지라도 불행한 삶을 사는 장애인들이 먹고 싶은 걸 안 사먹고 죽은 이가 입던 헌옷까지 얻어 입으며 추위에 떨면서 만든 비상금으로 산 땅이니만치 하나님의 사랑으로 돌려줄 수도 있는 거 아니에요. 그리고 법적으로 땅은 선교회 것입니다. 교인총회에서 선교회로 이전시키기로 의결했잖아요.'

법 장로는 '자기들 마음대로 한 교인총회는 법적으로 인정 못 받아요. 하나님 사랑은 그런 거예요.' 했다. 나는 법전공자는 거짓말도 잘하는 거냐고, 왜 교인총회가 인정받지 못하냐고, 하나님의 사랑은 안 그래도 고통스런 삶을 사는 장애인들의 땅과 인권과 권익을 빼앗는 거냐고 들이받고 싶은 걸 차마 못했다.

2006.6.27.(화)

이 집사의 성난 음성이 그의 방에서 튀어나왔다. '우리가 태어날 때부터 장애인입니까. 건강하게 살다가 장애인이 되었습니다. 장로님은 다 사셨습니까. 폐쇄시키세요. 하나님께서 기뻐하실 것입니다.'

방으로 들어가니 이 집사가 씨근대며 수화기를 내려놓고 말했다. 황 장로가 장애를 입었으면 마음보라도 곱게 쓰란다. 그러면서 선교회를 폐쇄시켜 버리겠단다. 내가 한탄하며 말했다. '자기들 말을 안 듣는다고 그러는 거군요. 더러운 놈, 네 놈은 몸이 정상이어서 마음보를 더럽게 쓰냐고 장애인들 것을 다 빼앗냐고 해줘야 했는데, 다 뺏기고도 뺏은 자들로부터 모욕을 당하고 장애를 입은 것이 죄 중에 큰 죄네요. 하나님은 왜 우리에게 이렇게 큰 죄를 입혔죠.'

2006.6.28.(수)

길 목사가 무슨 꿍꿍인지 박 목사를 안 보내기로 했다는 전화를 해왔다.

2006.6.29.(목)

이 집사가 식구들한테 말했다. '한 목사님이 땅을 팔래요. 그래서 땅값을 알아보니 9억이래요.' 내가 말했다. '왜 팔아요. 선교회를 재건축하려고 산 땅을 그리고 가져와야 팔던지 어떻게 할 거 아녜요.' 이 집사가 '가져올 수 있으면 가져와야지. 세금이 1억이 들더라도 가져와야지.' 했다. 내가 '가져올 수 있잖아요. 모임을 한 개 만들어 등록하면 세금 한 푼도 안 내고 가져올 수 있다는데 진작 가져왔으면 좋잖아요.' 하고 말했다. 이 집사가 얼굴을 흉하게 일그러뜨리며 악에 받힌 목소리로 '내가 언제 땅을 안 가져 오려고 했냣! 내가 뭘 잘못했기에 이렇게까지 날 씹냣──!' 등등의 악을 쓰기 시작했다. 나도 따라 악을 썼다. '그럼 잘못한 게 없어욧──!' 이 집사는 즉시 달려들어 내가 피하지 못하도록 내 두 손목을 움켜쥐고 머리통으로 또다시 정신병자처럼 나를 들이받기 시작했다. '나를 뜯어먹어랏! 와 못 뜯어 먹놋! 어서 뜯어먹어랏!' 하고 외쳐대면서…

그의 몸이 악귀 몸으로 느껴져 몸서리가 쳐지고 공포가 일었다. 그래서 있는 힘을 다해서 그를 밀치며 '이 정신병자야! 소름끼쳐 저리갓!' 하고 외쳤다. 이 집사는 조금도 밀리지 않고 내가 그에게 들이 받혀서 이리 떠밀리고 저리 떠밀렸다. 이 집사에게 손이 잡혀 있지 않았다면 나는 나자빠졌을 것이다. 나를 미친 듯이 들이받으며 이 집사는 '내가 언제 널 폭행 했닛! 네 손을 잡았지 언제 폭행했니. 이년앗!' 하고 외쳐대면서 내 두 손목을 또다시 뭉개져라 새차게 짓누르기 시작했다. '네 손은 쇠뭉치냐! 잡기만 했는데 시퍼렇게 멍이 들게. 이렇게 하는 게 폭행이 아니고 뭐냐 인간앗!' 하고 내가 반박했다.

이 집사는 '또 폭행당했다고 말해랏! 또 미스 최한테 가서 일러바치고(이전의 폭행 후에 이웃의 최 언니한테 이야기했었다) 고소해랏! 나도 할 말 좀 하겟! 네 년이 얼마나 나를 씹었는지 말 좀 하잣! 동네사람들한테도 정신병자 같았다고 말해랏!' 하고 외쳐 대면서 머리통으로 줄기차게 내 가슴팍을 발광하듯 들이받으며 때때로 내 손을 자기 머리에 끌어다 대면서 어서 뜯으라고 외쳤다. 뜯으라고 외치지 않아도 너무나 몸서리가 쳐지고 징그러워서 잡아 뜯고 싶었다. 머리카락 아닌 살을 물어뜯고 싶었다. 물어뜯어서 악귀 같은 그의 몸뚱이를 떼내고 싶었다. 이 집사는 발광하듯 '이년앗! 이년앗! 나 때문에 재판에 져 이년앗! 와 나 때문에 졌노. 이년앗!' 하고 외치기 시작했다. 내가 '인간앗! 내가 언제 너 때문에 졌다고 했냣! 네가 이순자를 안 내쫓아서 소송을 당했다고 했지.' 하고 사실대로 반박해도 이 집사는 같은 말을 외쳐댔다. '내가 하나님한테도 그렇게 거짓말 해랏! 내게 기도 안 한다고 뭐라 하면서 너처럼 거짓말 많이 하라고 나더러 기도하라고 했냣!' 하고 외쳐도 같은 거짓말을 외쳐대다가 이 집사는 '세상에 너 같은 년 처음 본다. 이년앗!' 하고 외쳤다.

'내가 할 소리 하고 있네.' 하고 내가 코웃음을 친 뒤 '너는 이순자를 보면 속이 뒤집힌다면서 이순자보다 더한 너는 원망 듣기 싫냐!' 하고 퍼댔다. 이 집사는 '내가 뭘 잘못 했놋 이년앗!' 을 쉼 없이 외쳐대기 시작했다. 내가 성질을 죽이고 '진짜 잘못을 모르시겠어요? 한 목사님한테 땅 팔아가라고 하고 땅과 선교회를 강탈하려는 이순자를 안 내쫓고 지켜준 것이 잘못이 아니라고 생각하세요?' 하고 곱게(?)물었다. 이 집사는 나를 들이받던 머리통을 쳐들어 두 눈을 부릅뜨고 나를 노려보며 교회를 옮겨가라고 했다. 이년앗! 하고 외쳤다. 땅 팔아서 옮겨가라고 했잖아 당신 땅이야! 당신 마음대로 팔아가라고 하게 교회는 우리들이 예배를 어떻게 드리라고 옮겨가라고 했냐! 내 반격에도 이 집사는 눈 한번 깜박 않고 나를 노려보며 '교회를 옮겨가라 했다. 이년앗! 노회에서 막는데 이순자를 어떻게 내쫓놋 이년앗! 소송이 걸려있는 겟 어떻게 내쫓놋 이년앗——!' 하고 악을 썼다.

정말이지 몸서리쳐지도록 흉측한 인간이었다. 나도 따라 악을 썼다. '넌 거짓말 탐지기에도 안 걸리는 거닷! 소송 걸리기 전에 내쫓으라고 해도 안 내쫓고 그래서 소송 당하게 해놓고 선교회보다 노회가 더 중요하냣! 선교회보다 선교회와 땅을 강탈하려는 노회가 더 중요해서 이순자를 안 내쫓았으면 지금도 노회가 시키는 대로 하짓! 왜 안 하냣! 노회 때문에 이순자 못 내쫓는다는 거짓말해서 안 내쫓고 선교회를 이 지경으로 만들어놓고 땅도 못 가져 온다고 거짓말하고 노회 개인양 노회 말만 듣고 그런데도 잘못한 게 없엇 인간앗——!' 이 집사는 그래도 같은 악을 써대다가 '한수야! 내가 오늘 뜯겨 죽을 테니까 내가 죽으면 신고해라.' 하더니 또다시 머리통으로 나를 들이받기 시작했다. 내가 식구들에게 말했다. '똑똑히 기억해 두세요. 이런 인간이 진짜 원장이 되면 어떻게 하겠어요. 잘못을 해놓고도 이러는데 진짜 원장이 되면 식구가 마음에 안 들 경우 때려죽이거나 굶겨 죽일 거예요. 이 인간 정신상태도 정상이 아니에요.'

나는 이 집사에게 들이받혀서 이리 떠밀리고 저리 떠밀렸다. '이렇게 잘못을 뉘우칠 줄 모르고 오히려 폭력을 행하는데 어떻게 안 씌냐! 내가 너처럼 했다면 너는 벌써 나를 때려죽였을 거잖아! 이 정신병자야! 정말 몸서리 쳐진다. 저리 가!' 하며 내가 필사적으로 밀쳐도 이 집사는 미친 듯이 세차게 나를 들이받으며 어서 잡아 뜯으라고 외쳤다. 그래도 식구들은 오 자매가 무심한 목소리로 지나가는 말처럼 '이제 그만하세요.' 한마디만 할 뿐 입 한번 벙긋 않고 구경만 하고 있었다.

주방장 출근시간이 다가와서일 것이다. 이 집사는 나를 내 방으로 밀어 넣고 들이받았다. 나는 검은 악귀가 들이받는 것으로 느껴져 몸서리가 쳐지고 공포로 숨이 멎을 듯했다. 사력을 다해 그를 밀쳤지만 그는 발악하듯 머리통을 쉬지 않고 내 가슴팍을 들이받았다. 나는 들이받혀서 침대 위에 나자빠졌다. 나를 그렇게 들이받느라 이 집사는 침대 모서리에 정강이를 부딪힌 듯했다. 정강이를 들여다보며 '이년이 내 다리를 쳐?' 하더니 '이년앗! 뜯어 먹어랏 어서 뜯어 먹어랏 이년앗!' 하고 외쳐댔다. 그러다가 '너도 나이 들어서 네년보다 나이 적은 것한테 내가 받은 것 10배 20배를 받아랏 이년앗——!' 하고 악을 썼다. 예전에 자기가 운영위원일 때는 아무 잘못 없이도 나보다 나이 더 적은 남자 식구로부터 씨발년이라는 욕을 면전에서 듣고도 화조차 안 내고 잠자코 있던 인간이다. 자기보다 나이 더 적은 식구가 자기를 강간하겠다고 했는데도 그 식구하고 여태껏 연락하며 잘 지내는 인간이다.

내가 외쳤다. '내가 너같이 한다면 열배 스무 배가 뭐! 200배 300배는 받아야 된다. 이, 허언증 환자얏!'

주방 쪽에서 덜그럭거리는 소리가 났다. 주방장이 출근한 것이다. 그제서야 이 집사는 발악을 멈추었다. 멈추고 방을 나가면서 '개를 상대하지 너 같은 년 상대하기 싫다.'하고 내뱉었다. 4시쯤에 폭행을 시작했는데 4시 45분이 지나있었다. 내가 방을 나가서 '아유 정신병자야! 45분이나 나를 들이받았어. 자기가 잘못해 놓고 어떻게 낯빛 하나 안 변하고 거짓말을 할 수 있을까. 어찌나 거짓말을 눈 하나 깜짝 않고 잘하는지, 거짓말 탐지기에도 안 걸릴 거야! 원장병에다 허언증까지 있어! 몸만 장애인 아냐, 정신도 장애를 입었어, 인격 장애인이야! 정말 끔찍하고 몸서리쳐져.' 하면서 진짜 몸서리쳤다.

이 집사는 자기 방문을 열어놓고 방을 쓸면서 '개를 상대허지 너 같은 년을 상대허기 싫다.'고 쉬지 않고 내뱉었다. 나는 쓰러질 듯한 상태인데 이 집사는 기도 덕분인지 잘 먹어서인지 전혀 지치지 않고 기운이 넘쳐 보였다. 이전과 조금도 다름없이 주방장에게 다정히 말도 걸고 저녁도 잘 먹었다. 식사시간 후 내가 오 자매한테 '이젠 정말 저 인간을 잡아 뜯고 싶어, 이전엔 홧김에 그런 말 했지만 이젠 진정으로 그러고 싶어!' 하고 말했다 오 자매는 '그렇다고 자다가 소리 지르지 마! 그전에 그런 일 당하고 한동안 소리 질렀잖아! 이번엔 그러지 마! 무서워!' 하고 진짜 무서운 듯 말했다.

가슴팍을 거울에 비춰보니 시퍼렇게 멍이 들어있고 뼈까지 아팠다. 손목도 시퍼렇게 멍든 채 욱신거리며 아팠다.

이 일기를 쓰는 동안에도 몸서리가 쳐지고 죽을 듯 공포스러워서 쓰는 데 거의 두 시간이 걸렸다. 악인들도 잘만 사는데 악을 행한 적 없는 나는 왜 이렇게 지옥에서 사는 것일까?

2006.6.30.(금)

밭에 나가서 멍하니 서 있는데 주방장님이 지나가다가 '어제 왜 그랬어요? 내가 애가 탔지만 누구 편을 들 수 없어서 운기 씨한테 어떻게 해야 되냐고 물었는데 운기 씨가 나는 집사님 편도 아니고 누나편도 아니에요. 하면서 꽁무니를 빼는 거예요.' 하고 말했다. 사람이 그것도 병자가 폭행을 당하고 있는데 누구 편도 들 수 없다니 이운기 형제는 이 집사를 몹시 미워하고 싶어해서 나를 따르고 믿고 지지한다. 나를 따르지 않더라도 좀 말려달라고 할 수 있는데 그러지 않은 건 내가 당하는 고통이 아무렇지 않기 때문이리라. 나를 따르면서도 다른 식구들과 마찬가지로 내가 맞아 죽어도 구경만 하고 있을 자가 아닌가. 나를 따르는 식구조차 내 고통을 아무렇지 않아 하는 비정한 장애인 세계가 너무 아프고 슬프다. 내가 시퍼렇게 멍든 손목을 내보이자 주방장님의 일행인 이웃 아줌마가 놀라며 진단서를 끊어 놓으라고 말했다.

2006.7.1.(토)

진단서를 끊으러 햇살병원에 갔다. 의사는 시퍼런 내 가슴팍을 보고 놀라더니 폭행을 당해서라는 이야기에 혀를 찬 뒤 비용이 18만 원인데 10만 원으로 할인해 주겠다고 말했다. 2주 진단서를 받아서 선교회로 돌아오니 진단을 한 군데만 받은 게 생각났다. 짓눌린 손목도 시퍼렇고 아픈데 머리로 들이받은 가슴팍 진단만 받은 것이다. 류마티스에 점령당하고 있어서인지 손목이 더 아픈 상태인데도 생각을 못했다니, 폭행당할 때의 고통과 공포가 뇌를 죽였나? 라는 생각을 하면서도 내 자신에게 화가 났다. 첫 폭행, 두 번째 폭행의 진단서를 끊지 않은 것도 후회되었다. 지금은 여차하면 고소해야겠다는 마음이지만 그때는 그럴 마음이 조금도 없어서 안 끊었었다. 이제는 손목 진단서도 끊고 싶은데 전신이 아프고 무기력해서 옴짝도 하기 싫다.

2006.7.2.(일)

이 형제가 말했다. '이 집사님이 나보고 이곳에 있을 자격이 없대. 누나보고도 못 배워 처먹어서 어른 대접을 할 줄 모른대. 그래놓고는 혜성이한테 일러라. 하고 협박을 해 날마다 누나 욕을 하면서 그때마다 일러라 일러 하고 협박을 해.'

내가 말했다. '자기처럼 패악을 행하고 선교회를 유린하는 자만이 선교회에 있을 자격이 있다는 거지, 자기는 잘 배워 쳐먹어서 실체를 아는 모든 사람들로부터 악하고 못된 인간이라는 욕을 먹는구나.'

이 집사를 볼 때마다 극한 공포가 몰려온다. 그의 발소리나 목소리만 들어도 몸서리가 쳐지고, 작은 소음에도, 방문 여닫는 소리에도 심장이 내려앉는다.

2006.8.31.(목)

온갖 패악을 자행하면서도 자기는 선한 이로 나는 모질고 독하고 양심 없는 이로 매도하는 이 집사에게 보여주려고 작성해 놓은 이 집사의 행태에 대한 글을 이 권사님에게 우편으로 보냈다. 자기가 행한 잘못을 내가 했다고 뒤집어씌우기도 하는 이 집사가 이 권사에게 나를 모함하고 음해하는 게 이전부터 감지되어서다. 이 집사가 선교회 재정을 빼돌린 것, 그 때문에 선교회문제가 발생되었다는 것, 이 권사님을 두고 이 집사가 암까마귀인지 숫까마귀인지 모르겠다고 험담한 사실도 써서 첨부하고 싶었는데 그건 차마 못했다.

내 장애 중 하나인 남의 악행을 원만해선 다른 이에게 말하길 꺼리는 습성이 때론 내게 해가 되는 것을 경험하고도 그 습성을 버리지 못한다. 그래서 더 이골로 사는 것이다.

2006.9.5.(화)

이 권사님한테서 전화가 왔다. 내가 보낸 글을 잘 읽었다면서 '왜 혜성 자매가 이 집사에 대해 거부감을 가지고 있는지 이해했어!' 하고 말했다. 이 집사의 악행에 대해 10분의 1도 못쓴 글인데...

2006.9.10.(일)

이 집사가 보이기만 하면 거대한 공포가 덮쳐온다. 그의 목소리나 발소리만 들려도, 생각만 해도, 몸서리가 쳐지고 심장이 내려앉는다. 밤이 되면 호흡이 제대로 되지 않는다. 심장이 멎은 듯하면서 숨이 쉬어지지 않아서 인위적으로 힘들여 내쉬어야 하는 상태가 매일 밤 계속된다. 폭행을 세 번 당한 후부터 생긴 증상이다. 불면증까지 생겨서 새벽녘에야 간신히 잠이 든다.

잠잘 때는 호흡이 되는지(공포를 못 느껴서?) 죽지 않는 게 신기하다. 외부에 나가면 분명히 눈에 익은 곳인데도 낯설게 느껴지고 꿈속처럼 사방이 아련하다. 버스를 타면 버스비가 얼마인지 생각이 나지 않고 목적지 이전에 내리거나 지나치기 일쑤다. 내가 미쳐버린 게 아닌가 싶어 두렵다. 이러다 죽는 게 아닌가 싶어 두렵다. 내가 죽으면 이 집사가 쾌재를 부르며 가차 없이 선교회를 뭉개버릴 것이기에...

2006.10.25.(수)

박미영 자매가 다니러 왔는데 갑자기 그가 '아이 분해, 아이 분해!' 하고 팔팔 뛰기 시작했다. 왜 그러냐고 묻자, 이성기 집사 자리를 가리키며 저기 '아저씨가 내 가슴 만졌어! 어떡해!' 하고 계속 팔팔 뛰었다. 언제 그랬냐니까 '아까' 라고 대답했다. 왜 가만히 있었냐니까 놀라서 라고 대답했다. 이성기 집사도 이 집사도 나가고 없었다. 이성기 집사 놈 곁에는 예전부터 이 집사 외의 여자식구는 가지 않았다. 엉큼한 짓을 해서라고 여자들이 이야기 했었다. '그 아저씨 이상하다는 걸 못 들었니, 왜 가까이 갔어!' 내 나무람에 박 자매는 손으로(손짓으로) '오라고 했어!' 하고 말했다.

야채를 다듬고 있던 주방장이 '으이그——! 남자들은 다 짐승이야!' 하고 내뱉었다. 세상 어떤 짐승이 그렇게 흉측한 짓을 한다고, 이성기 집사 놈은 이 집사와의 연인관계를 여전히 유지하고 있다. 그럼에도 엄연히 남편이 있는 유부녀를 능욕한 것이다. 이 집사 남자답게, 남편인 진병수 집사가 착한 이가 아니라면 그러지 못했을지 모른다. 놈이 장애를 입었기에 망정이지 안 입었으면 연쇄강간범일 것이다. 놈이 편하다면서 여자 팬티만 입는 것을 옛 식구들은 다 아는 사실이다. 하반신마비인 들은 성욕을 못 느낀다는데 놈은 워낙 흉측해서인지 대변 팩을 차고 있으면서도 느끼나보다. 이 집사만으론 만족이 안 되나보다. 이 집사만 아니라면 놈을 고소해 버릴 텐데... 고소하면 이 집사가 나와 박 자매를 잡아 죽이려 할 것이다.

2006.10.27.(금)

우리 방문을 벌컥 열고 성용만 형제가 성난 얼굴로 뭐라고 소리를 지르며 오른팔을 들이밀었다. 어깨 가까운 부위에 새빨간 피가 솟아나 있었다. 이 집사가 엄지손톱으로 찍었다면서 찍는 장면을 연출했다. 지적장애인을, 선교회 일꾼을, 피가 솟도록 깊이 손톱으로 찍다니 잔인함의 극치다. 몸서리가 쳐졌다. 한 목사님이 원장으로 있을 때에는 빗자루 손잡이로 성 형제 어깨를 개 패듯이 사정없이 두들겨 팼던 이 집사다. 원장으로 인정을 받으면 폭력으로 식구를 탄압하고 지배할 것이다. 그러려고 15여 년을 살아온 선교회를, 장애인시설 중 최고로 위치가 좋다는 선교회를 버리고 떠나려는 것이다. 자기 말대로 선교회가 동네 가운데 있어서 선교회 일들이 밖으로 새어나가니까.

이 형제가 볼멘소리를 했다. 이 집사님이 '누나를 식구로 안 여긴대. 맨날 누나를 미친 년이 어쩌고 욕을 해서 듣기 싫어 죽겠어. 맨날 욕을 해놓고는 일을 분담해서 해야 되는데(소소한 것, 허드렛일) 미친 년이 일은 안 하고 처먹기만 하면서 자빠졌대.'

노예만큼의 주권도 허용치 않으면서 야채반찬 외의 반찬과 간식거리는 감춰놓고 처먹고 내게는 주지 않으면서 처먹고 자빠졌다고 매일 욕하는 자가 하늘 아래 이 집사 외에 누가 있을까 박 자매도 말했다. 이 집사님이 '언니가 이곳에 들어올 때, 부모형제도 없다고 사기 치고 들어왔대. 그때 안 받아야 되는 걸 받아준 게 큰 잘못이래.'

이 집사야말로 안 받았어야 했다. 이 집사만 없었다면 선교회가 예전에 유 집사한테 안 갔을 것이고 그랬다면 선교회가 조각나지 않았을 것이다. 조각이 났더라도 재정을 빼돌리는 등의 패악질만, 지속하지 않았다면 이 지경이 안 됐을 것이다. 옛 식구들은 이 집사가 입소할 때 부모형제 아무도 없다고 거짓말을 했다고 이야기했었다. 친언니와 함께 와서 그저 아는 사이라고 했었다, 했다. 요강단지를 가지고 왔었다, 했다.

내가 말했다 '내가 들어올 때 요강단지 들고 왔다는 말은 안 하디?...'

2006.11.3.(금)

밭 가장자리에 심은 감나무에 홍시가 2개 달렸다. 따서 들어왔는데 박 자매가 와 있었다. 남편인 진병수 집사는 아무것도 안 먹고 누워있다고 했다. 홍시를 다 주면서 이거라도 먹이라고 말했다. 박 자매가 홍시를 들고 나가고 내가 식구들에게 '아저씨가 아무것도 못 먹었다고 해서 주었으니까 이해하세요. 다음에 또 생기니까 그때 드릴게요.' 하고 말했다. 식구들이 다 함께 '예.' 하고 시원스럽게 대답하는데, 이 집사가 자기 방에서 툭 튀어나오면서 '내가 어른 대접을 받고 싶어서 이러는 건 아니다. 찬물도 위아래가 있는데 혜성 씨는 어찌 미영이네를 먼저 챙기노.' 하고 나무랐다.

"진병수 집사님이 식사도 못하고 누워있다는 말 집사님도 들으셨잖아요. 굶고 있다기에 준 것이지 안 그러면 안 줬어요."

"그래도 그러는 거 아니다. 혜성 씨는 이 안에 있는 식구보다 미영이네를 먼저 챙겨. 이 안의 식구를 먼저 챙겨야지."

"이 안의 식구들은 나를 제외하곤 세끼 식사를 빠짐없이 잘 하잖아요. 간식도 나 외엔 미영이네보다 잘 먹고. 집사님이 굶고 있다면 집사님 먼저 드렸을 거예요."

"혜성 씨가 감나무 심었다고 혜성 씨 나무라고 생각지 마라. 땅이 없으면 나무를 어떻게 심었겠노."

"내가 언제 내 나무라고 한 적 있어요? 내가 감을 나 혼자 먹은 적 있나요?"

"(반복해서) 혜성 씨가 혼자서 감 따고 마음대로 하고, 식구들 누구든지 마음대로 먹게 해야지 작년에도 감 따서 밖으로 내돌리고 이젠 밖으로 내돌리지 마라!"

"내 감나무라고 내가 관리하는 거 아니에요. 감 딸 사람 누가 있어요. 쓸데없이 내돌린 거 아니고 우릴 도와주는 사람들이 고마워서 몇 개씩 준거잖아요. 그렇다고 우리식구들에게 안 준 것도 아니고 우리식구들도 먹었잖아요."

"(반복해서) 앞으로는 나무를 심어도 선교회에서 심을 거니까. 더 심지 마라."

땅을 산 직후 한 목사님이 나무를 심고 싶은 사람은 심으라고 했을 때는 관심도 없으면서 자기도 작년에 먹었으면서 굶고 있는 식구에게 먼저 주었다고 배 아파하는 것이다. 원장으로 인정치 않는다고 이를 갈면서 인정해 주면 안 될 짓을 끊임없이 행한다. 참으로 징그러운 집사다.

2006.11.4.(토)

이순자가 과일을 3박스나 가지고 왔다. 길흥서 목사가 보내온 것이라고 했다. 외부인이 온 듯하면 들개처럼 날쌔게 방에서 튀어나오는 이 집사는 이순자가 올 때는 즉시 나오지 않는다. 잘 됐다하고 내가 일부러 한 박스는 이순자에게 주고 진병수네와 주방장 몫을 비닐봉지에 담아두고 식구들에게도 주고 나머지를 냉장고에 넣어두고 우리 방으로 들어왔는데 이 집사가 난리를 치는 소리가 들려왔다. 얼마 후 이 집사가 우리 방문을 벌컥 열어 제치고 노기등등한 얼굴로 '와, 네 맘대로 나눠 주놋――!' 하고 악을 썼다. '내가 나눠주면 안 되나요 집사님도 마음대로 나눠 주잖아요. 집사님 몫은 냉장고에 잔뜩 넣어 놨어요.' 하고 말했다. 이 집사는 '내가 살림을 하니까 그렇짓! 네가 안 해도 내가 다 나눠 준닷! 너는 네 할 일이나 해랏. 아침에 식구들 밥 좀 차려주라 해도 안 차려 주면서 내가 다 나눠주니까 네 할 일이나 햇—!' 하고 악을 썼다.

나도 따라 악을 썼다. "내겐 주지도 않으면서 다 나눠줬. 내가 내 몫 챙길까봐 그렇게 펄펄 뛰는 진 모르겠는데. 나는 먹어봐야 뭐든지 다른 식구의 3분의 1도 못 먹잖아요. 그 정도로도 못 먹게 하려고 그리고 내가 왜 밥을 차려줫! 살림하는 사람이 차려줘얏, 티끌 만한 주권도 박탈하면서 일은 하라곳! 내가 노예야! 아무 주권도 없는데 일만 하겟! 나는 살림 안 해도 예전에 아침 차려줬! 나를 집사님이 노예 취급 하니까 안 차려주는 거짓——!"

"내가 언제 노예 취급 했냣! 생사람 잡지마랏——!"

"내가 집사님이얏——! 생사람 잡겟! 수억짜리 땅도 마음대로 팔아 가라고 했으면서 우리에게 고맙게 하는 사람들에게 알량한 감 몇 개 준 것도 뭐라 하곳. 집사님은 마음대로 원장행세까지 하면서, 나는 감나무를 심기라도 햇지. 집사님은 선교회 설립에 티끌 만한 보탬도 없었으면서 선교회를 왜 마음대로 햇——!"

"땅이 있으니까 나무를 심었지 네 머리통에 심을랫! 내가 땅 팔아 가라 했다고 모함허지 마랏——!"

"땅이 있어도 나무를 안 심었으면 나무가 어떻게 있어. 감을 따 바쳐도(작년에) 고맙단 소리는 안 하고, 내가 모함을 한다고 하나님한테 그런 말 햇. 전혜성이가 모함한다곳. 나무를 심지 말라곳! 집사님은 땅에 대한 권리가 없엇! 땅을 없애려는 사람이 무슨 권리가 있엇——!"

"길 닦아 놓으니까 개가 먼저 지나간다더니 땅 사놓으니 저 인간이 마음대로 하넷!"

"비상금 다 털어서 땅 사놓으니까 제 맘대로 없애 버리려 하넷——!"

"모함 허지마랏. 모함 허지맛! 저 인간을 안 받았어야 했넷 받아가지고 감을 줄려면 식구들 보는데서 줘랏! 도둑년처럼 몰래 주지 말곳——!"

"집사님이야말로 안 받았어야 했엇! 집사님 아니면 선교회가 이꼴 안 되었엇! 이순자도 노회 때문에 못 내쫓는다고 거짓말하면서 안 내쫓곳, 땅도 못 가져온다고 거짓말하면서 안 가져 오곳! 집사님은 선교회의 적이고 원흉이얏! 감 주는 게 무슨 죄라고 몰래줫, 식구들이 다 아는뎃! 굶고 있는 식구한테 알량한 감 준 것도 배 아파하면서 원장이 되겠다곳, 식구들 굶겨 죽이려 곳——!"

이 집사는 그만 밖으로 나가버렸다.

오랜만에 이 집사를 씹었다. 이 집사는 친척 결혼식에 간다며 나가고 없었다. 아주 안 왔으면 좋겠다. '자기는 수억짜리 땅도 남에게 주려 하면서 알량한 감 몇 개씩 우리에게 도움 준 사람들한테 줬다고 뭐라 하는 게 말이 돼.' 하고 씹었더니 이성기 파렴치 집사가 이 집사님이 '뭘 잘못했다고 또 씹어!' 하고 소리를 질렀다. 내가 '선교회를 이 지경으로 망쳐놨는데 왜 잘못이 없어요. 식구들의 피 같은 돈으로 산 땅도 없애는데 씹기만 하는 것을 고마워해야죠. 나나 되니까 씹기만 하지 내가 이 집사님처럼 했다면 이 집사님은 나를 때려죽였을 걸요. 아저씨도 그러면 안 되죠. 아무리 연인이라도 덮어놓고 편드는 거 옳지 않잖아요.' 하고 말했다. 파렴치 집사 놈은 '왜 이 집사님이 선교회를 망쳐! 선교회를 망친 건 전혜성이야!' 하고 외쳤다.

내가 선교회를 어떻게 망쳤냐고 따지자 놈은 '시청에다 폭행이 있었다고 투서했잖아!' 하고 외쳤다.

'시청에서 그랬어요? 내가 투서했다고? 이 집사님 남자답네 말도 안 되는 거짓말을 하고, 투서하려면 고소를 하지 그따위 걸 왜 해요. 안 그래도 왜 이 집사를 그냥 두냐고 원하면 노회에 말해서 내쫓도록 해주겠다고 말하는 사람도(이순자) 있는데 내가 절대 말하지 말라고 부탁까지 했는데 그러지 말걸 그랬네.' 하고 내가 내뱉자 파렴치 놈이 '폭행은 무슨 폭행 어디가 부러지기라도 했어! 부러지지도 않았는데 무슨 폭행이야!' 하고 외쳤다. 나도 외쳤다. '왜 안 부려져서 배 아파요?' 부러진 것보다 더했다. 거의 한 시간을 폭행당해도 구경만 하더니 저러려고 그랬구나! 파렴치 놈은 '부러지지도 않았는데 무슨 폭행이야! 나는 폭행하는 거 본 적도 없는데 자꾸 거짓말하려면 여기서 나갓!' 하고 외쳤다. 외치고 또 외쳤다.

놈은 이순자와 내통하고 있다. 이순자가 이 권사님의 행적을 알고 있기에 우리를 감시까지 하냐고 내가 따졌는데 이순자가 선교회 상황을 빠짐없이 문자로 알려주는 식구가 있다고 말했다. 내가 '이성기 집사겠군요. 그럴 수 있는 사람은 그 사람밖에 없어요.' 했는데 이순자는 부인하지 않았다. 놈은 예전에 유 집사가 식구들을 데리고 떠난 직후 유 집사 측에 전화를 걸어 그곳에 가고 싶다고, 가면 안 되냐고 물었다.(유 집사가 거절했다) 제 버릇 개 못 준다고 임사홍 뺨 치게 간특한 놈이라 애인인 이 집사와 선교회를 여차하면 배신하고 이순자에게 붙으려고 양다리를 걸친 것이다. 이 집사 남자로서 부족함이 없는 놈이 나더러 나가라는 것이다.

'이 집사와 똑같네! 이 집사 남자다워 끼리끼리라고 천생연분이야. 이 선교회가 아저씨거야! 나가라고 하겟! 여기서 나가야 될 사람은 아저씨하고 이 집사님이야! 어디 제 것도 아닌데 제 맘대로 햇!' 하고 내가 외쳤다. 파렴치 집사놈도 쉬지 않고 나가라고 외쳐댔다. 나는 '이순자와 내통하고 식구를 능욕한 네가 나가야 돼!' 라고 외치고 싶은데 차마 그러지 못했다. 이 집사에게 놈의 패악질을 알려야 되는데 이 집사 속이 뒤집힐 것 생각만 해도 통쾌한데 차마 알릴 수가 없다. 예전에 유 집사에게 가고 싶다고 전화한 것도 한 목사님에게 말하지 않았다. 나는 왜 이리 등신일까. 다른 사람은 해선 안 되는 말도 서슴치 않고 하는데, 이 집사는 내가 안 한 짓도 했다는 거짓말도 엄청하는데 나는 상대가 상처 받을까봐 마땅히 해야 할 말도 악에 받히지 않으면 못한다. 필요한 말도 웬만해선 못하는 장애까지 있는 것이다. 이런 내가 너무 싫다.

2006.12.11.(월)

전화벨이 울리자 이 집사가 방에서 나오면서 말했다. '나 없다고 해라.'

전화를 받으니 한 목사님이 '이 집사는 대체 왜 그러는 거예요. 전화를 몇 번이나 해도 받지 않고' 하며 격앙된 목소리로 말했다. 그러더니, '이젠 땅을 그냥 못 줘. 내가 그동안 의료비에다 세금까지 얼마나 힘들었는데' 했다. 내가 '의료비며 세금이며 다 내드릴 거예요. 땅이 우리 소유가 되면' 하고 말했다. 한 목사님은 '그것만으론 안 되고 그동안 입은 피해를 다 받아야지 제일 피해 입은 사람은 나잖아. 어떻게 해서든 선교회에 주려고 하는데 내 말은 도무지 듣지 않고 이 권사한테 말해도 안 듣고' 했다. 내가 '이 집사 때문에 그러는 거예요.' '이 집사가 여길 떠나려고 땅을 안 가져 오려하니까. 권사님이 그러는 거예요. 선교회와 후원자와 식구들보다 이 집사 한 사람을 중요시해요. 이 집사님은 또 선교회와 식구들은 안중에 없고 오직 노회가 집을 한 채 사줘야 된다는 말만 하고 있어서 제가 복장이 터져 죽을 지경이라니까요.' 하고 하소연했다. 한 목사님은 '집 한 채에 억대가 넘는데 노회가 왜 그런 돈을 들일 거라고 그런 터무니 없는 생각을 하는지 이해가 안 돼.' 하고 볼멘소리를 냈다. 저녁때 한 목사님은 다시 전화를 해와서 노회 최영복 목사님하고 통화를 했는데 '노회가 땅을 빨리 교회로 넘기라는 소송을 낸대요.' 하고 말했다.

2007.1.10.(수)

선교회 상황을 잘 아는 태원우 변호사에게 땅 문제를 문의했더니 태원우 변호사님은 가져와도 된다고 노회가 시비를 걸 수는 있지만 노회도 법적으로 어쩌지 못한다 고 했다. 이 집사에게 전했더니. '아이고! 한 목사님허고 이순자허고 해결하라 해라 즈그 둘이서 다 저질러 놓고 한 목사는 자기만 빠져나갈 궁리만 허고' 어쩌고 했다. '제일 크게 저지른 건 자네잖아 이 집사야.'

이 권사님한테 태변호사 말을 전했다.

2007.1.15.(월)

이 권사님이 윤 전도사라는 분과 함께 찾아와서 교인총회 요청서라는 문건을 내게 주고 밖으로 나갔다. 문건 내용은 '토지를 교인총회에서 교회로 이전하기로 의결했었다' 고 적혀 있었다. 분명히 선교회식구 명의로 이전하기로 한다고 의결했는데, 문서 작성을 매번 내게 시키시던 분이 웬일로 직접 했나 했더니 거짓문서를 만들기 위해서였는가. 교인총회를 청하는 내용은 없었다. 황당한 상황이 이해되지 않아서 멍해 있는데 이 집사가 빨리 교회에 가보라고 했다.

가보니 윤 전도사님은 이리저리 거닐고 이 권사님은 이순자에게 교인총회를 열어달라는 호소를 하고 있었다. 교회가 장애인을 도와야지 해를 입히면 안 된다. 하나님이 원치 않으실 거라는 등등의 말과 함께 간절한 목소리로 아주 열심히 호소하고 있었다. 이순자는 교인총회를 해도 땅은 가져올 수 없는 것이라는 말을 하며 옴짝도 하지 않았다. 이 권사님은 달변가 답게 온갖 말들을 쏟아놓으면서 한 시간 넘도록 호소를 했다.

뭐지? 내가 수없이 교인총회 이야기를 안 했을지라도 머리 좋다는 이 권사님이 잊을 리가 없는데, 왜 저러시는 거지? 나는 혼란스러워 머릿속이 뒤죽박죽 상황이 어떤 건지 도무지 생각을 할 수 없게 되었다.

2007.1.16.(화)

이 집사가 말했다. 황문세 장로가(노회임원) '이 권사님, 나, 이성기, 혜성 씨를 고소했단다. 이 권사님은 사건 브로커고 나. 이성기. 혜성 씨는 정신지체 식구들의 돈을 다 갈취하고 앵벌이도 시키고 두들겨 팬다고 써서 고소했단다. 근저당을 문제 삼아서 작년 12월에 고소했단다.'

내가 속으로 그렇게 악한 노회가 집을 사줄 거라고 생각하세요? 하고 속으로 이 집사를 나무라면서 '이 권사님한테 전화를 하니 이 권사님이 폐지 줍기도 시키고 안 주워오면 밥을 굶기고, 사건 브로커인 이종성이 사주해서 이옥진, 전혜성, 이성기가 땅을 편취하려고 사기극을 벌이는 것이라고 쓰여 있어!' 하고 말했다. 내가 '목사 전도사만 악한 줄 알았더니 장로도 마찬가지네요. 그런데 그런 내용이 황장로의 창작품은 아닐 거예요. 이순자가 식구들의 개인통장도 다 내놓으라고 했었어요. 돈을 갈취하려고 이순자가 자기가 하려던 짓을 우리가 한 것으로 둔갑시켜서 노회에 보고했을 거예요.' 하고 말했다.

그리고 '왜 교인총회 요청서에 땅을 교회로 이전한다는 의결을 했다고 쓰셨어요. 선교회로 이전한다고 의결했잖아요.' 하고 물었다. 이 권사가 말했다. '그건 상관없는 거야!'

실수로 그랬을지도 모른다는 내 바람이 참담히 무너져 내렸다. 교인총회를 했는데 왜 또 하려고 하냐고 물어보려 했는데 그럴 필요가 없었다. 뭐라고 계속 지껄여대는 이 권사님의 말도 내용이 들리지 않았다. 이 권사님은 어제 쇼를 한 것이다. 이순자가 교인총회를 안 열어줄 게 분명하니까 열어달라고 한 것이다. 그리고 그것을 내가 보도록 한 것이다. 온갖 패악질을 하면서 선교회를 죽이려는 이 집사 뜻을 받들려고 땅 이전을 거부하면서 이순자 때문에 땅 이전을 못하는 것으로 내게 인식시키려, 교인총회를 다시 해야되는 것으로 나를 착각하게 하려고, 수준 이하의 같잖기 짝이 없는 쇼를 한 것이다. 가공할 만한 인물이다.

패악녀 이 집사 한 명을 위해, 여러 명의 식구들과 많은 후원회원들을 배신하려고 나를 지적장애인 취급을 하며 농락한 것이다. 왜 그토록 이 집사를 섬기는 것일까. 식구들 앞에서 이 집사 남자 앞에서 이 집사를 껴안더니 앞으로도 그럴려고 섬기고 추종하는 것일까.

이 집사가 말했다. '노회에 1억을 달라했다고 1억을 받아서 떠날 거라고...'

2007.1.18.(목)

전화가 울리자 이 집사가 '전화 받아라! 나 없다.'고 해라! 했다. 한 목사님한테서 전화만 오면 하는 짓이다. 전화를 받으니 한 목사님 부인이 화가 잔뜩 난 음성으로 '왜 땅을 안 가져가려 하세요!. 우리가 얼마나 피해를 보고 있는지 아세요!. 노회가 온갖 소리를 다 해요. 왜 우리가 온갖 수모를 당해야 하는지 모르겠어요.'

내가 죄지은 심정으로 말했다. '죄송해요 사모님, 사모님이나 목사님이 얼마나 힘드신지 알면서도 제가 무능해서 못 가져 왔어요. 식구들이 제 뜻을 따라주면 이 집사님이 아무리 반대를 해도 가져올 텐데, 이 집사님이 힘이 있으니까 이 집사님을 싫어하면서도 이 집사님 말만 들으니까 어떻게 할 수가 없어요. 식구들이 다 땅을 원하는데 이 집사님 혼자서만 떠날 생각에 땅을 안 가져오려는 거예요. 이 권사님만 원하시면 땅을 가져올 수 있으니까 조금만 더 기다려 주세요. 가져오면 그동안 입은 피해 다 보상해 드릴게요.'

잠시 후 한 목사님이 전화를 걸어와서 이 집사가 곁에 있는 줄 안다면서 바꿔달라고 했다. 밖에 나갔던 이 집사가 들어와 있었지만 세면장에 갔다고 거짓말을 했다. 한 목사님은 '나를 피해서 갔구만, 대체 뭐하는 짓이에요! 나는 목사직을 걸고 땅을 주려고 하는데 노회에서 돈 받아 떠난다는 소리나 하고. 왜 손에 쥐어주는 것도 못 먹는 거예요. 노회가 어떤 곳인데 노회 어떤 미친놈이 돈을 줄 거라고 그런 말도 안 되는 소리나 하고, 자기가 한 짓은 생각지도 않고 내가 떠나서 이렇게 되었다는 원망이나 하고.' 라고 언성을 높였다.

한 목사님을 떠나게 만들어놓고 한 목사님의 재임을 막아놓고 떠났다고 원망을 했다니, 얼마 후 이 권사님이 전화로 한 목사가 땅을 가져가라는 내용증명을 보낼 거라고 말했다. 내가 또 호소했다. '식구들은 땅 가져오길 원해요. 비상금을 다 털어서 산 땅이잖아요. 이 집사 생각만 마시고 선교회나 식구들 생각을 해주세요. 이 집사 한 사람을 위해서 후원회장이 되신 게 아니고 식구 전체를 위해 되셨고 또 여태껏 싸워오셨잖아요. 그런데 이제 와서 한 사람만을 위해서 땅을 버리면 많은 식구와 많은 후원자와 선교회를 저버리는 게 되잖아요. 땅이 교회 것이 되면 이순자가 집어삼킬 거예요. 자기 개인 것으로 만들 거예요. 안 그럴 것이면 그렇게 혈안이 되어 빼앗지 않았을 거예요. 식구들이 이 집사님이 무서워서 내가 말하면 듣지 않지만 권사님이 땅 가져오자 하면 좋아라! 할 거예요. 가져오게 해주세요.'

이 권사님은 '땅을 가져와도 되나? 가져올 수 있는 거야?' 하고 물었다. 가져와도 된다. 라는 말을 내가 그동안 거짓말 좀 보태서 수십 번을 더 했다. 그럴 때 권사님은 어느 때는 절대로 못 가져오는 거라고 우기고, 다음에는 가져올 수 있는 거라며 가져오자는 말을 하고 그 다음엔 또 뒤집기를 반복했었다. 그러더니 또 그러는 것이다. 권사님이 정신병자 아닌가. 덜컥 의심이 들었다. 이전에 몇 번이나 했던 말을 나는 또다시 되풀이했다. '태원우 변호사님도 가져와도 된다고 했고 한 목사님도 땅 가져가라는 전화를 했잖아요. 오늘 아침엔 사모님이 땅 안 가져 간다고 전화로 화까지 냈어요. 사모님이 화내시는 것을 저는 처음 봤어요.'

이 권사님은 '가져와도 된다면 가져와야지, 양도세는 대출을 받아서 내도 되니까 가져오자고. 내가 이순자가 뭐가 예쁘다고 땅을 넘겨주겠어!' 하고 말했다. 내가 말했다. 선교회를 정식으로 등록하면 '세금 한 푼도 안 내고 가져올 수 있대요.'

2007.1.20.(토)

이 권사가 찾아와서 땅을 교회로 넘기는 것이라면 장애인들이 가질 수 있는지 알아보자고 말했다. 그는 나보다 더 심한 장애를 가졌다. 말도 안 되는 말을 하면서 이랬다저랬다 싫증도 안 내고 무한 반복하는 정신 질환을 가졌다. 내가 화가 나서 말했다. '통장까지 빼앗아 간 이순자에게 그렇게도 땅을 넘기고 싶으세요? 그럴려면 그냥 넘어가게 놔두지 왜 후원회를 조직하고 변호사를 사고 여태껏 싸우게 했어요.' 이 권사는 교회에 넘겨도 가압류를 붙이면 된다고 말했다. 내가 교회 것이 되면 우리와 상관없게 되는 건데 무슨 근거로 가압류를 붙이냐고 반박했다. 이 권사는 교회에 좋은 목사님을 모시면 된다고 말했다. 좋은 목사님이 어디에 있냐고 내뱉고 우리 방으로 와버렸는데 이 권사가 따라와서 '노회가 차지하는 것보다 이순자가 갖는 것이 더 낫잖아.' 했다. 내가 '통장까지 빼앗아 간 이순자가 차지하는 게 더 나아요? 우리가 갖는 것보다 더 나아요?' 하고 물었다. 이 권사는 '양도세며 세금도 내야하고…' 했다.

내가, '농사를 몇 년 지은 땅이면 양도세를 얼마 안 내도 된다고 했잖아요. 선교회로 등록하면 세금 한 푼 안 내고 가져올 수 있다고 했잖아요. 권사님도 그러셨잖아요. 대출받아서 내면 된다.' 하고 말했다. 이 권사는 장애인들이 가져오면 노회가 시비를 건다고 말했다. 내가 말했다. '시비 걸 줄 모르고 시작했나요? 시비를 걸어서 그걸 막는다며 후원회를 만든 거잖아요. 후원회원들 시간 들이고 돈 들여서 땅 찾아주려고 헌신했는데 이 집사 한 명을 위해서 그런 후원회원들을 저버리고 식구들과 선교회를 저버리는 것을 해선 안 되는 일이잖아요. 있을 수 없는 일이잖아요. 매스컴이 나서서 취재를 하면 노회가 욕먹기 싫어서 물러날 텐데, 그것도 못하게 하고 교회로 넘기려면 처음부터 넘기지 왜 골병이 든 다음에 넘겨요.'

이 권사는 '장애인이 가질 수 있으면 가져야지(장애인 장애인을 참 더럽게도 강조한다) 뭣 하러 교회에 넘겨, 교인총회 해서 가져오자'고 했다.

참으로 사람을 환장하게 만드는 이였다. 나를 노리개 감으로 우롱하고 농락하는 것이다. '교인총회 했잖아요. 해놓고 안 가져오면서 또 해요? 또 해놓고 또 안 가져올 거면서… 장애인들은 몸도 마음도 약해서 그런 거 하는 것도 힘이 드는데, 그런 힘 드는 일을 하고 또 해요? 해도 안 가져오는데 왜 그래야 되는데요. 한 목사님은 손에 쥐어줘도 못 먹는다고 난리고, 나도 내 개인적 일이 많은데 땅 문제에 매여서 그동안 아무것도 못하고 시간 낭비, 돈 낭비, 에너지 낭비, 땅을 남에게 줄려면 곱게 주지, 안 그래도 힘든 장애인을 왜 힘들게 하면서 주는 건데요.' 하면서 내가 이 권사를 문밖으로 밀어냈다.

심장이 불덩이가 된 듯 뜨거웠다. 대체 이 권사님이 왜 패악을 일삼는 이 집사를 추종하고 섬기는지 알 수가 없었다. 자기의 성추행을 거부치 않은 보답인가.(이전에 여자 식구들을 안으려 했는데 나는 거부하고 이 집사는 냉큼 안겼었다) 뇌물을 먹은 것인가. 한참 후 이 권사님한테 전화를 걸어서 공격조로 말했다. '제가 분이 나서 못 견디겠어요. 땅 때문에 폭행까지 당하고 골병이 다 들었어요. 우리 식구 모두가 이 집사를 제외하곤 땅 찾기를 원해요. 이웃주민들까지도 가져오길 원해서 선교회 땅이라고 다 서명을 해주었어요. 그런 사람들, 후원자들 뜻까지 다 저버리고 오직 이 집사 한 사람의 뜻을 따르고 추종하는 게 이해가 안 돼요. 이 집사가 악한 사람이 아니라면 또 모르겠는데…'

이 권사님이 말했다. '교회로 넘기라는 게 아니고 교회가 뭐가 이쁘다고 넘기겠어, 장애인들이 못 받으면 넘기라는 것이지.'

이 권사님이 다니는 교회 교인들은 이 권사님을 의롭고 올바르다고 목사님 같다는 평을 한다. 목사님 같아서 정상인들에게는 의롭게 행동하고 장애인에겐 정신병자처럼 말도 안 되는 헛소리와 같잖은 말만 반복해서 늘어놓으며 농락을 하는가. 내가 등신이 아니면 권사님의 머리통을 바수어 버리고 싶을 것이다. 아무리 장애인이라도 농락하는데도 정도가 있다. '내가 그렇게 말씀하시면 안 되죠. 받을 수 있다고 우리가 받겠다고 거의 수십 번을 말했고 권사님도 받을 수 있다는 것 잘 아시잖아요. 그런데도 안 주려고 하시면서… 우리는 완전히 버림받고 배신당한 기분 이예요.' 하고 내뱉고 전화를 끊었다. 눈물이 자꾸 솟았다. 오 자매가 '병나겠다 글도 쓰고 애를 많이 썼는데' 하고 위로하듯 말했다.

2007.1.22.(월)

이 권사님한테서 전화가 왔다. 내가 인사를 하자 대뜸 '나하고 말 안 한다며' 했다. 웬 똥딴지 소리, 어리둥절한 채 내가, 그런 적 없다고 하자 '내가 배신자라며' 했다.

무고한 피해자를 모함하는 기질까지 있는 모양이었다. '제가 어떻게 감히 권사님한테 배신자라는 말을 해요. 배신당한 기분이라고 했죠. 그동안 얼마나 싸워왔어요. 권사님 힘든 거에 비하면 별거 아니지만 저희는 몸도 마음도 아픈 상태라 많이 힘들었어요. 땅을 가져오려고 그렇게 애써놓고 막상 가져오게 되니까 교회에 넘겨버리려 하시고 그동안 싸워왔던 게 너무 억울하잖아요. 그래서 그런 기분이 든 거예요.' 하고 내가 말했다. 이 권사님은 '나는 배신자로 들었어(도둑이 제 발 저렸겠지). 그 말이 어찌나 아프고 상처가 되는지 다른 사람한테는 무슨 소리 들어도 좋은데 혜성 자매한테는 안 좋은 말 듣는 것이 정말 안 좋아. 나는 오직 선교회만 생각했는데, 나는 열심히 한다고 했는데 내가 뭘 어쨌다고 오해를 하고 그래.' 하고 볼멘소리를 했다. 억울하다는 투였다.

선교회에 엄청난 위해를 가하면서도 굳은소리 듣는 것은 안 좋다니, 그럼 꽃소릴 듣기 원하는가. 꽃소릴 들을 줄 알았는가. 쌍욕과 폭언을 들어도 부족한 이가 언짢은 소리 한번 들은 것에 불만을 품다니, 선교회에 위해를 가하면서 선교회만 생각했다니, 내가 뭘 어쨌냐 또라이인가? 식구를 탄압하고 선교회를 유린하면서 그에 대한 비난은 부당하다 여기며 분노하는 이 집사와 동급 아닌가. 끼리끼리 라고 그래서 이 집사를 그토록 섬기며 추종하는가. 땅을 뺏기는 내 심경은 안중에도 없이 굳은소리 한번 했다고 불만을 품은 치졸하고 자기중심적 인성도 이 집사와 똑같다. 땅을 지켜준다며 나타나서 돈과 에너지를 투입시키게 한 다음에 땅을 내버리면서 칭찬 듣길 원 하냐고, 어떻게 그렇게 후안무치 하냐고 퍼대야 한다는 생각을 하면서도 나는 등신같이 죄스런 마음이 들어서 죄송하다고 사과를 했다.

2007.1.26.(금)

노회임원 엄대훈 목사님, 한 목사님, 이 권사님이 나타나서 이 집사 방에 들어갔다. 닫혀진 문틈에 귀를 갖다 대니 선교회에 대해서는 신앙적인 것에만 간섭을 하고 그 외에는 간섭 안 할 거라고. 그러나 후원금은 어떻게 쓰여지는지를 노회가 알았으면 한다는 엄 목사님의 말이 들렸다.

노회가 선교회까지 뺏겠다는 것이다. 땅을 꼭 지켜주겠다며 나타난 이 권사님은 노회에 등록되어 있는 선교회 건물도 장애인들 소유가 되게 해주겠다고 말했었다. 그런 이 권사님이 선교회까지 뺏겠다는 엄 목사님 말에 아무 반발도 하지 않았다. 2시간이 넘도록 자기들끼리만 모의를(?) 하고 나오질 않자 진병수 집사님이 '식구들 있는데서 이야기를 해야지, 왜 자기들끼리만 하는 거야! 우리는 사람이 아니야!' 하고 화를 냈다. '우리가 무슨 사람이에요. 사람이면 이런 꼴 당하겠어요. 아니니까 당하지.' 하고 내뱉고 싶은 걸 참았다.

한 시간이 더 지나서야 방문이 열려서 들어가니 엄 목사님이 말했다. '그동안 상처준 거 미안합니다. 그러나 상처를 되새겨봐야 좋은 것 없으니 앞일만 생각합시다.' 내가 '노회라는 단어만 들어도 끔찍하고 고통스럽습니다.' 하고 내뱉었다. 엄 목사님은 땅을 가져오면 양도세가 엄청나니까 한 목사 명의로 그대로 두고 한 목사가 부담하는 돈은 노회에서 지급하고 어쩌고 했다. 내가 '대체 왜 아무 권리도 없는 노회가 땅을 뺏어요. 하나님이 시켰나요.' 하고 대들자 엄 목사는 뜬금없이 '노회는 여러분을 사랑합니다.' 하고 지껄였다. 장애인들의 땅을 빼앗고 조롱까지 하는 것이다. 모멸감에 '참 꼴값도 가지가지 떠시네요.' 라는 욕이 목까지 차오르는 걸 차마 내뱉지 못했다. 한 목사님이 나가자 엄 목사님이 말했다. '한 목사가 땅을 나한테 준다 했는데… 나를 믿어주세요.' 내가 속으로 지껄였다. 목사를 어떻게 믿어 차라리 무당을 믿지.

땅은 물론 선교회까지 뺏기는 것에 대한 분노가 자꾸 치민다. 땅 자체는 중요치 않다. 개인 적으로 팔아먹을 수 있는 것도 아니고 돈이 생길 것도 아니다. 그런데 선교회 소유가 되지 않으면 나무도 꽃도 마음 놓고 심을 수가 없다. 이전에 내가 비상금으로 사서 심어놓은 앵두나무 감나무 다래나무 등등의 유실수들도 사라질 수 있다. 내 삶에 나무가 없는 건 황폐함 그 자체다. 내 영혼의 죽음이다. 내년에 체리나무와 동백나무를 심을 생각인데 그것도 못할지 모른다. 생각만 해도 살기 싫다. 살아야 하는데 살아서 해야 할 일이 있는데 나무 없이 살기 싫다. 심어놓은 나무마저 잃을지 모른다는 생각을 하면 종신형을 선고받은 것처럼 암담하다.

이 집사에 대한 분노와 이 권사님에 대한 야속함이 미친 듯 끓어오른다. 이 집사는 그렇다 치고 이 권사님은 동료 교인들로부터 의로운 분이란 소릴 듣지 않는가. 무엇보다 땅을 지켜준다며 나서지 않았는가. 그런 분이 선교회와 식구들에게 패악을 행하고 있는 이 집사를 위해 땅을 내버리는 걸 이해할 수가 없다. 이 집사 실체를 모른다는 것도 아니다. 내가 조금 밝혔고 이웃집 최 언니도 이야기했다(그 언니도 이 집사의 일부분만 보았지만). 그리고 땅을 뺏으려는 노회와 이순자 앞에서 선교회의 땅 이전을 이 집사가 훼방하는 걸 직접 목격했었다. 그럼에도 이 집사를 섬기고 추종하는 것은 악인을 좋아하는 본능에서일까. 선인은 이유 없이 죽일 듯 미워하고 싫어하면서 악인은 이유 없이 좋아하는 이들을 나는 여럿 보았다. 그 대표적인 인물이 이 집사다. 이 집사는 본인한테 온정적인 나는 미워 못 견뎌 하면서 본인을 강간하겠다는 식구와 쌍욕 하는 식구는 미워하지도 싫어하지도 않았다. 이 권사님도 이 집사와 같은 성향을 가졌다면 악인인 이 집사를 섬기는 건 지극히 당연하다.

이 권사님한테 편지를 썼다. 이 집사는 선교회를 빨리 떠나려고 땅을 거부하는데 우리 식구 누구도 선교회 이탈을 원치 않으며 땅을 찾기를 원한다. 땅을 지켜준다며 나서놓고 이 집사 한 사람을 위해 10명의 식구와 선교회를 희생시키고 땅을 버리면 안 되지 않느냐! 귀중한 돈을 아낌없이 땅 사는데 투입한 후원자들 뜻도 저버리면 안 되지 않느냐! 내가 땅을 원하는 건 신고시설과 교회를 예쁘게 짓고 나무와 꽃을 많이 심고 싶어서다. 제발 그렇게 할 수 있도록 땅을 가져오게 해달라고 썼다.

(편지를 보내면 받는 즉시 전화를 주던 이 권사가 위의 편지엔 무반응이었다).

2007.2.10.(토)

임화연 권사님한테 전화를 했다. 임 권사님은 김계성 권사님이(후원회 총무) 경찰서에 불려가서 조사를 받고 왔다는 이야기를 했다. 근저당 설정을 한 것은 사문서를 위조한 것이라며 노회가 고소를 해서란다. 김 권사님은 조사를 받으면서 '땅을 뺏긴 이들이 고소해야지 어떻게 땅을 뺏은 이들이 고소를 하나! 세상에 이런 경우가 어디 있냐!' 하고 탄식했단다. 땅 문제를 도와 달라 청하려고 전화했는데 이전에도 많이 힘드셨는데(이 권사님이 불러대서) 선교회와 인연을 끊은 상태에서 또 힘들게 해야 하나라는 생각에 말이 나오지 않았다.

(김 권사님도 함께 피소된 이 권사님과 우리도 무혐의 처리되었는지 이후 아무 이야기도 듣지 못했다)

2007.2.12.(월)

이 권사님이 노회 회의록을 가져왔다. 땅을 교회와 선교회를 위해 사용한다. 선교회의 후원금은 부활교회 당회장, 후원회장, 장애인대표가 함께 관리한다는 등의 조항이 들어있었다. 당회장은 노회임원이다. 노회가 후원금에 관여를 하겠다는 것이다. 교회를 관리하는 기관이 바닥 밑의 삶을 사는 장애인들의 땅을 뺏는 것도 성에 안 차서 선교회와 돈까지 뺏으려는 것이다.

2007.2.15(목)

이 권사님이 전화로 후원금을 당회장이 관여하는 건 잘못된 게 아니냐 했다. 내가 당연히 잘못된 거라고 노회와 이순자가 왜 선교회까지 뺏으려 기를 쓰겠냐고 돈을 뺏으려고 그러는 것이라고 대답했다. 이 권사님이 말했다. '선교회가 초창기부터 교회와 별도로 운영되었으니까 앞으로도 그렇게 하도록 하자고. 내일 엄 목사에게 그렇게 주장해서 안 받아주면 노회를 탈퇴하도록 해.'
설마 또 나를 농락하려는 건 아니겠지…

2007.2.16.(금)

옛 식구 조명운 형제가 찾아왔다. 이 권사님이 윤 전도사라는 이와 함께 나타나고 엄 목사님도 나타났다. 엄 목사가 극비에 목사를 물색 중인데 선교회가 이전처럼 해선 안 된다고 내 후배인데 장애자 일에 관심이 있고 어쩌고 했다. 내가 '목사님 말씀하시는 게 그 목사님이 선교회까지 관여하시겠다는 뜻 같네요.' 하고 말했다. 엄 목사는 답답하다는 어조로 신앙적 부분에만 관여하겠다고 그렇게 말했는데도... 예배에 불참하면 이곳에서 나가라 할 수도 있고... 했다. 내가 '그게 관여하는 거잖아요. 나가라는 건 선교회에서 할 일인데 교회목사가 왜 나가라 해요. 선교회는 교회와 별개의 기관인데 목사가 시키는 대로 안 하면 쫓아내기도 하겠네요.' 하고 말했다. 엄 목사는 신앙생활 안 하면 이곳에 있을 필요가 없다고 말했다. '이곳에 있건 없건 그건 선교회가 결정할 일인데 교회가 결정하는 건 교회가 선교회를 관리하는 거잖아요. 힘들고 아플 때는 예배에 불참할 수도 있는 건데,'

내 말에 이 권사님이 '여기는 신앙생활 안 할 수가 없으니 그 부분은 따르는 게 좋아요.' 하고 말했다. 바로 어제 이 권사님은 내게 선교회는 교회와 별도로 운영되어 왔으니까 앞으로도 그렇게 하자고 했었다. 예배만 참석하면 신앙생활 하는 거냐고, 장애인의 재산과 권익을 강탈하는 게 신앙생활 하는 거냐고 내뱉고 싶은데 맥이 빠져 그렇게 되지 않았다. 선교회 재분리를 주장하고 싶은데 이 집사조차 씨알도 안 먹을 것이다.

엄 목사가 말했다. '이 전도사가 교회에서 사례비를 못 받은 지 몇 달이 되었어요. 그동안 애를 많이 썼는데 그냥 보낼 수 없잖아요. 이 전도사 사례비를 선교회에서 주세요. 노회가 그렇게 하도록 정했습니다.'

세상에, 장애인들의 땅을, 우리들의 땅을 뺏느라고 애를 썼으니 그 빼앗은 대가를 장애인들더러 주라는 것이었다. 피해자에게 너희에게 피해를 입히느라 가해자가 애를 썼으니 피해 입힌 대가를 가해자에게 주라는 것이었다. 세상 어느 나라 어떤 자들이 이토록 몰염치하고 파렴치할까. 나는 너무 황당하고 기막혀서 현실감이 들지 않는데 이 집사가 장애인이 봉이다. 라고 내뱉었다. '이 전도사는 선교회 전도사가 아니고 교회전도사인데 왜 선교회가 사례비를 내죠. 땅 뺏고 통장 빼앗았다고 내요? 이 전도사가 사례비 못 받은 거 교회에 돈이 없기 때문이고 그건 이 전도사 본인 때문인데 왜 우리가 내요' 하고 내가 대들자 엄 목사는 '협의를 하자는 겁니다.' 하고 말했다. 말도 안 되는 말을 엄 목사는 계속 지껄여 댔지만 이 권사님은 아무 말도 않다가 엄 목사의 말이 끊기자 '후원금에 문제가 있을 시 즉시 고발조치 하겠습니다. 저는 정직하게 한다고 하나님께 맹세할 수 있습니다.' 하고 말했다.

엄 목사가 조롱하는 어조로 '아이고 무섭습니다. 무서워요!' 하고 씨부리더니 하나님께 맹세하라는 구절은 성경 어디에도 없습니다. 하고 면박을 주었다.(이때 장애인의 돈과 땅을 뺏고 그 영혼을 짓밟으라는 구절은 성경에 있냐고 반격해야 했는데 미쳐 그 생각을 못했다. 원통하고 분하다). 그런데 성질 급하고 드센 이 권사님이 화를 내긴커녕 잔뜩 주눅 든 목소리로 '저는 목사님을 신뢰합니다. 60%만 하고' 말했다. 이전에 노회 임원들에게 교회가 무너져라 고함을 질러대던 기개는 어디로 갔는가. 엄 목사가 '이 전도사 사례비를 어떻게 하면 좋겠어요.' 하고 물었다. 참으로 진절머리 나도록 악랄한 노회였다. 나도 이 집사도 대답하지 않았다.

엄 목사는 얼마 동안을 꼴같잖은 똥딴지 소리를 씨부리더니(뭐라고 씨불댔는지 기억도 다 안난다) 일어섰다. 엄 목사가 나가자 조명운 형제가 처음에 뒤집어엎어야 했다고, 교회에 관여할 권한이 없는데 개입한 노회를 고발했어야 했다고 말했다. 내가 '지금 엎어도 돼, 아니 해놓은 밥 떠먹으면 돼, 그런데도 안 떠먹고 탐욕의 화신, 한 명을 위해 여러 명의 선한 식구와 선교회를 순장시키네.' 하고 탄식했다.

이 권사님이 돌아간 뒤 전화로 '권사님도 어제는 선교회가 분리되어 운영되길 원하셨잖아요.' 하고 말했다. 이 권사님은 '그렇게 되면 교회가 땅을 마음대로 하면서 선교회는 교회와 분리되었기에 땅에 대한 권리가 없다고 할 거야!' 하고 말했다. 내가 '그러면 땅을 마음대로 안 할 거 같으세요?. 선교회에도 권리가 있다고 할 것 같으세요? 그렇게 할 것을 그토록 혈안이 되어서 빼앗았겠어요! 땅을 선교회가 가져오고 선교회를 재분리 시키면 노회도 교회도 선교회를 어쩌지 못하잖아요.' 하고 말했다. 이 권사님은 '그러기 쉽지 않아' 라고 했다. 그는 또 나를 농락한 것이다.

2007.5.17.(목)

목요일마다 한 박스씩 들어오는 빵이 오늘도 들어왔는데 때마침 내가 받았다. 이 집사가 내게는 거의 주지 않는 지라(소리 없이 식구들과 이웃에 나눠주고, 내게는 주지 않는다. 반찬도 야채류 외의 것은 감췄다가 내가 금식하는 저녁 때 먹는다) 두 개 꺼내 들고 박스째로 바닥에 둔 채 '모두들 갖다 드세요.' 하며 방으로 들어왔는데 잠시 후 나가니 이 집사가 빵을 뒤적이며 제 처먹을 것만 챙겨갔다며 욕을 하고 있었다. 내가 '그럼 내먹을 것만 챙겨가지 다른 식구 몫까지 챙겨가요.' 하고 말했다. 이 집사가 '다른 식구 것도 챙겨야지, 네 입만 입이갓!' 하고 소리를 질렀다. 내가 '아니 바로 눈앞에 있는데 각자 먹고 싶은 것 갖다먹으면 되죠. 직접 못 갖다 먹는 식구가 있나요.' 하고 말했다. 이 집사는 '오늘만 먹나 내일 먹을 것도 챙겨놔야 될 거 아니갓! 네 쳐 먹을 것만 챙기면 되낫!' 하고 외쳤다. '며칠 먹을 수 있는 양인데 남는 거 먹으면 되잖아요. 꺼내놔야 챙기는 거예요. 어차피 집사님이 챙길 거잖아요'. 내 말에 이 집사는 '그래서 내가 챙겨 논 걸 다 갖다 쳐먹었낫——!' 하고 악을 썼다.

간식거리가 들어왔을 때 내가 가까이에 없을 때는 나를 제외한 채 나눠주고 나머지를 감췄다가 다음에도 내가 안 볼 때 나눠주는데 지난주에는 뜻밖에도 빵이 눈에 띄는 곳에 놓여 있었다. 외부인에게 줄 것인데 미쳐 못준 듯 했다. 그때도 내겐 하나도 안 주었기에 세 개 중 하나를 가져왔다 별로 먹고 싶은 맘도 없었는데 이 집사가 얄미워서 가져왔다. 이 집사는 제 맘대로 처먹었다며 한참이나 욕을 했지만 나는 잠자코 있었는데 그것을 들추는 것이다. '왜 나는 먹으면 안 돼요? 다른 식구들은 외부사람까지도 먹는 걸 나는 먹으면 안 돼요?' 하고 내가 대들었다. 이 집사는 '식구 생각은 안 허고 제 처먹을 것만 챙겻!' 하고 외쳤다. 내가 '다른 식구들은 먹었잖아요. 다른 식구들은 먹고, 먹고 또 먹고 하는데 나는 하나도 먹으면 안 돼요? 매주 한 박스씩 생기는 빵을 겨우 두 번 한두 개 챙긴 것도 배 아프세요? 하이고 식구를 꽤나 생각하는 것 같네.' 하고 내뱉자 이 집사는 '나만큼만 식구들 생각해봐라!' 하고 말했다. 내가 '흐 응, 식구를 생각해서 공짜로 생긴 먹거리도 안 주고 땅도 말아먹었구나!' 하고 코웃음을 쳤다. 이 집사가 자리에서 벌떡 일어나 내게로 달려오며 '땅을 말아 먹엇! 와 내가 말아 먹었놋!' 하고 외쳤다. '그럼 네가 말아먹었지.'

내 말에 이 집사는 얼굴을 험악하게 일그러뜨리고 이, 입, 이, 입. 하면서 내 입을 움켜쥐고 비틀었다. 내가 그 손을 내치며 '너, 도 아깝다. 땅 말아 먹은 거 미안하지도 않아서 먹거리 가지고도 패악질이냣! 그런 패악질까지 부리려고 원장도 아니면서 원장행세 하냣!' 하고 외쳤다. 이 집사는 '그럼 내가 원장이 짓, 누가 원장이곳, 이년앗——!' 하고 악을 썼다. 나도 악을 썼다. '선교회가 네 거얏! 네 맘대로 원장하겟! 식구가 사람으로 안 보이냣! 식구한테 말 한마디 없이 원장하겟——!' 이 집사는 나를 죽일듯한 살기등등한 얼굴로 '살림하는 사람이 원장 하는 거짓! 누가 허놋——!' 하고 악을 썼다. 나도 악을 썼다. '네가 무슨 살림을 하냣. 돈 관리만 하면 되냣! 살림한다고 쳐도 살림한다고 식구들이 피 같은 비상금 다 털어서 산 피 같은 땅을 말아 먹었낫! 원장행세 하면서 땅 말아 먹었음 됐지, 뭘 더 말아먹으려고 계속 원장 질이얏——!'

이 집사는 '네가 원장 해랏! 네가 살림 살아봣 이년앗——!' 하고 악을 썼다. 나도 질세라 있는 힘을 다해 악을 썼다. '나는 살림 한다고 땅을 안 말아 먹엇! 먹거리로 횡포 안 부렸!' 이 집사는 '이년앗! 너도 나이 들었을 때 너보다 나이 적은 것한테 내가 너한테 당한 것 10배는 당해랏! 똥 먹은 개를 상대허지 너 같은 년 상대 안 헌다 이년앗!' 하고 외치며 자기 방으로 들어가 버렸다. 방을 향해 내가 악을 썼다. '나는 죽었다 태어나도 너 같은 인간 안됐! 너 같은 인간 되느니 차라리 죽고 말겠다. 너 같이 하면 열 배만 당해, 백배 천배는 당해야 된닷! 너보다 나이 적은 놈이 너를 강간하겠다는 말을 해도 그놈하고 친하게 지내면서, 너를 강간하겠다는 협박이 내 언행보다 낫냣! 내가 자기처럼 한다면 내가 자기보다 나이가 위일지라도 이를 갈면서 잡아 죽이려 할 거야! 내가 예전에 영양실조로 해골이 되어있을 때도 간식을 좀 먹으면 일이나 하지 처먹는다고 욕을 했엇. 자기는 뭐든지 나보다 몇 배를 더 먹으면서 욕하는 거 내가 들은 것만 해도 세 번쯤이야! 내가 못 들은 건 몇 번인지 몰라 먹을 게 남아도는데도 그러는데 부족하면 돈이 있어도 돈 쓰기 아까워서 식구를 굶길 거얏! 악하게만 안 굴면 원장 시켜주겠다는데도 악하게 안 굴면 못살아서 원장 되려고 발광을 하면서도 악행을 계속하는 것 봐. 그러면서도 원장 못하게 한다고 악심을 품고, 양심이 없다. 하기는 양심이 있어서 식구들 땅을 말아먹고 먹는 것까지 못 먹게 햇! 조금이라도 땅 말아 먹은 걸 미안해하면 내가 기운이 없어서도 뭐라 안 햇! 인간의 나쁜 면은 다 가지고 있으면서 식구를 죽이려고 원장 하는 거얏! 예전 식구들은 원장행세 안 해도 내쫓고 싶어 했엇! 평식구인데도 다른 식구들이 내쫓고 싶어 한 사람이 원장이 되면 선교회는 마귀 소굴이 될 거닷——!'

나는 언제 간단한 일기를 쓰게 될까. 언제 평범한 일상을 쓰게 될까. 손도 아프고 가슴은 더 아프고 일기 쓰는 게 버겁다. 고통이 극심한 날의 일기는 당할 때의 그 전신을 후벼 파는 고통이 또다시 날뛰기에 쓰는 게 지옥의 연장선이다. 하나님은 내게 왜 이토록 잔인하실까.

2007.8.5.(일)

이성기 집사 놈이 조한수 형제를 폭행했다. 누군가 교회 앞에 빈 박스를 많이 갖다 놓았는데 그것을 조 형제가 리어카에 조금 어긋나게 쌓아 올리자 가지런히 안 했다며 그 크고 억센 주먹으로 조 형제 배를 사정없이 가격했다. 내가 왜 배를 때리냐고 나무라자 놈은 손바닥으로 조 형제 머리를 후려 팼다. 내가 때리지 말라고 해도 계속 팼다. 그럴 때마다 조 형제는 넘어질 듯 휘청거렸다.

놈은 조 형제 때문에 돈을 번다. 더운 날도 추운 날도 데리고 다니며 폐지를 주워 판다. 본인은 전동휠체어에 앉아서 이래라 저래라 시키기만 하고 폐지를 주워 리어카에 싣고 끌고 다니는 일은 조 형제 혼자서 한다. 그 때문에 조 형제는 발목을 삔 적도 있고 무릎을 다친 적도 있고 여름에 땀에 흠뻑 젖고 어느 땐 비를 흠뻑 맞고 들어온 적도 있다. 한 목사님 사임 후부터 폐지 줍기를 시작했는데 그렇게 해서 번 돈의 일부는 이 집사한테 쓰여지는 것으로 식구들은 알고 있다. 원래 돈이 많은 이 집사는 명절에 친척을 방문해 용돈을 받기에 다른 식구에 비해 넉넉한데 자기보다 장애가 심한 이성기한테다 운영위원 때부터 화장품이 떨어졌네, 속옷을 사야 되네, 등을 이야기해서 그런 것들을 이성기로부터 받아 챙긴다. 폐지 줍기를 하는 것도 이 집사에게 공물을 바치기 위해서라고 나는 생각한다. 조 형제는 돈쓸 줄을 몰라서 정부에서 주는 생계비만으로 충분한데도 놈은 돈벌이 도구로 고생을 시키면서 폭력까지 행하는 것이다. 내 앞에서도 그러니 둘일 때는 어떠했을까. 내가 전에도 이렇게 맞았냐고 묻자 조 형제는 '네' 하고 대답했다. 놈은 반박하지 않았다. 성추행에 폭행에 이 집사 남자답게 참 가지가지로 꼴 값을 떤다.

이 집사를 끔찍이 싫어하면서도 이 집사 편에 서서 종종 나를 갈구든 오 자매가 동생네 집으로 떠났다.

2007.9.17.(월)

이 집사가 말했다, 이순자 저도 떠날 날 얼마 안 남았다. 3년 임기로 정했기에 머잖아 떠나야 된다.

늪에서 빠져나오는 듯 하는 순간 폭발하는 듯한 분노가 터졌다. 3년 임기를 정했으면 그것을 이순자에게 주지시키며 이러면 재선임 안 한다. 땅을 뺏어봤자 당신은 가지지 못 한다 떠나야 한다고 압박을 가했어야 하지 않는가. 그러면 소송을 안 했을 것 아닌가. 누가 본인에게 무용지물이 될 땅을 뺏기 위해 목회자 직을 내놓겠는가. 그런데도 그렇게 하지 않았다니 옛 식구들이 이순자를 내쫓으라고 성화를 부려도 내쫓지 않고 보호를 한 건 한 목사님의 재임을 막기 위해서였겠지만 압박 하는 건 그 어떤 불리한 요소도 없는 것인데... 나는 임기가 정해진 줄 몰랐다. 집사가 아닌 탓에 이순자를 교회담임자로 선임하는 제직회에 나는 없었다. 선교회 외 정상인 집사들도 있었다. 다 머리가 좋은 이들인데 어찌 그 생각을 못 했는가. 그분들이야 아무리 선교회 편이어도 본인들 문제가 아니니 미처 생각 못 했을 수도 있지만 이 집사는 본인 일이다. 인성이 비정상이고 사악하면, 머리라도 정상이어야 하지 않는가. 사악하기 짝이 없는 인성과 멍청한 대가리로 식구들을 탄압하고 원장 질하며 날뛰었다니, 식구를 돌보고 땅 사느라 고생한 한 목사님에겐 교인 수 다 채워놓고 떠나라는 막말을 해서 한 목사님이 선교회에 등 돌리게 해놓고 땅과 선교회를 강탈하려 발광하는 이순자에겐 절대적으로 필요한 말도 안 했다니, 나는 기가 막혀 말도 못하고 가슴을 쳤다.

집사가 안 된 것이 한스러웠다. 이 집사가 죽지 않는다면 그 멍청한 머리를 바수고 뇌구조가 어떻게 되어있는지 들여다보고 싶다.

조명훈 형제를 못 떠나게 붙잡아야했다. 그가 있다면 이 집사는 선교회를 유린하지 못했을 것이다. 이 집사 때문에 떠나는 듯한 그를 붙잡고 싶었는데 기운이 없어서 붙잡지 못했다. 식사를 제대로 못해 기운이 없는 탓에 말하는 것도 버거워 설득할 엄두를 못 냈었다. 이렇게 될 줄 알았더라면 힘들어도 설득했을 텐데, 유 집사를 따라서 선교회를 떠난 식구들이 떠난 것을 후회하고 있을 때 그들을 데려왔어야 했다. 그보다도 한 목사님을 붙들어야 했다. 붙들고 싶은 맘 간절했는데 한 목사님이 절대 붙잡지 말라고 경고를 했기에 목사님이 화내실까봐 무서워 붙잡지 못했다.

정작 목사님은 이후 사임한 것을 후회하고 식구들이 붙잡지 않은 것을 괘씸해했다는데, 왜 목사님은 붙잡지 말라는 못을 박았담. 왜 사임한 것 철회하겠단 말을 안 했담. 했다면 이 집사를 제외한 식구 모두가 기뻐하며 대환영을 했을 텐데... 내가 일찍 알았어야 했는데, 이 집사가 선교회를 마음대로 휘두르며 거의 폭군 수준으로 식구들을 탄압해서 식구들이 정신적으로 이 집사 노예가 된지 몇 달 지났을 때 임 권사님을 통해 비로소 알았었다.

내가 악하거나 독해야 했다. 그러면 이 집사의 마녀적 패악질이 덜 했을 것이다. 내게 성이 났을 때는 자기가 잘못했음에도 얼굴이 악귀처럼 흉포해지지만 자기를 강간하겠다는 놈들과 자기를 미워하고 공격하는 옛 식구들 앞에선 그런 얼굴이 한 번도 된 적이 없다. 다 내 탓이다. 내가 등신같이 너무 순하고 약한 탓이다.

2007.11.19.(월)

조명운 형제가 찾아왔다. 두어 달 전에 조 형제는 어떤 기업인이 장애인들에게 컴퓨터를 기증한다면서 그것을 받지 않겠냐는 전화를 해왔었다. 이운기 형제와 진병수 집사에게 이야기하니 둘 다 좋아라하며 달라고 했다. 이 형제는 집에 있을 때 사용했는데 이 집사가 못 가져오게 해서 못 가져와 아쉽다는 말도 했다. 그래서 내 것까지 3대를 부탁했는데 여태껏 안 주었기에 컴퓨터를 왜 안 주냐고 물었다. '이 집사님이 식구들이 컴퓨터를 안 하려고 한다던데요. 내가 전화로 언제 갖다 주느냐고 물으니까 이 집사님이 그러던데요. 그래서 안 갖다 준 건데요,' 하고 조 형제가 대답했다.

기가 막혔다. 자기는 사용하면서 다른 식구는 못하게 훼방을 한 것이다. 식구들의 권익을 챙겨 주기는커녕 박탈한 것이다. 진 집사님은 선교회와 멀리 떨어진 곳에서 아내와 단둘이서만 산다. 내가 두 사람을 선교회에 입주시키자고 졸라도 이 집사는 방을 2개나 비워두고도 거부했었다. 먹거리가 남아돌아도 식구가 먹는 걸 싫어하듯 방도 식구가 사용하는 게 싫은 것이다. 진 집사님은 친구도 없이 대화도 안 되는 지적장애인 아내와 하루종일 둘이서만 지내는 게 답답하고 지루해서인지 술을 많이 마신다. 진 집사님의 건강을 위해서도 선교회에 입주시켜야 되는데 그러기는커녕 컴퓨터 할 권리까지 박탈한 것이다.

이 집사는 대체 왜 악행 때문에 나로부터 원장 인정을 못 받으면서도 악행을 멈추지 못하는 것일까. 악을 행하는데 악마처럼 쾌감을 느껴서일까. 그가 나를 폭행하는 것을 고소한다. 그냥 두면 더 악을 자행할 것이고 선교회는 더 지옥이 될 것이다. 식구를 위해서도 이 집사를 고소해야 한다. 해야 하는데 도무지 그럴 마음이 일지 않는다. 하늘 아래 나 같은 등신이 또 있을까.

2008.1.1.(화)

이순자 임기가 끝났다. 그런데 이 집사도 나도 그에 대해 언급하지 않았다. 나는 이순자 못지않게 악랄한 노회가 이순자 못지않은 목사를 보내줄 것 같아서인데 이 집사도 그랬다.

2008.1.26.(토)

교회 앞에서 이순자가 말했다. '시청에 갔더니 노회에서 목사 2명이 찾아와서 부활선교회를 폐쇄시켜달라고 했다더라고요.' 목사들 이름이 뭐냐고 묻자 이순자는 이름은 모른다 하더라고 말했다. 언젠가 노회임원 황문세 장로 놈이 폐쇄시켜 버린다고 협박을 한 적 있지만 실제 그러려고 했다는 건 믿을 수 없는 것이었다. '다른 사람도 아닌 전도사님 말을 내가 믿을 것 같아요.' 내 면박에 이순자는 '상관없어요. 나는 사실을 말하는 것뿐이니까.' 하고 말했다. 하남시청 장애인부서 자문위원인 선 장로님한테 전화로 혹시 아시냐고 물었더니 '나는 몰라요 하지만 그런 말이 있다면 실제 목사들이 폐쇄시켜 달라고 했을 거예요. 목사 놈들 아주 나쁜 놈들이에요. 그래서 나는 교회에 다녀도 하나님만 믿지 목사는 안 믿어요.' 하고 말했다.

(이순자의 말이 거짓이라 믿고 싶었는데 이후에 이순자는 노회임원 엄대훈 목사 앞에서 그것을 들추었고 엄 목사는 더 좋은 시설로 보내려 그랬다고 말했다)

2008.1.27.(일)

이순자가 말했다. '나는 안 떠날 거예요. 교회를 지킬 거예요.' 떠나라는 말을 안 하는데도 떠날 거라는 말을 수없이 해놓고 이젠 또 묻지도 않았는데 안 떠난다고 하는 것이다. 그래, 네가 떠난다고 수없이 말해도 우리 분노를 죽이기 위한 연극일 뿐 진정이라고 믿지 않았다. 차라리 무당말을 믿을지언정 네 말을 믿겠냐 멍청이 집사 이 집사도 안 믿었을 거다.

2008.11.24.(월)

이 형제가 내게 말했다. '이 집사님이 이성기 집사 전동휠체어 배터리 비용을 한수한테 부담시켰어, 함께 폐지를 주어서 돈을 절반씩 나눠가지니 그래야 한대. 배터리 비용은 20만 원인데 7만 원을 부담시켰어, 앞으로도 그렇게 부담시키라고 이 집사님이 이성기 집사한테 시켰어.'

함께 폐지를 팔아서 돈을 나누기 때문에(나누는지 어떤지 확인된 건 아니지만) 배터리 비용을 부담해야 한다면 조한수에게 폐지 돈을 더 주어야 한다. 이성기 집사는 휠체어에 앉아서 '이거 주어라 말아라!' 하고 시키기만 하고 폐지를 주워 리어카에 싣고 끌고 다니는 건 조 형제가 다 하니까 조 형제는 본인한테 필요치도 않는 폐지 일을 하느라 다치고 생채기를 입는데 그런 때도, 감기가 들었을 때도, 데리고 다니며 돈벌이 노비로 부리는데 돈을 더 주지는 못할망정 배터리 비를 부담시키다니…

이성기 집사는 폐지일 하기 전에도 늘 나돌아다녔다. 다니면서 돈을 구걸해 얻기도 했다. 개인적으로 후원을 받는 곳이 내가 아는 곳만 두 군데다 선교회 재정에서 매달 5만 원씩 받는다. 조 형제보다 월등히 수입이 많다. 많은 수입으로 이 집사에게 속옷이며 화장품 등을 꾸준히 사주는 것으로 나는 알고 있다. 이성기 집사가 돈이 많음으로 자기가 그만큼 수혜를 더 받지 않는다면 이 집사는 이성기 집사에게 5만 원의 특혜도 안 줄 것이고 조 형제 돈을 뜯으라고 시키지도 않을 것이다. 정신지체인을 돈벌이 노비로 부리는데 돈까지 갈취케 해? 그 어느 때보다 분노가 끓어올랐다. 이가 갈렸다. 이 집사의 악행을 방임하는 건 식구를 죽이는 일이다. 고소해야 한다. 고통스럽고 힘들어도 결단코 해야 한다.

이 권사한테 전화했다. 이 집사와 이성기 집사의 행각을 이야기한 뒤 그냥 있으면 이 집사가 더 악하게 굴 것이므로 이 집사를 폭행죄로 고소할 것이라고 말했다. 이 권사님은 아주 기분 나빠하는 목소리로 '혜성 자매가 가만히 있는데 폭행했어?' 하고 따졌다. 내가 '물론 제가 많이 씹었어요, 하지만 제가 자기처럼 했다면 이 집사님은 저를 죽이려고 했을 거예요. 그래도 저는 이 집사님이 티끌 만큼이라도 미안해했다면 안 씹었어요. 미안해하는 기색이 추호도 없이 횡포까지 부리는데 어떻게 안 씹을 수가 있어요. 제가 천사가 아닌데요.' 하고 호소하듯 말했다. 이 권사님이 '어디 다쳤어? 피가 났어? 다치지도 않고 피가 난 것도 아닌데 그게 무슨 폭행이야!' 하고 큰소리로 야단을 쳤다. 폭행 사실을 이야기해도 위로 한마디 걱정 한마디 않고 무덤덤한 목소리로 그랬어! 라는 반응만 보이고 그만이더니 대놓고 가해자를 엄호하며 피해자인 나를 질타하는 것이다.

가해자 편을 들어서 피해자를 할퀴는 것이다. 정의감이라곤 겨자씨만큼도 없는 이를, 하찮은 동정심조차 없는 이를, 임태성 권사님은 정의로운 사람으로, 선교회를 도와줄 사람으로 천거했다니, 이 집사가 이 권사님을 두고 암까마귀인지 숫까마귀인지 모르겠다고 했던 게 떠올랐다. 다치지도 않았는데 무슨 폭행이냐는 말을 이성기 집사도 한 것을 보면(어디가 부러지지도 않았는데 무슨 폭행이냐고 했었나?) 그 말은 이 집사의 주장일 것이다. 이 집사 추종자답게 그 같잖은 주장을 인정하는 것이다. 내가 말했다. '차라리 다쳤거나 피가 난 게 나아요. 3번을 거의 한 시간이나 머리로 들이 받혔어요. 신체엔 피가 안 났지만 영혼엔 피가 났어요. 지금도 몸서리가 쳐지고 밤에는 공포로 숨이 제대로 안 쉬어져요. 정신적 상해는 이루 말할 수 없이 커요.'

이 권사님은 아무 말이 없었다.

2008.12.3.(수)

이 권사님한테 전화로 이 집사를 고소하러 간다고 말했다. 우습게도 좀 말려주었음 하는 마음에서 전화를 한 것인데 이 권사님은 아무 말이 없었다. 마음이 무겁고 두렵고 고통스러워서 독해져야 돼, 를 이를 악물고 되 뇌이면서 광주경찰서에 가서 고소장을 제출했다. 위해를 당해서 그에 대한 응징을 하려는 데도 죽을 듯 힘이 드는데 잘못을 먼저 하고도 내게 위해를 가한 이 집사는 얼마나 용맹스럽고 위대한가 라는 생각이 들었다.

2009.1.3.(토)

부활교회 옛 교인 오경숙 권사님이 찾아왔다. 이 집사 방에 들어가 한참 후에 있다가 내게 와서 말했다. '이 집사가 혜성 씨를 폭행한 적이 없대요. 혜성 씨가 자기를 쫓아내고 원장 자리를 차지하려고 고소한 것이래요. 선교회에 봉사도 많이 했는데 고소까지 당했다면서 너무 억울하대. 그리고 자기는 이곳 아니어도 있을 데가 있대. 자기는 원장행세 한 적도 없고 원장이라고 말한 적도 없대, 다 혜성 씨가 꾸며낸 말이래.'

내가 말했다. '저는 그런 걸 꾸며낼 정도로 머리가 좋은 사람이 아니에요. 선천적으로 거짓말도 싫어하는 사람이에요. 있을 곳 있고 자신의 힘으로 살 능력도 있으면서 혼자 살 능력이 없는 이들이 살아야 하는 곳에 들어와 오랫동안 신세를 졌으면 감사한 줄 알아야지, 어떻게 봉사 좀 한 걸 그렇게 억울해 해요. 봉사 양보다 선교회와 식구들에게 손실을 입히고 해악을 끼친 게 훨씬 더 많아요. 내가 원장하려고 고소했다고요? 저는 제 몸 하나 건사하기에도 버거운 상태에요. 저는 이 집사와 근본적으로 다른 사람이에요. 돈에 눈멀지도 않았고 권위 부리는데 집착하는 권위욕의 화신도 아니에요. 식구 위에 군림하면서 식구를 억압하는 걸 좋아하는 성격이 아니에요. 원장해서 뭐하게요. 원장행세 한 적 없다니, 하긴 티끌 만한 것까지도 자기 허락을 맡으라 하고 원장행세가 아니고 제왕 행세네요.'

오 권사님은 '화해해요. 이 집사가 화해한다고 했으니까 혜성 씨도 해,' 하고 말했다. 내가 말했다. '제가 고소를 한 건 폭행당한 것 때문이 아니에요. 자꾸 악을 행하니까 더 못하게 하기 위해서예요. 권사님은 선교회를 망치고 식구들한테 횡포를 부리는데 화해할 수 있으시겠어요?' 오 권사님은 '이 집사가 사과하면 화해할 거예요. 사과하라 할 테니까 화해 해.' 내가 말했다. '사과 안 해도 화해할 수 있어요. 앞으로 악하게 안 굴면, 그런데 이 집사는 그렇게 안 되는 사람이에요. 제가 악한 짓만 안 하면 원장으로 인정해 준다는 말을 몇 번이나 했는데도 악을 계속 행해요. 원장하려고 발광을 하면서도요. 악을 행하지 않고는 못 견디는 사람이에요. 화해하면 뭐해요. 앞으로도 계속 악을 행할 텐데, 저는 사람을 진심으로 잘 섬기는 사람이에요. 예전에 다른 시설에 있을 때 장애인들에게 헌신하다가 관절이 망가져 장애인이 되었어요. 이 집사님이 어려움에 처하거나 나이 들어 아프기라도 하면 가족 이상으로 도와주고 섬길 수 있는 성격이에요. 그런데 이 집사님은 자기를 섬기지 못하게 해요.'

오 권사님이 다시 이 집사 방으로 건너갔다가 한참 후 돌아간 뒤 이 형제가 내 방에 와서 말했다. 오 권사님이 이성기 집사에게 폭행이 있었냐고 물으니까 이성기 집사가 없었다고 잡아뗐어! 다른 식구들도 다 없었다고 말했어!

내가 넌 뭐라고 했냐고 묻자 이 형제는 나는 심장이 떨려서 아무말 못했어! 라고 말했다. 7살 정도의 지능을 가진 이들도 힘 있는 이들을 알아보고 그편에 서는 게 신기하면서도 씁쓸했다.

2009.1.8.(목)

이 집사와 대질심문을 한다기에 광주경찰서로 갔다. 버스 탈 기운이 없어서, 버스를 타면 앞기도 전에 출발할 경우 넘어질 것 같아서 고소하러 갈 때처럼 택시를 타고 갔다. 이 집사는 내 예상대로 거짓진술로 일관했다. 내 손을 잡고 머리를 내게 갖다 대며 잡아 뜯으라고 했지, 들이받지는 않았다고 주장했다. 내가 '거짓말하지 말라고 하자 이년앗! 네년잇 거짓말 허짓. 내가 무슨 거짓말 하놋 이년앗! 이년앗!' 하면서 내가 자기를 밟아버린다고 해서 자기가 바닥에 드러눕기도 했다는 거짓말까지 했다. 언어폭력도 폭력이라면서 '이년앗! 이년앗!' 을 연발하면서 그랬다. 자기가 행한 잘못을 상대가 했다고 뒤집어씌우며 상대를 욕할 때도 있는 자이지만 창의력까지 있을 줄이야, 내가 '왜 거짓말만 하냐고 똥물에 대한 거짓말도 하라'고 내뱉자 이 집사는 '내가 언제 똥물 말을 했냣 이년앗! 거짓말 허지 마랏 이년앗!' 하고 악에 받힌 목소리로 쉬지 않고 퍼댔다. 형사가 제지를 해도 멈추지 않았다.

피해자인 나는 고소를 한 두려움에 떠는데 가해자인 이 집사는 치를 떨고 있었다. 누가 봐도 억울한 피해자 모습이었다. 그는 이전에 내가 자기 입에 똥물을 퍼 넣고 싶다고 했다는 거짓말도 했었다. 나도 똑같이 년 자를 붙여서 퍼대고 싶었지만 그렇게 되지 않았다. 이 집사는 치를 떨며 악이 받힌 목소리로 쉬지 않고 '네년은 인간이 아니얏!' 하는 폭언도 퍼댔다. 나를 모함하면서 퍼대는 폭언이기에 '내가 집사님처럼 터무니없는 거짓말을 해야 인간이에요. 하나님한테 기도할 때도 그렇게 거짓말 하세요.' 하고 묻자, '내가 무슨 거짓말을 허놋 이년앗! 거짓말 하지 마랏 이년앗!' 하고 퍼대다가 담당관에게 '저는 장애1급이고 이건(나)장애 2급인데, 어떻게 폭행할 수 있겠습니까!' 하고 말했다.

거짓진술 하면서도 그는 흉악범처럼 당당했다. 거짓말 탐지기에도 걸리지 않을 것 같았다. 팔다리 못 쓰는 장애가 1급인데 팔다리 멀쩡한 이가 1급 장애비 타 먹는다고 내뱉으려다 차마 못했다. 담당관은 왜 당시에 고소를 하지 여태껏 그냥 있었냐고 물었다. 내가 처음엔 고소할 마음이 없었는데 이 집사가 식구들에게 자꾸 해악을 끼쳐서 어쩔 수 없이 했다고 아니면 누가 돈을 주면서 고소하라고 해도 안 했을 것이라고 대답했다.

집으로 돌아오니 이 집사가 와 있는 듯했다. 그가 들으라고 큰소리로 떠들었다. '이 집사가 경찰서에서도 거짓말을 했어요!' 이 집사가 방에서 튀어나오며 '내가 무슨 거짓말을 했냣 이년 앗──!' 하고 포악을 친 뒤 백완경 형제에게, '저년이 나를 밟아버리고 싶다는 말을 했잖아요.' 하고 물었다. '네, 했어요.' 하고 백 형제가 대답했다. 내가 '거짓말하면 안 돼요.' 하고 경고하자 백 형제는 멈칫했다. 내가 '이 집사가 바닥에 누워서 나한테 밟으라고 하는 거 봤어요.' 하고 식 구들에게 물어도 아무도 대답을 않는데 이 집사가 '네년 방에서 누웠닷 이년앗──!' 하고 포 악을 쳤다. 악귀가 발악하듯 쉼 없이 들이받고는 드러누웠었다니, 내가 악을 썼다. '이왕이면 내가 밟았다는 거짓말도 하지 그러냣! 원장을 못하게 한다고 이를 갈면서도 원장 못하게 할 수밖에 없는 짓만 골라서 하곳. 하나님한테 기도할 때도 그렇게 거짓말 하냣! 거짓말하는 더러 운 입으로 하나님한테 기도하면 좋냣! 똥물 얘기는 왜 안 하냣! 내가 당신 입에 똥물을 퍼 넣고 싶다했다며 그 거짓말도 해랏! 인간앗──!'

이 집사는 발악하듯이 포악을 쳤다.

"똥물은 모른닷 이년앗──!"

"인간의 탈을 쓰고 어떻게 저렇게 흉측할 수 있을까. 저러닛! 원장을 하게 하겠냐곳──!"

이 집사는 내 숨통을 조일 듯이 자기 몸을 내 몸에 밀착시키며 '언어폭력도 폭력이 닷 이년 앗──!' 하고 포악을 쳤다. 그의 몸이 악귀 몸으로 느껴져 나는 몸서리를 쳤다. 치면서 악을 썼 다.

"말 잘했넷. 인간이 아니라는 폭언도 폭력이곳. 이년앗 하는 욕도 폭력이닷 인간앗──!"

"이년아를 누가 먼저 했놋 이년앗──!"

"내가 언제 했냣! 어찌 그리 낯짝 하나도 안 변하고 네가 한 짓을 남에게 뒤집어씌우며 거짓 말 하냣! 기도를 많이 하면 거짓말도 많이 하게 되냣! 거짓말 탐지기도 네 거짓말은 못 걸러 낼 거닷! 사탄심장을 가졌는지 어찌나 눈빛 하나 흔들림 없이 거짓말을 잘 하는짓. 사람의 탈을 쓰고 어떻게 이렇게 흉측할 수가 있엇──!"

"고소 좋아하는 것들, 제가 먼저 다치는 거닷 이년앗──!"

"폭행을 3번이나 하고도 고소당한 게 분하냣! 지렁이도 밟으면 꿈틀하는뎃, 내가 지렁이만 도 못해서 꿈틀도 하지 말라는 거얏! 식구들은 폭행을 당해도 가만히 있어야 되곳. 당신은 폭 행을 해도 용납되어야 햇. 당신이 여왕이라도 됏! 여왕이라 할지라도 당신같이 하면 자리에서 쫓겨낫! 나니까 이 정도짓 내가 당신같이 했으면 당신은 벌써 나를 때려 죽였엇! 어떻게 그렇게 철면피 하냣 인간앗──!"

이 집사는 나를 뜯어먹을 듯한 흉포한 얼굴을 내 얼굴에 바짝 들이대며(인간의 얼굴이 어떻게 그토록 흉포할 수 있는지 악귀 얼굴로 느껴져 나는 몸서리를 치면서 뒤로 물러섰다) '네년이 가만히 있는뎃 내가 그랬냣! 이 징그러운 년앗! 세상에 너겉이 모질고 독한 년 없닷. 어찌 그리 모질고 독하놋 이년앗——!' 하고 포악을 쳤다. 나도 사력을 다해 악을 썼다. '세상에 잘못을 저지르고 너처럼 독기를 품는 인간 없을 거닷! 너같이 징그럽고 독한 인간은 하늘 아래 없늘 거닷! 못 먹어서 해골처럼 뼈만 있는 식구가(나) 간식거리 좀 먹으면 일이나 하짓 처먹는다고 욕하는 인간처럼 모질고 독한 인간이 어딧냣! 방을 비워두고 식구를 못 들어오게 하는 인간처럼 독한 인간이 어딨냣! 원장도 아니면서 원장행세 하곳 원장보다 더 횡포부리는 인간보다 더 독한 인간이 어딨냣——! 그래도 나는 네가 모질고 독하다고, 내가 먼저 욕하지 않는데 너는 네가 모질고 독하면서 내가 그렇다고 욕하고 누가 더 모질고 독하냣! 네가 모질고 독한 것 나한테 뒤집어 씌우며 욕하는 것 낯도 안 뜨겁냣! 이 철면피얏——!'

이 집사는 '내가 언제 원장행세 했냣! 생사람 잡지마랏 이년앗——!' 하고 포악을 친 뒤, '너 같은 년을 인간이라고 상대하는 내가 그르다 차라리 개를 상대하는 게 낫지!' 하면서 제방으로 들어가 버렸다. 내가 방을 향해 외쳤다. '네가 땅을 말아먹어도 뉘우치는 기색이 조금이라도 있었다면 내가 왜 씹었겠냣! 수 억짜리 땅을 말아먹고도 미안한 기색 추호도 없고 씹는다고 이만 갈고 3번이나 폭행하고도 고소했다고 치를 떠는 너 같은 철면피는 세상에 없을 거닷!'

2009.3.20.(금)

실내바닥이 빙판처럼 차가워서 내가 보일러를 틀면서 '식구가 죄수야! 왜 이렇게 냉골에 살아야 돼. 땅 말아 처먹고 건강치 못한 식구들 더 건강치 못하게 하네.' 하고 말했다. 이 집사의 남자 이성기 집사가 소리를 질렀다. '누가 땅을 말아 먹엇! 전혜성이가 사탄 악마얏!'

2009.3.22.(일)

주방장이 쉬는 일요일 저녁 때면 늘 그래왔듯이 이 집사는 식구들에게 '라면을 끓여먹든지 시켜먹든지 알아서 해, 나는 몰라.' 하고 내뱉고 운동을 했다. 아침 점심은 자기가 먹느라 차려주고 저녁은 생식을 하느라 안 먹으니 안 차려 주는 것이다. 자기가 원장이라고 주장하면서도 오직 권세 부리는 일만 하고 식구 돌보는 일은 안 하는 것이다. 식구들은 이 형제 주도로 일요일 저녁때마다 중식을 시켜먹었는데 오늘은 시켜 먹기 싫다고 해서 내가 라면을 끓여주는데 조한수 형제가 우동 면을 하나 갖다 주면서 '아저씨가(이성기 집사) 끓여 달래요,' 했다. 라면을 잘 먹으면서도 별도로 끓여달라는 것이다. 지 여자인 이 집사한테는 결코 별도의 주문을 안 하면서, 주는 대로 먹으면서 자기가 사탄이라고 하는 내게는 별도 주문을 하는 것이다. 나는 그만큼 만만한 인간인 것이다. 웃으며 사탄 악마한테 끓여달라고 하면 되냐고 한마디 하고픈데 차마 못하고 잠자코 끓여주었다.

2009.3.26.(목)

오늘따라 소화가 더 안 되어서 점심때 주방장에게 나중에 먹겠다고 했는데 나중에 먹으려 하니 밥이 한 숟갈도 없었다. 많이 남아있었는데... 백 형제가 이 집사가 다 박 자매한테 줬다고 말했다. 내가 나중에 먹겠다고 할 때 이 집사도 곁에 있었다. 이전에는 박 자매에게 밥을 준 적이 없는데 일부러 준 것이다. 저녁을 굶는 내게 점심까지 굶게 하려고, 야채 반찬 외의 반찬이나 과일 빵 등의 간식도 안 주고 옷이 들어오면 치워놨다가 내가 방에 있을 때만 소리 없이 다른 식구들에게만 챙기게 하면서(물론 좋은 것은 자기가 다 챙기고) 드디어 밥까지 못 먹게 하는 것이다. 내가 그것을 이야기하면서 이 집사는 절대 원장이 되면 안 되는 사람이라고 했더니 이성기 집사가 또 외쳤다. '전혜성이는 사탄 악마야!'

여자 식구를 능욕한 짐승 놈이 나를 사탄 악마라니.

2009.3.28.(토)

'있을 곳이 없어 들어왔으면 감사할 줄 알아야지.' 하고 이 집사가 내뱉었다. 내가 자기를 두고 한 말을 내게 적용시킨 것이다. 내가 잽싸게 응수했다. '있을 곳 있으면서 있을 곳 없는 사람이 있어야 하는 곳에 들어와 혜택을 누렸으면 감사한 줄 알아야지. 있을 곳 있고 밍크코트 보석반지 타령할 만큼 부자면서(다른 장애인들은 꿈에도 생각 못 할 밍크코트 보석반지를 입고 싶어 하고 끼고 싶어 한다) 제 것 먹기 아까워 들어왔나? 나는 있을 곳 없어서 마지못해 들어오면서도 남의 것으로 살아야 하는 게 죽고 싶을 만큼 싫었는데, 싫어서 죽고 싶었는데, 자살할 기운이 없어서 들어왔는데 있을 곳 있고 팔다리 멀쩡해서 일할 수 있는데도 일 안 하고 빈둥거리면서 남이 뼈 빠지게 일해서 갖다 주는 것으로 먹고 살려고 들어왔나? 기도하는 사람이라 남의 것으로 사는 건가?'

이 집사가 '고소 좋아하는 것들 제가 먼저 죽는 법이다. 이년앗――! '하고 포악을 쳤다. 나도 질세라 악을 썼다.

"3번이나 폭행을 당하고도 2년이 지나서야 고소했는데 고소를 좋아하는 거냣! 폭행 좋아하는 인간은 오래 살 거닷! 지렁이도 밟으면 굼틀하는데 나는 짓밟혀도 가만히 있어야 된다고 생각하는 네가 정상적인 사람이냣! 너는 무슨 짓을 해도 되고 다른 사람은 폭행을 당해도 가만히 있어야 된다고 여기고 3번이나 폭행을 하고도 고소했다고 치를 떨겟! 너라면 한 번만 당해도 즉시 고소했을 꺼닷――!"

"원인제공을 누가 했놋 이년앗――!"

"원인제공 네가 했짓! 원장도 아니면서 원장 행세하며 땅 말아 처먹고 선교회를 위태롭게 만들었는데, 너라면 씹기만 했겠냣! 뜯어 먹었을 거닷――!"

"내가 원장 행세한 게 뭐 있놋! 나는 원장 행세 헌 적 없다. 이년앗――!"

"원장 행세 한 적 없다고 거짓말 하고 폭행한 적 없다고 거짓말 하고 연신 거짓말하면서 포악치고 치를 떠는 인간은 하늘 아래 너밖에 없을 꺼다. 믿음 얕고 기도 많이 안 하는 나는 내가 한 말은 했다고 인정하는데 믿음이 깊고 기도 많이 하는 너는 네가 한 나쁜 짓은 전부 안 했다고 거짓말 하는구낫! 하나님께 거짓말 많이 하게 해 달라고 그렇게 열심히 기도하나 보구낫! 떠난다고 했으면 떠나야지 왜 안 떠나고 횡포냣――!"

"네가 여기서 죽어서 나가길 기다리고 있어 안 떠났다. 네년이 죽어서 나간 다음에 떠날 거다. 이년앗――! 네년이 죽어서 나가기 전엔 안 떠날끼다. 이년앗――!"

"내가 죽으면 선교회 말아 처먹고 천년만년 살아랏! 하나님께 기도해랏, 전혜성이 빨리 죽게 해달라곳――!"

"누가 떠나야 될 사람인데 나더러 떠나라 허놋! 들어와선 안 될 년이 들어와서 어디 행패고 나영진이도 그랬다. 너는 안 들어 와야 될 년이라곳――!"

이전에 내가 전화로 나영진 집사에게 이 집사 행태를 이야기 한 적 있었다. 나영진은 그때 이 집사는 선교회에 들어와선 안 되는 사람이라고 했었다. 나는 이 집사가 원장질(?) 하는걸 좀 막아달라는 부탁을 했는데 나영진은 다음날 마누라와 오경숙 권사님을 달고 달려와서 살벌한 기세로 나를 아주 못된 인간으로 몰아치고 매도하면서 이 집사에게 '집사님이 먼저 들어와서 선교회에 대한 권리가 더 있으니 선교회 일 집사님이 주도하세요.' 하고 선동했다. 선교회를 유린하고 있는 이에게 선교회 일을 주도하다니, 그런데도 이 집사에게 정식으로 도전하는 두려움에 떨던 나는 나영진의 살벌한 기세에 눌려 아무 저항도 못했다. 나영진 외의 다른 옛 식구도 예전에 이 집사는 선교회에 들어와선 안 될 사람이라고 했었고 이 집사도 그걸 전해 들어서 알고 있었다.

내가 악을 썼다. '나영진이와 옛 식구들이 너를 두고 안 들어왔어야 될 인간이라고 했었잖앗, 너야말로 옛 식구들 말대로 안 들어왔어야 될 인간이얏! 너만 없었으면 선교회가 이꼴 안 되었고 한 목사님 하고 행복하게 살고 있을 것이다.' 나영진이 '그 인간도 너와 똑같이 선교회 뭉개려고 유 집사한테 선교회 넘기더니(예전에) 지금도 무너뜨리고 선교회를 망치고 있는 너한테 네 뜻대로 하라고 충동이곳, 짐승도 은혜를 아는데 자기가 신세진 선교회를 어떻게 해서든 무너뜨리려고 기를 쓰고 흉측한 것들!'

이 집사가 '네년도 선교회 넘기는 것 찬성했잖앗 이년앗, 그래놓고 와 딴 소리곳 이년앗——!' 하고 악을 썼다. 나도 악을 썼다. '네가 잘 했으면 왜 찬성했겠냐!. 여자 식구를 강간하겠다는 악마 놈들을 곁에 두겠다는 게 운영위원으로 있는뎃, 무슨 꼴을 당하려곳 그냥 있엇! 자기를 강간하겠다는 짐승 놈들을 곁에 두려는 여자는 세상에 너밖에 없을 꺼다. 네가 그런 여자 아니면 나는 유 집사한테 선교회 넘기는 것 반대했엇! 한 목사는 짐승이 아니어서 못 오게 막았낫——!'

이 집사는 '내가 언제 한 목사 못 오게 막았냣! 거짓말 허지 마랏 이년앗——!' 하고 악을 쓰며 자기 방으로 들어가 버렸다.

내가 죽기를 원하는 이 집사의 심사는 충격이다. 그의 인성으로 봐서 그의 말은 진심일 것이다. 얼마나 악하고 잔인한 인성인가. 그런데도 나는 그가 내 죽음을 원할 거라는 생각을 꿈에도 하지 못했다. 나는 다른 시설에서도 악귀 같은(이 집사보다 덜 악한) 인간들로부터 죄 없이, 아니 잘 해주고도 수많은 공격을 받았지만 그들이 죽기를 바란 적은 한순간도 없었다. 이 집사에 대해서도 마찬가지였다. 팔이나 다리가 하나 부러졌음 하는 마음은 있었다. 다른 시설 악인들에게는 그런 마음도 없었다. 폭행을 3번이나 당하고 그로인한 불안증 수면장애 등에 여태껏 시달리는 정신적 피해가 너무 심하고 먹을 권리마저 제한당하는 박해를 받으면서도 이 집사가 죽기를 바란 적이 없는데, 피해자인 나는 그랬는데 가해자인 이 집사는 내 죽음을 원하다니... 사람이란 이토록 다르다.

2009.4.4.(토)

박 자매가 말했다. 어제 우리아저씨가(진병수 집사) 이 집사하고 동사무소에 갔었어, 방을 얻을 수 있나 알아보려고, 이 집사님이 우리보고 방을 얻어서 이사 가래, 이 집사는 예전에도 아파트를 얻어 이사 가라고 충동했었다. 내가 둘을 선교회에 입주 시키자고 졸라댄 후부터였다. 박 자매는 죽어도 안 간다고, 가면 선교회에 못 들어온다고 거부했었는데 또다시 더 먼 곳으로 쫓아내 버리려는 것이다. 인원이 많아야 후원 받는데 유리함을 잘 알면서도 빈 방도 내주기 아까워서 보살핌이 필요하고 선교회에서 살 권리가 있는 선교회 구성원을 먼 곳으로 쫓으려는 그 악심, 이젠 진정으로 이가 갈린다.

2009.5.10.(일)

이 형제가 말했다. 이 집사님이 밤에 식구들 모였을 때, 가끔 자기가 이곳에서 제일 건강하고 밥을 해주고 어쩌고 하면서 식구끼리 고소를 해도 되냐고 하면서 울먹여,
'식구끼리 폭행은 해도 되냐고 하지 그랬어!' 내 말에 이 형제는 '맞아 죽으려고. 이 집사가 계속 있으면 나는 여기서 나갈 거야!' 하고 말했다.

2009.5.31.(일)

후원회장인 이 권사님과 같은 후원회원인 박철우 권사님이 찾아왔다. 이 권사님이 자리에 앉기도 전에 내가 땅값을 알아봤더니 "20억 이래요" 하고 말했다. 그리고는 이 집사에게 왜 불렀냐고 물었다. 이 집사가 '전혜성이 때문에 못 살겠어서 떠나기로 했어요. 날마다 저를 씹고예. 식구끼리 고소를 하고 못 살겠어예.' 하고 대답했다. 왜 나는 가슴이 철렁 내려앉을까. 떠나기를 원했으면서, 내가 씹은 건 이전이었고 그것도 며칠뿐이었고 이후론 이 집사가 나를 날마다 씹었다고 나보다 훨씬 더 많이 씹었다고 식구끼리 폭행은 해도 되는 거냐고 말을 하고 싶은데 말이 나오지 않았다.

이 권사님이 준비를 어떻게 했냐고 물었다. 이 집사가 '그동안 식구들한테 5만 원씩 거두고 해서 5,000만 원 모았고예 집도 얻어 놨어. 그리고 시청에서 이곳을 미인가라고 폐쇄시킨다

고 했는데 내년부터는 법이 더 강화된 답니더.' 하고 말했다. 시청에서 요즘 같은 인권시대에 어떻게 폐쇄시키냐고 못시킨다고 분명히 말했는데, 이 권사님이 식구들은 어떻게 하냐고 묻자 이 집사가 '모두 다 저를 따라가기로 했어예.' 하고 대답했다. 내가 말했다. '안 좋은 일을 당할까봐 두려워서 따라간다고 하지만 실제로는 안 따라가고 싶어 합니다. 이 동네처럼 좋은 곳이 없기 때문에 떠나기 싫어합니다.'

이 권사님이 식구들에게 어떻게 할 거냐고 물었다. 눈치가 있는 성용만 형제는 얼른 일어나 밖으로 나가고 이 형제를 제외한 식구 모두가 따라갈 거라고 말했다. 내가 사실 그대로 뒤에서는 안 따라 가고 싶다 한다고 말한 뒤 어느 누가 오랫동안 정든 곳을 그것도 아주 좋은 동네를 떠나고 싶어 하겠냐고 강력하게 주장하자 이 권사님은 이 집사에게 나가 있으라고 말했다.

이 집사는 나가고 내가 가까이 있는 걸 아는데 어떻게 속마음을 말하냐고 반발했다. 이 권사님이 이성기에게 왜 따라가려 하냐고 묻자 이성기는 고소를 해서 함께 못산다고 대답했다. 고소 안 했던들 집사님의 여자를 안 따라갈 사람이냐고 내뱉고 싶은데 차마 그러지 못했다. 이 권사님은 이 집사를 불러온 뒤 '같은 식구끼리 고소를 하면 돼. 크게 상해를 입었다면 몰라도' 하고 나를 나무랐다. '내가 차라리 두들겨 맞아서 신체를 다쳤다면 괜찮은데 3번씩이나 가슴을 들이받혔는데 그것도 40분 이상을, 제가 어떻게 되겠어요. 그 때문에 저는 공포증에 걸리고 불면증에 시달리고 정신적 손상이 이만저만이 아닙니다. 그래도 고소 못하고 2년이 넘도록 그냥 있었는데 자꾸 식구들에게 피해를 입히니까 어쩔 수 없이 고소한 겁니다.' 라고 말했을 때 이 집사가 팔을 내저으며 '저런 얘기 들어주면 밤새도록 할 겁니다.' 했다. 내가 '맞습니다. 그동안 당한 거 밤새도록 이야기해도 못다 합니다. 보살핌이 필요한 박미영 씨네도 선교회에 못 들어오게 하고'까지 말하는데 이 집사가 '들여놔라 나 내보내고 내 방에 들여놔라!' 하고 말했다.

이 권사님이 돈은 공동으로 소유해야 한다면서 각 개인에게 분배하라고 말한 뒤 식구들은 가족들한테 물어봐서 따라가게 하라고 말했다. 내가 이 집사님의 실체를 이야기한 다음에 보낼 것인가를 물어봐야 된다고 말했다. 이 권사님이 얼굴에 비웃음을 가득 채우며 '가족들이 전자매 말을 믿을 것 같아요.' 하고 조롱조로 말했다. 세상에 선교회 후원회장이 땅과 선교회를 지켜주겠다고 나선 사람이 땅을 말아먹은 것도 모자라 선교회와 선교회 식구를 죽이면서 죽어가는 식구에게 비웃음을 날리다니, 조롱하다니, 인간의 탈을 쓰고 저토록 비열하고 악랄할 수 있다니, 피도 눈물도 양심도 없는 이 아닌가. 이 집사와 똑같은 이 아닌가.

심장이 내려앉으며 절망이 먹구름처럼 몰려왔다. 땅은 거부했지만 식구문제는 인권문제이기에 선교회 편에, 식구들 편에 설 줄 알았는데 아닌 것이다. 땅을 말아먹고 식구 인권까지 박탈하려는 것이다. 내가 떨리는 음성으로 안 믿을 수도 있지만 이야기는 해야 된다고 말했다. 박철우 권사님이 식구들이 이 집사를 따라가면 선교회가 옮겨가는 것이라고 자기들도 선교회를 후원할 거라고 식구들이 의사표현을 했으니 그대로 하면 된다고 말했다. 내가 정신지체인들은 무조건 힘 있는 사람의 말을 듣는 게 특징이라고 말했다. 박 권사님이 차가운 목소리로 정신지체 기준이 뭐냐고 물었다. 판단력이 없다는 내 대답에 박 권사님은 판단력 기준이 뭐냐고 물었다. '내가 어떻게 해야 좋을지 모르고 싫어하는 사람일지라도 힘 있는 사람이라면 그 사람 편에 섭니다. 앞에서는 그렇지만 뒤에서는 안 따라 가고파 합니다. 판단력 있는 식구는 당연히 안 따라 가려 하구요. 이성기 집사님은 특별한 입장이니까 따라 가는 거고요.' 하고 말했다.

이 권사님이 '의사표현을 하면 된 거잖아요.' 하고 말했다. 박 권사님이 판단하니까 따라가는 것 아니냐고 말했다. 내가 '제가 이 집사님보다 힘이 있다면 식구들은 절대 이 집사님을 안 따라 갈 것입니다. 자기가 안 좋은 일을 당해도 무조건 힘 있는 사람 편에 서는 게 정신지체인들의 특성입니다.' 하고 말해도 박 권사님은 같은 말을 반복했다.

나는 이 권사님 외 후원자 누구한테도 이 집사 악행을 말한 적 없다. 이 권사님이 이 집사를 맹목적으로 추종하지 않았다면 그에게도 침묵한 내용이 많았을 것이다. 박 권사님한테도 당연히 말한 적 없지만 박 권사님은 분위기에서 이 집사의 실체를 조금은 파악했을 것이다. 그런데도 이 집사를 지원 사격하는 것이다. 절친한 이 권사님이 나를 매도했을 거라는 생각이, 매도한 때문일 거라는 생각이 들었다. 이 권사님의 행태로 봐서 나를 충분히 매도하고도 남을 사람으로 보였다.

내가 말했다. '능력 있는 사람을 우선시해선 안 됩니다. 연약한 이들의 인권과 권익을 우선시하고 보호해야지 능력 있는 사람을 위해 연약한 이들의 인권을 유린하고 희생시키면 안 됩니다.' 이 권사님이 강경한 어조로 '식구들이 의사표현을 했으니까 가족들 말은 들을 것 없다.'고 말했다. 더 말해야 씨알도 안 먹을 태도였다. 가족들이 이 집사 실체를 알면 안 보낼 것임을 아는 것이다. 그럼에도 이 집사에게 보내려는 것이다. 최소한의 인간애도 도덕성도 없는 것인가. 허탈한 내게 이 권사님은 또 다른 치명타를 가했다. 이 집사에게 '여기서 나가면 땅 소유권도 찾아야지 나가서 땅을 가져와야지' 하고 지껄였다. 내가 땅을 가져오자고 수없이 애원해도 법적으로 절대로 못 가져온다고 우기며 묵살해놓고 이 집사에게 선교회를 나가서 땅을 가져오라는 것이다. 내 심장에 비수를 꽂는 것이다. 나를 고의로 한껏 짓밟아 놓고 비수로 난도질까지 하는 것이다.

나를 향한 이 권사의 비웃음 가득 찬 얼굴이 계속 내 눈앞에 버티고 식구 가족들이 내 말을 믿을 것 같냐고 조롱하는 음성이 선교회를 나가서 땅을 가져오라는 말이 끊임없이 내 귀를 울린다. 선교회가 땅을 가져오면 선교회 땅이지만 선교회를 나간 이 집사가 땅을 가져오면 100% 이 집사 땅이 된다. 이 집사의 개인 땅이 되게 하려고 그토록 말도 안 되는 거짓말을 해대며 땅을 거부했는가. 이 권사님은 왜 그토록 내게 잔인한 것일까. 자기가 추종하는 이 집사의 패악질에 저항해서? 자기 뜻에 동조하지 않아서? 자기의 성추행을 거부해서?(예전에) 이 권사님이 땅과 선교회를 지켜준다면서 나섰을 때 우리 식구들은 이젠 살았다. 하면서 얼마나 기뻐하며 안도했던가. 나는 그의 눈빛이 사악한 이 집사 눈빛과 흡사함을 발견하고 믿으면 안 될 것 같다는 생각이 잠깐 들었지만 곧 그 눈빛을 지워버리고 100% 신뢰했었다.

불의를 용납 못하는 정의로운 분이라 도와줄 거라며 이 권사님을 선교회에 천거한 임태성 권사님은 이 권사님의 실체가 비열하고 악랄함을, 야누스임을, 상상이나 할 수 있을까. 내가 이야기한들 믿을 수 있을까. 이 집사가 떠날 때 식구들을 이끌고 가려 할 것이란 생각은 했다. 하지만 이 권사님이 제지하리라 여겼다. 이 권사님이 반 선교회파지만 기본적 도덕성과 인성을 가졌다고 믿었기에 연약한 심신 미약자 식구들을 보호해 주리라 생각했다. 어린아이와 같은 이들을 인격장애인 이 집사에게 딸려 보내는 건 사람으로서 결코 할 짓이 아니기에 이 권사님이 그렇게 안 하리라 믿었다. 이 집사가 성 형제를 손톱으로 찍어서 피가 솟구치도록 한 것도 혼수상태의 김 형제를 병원에 데려가지 않고 방치했던 것도 알고 있는 이 권사님이기에.

나는 얼마나 멍청한가. 이 집사를 멍청한 부분이 있다고 생각했는데 나는 더하지 않은가. 무턱대고 사람을 믿는다고 나를 똑똑한 바보라고 말한 이도 있었다. 병에 걸려서 약자 입장이 된 후에야 그 말이 맞다는 걸(똑똑하다는 곳 빼고) 알게 되고 내 병은 류마티스만이 아니고 사람을 너무 믿는 것임을 깨닫고서도 이 권사님을 맹목적으로 믿었다니…

내게 대한 혐오와 증오가 미친 듯 끓어오른다. 이 권사님을 믿지 않았다면 나는 미리 대비를 했을 것이다. 이 권사의 비웃음이 쉴 새 없이 내 심장을 난도질한다. 얼마나 나를 죽이고 싶으면 내게 품은 악감정이 얼마나 극렬하면 치명상을 입히고 비수질까지 하는가.

2009.6.1.(월)

이 권사님께 편지를 썼다. 선교회를 지켜주려 후원회장이 되셨으니 선교회와 식구들을 지켜달라고, 이 집사 외의 식구들은 모두 땅을 가져오길 원하는데 이 집사 한 사람을 위해 여러 식구들 바람을 져버리고 땅을 내버렸는데, 식구들의 또 다른 바람 선교회에서 살기 원하는 것마저 이 집사를 위해 박탈하는 건 있을 수 없는 일이다. 선교회를 지켜주신다며 나서서 이 집사한 사람을 위해 많은 식구와 선교회를 희생시키는 것은 아니지 않느냐? 이 집사는 사람을 미워하지 않고는 못사는 인격 장애인이다. 학대해도 저항할 줄 모르는 정신지체인들을 인격 장애인에게 보내는 것은 학대를 받도록 하는 것이기에, 인권 말살이기에, 사람으로선 절대로 해선 안 되는 일이라 생각한다. 권사님이 심심미약 식구들에게 따라가지 말라고 하면 안 따라갈 것이니 그렇게 해 달라, 제발 어린아이와 같은 식구들을 지켜달라고 애원했다.

점심 후엔 박미영 자매에게 이 집사가 곧 떠난다는 소식을 전했더니 좋아서 어쩔 줄을 몰라 했다. 두 팔을 양옆으로 벌려서 나는 시늉을 하면서 '아이 좋아! 아이 좋아! 마귀가 떠난다니 훨훨 날 것 같애. 좋아 죽겠네.' 를 연발했다. 주방장님은 '이 집사님이 그러는데 가족들한테 다 연락해서 식구를 데리고 떠나도 좋다는 허락을 받아놨대요. 이성기 씨는 떠나면 이곳이 폐쇄된다는 말을 몇 번이나 했어요.' 하고 말했다. 끼리끼리라고 이 집사의 남자가 말도 안 되는 거짓말을 하는 건 지극히 당연한 것이다.

(알고 보니 이 집사는 비밀리에 식구 가족들을 외부로 불러내어 선교회가 폐쇄될 거라는 거짓말을 해서 식구를 데려가도 좋다는 동의를 받은 것이었다)

2009.6.5.(금)

대한OO 김원일 사장님이 내 편지를 받고 찾아왔다. 김 사장님은 식구들을 모아놓고 이 집사에게 왜 떠나냐고 물었다. 이 집사는 '시청에서 이곳을 폐쇄시킬 거라서요. 그리고 혜성이가 저를 고소하고 하루종일 씹어 대서요.' 라면서 흐느껴 울기 시작했다. 서럽게 울면서 '제가 한 목사헌테 땅 팔아가라고 헌 적이 없는데 혜성이가 저보고 땅 말아먹었다. 하고예. 원장행세 헌 적이 없는데 원장행세 한다고 퍼붓고예. 혜성이 지가 원장하려고 해예.' 라고 말했다. 서럽게 울면서 말하는 모습이 누가 보더라도 억울한 피해자로 볼 수 밖에 없는 모습이었다. 만약 드라마의 한 장면이라면 나는 악녀도 그럴 듯하게 실제 모습처럼 그려야지. 저 정도의 사이코 철면피가 어디 있을 거라고 하며 작가를 비판을 할 것이다. 이 형제 말에 의하면 이 집사는 매일 이를 갈며 나를 씹고 있었다.

'내가, 들어올 때 거짓말하고 들어왔다더니 나갈 때도 거짓말하네. 이순자 때문에 못산다고 떠나야 한다고 줄기차게 주장해 놓고 이순자보고 하나님도 안 무섭냐고 하더니 이순자보다 더하네.' 하고 내뱉었다. 그래도 이 집사는 거짓말을 멈추지 않고 나를 모함하는 거짓말들을 한참이나 쏟아놓았다. 어떤 거짓말들인지 지금 이 일기를 쓰는 동안에 기억도 안 난다. 내 기억력 보통이 아닌데, 거짓말 병 환자 같았다. 김 사장님이 10년 전에 갈라섰는데 또 갈라서면 안 된다고 말했다. 이 집사는(자기가 한 짓을 내가 했다는 거짓말까지 하면서) 도저히 함께 못 산다고 했다. 내가 맞장구를 쳤다. '맞아요. 저렇게 거짓말을 해대는데 내 면전에서도 자기가 한 짓을 내게 덮어씌우며 나를 모함하는데, 어떻게 함께 살겠어요. 함께 못살아요.'

김 사장님이 왜 이렇게 되었냐고 물었다. 내가 대답했다. '나쁜 짓만 안 하면 원장 시켜준다고 해도, 나쁜 짓 안 하고는 못사니까. 나쁜 짓을 더 많이 하고 싶어서 여기서 떠나는 거예요. 원장행세 하면서부터 이곳은 동네 한가운데 있어서 이 안의 일들이 밖으로 새어나가서 안 좋다는 말을 했어요.' 이 집사가 또 거짓말을 했다. '원장? 나는 원장행세를 한 적 없습니다. 그까짓 원장, 뭐 하러 해예.'

김 사장님은 백완경 형제에게 절대로 떠나면 안 된다고 주의를 준 뒤, 이 집사에게 회계장부를 좀 보자고 말했다. 이 집사가 말했다. '저는예 하나님 앞에 한 점 부끄럼 없이 관리해 왔어예.'

누가 언급도 않는데 식구들한테 가끔씩 한 말이다. 이 집사가 자기 방으로 들어가고 김 사장이 따라들어 갔다. 한참 후에 나온 김 사장님은 이상한 말을 했다. 수입과 지출이 맞지 않는 게 정상인거야!

오후 늦게 주방장님이 말했다. 김 사장이라는 그분 나한테 수입과 지출이 차이가 너무 난다고 하더라고요.

2009.6.9.(화)

이 권사가 전화를 해왔다. 내 편지에 대한 답변서를 줄 것이라고 했다. 내가 식구들을 외면하실 것이면 안 주셔도 된다고 했다. 이 권사는 이 집사와 왜 싸우냐고 나무랐다. 선교회를 망치는 일을 하니까 선교회를 지키기 위해서 싸울 수밖에 없다고 내가 말했다. 이 권사는 이 집사가 뭘 잘못 했냐고 따졌다. 이전에도 싸운다고 몇 번이나 전화로 나무라서(이 집사는 이 권사에게 자주 전화해서 나를 모함하고 음해하며 억울해하는 듯했다) 그때마다 이 집사의 행각, 이순자를 내치는 것도 한 목사님의 재임도 거부한 것 등등 여러 패악적 사례들을 입 아프게 설명했는데 뭘 잘못 했냐니, 나는 별수 없이 또 이전에 몇 번이나 이야기 한 이 집사 잘못을 간략하게 설명하는데 이 권사는 '왜 고소를 하고 그래!' 하고 언성을 높였다. 이 권사가 싸운다고 야단을 쳐서 이전에도 했던 말을 또다시 차분하게 반복했다. 그럼 3번이나 폭행을 당하고도 가만히 있어야 하냐고, 지렁이도 밟으면 꿈틀하는데, 내가 지렁이만도 못하냐고, 3번이나 폭행당하고도 2년이 넘도록 가만히 있었다고, 2년이 넘도록 고소를 안 했으면 쉽게 한 게 아님을 아시지 않냐고, 다른 잘못까지 안 했으면 끝까지 고소 안 했을 거라고...

이 권사는 맞아서 피가 난 것도 아닌데 고소하고 어쩌고 했다. 비난조가 완연했다. '내가, 차라리 피가 난 거라면 괜찮아요. 거의 한 시간씩이나 들이받혀서 지금도 때때로 몸서리가 쳐지고 공포와 불안장애, 불면증에 시달려요.' 하고 호소하듯 말했다. 그래도 이 권사는 그걸 가지고 고소를 하고 어쩌고 반복하더니 갑자기 가만히 있는데 '폭행 했어!' 하고 소리를 질렀다. 왜 치매환자처럼 이전에 몇 번이나 했던 말을 또 반복하는 것일까. 나도 소리를 질렀다. '제가 대들어서 그랬지만 이 집사가 아무 잘못 없는데 그랬나요!. 선교회를 망치고 식구들 권익을 뺏으니까 그런 거잖아요.' 이 권사는 성난 음성으로 '이 집사가 원장행세 한 것도 아닌데 화해를 해야지 그걸 가지고 고소를 해!' 하고 소리를 질렀다. 나도 성이 나서 소리를 질렀다. '선교회를 망쳐서 싸웠는데 망치면서 폭행하고 계속 망치는데 어떻게 화해를 해요. 폭행당해서 죄송하다고 빌어야 하나요. 권사님이 제 입장이면 저보다 열 배는 더하실 거예요.' 이 권사는 사납게 '혜성 자매는 100% 잘했다고 생각해!' 하고 소리를 질렀다. '내가 100% 잘하지 않았으면 당하고도 가만히 있어야 됩니까! 저는 선교회와 식구들에게 고의로 해를 입힌 적 없어요.' 하고 소리를 질렀다.

이 권사는 '이 집사가 잘못했으면 식구가 왜 따라가겠어!' 하고 소리를 질렀다. 내가 다시 차분하게 '판단력 없는 식구만 따라간다고 했잖아요. 판단력 있는 한 명은 이 집사와 특별한 관계라서 따라가는 거예요.' 하고 말했다. 이 권사는 '왜 정신지체 식구들 마음을 못 얻었어!' 하고 소리를 질렀다. 내가 '정신지체인의 특징은 자기를 학대하는 사람일지라도 그 사람이 힘 있는 사람이면 그 사람 편에 선다니까요 제 말이 안 믿어지시면 전문가한테 물어보세요. 식구들이 이 집사는 슬금슬금 피하지만 저한테는 다가와요 저를 따른 다구요.' 하고 이야기를 해도 이 권사는 성난 음성으로 같은 소리를 반복해 지르고 다 의사표현을(이 집사를 따라가겠다는) 했고 어쩌고저쩌고 그러면 하나님이 기뻐하시냐! 어쩌고저쩌고 왜 서로 사랑하지 못하고 그러냐? 어쩌고저쩌고 계속 소리를 질러댔다.

선교회와 땅을 지켜준다며 나타나 놓고 선교회와 땅을 말아먹는 이를 끝까지 지원하고 옹호하며 선교회와 땅을 지키려는 나에게 억지를 쓰며 고문하는 것이다. 나는 진정 성이 나서 '가해자 편을 들고 피해자를 공격하는 권사님이 사람 맞나요? 불한당도 권사님보다는 정의로

울 거예요. 아내도 있고 다 큰 딸도 있으면서 이 집사를 껴안고 하더니 앞으로도 그럴려고 그렇게 섬기고 추종하세요!' 하고 퍼대고 싶은 걸 차마 못하고, '권사님이 이 집사 악행에 동참하신 건 하나님이 기뻐하시나요?. 이 집사는 선교회를 유린하고 식구들 권익을 짓밟는데 왜 저는 이 집사를 사랑해야 되는데요!. 선교회를 지켜준다며 나서 놓고 선교회와 식구들을 매장시키는 게 옳은 일이라고 생각하세요!' 하고 소리를 질렀다.

그러자 이 권사가 고함을 질러대기 시작했다. 사람이 지르는 것 같지 않은 악마나 괴물이 지르는 듯 무시무시한 굉음의 고함을, 내용을 알아들을 수 없는 고함을 마구마구 질러대기 시작했다. 장애인의 땅과 선교회를 뺏으려 한다고 노회 임원들에게 질러댄 것과 똑같은 수위의 고함을, 땅과 선교회를 말아먹으면서 땅과 선교회를 지키려는 나에게 질러대는 것이다. 나도 있는 힘을 다해. 악을 썼다. '임태성 권사님은 권사님이 이런 분인 걸 알고 있나욧! 이러려고 땅과 선교회를 말아 먹으려고 후원회를 만드셨어욧! 이 집사가 패악질 일삼는 악녀라서 그토록 줄기차게 옹호하고 섬기는 거에욧——! 이러면서도, 이렇게 불의하면서도 교회에선 정의로운 척 하세욧——!'

이 권사는 전화를 끊어버렸다. 이 집사는 권세욕과 물욕에 미쳤지만 이 권사는 대체 이 집사의 어디에 미친것일까? 미쳐도 더럽게 미친 이 권사, 땅과 선교회를 말아 처먹으면서 그것을 잃은 이에게 죄인이라 몰아치고 고함까지 질러대는 그 악랄함과 후안무치가 완전 이 집사의 복제판이다. 부디 끝까지 이 집사를 섬기고 그에게 추종하다가 지옥에도 함께 가기를...

이 권사한테 편지를 썼다. 땅과 선교회를 지켜주신다고 나서 놓고 어떻게 땅은 물론 선교회까지 매장 시키는지 믿어지지 않고 마음이 너무도 아프다. 권사님이 선교회와 식구들 인권을 유린하는 악인을 섬기고 지원할 줄 몰랐다. 다른 후원회원들이 알게 되면 다들 놀라고 분노할 것이다. 선교회 이름을 가져가면 법적소송도 불사할 것이라고 썼다.

이 권사는 이 집사에게 왜 미쳤을까. 나이가 일곱 살 위라 늙고 외모도 별로이고 머리도 별로인데 무엇보다 악귀 심성을 가졌는데 대가를 받았나? 후원회총무 김계성 권사님한테 다 털어놓고 도움을 청하고 싶은데 이 집사에게 미친 이 권사가 나를 음해하고 매도하면서 눈 하나 깜짝 안 할 것 같다. 이 집사는 또 나를 엄청 모함 할 것이다. 나를 눈앞에 두고도 김 사장님에게 나를 모함한 이가 나 없는 데서는 얼마나 모함을 해댈 것인가. 두 악마에게 대항할 기운이 내겐 없다. 이 집사 만행에 반발할 때마다 주저않으려 할 만큼 기력이 허한 내가 아닌가.

2009.6.10.(수)

이 형제가 말했다. 이 권사님이 '가기가 좋은 일 하고도 욕먹는다고 하더래,' 그 말을 하면서 이 집사가 '누나를 세상에 둘도 없이 나쁜 년이래.'

내가 말했다. '땅과 선교회를 지켜준다면서 나서서 식구와 후원자들에게 시간 투입 금전 투입 에너지 투입 하게 해놓고 땅과 선교회를 말아먹는 게 좋은 일이라고? 철면피의 극치다. 완전 남자 이옥진이야, 땅을 이순자한테 넘겨주는데 자기가 뺏은 것과 뭐가 달라. 자기 땅이면 죽어도 안 넘겨주고 이순자를 죽이고 싶어 할 거야. 차라리 나서지 말지. 강도는 남의 재산 빼앗고 뺏긴 자에게 네가 죄인이라고 할퀴지는 않는데 이 권사는 그러니 강도보다 더 악질이지. 그런 인간이 교회 정상인들한테는 의로운 체, 불의를 용납 않은 체하고, 같잖은 인간, 이 집사가 악인이 아니면 절대 그를 추종하지 않을 거야 악인이니까 교주처럼 추종하고 섬기는 거지 사탄 숭배자인 셈이야. 내가 악인을 많이 접해봐서 아는데 악마가 천사를 싫어하듯 악인은 본능적으로 선인을 싫어하고 악인을 좋아해. 이 집사도 자기에게 온정적인(예전에) 나는 죽어라 미워하면서 자기를 강간하겠다고 한 짐승은 안 미워했어. 땅 뺏고 식구 뺏고 뺏긴 이에게 네가 죄인이라고 몰아치고 피도 눈물도 양심도 없는 거야. 악인을 위해 다 뺏아놓고 악인을 위해 죄 없는 식구 팔다리 잘라놓고 좋은 일 했다는 후안무치 한 인간이 하늘 아래 그 인간밖에 없을 거야. 사이코패스도 그 정도는 아냐. 사람 죽여 놓고 좋은 일 했다고는 안 해. 이 집사는 욕심에 미쳐서 악을 행하는데 그 인간은 악을 위해 악을 행하니 악마성이 이옥금 위에 있어, 이옥금 악마성은 이순자 위에 있고...'

2009.6.16.(화)

이순자가 말했다. '후원회장이 엄 목사한테 식구들이 다 떠나고 전혜성이 한 명만 남아있을 거라서 선교회에 돈을 남겨둘 필요가 없다고 했대요. 엄 목사가 나한테 그렇게 말했어요.'

'말도 안 되는 소리 이 권사님한테 내가 분명히 4명이 남을 거라고 말했는데 그따위 거짓말을 왜 해요!' 내 반발에 이순자는 '안 믿어지면 엄 목사한테 확인해 보세요.' 했다. 나와 선교회에 치명상을 입히면서도 나를 비웃고 조롱하더니 그것으로도 만족이 안 된 모양이다. 그런 자가 사람이라니, 악마는 악마 편, 그런 자이기에 이 집사를 추종하고 섬기는 것이다. 이순자는 이런 말도 했다. '부활교회에 오려고 지원하는 목사가 10명이 넘는데요. 어떤 목사는 엄 목사한

테 자기를 부활교회에 보내주면 1,000만 원을 주겠다고 했대요. 엄 목사가 한 말이에요.'

땅이 있는 게 알려지기 전에 부활교회에 오려는 목사가 한 명도 없었다.

점심 때 주방장님이 재미있다는 듯 말했다. '김유진 아줌마가(이웃주민) 그러는데 인서 아빠가(선교회 옛 식구) 이 집사가 떠난다고 도둑년이 떠난다니 아주 잘 되었어. 예전에 떠나야 했어! 라고 하더래요.'

나는 지금도 이 집사가 보통사람으로 돌변해서 선교회를 지키면 얼마나 좋을까 라는 마음 간절하다. 자기도 나이 들어가는데 자기를 진심으로 섬기는 이가 곁에 있으면 좋을 텐데. 나는 사람에 대한 애정이 깊어서(수많은 사람을 접해 본 후에 내가 다른 사람들보다는 인간애가 깊음을 깨달았다) 사람을 잘 섬기니 악행을 중단하고 나에 대한 증오를 거두고 선교회를 지키면 손해 보는 일은 없을 것이다. 물론 그토록 원하는 원장도 될 것이다.

2009.6.17.(수)

주방장님이 말했다. '집사님이 그러는데 안산으로 간대요. 5층 건물인데 5층이래요. 내가 집사님이 나가시면 미영이네가 들어오겠네요. 했더니 못 들어온대요. 시청에서 폐쇄시킬 거래요.'

이 권사님한테 편지를 썼다. 한수 재훈이는 엘리베이터를 작동 못시키는데 그런 장애인들을 5층에 입주시키는 건 외출을 금하고 감옥처럼 감금시키는 꼴이 된다. 그건 사람으로서 할 짓이 아니다. 지금이라도 둘을 붙잡아 달라고 썼다.

2009.6.25.(목)

보건소 순회간호사가 들어오며 '왜 이사를 가세요. 이 좋은 데를 놔두고' 하고 말했다. 내가 '어떤 인간이 이사 간다고 한 거야!' 하고 내지르고 '이사 안 간다고 몇 명이 떠날 뿐'이라고 말했다. 이 집사가 떠나는 게 이사 가는 거라고 말했다. 내가 '떠나는 건 선교회를 이탈하는 것이고 이사는 선교회가 옮겨가는 것인데 어떻게 이사를 가는 거예요!' 하고 들이받았다. 이 집사는 잠자코 있었다. 봉사단체 "천사의 손길"에도 이 집사는 이사 간다고 거짓말을 했었다. 매달 정기적으로 오는 기독신우회, 창대교회, 삼일정보에도 거짓말을 했는지 오는 날짜가 지났는데도 오지 않는다.

　　진병수 집사님이 나타났다. 진 집사님은 뼈만 앙상한 몰골로 복도 문 앞에 앉더니 일어서지를 못했다. 복도문 손잡이를 붙잡고 일어서려고 기를 쓰는데 팔이 부들부들 떨렸다. 술에 빠져 식사를 제대로 못해 기운이 없는 것이다. 나는 눈물이 쏟아지려 하면서 이 집사에 대한 분노가 또다시 치밀었다. 장애를 입었어도 건강한 이였다. 진작 선교회에 입주시켰다면 여전히 건강할 것이었다. 진 집사님은 박 자매 부축을 받고서야 간신히 일어나 실내로 들어섰다.

　　이 권사가 찾아와서 돈을 분배하겠다고 말했다. 엄대훈 목사가 선교회에 남은 식구들 몫은 자기에게 달라고 했다는 말도 했다. 이순자가 교회에서 못 받은 사례비를 주어야 한다더란다. 그래서 자기가 안 된다 했다고 이 권사는 말했다. 이순자 말에 의하면 엄 목사는 이 권사가 선교회엔 전혜성이 혼자 남을 거라서 돈을 남겨둘 필요가 없다는 말을 했다고 했는데... 정말이냐는 내 물음에 이 권사는 엄 목사한테 확인을 해보라고 말했다. 땅을 뺏고 통장을 뺏은 사례비를 땅과 통장을 뺏긴 이들의 돈을 빼앗아 주겠다니...

　　엄 목사는 큰 교회 담임자다. 노회 돈 아니어도 본인 교회 돈으로도 얼마든지 줄 수 있을 것이다. 그럼에도 가난한 장애인들의 돈을, 안 그래도 장애인인 탓에 땅을 뺏겼다 싶어 서러운 장애인들 돈을 뺏겠다니, 어떤 장로님이 목사 놈들 아주 나쁜 놈들이라면서 '그래도 엄대훈 목사는 괜찮은 분이에요.' 라고 했는데, 엄 목사도 다른 목사들과 똑같이 장애인한테는 악랄하고 비열한 것이다.

　　이 집사가 주방아줌마 월급과(70만 원) 별도로 더 주는 100만 원을 제하고 한 사람당 520만 원씩 줄 거라고 말했다. 각 개인에게 돈을 주려는 것은 선교회 돈이 안 되게 하기 위해서리라. 돈을 다 가져가지 않는 것은 꼬투리 잡히지 않기 위해서이고.

　　내가 '왜 선교회 돈을 선교회를 떠나는 이가 마음대로 배분합니까.' 하고 반발했다. 이 집사는 5,000만 원이 있다고 했지만 사실대로 말할 인간이 아니다. 한 목사님이 원장일 때도 수백만 원을 빼돌린 자가 폭군 같은 권세를 부리며 돈을 안 빼돌렸을 리가 없다. 더구나 떠날 계획하에서, 안산 집도 선교회 돈으로 얻었을 것이다. 그 같은 생각을 하면서도 나는 크게 싸우기 싫어서(얼마나 팔팔뛰고 치를 떨며 아니라고 잡아뗄 이 집사인가) 그에 대한 언급을 하지 않았다.

　　이 권사가 안산 집은 4층이라고 거짓말을 했다. 내가 반격했다. '5층이죠. 한수 지훈이는 엘레베이터를 못 타서 집안에 갇혀 있어야 되는데 그런 곳으로 기어코 식구를 끌어다 넣으려고 야만스럽게...'

　　이 권사가 떠나서 어쩌고저쩌고 하기에 내가 언제 떠나냐고 물었더니 이 집사가 '내일 당장 떠나고 싶다.' 하고 내뱉었다. '당장 떠나세요. 누가 말려요.' 하고 내쏘자 이 집사는 '너 미워서 안 떠난다!'하고 외쳤다. 내가 '누가 미워해야 되는데 적반하장이야!' 하고 외쳤다. 이 권사가 봉투에서 수표를 꺼내기에 내가 진 집사님한테서 땅 살 때 100만 원을 꾸었는데 그것도 줘야한다고 말했다. 이 집사가 땅을 놓고 가는데 무슨 돈이냐고 반발했다. 내가 땅을 선교회에 놓고 가냐고 반격했다. 이 집사는 교회에서 줘야 한다고 말했다. 내가 땅을 선교회에서 샀다고, 그러기에 선교회에서 꾸었고 꾸운 곳에서 줘야 한다고 말했다. 이 집사는 누가 꾸었냐고 자기는 모른다고 우겼다. 내가 황 전도사님이 꾸운 걸 알면서도 저런다고 핀잔을 줘도 이 집사는 자기는 모르는 일이라고 계속 잡아뗐다. 내가 '아무리 기도를 열심히 한다고 어떻게 저렇게까지 거짓말을 잘할까.' 라고 내뱉었다.

이 권사가 박 자매에게 돈을 꾸어줬냐고 물었다. 그렇다는 박 자매 대답에 이 권사는 그걸 받고 싶냐고 물었다. 박 자매가 받고 싶다고 대답하자 이 권사는 이 돈은 땅을 산후에 모은 것이고 땅을 판 것도 아니니 줄 필요는 없지만 위로 차원에서 50만 원을 주자고 식구들에게 말했다. 꾸운지 거의 10년이기에 이자를 줘야 한다고 나는 생각했지만, 이 권사는 씨도 안 먹을 것 같았다. 내가 이왕 주는 거 다 주자고 했더니 이 권사는 무어라 하려 하고 이 집사는 얼굴을 흉하게 일그러뜨리며 성난 음성으로 '다 주세요 다!'했다. 내가 말했다. '다 줘야 됩니다. 그동안 이곳에 들어와 살지도 못했습니다. 들어와 살 권리가 있는 식구를 왜 못 들어오게 했습니까.'

이 집사가 '시청에서 식구를 더 받지 말라고 해서다.' 하고 말했다. 내가 '시청이 식구보다 중요하면 시청이 그룹 홈 제도로 만들어 살라고 했는데 그건 왜 안 듣지!' 하고 내뱉었다. 이 권사가 돈이 없다고 이미 봉투에 다 나눠 넣었다고 말했다. 내가 각 봉투에서 10만 원씩 꺼내면 100만 원이 된다고 말했다. 이 권사가 봉투들에서 10만 원짜리 수표 한 장씩을 꺼내 다른 봉투 하나에 넣어 이 집사에게 주었다. 그리고는 주민번호를 적고 도장도 찍고 돈을 받으라고 말했다. 내가 주민번호를 왜 적어야 하냐고 따지자 도장만 찍으라고 했다. 모두 도장을 찍고 수표 봉투를 받았다.

이 권사는 돈을 동일하게 나눴고 어쩌고저쩌고 했다. 내가 말했다. 식구 가족들한테 사실대로 알려서 선택하도록 해야 하는데 저쪽이 비겁하게 몰래 가족들을 만나서 동의를 받았다고, 이 집사의 실체를 알면 데리고 가는 걸 동의해 줄 가족들 아무도 없다고 가족들을 속이는 거라고, 후원회가 그런 것에 공조하면 안 된다고 다른 회원들이 알면 어떨 것 같냐고.

이 권사는 '내가 후원자들에게 편지를 보내 알아서 후원하도록 할 테니까 두 사람 다 전화해서 우리 쪽에 후원해 달라는 말 하지 마세요.' 하고 말했다. 내가 연락 못하게 하려는 수작일 것이다. '할 필요 없죠, 벌써 이사 간다고 속여서 다 빼돌려 놨는데.' 하고 내뱉은 뒤 내가 '백완경 아저씨 통장은?' 하고 물었다. 이 집사가 성난 얼굴로 '다 주고 갈 거닷! 안주고 갈까봐 그러 냣——!' 하고 악을 썼다. '으이그——! 그동안 행한 패악도 부족해서 떠날 때까지도 악을 행하 네.' 하고 내가 내뱉었다. 이 권사가 내게 말했다. '땅을 교회에 헌납했다고 생각해, 노회에 등 록시키는 게 안전해. 이다음에 노회가 빼내서 어떻게 하면 그때도 내가 나설 거야!'

참으로 가증스럽고 같잖은 권사였다. 거짓말까지 해대며 땅을 말아먹고 땅을 지켜주었다는 듯이 땅 문제에 또 나서겠다는 것이다. 가공할만한 철면피요 후안무치였다. 또 나서서 노회가 땅 삼킬 때 잘 삼키도록 도와주겠다는 것인가. '노회는 땅을 어쩌지 못할 것입니다. 그러기 전 에 이순자가 먹어치울 거니까. 안 그럴 것이면 그토록 혈안이 되어 빼앗지 않았을 것입니다.' 하 고 내가 내뱉었다. 이 권사는 선교회에 계속 관심을 둘 것이고 어쩌고저쩌고(또 무슨 패악을 행 하려고) 두 사람이 거리에서 만날 수 있는데, 어쩌고저쩌고 했다. 내가 꿈에서라도 만날까 두렵 다고 말했다.

이 권사는 '손양원 목사님은 아들 죽인 원수도 양자로 삼았는데 하나님을 믿는 사람은 서 로 사랑해야 해.' 하고 말했다. 나한테 맞아 뒈져야 할 인간이 나한테 훈계 질이라니, 내가 말 했다. '권사님은 그렇게 할 수 있으세요?. 저는 그분처럼 될 수도 없지만 되고 싶지도 않습니다. 제가 사람을 겪어봐서 아는데 악한 이들은 사랑을 주면 줄수록 사랑을 주는 이를 짓밟습니 다. 이 집사님도 제가 예전부터 옛 식구들처럼 자기한테 온정적이지 않고 미워했다면 저를 심 하게 안 미워하고 선교회도 함부로 유린하지 않았을 것입니다.' 이 권사는 '나도 그렇게는 못 해. 그러나 미움은 사라질 수 있어!' 했다.

내가 '저는 미움은 버릴 수 있지만 상대가 어떤 사람이라는 인식은 새로운 모습을 보기 전엔 안 바뀝니다.' 하고 말했다. 이 권사는 서로에 대한 미움이 사라지게 해달라는 기도를 하면서 울먹였다. 사랑하는 마녀가 내 미움을 받는 게 슬픈 모양이었다. 이 권사는 기도를 마치고 일 어나서 내게 오더니 나를 안으려 했다. 이 무슨 개수작인가. '왜 이러세요!' 하고 내가 다소 날카 롭게 내지르며 그를 떠밀었다. 나를 위로하는 체 하려는 듯했다. 너무도 같잖은 이 권사였다. 나를 뭉개놓고 위로하는 체 하려 하다니(아닌가?). 어떻게 내가 흉측한 원수의 가증스런 위로 를, 소름 끼치는 야누스, 그것도 더러운 몸뚱이 위로를 받으리라 생각하는가.

이 집사는 어느새 자기 식구들 수표 봉투를 자기 방에 갖다놓았다. 봉투를 어쨌냐고 이 권 사가 묻자 '제 방에 갖다 놨어예. 중도금을 치러야 되예.' 했다.

2009.6.27.(토)

박 자매가 말했다. 어젯밤에 이 집사가 전화를 걸어와서 예전에 선교회에서 빌려준 200만 원을 내놓으라 했다고, 200만 원은 박 자매네가 처음 방을 얻을 때 빌린 것으로 한 목사님이 원장이 된 직후에 탕감시켰는데 그것을 내놓으라 했다는 것이다. 탕감시킨 것을 이 집사는 물론 알고 있다. 주면 안 된다고 절대 주지 말라고 내가 말했다.

2009.6.28.(일)

박 자매가 그저께 돈을 안 받았다고 말했다. 이 권사가 이 집사에게 주는 걸 내가 봤는데, 내 말에 박 자매는 '나도 봤는데 이 집사님이 안 줬어. 우리 아저씨도 안 받았대.' 하고 말했다. 내가, 그날 밤에 이 집사가 200만 원을 내놓으라 했다며 '아무리 이 집사지만 줘야 할 돈을 가로채고 받으면 안 되는 돈을 내놓으라 했겠나, 잘 찾아봐.' 하고 말했다. 박 자매는 아무리 찾아도 없다고 말했다.

2009.6.29.(월)

주방장님이 말했다. '이 집사가 언니가 (나) 사채놀이 한 대요. 그래서 내가 아니라고 나한테 빌려준 돈을 원금도 안 받는다고 말했어요.'

주방장님이 몹시 급하다고 해서 내가 200만 원을 빌려주었다가 빚에 허덕인다는 것을 전해 듣고 전액을 다 탕감시켜 주겠다고 했었다. 주방장님이 또 말했다. '내가 김경희 집사한테 사기를 당해서 빚구덩이에 빠진 것을 알면서부터 이 집사가 날마다 돈 달라고(이자를 놓은) 졸라대서 빚을 내서 갚았어요. 몇 년 동안 이자를 줬는데 한 달 치도 안 빼주고 다 받더라고요. 그래놓고 언니를 사채놀이한다고 욕을 하는 거예요.'

이 집사는 내 방 앞에 지날 때마다 누가 뭐라 하지도 않는데 큰소리로 말한다. '숟가락 하나 안 가져갑니다.'

2009.6.30.(화)

성남 검찰청에서 우편물이 날아왔다. 이옥진을 20만 원 벌금형에 처했다는 것이었다. 장애 1등급에 기초생계비 수급자여서 그렇게(가볍게) 처분했다는 것이다. 나는 장애 2등급이지만 같은 생계비 수급자이고 류마티스 질환에다 관절이 다 망가졌기에 실제적 장애는 훨씬 심하고 폭행으로 인한 정신적 상해도 엄청 큰데 이 집사는 가해자이기에 배려를 받고 피해자이기에 전혀 배려를 못 받은 것이다. 피해자보단 가해자가 되어야 하는 세상이다.

2009.7.1.(수)

이 집사는 박 자매네 돈을 가로챈 지 닷새가 되었는데 돌려주지 않는다. 혹 마음을 바꿔서 돌려주지 않을까 하고 기다리는데, 보통 심장을 가졌다면 몇 년이나 외부에 내쳐놓았던 거 생각해서라도 돈을 가로채지 못할 텐데, 떠나면서도 패악질을 멈추지 못하니… 완전 이순자급이다. 고소를 하고 싶었으나 성가신 게 싫어서 박 자매에게 하라고 시켰더니, 한참 후에 현금 100만 원을 받아왔다.

오후엔 교회식당에 갔는데 이순자가 통화를 하면서 들어왔다. '나하고 교인들한테 말도 없이 선교회가 돈을 분배한 건 잘못이에요. 부활교회는 장애인들을 위해 세운 곳이고 교회에도 장애인들이 있는데 자기들끼리만 돈을 나누는 건 있을 수 없는 일이에요. 교인들이 가만히 있지 않을 거예요.' 등등의 말을 이순자는 한참이나 쏟아 놓았다. 장애인을 위한 교회라서 장애인 것을 빼앗은 것인가. 부활교회는 장애인들을 위해 세운 곳인데 선교회 장애인끼리만 돈을 나누는 건 있을 수 없는 일이라니, 완전 정신병자 아닌가. 선교회 차를 공짜로 받은 대가로 50만 원을 수리비 명목으로 뜯어먹고 선교회 통장을 가로채서 차 운행비로 사용하고 땅도 빼앗았으면서 또 다른 돈도 빼앗지 못해서 배가 아픈 모양이었다.

이순자 못지않은 이 집사는 건너집 아줌마와 함께 밭에 심은 감자를 하나도 남김없이 다 캐서 교회식당에서 박스에 담더니 여러 박스였는데, 이순자에게 한 박스 주고 선교회엔 한 개도 주지 않았다.

야누스 이 권사한테 편지를 썼다. 이 집사가 선교회 재정을 횡령해서 선교회 문제가 발생했는데 박 자매네 돈까지 가로챘다. 선교회를 매장시키려 후원회장 하셨냐? 회원들 의사는 묻지도 않고 모든 일을 마음대로 해버리는 게 옳다고 생각하시냐? 권사님을 정의파로 믿고 있는 임태성 권사님과 전 교인들이 권사님의 실체를 알아야 된다고 썼다.

2009.7.3.(금)

이 집사가 주방장님한테 말했다. '내나 되니까 그 정도였지 다른 사람이면 때려 죽였어예. 그런데 그걸 폭행이라고 고소하고 그러는데 함께 살겠어예.'

이 형제가 말했다. 이 집사가 백완경 형제에게 김원일 사장님이 양로원에 보낸다 했다고 박 자매에겐 '네가 나를 쫓아내고 들어와서 얼마나 잘사나 두고 보자 했다고' 정신지체인에게 쫓겨나는 권력자라... 정신지체인보다 더 모자라구나. 이 집사는 떠나면서도 박 자매네가 선교회에 입주하는 걸 싫어하는 것이다. 곁에 있지 않기에 미워하지 않으면서도 그러는 건 장애인이 잘 되는 게 배 아파서이다.

2009.7.4.(토)

박 자매가 말했다. '이 집사가, 언니가 실체를 폭로 안 하면 언니 주둥일 찢어버린대.' 내가 이 집사에게 '이다음에 당신 실체를 꼭 세상에 다 폭로할 거야!' 라고 했었는데 그에 대한 말이다. 폭로하면 찢는 게 아니고 안 하면 찢는다니 고마운 일이다.

내가 입소하기 이전에 선교회를 떠난 옛 식구 고채성 형제가 전화를 걸어왔다. 선교회 사태에 대한 이야기를 하는 도중 그가 이런 말을 했다. '이옥진 집사님 나쁘게 여기지 마. 누나도 만만치 않아. 말 많은 사람으로 알려져 있어. 이 집사님은 천사야!'

해야 할 말도 제대로 못하는 내가 말 많은 사람으로 알려져 있다니, 김가인 자매가 왔기에 위의 사실을 이야기 했더니, 김 자매가 예전에 후원자 중에서도 이 집사를 천사로 아는 사람이 있었다고 말했다. 고 형제는 왜 이 집사에 대해 모르느냐는 내 물음에 김 자매는 '예전엔 전도사님이 있어서 이 집사가 본색을 안 드러냈었어!' 하고 대답했다.

주방장님이 아픈데 돈이 없어 병원에 못 가고 있다는 이야기가 들려와서 돈을 갖다 주고 오는데(이 글을 쓰고 있는 도중에 이 집사가 월급 포함 170만 원을 주었다는 사실이 생각났다) 이순자가 '이 집사는 선교회 회계장부를 짐에 쌌대요. 그래서 못 꺼낸대요.' 하고 말했다. 이 집사에게 회계장부를 왜 짐에 쌌냐고 물었더니 '내가하던 거' 라서 했다. 기가 막혀서 집사님에게 '아니잖아요. 선교회 것을 가져가시면 안 되잖아요.' 하고 언성을 높이자 이 집사는 택배로 보내주겠다고 말했다.

이 집사는 멸치, 김, 미역, 마늘장아찌, 김치 등등 온갖 것을 챙겼다. 그러는 것을 바라보다가 바깥으로 나가니 컨테이너 창고 문이 활짝 열려있었다. 들어가 보니 6포대의 쌀과 무더기로 쌓여있던 화장지와 샴푸 식용유 등등이 다 없어졌다. 서랍장도 없어졌다. 타월도 질 좋은 것은 다 없어지고 천일염도 한 포대만 남아있고 4포대는 없어졌다. 걸핏하면 뜬금없이 큰소리로 '떠날 때 숟가락 하나 안 가져 갑니다.' 하더니 내 경계심을 없애려 그랬던 모양이었다.

짐을 태산같이 쌓아올린 트럭이 떠나고 식구들만 남았다. 성 형제, 조 형제, 김 형제는 내게 혈육처럼 느껴지는 식구였다. 그 식구들과 일일이 손을 잡고 작별을 했다. 이 집사는 눈물을 닦으며 백 형제에게만 인사하고 식구들과 택시를 타고 떠났다. 식구들을 탄압하고 그들의 권익을 박탈하고 한 목사님의 재임을 저지하고 이순자 악마를 수호해서 선교회와 교회를 아작 내고 땅을 말아먹고 떠난 것이다. 10여 년 전에 유 집사가 돈에 미쳐 식구들을 데려가서 돼지우리에 처넣었는데 이번에는 이 집사가 권세와 돈에 미쳐 식구들을 감옥 공간에 몰아넣으려 위치가 너무 좋다는 선교회를 떠난 것이다(유 집사도 이 집사도 돈 많은 집사다). 좋은 원장이 되기 싫어서 떠난 것이다.

양계장의 닭이 떠오른다. 숨만 간신히 쉴 수 있는 공간에 날개 한번 시원하게 펴지 못하고 알만 낳아야 하는 닭, 감옥 같은 공간에서 억압받고 탄압받으며 이 집사의 돈벌이 도구로 살아갈 식구들.

이 집사네가 떠난 직후 백완경 형제의 누나 동생 조카가 들이닥쳤다. 백 형제를 데리러 왔다고 했다. 왜 데려가려 하냐고 물었더니 데려가라 하지 않았냐 했다. 아침부터 전화가 와서 선교회가 곧 헐리니 빨리 모셔가라고 독촉해서 부랴부랴 달려왔단다. 그 같은 전화가 그동안 몇 번이나 왔었단다. 백 형제가 누나 집에 가겠다고 매달렸다. 내가 이젠 가족처럼 서로 아끼며 마음 편하게 살 수 있다고 달래도 막무가내였다. 김원일 사장님이 요양원에 보낸다고 했다는 이 집사 말에 겁을 먹은 듯했다. 결국 백 형제도 떠났다.

김 사장님한테 전화로 백 형제 이야기를 하자 김 사장님은 펄쩍 뛰었다. '무슨 소릴 하는 거야! 요양원에 왜 보내! 내가 꼼짝 말고 그대로 있으라고 했는데.'

이 집사 방을 둘러보니 카메라가 없어졌다. 내가 못 본 선교회 물품도 있을 텐데 아무것도 남아있지 않았다. 집된장, 집간장도 많이 없어졌다. 건너집 아줌마가 컨테이너에서 박스를 엄청나게 꺼내서 트럭에 실었다고, 감자도 여러 박스나 캐서 컨테이너에 넣어두었었다고 말했다. 그러면서 이젠 마음 놓고 놀러 와도 되겠다고 그동안엔 이 집사 눈치 보여서 놀러 오고 싶어도 못 왔다고 했다. 김자현네 할머니도 찾아와 말했다. '우리 며느리가(동사무소 직원) 그러는데 이 집사가 동사무소에 2번이나 찾아와서 선교회가 해체될 거라고 시청에서 해체시킬 거라고 했대.'

해체 못시킨다고 시청에서 분명히 말했는데... 아무리 제 버릇 개 못준다지만 떠나면서도 곧 드러날 거짓말을 하고 패악을 행하니 역시 이 집사다. 그가 나한테서 땅을 말아먹은 악녀 취급을 당하면서도 끝까지 땅을 거부하고 떠난 것은 나를 포함한 다른 장애인들이 땅으로 인한 혜택을 받을게 싫어서일 것이다. 다른 장애인의 삶이 조금이라도 나아지는 꼴을 못 보는 그가 아닌가?

물욕과 권세욕의 화신인 패악녀 이 집사가 떠나면 속이 시원할 줄 알았다. 목소리만 들려와도 끔찍하고 몸서리쳐지는 그이기에 없어지면 살 것 같을 줄 알았다. 그런데 속이 시원하지도 살 것 같지도 않았다. 섭섭하거나 허전한 건 아닌데 마음이 무겁고 기분이 좋지 않다. 이 집사는 이 권사를 두고 암까마귀인지 숫까마귀인지 모르겠다고 했었다. 그 까마귀 권사가 밤에 전화를 걸어왔다. 불만에 가득 찬 목소리로 '나는 절대 나쁜 사람이 아닌데 좋은 사람인데 나쁜 사람으로 본다면 혜성 자매가 나한테 한 이 집사 이야기가 거짓이라 여길 수밖에 없어.' 하고 말했다. 예순이 다가오는 나이에 새까만 인성에다 치졸함까지 겸비했다니... 나는 하마터면 '나이 값, 권사 값 좀 하세요.' 하고 내지를 뻔했다.

내가 '선하지도 않은 한 사람을 위해서 선한 후원자들, 그것도 많은 후원인들과 식구들 뜻을 뭉개버리는 게 좋은 사람이 할 수 있는 일이라고 생각하세요? 정의를 죽이고 불의를 살리는 게 좋은 일이라고 여기세요?' 하고 물었다. 까마귀 권사는 '이 집사가 돈을 횡령한 것도 아닌데 무슨 잘못을 했다고 그러는 거야!' 하고 나무랐다. 선교회 돈을 빼돌리고 자기보다 훨씬 가난한 식구 돈을 가로챈 게 횡령이 아니냐는 내 물음에 까마귀는 '이 집사 개인이 쓴 게 아니잖아!' 했다. 이 집사가 하는 짓이면 살인도 옹호할 자 아닌가. '그 돈 식구를 위해 쓸 거라고 생각하세요? 자기 때문에, 돈 때문에 선교회가 뒤집어져도 빼돌린 돈을 안 내논 사람이, 식구를 3번이나 폭행한 것도 잘못이 아니라고 생각하세요?' 하고 내가 묻자 까마귀는 화난 음성으로

'혜성 자매가 가만히 있는데 폭행했어? 그래서 다치기라도 했어? 다치지도 않았는데 무슨 폭행이야!' 하고 따지고 몰아쳤다.

참으로 진절머리 나게 하는 이였다. 그동안 수없이 따지고 몰아쳤던 것을 또 같은 똥 논리로 따지고 몰아치는 것이다. 자기가 내 입장이면 그 성질에(이 집사도 말했었다. 이 권사님은 성질이 그래서 사모님이 어떻게 사는지 모르겠다고) 이 집사를 100번도 더 때려죽이려 했을 거면서 내게는 집요하고 줄기차게 이 집사를 옹호하는 것이다. 왜 똥을 된장이라고, 똥은 더러운 게 아니라고 끊임 없이 주장하는 것일까. 나를 오랫동안 겪어보고도 같잖기 짝이 없는 똥 논리에 내가 세뇌당할 사람으로 보이는가. 왜 그렇게 패악녀를 섬기냐고, 패악질이 그렇게 좋냐고, 사탄 숭배자 같다고, 하나님을 믿지 말고 패악녀를 신으로 믿으라고 퍼대고 싶었다. 진저리가 쳐지는 것을 간신히 참으며 이전에 수없이 펼쳤던 반박 논리를 또다시 토해놓았다. 그래도 까마귀는 종전의 언행을 되풀이했다. 정신적 치명상을 입은 내게 물리적 치명상을 입히고 네 탓이라는 이름의 칼로 끊임 없이 심장을 찔러대는 것이다. 패악녀 우위에 있는 악마다. 그런데도 네가 인간이냐고 퍼 대지 못하는 나는 얼마나 등신인가. 까마귀는 자기는 절대 나쁜 사람이 아니라는 주장 또한 반복했다. 참으로 징글징글한 권사였다. 끊임 없이 패악질을 하면서 자기는 결코 나쁜 사람이 아니라고 우기는 이 집사의 완전한 복제판이었다. 똥을 된장이라고, 똥 냄새는 구수하다고 천만 번 주장해 보라고 그런다고 세뇌당할 내가 아니라고 내쏘고 싶은 걸 참고 있는데 까마귀 권사는 또 다른 똥소리를 했다.

'내가 걱정하는 건 식구가 적어서 시청에서 강제집행(폐쇄) 들어가는 거야!'

폐쇄시킬 수 없음을 아는 그였다. 어쩌면 폐쇄당하길 원하면서 한 말인지도 모른다. 선교회와 나를 매장시키면서 나에게 비웃음을 날린 자가 아닌가. 내 평생 잊을 수 없을 것 같은 그 비웃음. 까마귀는 또 말했다. '나는 선교회에 관심이 있어! 어려우면 도움을 청하길 바라고 앞으로도 후원을 계속할 거야!'

행여나 후원하겠다. 도움을 청하길 바란다고, 도와준다고, 나서서 또 뭘 뺏으려고, 이젠 뺏길 것도 없는데...

2009.7.8.(수)

내게도 행복이 찾아왔다. 병에 걸린 이후 수십 년 동안 단 한 번도 행복한 적 없던 내게 지옥 생활을 한 내게 꿈같은 행복이 찾아왔다. 내 사랑 박미영 내가 친동생처럼 사랑하는 박 자매와 그의 남편인 진병수 집사님이 입주해서 이 집사 방에 들었다. 박 자매는 '아이고 좋아! 아이고 좋아!'를 연발하고 진 집사님도 그동안 도통 없었던 웃음을 환하게 웃었다. 예전에 박 자매가 선교회 옥탑방에서 지낼 때는 이 집사 때문에 내가 너무 힘들고 아파서 잘 챙기지도 가까이 하지도 못했다. 이제는 이 집사가 없으니 맛있는 것도 자주 해주고 20년 동안 한 번도 못 가본 남산, 명동, 백화점, 인사동에도 함께 가봐야지, 라는 상상만 해도 즐거움이 솟아올랐다.

김가인 자매가 찾아와서 박 자매가 들어와서 좋다며 기뻐했다. 선교회에 놀러 오는 게 불편했는데 이젠 이 집사가 없어서 편안하다면서 김 자매는 '이옥진이 정말 잘 떠났어! 수고했어 언니. 진작 떠났어야 했는데... 이옥진이 내모느라 고생 많이 했어!' 하고 말했다. 내몰다니, 이순자 때문에 선교회에 절대로 못산다고 땅도 내버리고 떠난 이를 내몰다니.

김 자매가 말했다. '주방 아줌마는 일자리 구해야겠네.' 그래도 계실 거라는 내 말에 김 자매는 '그건 아닌 것 같아. 4명뿐인데 충분히 해먹을 수 있는데 해먹어야지.' 하고 말했다. 내가 나는 환자고 관절까지 다 망가진 상태라서 밥 못한다고 말했다. 김 자매는 '언니보다 훨씬 심한 사람도 해먹는데 왜 못해! 왜 남의 도움을 받으려고 해. TV를 보면 누워서도 청소를 하는데 언니 같은 사람이 안 해 먹어봐 사람들이 뭐라고 하겠어 후원자들도 안 좋게 여겨. 장애인들도 자기 손으로 해야 해. 언니가 해먹어야지.' 하고 말했다.

내가 말했다. '나는 관절이 다 망가진 상태고 질병까지 있어서 일을 하면 통증이 더 심해지고 관절도 더 망가지기에 해먹고 싶어도 못해 먹어. 내가 예전에 OO장애인 선교회에 있을 때, 20여 명의 식구들 식사를 나 혼자 만들고 애들까지 돌보다가 관절이 망가져 장애인이 되었어. 그 전엔 그냥 환자였지 장애는 안 입었어. 이 상태에서 또 일을 하면 아예 걷지 못할 수도 있어. 장애가 더 심해지는 일을 하면 안 되지.' 내 설명에도 김 자매는 같은 말을 반복했다. 팔다리 멀쩡한 이 집사에겐 안 한 말을 왜 내겐 하는 것일까. 김 자매는 가정을 가졌음에도 자기가 밥을 해먹지 않고 본인 포함 4명의 가족과 함께 거의 15년을 선교회 밥을 먹었었다. 남편이 직장인 선교회를 떠나지 않았다면 지금도 그럴 것이다.

어느 해는 물조차 안 끓여 먹고 선교회에서 끓여놓을 때마다 가져가서 이 집사가 너무 한다며 난리를 치곤 했었다. 선교회 주방장이 밥을 할 때 거든 적도 없었다. 한쪽 팔다리가 약간 불편할 뿐 관절이 다 튼튼하고 질병도 없는 자기는 안 해 먹었으면서 관절장애에 병마까지 안은 나더러 밥을 해 먹어야 된다니, 그것을 말하고 싶은데 상처를 받을까봐 하지 못했다. 나쁜 사람은 아닌데 '내로남불'은 이 집사급이다.

밤에 이 형제가 말했다. '낮에 인서 엄마가(김 자매) 마당에서 김유민 아줌마한테 누나가 밥을 해먹어야 된대, 기어다니는 사람도 기어다니면서 해먹는데 누나가 밥을 해먹어야지 남의 도움을 받으면 안 된대.' 가정을 가지고 밥을 안 해먹고 거의 15년을 자식들에게까지 선교회 밥을 갖다 먹인 자기만큼 남의 도움을 많이 받은 사람이 어디 있을 거라고... 나는 자기네가 오랫동안 선교회 밥을 먹어도 직접 해 먹으라 한 적 없는데, 내가 자기네 밥을 안 먹는데도 직접 해 먹으라니 어이가 없다. 자기라면 건강상태, 장애상태가 더 심해질 일을 할 것인가. 내 상태가 악화된들 자기한테 득 되는 게 없는데 그러는 건 무슨 심리일까.

한국인은 왜 장애인조차도 장애인한테 잔인한가. 내가 OOO집이라는 시설에 있을 때도 나와 같은 병으로 장애를 입은 식구가 16명의 밥을 내가 하길 원했다. 내가 밥을 하다가 원장인 전도사의 횡포에 상처를 받아서 안 하는 것인데, 아픈 내가 치료를 전혀 못 받고 있는 상태임에도 밥하길 원하고 안 한다고 비난까지 했었다. 내 건강상태엔 티끌만치의 관심도 걱정도 없었다. 전도사도 장애인인데 매한가지였다. 그들이야 식구이고 좀 더 나은 식사를 원해서였지만(다른 식구가 만든 음식보다 내가 만든 게 맛있다고 했다) 김 자매는 외부인이어서 내게 참견할 입장도 아니고 내가 밥을 함으로서 자기에게 어떤 유익이 있을 것이 아닌데도 밥을 해야 되니 어쩌니 하니 참 이해 불가다. 설마 내 건강 악화를 원해서는 아니겠지...

2009.7.9.(목)

새날이 밝았다. 사랑하는 박미영 자매와 그의 남편 진병수 집사님이 선교회에 둥지를 튼 지 처음 맞는 아침이다. 아침밥을 먹으면서 박 자매가 '와, 너무 좋다. 이런 게 오래 갔으면 좋겠다.' 하며 행복이 넘치는 목소리로 소리를 질렀다. 진 집사님도 얼굴 가득 미소를 지었다. 나도 행복에 겨워 말했다.'오래 갈 거야 죽는 날까지 지금처럼 행복할 거야.'

내가 설거지를 시작하자 진 집사님이 팔을 휘저어서 제지하며 미영이에게 시키라고 했다. 내가 오늘은 내가 할 테니 하루씩 번갈아 가며 하자고 했다. 점심 후에는 이 형제가 화장실 문을 열더니 '이게 뭐야! 오줌이잖아!' 하고 소리질렀다. 가보니 화장실 바닥에 액체가 고여 있었다. 조금 전에 진 집사님이 들어갔었는데 실례를 한 모양이었다. 어제 청소를 했는데 또 했다. 밤에는 김 자매가 찾아와서 말했다. '이옥진이가 선교회 것은 아무것도 안 가지고 나왔다고 숟가락 하나 안 가지고 나왔다던데.' 내가 말했다. '간장 ,된장, 고추장, 소금 등 온갖 것을 다 챙기고 밭에 잔뜩 심은 감자도 다 캐서 한 개도 안 남기고 가져갔는데, 그게 다 선교회 것 아닌 자기 거라고 생각하나 보네!'

그때 이 형제가 노크도 없이 들어오더니 다짜고짜 '누나하고 이 집사님하고 싸우는 통에 우리가 피해를 봤어!' 하고 내뱉었다. 어떤 피해를 봤냐는 내 물음에 '고래싸움에 새우등 터졌지 뭐.' 하고 내뱉었다. 어떻게 등터졌냐고 물어도 이형제는 같은 말만 반복해 내뱉었다. 이 집사가 죽어 버렸으면 좋겠다고, 이 집사가 안 떠나면 자기가 떠날 거라고 해놓고 막상 떠나니 아쉬운 것인가. 이순자가 선교회를 삼키려 할 때부터 이 집사가 떠나려 했던 것을 알면서 나 때문에 떠난 것으로 만들려는 것인가.

'그럼 이 집사가 패악질을 하고 선교회를 망쳐 먹는데 내버려둬야 했니? 그동안 이 집사 때문에 우리가 피해 입은 게 어느 정도인데 그냥 있으면 땅만 말아먹지 않고, 이 선교회도 이전에 말아 먹었어. 그래도 가만히 있어야 했니?' 내 물음에도 이형제는 같은 말을 또다시 뱉으며 방을 나갔다.

chapter 3

2009.7.11(토) - 2013.12.27.(금)

2009.7.11.(토)

아침을 차려주고 내 방에 들어왔는데 얼마 후 갑자기 박 자매의 욕설이 들려왔다. '이 미친 놈앗! 내가 네 물 떠주는 사람이얏' 아주 사나운 목소리로 하는 욕설이었다. 얼른 나가보니 박 자매가 이 형제를 향해서 악을 쓰듯 마구 욕설을 퍼붓고 있었다. 정신병자처럼 쉬지 않고 퍼붓는데도 이 형제는 놀라서인지 잠자코 있었다. 내가 왜 그러냐고 묻자 이 형제가 '물을 좀 달라고 했더니 그래.' 하고 대답했다. 물을 달라고 하면 좀 주지 바로 옆에 정수기가 있잖아, 운기 씨는 걷지 못해서 부탁하는 건데, 내 말에 박 자매는 '내가 제 물 떠줄려고 들어왔나.' 했다. '행복하게 살려고 들어왔지. 남도 도와주는데, 우리는 남 아닌 가족이니까 서로 도와야 행복하게 살 수 있어. 힘든 것은 내가 할 테니까 미영 씨는 힘 안 드는 것만 해. 그리고 욕하지 말고, 가족끼리 욕하면 안 되는 거니까 알았지!' 하고 내가 말했는데 박 자매는 대답을 하지 않았다.

2009.7.12.(일)

교회에 갔다. 예배 후에 이 전도사가 땅을 어떻게 했으면 좋겠냐고 교인들에게 물었다. 내가 땅은 선교회에서 샀고 교인총회에서 선교회식구 명의로 이전하기로 의결했기에 선교회가 가져야 하지만, 다투기 싫으니 교회명의로 이전하라고 말했다. 이 전도사는 교회명의로 하려면 교회대표 이름이 들어가야 된다면서 자기를 교회대표로 하겠냐고 물었다. 김은혜 집사가(선교회 외 교인) 그렇게 하라고 말했다. 이 전도사는 땅을 매매하거나 어떻게 할 때는 전 교인의 합의하에 하겠다고 말했다. 내가 대표 문제는 깊이 생각한 다음에 결정하겠다고 말했다. 이 전도사는 "그렇게 하세요. 다수결원칙으로 밀어붙이면 되겠지만 내가 반대의견 없이 전원이 동의하길 원하니까 그렇게 하세요." 하고 말했다.

선교회에 올라와 있을 때 이 전도사가 뛰듯 들어오더니 교회대표를 어떻게 할 거냐고 다그치듯 물었다. 생각해 보겠다고 하지 않았냐는 내 대답에 이 전도사는, 뭘 생각한다는 거냐고 따졌다. 중요한 문제를 단번에 결정할 수 없다는 내 말에 이 전도사는 아주 고까워하는 말투로 '혜성 씨가 대표 하세요 혜성 씨 명의로 해 줄 테니까 대표 하세요.' 하고 억박지르듯 말했다. 패악을 행하면서 자기를 거부한다고 악심을 품은 게 이옥진 집사와 너무 똑같다. 이 집사와 똑같이 기도 열심히 하는 이라서 그런가? 대표 시켜 주세요. 하고 받아쳐야 했는데 어이가 없어서 아무 말도 못했다.

2009.7.13.(월)

식구들한테 이 집사가 떠날 때 나눈 돈은 선교회 돈이고 생활비로 쓸 돈이었으니까 생활비로 쓰도록 도로 내놓으면 좋겠다고 단 절반만 내도 된다고 말했다. 이 형제가 다 내겠다고 해서 내가 아니라고 그동안에 후원금이 들어올지 모르니까 절반만 내놓고 나중에 후원이 안 들어오면 그때 나머지를 내라고, 후원이 넉넉히 들어오면 절반 남은 건 본인들이 갖자고 말했다. 모두 절반을 내고 나도 절반을 내서 농협에 갔더니 선교회가 미인가시설 이어서 계좌를 만들 수 없단다. 식구들한테 이야기 했더니 이 형제가 내 이름으로 만들라고 해서 그렇게 했다.

(식구들한테 선물로 돈을 안기려고 다 거두지 않았는데 후원금이 거의 들어오지 않아서 후에 나머지도 다 거두고 말았다.)

2009.7.15.(수)

박 자매의 포악이 또다시 들렸다. 나가보니 이 형제를 향해서 죽을듯한 기세로 '이 멍청한 새끼얏——'! 등등의 폭언으로 포악을 치고 있었다. 입주 전엔 양처럼 온순하고 애교 철철 넘쳐 천사같이 사랑스런 모습이었다. 그런 이가 입주 사흘째부턴가 패악을 부리는데 거침이 없다. 벌써 세 번째다. 내가 야단을 치고 타일렀는데도 그런다. 이 형제도 '이 바보계집애야——'! 하고 응수를 했다. 왜 그러냐고 내가 묻자 이 형제가 커피를 좀 타달라고 했더니 그런다고 대답했다. 박 자매가 '내가 네 커피 타주는 사람이얏! 이 더러운 새끼얏——'! 등등의 폭언으로 쉬지 않고 포악을 쳐댔다.

내가, '커피 타 주는 게 뭐가 힘들어서 그래. 나는 밥도 하고 청소도 하잖아.' 하고 나무라자 박 자매는 '언니는 왜 저 새끼편만 들 엇!' 하고 따졌다. '우리는 가족이야! 서로 도우며 아끼고 사랑하며 살아야 돼, 안 그러면 함께 못살아. 알았어!' 내 경고에도 박 자매는 욕설을 몇 번 퍼붓고 잠잠해졌다. 내가 이 형제에게 미영이에게 무엇을 부탁하지 말고 내게 하라고 시켰다.

2009.7.16.(목)

　진병수 집사님은 밥은 잘 안 먹고 매일 술만 열심히 마신다. 술을 먹더라도 밥을 먹으면서 드시라고 안 그러면 영양실조로 빨리 죽는다고 내가 잔소리를 해도 듣지 않는다. 술을 마신 후에 취해서 늘 잠을 잔다. 위장에도 무리가 되겠다 싶어서 오늘은 내가 들깨죽을 끓여서 주었는데 한 그릇 먹은 후에 또 술을 마시고 저녁은 먹지 않고 잠을 잤다. 깨워도 일어나지 않는다. 박 자매는 입주 전에도 술만 먹으면 밥을 안 먹고 잠을 잤다면서 그냥 내버려 두란다. 그러면서 열심히 술을 사다 바친다. 그러면 안 된다고 내가 타일렀더니 몰래 사다 바친다. 김가인 자매는 진 집사님을 두고 내게, 막상 눈으로 보니 속에서 천불이 나지! 하고 당연히 그럴 거라는 말투로 물었다. 내가 자기와 같은 줄 아는가. 내가 대답을 않자 김 자매는 '저런 사람은 죽어야 돼, 죽는 게 나아' 하고 말했다. 술만 먹을 뿐 술주정을 하는 것도 아닌데, 자기가 술 사주는 것도 아니면서.

　진 집사님을 입주시키자고 내가 이옥진 집사한테 애원할 때도 진 집사님은 술중독이 아니었다. 그때 입주시켰더라면 식사를 제대로 하고 식구들과 어울리느라고 술에 빠지지 않았을 거라는 생각에 이 집사에 대한 분노가 새삼 치민다.

　오늘은 화장실 청소를 하지 않았다. 진 집사님이 오줌을 흘리지 않아서다. 진 집사님은 입주 후부터 매일 화장실 바닥에 오줌을 흘려놓았다. 그때마다 내가 청소를 했는데 오늘은 안 하니 훨씬 덜 힘든 느낌이었다. 그런데 이 형제가 청소를 했으면 좋겠다고 말했다. 청소할만한 식구들 이옥진 집사, 성용단, 조한수, 셋이나 있을 때는 보름 정도나 청소를 안 해서 바닥이 끈적끈적 할 때도 아무 말 않더니 셋이 떠나고 나 혼자서 음식하고(주방장님은 무슨 일이 있다면서 이 집사 떠난 후부터 결근이다.) 식구 떠난 자리 정리하고 청소하느라 쓰러질 지경인데 화장실 청소까지 매일 하는데 그 때문에 류마티스 통증에 더 시달리는데 하루 빠지니까 하길 원하는 것이다.

　밉살스러워서 내가 그것을 지적하자 이 형제는 다짜고짜 '전에도 하라고 했었엇——!' 하고 악을 썼다. 하라고 했으면 왜 그렇게 더러웠냐! 한수 용단 씨가 시키는 걸 안 하는 사람이냐! 하도 더러워서 어느 땐 내가 용단 씨에게 하라고 시킨 적도 있다. 내 반박에 이 형제는 발악하듯이 '하라고 시켰엇——' 하고 포악을 쳤다. 이전엔 한 번도 친 적 없는 포악이었다. 친 적 있었나? 나는 더 말 안 하고 청소도 하지 않았다.

2009.7.17.(금)

집에 무슨 일이 있다면서 그동안 결근을 한 주방장님이 출근했다. 이 집사가 없으니 너무 좋다고 주방장님은 말했다. 주방 일에서 벗어난 나는 비로소 좀 살 것 같았다.

2009.7.18.(토)

노회의 엄대훈 목사님한테 전화로 이순자 전도사가 교회대표가 되려 한다고 말했다. 엄 목사님은 그건 말이 안 된다고 대표는 노회에서 파송하는 거라고 말했다. 교인들이 찬성하면 노회도 어쩌지 못하는 것 아니냐는 내 말에 엄 목사님은 아주 고까워하는 음성으로 '알아서 하세요.' 나는 '전 집사님을 좋게 봤는데 알아서 하세요.' 하고 말했다.(길흥서 목사님이 싫다는 나를 강제로 집사 직분을 주었었다) 어떤 조취를 해주길 바라는 마음에서 전화 한 것인데, 그런 뜻은 비취지도 않고... 나는 그만 맥이 풀렸다. 엄 목사님은 대표가 되어서 땅을 팔아먹겠다는 것 아니냐고 말했다. 내가 맞다고 대답하자 엄 목사님은 또다시 고까운 음성으로 '알아서 하세요.'를 반복했다.

2009.7.20.(월)

점심 때 주방장님께 감자 반찬을 해달라고 부탁한 뒤, 방에 들어왔다가 얼마 뒤 다시 나갔는데 갓난애 주먹보다 더 작은 감자들이 도마 위에 놓여있었다. 분명히 거의 성인 여자 주먹만 한 크기의 감자들이었는데... 기괴한 느낌에 멍하니 감자를 바라보고 있으니 주방장님이 황급히 감자를 치우며 '어쩌다 이렇게 작아졌네.' 하고 변명하듯 말했다. 음식 만들 때 실수하는 주방장님이 아니다. 예전에 내가 다른 장애인시설에 있을 때 식사준비를 하면서 권정미라는 장애인 식구에게 감자를 좀 깎아달라는 부탁을 했었다. 권 식구가 깎아놓은 게 껍질이 드문드문 붙어있고 씨눈도 제거되지 않아서 껍질과 씨눈을 다 제거해 달라고 부탁한 뒤 얼마 후에 보니 커다란 감자들이 계란보다 더 작아져 있었다.

처음 부탁할 때와 같이 다정스레 부탁했는데 다시 깎아달라는 것에 앙심을 품고 감자껍질 속까지 왕창 깎아버린 것이었다. 어쩜 그때와 똑같은 양상인가, 권 식구는 악귀와 같은 인성이었지만(자기한테 관대한 내게만 악귀처럼 악랄하고 자기한테 엄격하고 사나운 장애인한테는 양처럼 순하고 착했다) 주방장님은 아주 착한 분으로 이웃에 알려져 있다. 그런 분이 화풀이 하듯 감자 껍질 살을 두껍게 깎아 내 버린 것이다. 자기가 싫어하는 감자반찬을 해달라는 것에 앙심을 품지 않고서야 그렇게 할 수 있을까. 이 집사가 있을 땐 이 집사가 청하지 않아도 매주 두세 번은 꼭꼭 감자반찬을 해주더니, 이 집사가 이탈 후 한 번도 안 해주기에 부탁한 것인데... 그런데도 싫은 것인가.

오후엔 부활교회 옛 교인인 조화성 집사님이 찾아와서 조용하고 깨끗하고 냄새도 안 나고 좋다면서 식구들에게 전혜성 씨를 떠받들고 살아야 한다고 말했다. 내가 민망해서 왜 나만 떠받드냐고 서로가 떠받들어야 한다고 말했다. 조 집사님은 이옥진 집사한테서 전화가 왔는데 숟가락 하나도 안 가지고 나왔다 하더라는 이야기를 했다. 김 자매도 똑같은 이야기를 했다. 선교회 식구와 나눈 돈 외에도 많은 돈을 챙겼을 테니(한 목사님이 원장일 때도 돈을 모조리 챙긴 이가 본인이 원장 노릇할 때는 오죽 챙겼겠는가?) 가져갈 필요 없지, 그럼에도 밭에 있는 감자까지 캐서 선교회엔 한 개도 주지 않고 가져갔으면서 하나도 안 가져갔다니...

2009.7.21.(화)

세면장 앞을 지나는데 열린 문 사이로 박 자매가 세탁기에 있던 이 형제 빨래를 세면장 바닥에 패대기치는 게 보였다. 박 자매는 매일 빨래를 하면서 다른 식구 빨래와 함께 하는 걸 싫어하고 자기네 것을 별도로 하는데 세탁기가 다른 식구 빨래를 하고 있으면 끝나기가 무섭게 빨래를 꺼내서 바닥에 아무렇게나 놔두고 자기네 것을 한다. 세탁한 빨래는 바닥에 놓으면 안 되니 곁에 있는 빨래바구니에 넣어두라고 해도 듣지 않는다. 그래도 나무라지 않고 내버려 두었는데 패대기를 치는 것에 그냥 있어지지 않았다. '왜 패대기를 치니! 빨래가 죄 지었니!' 하고 나무랐다. 갑자기 박 자매가 잡아 죽일듯한 험악한 얼굴이 되어 나를 노려보며 '네가 인간이 얏——!' 하고 악을 썼다.

뜻밖의 행태에 놀라며 내가 '방금 뭐라고 했니?' 하고 물었다. 박 자매가 또다시 '네가 인간이얏——!' 하고 악을 썼다. 성이 나서 쓰는 일반적인 악이 아닌 악감정이 최고조에 달해서 치는 포악이었다. 내 입에서 분노가 저절로 터져 나왔다. '이년이 아주 못돼 쳐 먹었구나! 누구한테 하는 말이얏!' 박 자매가 발악하듯 포악을 쳤다. '네년잇. 못돼 쳐 먹었닷. 이 씨발년앗——!' 내가 친동생처럼 아끼고 사랑하는 식구가, 나보다 나이 아래인 식구가, 잘못한 것도 없는 내게, 입에 담을 수 없는 욕설로 그것도 잡아 죽일듯한 얼굴로 포악을 치는 것이다. 나는 피가 거꾸로 솟구치는 듯 했다.

내가 '뭘 잘못했기에 이러냣! 잘못한 게 있으면 말해랏 이년앗——!' 하고 나도 악을 썼다. '네년이 잘못한 걸 네년이 모르냣! 이 씨발년앗——!' 박 자매는 살기등등한 기세를 조금도 누그러뜨리지 않고 계속 포악을 쳤다. 동갑내기 이 형제에게는 사흘이 멀다 않고 미치광이 날뛰듯 포악을 쳐대지만 나이 더 많은 내게, 자기를 친동생처럼 아껴주고 보살펴주는 내게도 그러리라곤 생각지 못했었다. 나를 좋아하고 잘 따르기도 했기에, 참담한 심경으로 내가 자리를 피하고서야 박 자매는 포악을 그쳤다.

얼마 후 농협에 가고 있는데 박 자매가 뒤에서 뛰어오며 '언니 내가 잘못했어 미안해 다신 안 그럴 게.' 하고 사과했다. 그러자 내 전신을 휘감고 있던 분노와 참담함이 순식간에 사라지고 박 자매에 대한 사랑스러움이 다시 샘처럼 솟았다.

2009.7.23.(목)

밤 11시가 넘었을 때 이옥진 집사, 추종자인 이종성 까마귀 권사가(그를 두고 이옥진 집사가 암까마귀인지 숫까마귀인지 모르겠다고 했었다.) 전화를 걸어와서 우체국 통장을 갖다 주겠다고 했다. 이 집사가 가져간 선교회통장인데 매달 7만 원씩 후원하던 이 형제 동생이 달라고 요구한 것이었다. 까마귀 권사는 대흥코리아 마당에 와서 담장 너머로 통장을 건네주었다. 그리고는 이 전도사와 친하냐 고 물었다. 어쩔 수 없이 친한 척 하고 있다고 내가 대답했다. 이 권사는 외부에서 장애인들을 끌어와서 자기 패거리로 삼는다며? 하고 물었다. 내가 '그렇게 한지 오래 됐어요 이 집사 있을 때부터 참된 교인들은 다 떠나고 이순자 패거리들만 남아있어요. 패거리들을 등에 업고 교회대표가 되려하고 있어요. 땅을 가져왔다면 이순자는 예전에 교회를 떠났을 거예요.' 하고 대답했다.

이 권사는 '그 인간 아주 나쁜 인간이야.' 하고 말했다. 나쁜 인간에게 선교회 땅을 넘겨준 권사님은 좋은 인간이세요? 하고 속으로 물으면서 내가, 그래도 '이 집사님보다는 10배 나아요. 나아서 나은 게 아니고 이 집사님이 너무 나빠서 상대적으로 나은 거예요.' 하고 말했다. 이 권사는 '백완경 씨는 대한00 사장이 데려갔다며?' 했다. 내가 발끈해서, '이 집사님의 말은 대부분 거짓말이에요. 그 사장님이 왜 데려가요. 자기가 떠나는 날 아침에 백 아저씨 동생한테 전화를 해서 선교회가 헐리니까 빨리 데려가라고 해서 동생이 데리러 왔었는데 동생이 말하기를 그 이전에도 몇 번이나 전화를 해서 빨리 데려가라고 독촉을 했대요. 대한00 사장님이 자기를 못 따라 가게 하니까. 선교회에도 못 있게 하려고 그런 짓을 해놓고 권사님한테 그 따위 거짓말을 했네요. 도대체 들통 날 거짓말을 왜 그렇게 해대는지 모르겠네. 허언증 환자인가.' 하고 내 뱉었다.

이 권사는 '지난 일들은 다 잊고 앞으로의 일만 생각해.' 했다. 내가 '선교회에 끼친 해악이 얼 만데, 그것으로 부족해서 떠나는 순간까지도 선교회를 매장시키려고 기를 썼는데 어떻게 잊어요. 선교회후원자들한테 이사 간다고 속여서 발길 다 끊게 하고 시청에 찾아가서 이사 간다고 거짓말하고, 동사무소에 가서 선교회 폐쇄된다고 거짓말하고, 백완경 아저씨 가족한테 선교회 헐린다고 거짓말하고, 그렇게 선교회를 무너뜨리려고 기를 쓰고 패악질을 했는데 어떻게 잊어요. 선교회를 짓밟는 인간은 이순자든 누구든 용서 못해요.' 하고 말했다. 이 권사는 '그럼 이 집사가 10개 중에 9개를 잘못했다면 혜성 자매는 10개를 다 잘했나?' 하고 따졌다. 참으로 찌질 하고 집요한 이 권사였다.

그동안 수없이 꼴같잖은 말로 나를 할키다 내 반격을 받고도 또 같잖은 말을 하는 것이다. 그렇게 나를 많이 상대하고도 그 같잖은 똥 논리에 내가 세뇌를 당할 거라는 생각을 아직도 하고 있는 것인가. 같잖은 말 외에는 할 말이 없으면 혓바닥을 닥치고 있어야 중간이라도 될 것 아닌가.

내가 말했다. '10개 중에 10개를 다 잘해야만 9개를 잘못한 상대에게 저항할 수 있는 거예요? 저는 단 한 번도 고의로 식구들과 선교회에 위해를 가한 적이 없습니다.' 이 권사는 이전에 몇 번이나 했던 공격을 또다시 행했다. '고소를 왜 했어! 고소를 안 했으면 그렇게 안했잖아!' 나 또한 이전에 몇 번이나 했던 반격을 또다시 했다. '고소를 해서 이 집사가 그랬나요? 고소를 한 것은 폭행당한지 2년 반이 지나서라는 것 얘기했잖아요. 차라리 두들겨 맞았다면 털어 버릴 수 있었을 거예요. 거의 한 시간씩을 세 번이나 들이받은 것 지금도 떠오르면 몸서리가 쳐져요. 그 때문에 불면증 생겼고 공포증에 자살충동까지 종종 일어요. 그래도 그 인간이 식구들의 주권이나 권익을 박탈하지 않으면 고소 못 했어요. 원장도 시켰을 거예요. 원장 할 만한 사람 그 사람밖에 없으니까요. 저는 사람을 잘 섬겨요. 사람에 대한 애정이 깊어서에요. 이 집사가 고의로 패악을 행하지 않았으면 실수를 해도 감싸주고 지켜줬을 거예요. 나쁘게만 안 하면 원장을 시켜준다고 말했어요. 그런데도 그 인간은 식구들에게 티끌만큼의 주권도 권익도 주지 않고 노예처럼 지배하고 제왕 같은, 그것도 폭군 같은 권위만 부렸어요. 그 때문에 고소한 건데, 그 훨씬 전부터 패악질을 했잖아요.' 이 권사는 '그렇게 미움을 꽉 품고 있으니까 잠을 못자는 거잖아, 다 털어버려!' 하고 명령조로 말했다.

대체 이 권사는 왜 끊임없이 이 집사를 옹호하는 것일까. 악해도 너무 악한 이 집사가 왜 그렇게 좋은 것일까. 사람을 죽이거나 학대하면서 쾌감을 느끼는 사이코패스처럼(남의 고통에 공감하지 못하는 자가 사이코패스라고 전문가들은 말하지만 많은 악인들을 겪어 본 나는 사이코패스는 남의 고통에 쾌감을 느낀다고 생각한다) 이 집사 패악질에 쾌감을 느껴서일까? 아님 돈이라도 받아 쳐드셨나? 이 집사 실체를 아는 이들은 모두 이 집사를 싫어하는데 유일하게 싫어하지 않는 게 야누스 까마귀답다. 언젠가 엄대훈 목사님이 한 말이 떠오른다. 나도 나중에 알았는데 이 모든 일을 그 후원회장이 주도한 거예요.

2009.7.24.(금)

포도를 한 상자 사서 식구들과 주방장님과 나눠 먹었다. 얼마 후 이 형제가 말했다. '누나 기분 나쁘게 듣지 마, 앞으로는 포도 안 샀으면 좋겠어, 살려면 식구한테 말하고 사!' 어이가 없어서 내가 식구한테 허락을 맡고 사라는 거냐고 묻자 이 형제는 '허락을 받으라는 게 아니고 말을 하고 사라고!' 하고 언성을 높였다. 그게 그 뜻 아니냐는 내 말에 이 형제는 '그게 왜 그 뜻이야! 그럼 말도 없이 맘대로 살 거야!' 하고 소리를 질렀다. '나 혼자 먹으려고 산 것도 아니고 중요한 것도 아니고 반찬 재료 살 때도 일일이 말하고 사야겠구나! 그렇게 일일이 말해야 하면 숨 막혀서 어떻게 사니! 이 집사는 제 맘대로 원장행세하고 땅을 팔아먹고 해도 말 한마디 안했으면서 왜 나한테는 소소한 것에 제재를 하니!' 내 말에 이 형제는 아무 말 안했다.

이 집사가 선교회 회계장부와 물품대금 영수증을 택배로 보내왔다. 장부엔 수입과 지출 내역이 겨우 흉내만 낸 형태로 기재되어 있었는데, 쌀 판매대금은 일절 배제되어 있었다. 이 집사는 여러 교회에 후원을 요청해서 무엇이 필요하냐고 물으면 쌀이라고 대답해서 쌀을 갖다 주면 먹을 것을 제하고 다 팔아치웠는데 지난 몇 년간 팔아치운 게 수백 포는 될 것이다. 그것이 하나도 기재되지 않았다. 이전에 엄대훈 목사님이 교회에서 장부에 대해 언급하면서 경멸이 가득한 목소리로 어떻게 그런지 점수를 매기면 20점 정도다. 하고 말했었는데 엄 목사님도 쌀 판매대금 부분은 당연히 몰랐다. 그동안 이 집사는 식구 누구도 언급하지 않는데 가끔 나는 하나님 앞에 한 점 부끄럼 없이 회계를 본다. 하고 강조했는데(멍청하게도 나는 그 말을 믿었다) 왜 그랬는지를 비로소 알게 되었다.

2009.7.25.(토)

내가 방을 나설 때 이 형제 말이 들렸다. '누나는 뭘 사다 놓고 자기 혼자 먹어요.' 주방장님께 하는 말이었다. 소화가 안 되서 선교회에 있는 것도 제대로 못 먹는데 사다 놓고 먹다니, 며칠 전에는 박 자매가 '내 방에 들어왔다가 나가서 언니는 혼자서 뭘 사놓고 먹네' 라고 했었다. 내가 땅콩을 먹은 뒤였는데 땅콩은 박 자매가 사다 놓고 먹다가 전날 먹기 싫다며 내게 갖다 준 것이었다. 그래놓고 주방장님 있는데서 나를 음해하더니 오늘은 이 형제가 똑같이 하는 것이다. 이 형제가 그럴 수 있는 사람인 줄 몰랐기에 충격이었다. 있는 것도 못 먹는데 뭘 사놓고 먹냐고 내 방에서 멀찍이 있으면서 어떻게 내가 먹는 걸 봤냐고 따져야 되는데 허탈해서인지 따질 기분이 나지 않았다. 박 자매가 음해했을 때도 그랬는데...

선교회 고유번호증이 나왔기에 선교회통장을 만들어서 내 명의 통장에 있던 선교회 재정을 다 그 통장에 옮겼다.

2009.7.27.(월)

가농 이사장님이 쌀을 가져오셨다. 이전에는 20kg 6포를 매달 갖다 주셨는데 식구가 줄었다고 4포를 가져오셨다. 이옥진 집사로부터 자기들 쪽을 후원해 달라는 전화가 왔었단다. 그런데도 우리 선교회를 후원해 주시니 너무 고맙고 감사했다. 진정으로 고마움을 거듭 표현했는데 이사장님이 돌아간 뒤 이 형제가 이사장님한테 고맙다는 전화를 하라고 했다. 내가 고맙고 감사하다는 인사를 충분히 했으므로 더 안 해도 된다고 했으나 이 형제는 '전화도 해야 돼!' 하고 언성을 높였다.

'사회 생활하는 분들은 바쁘기에 불필요한 전화는 자제하는 게 좋아, 과유불급 같은 인사를 자꾸 하는 건 좀 그렇잖아.' 내 말에 이 형제는 '이 집사는 전화로도 했었엇! 해야 됐――!' 하고 악을 썼다. 내가 '이 집사가 한 것은 뭐든지 따라 해야 되니! 너 같으면 바쁜데 전화해서 했던 인사 또 하면 좋겠어! 이 집사는 온갖 못된 짓을 했는데 나도 그렇게 해야 되닛!' 하고 소리를 질렀다. 이 형제는 '누가 그러라고 했엇, 전화하라고 했짓――!' 하고 악을 썼다. 나는 그만 내 방으로 들어와 버리는데 이 형제는 뭐라고 욕지거리 같은 말을 뱉아냈다.

2009.7.28.(화)

　방을 나서는데 박 자매 음성이 들려왔다. '이옥진보다 더해 더해.' 주방장님의 맞장구도 들려
왔다. '맞다 네 말이 맞다. 이옥진보다 더한다.' 저녁을 먹으면서 하는 말 들이었다.(나는 저녁을
안 먹는다) 주방장님 퇴근 후 이 형제에게 물었다. '아까 미영이가 나를 두고 이옥진이 보다 더
하다고 하던데 내가 잘못 들은 거니?' 이 형제가 대답했다. '아니, 미영이가 그런 말 했어. 미영
이는 매일 누나 욕을 해.' 그러면 아줌마는 그때마다 '맞다, 맞다 네 말이 맞다.' 하고 맞장구를
치거나 '쉿! 언니 듣는다.' 라고 해.

　분명 나를 두고 한 말이라고 여겼으면서도 벼락을 맞은 듯한 충격을 받았다.

　이 집사는 방을 비워두고도 자기네의 선교회 입주를 막았고, 자기네 돈을 가로채려 했고, 나
는 선교회에 입주시켰고 내 돈을 보태서 자기네 돈을 챙겨주었고 자기 남편인 진 집사님이 거
의 매일 화장실 바닥에 오줌을 흘려놓아도 조금도 언짢아하지 않고 그때마다 청소를 하고 단
한 번도 자기에게 청소 좀 하라고 시킨 적 없다. 나는 사용치 않는 실내화장실인데도(실외 화장
실 사용) 기꺼이 청소를 한다. 진 집사님 변비 때문에 사흘에 한 번꼴로 변기가 막히는데 그때
마다 내가 뚫는다. 관절장애로 아프고 힘이 없는 내 두 팔에 압축기는 제 기능을 못해서 보일
러를 가동시켜서 뜨거운 물을 10대야 이상 들이부어야 겨우 뚫리거나 안 뚫리거나 하는데 자
기에게 한 번도 물을 갖다 달라고 한 적 없이 내가 세면장에서 받아서 갖다 붓는다.

　과일 등의 간식거리는 나와 이 형제 몫의 몇 배를 더 준다. 나는 사과 반쪽을 며칠 걸려서 먹
고 이 형제도 많이 안 먹기에, 진 집사가 술에 빠져 밥을 하루 종일 거르면 내가 죽을 쑤어 먹인
다. 그래서 이 집사보다 더 하다는 것인가. 주방장님의 태도는 더 충격적이다. 박 자매는 머리
가 약간 모자라지만 그는 멀쩡한 머리를 가졌다. 이웃사람들은 그를 천사 같은 사람으로 알
고 있다. 이 집사는 주방장님을 닷새가 멀다 않고 씹어댔다. 뚜렷한 잘못도 없는데, 나는 한 번
도 씹은 적 없다. 아침 설거지를 이 집사는 식구들이 못하도록 하고 점심 때 출근하는 주방장
님이 하도록 했지만 나는 주방장님의 수고를 덜어주려고 박 자매와 하루씩 번갈아가며 해놓
는다. 그래서 내가 이 집사보다 더하다는 것인가.

　이전에 주방장님은 내게 자기에게 너무 잘해준다고 했었다. 나는 이전과 조금도 달라진 게
없다. 주방장님은 박 자매 다음으로 내가 아끼고 좋아하고 사랑하는 분이다. 내가 내 혈육처
럼 아끼고 사랑하는 두 사람이 잘못한 게 없는 나를(잘해 주는 게 잘못인가.) 음해하며 헐뜯고
있었다니, 심장이 비수로 난도질당하는 듯하다.

2009.8.2.(일)

예배를 끝내고 이순자가 교인총회가 있으니 진병수 집사와 이운기 형제를 데려오라고 말했다. 황급히 선교회로 올라와 두 사람에게 이야기 하니. 이 형제가 가서 무슨 말을 해야 할지 모르겠다고 말했다. 내가 대신 말할 테니 내 말에 반대만 하지 말아달라고 부탁했다. 교회에 내려가서 이순자에게 당회장이 없는 교인총회를 해도 되냐고 물었더니 이순자는 된다고 대답했다. 노회에 이야기 했냐고 물었더니 안 열어 준다고 해서 안 했다고 말했다. 이순자는 노회 탈퇴하는 안건을 의결하는 것이라고 말한 뒤 그동안의 노회 행태를 비난하며 내게 노회 탈퇴를 원하냐고 물었다. 내가 선교회 공간이(건물이) 노회에 등록되어 있어서 현재로선 반대할 수밖에 없다고 대답했다. 그러자 선교회의 장애인인 현종률 집사와 노창성이라는 정상인이 소란스럽게 욕지거리 섞은 비난을 퍼댔다.

이순자가 둘을 제지한 뒤 이 형제의 의사를 물었다. 이 형제는 대답을 못하고 내가 선교회식구는 다 같은 입장이라고 말했다. 이순자는 다른 교인들을 향해서 노회탈퇴를 원하냐고 물었다. 선교회의 교인들 대부분이 "네" 하고 대답했다. 교인총회 의결권은 교회 출석 6개월 이상의 교인에게만 있다는데 출석한지 2개월짜리 떼거지들까지 함께 "네"하고 대답했다. 이순자가 찬성이 과반수를 넘었으니 노회 탈퇴 안건은 의결되었다고 말했다. 그리고는 지난 주일에 자기를 대표로 세웠고 어쩌고 했다. 내가 언제 세웠냐고 묻자 이순자는 지난 주일에 교인총회를 해서 세웠다고 했다. 내가 '왜 우리에게 교인총회 하는 걸 안 알렸냐.' 고 따지자 이순자는 '혜성 씨가 그 전 주일에 다음 주에 결정하겠다고 해서 지난 주일에 결정했는데 그때 혜성 씨가 안 나와서 그렇잖아요.' 하고 말했다.

그런 말을 안 한 것 같은데도 기억이 뚜렷지 않아서 반박을 못하고 있는데 이순자가 문건 하나를 흔들며 '여기에 기록되어 있어요. 다음 주에 한다고 했어요. 그래서 지난주에 결정한 거예요.' 라고 말한 뒤 '지금 나를 대표로 세우는 거라면 찬성하세요?' 하고 물었다. 내가 '다음 주에 전도사님으로 결정하겠다고 했나요?' 라고 내가 따진 뒤 반대한다고 말했다. 그러자 김연배 집사 놈이 뭐라고 욕을 했다. 이순자는 '그동안 너무 힘들었습니다.' 하고 말했다. 내가 '우리는 고통스러웠습니다.' 하고 내뱉었다. 아무리 생각해도 내가 다음 주에 결정하겠다는 말을 한 게 기억이 안 나서 선교회에 올라와 지난 일기를 들춰보니 다음 주가 아니고 이다음에 결정하겠다고 말한 것으로 쓰여 있었다. 내 기억도 그렇게 했던 게 뚜렷하게 살아났다. 아무리 허언증 환자인 이순자지만 교회 기록까지 조작하다니, 그런 것을 하나님은 내버려 두시다니…

2009.8.3.(월)

박 자매가 이 형제에게 '이 개새끼! 바보 새끼얏——!' 하고 포악을 쳐대는 게 또다시 들렸다. 사흘이 멀다 않고 쳐대는 포악이다. 정말 진저리가 난다. 내가 나가서 '제발 좀 그만해라. 나이도 동갑이고 얼마든지 사이좋게 지낼 수 있는 사이에 왜 그렇게 못 견디게 하니, 운기 씨가 너한테 그러면 좋겠니!' 하고 나무라니 박 자매가 '언니는 저 새끼가 언니한테 어떻게 한 줄 알았! 저 멍청한 새끼가 언니 때문에 못살겠다고 나보고 나가자고 그랬어, 지가 방을 얻을 테니까 나랑 함께 나가서 자기를 도와주면서 살자고 그랬어, 누가 저 같은 새끼하고 살 거라고, 그런데도 언니는 저 새끼편만 드는 거얏!' 하고 외쳤다. 언제 그랬냐는 내 물음에 박 자매는 '내가 여기에 들어 온지 얼마 안 됐을 때 그랬어.' 하고 대답했다.

잘못을 행하고도 내가 지적을 하면 직전에 행한 잘못도 안 했다고 악을 쓰며 잡아떼는 이 형제가 언성도 안 높이고 점잖은(?) 목소리로 '나는 그런 말 안 했어.' 를 반복했다. 물론 박 자매는 거짓말 말라는 포악을 쳐댔다. 나를 못살게 하면서 나 때문에 못 살겠다 했다니 완전 이 집사 급이다.

오후에 이순자가 말했다. '땅 팔아먹어 버립시다. 그러면 내가 한자리 줄게요. 혜성 씨가 내 편에 서면 이 건물도 찾을 수 있어요.'

자기가 집어삼키려고 광적으로 혈안이 되어서, 땅을 뺏는다는 내 인식이 맞았다. 그런데 자기가 뭔데 내게 한자리 준다는 것인가 하여튼 꼴값도 가지가지로 떠는 이순자다.

2009.8.11.(화)

입주한 지 한 달이 넘은 오늘까지도 진 집사님은 세수를 안 한다. 양치질도 안 하고 손도 안 씻고 목욕도 안 한다. 내가 박 자매에게 양치질과 세수를 좀 시키라고 하면 '나는 그런 거 못해.' 하면서 듣지 않는다. 수건을 물에 적셔 얼굴을 닦아주라고 해도 손만 씻겨주거나 닦아주라고 해도 거부한다. 내가 남자라면 대신 하겠는데 남자가 아니니 할 수가 없다. 입주 전에도 안 씻었을 것인데 입주 한 달이 넘도록 손 한번 안 씻으면서 술은 하루도 빠짐없이 마신다. 술 먹느라 식사는 제대로 안 한다. 박 자매는 열심히 술을 사다 바친다.

천하의 게으름뱅이가 빨래도 마당에 나가 널기 싫어서 매번 방안에 널면서(햇볕에 말려야 좋은 거라고 해도 듣지 않고) 술 사 오는 일은 열정적으로 한다. 남편을 죽이는 일이라고 내가 제지

했더니, 비닐봉지에 넣은 술병을 들고 오면서도 아니라고 우긴다. 그래도 밤에는 안 사주는데 그때는 진 집사님이 술이 덜 깨서 비실대는 상태로 나가서 사 온다. 이러면 죽는다고 미영 씨를 과부로 만들 거냐고, 제발 미영 씨를 생각해서라도 술을 좀 줄이고 식사를 제대로 하라고 내가 간절히 호소해도 듣지 않는다.

2009.8.14.(금)

새벽인데 화장실 쪽에서 꽈당! 부딪히는 소리가 나서 나가보니 진 집사님이 하반신을 다 벗은 채 화장실 앞에 엎어져 있었다. 가서 일으키고 싶었지만 벗은 몸이라 얼른 내 방으로 되돌아와 버렸다. 처음으로 진 집사님한테 역겨움을 느꼈다. 박 자매가 나와서 진 집사님을 일으켜 방으로 데려갔다. 혹시나 하고 다시 나가보니 역시나 오줌이 화장실 문 앞에서부터 안에까지 누어져 있었다.

청소를 했다. 진 집사님은 낮에 또 술을 마시고 밤에는 화장실 바닥에 또 오줌을 흘려놓고 나는 또 화장실 청소를 했다.

2009.8.15.(토)

아침에 세탁기를 돌리고 있는데 이 형제가 이불을 갖다 넣으라고 말했다. 내가 이불을 넣으면 빨래가 많아서 깨끗이 안 헹궈지니까 빨래가 다 되면 꺼내고 빨아주겠다고 말했다. 이 형제가 '언제부터 날 잡아서 이불 빨았어!' 하고 볼멘소리를 했다. 나는 잠자코 있는데 이 형제는 또다시 나더러 '겨울 이불을 덮고 자라는 거야 뭐야!' 하고 내뱉었다. 내가 '이불은 부피가 큰 것이라서 이불 하나만 빨아야지 다른 빨래와 함께 돌리면 깨끗이 안 헹궈져, 지금 빨고 있는 거 다 빤 다음에 해준다고 했잖아. 그런데 왜 불만이니!' 하고 말했다. 이 형제는 누가 불만이라고 했어 하고 언성을 높이더니 뭐라고 욕지거리 같은 말을 내뱉었다.

내가 '해달라는 대로 해주겠다는데도, 좀 더 깨끗이 해 주려고 그러는데, 그러면 나더러 어쩌라는 거야! 하루 이틀도 아니고 걸핏하면 이유 없이 나를 갈구면 내가 어떻게 살겠니!' 하고 나무랐다. 이 형제가 '갈구긴 누가 갈궈! 세탁기 돌려달라는 말도 못햇! 빨래를 해달라면 해줘야

될 것아냣──!' 등등의 악을 마구 써댔다. 이 집사에겐 해야 할 말도 안 했으면서 내게는 걸핏
하면 억지로 악을 써대며 나를 환장하게 만든다. 해달라는 말을 안 해도 빨래를 내놓으면 보
이는 즉시 갖다가 제때 빨아서 말려 걸어다 준다. 그런데도 며칠간 억지를 안 써서 발광이 나
는지 또다시 억지를 쓰고 악을 써대는 것이다. 나는 더 이상 대응을 안 했지만 처음으로 빨래
를 제때 해주지 않았다.

2009.8.18.(화)

　내가 세면장에 있는데 주방장님이 '이거, 카레, 인서 엄마한테(김 자매) 줄까?' 하고 묻는 소리
가 들렸다. 이 형제, 박 자매가 반색하는 목소리로 '줘요 줘.' 하고 동시에 환호하듯 말했다. '언
니가 먹으려나?' 주방장님의 말에 박 자매가 다급하게 '안 먹어 안 먹어 언니는 안 먹어.' 하고
강력히 주장했다. 내게 못 먹게 하려는 게 분명했다. 내가 나가니 주방장님이 '식구들이 카레를
안 먹는다고 인서네 주라고 해서 줬어.' 하고 말했다. 카레는 어제 점심 때 해먹고 남은 것을 내
가 아침에 먹으려고 찾다가 못 찾아서 못 먹은 것이었다. 내가 카레를 어디다 두었지, 하면서
찾다가 못 찾는 것을 이 형제와 박 자매는 보았다. 두 사람은 물론 주방장님도 내가 카레를
좋아하는 것을 알고 있다. 그럼에도 내게 묻지도 않고 남에게 준 것이다. 저녁 때만 되면 이 형
제는 김 자매에게 매번 저녁 먹으러 오라고 전화를 한다. 내 의사는 묻지 않고 그런다. 하루 두
끼밖에 안 먹는 내가 힘들거나 아파서 하루 종일 굶고 있거나 한 끼밖에 안 먹어도 무관심하
면서 그런다. 김 자매는 기꺼이 와서 함께 저녁을 먹는데 오늘도 와서 저녁을 먹고 돌아갈 때,
세 사람이 한마음이 되어서 내가 좋아하는 것을 남김없이 준 것이다.
　카레가 어디 있었냐고 내가 묻자 주방장님은 김치냉장고에 있었다고 말했다. 주방장님은
일반냉장고의 빈자리를 두고도 내가 좋아하는 음식은 김치냉장고에 넣어두는데 나는 그것을
생각 못하고 아침에 먹으려다가 못 먹기 일쑤여서 김치냉장고에 넣지 말라고 몇 번이나 부탁
을 해도 무시하더니(내게 못 먹게 하려고 일부러 그러는 듯 했다) 또 무시한 것이다. 내가 약간 짜
증이 나서 '거기 넣어두면 내가 잊어버리고 못 먹는다고 했잖아요. 아침에 먹으려고 찾다가 못
찾아 못 먹었어요.' 하고 말했다. 박 자매가 '언니 먹었잖아.' 했다. '내가 찾다가 못 찾는 거 보
고도 그러니!' 하고 말했다. 주방장님이 주방 일하는 동안 내내 곁에 서 있는 정상인 바라기 박
자매는 주방장님이 카레를 어디에 두는지를 보았을 거라는 생각이 그제사 들었다. 내가 카레
를 찾는 것을 보고도 박 자매는 아무 말을 안 했다. 주방장님이 '내가 가서 도로 달라 해야

겠다.' 하면서 밖으로 나가려 했다. 내가 황급히 '줘놓고 달라는 건 경우가 아니잖아요.' 하고 만류하는데도 주방장님은 내가 먹는다고 한 그릇만 달라고 하면 돼, 하면서 대접을 꺼냈다. 김 자매가 그만한 눈치도 없는 사람인가. 카레는 4인분쯤 된다. 내가 좋아하는 것이니, 1인분 남기고도 줄 수 있었다. 내가 '하지 마세요. 그러면 우리 꼴이 뭐가 돼요.' 하고 애원을 했다. 주 방장님은 나가지 않았지만 나는 좋아하는 것도 못 먹고 죄인마냥 애원을 해야 된 내 입장에 화가 치밀었다. 그래도 화를 내기 뭣하니 그냥 속에서 녹일 수밖에...

2009.8.27.(목)

원자 씨하고(이웃주민) 소주잔을 기울이면서 이야기를 하던 박 자매가 내게 말했다. '내가 공 짜로 사주는 게 아니야 만 원씩 받고 사주는 거야. 아저씨가 한 병에 만 원씩 준다고 했어. 그 러니까 언니! 내 장사 방해 하지 마!'

진 집사님에게 술 사주는 것을 막지 말라는 것이었다. 게을러 터졌으면서 왜 저렇게 술을 열 심히 사오나 했더니 돈에 미쳐서 그랬던 것이다. 이 집사는 말했었다. '모자르면 팍 모자라야 지, 조금 모자라면 사람 잡는다고, 내가 신랑보다 돈이 좋니? 아저씨가 죽으면 미영 씨 책임이 야! 미영 씨가 아저씨를 죽인 게 돼.' 하고 나무라자 박 자매는 '왜 내가 죽인 게 돼, 다 지 팔자 야!' 라고 말했다. '그 팔자 미영 씨가 만드는 거야. 건강치 않은 사람에게 술을 먹이는 건 독약 을 먹이는 것과 같은 거야 보약을 먹여야지 독약을 먹이면 되니, 그러다 아저씨 죽으면 어떡할 거야.' 내 말에 박 자매는 '아저씨 죽으면 완전 좋지, 아저씨 죽으면 나는 너무 편해, 훨훨 날것 같애, 훨훨 날거야!' 하고 지껄였다.

진 집사님은 차라리 신체장애인과 결혼했어야 했다는 생각이 들었다.

2009.9.10.(목)

내가 예전에 있었던 000집에서 알게 된 심 전도사님이 우리 선교회를 맡아주었으면 좋겠다 는 생각이 자꾸만 든다. 정상인인데도 장애인을 내려다보지 않던 유일한 전도사, 그도 원장이 되면 달라질지 모르지만 어차피 믿을 수 있는 목회자는 없으니 그분이 좋을 것 같다. 장애인에게 관심도 있었고 결혼도 장애인과 했으니 선교회를 발전시켜서 많은 장애인에게 도움을 주길 원하는 나를 이해하고 받아줄지 모른다. 00협회로 전화를 해서 내 신분을 밝히고 심지선 전도사님을 아느냐고 물어보았다.

심 전도사님이 그 협회와 관련이 있음을 이전에 TV프로에서 보아서다. 담당자는 알아보고 전화를 주겠다더니 한참 후 전화를 걸어왔다. 심 전도사님에게 연락했더니 엄청 반가워하면서 '그 언니 너무 좋은 언니예요.' 하더란다. 그러면서 지금은 너무 바쁘니 며칠 후에 내게 직접 전화를 하겠다더라고 했다. 주변을 뒤덮은 음울한 회색빛 안개가 순식간에 걷히는 것을 느꼈다. 주변이 햇살 가득 밝아지는 것을 느꼈다. 하나님 감사합니다.

2009.9.13.(일)

임태성 권사님이 동료와 함께 찾아왔다. 동료가 이 집사가 왜 떠났냐고 물어서 내가 이순자 전도사 때문에 떠났다고 간략하게 이야기를 했다. 임 권사님은 이순자를 두고 '어디에 있다가 튀어나와서 그렇게 하는 거야! 땅 살 때 있지도 않은 인간이 왜 땅을 차지하는 거야!' 하고 분노를 터뜨렸다. 임 권사님은 이종성 권사는 불의를 용납 못하는 분이라서 도와줄 거라며(이순자가 땅과 선교회를 못 뺏도록) 선교회에 천거한 분이다. 그때 천거를 안 했더라면 더 나았을 것이다. 나는 이순자가 땅을 차지하도록 만든 건 이종성 권사라고, 그가 땅을 못 가져오게 했다고 이야기를 하고 싶었지만 차마 할 수가 없었다.

이 집사에 대해서는 나와 이 형제가 폭행까지 당했다는 이야기를 했는데 임 권사님은 믿어지지 않는다는 듯 이 형제에게 정말이냐고 물었다. 이 형제는 '그게, 응——! 뭐라고 할까.' 라더니 대답을 하지 않았다. 누가 봐도 내 이야기가 거짓말이라고 믿게 되는 형태였다. 나를 나쁜 이로 몰려는 의도로 내 이야기를 거짓으로 몰려는 속셈이었다. 이 집사가 있을 땐 '이 집사가 안 떠나면 내가 떠날 거야! 이 집사가 죽어버렸으면 좋겠어!' 라고 할 정도로 이 집사를 미워하더니 이 집사가 떠난 후부터는 외부인에게 이 집사에 대해 호의적인 말을 하고 나에 대해선 거짓말을 하면서 헐뜯는 그였다. 나는 사실대로 말하라고 다그치려다가 소용없을 것 같아서 안 하고 말았다.

임 권사님과 동료는 지갑을 다 털어서 88,000원을 주고 돌아갔다. 이 집사와 이 권사도 나를 모함하고 음해했을 게 뻔한데 이 형제까지 내가 거짓말을 하는듯한 태도를 취했으니 임 권사님이 나를 엄청 나쁘게 볼 것이다.

(내 생각이 맞았는지 이후에 임 권사님한테 전화를 했더니 전에 없이 냉랭해서 다시는 전화하지 못했다)

2009.9.14.(월)

이 형제에게 어제 임 권사님이 폭행당한 게 정말이냐고 물었을 때, 왜 대답을 안했냐고 물었다. '폭행당했다고 대답했잖아!' 이 형제의 대답이었다. 내가 '안 했잖아 응──! 뭐라고 할까? 라고만 했어.' 하고 말했다. 갑자기 이 형제의 얼굴이 흉포하게 변하면서 '폭행당했다고 말했엇──!' 하고 발악하듯이 포악을 쳤다. 걸핏하면 억지를 쓰다가 내가 나무라면 다짜고짜 포악을 치는 그였지만 얼굴까지 흉포하게 된 것은 처음이었다. 주방장님이 있어서 주방장님 앞에서 자기 허물이 들춰져서일까 안 했어, 그래서 내가 사실대로 말하라고 하려다가 안했어, 내 설명에도 이 형제는 반복적으로 폭행당했다고 말했엇──! 하고 포악을 쳤다. 온몸에 힘을 주면서 혼신의 힘을 다해서 치는 포악이었다. 너는 네가 죽어라 미워하는 이 집사와 똑같이 패악을 부리는구나 하고 퍼 대고 싶은 걸 참고 내 방으로 들어와 버리는데 이 형제가 차분한 음성으로 말했다. '참 이상한 사람이야! 자기만 옳다고 해...'

2009.10.5.(월)

박 자매가 성난 목소리로 내게 호통을 쳤다. '왜 주방 아줌마 월급을 안 깎는 거얏! 식구도 줄었는데 이전에는 왜 아줌마 월급을 안 올려 주는 거얏!' 하고 호통을 쳤었다. 이 집사는 무슨 짓을 해도 가만있던 게 내겐 온갖 트집을 잡는 게 가관이다. 그전엔 월급을 왜 안 올려 주냐고 해놓고 이제는 또 안 깎는다고 하는구나! 하고 내가 핀잔을 주었다. 그동안 박 자매가 그 어떤 터무니없는 트집으로 나를 공격해도 구경만 하던 이 형제가 '나도 들었어 그 말.' 하고 거들었다. 돈 문제라서 그런가.

박 자매가 악을 바락 바락 쓰기 시작했다. 나는 '안 그랬어, 거짓말 하지 맛──! 거짓말은 네가 하는 것 너도 알지? 네가 분명히 그랬어, 그래서 내가 식구도 줄었는데 왜 월급을 올려야 하냐고 그랬잖아, 운기 씨도 들었다잖아.' 내 말에 박 자매가 미쳐 날뛰듯 포악을 쳐댔다. '내가 언

제 그랬어——! 둘이서 함께 생사람 잡넷——! 나는 안 그랬어, 둘이서 똑같이 거짓말 하넷——!'

경한 상태의 지적장애인 대부분이 그렇듯 박 자매도 기억력이 정상인보다 좋다. 아주 오래되지도 않은 본인 말을 잊을 리 없다. 나는 그만 내 방으로 들어와 버렸다.

이순자가 컨테이너 방 열쇠를 달란다. 자기 것인 양 아주 당당한 태도로 '컨테이너 방 열쇠 주세요!' 하고 요구했다. 어이가 없어서 내가 '컨테이너는 선교회 거잖아요. 선교회 것을 왜 달라는 거예요?' 하고 묻자 이순자는 마치 내가 잘못이라도 한다는 듯이 나를 쏘아보았다. 세상 어떤 자가 남의 물건을 그 주인에게 달라고 요구하면서 주인이 순응하지 않는다고 쏘아볼 수 있을까?

심 전도사님이 내게 전화하겠다고 한지가 거의 한 달이 되는 듯한데, 전화가 오지 않는다. 나를 좋은 사람으로 알고 있으면서도 교류하고 싶지는 않은 것이다. 내 앞에 먹구름이 서서히 몰려오는 듯하다. 장애인을 배우자로 선택한 이도 장애인 부모도 형제도 남남인 장애인과의 인간적 교류는 원치 않지, 친정아버지가 장애인인 황 전도사님 부인도 연락처를 좀 달라는 내 요청을 거부했었지...

2009.11.7.(토)

바깥 화장실 변기가 또 막혔다. 내가 식구들에게 '바깥 화장실이 막혔으니까 대변은 실내화장실을 이용하세요.' 하고 말했다. 박 자매가 멸시와 같잖아 하는 게 섞인 기묘한 눈빛을 하고 나를 빤히 바라보면서(지적장애인이 어떻게 그런 눈빛을 할 수 있는지... 나는 정상인으로부터도 그렇게 모멸감을 느끼게 하는 눈빛 세례를 받은 적이 없다) '바깥에 나가서 보라고 했잖아.' 하고 말했다. 나를 멸시하고 같잖아 하는 그 눈빛에 화가 나서 '그건 안 막혔을 테지.' 하고 언성을 높였다. 박 자매는 여전히 같은 눈빛으로 '안에도 막히면 어떡해.' 했다.

화장실은 나흘이 멀다 않고 막힌다. 진 집사님이 화장실에서 나온 후에만 막힌다. 진 집사님이 바닥이나 변기 깔판에 오줌을 흘려놓으면 매번 내가 청소를 하는데 변기도 매번 내가 뚫는다. 청소와 마찬가지로 한 번도 박 자매에게 시킨 적 없다. 힘든 일을 시키고 싶지 않아서다. 내 관절이 망가져서 힘을 주어야 하는 압축기로는 뚫어지지 않아서 세면장에서 뜨거운 물을 받아서 10대야 이상 갖다 들이붓는 등의 갖은 짓을 다해야 된다. 그래도 박 자매는 한 번도 거들어 준 적 없다. 내가 거들어 달라고 하지 않았기 때문이기도 하다.

실내화장실이 막혔는데 쉬 뚫리지가 않아서 그저께 바깥 화장실을 사용하라고 했는데 오늘은 진 집사님이 바깥 화장실을 막혀놓아서 실내화장실을(그간 뚫려있었다) 사용하라고 했더니 자기 신랑 배설물 처리를 아픈 몸으로 혼자 다하는 내게 그걸 트집 잡는 것이다. 아무리 차근차근하게 이건 이래야 되는 것이다. 하고 설명을 해도 받아들이는 박 자매가 아니기에 '네 신랑이 막은 거니까 네가 뚫어서 사용해야지.' 라고 하고픈데 차마 못하고 '막힌 화장실에 가고 싶으면 가.' 하고 말했다. 박 자매는 억울한 일이라도 당한다는 듯이 '아이고——! 우리가 이러고 산다.' 하고 한탄을 했다.

2009.11.24.(화)

지난 일요일 명일동에 있는 라이온스 클럽에서 쌀, 밀가루, 휴지를 잔뜩 갖다주었는데 주방장님이 당면도 사달라 하지 그랬냐고 말했다. 어제도 같은 말을 두 번이나 한 주방장님이다. 상대가 뭘 원하냐고 물어도 필수품만 청해야지, 중요치도 않은 걸 청하면 상대가 안 좋아할 수 있기에 아무거나 청할 수 없는데 상대가 묻지도 않는데 중요치 않은 것을 사달라고 말할 수가 없다는 설명을 해도 같은 말을 반복해서 내가 같은 설명을 반복하고 우리가 사면된다고 했는데 오늘 또 같은 말을 하는 것이다. 이 집사에겐 그 어떤 의견이나 의사도 표하지 않고 노비나 충견처럼 순종적이며 때론 굴종적이더니 내게는 온갖 참견을 하면서 내가 그렇게 할 수 없는 이유를 충분히 설명했는데도 했던 참견을 또 하기 일쑤다.

기억력이 비상해서 아주 오래 전의 일도 다 기억하는 분이니 잊어서는 아니다. 이 형제와 박 자매도 그러는데 머리 정상인 주방장님도 그렇게 나를 갈군다. 내가 치미는 짜증을 억누르며 어제 두 번했던 설명을 또다시 하는데 박 자매가 '치약 비누도 말하지.' 하고 말했다. 글쎄 저쪽에서 뭐가 필요하냐고 묻기 전엔 이거 달라 저거 달라 할 수 없다니까 하고 내가 재차 설명을 하는데, 이 형제가 '이 집사는 하나하나 다 이야기 했어!' 하고 나무라는 어조로 말했다. 이 집사를 죽도록 미워한 인간이 걸핏하면 이 집사를 끌어대며 내게 트집을 잡는다. 가지가지로 나를 갈군다. 나보다 더 모자라는 세 사람이 나를 관리하고 지배하려 한다. 이래서 사람은 선하거나 순하면 안 된다.

내가 차갑게 말했다. 내가 '이 집사가 한 그대로 따라 해야 되니! 이 집사는 멸치 한 마리도 반찬 외에는 먹는 거 아까워하고 좀 귀한 반찬은 감춰놓고 혼자 먹고 제왕 같은 권세를 부리면서 식구를 노예로 취급해서 티끌만한 주권도 허용치 않았는데 나도 그대로 해야 되겠니?'
세 사람은 말이 없었다.

2009.11.27.(금)

오랜 후원자이신 김동일 목사님이 오셨다. 이 집사 이탈 후 처음 오신 것이다. 나는 너무 반갑고 고마워서 눈물이 나오려 했다. 식구가 반 이상 줄었는데 과일을 이전과 같이 2박스를 가져오셨다. 돈은 이전의 절반인 5만 원을 주셨다. 이 집사의 000집에 2번 갔었다면서 용단, 한수 형제가 다시 올 수 있다는 말을 하셨다. 다시 와야 된다는 생각을 하시는 듯했다. 다시 오면 얼마나 좋을까 둘 다 엄청 보고 싶다.

2009.12.30.(수)

이성기 집사가 나영진 집사한테 전화를 해서 자기를 000집에서 좀 빼내달라고 했단다. 이야기를 내게 전화로 하면서 오경숙 권사님은(부활교회 옛 교인) '이옥진 집사 정말 나쁜 사람이야!' 하고 말했다. 이 집사 남자이기에 이 집사를 따라가지만 몇 달 못가서 후회할 거란 생각을 나는 했었는데 역시다. 머리통에 색 밖에 든 게 없는 색 집사가 마음껏 색을 즐길 텐데도 이 집사 곁을 떠나고 싶어 하니, 용만 한수 형제는 얼마나 그곳이 싫을까. 한수 형제는 바깥에서 나를 보면 멀리 있다가도 얼른 내게 다가오지만 이 집사를 보면 슬금슬금 피했었다. 둘을 이 집사가 데려가도록 만든 까마귀 권사, 불의를 좋아하는 이종성 야누스 권사...

2010.1.21.(목)

박 자매가 또다시 미친 듯이 욕설 포악을 치는 게 들렸다. 나가보니 두 바보가 서로에게 '이 바보새끼얏——!(포악스럽게). 이 바보 계집애얏!(단순한 고성으로)' 하고 퍼대고 있었다. 왜 또 그러냐고 내가 나무라자 박 자매가 '저 더런 새끼가 또 오줌을 누고 물을 안 내렸엇!' 하고 외쳤다. 이 형제는 수일 전부터 소변을 누고 종종 물을 안 내린다. 박 자매가 더런 새끼! 개 새끼! 하고 욕설을 퍼대도 마찬가지다. 자기 남편이 오래 전부터 얼굴도 손도 안 씻고 양치질도 안 하는 건 개의치 않으면서 변기 속 오줌을 더럽다고 길길이 뛰는 박 자매가 재밌다. '너, 이 집사 있을 땐 안 하던 짓을 더러 한다. 나한테 불만 있니?' 내 물음에 이 형제는 '이 집사 있을 때 내가 뭘 안 했어!' 하고 대들었다. 이 집사 땐 물 안 내린 적 한 번도 없었다는 내 말이 채 끝나기도 전에 이 형제가 '이 집사 있을 때도 그랬엇——!' 하고 악을 썼다. '네가 이 집사 있는데 그럴 사람이냐! 못된 인간이 있는데선 절대로 그럴 네가 아니지.' 내 말에 이 형제는 반복해서 이 집사 있을 때도 그랬엇——! 하고 악을 썼다. 포악을 치고 욕설을 퍼댄 박 자매한테는 고성으로 소리만 질렀으면서 내게는 악을 쓰는 것이다. 박 자매는 오줌을 볼 때마다 미친 듯이 포악을 치며 욕설을 퍼대는데 나는 한 번 나무라기만 해서인가. 그래그래 자랑이다. '제 배설물을 다른 사람이 처리하도록' 하고, 내 방으로 들어오는데 이 형제는 뭐라고 욕지거리 같은 말을 내뱉었다.

이 형제는 횡포를 부린 것이다. 악한 이에겐 천사나 양처럼 선하고 순하면서 선하거나 순한 이에겐 이유 없이 언어 공격을 하고 횡포를 부리는 것들을 나는 무수히 보았다. 이 형제는 박 자매와 같이 그런 부류인 것이다. 이 형제의 횡포는 그뿐만이 아니다. 아침 일찍 일어나 보일러를 목욕으로 틀어놓고 세수를 한 뒤 보일러를 종종 그대로 둔다. 보일러가 실내에 틀어져 있어서 목욕으로 안 돌려도 온수가 한 대야 이상 나오기에 충분히 세수를 할 수 있는데도 목욕으로 틀어놓고 원위치로 안 돌리고 석유가 많이 허비되도록 그대로 두는 것이다. 이 집사 있을 땐 그 또한 한 번도 안 하던 짓이다. 아침 일찍 못 일어나는 내가 뒤늦게 나가서 발견하고 불필요하게 목욕으로 틀면 석유가 낭비된다고 주의를 주면 이 형제는 볼멘소리를 내뱉거나 내가 목욕으로 튼 것봤엇——! 하고 악을 쓴다. 아침에 나 먼저 세면장에 들어가는 이가 자기밖에 없는데...

2010.1.30.(토)

찌개 등의 국 종류가 3가지나 있는데 점심 때, 주방장님은 된장국을 3끼쯤 먹을 수 있을 만큼 잔뜩 끓였다. 음식 지적을 웬만해선 안 하는 나지만 오늘은 그냥 넘어갈 수가 없었다. '찌개와 국이 3가지나 있던데요.' 내 말에 주방장님은 '먹지도 않는데 뭐.' 하고 말했다. 소고기국. 미역국. 비지찌개. 식구들이 안 먹는 건 하나도 없다. 내가 '안 주니까 안 먹죠.' 라고 하니 주방장님은 '버리지 뭐.' 했다. 찌개나 국을 3끼 정도의 분량으로 끓여놓고 다음 때엔 다른 종류를 끓이고 이전 것은 버리려하는 게 주방장의 특징이다. 내가 음식 버리는 것을 엄청 싫어하는 것을 알면서도 그런다. 알기에 그러는 것인가. 내가 버리면 아까우니 한 끼 양만 끓이라고 하면 '나는 손이 커서 적게 못해!' 하며 듣지 않는다.

이 집사 요구는 그 어떤 것이라도 싫은 내색 않고 잘 들던 주방장님이다. 내가 아까운 걸 왜 버리냐고 하면 먹지도 않잖아! 라고 한다. 식구가 안 먹는 게 아니고 자기가 안 먹으려 한다. 언젠가 나는 국이나 찌개는 한번 먹은 다음엔 먹기 싫다고 했었다. 이 집사 있을 땐 잘만 먹었었다. 두 번 먹기 싫으면 다른 식구에게만 주고 자기는 다른 반찬만 먹으면 될 텐데 절대로 그러지 않는다. 이 집사 있을 때도 국 종류를 잔뜩 끓여서 매번 많이 남았지만 한 번도 버리려 한 적 없다. 다음 때에 먹게 하고 자기도 먹었다. 그 어떤 반찬이 오래 되어 변질되어도 버리지 않아서 내가 버린 적도 몇 번 있다. 그러던 분이 이 집사 이탈 후엔 걸핏하면 버리려 한다. 후원이 거의 다 끊겨서 이 집사 때와는 비교도 안 될 만큼 가난함을 알면서도 그런다.

감자볶음도 해주지 않는다. 이 집사 때는 이 집사가 요구하지 않아도 이 집사가 좋아하는 것이니 일주일에 두세 번씩은 꼭꼭 해주더니 이 집사 이탈 후엔 한 번도 해준 적 없다. 아니다 내가 청해서 딱 한 번 해준 적 있다. 식구 모두가 좋아하는 것인데 나와 이 형제는 이 집사보다 더 좋아하는데, 자기가 싫어해서 안 해주는 것이다. 음식을 본인 위주로 하는 것이다. 해달라고 하면 악감정을 품기에 해달라 할 수가 없다.

저녁식사 시간도 달라졌다. 이 집사 때는 6시였는데 5시가 되었다. 처음엔 5시 30분에 저녁을 주었다. 이 형제가 소화가 안 되니 6시 이후에 달라고 내게 요구해서(주방장님께 직접 말하라고 했더니 말을 못하겠다고 했다. 내게는 해서는 안 될 말도 가차 없이 하면서 해야 되는 말은 못하겠다는 것이었다) 내가 이 형제가 소화가 안 된다는 이야기를 하면서 6시 이후에 저녁을 달라고 했는데. 주방장님은 총알 쏘듯 잽싸게 소화가 안 되면 더 빨리 먹어야짓! 하고 내쏘더니 다음부턴 5시에 어느 때는 그 이전에 주었다. 이 형제로부터 매달 두유세트 등을 선물로 받으면서도 그런다.

지난해 여름 태양이 하늘가에서 신나게 웃으며 뜨거운 햇살로 주방을 달구고 있을 때도 식구들은 어김없이 주방에서 저녁을 먹어야 했다. 속이 상한 내가 저녁이 아니라 새참이군요. 하고 뼈있는 말을 해도 변함이 없었다. 빨리 퇴근을 하기 위해서였는데, 빨리 퇴근을 해야 할 이유도 없었다. 이 집사에게는 순한 양이던 식구들이 내게는 포악한 늑대이듯이 주방장님도 돌변했다. 나도 변하고 싶다. 식구들과 주방장님이 이전처럼 순하고 선하도록 악하거나 독하게 변하고 싶다. 그런데 그렇게 안 된다. 타고 난 등신이기 때문이다. 등신인 내가 너무 싫다.

2010.3.1.(월)

경작금지라는 팻말이 땅 가장자리에 서 있었다. 땅을 그동안 선교회에서 밭으로 경작했는데 그것을 금한다는 것이다. 이순자에게 전화로 전도사님이 그랬냐고 묻자 이순자가 사나운 음성으로 "네 교회에서 할 거예요. 그동안 눈 시퍼렇게 뜨고 보고만 있었잖아요." 하고 말했다. "그래요 장애인들 땅을 빼앗아서 많이 해 드세요!" 하고 내뱉은 뒤 전화를 끊었는데 이순자는 전화를 해왔다. 받지 않자 이 형제 핸드폰으로 문자를 보내왔다. 남이 경작하는 것보다 교회가 해서 함께 먹으면 좋지 않겠냐는 내용이었다. 주방장님께 사실을 이야기했더니 주방장님이 그런 날강도가 어디에 있어요. 김유진 아줌마가 경작해 주려고 퇴비까지 준비해 놨는데 하고 화난목소리로 말했다. 그리고는 그 전에 식구들이 모두 언니 앞으로(내 앞으로) 땅을 이전하자고 하는데 이 집사 혼자 반대를 하더라구요. 그때 언니 앞으로 했어야 됐는데 하고 덧붙였다. 이 형제가 "맞아요 그랬어요" 하고 말했다.

이렇게 된 건 후원회장인 까마귀 권사 때문이다. 그 인간이 나서지 않았으면 나는 아무리 기운이 없을지라도 적극적으로 나서서 임화연 권사님 옛 식구 조명운 형제와 함께 방안을 찾으려 했을 것이고 안 했을지라도 시간 낭비 에너지 낭비는 안 했을 것이다. 그가 검은 몸통에 깃털을 희게 변색시켜서 하얀 까치로 위장한 까마귀인줄 누가 알았을까. 더러운 까마귀 권사, 이종성.

2010.3.3.(수)

부활교회 옛 교인인 조화성 집사님이 찾아왔다. 땅에 대한 이야기를 듣고 격한 목소리로 '그러게 왜 빼앗겼어! 그 땅이 어떤 땅인데 빼앗겨——!' 하고 주먹으로 방바닥을 계속 내리치면서 울분을 토했다. 토하면서 '왜 이 집사하고 싸워! 이 집사가 없으니까 이순자가 맘대로 하는 거잖아요.' 하고 몇 번이나 내질렀다. 분해서 못 견디겠는 모양이었다. 이 집사 때문에 이순자가 마음대로 하게 되었는데...

지금이라도 땅을 가져오면 된다. 한 목사님 명의로 있으니까 가져와서 예전부터 내가 그리던 대로 교회와 선교회를 예쁘게 짓고 나무와(유실수) 꽃을 많이 심어 이웃 분들이나 지나가는 이들이 나무 아래서 꽃을 보며 쉬도록 했으면 좋겠다. 쉬다가 교회에 관심이 생길 수 있으니까. 선교회는 성장시켜서 전신마비 장애인들과 그 가족을 주로 돌보는 시설로 만들면 좋겠다. 전신마비 장애인들과 그 가족이 제일 힘들다니까 교회나 선교회에 좋은 목회자가 오면 그렇게 만들 수 있을 것이다.

하지만 땅을 가져오려면 이 집사가 가져간 교인총회서가 필요하다. 그것을 돌려받으려면 이 권사의 도움이 필요한데 그는 도와주지 않을 것이다. 땅을 이순자에게 주려고 말도 안 되는 거짓말을 해대면서 쇼까지 벌인 이 권사가 아닌가. 한 목사님이 안 떠나셨다면 이미 선교회 건물을 착공했을지 모른다. 이 집사가 선교회 재정을 빼돌리지 않았더라면, 빼돌렸더라도 교인총회 의결대로 한 목사님을 다시 교회담임자로 세웠더라면, 안 세웠을지라도 땅을 가져왔다면 이순자는 수명 다한 좀비처럼 나자빠졌을 것이다. 같은 식구를 괴롭게 하다가 끝내 선교회를 아작 낸 이 집사, 아니다 잘못은 내게 더 있다. 한 목사님이 선교회를 사임했을 때 사임을 취소해 달라고 매달려야 했었다. 원장 없는 선교회를 이 집사가 지옥으로 만들 것이 뻔하기 때문에 눈앞이 캄캄한데도 한 목사님이 화를 낼까봐 매달리지 못했다. 원통하고 절통하다. 지금은 진절머리 난다던 부활교회와 얽히기 싫어서 받아줄리도 만무하지만 내가 그럴 염치가 없다.

주방장님이 말했다. 동네사람들이 밭이 선교회 건데 왜 이순자가 경작하지 말라 어째라 하네. 왜 그냥 물러나려고 하냐고, 물러나면 안 된대. 땅 살 때 돈 한 푼 안내고 이곳에 있지도 않은 게 땅을 거저먹으려고 한다고 동네사람들이 다 욕해...

2010.3.7.(일)

교회 예배시간인데 마당의 세탁장 바닥에 사람의 똥이 한 무더기 놓여있었다. 이 순자가 끌어들인 장애인 것이 분명했다. 이순자는 교회에 출석한지 2년이 넘도록 단 한 명도 인도해 오지 않다가 땅을 뺏으려 하면서부터 외부에서 장애인들을 끌어왔는데 그 장애인들은 교회에 올 때마다 선교회에 올라와 바깥 화장실 변기와 바닥에 똥을 묻혀놓거나 흘려놓고 뒤처리한 똥 묻은 화장지를 바닥에 던져놓고 가끔씩 담배꽁초를 변기 안에 넣어놓았다. 내가 이순자에게 와서 청소하라고 요구하면 이순자는 물만 끼얹어서 내가 다시 청소를 해야 했는데 이젠 세탁장에까지 똥을 무더기로 싸놓은 것이다. 이전엔 지나가는 사람들이 다 볼 수 있는 마당에도 한 무더기 싸놓은 적 있다. 똥 무더기를 퍼다 이순자와 이순자파 장애인들이 예배를 드리고 있는 교회 안에 던져 넣고 싶은데 하나님께 죄스러워 그러지 못하고 오장육부가 뒤집히는 걸(남의 똥이어서인지 진 집사님 것보다 훨씬 더럽게 느껴졌다) 참으며 똥을 치우고 세탁장을 청소했다.

(이순자파 장애인들은 성탄예배 직전에 교회 안에서 자기들끼리 쌍욕을 하며 싸우기도 하고 박 자매를 교회 안에서 성추행을 하는 등 갖은 패악을 부렸다.)

2010.3.11.(목)

밭은 선교회에서 샀으며 부활교회 교인총회에서 선교회 명의로 이전하기로 의결했기에 선교회 것이라는 문구를 써서 이순자가 경작금지 라고 써놓은 팻말 위에 붙여놓았다.

2010.3.14.(일)

밭에 나가니 이순자파 교인인 오창성이 팻말 곁에서 무언가를 태우고 있었다. 내가 써 붙인 '밭은 선교회 것'이라는 문구는 뜯겨지고 없었다. 건너 집 아줌마가 이야기했다. 그것을 어떤 정상인이 뜯으면서 '어떤 개 같은 년이 이랬어!' 라는 등등의 욕을 하더라고, 뚱뚱한 장애인은 '이 씨발년을 그냥 안 둬!' 하고 욕을 하더라고, 정상인 놈은 오창성이고 뚱뚱이 장애인은 현종율 집사 놈이다. 날강도 패거리 놈들한테 그것도 머저리 놈들한테 욕을 먹는 내 신세, 더럽고도 더럽다. 오창성 놈은 정상인이니 그렇다 치고 현 집사 놈은 자기도 장애인이면서 김연배 집사 놈처럼 무조건 정상인에게 붙어서 같은 장애인들을 짓밟는 게 같잖고 슬프다. 한참 후 다시 밭에 나가보니 내 개인 돈으로 사다 심은 블루베리, 복숭아, 밤나무가 뽑혀져 내던져 있고 곰취. 방풍나물. 부추 판이 뒤엎어져 있었다.

2010.4.14.(수)

실내 화장실을 청소하러 들어갔더니 변기에 대변이 담겨있었다. 진 집사님 것은 아니었다. 화장실 바닥 변기 깔판에 오줌 흘려놓는 식구에 똥 싸놓고 일부러 물 안 내린 식구까지 있다. 진 집사님 똥오줌 처리하는 것으로는 내 고생이 덜하다. 약하다 싶어서일까, '지 똥을 다른 사람에게 자랑하려고 똥 싸고 물 안 내렸엇! 내가 똥오줌 처리기얏──!' 하고 내가 악을 쓰자 이 형제가 '누가 그런 거야!' 하고 뇌까렸다. 무슨 일만 있는 듯 느끼면 즉시 방에서 튀어나와 참견을 하는 박 자매가 아무 기척이 없었다. 그의 짓일 거라는 생각이 들었다. 오줌 싸놓고 물 안 내리는 이 형제를 따라서 그런 것인가. 그래도 증거가 없으니 뭐라 할 수가 없다. 증거가 있어도 아니라고 길길이 뛸 박 자매지만...

주방장님은 감자를 싫어해서 감자반찬을 하지 않는다. 자기가 싫어하는 반찬은 안하는 주방장님이다. 감자가 싹이 길게 나 있어서 먹어야지 안 그러면 버리게 된다고 해도 감자는 원래 싹이 나는 거야! 하고 윽박지르듯 면박을 주고 무시해 버린다. 음식을 함부로 버리지 못하는 내가 깎아서 매일 아침밥 쌀을 앉혀놓은 위에 얹어놓으면 박 자매가 다음 날 아침 일찍 일어나 밥을 먹으면서 내 몫은 하나도 남기지 않고 다 먹어버린다. 이 형제에겐 주는데 밥을 함께 먹기 때문이다. 거의 반 박스나 되는 것을 다 먹어치울 때까지 내 몫을 남겨놓지 않았다. 그래도 말하기 귀찮아 내버려 둔다.

오늘은 점심 후에 고구마를 삶아서 하나씩 먹고 박 자매는 4개를 방으로 가져갔다. 내가 잠시 내 방에 들어왔다 나갔는데 그새 남겨둔 고구마 4개를 다 가져가 버렸다. 과일이든 떡이든 자기네 몫을 4명 이상의 분량을 챙겨주는데도 이후에 몰래 남김없이 다 가져가 버리는 게 박 자매의 특징 중 하나다. 그래도 지적하기 싫어서 내버려 두는데, 그렇게 봐 주는 데도 걸핏하면 횡포를 부리고 포악을 치니...

2010.4.15.(목)

마을 뒤쪽 들판에 올라가 쑥을 캐서 들어오니 박 자매가 주방장님 곁에 서서 '씨발년' 등등의 쌍욕을 마구 쏟아놓고 있었다. 이 형제가 나를 보더니 "누나 머리감는데 보일러 내리지 마, 미영이가 찬물에 머리를 감아서 감기 걸렸대." 하고 말했다. 내가 '언제 네가 머리감는데 보일러를 내렸어?' 하고 묻는 동시에 박 자매가 이 형제에게 고자질한다고 욕설을 퍼붓기 시작했다. 내가 '그러지 마. 앞으로 하지 말라고 말하는 건데 그게 뭐 잘못이라고 그러니!' 하고 타이르자 박 자매가 내게로 달려와 무섭게 노려보면서 보일러를 내렸다고 악을 쓰기 시작했다. 그의 눈에서는 시퍼런 독기가 뿜어져 나왔다. 나는 소름이 쫙 끼쳤다.

보일러에 목욕 버튼이 눌러져 있는데 확인도 안 하고 내리는 내가 아니지만 독기를 맞아 뇌에 장애가 왔는지 '내가 그랬었나?' 라는 의심으로 '내가 보일러를 내렸으면 모르고 내렸지, 알면서 내렸겠냐!' 하고 소리를 질렀다. 박 자매는 '왜 몰랏! 이번 한번만 그랬냣——!' 하고 악을 썼다. 내가 '언제 또 그랬냐! 네가 머리를 자주 감는 애 냣! 내가 잘못했으면 욕 할 수도 있어, 하지만 먼저 말을 해야지! 찬물 나온다 하면 내가 보일러 안 올려 줄 사람이야! 왜 가만히 있어놓고 뒤에서 욕하냐!' 하고 내가 내지르자 박 자매는 아주 가소롭다는 듯이 '하이고 미안하다. 미안해.' 하고 조롱하듯 말했다. 여전히 독기가 뿜어져 나오는 눈으로 노려보면서였다. 내가 그게 미안해하는 태도냐! 라고 나무라자 박 자매는 '언니가 나쁜 인간이라고 동네사람들이 다 욕햇! 언니는 나쁜 인간이얏——!' 하고 악을 썼다. '왜 내가 나쁜 인간이얏! 내가 단 한 번이라도 나쁜 짓 한 적 있었어——!' 하고 나도 악을 썼고, 박 자매는 '이순자 전도사님이 그랬엇! 언니는 나쁜 인간이라고 언니는 나쁜 인간이얏——!' 등등의 악을 계속 썼다.

박 자매가 악쓰는 것을 구경만 하던 주방장님이 내가 악을 쓰기 시작하자 즉시 나서서 '미영이가 몰라서 그러는 걸 참아요!' 하고 제지하면서 나를 박 자매 앞에서 밀어냈다. 내가 '왜 참아야 하는데요.' 하면서 뿌리쳐도 계속 밀어내면서 주방장님은 '이곳에 분란이 있으면 안 되잖아요.' 라고 했다. '분란을 일으키는 게 누군데요. 저 인간이 내게 이런 게 한두 번이 아니잖아요.' 내 말에 박 자매가 미친 듯이 포악을 치기 시작했다. '내가 언제 또 그랬엇! 사람 모함하는데 뭐가 있엇! 언니가 뭘 잘했다고 사람을 모함햇——!' '내가 잘못한 게 뭔데, 너를 들여놓은 게 잘못한 거냣! 내가 미쳤지 저런 인간인 줄도 모르고 이곳에 들여놓으려고 기를 썼으니. 잘해 주면 고마운 줄을 알아야지 고마워하긴 걸핏하면 아무 잘못 없어도 포악을 치며 달려드니.' 하고 내가 탄식했다. 박 자매는 '고맙긴 뭐가 고마왓! 하나도 안 고마왓——!' 등등의 포악을 쉬지 않고 쳤다.

나를 제지하고 계속 밀어내면서 주방장님은 그런 박 자매에겐 한마디도 하지 않았다. 박 자매의 포악 하나하나가 비수처럼 내 심장을 난도질했다. 내가 친동생처럼 아끼고 사랑하는 이다. 떡, 과일 등의 간식거리를 언제나 자기에게 몇 배 더 주었는데도(나와 이 형제는 많이 먹지 않는다) 후에 나눠먹으려고 남겨둔 것을 몰래 다 가져가 버려도 언급조차 안 하고, 자기의 신랑 배설물 때문에 이틀이 멀다 않고 화장실 청소를 하면서도 단 한 번 자기에게 시킨 적 없고 자기 신랑 때문에 나흘이 멀다 않고 막히는 변기를 뚫느라고 세면장에서 뜨거운 물을 받아서 아픈 팔로 10대야 이상 변기에 갖다 부우면서도 건강한 자기에게 한 번도 갖다 달라 한 적 없다. 실내와 실외 청소도 내가 하고 걸레 한 번 빨라고 시킨 적 없다. 자기는 아침식사 설거지를 이틀에 한 번 하는 것뿐이다. 주방장님이 쉬는 일요일에는 내가 점심 저녁 설거지도 한다. 나는 저녁을 먹지 않는데도 그렇게 한다. 그렇게 배려하고 위해 주는데도 걸핏하면 아무 이유 없이 눈으로 독기를 뿜으며 증오에 가득 찬 목소리로 포악을 친다.

한참 후 내가 분이 조금 가라앉았을 때 생각이 났다. 나는 목욕할 때 눌려져 있는 보일러를 확인 없이 내린 적 없으며, 박 자매는 감기에 걸린 적 없으며 무엇보다 내게 잘못이 없어도 억지를 쓰며 포악을 치는 박 자매가 머리 감는 도중에 내가 보일러를 내렸다면 즉시 미쳐 날뛰었지 절대 그냥 넘어갈 인간이 아님을…

2010.4.17.(토)

밭에 나갔더니 이웃집 할머니가 지나가시면서 '칼안든 날강도네(이순자가) 날강도라고 써 붙여.' 하고 내게 말했다.

교회식당에서는 맛있는 음식냄새가 풍겨 나오고 토요일인데도 중년남녀들 여러 명이 교회로 들어가고 얼마 후 찬송이 들려왔다. 어젯밤에 조화성 집사님이 내게 전화를 걸어와서 김연배한테 들었는데, 이순자가 내일 목사가 된다더라, 했던 게 떠올랐다. 김가인 자매가 왔기에 그 이야길 했더니, 김 자매가 '개나 쥐나 다 목사가 되는 놈의 세상!' 하고 내뱉었다.

00교회로 전화를 해서 엄대훈 목사님을 찾았더니 없다고 했다. 이순자 전도사가 목사 안수를 받는듯한데 노회가 알고 있는지 궁금해서 전화했다고 했더니, 상대가 김수인 목사님한테 물어보라고 했다. '그 목사님은 이순자 편이잖아요.' 내 말에 상대방은 아니라고 말했다. 내가 '아니긴요. 그 목사님은 우리 장애인들 것을 다 빼앗아서 이순자에게 주려고 얼마나 기를 쓰고 우리를 겁박하고 상처를 주었는데요. 이순자가 우리 땅을 뺏은 거 그분이 빼앗아서 준거나 마찬가지에요.' 하고 말했다. 상대는 '지금은 아니에요. 이 순자가 노회를 고소해서 지금은 이순자 편이 아니에요. 이순자 고소에 그분이 대응하고 있어요.' 하고 말했다. 무엇을 고소했냐는 내 물음에 상대는 '00교회 이대기 목사님한테 물어보세요. 그 목사님이 김 목사님과 함께 대응하고 있어요.' 했다. 00교회에 전화를 했으나 받지 않았다.

2010.4.20.(화)

박 자매가 겨울신발을 내게 보이며 여기 내 이름 써놨어, 언니가 신어서 찢어져서 하고 말했다. 신발은 원래 내 것이었다. 지난겨울에 샀는데 박 자매 것과 비슷했다. 며칠 후 박 자매는 낡은 자기 신발을 내 것이라고. 새 신발인 내 것을 자기 것이라고 우겼다. 다투기 싫어서 박 자매의 헌 신발을 내 것으로 삼았다. 그랬는데 이제는 자기 신발을(원래 내 것) 내가 찢었다는 것이다. 신발은 표면만 살짝 찢어진 게 무언가에 긁힌 것 같았다. 내가 '왜 또 죄 없는 사람을 잡니, 내가 안 찢은 걸 알면서 내가 신지도 않았는데 어떻게 찢겠니?' 내 말에 박 자매는 거짓말 하지 말라고 소리를 지르며 나가버렸다.

대체 왜 걸핏하면 거짓말을 하면서 나를 잡는지 모르겠네! 하고 내가 탄식하자, 이 형제가 미영이가 드라마를 볼 때 심부름을 시켜서 그런 것 같다 했다. 내가 언제 심부름시킨 적 있나? 하고 생각해보니, 박 자매 입주 초기 때 드라마를 보고 있는 그에게 후원자에게 보내는 편지를 주면서 다 보고 나서 이것 좀 우체통에 넣고 와 하고 시켰던 게 떠올랐다. 박 자매는 드라마가 끝난 후에 편지를 들고 나갔고 그것은 작년의 일이었다. 그 며칠 후에 박 자매가 내게 포악을 쳐서 그 이후론 심부름을 시키지 않았다.

그 사실을 이야기해도 이 형제는 같은 말을 반복했다. 화가 나서 내가 '그래 네가 네 빨래 좀 세면장에 갖다놓으라 한 것도 드라마 보는 도중에 시켜서 그렇게 욕을 퍼붓는구나!' 하고 내뱉었다. 이 형제가 본인 빨래를 세면장에(세탁기가 있는) 좀 갖다 놓으라거나 커피를 좀 타달라고 부탁하면 박 자매는 즉시 길길이 날뛰며 포악스럽게 욕설을 퍼붓는다. 내가 타이르거나 나무라도 소용이 없다. 그래서 내가 시킬 일 있으면 미영에게 시키지 말고 내게 시키라고 말했었다.

각설하고... 이 형제는 더 말하지 않았다. 내가 '너도 보다시피 지가 잘못을 해도 좋게 이야기하고 웬만한 건 언급도 안 하잖아.' 그런데도 걸핏하면 거짓말까지 하면서 포악을 치니 왜 그런지 모르겠다. 하고 탄식을 했다.

박 자매가 들어오다가 들었는지 '내가 언제 거짓말을 했엇. 거짓말 하지맛——!' 등등의 악을 쓰기 시작했다. 내가 '엊그제는 나 때문에 감기 들었다고 거짓말하더니 이제는 또 신발 찢었다. 하고 대체 왜 걸핏하면 누명을 씌우는 거니!' 하고 물었다. 박 자매는 나를 잡아먹을 듯이 흉포한 얼굴이 되어 눈으로 시퍼런 독기를 내뿜으며(나는 정상인의 눈에서도 그 정도의 독기가 뿜어져 나오는 것을 본 적이 없다) '네가 인간이얏! 내가 언제 누명을 씌웠엇——! 사람한테 누명 씌우는 네가 인간이얏——!' 하고 발악하듯 포악을 치기 시작했다. 매번 그렇듯 그의 포악이 내 심장을 난도질했다. 그만하라고 야단을 쳐도 포악은 그치지 않고 급기야 나도 악을 썼다.

'그래 나는 인간이 아니닷! 이 집사가 너를 안 들여놓으려고 기를 쓰는데 나는 이 집사 미움을 받으면서도 들여놓으려고 기를 쓰고, 이 집사가 네 돈 안 주려고 하는걸 내 돈 보태서 주고, 네 신랑이 이틀이 멀다 않고 오줌 싸놓으면 군소리 한번 안하고 청소하고, 간식거리도 남겨둔 것 네가 다 가져가도 말 안 하고, 내가 인간이 아니니까 그렇게 하짓! 인간이면 그렇게 하겠냣! 이 집사가 네가 이런 인간인 줄 알고 안 들여 놓으려 했나보다. 이제 봤더닛! 내가 독사를 들여놨넷! 물에 빠진 자 구해놨더니 보따리 내놓으라는 격이 아니고 물어 죽이려 하는 꼴이넷——!'

박 자매의 패악을 구경만 하던 주방장님이 내가 악을 쓰기 시작하자 즉시 나서서 참아야 한다며 나를 내 방 쪽으로 떠밀었다. 불을 끄기 싫으면 기름이라도 끼얹지 말아야지, 내가 뿌리쳐도 주방장님은 포기하지 않고 나를 내 방으로 밀어 넣으려고 기를 쓰고 계속 나를 떠밀었다. 진 집사님이 방에서 나오더니 나를 노려보며 그만하라고 소리를 질렀다. 나도 따라서 그를 노려보며 '마누라한테나 그만하라고 해욧!' 하고 외쳤다. 그리고는 '생사람을 잡지는 말아야지, 내가 뭘 잘못했다고 걸핏하면 나를 잡앗!' 하고 소리를 질렀다. 박 자매는 포악을 그치며 방으로 들어가 방문을 사납게 꽝! 닫았다. 그 뒤에다 대고 내가 소리를 질렀다. '천하에 몹쓸 인간 죽어가는 신랑을 끌어들여서 살게 해놓으니까 그게 괘씸해서 걸핏하면 거짓말하고 포악을 치니? 내가 얼마나 저를 좋아하고 아끼는데 걸핏하면 나를 짓밟아! 사랑을 원수로 갚네! 저런 인간인 줄도 모르고 예전에 사람들에게 천사처럼 선한 애라고 말했네!'

주방장님이 참아야 한다고 말했다. 본인이라면 참을 것인가. 내가 수년간 봐온 주방장님은 세상이 무너지기 전엔 결코 참을 사람이 아니다. 내가 '아줌마 같으면 참으시겠어요? 아무 잘못도 없는데 나이가 한참 아래인 것한테 걸핏하면 인간이 아니라는 포악을 받고 참으시겠어요?' 하고 따지듯 물었다. 주방장님은 대답하지 않았다. 내가 다그치듯 재차 묻자 주방장님은 마지못한 듯 '나는 못 참지.' 했다. 그런데 왜 내겐 참으라 하냐고 아줌마는 못 참아도 나는 참아야 한다고 생각하냐고 따지고 싶었지만 그렇게 되지 않았다.

가슴이 비수로 저미는 듯했다. 친동생처럼 아끼고 사랑하는 이한테 배신당한다는 생각에 목이 메이고 눈물이 나왔다. 박 자매가 끔찍해지고 무서워졌다.

2010.4.28.(수)

언젠가 와서 봉사를 하고 간 아가씨에게 전화로 인터넷에 글 올리는 것을 좀 알으켜 줄 수 있냐고 물었더니 다음에 방문해서 알으켜 주겠다고 했다. 그러자 이 형제가 '내가 올릴 수 있어, 지금 올려도 돼.' 하고 말했다. 그동안 내가 몇 번이나 어떻게 올리는 거냐고 물어도 그때마다 사이트에 가입해야 된다는 말만 되풀이하고 어떻게 가입하는 거냐고 물으면 가입하기 어렵다는 말만 반복하면서 안 가르쳐 주더니, 내 개인 것이 아닌 선교회 글을 올리려 한다는 걸 알면서도 그러더니, 다른 사람이 가르쳐 준다니까 나서는 것이다. 내가 그것을 지적하자 이 형제는 '왜 그래 내가 지금 아고라에 가입했잖아!' 하고 소리를 질렀다.

그렇게 금방 가입할 수 있는 것을 그동안 가입하기 어렵다는 말만 했니? 지금도 다른 사람이 가르쳐 준다고 안 했으면 어렵다는 말만 하고 안 가르쳐 주려고 할 거잖아! 라고 내뱉고 내 방으로 들어오는데 이 형제는 뭐라고 궁시렁 댔다. 그리고 얼마 뒤 '곰취 튀김 해줘, 해준다고 했잖아!' 하고 요구하면서 거짓말을 했다. 나는 곰취 튀김을 알지도 못하며 해준다는 말은 당연히 한 적이 없다. 그것을 이야기해도 이 형제는 언성을 높여서 해준다고 했엇! 하고 계속 거짓을 주장했다. 거짓을 주장 안 해도 안 해 줄판인데, 선교회 것도 해주기 싫어하면서 자기 개인 것을 해 달라니, 나는 튀김을 할 정신적 여력이 없다. 식구 둘로부터 걸핏하면 패악질을 당하는 내게 무슨 여력이 있겠는가. 내가 차갑게 말했다. '아줌마에게 해 달라고 해, 아줌마는 월급을 받잖아!' 이 형제는 아줌마는 안 해 주잖아 하고 말했다.

주방장님은 월급뿐 아니라 이 형제 마음까지 받고 있다. 이 형제는 두유를 매달 먹는데 두 세트씩 사서 한 세트를 꼭꼭 주방장님께 준다. 한 개에 일만 원짜리라는 수제비누도 두 세트씩 사서 한 세트는 주방장님께 준다. 박 자매에겐 두유도 비누도 낱개로 하나씩 주고 내게는 낱개로도 안 준다. 아니 비누는 준 적 있다. 한 개를 반으로 자른 조각 비누가 덤으로 붙어있었는데 그것을 내게 주었었다. 조각 비누라 사용하기 싫어서 준 것 같았다. 사탕을 사면 두 봉지를 사서 한 봉지는 주방장님께 주고 박 자매에겐 자기 것을 헐어서 한 움큼 주고 내게는 한 알도 안 준다. 설 명절, 추석 명절에는 몇만 원짜리 선물을 주방장님께 한다. 이 집사 있을 땐 이 집사한테도 그랬다. 내게는 어떤 명절이든 양말짝 하나 없다. 그래도 나는 지돈 지맘 대로 쓰는 거지 뭐, 싶어서 언짢아하지 않는다.

이런 적도 있었다. 이 집사 있을 때 외출에서 돌아온 이 형제가 내가 가까이 있을 때는 이 집사에게 아무 말 없더니 내가 방으로 들어오자 '집사님 오늘 누가 20만 원을 거져 줬거든요. 맛있는 거 사 드릴게요.' 하고 말했다. 내게 안 들릴 줄 알았겠지만 방문을 닫기 전이라서 또렷이 들렸다. 휠체어를 탄 장애인이어서 준듯 했다. 저녁 때 이 형제는 이 집사와 함께 나가서 저녁을 먹고 들어왔다. 죽어라 미워하는 이 집사와 미워하지 않는 나를 그렇게 차별하더니 걸핏하면 쌍욕을 포악스럽게 퍼붓는 박 자매와도 본인이 안 좋아하는 음식은 해달라고 해도 안 해주는 주방장님과도 나를 차별하는 것이다. 나는 시내에 나갈 때마다 내가 좋아하는 떡을 사와서 저와 박 자매에게 나눠주는데, 주방장님이 글 올리는 것을 물었다면 즉시 가르쳐 주었을 것이다. 선교회 글 아닌 주방장님 글일지라도 나는 처음으로 녀석의 개인적 요구사항을 묵살해 버렸다.

(인터넷에 글 올리는 것을 가르쳐 주겠다는 아가씨는 오지 않았다)

2010.5.2.(일)

이 형제가 식구를 더 안 구한다고 볼멘소리를 했다. 함께 생활할 장애인을 찾는다는 글을 인터넷에 올리라고 했더니, 이 형제가 벼룩신문에 내면 안 되겠냐, 컴퓨터도 없고 할 줄도 모르는 내가 컴퓨터를 잘하는 자기에게 인터넷 일을 부탁하면 그때마다 거부하더니 또 그러는 것이다. 누가 컴퓨터를 무료로 준다니까 컴퓨터를 갖고 싶어 하는 식구가 없다는 거짓말을 해서 못 갖다주게 한 이 집사와 어쩜 그렇게도 똑같은가. 같은 식구이며 같은 장애인이 컴퓨터를 이용하는 게 왜 그렇게 싫은가. 컴퓨터가 엄청 대단한 것이어서 자기 혼자 잘나 보이고 싶어서인가.

'네가 몸담고 있는 선교회를 위해서 그만한 것도 하기 싫니?' 내 물음에 이 형제는 '내가 언제 싫다고 했엇——!' 하고 악을 썼다. 싫지 않으면 글을 올리라고 해도 이 형제는 같은 악을 계속 써대면서 글을 올리지 않았다.

잔인한 환경이 문제다. 내가 아무리 못 먹어서 기운이 없을지라도 정신적 여력이 있었다면 컴퓨터쯤은 예전에 배웠을 것이다. 그랬다면 식구한테 수모를 당하지 않을 것이다. 배울 여력이 없어도 배워야 했는데... 한탄을 하면서도 무기력증인지 배울 엄두가 나지 않는다. 이런 한심한 내가 너무 싫다.

2010.5.13.(목)

한 목사님한테 전화로 어떻게 지내시냐고 물었더니 힘없는 목소리로 그냥 살아있는 거라고 대답했다. 내가 우리도 그냥 살아있는 거라고 했더니 목사님은 그러면 안 된다고 말했다. 내가 목사님도 그러시면 안 된다고 말했다. 목사님은 목사들한테 하도 상처를 많이 받아서 지금은 목회를 안 한다고 했다. 내가 이순자가 노회를 고소했다는데 혹시 아시냐고 묻자 한 목사님은 교회를 반환하라는 소송이라고 말했다.

이순자가 교회를(건물을) 반환받으면 우리를 내쫓을 거라는 내 말에 목사님은 그럴 수는 없다고 말했다. 내가 '그럴 수 없는 일을 그 인간은 여태껏 해왔잖아요. 인간의 탈을 쓰고 어떻게 그럴 수 있는지 모르겠어요.' 라고 탄식했다. 목사님은 건물을 반환받아도 이순자가 개인적으로 이용 못 할 거라고 말했다. 내가 땅을 자기 개인용으로 이용 안 할 것이면 그토록 혈안이 되어서 뺏으려고 안 했을 거라고, 건물도 마찬가지라고, 그 인간의 탐욕과 거짓말은 상상을 초월한다고 말했다.

2010.5.22.(토)

길흥서 목사님이 전화로 이순자가 목사안수를 받았다는데 어떻게 된 거냐고 물었다. 참 빨리도 묻는다. 내가 노회에서 아는 줄 알았다고 말하자 길 목사님은 어떻게 아냐고 모른다고 말했다. 그리고는 교단에서는 목사안수를 준 적이 없는데 어디서 받은 거냐고 물었다. 부활교회에서 받은 것 같다는 내 대답에 길 목사님은 통합교단에서는 자기 교회에서 목사안수를 못 받도록 되어 있다고, 어디에서 준 건지 알아야 된다고 말했다. 내가 노회를 탈퇴한 게(교회가) 아니냐고 묻자 길 목사님은 아니라고, 노회가 승인하지 않으면 탈퇴가 안 되는 거라고 말했다. 내가 이순자가 소송을 냈다는데 노회가 승소할 수 있는 거냐고 묻자 길 목사님은 '당연히 승소하지, 나는 손을 뗐고 이대기 목사님이 부활교회당회장을 맡았으니까 그분하고 통화를 하세요.' 하고 말했다. 부활교회가 여전히 노회 소속이고 당회장도 임명했으면서 부활교회 상황을 전혀 모르고 있었다니, 소송을 당한 상태에서도 알려고 하지 않는 노회가 참 가관이다.

이대기 목사님한테 전화했더니 이 전도사가 부활교회에서 안수 받은 것만으로도 퇴출시킬 수 있으니 안수 받은 증거를 확보해 놓으라고 말했다. 교회로 내려가 샅샅이 뒤졌으나 증거자료는 없고 담임목사 이순자라고 박혀있는 주보만 있어서 가지고 올라왔다.

<h2>2010.5.23.(일)</h2>

김수인 목사한테 편지를 썼다. 선교회가 땅을 포기하겠다는 서명을 노회에 해줄 테니, 우리 장애인들을 내세우라고 선교회에서 건물을 건축했으며 건물에 장애인들이 살고 있으며 장애인들은 건물반환도 노회 탈퇴도 원치 않는다는 서명을 해서 법원에 제출했으면 좋겠다고 썼다.

(편지는 묵살 당했다. 아무 반응이 없었다)

<h2>2010.6.3.(목)</h2>

이 형제와 박 자매가 또 싸움을 시작했다. 이 형제가 '그런 것도 하기 싫으면 여기서 나가야 됏!' 하고 소리를 지르자 박 자매가 '내가 왜 나가닛! 네가 나가야짓, 이 개 새끼얏――!' 하고 포악을 쳤다. 내가 또 왜 그러냐고 묻자 이 형제는 빨래를 세면장에 좀 갖다 놓으라고 했더니 '내가 네 식모냐! 하고 욕을 해서 그래.' 하고 말했다. 내가 '나한테 시키라고 했잖아. 하기 싫어하는 사람한테 왜 시켜!' 하고 이 형제를 나무란 뒤 박 자매에게 함께 사는 가족이고 같은 장애인인데 서로 도와주면 좋잖아. 남도 도와주는데 하고 타일렀다. 박 자매는 늘 했던 대로 '언니는 왜 맨날 저 새끼 편만 들엇――!' 하고 악을 썼다. 나는 더 말하지 않았다.

한참 후 나와 이 형제 빨래를 세탁한 후 꺼내려고 세면장에 들어가니 빨래가 바닥에 패대기쳐져 있고 박 자매가 자기네 빨래를 세탁기에 넣고 있었다. 빨래바구니가 곁에 있는데 바닥에 그것도 패대기를 쳐놓은 것에 화가 나서 '왜 패대기를 쳤엇! 네 빨래를 이렇게 해놓으면 좋겠닛!' 하고 소리를 질렀다. 박 자매가 '누가 패대기를 첫! 그냥 놔둔 거짓! 억지 부리지맛――!' 하고 악을 쓰기 시작했다. 내가 '이게 그냥 놔둔 거얏! 여기 저기 길게 뻗어있는뎃!' 하고 소리를 질렀다. 박 자매가 '거짓말 하지맛! 거짓말만 하곳, 네가 인간이냣――!' 하고 포악을 쳐대고 나도 악에 받혀서 '식구가 뭘 잘못했다고 식구 빨래까지 패대기 치냣! 그러고도 포악을 치냣! 네가 인간이냣――!' 하고 악을 썼다. 박 자매는 '너는 인간이얏! 너도 인간이 아니얏――!' 등등의 포악을 미친 듯이 쳐댔다.

"내가 잘못한 게 뭐 있냣! 뭘 잘못했다고 걸핏하면 포악을 치냣! 나는 네가 해야 할 화장실 청소까지 하는뎃! 너는 빨래를 곁에 있는 바구니에 담는 것도 싫어서 바닥에 패대기 쳐놓냣――!"

"잘못한 게 왜 없엇! 화장실을 청소하고 바닥에 물을 안 닦아서 내 양말 다 젖엇, 그래도 잘못이 없엇――!"

"야, 인간앗! 청소하고 바닥 안 닦은 적 한 번도 없닷! 늘 마른걸레로 닦앗닷! 양말이 실제 젖었다 할지라도 네가 뭐라 할 입장이냣! 네 서방이 오줌 싸 논 걸 청소한 건뎃! 너는 네 서방 오줌 싸 논 걸 한 번이라도 청소 한 적 있냣! 고맙다고는 못할망정, 바닥 안 닦았다고 거짓말을 햇――!"

"그럼 내가 기어야됏――!"

"기면 안 된다고 그렇게 못되게 굴어 쳐먹엇냣! 도와주면 고맙게 여기지는 못할망정 도움을 원수로 갚앗! 짐승도 잘해주면 고마운 줄을 안다 인간앗――!"

"우리 아저씨가 오줌 싸는 것 봣엇! 화장실 쓰는 사람이 우리 아저씨뿐이얏! 어디 보지도 않고 쌌다고 그래. 싸지 않는데!"

"느그 아저씨가 안 쌌으면 네가 쌌냣! 오줌에서 술 냄새가 나는데 아저씨 말고 이곳에 술 먹는 사람이 누가 있냣! 이곳에 못 들어오게 하고 온갖 못된 짓을 한 이 집사한테는 찍소리도 안 하더니 온갖 배려 다하고 지 서방 똥오줌 처리까지 다 해주는 나한테는 걸핏하면 미친 악귀처럼 포악을 치곳, 그렇게 나를 안 잡으면 못 살겠냣――!"

"네가 나를 잡지, 왜 내가 널 잡냣, 이 집사보다 훨씬 더 하다 더햇, 너는 인간도 아니얏――!"

나는 있는 힘을 다해서 악을 쓴 탓에 더 이상 쓸 힘이 없는데 박 자매는 줄기차게 너는 인간이 아니라는 등의 포악을 쳐댔다.

대체 그 기력은 어디서 나오는 것일까? 그 기력이 절반이라도 내게 있었으면... 더 이상 악을 쓸 기력이 없는 나는 그래 나는 인간이 아니다. 인간이라면 성인 남자 똥오줌까지 아무 불평 없이 처리 해주겠냣! 하고 내뱉고 입을 다물었다. 얼마 후 이 형제가 나더러 원장을 하라고 말했다. 미영이를 통제 할 사람이 필요하다는 것이었다. 겨우 4명의 시설에 원장이라니 우습지 않은가. 내가 싫다고 했더니 이 형제는 뭐라고 궁시렁 댔다. 그래서 내가 생각해보겠다고 말했다.

2010.6.15.(화)

내가 옷이 없어서 과천교회에다 헌옷을 좀 보내주시면 고맙겠다는 편지를 보냈는데 그 응답이 왔다. 옷을 갖다주겠다는 전화가 왔다. 옷 박스를 옮겨줄 만한 남자가 있냐고 묻기에 우리는 다 몸이 불편하니 다른 사람한테 부탁을 해놓겠다고 대답했다. 그리고는 퇴근한 주방장님께 전화를 해서 옷 박스를 좀 옮겨주실 수 있냐고 물었더니 흔쾌히 옮겨주겠다고 했다. 주방장님은 얼마 후 나타났는데 이웃 아줌마들이 몇몇이 줄줄이 따라왔다. 불안감이 몰려왔다.

과천교회 차가 나타났다. 여전도 회원 두 분과 남자 두 분이 옷 박스를 차에서 꺼내 부엌 쪽으로 나르고 주방장님과 이웃 아줌마들도 거들었다. 20박스는 족히 되는 듯했다. 과천교회 사람들이 돌아가는 즉시 주방장님이 옷 박스를 뜯고 이웃 아줌마들은 양옆으로 자리를 잡고 앉았다.

주방장님은 옷을 한 아름씩 꺼내서 그 중앙으로 던졌는데 아주 신이 나 있었다. 이웃 아줌마들은 모두가 먹잇감 채가는 표범처럼 날쌔게 옷을 골라 챙겼다. 나는 끼어들 틈이 없었다. 도둑질을 당하는 듯 나는 허탈했다. 우리에게 주려고 일부러 모은 것이라고 했는데, 그 전화를 받고 얼마나 설레고 기뻤었는데… 나는 주방장님 맞은편에 서 있었다. 그러나 주방장님은 정면에 보이는 내게 옷을 함께 챙기라는 말을 하지 않았다. 옷 박스를 신나게 뜯어서 이웃들한테 던져 줄 뿐이었다. 이웃들 또한 누구 한 사람 곁에서 서 있는 내게 함께 챙기자는 말을 하지 않았다. 하나라도 더 챙기려는 듯 입도 벙긋 않고 옷을 골라 챙기는 데만 몰두했다.

남의 옷을 자기 것 마냥 신이 나서 열정적으로 사람들한테 던져주는 황당한 모습을 바라보면서 멍하니 서 있는 내 머릿속에 이 집사한테는 절대로 저러지 않을 텐데. 나를 같잖게 여기고 저러시는구나! 라는 생각이 들었다. 들면서 가슴이 저몄다. 그만 챙기라고 우리도 챙겨야 한다고 말하고 싶었다. 그런데 자리를 잡고 앉아서 열심히 옷을 골라 챙기는 모습에, 신이 나서 옷을 던져주는 모습에 제지당하면 얼마나 무안해하고 아쉬워할까? 싶어서 입이 열리지 않았다.

이웃 아줌마들은 우리와 비교할 수 없을 정도로 잘 산다. 당연히 옷도 많을 것이다. 그런 분들을 멋대로 불러와서 옷 주인한테 한마디 말도 없이 수십 박스의 옷을 던져주고 있는 것이다. 이 집사는 하늘처럼 섬기며 노비처럼 굴종적이었으면서 내게는 종종 자기 멋대로 하는 주방장님이지만 이렇게까지 할 줄 누가 상상이나 할 수 있을까? 부자 이웃들은 옷을 한 아름씩 챙겨서 돌아갔다. 고맙다고 하거나 인사하고 가는 사람은 한 명도 없었다.

2010.6.16.(수)

주방장님은 오늘도 신이 나 있었다. 00엄마는 어떤 것 등을 챙겼고, 모두 다 한 아름씩 챙겼고, 00네가 제일 많이 챙겼고, 어쩌고를 신이 나서 이야기했다. 그러다 무슨 인심 쓰는 듯 "왜 안 챙겼어요?" 하고 내게 물었다. 내가 정면에 곱지 않은 낯빛으로 내내 서 있어도 말 한마디 않고 오직 건강하고 잘사는 부자 이웃들한테만 옷을 던져주는 데 열중해 놓고 왜 안 챙겼다니, 어이가 없어서 내가 '어떻게 챙겨요 사람들이 다 앞에 포진해 있고 내게는 옷이 안 오는데.' 하고 말했다. 주방장님은 입을 다물었다.

나는 말하고 싶었다. 그 옷은 그냥 들어온 게 아니고 내가 옷이 없어서 아픈 손으로 편지를 써 보내서 들어온 것이라고. 대체 왜 선교회를 들여다보지도 않는 분들을 그것도 부자들에게 옷을 다 줬냐고 묻고 싶었다. 그런데 주방장님이 미안해 할까봐 말이 나오지 않았다. 미안해 할까봐 이런 말만 나왔다. '괜찮아요. 다음에 들어오면 그때 챙기면 돼요.' 그래서인지 주방장님은 미안하다는 말도 하지 않았다.

2010.8.11.(수)

밤인데 느닷없이 밖에서 '씨발년앗——!' 하는 고함이 들려왔다. 창문으로 내다보니 이순자파 장애인인 현종율 집사가 내 방을 향하여 쌍욕을 목청껏 고함으로 질러대고 있었다. 현 집사 놈은 장애가 경해서 가벼운 일은 얼마든지 할 수 있을 텐데도 빈둥거리며 생계비를 받아 생활하면서 예전부터 정상인한테 붙어서 선교회 장애인들한테 적대적이었다. 상대하기 싫어서 무시하고 있어도 놈은 계속 쌍욕을 고함으로 퍼부었다. '내가 왜 동네사람들한테 욕을 먹어야 되냣, 이 씨발년앗——! 동네사람들이 장애인들 땅을 빼앗았다고 욕한다. 씨발년앗——! 이옥진이가 나가니까 저년이 더하넷! 이 씨발년앗——!'

땅 뺏은 자가 땅 뺏긴 이에게 쌍욕을 퍼대는 기막힌 이 상황, 노회는 우리를 고소까지 했었지, 하나님 왜 보고만 계시나요.

한참이 지나도 놈의 쌍욕 고함은 그치지 않았다. '네 에미년이 씹 팔던 년인가 보구나! 그러니 너 같은 놈을 내질러 낳지.' 하고 퍼대고 싶은 걸 참고 서부파출소에 신고를 하고 밖으로 나갔는데 얼마 후 경찰차가 나타났다. 그때까지 쉬지 않고 '씨발년앗——' 하고 목 터지게 쌍욕을 고함으로 퍼대던 놈이 갑자기 공손한 태도로 나를 가리키며 쟤가 어쩌고저쩌고 했다. 경찰은 놈에게 신분을 확인하고 내 신분도 확인하고 내게 들어가라고 했다. 내가 저 인간은 어떻게 되는 거냐고 묻자 경찰은 '아줌마도 욕하더구만 뭐.' 하고 면박을 주었다. 거짓말이다. 경찰도 교회에 다니는 건가? 내가 언제 욕했냐고 대들자 경찰은 들은 척도 않고 가 버렸다.

2010.8.13.(금)

노회는 이대기 목사님을 부활교회 당회장으로 세웠다 한다. 그런데 부활교회 당회장이라는 분이 부활교회에 코빼기도 안 내밀고 부활교회 상황을 알려고도 안 한다. 내게 전화 한번 안 한다. 내가 전화를 해서 소송문제가 어떻게 되었냐고 물었더니 재판이 2주일 지연되었다고 목사님은 말했다. 그리고는 이순자가 소송을 낸 것은 땅을 쉽게 넘겨받기 위해서지(땅은 한 목사님 명의 그대로 있었다) 건물은 반환될 수 없는 거라고 말했다. 내가 이순자는 땅은 물론 건물까지도 삼키려 한다고 내게 땅을 팔아먹자고 하면서 내가 자기편에 서면 건물도 찾을 수 있다 했다고, 이순자는 물질에 눈 뒤집힌 자라고, 물욕의 화신이라고, 건물 부지도 150평인데 안 삼키겠냐고 삼킬 거라고 말했다. 목사님은 건물은 노회 재산이고(노회에 등록되어 있어서) 반환받으려면 그에 상응하는 재산이 있어야 된다고 말했다. 내가 승소할 수 있는 거냐고 묻자 목사님은 반반이라고 대답했다.

이종성 권사님한테 선교회 상황을 밝히고 부활교회 교인총회서를 좀 보내달라는 편지를 보냈다.

2010.8.27.(금)

이대기 목사님이 전화를 해 왔다. 재판결과가 어제 나왔는데 이순자가 패소했단다. 야호! 만세! 하나님이 우리 편을 들어주실 때도 있구나! 고마우신 하나님...

2010.9.6.(월)

이 권사님한테서 전화가 왔다. 이 집사한테 교인총회서 이야길 했는데 이순자가 가지고 있을 거라면서 자기는 안 가지고 있다고 말했다. 내가 말했다. '그 양반이 아직도 사람이기를 거부하네요. 아무리 거짓말을 하고플지라도 권사님한테는 안 해야 되는 거잖아요. 이순자는 그때 교인총회를 불허하고 참석하지도 않았는데 어떻게 그걸 가지고 있어요.'

"이 집사가 서기도 아니고 그때 서기가 손영빈 집사라던데, 이 집사가 그걸 왜 가지고 있겠나!"

"그때 손영빈 집사님이 교인총회를 그대로 기록했고 그것을 이 집사에게 건네주었어요."

"이 집사한테 다시 물어볼게." 얼마 후 다시 전화를 걸어온, 이 권사는

"이 집사가 자기가 서기도 아닌데 그걸 왜 가지고 있겠냐고 펄쩍 뛰던데." 하고 말했다. 내가 말했다.

"상식적으로 생각해 보세요. 교인총회를 한 건 선교회 땅임을 주장하기 위해서였잖아요. 선교회 책임자 역할을 하는 이가 안 가지려면 그 총회 할 필요가 없는 거잖아요. 노회도 이순자도 교인총회를 불허했지만 교회교인들이 선교회 땅이라고 인정해서 의결을 했고 손영빈 집사님이 기록을 해서 이 집사님 방에서 이 집사한테 넘겨줬어요. 그 장면 지금도 제 눈에 선해요. 그때 그걸 복사해서 내게도 달라고 이야기하고 싶었는데 이 집사가 안 들어줄 거란 생각에 그냥 있었어요."

"엄대훈 목사도 그걸 달라던데."

"언제요?"

"며칠 전에."

"그걸 받으면 엄 목사님한테 주지 말고 제게 주세요."

"엄 목사한테도 주고 이쪽에도 줘야지. 손 집사한테 물어보고 전화 줄께..."

2010.9.8.(수)

이 권사님의 전화가 오지 않아서 내가 전화를 했다.

"손 집사님한테 전화 해보셨어요?"

"무슨 전화를 해?"

"손 집사한테 전화해 보신다고 하셨잖아요."

"손 집사 전화번호를 모르는데 어떻게 해."

"이 집사님이 알고 있다고 했잖아요."

"이 집사하고 통화했는데 이순자가 가지고 있을 거라고 했어!"

"그럼 이 집사님이 이순자에게 넘겨주었다는 거네요. 땅을 선교회식구 명의로 이전하기로 한다는 교인총회서를 땅 뺏으려고 혈안이 된 자에게 넘겨줄 것이면 교인총회를 왜 했대요. 거짓말을 해도 그럴듯하게 해야지. 누가 들어도 말이 안 되는 거짓말을 하고... 분명히 손 집사님이 기록을 해서 이 집사님에게 넘겨줬어요."

"이 집사는 손 집사 전화번호를 모른대."

"그것도 거짓말이에요. 얼마나 절친한 사이인데 몰라요."

이 집사가 엄청스레 미워하는 이순자에게 그것을 주지 않았을 것임을 이 권사님도 알 것이다. 그런데도 왜 변함없이 이 집사 편에 서 있는 것일까? 자기의 성추행을 나와 달리 거부하지 않아서일까. 이 집사처럼 나도 자기한테 안겼더라면(생각만 해도 끔찍하지만) 내 편에 섰을까?

김가인 자매에게 손 집사님 전화번호를 알아내서 전화를 했다. 신호가 세 번 간 후에 응답도 없이 끊겼다. 선교회 전화번호임을 알고 끊은 듯했다. 내 예상대로 이 집사가 연락을 했을 것이다. 이 집사가 운영위원일 때 식구 중 누군가가 이 집사는 선교회에 저주라고 했었다. 선교회에 치명타를 가하지는 않을 때여서 나는 지나친 말이라고 생각했지만 이 집사가 악하지 않았다면 선교회가 유 집사에게 넘어가지는 않았을 것이다. 선교회가 유 집사한테 넘어가서 매장당하게 만들고, 한 목사님이 구해 놓자 재정을 빼돌려서 한 목사님을 사퇴하게 만들고, 선교회는 물론 땅까지 뺏으려는 이순자를 내치자는 내 요구를 묵살하며 이순자를 수호하고 한 목사님을 재청빙하기로 의결한 제직회를 묵살해서 이순자가 땅을 뺏도록 만들고, 땅을 되찾을 수 있는데도 안 찾고 선교회를 매장시키더니 또다시 선교회를 죽인다. 그렇게 패악을 부리는 패악녀를 변함없이 섬기고 추종하는 까마귀 권사님. 권사님도 다음에 꼭 패악녀에게 크게 한번 당하십시오.

2010.9.10.(금)

이 형제에게 홈페이지를 만들자고 했다. 이 형제는 만들려면 이름을 지어야 한다고 했다. 내가 선교회 이름을 그대로 사용하자고 했더니 안 된다고 했다. 내가 수년 전부터 생각한 단어, 참마음을 제시하자, 이 형제는 너무 흔한 이름이라서 안 된다면서(나는 한 번도 들은 적이 없는데) 참으로 하자고 했다.

"그건 뜻을 얼른 파악 안 될 수 있으니 참믿음으로 하자."

"참사랑으로 해."

"그건 흔한 단어이니 참믿음으로 하자."

"믿음으로 해."

"그건 더 흔해. 참믿음으로 하자."

"미주알고주알. 어때?"

그건 적합하지 않다는 내 말에 이 형제는 또 다른 적합지 않은 엉뚱한 단어를 끌어대고 내가 안 된다고 하면 또다시 엉뚱한 단어나 용어를 끌어대기를 무한 반복했다. 참믿음이라는 단어가 싫은 게 아니고 내 뜻대로 하기가 싫은 것이다. 그는 무슨 심산인지 내가 하려는 것은 대부분 태클을 걸려고 한다. 내가 오징어를 사려고 하면 고등어를 사자고 하고 내가 고등어를 사려고 하면 오징어를 사자고 하는 식으로...

참믿음도 내가 오래전에 생각한 단어다. 내가 끝까지 참믿음을 주장하자. 이 형제는 마지못한 듯 자기 컴퓨터에 '참믿음' 이라는 이름의 카페를 개설했다(홈페이지가 카페라고 했다). 그러나 함께 생활할 장애인을 원한다는 글을 올리라는 내 말을 끝까지 듣지 않았다. '식구를 더 안 들인다고 불만스러워 했잖아. 그래놓고 왜 안 올리는 거니?' 내 추궁에 이 형제는 '내가 누나 종이얏! 시키는 대로 하겟——!' 하고 악을 썼다. 나는 더 말하지 않았다.

(며칠 후 이 형제 개인 카페 이름이 내가 선교회 카페 이름으로 사용하려 했던 참마음인 것을 알았다. 이전엔 분명히 다른 이름이었다).

2010.9.11.(토)

이 형제가 카페에 무슨 글이든 올려야 된다고 말했다. 장애인을 원한다는 글을 올리면 좋지 않느냐는 내 말에 이 형제는 그런 것은 안 되는 거라고 했다. 왜 안 되냐는 물음에 대답하지 않았다. 장애인에 대한 사람들의 태도를 지적하는 글을 써놓은 게 있어서 그것을 올리라고 주면서 절대 내용을 바꾸지 말라고 신신당부를 했다. 작년 말에 가농 이 사장님을 비롯한 몇 분에게 감사의 인사를 문자로 보내라고(나는 휴대폰이 없어서) 종이에 한분 한분마다 인사말을 다르게 써서 주었더니 다 바꿔놓고 내게 보여주면서 이렇게 보낼 거라고 했었기 때문이다. 그래서 그냥 보내지 말라고 했었다.

각설하고... 이 형제는 그대로 올리겠다고 말했다. 한참 후에 다 올렸으니 보라고 하기에 들여다보니 여러 문장이 바뀌어 있었다. 내가 쓴 것보다 나으면 좋아할 것이다. 어떤 문장은 애매한 내용으로 바뀌어 있었다. 내가 나무라지 않고 글을 내리라고 말했다. 이 형제는 왜 내리냐고 따졌다. 애매한 문장이 있으니 내려야 한다고 내가 말했다. 이 형제는 '내려도 내 맘대로 다른 글을 올릴 수 있엇! 그것을 알아 둿!' 하고 협박조로 내뱉었다. 내가 '올리고 싶은 글 있으면 네 개인 카페에 올리고 선교회 카페엔 올리지 마.' 하고 말했다. 이 형제가 '카페는 내 카페나 마찬가지야!' 라고 말했다. 어째서 네 카페냐고 묻자 이 형제는 '내가 개설했어!' 라고 했다. '네가 개설했다고 네 꺼야! 그럴 거면 선교회 걸 개설하자는 걸 왜, 들어줬어.' 내 말에 이 형제는 '내 이름으로 개설해서 내 카페처럼 되어 있어!' 라고 말했다.

너를 믿은 내가 바보다. '카페 폐쇄시켜! 그리고 올리고 싶은 글 있으면 네 카페에 올려!' 내 명령에 이 형제는 '한번 가입하면 절대로 폐쇄시킬 수 없는 거야' 하고 단호하게 말했다. 거짓말을 해도 그럴듯하게 해라. 너 모자라는 거 자랑하냐! 라고 내쏘고 싶은 걸 차마 못하고, '네가 이 집사냐! 말도 안 되는 거짓말을 하게 내가 정박으로 보이냐!' 라고 말했다. 이 형제는 '내가 왜 이 집사얏! 왜 그런 인간 하고 비교햇――' 하고 악을 썼다. 내가 '네 카페 놔두고 선교회 카페에 올리려는 저의가 대체 뭐야! 폐쇄시켜. 네 맘대로 글 올리려면.' 하고 단호하게 말했다.

이 형제가 '내가 언제 내 맘대로 글 올린다고 했엇――!' 하고 악을 썼다. '아까 마음대로 올릴 수 있다고 그것을 알아두라고 했잖아!' 내 말에 이 형제는 '내 이름으로 개설했다는 말이었엇――!' 하고 악을 썼다. 내가 '그 말하기 전에 마음대로 올릴 수 있다고 했어. 내가 마음대로 올리지 말라니까 그때 네가 내 카페나 마찬가지야 라고 말했어.' 하고 말했다. 이 형제가 얼굴을 험악하게 일그러뜨리며 '나는 내 카페라고 생각한 적 없엇――!' 하고 포악을 쳤다. 있는 힘을 다해 발악하듯 치는 포악이었다. 보통사람이면 거짓 아닌 사실을 주장할지라도 그렇게 포악스럽게는 못하리라. 나는 '너를 상대하는 내가 잘못이다.' 하고 내뱉으며 자리를 피해버렸다.

2010.9.12.(일)

이 형제에게 카페를 폐쇄시켰냐고 물었다. 이 형제가 순식간에 흉포한 얼굴이 되면서 눈을 부릅뜨고 '한번 개설하면 폐쇄시킬 수 없는 거얏――!' 하고 포악을 쳤다. '네가 선교회에 도움을 안 주려고 얼굴에 철판을 깔았구나!' 내 말에 이 형제는 '내가 누나 종이얏! 하라는 대로 하겠――!' 하고 포악을 쳤다. '그래 나는 네 종이라서 빨래해 주고 커피 타준다.' 하고 내가 응수했다. 이 형제는 '카페를 폐쇄시키라고 했잖앗――!' 하고 포악을 쳤다. 나도 소리를 질렀다. '그래서 폐쇄 시켰니! 내가 원하는 것은 안 올리고 네 맘대로 올릴 수 있으니 어쩌니 하는데 폐쇄시켜야지!'

이 형제가 내가 언제 내 맘대로 올려도 된다고 했엇――! 하고 포악을 쳤다. 나도 소리를 질렀다. '엊저녁에 그랬잖아! 내가 글 올리지 말라고 하니까 마음대로 올릴 수 있다는 걸 알아두라곳!' 이 형제가 '내가 마음대로 올릴 수 있다는 게 아니고 누나가 마음대로 올릴 수 있다는 말이 었엇! 말을 제대로 알아듣고 말햇——!' 하고 발악하듯 포악을 쳤다.

　참으로 사람을 환장하게 하는 자였다. 나도 악을 썼다. '네가 내 속을 뒤집고 싶어서 환장을 했구낫! 내 맘대로 올려도 된다는 말을 그렇게 협박조로 알아두라고 햇 닛——!'

　"내가 언제 알아두라고 했엇——!"

　"그렇게 말했어. 내 맘대로 올릴 수 있으니까 그걸 알아둬, 라고 했어!"

　"내 맘대로 올리겠다는 게 아니었다곳——! 누나 맘대로 올릴 수 있다는 말이었다곳——!"

　"네가 나를 밟으려고 네 혓바닥과 인간성을 걸레로 만드는구나. 걸레는 빨면 깨끗해지지만 거짓말하는 혓바닥은 절대 안 깨끗해지지. 나는 컴퓨터를 못하는데 내 맘대로 올릴 수 있다는 말이었다고, 내가 네 맘대로 글 올리지 말라니까. 네가 네 카페라는 말까지 했는데."

　"내가 언젯 그런 말 했엇——!"

　"내가 선교회 카페에 글 올리지 말라고 하니까 네가 내 카페나 마찬가지야! 라고 했어!"

　이 형제는 억울해 못 견디겠다는 듯 두 주먹으로 자기 가슴을 마구 치며 '말을 지어내서 하고 있넷. 아이곳——! 나는 그런 말 안 했엇——!' 하고 발악하듯 포악을 쳐댔다. 누가 봐도 억울함과 분노를 이기지 못해 발광하는 형태였다. 이 집사도 이전에 김 사장님에게 거짓말을 하면서 억울하다는 듯이 흐느껴 울었다. 그 모습을 보면서 나는 속으로 인간의 탈을 쓰고 어떻게 저런 패악질을 할 수 있을까 싶었는데 이 형제 패악질은 더 월등(?)하지 않은가? 이 집사는 이 형제가 패악질하는 것을 본 적이 없는데도 성용단 형제에게 하는 이 형제 행태를 두고 운기는 정신 병기가 있다고 했었다.

　'각설하고… 내가 지어낸 말이라면 나는 날벼락을 맞아 죽어야 된다. 너는 양심도 없냣! 말도 안 되는 말을 해놓고 안 했다고 잡아떼고 낯도 안 뜨거워서 그렇게 거짓말을 하면서 포악을 치냣! 그냥 거짓말 하는 것도 양심에 찔리고 낯 뜨거울 텐데 어떻게 그렇게 거짓말을 포악 치는 것으로 하냣! 기도도 안 하면서 기도 열심히 하는 사람보다 더 거짓말을 잘하는구나! 너는 네가 잘났다고 나를 우습게 여기고 무시하고 걸핏하면 거짓말을 하며 포악을 쳐대지만 너 잘났다고 여기는 사람 너 외에 아무도 없어!' 하고 내가 내질렀다. 네가 인간이냐고 퍼대고 싶은 걸 차마 못했다. 이 형제는 '그게 어떻게 무시하는 거얏! 말 같은 소릴햇!' 하고 소리를 질렀다. 내가 '너는 이 집사한테는 해야 할 말도 안하고 폭행을 당하면서도 죽은 듯 가만히 있던 애야! 아무 잘못 없는 내겐 걸핏하면 거짓말을 하면서 포악을 치는데 그게 무시가 아니고 뭐야! 식구와 선교회에 패악질하고 선교회를 망쳐 먹은 이 집사에겐 선한 양이었으면서 나한텐 악랄한 이리가 된 건 나를 얕잡아 봐서야! 내가 절대 바꾸지 말라고 신신당부한 글을 바꾸는 게 무시가 아니고 뭐야! 이 집사 글이라면 넌 절대 안 바꿨어!' 하고 내뱉었다.

이 형제는 '내가 내 맘대로 하고 싶어서 그런 게 아니고 사람들이 안 좋게 생각할까봐 그렇게 한 거야!' 하고 말했다. '내가 쓴 내용은 사람들이 안 좋게 생각하고 네가 쓴 내용은 좋게 생각하니? 네 머리가 나보다 좋니?' 내 물음에 이 형제는 '어떤 부분에선 더 낫지 뭐' 하고 말했다. 내가 코웃음 치듯 '쥐새끼가 웃겠다!' 하고 내뱉었다. 조금 미친 사람은 본인이 미친 줄을 알지만 많이 미친 사람은 자신이 미친 줄 모르는데 너는 네가 모자라는 걸 모르니 많이 모자라는구나! 라고 말해 주고 싶은데 차마 못하고 내 방으로 들어오는데 이 형제는 뭐라고 욕지거리 같은 말을 내뱉었다.

이 형제가 나를 미워하지는 않는 것 같다. 평소엔 온화한 얼굴과 목소리로 불필요한 말까지 걸어온다. 미워하지 않으면서도 학대는 하고 싶은지 종종 트집을 잡으며 내 심장과 영혼에 칼질을 한다. 도움은 티끌만한 것도 주기 싫어한다. 선교회를 위한 것일지라도 싫어한다. 네 불행은 내 행복, 네 고생은 내 기쁨으로 느끼는 듯하다. 선교회가 조금이라도 더 좋아지면 그게 자기한테도 돌아온다는 것을 알면서도 내게 도움 되는 것이 싫어서 선교회에 도움 주는 걸 싫어하는 것이다. 그런 녀석이 새삼 알미워서 내가 다시 나가서 말했다. '네가 내 종이냐고 했지? 그래 나는 네 종이라서 커피 타 주고 빨래해준다. 아니 종 축에도 못 드는구나! 네가 시켜서 하는 게 아니고 내가 자발적으로 해주니까. 여름만 되면 덥다고 네가 말 안 해도 매일 냉커피도 타주니까 네가 나를 얼마나 무시하면 차별까지 하니! 다른 사람에게는 여러 가지를 사주면서 내게는 있는 것조차 단 한 가지도 안 주고, 이 세상 어떤 사람이 너만큼 장애인과 정상인을 차별하겠니. 정상인도 너만큼은 장애인을 차별하지 않아. 다른 사람이라면 너보다 훨씬 작은 차별도 절대 안 봐줘, 그래도 나는 기분 나빠 하지 않아. 네 돈으로 네 맘대로 하는 거 싫어서 나무라는 마음 없어, 그렇게 내 심장을 난도질 안 하면 네 무시와 괄시 나는 신경 안 써 쓸 여력도 없어. 이순자 때문에 나한테 하는 행동 정상인한테는 절대로 안 하겠지. 정상인이 뭘 해달라고 했으면 좋아라고 해줬을 거다. 앞으로 네 개인 일은 네가 해! 걸핏하면 심장을 난도질하고 차별하고 선교회에 도움 되는 것은 티끌만치도 안 하려는 네 종노릇 나는 더 안 할 거니까.'

2010.9.24.(금)

이대기 목사님한테 전화로 이순자가 그냥 있을 것 같냐고 물었더니 20일에 항소를 했단다.

이 목사님한테 편지를 썼다. 이순자가 반환을 요구하는 건물은 선교회가 건축했으며, 선교회장애인들이 살고 있으며, 장애인들은 건물반환을 원치 않는다는 확인서를 법원에 제출하면 좋겠다고 썼다. 김수인 목사한테 썼었는데 묵살당해서 이 목사님한테 쓴 것이다. 제발 이 목사님은 묵살 않기를...

(이 목사님도 묵살했다. 김 목사와 마찬가지로 무반응이었다)

2010.10.12.(화)

이 형제가 외출을 하자마자 박 자매가 또다시 '그 개새끼' 라는 등의 욕설을 쏟아내기 시작했다. 이 형제가 자기 부부에게 매달 두 번씩 중국음식을 시켜주는 등(내게는 한 번도 시켜준 적 없다) 변함없이 잘해주는데도 외출만 하면 변함없이 즉시 욕설을 쏟아놓는 박 자매다. 내가 없을 땐 나에 대해 욕을 쏟아놓듯이 한 번도 거르지 않고 쏟아놓는다. 내가 변함없이 식구한테 더구나 잘해주는 식구한테 욕하면 안 된다고 타이르자 박 자매는 발악하듯 '미워 죽겠는데 어떻게 햇——!' 하고 악을 썼다. 욕설을 할 때나 악을 쓸 때의 그의 목소리엔 미움 아닌 미칠 듯한 증오가 가득 차 있다. 이옥진 집사 목소리에 들어있던 수위의 증오다. 지적장애인도 자기한테 잘해주는 사람을 미워할 수 있다는 건 놀라운 것이다.

다른 시설에서도 지적장애인을 많이 봤지만 이유 없이 사람을 미워하는 지적장애인 한 명도 못 보았다. 정상적 지능세포는 모자라는데, 악감정 세포는 왜 비정상적으로 차고 넘치는지 모를 일이다. '잘해주는 사람이 왜 밉냐! 이 집사가 아무 잘못 없는 사람을 미워서 못 견뎌 했는데 그 사람과 똑같은 사람이 되고 싶냐!' 내 핀잔에 박 자매는 '왜 내가 그 마귀와 똑 같앳——!' 하고 악을 쓰더니 '그 새끼가 자꾸 일을 시키니까 그렇지!' 하고 외쳤다. 이 형제는 내가 미처 커피를 못 타주었을 때 박 자매에게 타 달라고 하는데 그런 경우는 한 달에 한번 될까 말까. 그래도 박 자매는 날뛰듯 포악스럽게 욕설을 퍼붓고 안 타준다.

내가 타일렀다. '어쩌다가 커피 좀 타달라고 하는 것뿐이잖아. 나는 아저씨가 오줌 흘려놓을 때마다 청소하고 변기를 막히게 해놓으면 뚫어놓고 또 청소하고 그래도 미영 씨를 안 미워하잖아. 미영 씨가 해야 하는 일을 다 내가 대신 하면서도 미영 씨를 안 미워하는데 식구를 미워하면 안 돼. 사람을 미워하는 거 마귀나 하는 짓이야! 미영 씨는 사람이잖아! 우리 선교회니까 커피만 타 달라고 하지 다른 곳이면 미영 씨가 밥도 해야 하고 화장실 청소도 해야 되고 돈도 다 뺏길 거야. 미영 씨가 엄마 집에 있을 때는 다 했다며? 여기서는 안 하고 거의 여왕처럼 사는데 식구를 미워하면 안 돼.' 그러자 박 자매는 매번 그렇듯 '맨날 그 개새끼 편만 들어 그 개

새끼 하고 똑 같애!' 라고 내뱉었다.

박 자매는 곱게 대하면 안 되는 이다. 무섭게 대해야 하는 이다. 그걸 알면서도 그렇게 하고픈 마음이 생기지 않는다. 그런 내가 한심하다.

이 형제가 일을 시켜서 미워한다는 건 핑계일 뿐이다. 이 형제가 하반신장애인, 즉 약자이기 때문에 미워하는 것이다. 악인의 특성이 약한이거나 선한이면 미워하고 악하거나 강한이면 미워하지 않거나 조금 미워한다. 본능적으로 감히 미워하지 못한다. 그래도 본인한테 잘해주는 이를 죽어라 미워하는 이를 일반 사회에서는 거의 못 보았는데 하나님을 믿는 공동체에는 너무도 많으니 참 알 수 없는 일이다.

2010.11.19.(금)

진 집사님이 며칠 전부터 갑자기 밥을 많이 먹기 시작했다. 이전에는 하루에 한 끼, 한 공기만 먹었는데 웬일인지 하루 두 끼나 세 끼를 먹으면서 한 끼에 두 공기씩을 먹는다. 진 집사님이 밥을 잘 먹는 게 내 소망 중 하나인데 한꺼번에 너무 많이 먹으니 겁이 난다. 당뇨로 당수치가 아주 높기 때문이다. 그래서 주방장님께 밥을 고봉으로 주지 말고 보통으로 주라고 부탁을 했는데 도무지 들어주지 않는다. 오늘 점심에도 공기에 수북이 담아주고 다 먹고 나자 '더 줄까?' 하고 물었다. 내가 안 된다고 당수치가 더 올라가면 위험하다고 만류해도 주방장님은 한 공기 고봉으로 더 주었다. 그것을 진 집사님은 다 먹었다.

오후에 보건소에서 간호사가 찾아왔다. 진 집사님의 당 체크를 한 간호사는 기겁을 하며 왜 이렇게 당수치가 높냐고 물었다. 내가 밥 이야기를 했더니 간호사는 대경실색을 하며 큰일 난다고 반 공기씩만 주라고 했다. 그건 너무 적다고 영양상 문제가 있지 않냐는 내 말에 간호사는 아니라고 당수치가 높으면 쓰러질 수 있다고 말했다. 저녁 때 주방장님께 간호사 말을 전했더니 주방장님은 달라는데 어떻게 안주냐고 말했다. 내가 어떻게 해가 되게 주냐고, 쓰러질 수도 있다는데 많이 주면 안 된다고 말했다. 주방장님은 언성까지 높여서 그 정도는 절대로 많은 양이 아니라고 계속 우겨댔다. 주방장님이 우겨대면 나는 당할 재간이 없기에 입을 다물었다. 주방장님은 수년째 사용하는 밥공기를 제쳐두고 밥 두 공기는 거의 들어갈 것 같은 주발에다 밥을 고봉으로 담아서 진 집사님에게 주고, 먹고 나자 더 주었다.

2010.11.20.(토)

아침에 박 자매가 진 집사님 밥을 어제 주방장님이 밥을 담아주었던 주발에 고봉으로 담아 주었다. 주방장님이 공기에 담아줄 때는 똑같이 공기에 담아 주었었다. 점심에는 주방장님이 또 그 주발에 고봉으로 밥을 담아주었다. 내가 간호사가 한 말을 또다시 언급하며 많다고 하자, 주방장님은 간호사 말을 믿지 말라고 밥은 해가 안 된다고 말했다. 내가 많이 먹으면 해가 되니까 의사들도 한꺼번에 많이 못 먹게 하는 거 아니냐고 말했다. 주방장님은 많이 먹어도 당뇨 약을 먹으니 괜찮다고 말했다. 내가 약을 먹어도 당수치가 450이나 된다더라고 말했다. 주방장님은 운동을 하면 괜찮다고 말했다. 내가 아저씨는 운동을 전혀 안 하고 늘 누워있지 않냐고 말했다. 주방장님은 당뇨병 환자도 먹을 만큼 먹어야 된다고 말했다. 내가 아저씨는 간식도 많이 먹는다고 말했다.

주방장님은 같은 주장을 반복하고 또 반복했다. 자기 남편도 당뇨병자여서 당뇨에 대해 잘 알면서도 우기고 또 우겨댔다. 내가 입을 다물기 전엔 절대로 자기주장을 멈추지 않고 줄기차게 우겨대는 주방장님이다. 나를 누르는 데서 큰 즐거움을 얻는 듯하다. 우겨대면서 진 집사님에게 밥을 더 주었다. 자기를 헐뜯으며 미워하는 이 집사의 지시는 그 어떤 것이라도 여왕님 말씀처럼 '예, 예' 하고 공손히 따랐으면서 자기를 어른으로 섬기고 대접해주는 내 요구나 요청은 내키지 않으면 무시하거나 거부하는 주방장님이다.

결국 내가 입을 다물었다. 주방장님 퇴근 후 박 자매에게 말했다. '미영 씨도 텔레비전에서 많이 봤겠지만 당수치가 높으면 눈이 멀기도 하고 발이 썩기도 한 대. 아저씨가 그렇게 되면 안 되니까 미영 씨가 수발하기도 더 힘들어지니까 밥을 너무 많이 주면 안 돼. 많이 주지 마!' 그러자 박 자매는 성난 얼굴로 방으로 들어가서 문을 꽝! 소리가 나게 사납게 닫더니 무언가를 세차게 내던졌다. 자기가 추종하는(정상인이어서) 주방장님의 뜻을 따르지 말라는 것에 화가 난 것이리라!

(이후에도 두 여자는 진 집사님이 다시 밥을 제대로 안 먹을 때까지 한 주발씩 주고, 먹고 나면 더 주었다)

2010.11.23.(화)

박 자매가 내 방에 들어오더니 오줌을 누고 물을 안 내리는 거 있을 수 있는 일이야? 하고 따지듯 물었다. 이 형제가 또 물을 안 내렸다는 것이었다. 내가 있을 수 없는 일이라고 대답하는데 이 형제가 들어왔다. 박 자매가 이 형제를 마구 두들겨 패면서 이 멍청한 새끼야! 하고 욕설을 퍼댔다. 이 형제는 두 팔로 방어하면서 '이 멍청한 계집애야! 일부러 그런 것도 아니고 실수할 수도 있잇! 아저씨는 바닥에 오줌을 싸는데 그까짓 걸 트집 잡냣——!' 하고 악을 썼다. 내가 제지해도 둘은 싸움을 계속했다.

내가 화가 나서 '자기 배설물 처리도 안 하는 것들은 밥도 먹지 말아야 돼, 짐승도 아닌데 자기 배설물을 처리 안햇! 화장실 청소도 한번 안 하면서 배설물도 처리 안 하고 배설물로 싸움을 하고 창피한줄 알앗!' 하고 소리를 질러도 두 멍청이는 서로에게 '이 멍청한 새끼얏! 이 멍청한 계집애얏!' 하고 퍼대며 싸움을 계속했다. 나는 기력이 없어서 후원인을 찾는 등의 해야 할 일도 못하는데 둘은 잘 먹으면서 놀기만 해서인지 기운이 차고 넘쳐서 종종 내게 번갈아가며 트집을 잡고 포악을 치면서 자기끼리도 기회만 되면 악을 쓰며 싸운다. 둘의 넘치는 기운이 부럽다.

2010.11.24.(수)

아침에 갓김치를 먹으려고 찾으니 없었다. 점심에 주방장님께 물으니 갓김치가 어디 있었냐는 둥, 없었다는 둥, 갓김치는 담그지도 않았다는 둥, 여러 말들을 늘어놓았다. 바로 그저께 이웃의 원자 씨가 갖다준 것을 자기 손으로 받았으면서 내가 원자 씨가 가져왔는데 왜 없냐? 있었다고 계속 주장하자 주방장님은 마지못한 듯 버렸다고 말했다. 그리고는 시커멓고 맛이 없고 어쩌고저쩌고 했다. 가져왔을 때는 맛을 보고 맛있다고 연발해놓고, 내가 맛있어 한 탓인 듯하다. 주방장님은 내가 맛있다고 한 반찬은 곧잘 버린다. 오래 되어서 버려야 될 반찬은 안 버리면서, 주방장님은 내가 자기한테 너무 잘한다고 말한 적 있다. 잘한다고 여기면서 왜 그러는지 알 수가 없다. 박 자매, 이 형제 부류인가? 찌개나 국을 두 끼 이상의 분량을 끓여서 한 끼만 주고 내버리려 하는 것도 내가 음식 버리는 것을 몹시 싫어하기 때문이 아닌가. 라는 의심이 든다. 내가 맛있다고 해서 버렸군요. 라고 말하고 싶은데 여느 때와 마찬가지로 주방장님이 언짢아 할까봐 입이 떼지지 않았다. 등신...

2010.11.30.(화)

주방장님이 아저씨가(남편) 돌아가셨다는 전화를 해왔다. 안타깝다. 식구들에게 전하면서 진 집사님에게 '아저씨도 건강 챙기세요. 그 아저씨도 당뇨인데 술을 많이 드셔서 돌아가신 거래요. 아저씨는 그렇게 되면 안 되니까 술 좀 줄이세요.' 하고 호소하듯 말했다. 진 집사님은 성난 얼굴이 되어 방으로 들어가 문을 꽝! 소리가 나도록 세차게 닫았다.

내가 선교회에 돈이 없으니 식구 개인당 2만 원씩 거둬서 조의금을 내면 어떻겠냐고 물었다. 이 형제가 나는 천 원밖에 없는데 하고 말했다. 그래서 못 낸다는 거야? 라는 내 물음에 이 형제는 "천 원밖에 없다."고 했다. 내가 돈 다 어쨌냐고 묻자 이 형제는 다 썼다고 대답했다. 다 썼으면 못 내겠구나! 내 말에 이 형제는 또 "천 원밖에 없다니까" 했다.

동생한테 꾸어 준 돈의 이자를 매달 받기에 생계비와 합하면 식구 중 제일 돈이 많은 이 형제다. 내가 못 낸다는 말이지? 하고 다그치듯 재차 물어도 이 형제는 "천 원밖에 없다니까"를 되풀이했다. 내가 박 자매에게 내기 싫은 사람은 놔두고 2만 원씩 거둬서 내자고 말했다. 박 자매가 '따로 내, 나는 오만 원 낼 거야!' 하고 말했다. 그러자 이 형제가 3만 원씩 내면 좋겠는데 하고 말했다. 넌 안 내려고 했잖아, 내 말에 이 형제는 '내가 언제 안 낸다고 했어!' 하고 언성을 높였다. 내가 '천 원밖에 없단 말을 자꾸 한 건 못 낸다는 뜻이잖아.' 하고 말했다. 이 형제는 '농협에서 찾아와 낸다곳!' 하고 소리를 질렀다. '낼 거면서 천 원밖에 없다는 말만 계속 했니! 돈 다 쓰고 없다며!' 하고 내가 언성을 높였다. 이 형제는 '가지고 있는 돈이 천 원뿐이라는 말이었엇! 안 낸다고 안 했엇——!' 하고 악을 썼다. 의도적이었다.

내 속을 할퀴려고, 심적 고통을 주려고 패악을 부리는 것이다. 박 자매는 들끓는 미움을 주체하지 못해서 패악을 행하지만 이 형제는 악의로 패악을 부리니 더 악질적이다. 내 입에서 너를 사람이라고 상대하는 내가 그르다! 라는 막말이 저절로 튀어나왔다.

'돈을 못 내냐고 몇 번이나 물어도 천 원밖에 없다는 말을 몇 번이나 해놓고 안 낸다는 말이 아니었다고? 그럼 내 속을 뒤집으려고 한 말이니? 무슨 목적으로 내 속을 뒤집는 거야! 안 그래도 힘들어 죽겠는데, 도와주지는 못할망정 어떻게 해서든 못살게 하려고... 네 형제들한테도 그랬니? 그랬다면 네 형제들이 너를 때려죽였거나 정신병원에 쳐 넣었을텐데. 안 그런 걸 보면 형제들한텐 안 그랬는데 형제들한테도 나한테 하듯이 걸핏하면 억지 쓰고 악쓰고 포악 쳐봐라. 사람 얼굴을 가지고 너무 비열하다는 생각도 안 드냐! 네가 어떤 인간인 걸, 네 자신이 광고하는 것 낯 뜨겁지 않냐! 네가 나한테 하는 것 절반만 다른 사람한테 해도 그 어떤 사람이든 너를 그냥 안 둘 거다. 나를 못살게 안 하면 못살겠냐!' 하고 내가 내지르자, 이 형제는 '내가 언제 못살게 굴었엇——! 언제 억지 썼엇. 거짓말 하지맛——!' 등등의 악을 바락바락 써댔다.

내가 '악쓴 적 없다는 악도 써라. 너는 내가 싫겠지만 나도 네가 싫다. 지긋지긋하다. 너는 아무 죄 없는 사람을 짓밟고 고통을 주려고 사는 것 같애! 아무 잘못 없는 사람에게 고통을 주는 게 그렇게도 좋냐! 고통을 안 주고는 못살겠냐!' 하고 내지르고 내 방으로 들어오려는데 이 형제가 '거짓말만 하고, 생사람 잡는 게 일이야 더러워 이곳에 못 있겠네. 씨——!' 하고 내뱉었다. 내가 '나야말로 더럽다. 너만큼 생사람 잡는 사람 어딨니!' 하고 내쏘았다. 저녁 때 이 형제는 농협에 가지 않았으면서도 2만 원을 주었다. 주면서 말했다. '내가 잘못 했어, 누나.' 내가 '마음에 없는 말을 왜하니!' 하고 핀잔을 주자 이 형제는 '마음에 없는 말이 아니야 앞으로는 절대 안 그럴 거야 두고 봐!' 하고 진정어린 목소리로 말했다.

내가 속으로 말했다. 너는 앞으로도 그럴 거다. 네가 안 그러려면 내가 악하거나 무서운 사람이 되어야 하는데 나는 등신으로 태어나서 죽었다가 다시 태어나기 전엔 절대로 그렇게 못될 것이니 너는 앞으로도 변함없이 악랄할 거다..

2010.12.7.(화)

보일러가 실내에 돌려져 있었는데 이 형제가 또 목욕으로 돌려놓았다. 내가 '실내에 돌려져 있어도 온수가 나오잖아' 라고 했더니 이 형제는 '조금 나오다가 찬물이 나오잖아. 머리 감을 건데.' 하면서 세면장에 들어가더니 세수만 하고 나왔다. 그리고 보일러를 그대로 두었다.

아침마다 보일러를 목욕으로 돌려놓고 세면장에 들어갔다 나온 후 보일러를 그대로 두는 이 형제다. 주의를 주어도 듣지 않았기에 오늘은 말이 곱게 나오지 않았다. 선교회를 위한 것은 티끌 만한 것도 안 하려 하면서 낭비하는 것은 저렇게 잘한다고 내뱉었다. 이 형제가 '내가 왜 티끌 만한 것도 안 하려햇! 저렇게 트집을 잡고 억지를 부리곳. 이옥진보다 더하닷——!' 하고 악을 썼다. '내가 이 집사보다 더하면 이 집사한테 가라!' 하고 내지르자 이 형제는 위협조로 '정말 이옥진이한테 가?' 했다. 내가 '가라 가 제발 가라. 이 집사하고 너하고는 궁합이 아주 잘 맞는다. 옛날 식구가 이 집사는 지옥에 굴러떨어져도 사람이 안 될 거라고 했는데 너하고 잘 맞는다. 이 집사가 걸핏하면 나보고 양심 없다고 했지. 양심 없는 짓은 혼자 다 하면서, 네가 걸핏하면 억지 부리고 포악을 치면서 나를 나쁜 사람으로 몰고 거짓말하는 게 이 집사 못지않다. 끼리끼리 논다고 같은 사람이랑 노는 거야! 제발 너 같은 이 집사한테 가라!' 하고 내지르고 내 방으로 들어왔는데 주방장님이 출근하자 이 형제는 사실을 왜곡하며 나를 헐뜯었다.

이 집사는 죽어라 싫어하면서도 그를 헐뜯지는 않던 인간이었다. 나는 식구들의 패악질도 다른 이에게 거의 이야기 안 하는데, 이 형제는 박 자매와 마찬가지로 틈만 나면 거짓을 만들어서 나를 악인으로 몰면서 헐뜯고 욕을 한다. 그래도 싸우기 싫어서 또 귀찮아서 내버려 두었고 오늘도 그러려고 했는데 이 형제는 한참이 지나도 거짓말과 모함을 계속했다. 더는 참을 수가 없어서 방을 나가 '네가 그동안 어떻게 했니! 걸핏하면 억지를 부리고, 그런다고 뭐라 하면 포악을 치고, 선교회를 위해서 컴퓨터로 뭘 좀 해달라고 하면 그때마다 말도 안 되는 말을 하면서 안 해 주고, 뭐라고 하면 내가 누나 종이 얏! 시키는 대로 하겠! 그러고, 선교회를 위한 일은 너를 위한 게 되는데도 나를 도와주는 게 싫어서 안 해 주면서 거짓말까지 하면서 나를 욕햇!' 하고 내질렀다.

이 형제는 '내가 언제 안 하려고 했엇! 컴퓨터를 할 줄 몰라서 안 한 것 뿐이얏——!' 하고 악을 썼다. 내가 '컴퓨터를 못한다고? 네 입으로 컴퓨터를 몇 달이나 배웠다고 했지? 사용한 지 10년이 넘었다고 했지? 카페도 개설해놓고 네 맘대로 글도 올릴 수 있다고 해놓고 할 줄 모른다고? 아이큐가 몇이냐! 몇 년이나 사용하고도 할 줄 모르고, 세 살짜리 지능을 가졌냐!' 하고 소리를 지르자 이 형제는 '그려(그래)'하고 내뱉었다. 내가 '그러면 입이라도 좀 놀리지 말아라. 세 살짜리 지능을 가졌으면서 왜 그렇게 거짓말은 잘 지껄이고 포악을 잘 치냐. 이 집사보다 더햇! 네가 나한테 하듯이 이 집사한테 했다면 이 집사는 예전에 너를 때려 죽였을 거다. 내가 이 집사만큼만 해도 너는 찍소리 안 할 거다. 내가 이 집사만큼만 해도 네가 나한테 악하게 굴 사람이냣! 거짓말하고 포악을 치킨커녕 해야 할 말도 안 하고 죽은 듯 지낼 거다. 내가 이 집사보다 잘해주니까 네가 걸핏하면 내 심장에 칼질을 하고 패악질을 하지, 이 집사는 무슨 짓을 해도 찍소리도 안 내다가 내가 아껴주고 존중해 주니까 나를 우습게 여기고 짓밟는 거잖앗!' 하고 외쳤다.

이 형제는 '이 집사하고 똑같이 하면서'를 계속 내뱉었다. 이 집사는 제 맘대로 원장질하고 땅 말아먹고 제왕이라도 되는 양 식구들 위에 군림하면서 식구들 인권도 주권도 없는 노예 취급을 했는데, 나도 그렇게 해볼까! 하고 내지르려다가 더 상대하기 싫어서 너를 상대하는 내가 그르다 하고 내뱉고 방으로 들어오는데 이 형제는 할 말이 없으면 꼭 저러더라! 하고 내뱉었다.

저녁때도 이 형제는 주방장님에게 나를 열심히 헐뜯으며 말 할 수도 있는 거지 뭐, "나는 사람이 아니야 사람 취급을 안 해 말도 못 하게 하고" 라고 내뱉었다.

주방장님은 박 자매와 이 형제가 번갈아 가면서 거의 매일 나를 헐뜯고 욕해도 지겹지도 않은지 절대로 제지하지 않고 끝까지 들어준다. 참 신기한 분이다.

이순자가 들어오더니 '성남에서 전화가 왔는데 모임이 취소됐대요.' 하고 말했다. 옛 식구 조명운 형제가 장애인들 모임이 있다고 했는데 그에 대한 말인 듯했다.

누구에게로 전화가 왔냐는 내 물음에 이순자는 '내가 전화를 착신해 놨어요.' 하고 말했다. 선교회 전화 473—8922를 착신해 놓고 자기가 받았다는 거였다. 전화가 울리다 내가 받기도 전에 끊기는 경우가 몇 번이나 있었는데 이순자가 가로채 받았던 것이다. 어떻게 그럴 수 있냐고 따지자 이순자는 언제나처럼 아주 당당한 어조로 '교회 전화잖아요.' 하고 말했다. 교회명의로 되어있지만 선교회 전화로 사용한 지 20년이 넘었고 선교회 회보에도 선교회 전화로 실려 있는 전화다. '장애인들 것은 다 교회 거예요? 땅도 후원금 통장도 다 교회 거라고 거짓말 하면서 뺏더니 전화까지 뺏는 거예요?' 하고 내가 대들어도 이순자는 '교회전화 에요'를 되풀이 했다.

말도 안 되는 거짓 주장을 하면서도 죄의식이나 부끄러운 기색은 티끌만치도 없다. 거짓말을 반복하면서도 눈빛도 안색도 조금도 달라지지 않던 이 집사와 어쩜 그리도 똑같은가. 거짓 주장을 되풀이 하던 이순자가 갑자기 눈을 부릅떠서 나를 노려보며 '왜 내 욕을 해요?' 하고 날카롭게 따졌다. '전도사님이 내 입장이면 욕 안할 수 있어요?' 하고 내가 대들며 똑같이 그를 노려보았다. 이순자는 '내가 뭘 잘못한 게 있다고 욕을 해요. 욕해서 착신했어요!' 하고 언성을 높였다. '우리가 산 땅을 빼앗고 통장을 뺏고도 그게 잘못이 아니라고 생각하는군요. 예전에 우리가 전도사님을 얼마나 좋아했는지 아세요. 능력이 없어서 해드린 건 없지만 마음으로 섬기고 좋아했어요. 그런데 전도사님의 실체는 이런 거네요.' 하고 내가 탄식했다. 이순자는 '나는 여지껏 장애인들한테 피해 준 적 없어요. 땅도 한 목사님이 팔아먹자 해서 그렇게 한 거예요. 선교회가 교회하고 하나가 되면 내가 장애인들한테 어떻게 하는지 알게 될 거예요.' 하고 말했다.

하나가 되면 피만 빨아먹지 않고 살도 뜯어먹고 뼈도 추려먹겠지. 선교회를 자기한테 바치길 원하면서도 못 바치도록 만드는 것도 이 집사와 똑같다. 악행을 멈추면 내가 운영하기 귀찮아서도 떠안길 텐데, 그러지 못하도록 끊임없이 패악질을 행하니 참 신기한 목사다. 이순자가 나간 뒤 이 형제에게 '내가 욕한 거 이순자에게 알려준 사람은 미영이겠지, 걔는 입이 촉새니까.' 라고 했더니 이 형제가 '누나가 이순자 욕하면 미영이가 얼마나 싫어하는지 누난 모르지.' 라고 했다. 이순자는 자기 개인 돈도 뺏으려 했던 적 있고 나는 그 돈을 지켜주었는데도 박 자매는 이순자편이다. 자기를 해치는 자라도 그자가 힘 있는 자로 보이면 그자 편에 붙어서 자기를 도와주는 이를 외면하는 게 바보들의 특성이고 비극이다.

2010.12.16.(목)

조명운 형제에게 전화를 했다. 조 형제가 선교회로 전화를 했더니 이순자가 받아서 나를 바꿔달라고 해도 안 바꿔주고 무슨 일로 전화했냐고 꼬치꼬치 캐묻더라고 말했다. 모임 때문에 한 것이라고 말해도 무슨 모임이냐고 캐묻고 함께 식사를 하기 위한 모임이라고 해도 집요하게 캐물어서 전화를 끊었다가 후에 몇 번이나 다시 했는데 그때마다 이순자가 받아서 안 바꿔주더라고 했다.

주영이(아는 동생)한테도 그러지 않았나 라는 의심이 덜컥 들었다. 전화 온지가 오래 되어서다. 그래서 전화를 했더니 주영이가 '언니가 선교회를 떠난 줄 알았어, 내가 전화를 했더니 어떤 여자가 받아서 자기가 선교회 원장이라는 거야! 언니를 찾으니까 그런 사람 없다면서 그냥 전화를 끊어버리는 거야!' 라고 말했다.

2010.12.29.(수)

가끔씩 오는 전화가 내가 받기만 하면 끊어지는 일들이 계속된다. 이순자가 가로채 받는 것인데 내게는 전해주지 않아서 누구로부터 온 건지 나는 알지 못한다. 전화를 해지하려 했더니 부활교회 명의여서 안 된단다.

(이후로도 이순자는 전화를 가로채 받아서 나를 찾으면 없다는 거짓말과 자기가 원장이라는 거짓말을 계속하다가 내가 고의로 요금을 체납하자, 그런다고 따지고 나무라다가 전화를 가져가 버렸다. 나는 다른 전화를 놓았다.)

2011.1.2.(일)

아침식사를 하려니 된장국에 고등어 조림이 부어져 있었다. 주방장님은 아침에 출근을 안하고 이 형제는 반찬에 손댈 상태가 아니니 박 자매 짓이다. 일찍 못 일어나서 뒤늦게 혼자 식사하는 내가 된장국을 못 먹도록 자기네가 먹은 후에 내가 못 먹는 고등어를 합해 놓은 것이다. 모자라는 머리가 걸핏하면 이유도 없이 횡포 부리는 것엔 아주 잘 돌아간다. 그래도 귀찮아서, 싸우기 싫어서 잠자코 있었다.

11시에 내가 방에 있는데 주방장님이 출근하자 이 형제가 나를 헐뜯는 듯하더니, 볼멘소리로 '여긴 그래요.' 하고 내뱉었다. 지겹지도 않은지 박 자매와 번갈아 가면서 거의 매일 나를 모함하며 헐뜯는다. 그럴 때 박 자매는 쌍욕을 빠뜨리지 않는다. 점심 때는 조화성 집사님이 찾아와 점심을 함께 먹는데 조 집사님이 반찬 많네 라고 했다. 이 형제가 즉각, '대흥코리아(이웃에 있는)에서 갖다준 거예요. 여긴 김치밖에 없어요!' 하고 말했다. 대흥코리아에선 남은 반찬을 일주일에 한두 번 갖다준다. 그나마도 나 외엔 잘 먹지 않아서 버릴 때가 많다. 반찬은 늘 국 종류를 포함해 다섯 가지로 이 집사 때와 양은 같고 질은 비슷하다. 나는 이 집사나 이순자보다 네가 거짓말을 더 잘하는구나! 그렇게도 나를 헐뜯고 싶냐! 나를 앞에 두고 이러니 나 없는 데서는 어느 정도로 헐뜯는지 알 만하다. 고 내뱉고 싶었으나 조 집사님 앞이라, 조 집사님한테 식구를 나쁜 이로 인식시키기 싫어서 잠자코 있었다.

2011.1.31.(월)

이 형제가 손짓으로 나를 부르더니 목소리를 아주 낮추어서 미영이가 화장실에 갔다 온 손을 씻지도 않고 밥을 하니 그러지 못하게 하라고 말했다. 전날 주방장님이 쌀을 씻어 밥솥에 앉혀놓으면 박 자매가 새벽에 화장실에 갔다 와서 밥솥 스위치를 누르는데 손을 씻지 않고 밥솥을 만진다는 것이다. 외출을 하고 들어와서도 손을 안 씻고 음식을 먹는 박 자매인데(씻고 먹으라 해도 듣지 않는다) 그런 것쯤 아무것도 아니 잖냐고 하려다가 내게 박 자매에 대한 지적을 할 때마다 박 자매가 모르도록 하려는 게 갑잖았다. 나이가 위인 내게는 온갖 억지와 터무니없는 말을 하다가 내가 나무라면 포악을 치면서, 자기와 동갑인 박 자매에겐 해도 되는 말도 직접 하지 않고 나를 통해서 그것도 박 자매 모르게 하려는 꼴이라니…

'직접 해, 왜 나더러 하라는 거야!' 내 말에 이 형제는 '내가 하면 싸우게 되니까.' 라고 말했다.

내가 '왜 미영이 하고는 안 싸우려 하니, 나하고는 싸우려 하면서' 라고 내가 내쏘자, 이 형제는 '내가 언제 그랬어!' 하고 대들었다. '네가 나하고 한두 번 싸우려 했니! 온갖 억지와 거짓말을 하면서 싸워놓고 왜 미영 이는 무섭니?' 내 말에, 이 형제는 '더러워 이곳에 못 있겠네!' 라고 내뱉었다. 내가 '나야말로 더럽다. 미영이는 윗사람처럼 기분 안 상하게 하려 애쓰고 미영이보다 너 자신보다 나이 많은 내겐 제왕이나 되는 듯이 폭군처럼 막되게 굴고!' 하고 내지르자, 이 형제는 '내가 언제 그랬엇——!' 하고 포악을 쳤다. '지금 악쓴 것도 안 썼다고 해라!' 하고 내가 내지르는데 박 자매가 방에서 나오며 '왜 아침부터 나를 걸고 넘어져!' 하고 소리를 질렀다.

내가 '앞으로 손 씻고 밥솥 만져 손 씻기 싫으면 만지지 말고 내가 할 테니까.' 라고 말했다. 박 자매가 즉시 '네년은 깨끗 하냣——!' 하고 악을 썼다. '네년보다는 깨끗하지!' 내 말에 박 자매는 '무식한 년잇! 인간 같잖은 게 배배 꼬여 가지고!' 라는 등등의 폭언을 마구 퍼부었다. 내 입에서 '내가 인간이 아니니까 너 같은 년 하고 살지 인간이면 살겠냐! 다른 단체라면 네년이 이렇게 안 굴어도 네 서방 씻지 않는 것만으로도 예전에 쫓겨났어! 온갖 악한 짓을 다하고 네 돈까지 가로챈 이 집사한테는 찍소리 한번 안 하고, 너한테 잘해주는 나한테는 악귀처럼 악랄하게 구는 네년이 인간이냣!' 하는 폭언이 자동적으로 터져 나왔다. 년의 패악을 상대하지 말아야지 하고서도 모자라는 이를 상대하는 내 자신이 한심하면서도 패악을 당하는 순간이 되면 속이 뒤집혀서 참지 못하고 상대를 하게 된다.

박 자매는 한참이나 마귀 같은 년 쓰레기 같은 년! 등등의 폭언을 퍼대다가 방으로 들어가면서 '더런년!' 하고 내뱉었다. 내가 '네년은 뭐가 더러운지도 모르냣! 네 서방 손이라도 씻겨주고 그런 욕 해랏! 일 년이 넘도록 손 한번 안 씻겨 주는 년이 누구보고 더럽다는 거얏! 이 나쁜 년앗——!' 하고 외쳤다.

년의 남편 진 집사님은 조화성 집사님이 한 번씩 찾아와서 씻겨주기 전엔 손도 얼굴도 안 씻는다. 조 집사님이 찾아와도 내가 달래고 사정해야 겨우 일어나 씻는데 어느 때는 힘들다며 누워서 버티고 절대로 일어나지 않는다. 그래도 년은 좀 씻으라는 말을 절대로 하지 않는다. 년의 그런 무한한 배려심에 진 집사님은 두 달 석 달 동안 손도 얼굴도 안 씻을 때가 있다. 물론 양치도 안 한다. 년한테 손이라도 씻겨주라고 시켜도 년은 할 줄 모른다며 절대로 안 씻겨 준다. 여자이면 힘들어도 내가 해 주겠는데 남자여서 해줄 수가 없다. 진 집사님에게는 역겨운 냄새가 나며 방안에서는 더 고약한 냄새가 진동한다.

잘난 사람 손윗사람한테서도 들어보지 못한 쌍욕과 폭언을 나이 적은 년한테 걸핏하면 들으니 내가 얼마나 저주받았는지를 또다시 절감한다. 윗사람 대접을 안 한다고 내게 이를 갈았던 이 집사가 알면 얼마나 통쾌해 할까. 년의 패악질 하나하나가 비수가 되어 내 가슴을 저민다. 그런데도 몇 시간만 지나면 년에 대한 분노가 사라지고 또다시 년이 사랑스러워진다. 나는 왜 이 모양일까? 나는 왜 밸도 없을까?

2011.2.18.(금)

박 자매가 주방장님에게 나를 헐뜯는 듯하더니 "걸레같은 년"하고 내뱉었다. 주방장님의 출근을 학수고대한 듯 출근하는 즉시 거의 매일 나를 모함하며 쌍욕을 쏟아놓는 박 자매지만 뒤에서 하는 패악질은 모른척했듯이 오늘도 그냥 넘기려다 안 되겠다 싶어서 주방으로 나가서 '너 걸레 같은 년이라고 하던데 누구한테 한 거니?' 하고 물었다. 박 자매가 눈에 독기를 가득 담고 나를 노려보며 '너한테 그랬다. 왜!' 하고 외쳤다. 나를 걸레 같은 년이라고 해도 잠자코 있었던 주방장님이 나한테 한 게 아니라고 말했다. 그와 동시에 박 자매가 '네가 인간이얏! 더런 년앗——!' 등등의 포악을 치기 시작했다. 나도 따라서 '이 못된 년앗——!' 하고 악을 쓰는데 김가인 자매가 들어오면서 왜 그러냐고 물었다. 박 자매는 '네가 우리를 사람 취급한 적 있냣——!' 하고 악을 썼다. '어떻게 사람 취급 안 하든 너야말로 나를 사람 취급 안 하짓——!' 내 외침에 년은 '내가 보험 탄 것도 배 아파한겟——!' 하고 악을 썼다. 주방장님이 '그런 말 하는 게 아니야 언니가 배 아파할 사람이 아니야!' 하고 말했다. 김 자매도 '여태껏 봐 왔지만 언니는 보험 탄 걸 배 아파할 사람 아냐!' 하고 거드는데, 년은 '전도사님이 왜 내 돈을 빼앗어! 네가 뺏으려고 하짓——!' 하고 악을 썼다.

년이 갑상선 암에 걸려서 보험금 1,000만 원을 탔는데 이순자가 그걸 노리고 교회명의로 예금하자고 압박해서 내가 그 돈을 뺏으려 한다며 저지한 적 있는데 그때가 오래전인데도 년은 기억하고 있는 것이다.

'내가 왜 네 돈을 뺏닛! 이순자가 그 돈 뺏으려고 교회이름으로 하자고 들볶는 걸 내가 못하게 하고, 네 오빠네 불러서 네 오빠 이름으로 통장 만들어서 돈 넣어두게 했는데(사실이다) 내가 뺏으려고 그런 거냣! 이 벼락맞아 죽을 년앗! 은혜를 원수로 갚아도 유분수짓! 네 돈 가로챈 이 집사, 네 돈 뺏으려고 한 이순자한테는 천사처럼 굴고 너를 도와주고 아껴주고 돈을 지켜준 나한테는 악귀처럼 구냣! 이 흉측한 년앗! 이 집사가 네 돈 안 줄려고 기를 쓰는 걸 내가 내 돈, 식구들 돈을 10만 원씩 빼서 네 돈 챙겨주고 했는뎃! 내가 네 돈을 뺏으려햇! 너를 사람 취급 안 햇! 이 집사가 너를 이 안에 안 들여 놓은 걸 들여놓고 네 신랑이 이틀이 멀다 않고 화장실바닥에 오줌 싸놔도 그 청소 네게 한 번도 안 시키고 내가 다하고 닷새가 멀다 않고 변기 막히게 해놔도 한 번도 싫어하지 않고 다 뚫고 그때마다 내가 청소한 게 사람취급 안 한 거 냣——!' 하고 내가 마구마구 악을 써대는데, 주방장님이 '미영 씨를 이곳에 들여놓으려고 언니가 컨테이너 수리비 50만 원 낸다는 말도 했엇!' 라고 말했다.

년이 그동안 수없이 이를 갈며 쌍욕을 퍼대도 거짓말을 하며 헐뜯고 포악을 쳐도 단 한 번도 제지하지 않고 부처님처럼 곱게 듣고만 있었던 이가 외부인인 김 자매가 있으니 나를 엄호하는 것이다. 늘 주방장님과 같던 이 형제도 "누나가 식구들 돈 거둬서 네 돈 주고 그랬엇" 하고 말했다. 그러는 동안에도 거짓을 외쳐대던 년은 '네가 나를 도둑년이라고 했엇——!' 하고 발악하듯 악을 쓰며 내게 달려들려고 했다. 김 자매가 막아서며 왜 이러냐고 야단을 쳤다. 내가 '언제 너를 도둑년이라고 했냣——!' 하고 내가 악을 쓰자, 년은 '그랬잖앗——! 기억 안낫! 치매 걸렸 닛——!' 하고 악을 썼다. 그러면서 나를 잡아 죽일 듯 노려보았는데 그 눈에서는 뼈라도 뚫을 것 같은 시퍼런 독기가 독 광선처럼 뿜어져 나오고 있었다. 독기는 수만 개의 독바늘처럼 내 전신을 파고드는 듯했다. 사람의 눈이 그것도 지적장애인 눈이 그토록 고강도의 독기를 뿜을 수 있다니, 대체 나에 대한 증오가 얼마나 깊기에 어느 정도의 독을 품었기에 뼈를 뚫을 것 같은 독기가 눈으로 뿜어져 나오는 것일까?

나는 몸서리가 쳐졌다. 년의 뇌가 정상이라면 년에게 사람에게 위해를 가할 능력이 있다면 나를 죽였을 거라는 생각이 퍼뜩 들었다. '언제 그랬는지 말해 랏! 네 년이 나한테 걸레같은 년, 더런 년, 무식한 년 하고 욕했지, 내가 언제 너를 도둑년이라고 했냐! 이 흉측한 년앗——!' 하고 내가 악을 쓰고, 년은 계속 눈으로 독기를 내뿜으며 '했잖아, 기억 안나? 치매 걸렸니?' 하고 몰아치기 시작했다. 내가 언제 그랬냐고 다그쳐 물어도 년은 대답을 않고 계속 같은 말로 몰아치기만 했다. 줄기차게 몰아쳤다. 완전히 사람을 미치게 하는 년이었다.

'오호라! 네 년이 나를 도둑년이라 했구낫! 너같이 악랄한 인간은 세상에 없겠지만 너보다 덜 악랄한 것들도 특징이 있지. 자기가 한 짓을 상대가 했다고 덮어씌우며 욕하는 거, 네가 나를 도둑년이라고 해놓고 나한테 덮어씌우는 구낫! 이 나쁜 년앗——!' 하고 내가 악을 써도 년은 눈 한번 껌뻑이지 않고 나를 노려보고 독기를 내뿜으며 '네가 그랬잖아. 기억 안 나? 치매 걸렸니?' 하고 줄기차게 몰아치다가 '나보고 지저분하다곳! 내가 왜 지저분햇! 네가 더 지저분하닷——!' 하고 발악하듯 악을 썼다. 내가 '언제 그랬냐! 이년 정말 사람 잡는 년이넷!' 하고 내가 외쳐도 년은 계속 발악하듯 악을 써댔다. 같은 악을 줄기차게 써댔다.

이 집사보다 더한 악마는 없을 줄 알았는데 년은 그 이상이었다. 김 자매가 예전엔 안 이랬는데 왜 이렇게 변했어! 하며 달래도 년은 같은 악을 써댔다. 아니 포악을 쳐댔다. '내가 그렇게 미우면 나가 이년앗——!' 하고 내가 악을 쓰자 년은 즉시 '네가 나갓 내가 왜 나가닛——!' 하고 포악을 쳤다.

"잘못한 사람이 나가야짓!"

"내가 뭘 잘못 했엇! 어디서 굴러먹다 들어 온겟! 네가 나갓——!"

"너는 어디서 굴러먹다 들어 왔닛!"

"나는 우리 집에 있다가 왔닷! 네가 뭐얏! 네가 이곳에서 뭐얏——!"

"너는 뭐닛! 뭐길래 걸핏하면 나를 못살게 하닛——!"

나는 악을 쓰는데 힘이 빠지는데 년은 발악하듯 포악을 치는데도 힘이 안 빠지는지 조금도 수위를 낮추지 않고 악마처럼 쉬지 않고 포악을 쳐댔다. 간식까지도 나보다 몇 배를 더 먹는 년이지만 어떻게 그토록이나 기운이 넘치는지… 그만큼 나에 대한 증오가, 악이 가슴에 차 있는 것이리라! 아무 이유도 없이 어떻게 그 정도의 극렬한 증오와 독기를 품을 수 있는 것일까? 년의 포악은 계속 되고 나도 응수를 멈추지 않는데 진 집사님이 방에서 나와 '그만해!' 라고 소리를 지르며 나를 노려보았다. 내가 '당신 마누라한테나 그만하라고 해!' 하고 내지르자 년이 나를 잡아죽일듯한 험악한 얼굴이 되어 '감히 누구한테 소리를 지르는거얏——!' 하고 악을 쓰며 죽일듯한 기세로 내게 달려들려 했다. 김 자매가 야단을 치며 년을 붙잡았다. 내가 '나둬 어쩌는지 보게!' 하고 외친 뒤, '내가 뭘로 보이냣! 네 서방이 오줌 흘려놓으면 그거 청소하고 변기 막혀놓으면 그거 뚫고 청소해서 네 서방 똥오줌 처리기로 보이냣——!' 하고 악을 썼다. 년은 '우리 올케가 왔는데 인사도 안 한 인간잇——!' 하고 악을 썼다. 년은 어느 때 또 억지를 쓰며 포악을 치다가 친정에 갔다왔는데 그때 친정에서 나를 모함했는지 이후 구정 때 년을 데리러 온 년의 오빠 내외가 내게 인사를 하지 않았다. 나는 년의 포악을 받은 얼마 후라서 인사할 기분이 아니었지만 차마 냉담할 수 없어서 인사를 했는데 올케만이 마지못한 듯 차갑게 인사를 했다. 그래도 나는 개의치 않았는데 년이 거꾸로 악심을 품고 있는 것이다.

'인사를 안 했다곳? 죄 없이 너한테 쌍욕을 너무 많이 들어서 인사 할 기분이 아니었지만 인사했다. 네 올케는 안 하는데 내가 먼저 했다. 네 눈으로 보고도 그런 거짓말이 나오냣——!' 하고 내가 악을 써도 년은 인사 안 했다는 악을 계속 썼다. 지치지도 않고 써댔다. '어떻게 하는 게 인사닛! 내가 올케한테 큰절이라도 해야 했닛! 네 올케라고 여왕처럼 그 발아래 엎드려 절이라도 해야 했닛——!' 하고 나도 계속 악을 썼다. 김 자매가 '이 집사가 떠나면 조용하고 평화롭게 살 줄 알았는데 왜 이렇게 되었어!' 하고 안타까운듯 말했다. 내가 '저년은 몽둥이로 다스려야 되는 걸 사랑으로 대했더니, 너무 잘해줬더니 기고만장해서 나를 우습게 여기고 저러잖아! 저년은 잘 해 주면 안 되는 년이야!' 하고 외쳤더니, 김 자매가 그만하라고 말했다. '인서 엄마라면 그만할 수 있어! 때려죽이려 할 거다. 다른 단체라면 저년 벌써 맞아 뒈졌어!' 하고 내가 내지르자 김 자매는 '다른 단체면 벌써 쫓겨났지, 미영이가 이럴 줄 상상이나 했어?' 하고 말했다. 내가 '어떻게 상상할 수 있었겠어, 우리 부활 선교회 천사라고 후원자들한테 말한 적도 있는데' 하고 내뱉으며 내 방으로 들어와 버렸는데, 잠시 후 다시 나가니 점심상이 차려지고 김 자매가 굴부침을 집어먹으며 '이런 귀한 걸 해먹는 데 왜 싸워! 우리는 해먹지 못하는 것인데' 하고 말했다. 나는 가슴이 저며서 밥을 못먹는데 년은 아무일도 없었던 것처럼 평온한 얼굴로 맛있게 먹고 있었다 식사를 하고 내 방에 들어온 김 자매는 미영이는 안 될 것 같다고 아무리 이야기를 해도 안 받아들인다고, 몰라서 그런 거라고 말했다.

"그 애는 좋은 말로 해선 곱게 대하면 안 되는 애야! 인서 엄마는 왜 변했냐지만 변한 게 아냐. 본색을 드러낸 거지. 예전에 이 집사가 이야기 했었어, 미영이가 진 집사한테 툭하면 악을 바락바락 쓰면서 대든다고, 진 집사가 그 이야길 하면서 가슴을 치더라고. 그런데 나는 그 이야길 까맣게 잊고 있었어! 친정에서는 착했다는데 친정은 용납을 안 하니까 착하게 굴다가 진 집사님은 착하니까 포악한 본색을 드러낸 거야 내게도 그렇고. 이곳에 들어온 지 이틀만엔가 운기 씨가(이 형제) 물 좀 달라했다고 쌍욕을 퍼부었어! 내가 그러면 안 된다고 식구끼리 서로 아껴주면서 살아야 한다고 수없이 타일러도 그때마다 미영이는 맨날 그 개새끼 편만 든다며 내게 악심을 품었어. 처음부터 곱게 대하지 말고 무섭게 대해야 했는데 내가 등신같은데다 그 애가 너무 사랑스러워서 그러지 못했어. 뭘 몰라서 그러는 게 아냐. 내가 생각지 못하는 것도 생각하는 애야. 주방장님에게 나를 욕할 때 지가 한 짓은 쏙 빼고 욕해, 온갖 거짓을 지어내서 쌍욕을 해, 나한테 포악을 칠 때는 언제나 쌍욕을 하는데 아까는 한번도 안 했어! 나이 위인 사람한테 쌍욕하면 안 된다고 알고 있기에 인서엄마 있는데선 안 한 거야! 이 집사가 방을 비워두고도 못 들어오게 해도 찍소리 안 하고 욕도 안 하던게 나한테는 패악질을 하는 건 이 집사는 무서우니까 착하게 굴고 나는 잘 해주니까 안 무섭고 우습게 보여서 그러는 거야. 나는 다른 시설에서도 많은 사람을 겪어봐서 잘 알아."

"맞아. 알건 다 아는 애야 속에 사탄이 든 것 같애, 내가 그러면 안 된다니까 그럼 내가 기어야 돼. 라고 하는 거야!"

"거봐. 나는 긴다는 말 생각지도 못하는데 생각하는 것 봐. 아까 즈그 신랑한테 감히 소리지른다고 죽일듯한 얼굴로 달려들려는 거 봤잖아. 뭘 모르는 애가 그러겠어!"

"맞아, 이런 단체를 운영하면 못당할 꼴도 당하는 거야!"

"못당할 꼴을 당하는 건 그냥 식구지, 책임자가 당해? 나이 적은 사람한테 더런 년, 걸레년이라는 욕을 듣는 운영자가 있어? 잘 해주고 욕먹는 운영자가 있어? 잘못 하고도 그런 욕먹는 운영자는 없어!"

"맞아 맞는 말이야!"

내가 탄식했다. '왜 우리나라 사람은 자기한테 악하게 구는 자에겐 선하게 굴면서 자기한테 잘해주는 사람은 짓밟는지 모르겠어. 최재린이도(이웃주민) 그랬어, 자궁근종 수술을 해야 하는데 100만 원이 없어서 수술 못한다기에 내가 비상금에서 100만 원을 떼어 주면서 갚지 않아도 된다고 갚지 말라고 했는데, 수술 잘 받았다고 고맙다고 하더니(사실은 수술받은 것 같지 않았다. 자궁 근종은 없었던 듯했다) 이후에 병신이라는 말까지 하면서 나를 멸시했어. 000집 이 전도사도 자기를 은근히 무시하는 식구들은 잘못을 해도 봐주고, 자기를 섬기는 내게는 잘못이 없어도 악독하게 굴었어. 그런데 정박까지 그런 줄 누가 알았겠어. 순수하고 사랑스런 존재로만 여겼지 한국에서의 장애인은 같은 장애인한테도 짓밟히는 존재네!'

심장은 물론 전신의 살점이 저미듯 아프다. 외부인 정상인에겐 천사처럼 상냥하고 애교 넘치는 박 자매가 악귀처럼 악랄한 것을 외부인들은, 박 자매 친정식구들은 내가 이야기를 한들 믿을 수 있을까?

저녁 때 주방장님이 '마음이 너무 아프네요. 미영이 눈이 어쩜 그렇게 무서워요. 살기가 꽉 찼어요.' 하고 정말 무서운 듯 몸을 부르르 떨면서 말했다. 내가 속으로 말했다. 그렇게나 내게 거짓말을 하고 쌍욕을 퍼대며 패악을 부려도 단 한번도 제지하지 않고 잘 보고만 있다가 인서 엄마가 있으니까 내 생각을 해주는 척하는 아줌마도 못지않게 무서워요.

밤에 위의 사실을 고통스럽게 쓰고 있는데(고문과도 같은 고통의 상황을 기록하는 건 그 고통의 연장이다) 김 자매가 찾아와서 '미영이는 손가락 하나 까딱하기 싫어하니까 일 시키지 마, 미영이가 자기가 일하는 사람이냐며 이 일 저 일 마구 시킨다고 했어!' 하고 말했다. 내가 아침을 차려줄 때도 많고 아침에만 하는 설거지도 나와 하루씩 번갈아 가며 하고 화장실은 물론 실내 청소도 한번 안 시키고 내가 다하고 걸레 한번 빨라고 시킨 적 없는데, 이 형제가 빨래 좀 세면장에 갖다 놓으라 하면 미친듯 욕설을 퍼대서 그마저도 시키지 못하게 했는데 일을 마구 시킨다니...

내가 혀를 차며 말했다. 지가 여왕인 줄 아나보네. 손가락도 까딱 않고 살려고 하네. 이 집사도 그러고 싶어하더니...

김 자매가 돌아간 뒤 이 집사가 했던 이야기가 떠올랐다. 미영이가 제 집에(친정) 있을 땐 날마다 청소를 했단다. 올케가 무서워서 시키지 않아도 알아서 했단다.

위의 글을 쓰는데 2시간 이상이 걸렸다. 내 기억력이 아무리 좋아도 바로 오늘 있었던 일이라도 깜박한 부분이 있을텐데... 내가 너무 글솜씨 없는 탓도 있지만 전신이 저미는 고통 때문에 순간순간 멈춰야 했기 때문이다. 나는 언제쯤 평안한 일상을, 고통스럽지 않은 일상을 기록

해 볼 수 있을까.

2011.2.25.(금)

박 자매의 횡포가 거의 매일 계속된다. 주방 수도를 잠그면 얼기에 밤마다 내가 살짝 열어서 물이 흐르게 해놓는데 박 자매는 잊지도 않고 꽉 잠가버린다. 수도가 얼면 자기도 사용을 못 할 것인데도 나를 골탕 먹이려 그러는 것이다. 내가 지적을 하면 "내가 언제 잠갔엇! 생사람 잡지맛, 씨발년앗——!" 하고 악을 쓴다. 나는 매일 밤 수도검열을 하고서도 박 자매가 자기 방에서 나왔다가 들어간 후엔 반드시 재검열을 해야 한다.

낮에 박 자매는 보일러를 목욕으로 돌려놓고 세면장에 들어가 온수를 최고조로 틀어놓고 마냥 서 있다. 뜨거운 물이 콸콸 쏟아지고 있는 세면장은 수증기가 연기처럼 자욱이 가득 차 있다. 너무 오랫동안 물소리가 들려서 내가 들여다봐도 박 자매는 물을 잠그지 않고 보란 듯이 서 있다. 석유를 낭비하려는 것이다. 내가 제지하면 쌍욕의 악을 써댈 것이기에 그러면 내 속만 뒤집어지기에 나는 모른 체 한다.

내가 외출에서 돌아오면 길목에서부터 보일러 돌아가는 소리가 들린다. 선교회에 들어와 보면 세면장에 아무도 없는데 보일러 버튼이 목욕으로 눌러져 있다. 내가 나무라면 박 자매는 내가 머리 감으려고 틀어놨어! 한다. 그러나 머리를 감지 않는다. 정상적 뇌세포는 모자라는 머리통에 패악을 기획하는 뇌세포는 어떻게 그렇게 차고 넘치는지 환장할 지경이다.

2011.3.7.(월)

김수인 목사님한테 선교회가 땅을 포기한다는 서명을 노회에 해줄 테니, 건물은 선교회가 건축했고 현재 선교회장애인들이 살고 있고 땅도 선교회에서 매입했다는 확인서를 법원에 제출하자는 편지를 첫 재판 이전에 보냈었다가 묵살당했었는데 오늘 또 보냈다.

2011.3.9.(수)

오경숙 권사님이(부활교회 옛 교인) 전화를 걸어와서 장애인을 한 명 보내주겠다고 했다. 남자인데 자기가 아는 사람이라고 했다. 고맙고 감사하다.

2011.3.11.(금)

새 식구로 들어 올 장애인의 여동생으로부터 매트리스를(새 식구가 사용할) 택배로 보냈다는 전화가 왔다. 점심 때 이순자가 들여다보며 엄지환 씨 앞으로 온 택배가 누구 거냐고 물었다. 내가 새로 들어 올 식구 거라고 대답하자 이순자는 얼굴을 험악하게 일그러뜨리며 '누구 맘대로 들어와욋!' 하고 소리를 질렀다. '누구 맘대로 냐닛! 댁이 왜 그런 말을 햇. 이곳이 댁 것이얏!' 하고 나도 소리를 질렀다. 이순자는 '교회 것이짓! 교회가 장애인들 피 빨아먹는다고 써 붙여 놓고 피 빨아 먹으면 나가야짓 왜 안 나가고 있엇!' 하고 외쳤다. '이 양반 진짜 상종 못할 사람이넷!' 하고 내가 내지르자 이순자는 내 말을 그대로 외치며 나를 노려보았다. 노려보는 그 눈에 독기가 가득 차 있었다.

나도 따라 노려보면서 '하늘 아래 어떻게 댁 같은 인간이 있을 수 있지. 장애인 것은 뭐든지 다 교회 것이고 당신 것이야! 피 빨아 먹는 쪽이 나가야짓!' 하고 내쏘았다. 이순자는 말없이 나갔다. 잠시 후 이웃의 구세주 아저씨가(물리적 도움을 엄청 주시는) 들어오시며 택배를 이순자가 안 받는다며 돌려보냈다고 이야기했다. 내가 황급히 밖으로 나가보았으나 택배도 이순자도 없었다.

2011.3.12.(토)

길흥서 목사님한테 전화를 했다. 건물이 교회로 반환되면 우리는 끝장이라서 불안하다고 했더니 길 목사님은 건물은 노회재산이라서 이순자도 어쩌지 못한다고 말했다. 내가 건물은 선교회 장애인들을 위해 지었고 지금 장애인들이 거주하고 있으며 장애인들은 건물반환을 원치 않음을 법정에 밝히면 안 되냐고 묻는데, 길 목사님은 차가운 목소리로 '교회니까 지어준 거지. 아버지가 있고 자식이 있는 거지 아버지 없는 자식이 어딨어!' 했다. 내가 '예전에 이곳에 살았던 식구들하고 선교회를 잘 아는 많은 사람들로부터 전해 들었어요. 장애인들 때문에 건물을 지어서 선교회 공간도 만들고 선교회 장애인들을 위해 교회도 만들었다고요. 그게 중요한 게 아니고 노회가 재판에서 지면 우리는 죽음이기 때문에 그렇게 하는 것이 더 유리할 것 같아서 한 이야기에요. 이순자가 땅을 팔아먹자고 했는데 제가 거부했기에 이순자가 이기면 저희를 그냥 안 둘 거예요.' 하고 말했다.

길 목사님은 '그러게 예전에 노회가 이순자를 내보내려했을 때 노회 말을 들었으면 이런 일 없잖아.' 어쩌고 했다. 그땐 노회를 믿을 수 없었다는 내 말에 길 목사님은 '김수인 목사는 내가 존경하는 목사에요. 원칙대로 하는 목사에요.' 라고 말했다. 노회는 교회재산 문제에 관여할 수 없다는 교회법을 어기고 선교회와 교회 재산권 문제에 뛰어들어서 땅도 선교회도 몽땅 빼앗아서 이순자에게 주려고 갖은 노력을 했던 것도 원칙인가?

길 목사님은 이순자가 갈 데가 마땅찮아서 교회에 붙어있는 거라는 말도 했다. 내가 '땅 때문에 붙어있는 거예요.' 그 인간이 교회담임자가 된 이후부터 땅은 교회 거라고 하는데... 까지 말했을 때 길 목사님은 날카로운 목소리로 '집사님은 왜 그렇게 땅에 집착해요! 선교회 땅이라고 했으면 재판에서 이기지도 못했어!' 하고 언성을 높였다. '집착하는 게 아니에요'. 라는 내 말이 채 끝나기도 전에 길 목사님은 '집착하는데 뭘, 다 놔야 해요 나도 다 내놓고 나왔잖아!(교회를)' 하더니 전화를 끊어버렸다.

이순자는 길 목사가 교회 돈을 횡령해서 교인들에 의해 교회에서 쫓겨났다고 말했었다. 내가 왜 노회는 그분의 목사직을 박탈하지 않냐고 묻자 이순자는 '같은 패거리니까요. 끼리끼리 해먹는 거예요.' 라고 말했었다. 길 목사님을 위시한 노회임원들은 한 목사님에게 도둑질을 했다며 서슬 퍼렇게 굴었었다. 길 목사님한테 전화를 해서 남의 땅 그것도 힘없는 장애인들 땅을 뺏은 노회보다 내가 더 땅에 집착하냐고, 내가 땅에 집착을 하고 있다 해도 노회와는 차원이 다르다고 선교회와 교회정원에 나무와 꽃을 많이 심고 싶어서 라고 쏘아주고 싶었지만 그 못된 심성 속에 들어가지 못할 것 같아서 그만두었다. 오후엔 엄지환 이라는 남자 장애인이 새 식구로 들어와 이 형제와 한방에서 지내게 되었다. 엄 형제가 사용할 매트리스는 재배송 되어 왔다.

2011.3.15.(화)

길 목사님이 전화를 걸어와 김수인 목사가 전화를 기다리고 있으니 전화를 하라고 했다. 김 목사만큼 원칙에 충실한 목사는 없다고 자기가 존경하는 목사라고 길 목사님은 말했다. 끼리끼리 라는데, 어련하시겠어...

김 목사한테 전화를 했더니 그는 '선교회는 노회의 관리를 받겠습니다.' 라는 서명을 해서 법원에 제출하자고 말했다. 건물은 선교회가 건축했고 선교회 장애인들이 살고 있고 장애인들은 건물반환을 원치 않는다는 서명을 법원에 제출하자는 내 요청에 응답을 할 줄 알았더니... 재판에 필요한 중요한 자료는 배제하고 불필요한 자료는 제출하자는 것이다. 이순자가 땅과 선교회를 뺏으려던 초기 때 느닷없이 부활교회에 나타나서 장애인들은 자신들이 사는 곳을 관리할 권리가 없다. 교회 지시를(이순자 지시를) 따르지 않으려면 이곳을 떠나야 한다고 위협하던 때와 어찜 그렇게도 변함없이 선교회까지 강탈하려는가? 내가 왜 그렇게 한결같이 예전이나 지금이나 선교회까지 뺏으려 하나고 묻자 김 목사는 예전과 똑같이 '장애인을 편안하게 해주기 위해서' 라고 말했다. 내가 장애인의 권익을 박탈하고 인권도 주권도 없는 존재로 취급하는 게 장애인을 편안하게 해주는 거냐고 묻자 김 목사는 더 많은 장애인들이 이용하도록 하고 후원금을 투명하게 하고 어쩌고 했다.

더 많은 장애인을 들이고 싶으면 시설을 더 지어야지 좁아터진 공간에 장애인을 많이 들여서 숨 막히게, 돼지처럼 살게 하는 게 편안하게 하는 거냐는 내 물음에 김 목사는 아주 고까워하는 음성으로 '장애인을 더 안 받고 집사님 왕궁에서 왕 노릇 하면서 집사님만 덕을 보려하는데' 라는 등등의 터무니 없는 말을 마구 쏟아놓는다. '왕 노릇요? 종이고 하녀입니다.' 하고 내가 나도 모르게 내질렀다. 김 목사는 노회를 안 믿고 안 따랐기에 오늘과 같은 일이 발생되었다고 말했다. 내가 노회가 믿을 수 없도록 만들어서 못 믿은 거라고 응수했다. 김 목사는 노회가 할 일이 없어서 선교회를 관리하려 하겠느냐(돈 때문이겠지), 어쩌고저쩌고 장애인을 편안하게 해주려고 어쩌고저쩌고, 쉴 새 없이 지껄여댔다. 어쩜 그렇게도 혀가 빠르게 굴려지는지... 말도 안 되는 궤변을 자꾸 쏟아놓는 건 나를 바보 취급 하는 것이기에 참을 수 없는 모욕감과 모멸감이 치솟았다.

궤변과 똥 소리를 마구 쏟아놓다가 김 목사는 선교회가 노회관리를 안 받겠다고 하면 길이 없다고 4월에 재판이 있는데 그때 지면 이순자가 장애인들을 어떻게 해도 막을 길이 없다고 말했다. 내 청원서에 대해선 한마디 언급도 하지 않았다. 재판에서 이기는 것보다 선교회 강탈이 우선인 것이다. 선교회가 땅을 포기하겠다는데도 선교회까지 기어코 뺏으려는 것이다. 예전에 날강도 집단처럼 굴었을지라도, 이제라도 신뢰를 준다면 귀찮아서도 떠맡길 텐데, 이순자와 너무도 똑같다.

내가 '지금 이 상황에서 선교회 관리가 그렇게 급한 거예요? 재판에서 이기는 게 급선무잖아요. 그런 후에 결정해도 되잖아요. 노회관리를 받으려는 게 재판에 어떻게 영향을 주죠?' 하고 물어도 김 목사는 노회관리를 받아야 한다는 말만 계속 쏟아놓았다. 이순자의 소송에 대응하는 이가 김 목사임을 확인하면서부터 슬금슬금 피어오른 불길한 예감. 김 목사로 인해서 김 목사가 이순자를 위해 제대로 대처를 안 해서 노회가 패소하는 게 아닌가? 라는 불길함이 또다시 피어난다.

2011.4.4.(월)

울타리 너머로 밭을 들여다봤더니, 세상에 밭 가장자리에 서 있던 체리나무 홍매화나무가 모조리 잘려지고 없었다. 체리나무는 여섯 그루 홍매화나무는 세 그루로, 내가 5년 전에 내 개인 돈으로 사다 심은 것이다. 다 비싼 품종으로 엄청 잘 자라고 있었고 체리는 작년에 첫 열매가 열려서 올해는 많이 열리겠구나! 하고 기대에 부풀어 있었는데 밑동에서부터 잘려져 있었다. 작년엔 블루베리, 복숭아, 밤나무 등등을(그 또한 내 개인 돈으로 사 심은 것이다) 뿌리째 파내버리더니... 잘려진 밑동을 보니 내 몸통이 잘라져 나가는 듯한 고통이 왔다. 이순자가 눈에 띄기에 통장 뺏고 땅 뺏은 것도 모자라서 그 비싼 나무들까지 잘랐냐고 따지자 그는 대응도 않고 교회로 들어가 버렸다.

2011.4.28.(목)

이대기 목사님한테 전화로 재판이 어떻게 되었냐고 물었더니, 노회가 졌단다. 어떻게 질 수가 있냐는 내 말에 이 목사님은 다시 대책을 논의할 것이라고 말했다. 내가 대법원까지 갈 거냐고 묻자 이 목사님은 그렇게 할 거라고 말했다. 내가 이대로 있으면 건물이 반환되느냐고 묻자 이 목사님은 건물은 어떻게 할 수 없는 거고 이순자가 땅을 반환하라는(땅은 한 목사님 명의 그대로 있다) 소송을 낸 거라고 말했다. 내가 건물반환 소송인줄 알고 있다고 말하자 이 목사님은 땅 반환 소송이라고 말했다. 내가 '부활선교회식구 명의로 땅을 이전키로 한다는 교인총회를 했었으니까 땅이 선교회 것임을 주장해 보는 게 어떻겠어요?' 하고 묻자 이 목사님은 그걸 언제 했냐고 물었다. '2005년도엔가 했는데 김수인 목사님도 알고 있어요. 교인총회서는 이옥진 집사가 가져갔고요.' 내 대답에 이 목사님은 '달라고 해요.' 하고 말했다. 내가 '달라고 해도 안줘요. 노회가 회유를 해서 돌려받았음 해요. 선교회가 노회로 땅을 넘긴다는 서명을 하면 되니까.' 라고 말했다.

오후에 다시 이 목사님한테 전화를 했더니 이 목사님이 건물반환 소송이 맞더라구했다. 소송문제 대책위원이라는 분이 무슨 소송인지도 모르고 있었다니, 참으로 복장 터지는 일이다. 소송에 대항할 생각이 아예 없는 것 아닌가? 내가 '건물은 영락교회와 소망교회 지원으로 지었으니까 두 교회로부터 부활선교회를 위해 지원했다는 서명을 받고 건물에 저희 선교회 장애인들이 살고 있고 저희는 건물반환을 원치 않는다는 서명을 해서 법원에 제출하면 좋겠어요. 안 그러면 항소해도 승산 없는 거 아니에요?' 하고 말했다. 이 목사님은 '기도를 해야지 개인명의가 아니기에 서명이 쉽지 않아요.' 하고 말했다. 필요한 것도 쉽지 않은 건 안 하겠다는 것인가? 항소는 왜 하려는가? 쉽게 기도나 하고 있지, 아무래도 불안해서 이 목사님한테 편지를 썼다. 영락교회 소망교회의 서명을 받자는 제언을 편지로 다시 했다.

2011.5.4.(수)

조화성 집사님이 찾아왔다. 이순자가 이겼다는 말을 듣고 방바닥을 주먹으로 내리치며 한참 울분을 토하다가 이대기 목사님한테 전화를 해서 선교회에 한번 와 보지도 않고 어쩌고 언성을 높였다. 통화를 끝내고 조 집사님은 노회가 멍청하다는 말을 몇 번이나 쏟아놓으면서 노회목사라는 게 선교회가 어떤지만 늘어놓는다고 분개했다.

점심 후 박 자매가 말했다. '예배 후에 이순자가 선교회식구들은 다 내쫓을 것이다.' 라고 했다고 예배드리면서 식구들을 내쫓을 생각을 했나보다. 하나님은 대체 뭘 하시는 건가?

2011.5.6.(금)

컴퓨터를 샀다. 내일 배송해 준다고 했다. 이 형제가 인터넷 선을 연결할 필요 없이 자기가 사용하는 램에 선을 연결하면 인터넷 비용이 안 나가니 그렇게 하란다. 대신 자기의 인터넷 비용을 얼마 내란다. 내가 '네 치다꺼리 하는데 그에 대한 돈 좀 내라고 했더니' 이 형제는 아무

말 안 했다. 필요할 때마다 사용하는(?) 내게는 티끌 만한 인심도 안 쓰고 자기한테 아무것도 안 해주는 사람한테는 인심을 쓰면서 사용해도 비용도 수고도 안 들어가는 램 사용료를 내라니, 내게는 그러면서 주방장님한테는 또 화장품 세트를 선물하려고 인터넷으로 주문을 한다. 시장에 갔다 올 때마다 떡을 사다 주는 내게는 사탕 한 개도 안 주면서(병에 잔뜩 담아두고 있으면서도) 주방장님에게는 이런저런 것들을 아낌없이 사주고 내게는 램 비용까지 뜯으려는 게 참으로 괘씸하다. 램을 주방장님이 사용할 거라면 절대 돈을 안 받을 것이다.

2011.5.7.(토)

컴퓨터가 도착했다. 김 자매가 와서 보고 아주 고까워하는 목소리로 '열심히 해. 언니가 밥을 해 뭘 해.' 라고 말했다. 내가 밥을 안 하는 것에 대한 비난이었다. 이 친구가 여전히 내가 밥 하기를 원하나 보네. 이런 사람이 예전엔 어떻게 자기가 밥을 안 해 먹고 선교회 밥을 먹었지? 요즘도 일주일에 몇 번씩이나 저녁을 선교회에 와서 먹으면서(가족은 제외한 본인만) 내가 자기네 집에 가서 밥을 먹는 것도 아닌데 아파서 못하는 나를 비난하다니, 자기가 내 입장이면 나처럼 안 아플지라도 밥은 물론 화장실 청소 실내 청소까지 미영이 시킬 거면서, 하여튼 대단한 여자야 라는 생각이 들다가 이전엔 밥을 안 한다고 지적질은 했지만 고까워 하는 내색은 한 적이 없던 게 상기되었다. 그런데 이젠 왜? 의문스럽다가 이 집사, 이 형제처럼 내가 컴퓨터를 하게 되는 게 배 아픈 게 아닌가? 그래서 기분이 상한 게 아닌가? 라는 의심이 들었다. 김 자매가 그럴 사람이 아닌데 아무래도 내가 마음의 병까지 깊은 듯하다.

2011.5.8.(일)

이 형제가 3개월을 사용한 자기 매트리스를 필요하지도 않은 내게 사란다. 자기는 이전에 사용하던 걸 다시 사용할 거란다. 다른 사람에게라면 돈을 준다 해도 거져줄 인간이... 정상인에게는 새것이라도 그냥 줄 거면서 내게는 헌것도 돈을 받으려 하냐고 쏘아주려다가 귀찮아서 그만두었다.

오후엔 내가 예전에 있었던 시설에 식구로 함께 있었던 소아마비 장애인 최영준 형제가 새 식구로 들어왔다. 엄지환 형제는 일요일을 제외하곤 구두수선 집에 매일 출근하는데 최 형제도 일요일 외엔 매일 택배사에 출근한단다.

2011.5.15.(일)

박완성 목사님으로부터 전화가 왔다. 조화성 집사님으로부터 이야기를 들었다면서 노회의 이대기 목사님과도 얘기를 나누었다고 말했다. 이 목사님이 노회가 재판 때 성의를 다하지 않았다는 말을 하더라고 했다. 박 목사님은 선교회가 이렇게 안 되었을 수도 있었는데 답답하다고, 이순자 목사와는 화합할 수 없냐고 물었다. 내가 노회로부터 상처를 너무 많이 받았고 내가 너무 힘들기에 이순자가 웬만큼만 나쁘면 화합하겠는데 나빠도 너무 나쁘고 거짓말도 너무 심해서 화합하고 싶어도 할 수가 없다고 대답했다. 박 목사님이 김수인 목사하고도 통화했다던데 라고 말했다. '내가 했는데요. 저는 그분이 이순자 편이 아닌가? 이순자가 땅을 차지하도록 재판에 성의를 안 한 것이 아닌가? 의심이 들어요. 재판 전엔 제가 건물은 선교회가 건축했고 장애인들이 살고 있고 장애인들은 건물반환을 원치 않는다는 서명을 해서 법원에 제출하자고 했는데 그건 묵살하고 선교회가 노회관리를 받기 원한다는 서명을 하라고 했어요. 건물을 지키는 게 중요하지 노회 관리가 중요한가요. 그 목사님이 처음부터 선교회를 빼앗아서 이순자에게 주려고 장애인들은 자신들이 사는 곳을 관리할 권리가 없다고 장애인들은 자기 집에서 살 권리도 인권도 주권도 없다는 식으로 억박질렀는데 지금도 오로지 선교회 뺏을 생각만 하는 거예요. 이순자가 처음부터 선교회의 모든 것을 뺏으려고 혈안이 되어 있었는데 그걸 이뤄주려고 기를 쓰더니 지금도 똑같은 거예요.' 하고 말했다.

박 목사님은 '만나서 얘길 해보세요. 김 목사님을 만나게 해줄까요?' 하고 물었다. 내가 이 목사님을 만나게 해달라고 했다.

2011.5.19.(목)

노회 사무실 벨을 누르니 문이 열리며 중년 남자가 '전 집사님이세요!' 하며 반겼는데 이대기 목사라고 했다. 안으로 들어섰는데 저만치에서 중년 남자가 자리에서 일어나며 '집사님 오랜

만에 뵙네.' 했다. 음험한 얼굴의 김수인 목사였다. 이 목사님이 만나자고 한다면서 박 목사님이 함께 노회에서 만나자고 했지만 이순자 못지않게 장애인들의 모든 것을 빼앗고 싶어 환장한 김 목사가 욕망을 채우려 나대지 않을까 하는 불안감이 들었었는데, 왜 불길한 예감은 도중에 죽는 법이 없는가?

박 목사님이 도착했다. 박 목사님과 내가 자리에 앉자마자 김 목사가 맞은편 의자에 앉으면서 '집사님 나한테 하소연 하러 온 거죠?' 했다. 이 목사님을 만나러 왔으면서 멍청하게도 그걸 그 순간에 깜빡 잊고 이 목사님을 만나러 왔다는 말을 안 하고 '아닌데요.' 라는 말만 했다. 김 목사는 '예전에 나한테 하소연 했잖아요.' 하고 말했다. '하소연 한 적 없습니다.' 내 단호한 어조에 김 목사는 '이옥진 집사가 방을 혼자 차지하고 왕 노릇 했는데 뭘.' 했다.

목사라는 이가 똥 소리 하는데 일가견이 있다. 이 집사가 왕 노릇 한다고 해서 내가 왜 선교회와 상관이 없는 자기에게 하소연을 했겠는가? 내가 반박할 틈이 없이 김 목사는 '나중 알고 보니 한 목사가 8,000만 원인가를 대출받은 거 아무도 모르는데 이 집사만 알고 있었어요.' 하고 말했다. 거짓말 하는데도 일가견이 있다. 이 집사가 알고 있었다면 한 목사님이 이 집사한테 알렸다는 것인데 그랬다면 한 목사님이 고소당했을 때 왜 그것을 안 밝혔겠는가? 김 목사는 연달아 선교회는 교회관리를 받아야 한다고 말했다. 내가 왜 그토록 선교회에 집착하냐고, 지금은 건물과 땅을 이순자로부터 지키는 게 중요한데 왜 선교회 뺏을 생각만 하냐고 따졌다.

김 목사는 선교회는 교회 안에 있고 교회는 바로 서야 되기에 그런다고 부활교회는 장애인을 위해 세워졌고 교회로 인해 선교회가 세워졌다고 말했다. 내가 아니라고 반박하자 김 목사는 여러 사람이 그같이 증언하고 있다고 말했다. 내가 말했다. '수많은 사람들이 선교회가 먼저 세워졌다고 증언해요. 한승주라는 장애인이 '86년 5월에 부활 자립회를 세웠고, 그분이 노방전도를 하면서 자립회를 선교회로 바꾸었고 이후에 김갑순 전도사님이 오셔서 선교회회원들이 예배를 드리는 공간에 부활장애인 교회라는 명판을 달아서 그때부터 정식으로 교회가 된 거에요. 부활교회는 그렇게 탄생 된 거라고 많은 사람들이 증언해요.'

김 목사는 선교회가 노회 편에 서야 한다고 이번에도 패소하면 쫓겨난다고 노회 관리를 받아야 한다고 말했다. 내가 노회 관리를 왜 그렇게 원하냐고, 그런다고 승소할 것도 아닌데 지금 이 상황에서 재판에 중요한 요소도 아닌데 나중에 해도 될 것을 왜 그렇게 집착하냐고 따지자, 김 목사는 '이번 판결문에 장애인들이 갈 곳이 없지 않냐고 되어 있어, 외부 장애인인줄 모르고 교회에 사는 장애인들인 줄 안거지.' 하고 지껄였다. 재판부가 이순자파 장애인들이 건물에서 사는 줄 알고 건물을 그대로 두면(노회 명의로) 장애인들이 있을 곳이 없어질까 봐 건물을 반환하라는 판결을 내렸다는 것이다.

나는 땅을 포기하겠다는 서명을 노회에 해줄 테니 법원에 선교회장애인들이 건물에 살고 있음을 장애인들을 내세워달라는 편지를 첫 재판 전부터 했고, 두 번째 재판 이전에도 그 같은 편지를 노회 측에 몇 번이나 했었다. 전화 통화 할 때도 몇 번 했었다. 그런데도 노회는 깡그리 묵살했다. 내 청원대로 했다면 노회는 승소했을 상황 아닌가? 그럼에도 김 목사는 선교회 뺏을 생각만 하고 있는 것이다. 선교회를 빼앗지 않으면 건물도 땅도 필요 없다는 듯이, 기가 찰 노릇이었다. 기가 막혀서 나는 말문이 막혔는데 김 목사는 '방 하나를 차지하고 있으니까 좋아요? 장애인을 몇 명 더 들여놔야지. 대표를 누가 해요? 집사님이 해요?' 한다. '나중에 선교회가 더 커지면 어떻게 할 거에요?' 하고 몰아쳤다.

건강과 가정과 지식과 재산과 사회적 지위까지 가진 목사가 그 어느 것도 못 가진 장애인이 방 하나 사용하고 있는 게 배가 아픈 모양이었다. 밉살스러워서 내가 '저는 제 몸 하나 건사하기도 힘든 상태라서 대표하겠단 생각을 해본 적 없지만 해야 할 상황이 되면 할 거예요!' 라고 내뱉었다. 김 목사는 노회를 믿어야 한다고 말했다. 내가 어떻게 믿냐고, 재판에서 이길 생각은 안 하고 오로지 선교회 뺏을 궁리만 하는 노회를 어떻게 믿냐고, 노회가 여태껏 이순자 편만 일방적으로 들어왔지 않냐고 노회는 교회 재산문제에 교회법상 관여할 수 없음에도 부활교회 재산문제에 끼어들어서 땅을 빼앗았지 않냐고, 교인총회를 해도 그것은 인정치 않는 노회를 어떻게 믿냐고 말했다.

김 목사는 웃긴다는 말투로 '교인총회를 했다고요? 나는 모르는데 이 전도사가 참석했어요? 참석 안 했으면 그건 인정되지 않는 거에요.' 하고 말했다. '교인총회를 한다는 것도 했다는 것도 알렸는데 모른다니, 교인총회를 불허한다는 공고문까지도 붙였으면서 모른다니, 거짓말 잘하는 것도 이순자와 똑같다. 교회법에 교인들이 회의 요청을 하면 들어 주도록 되어 있고 안 들어주면 일주일 전에 공고를 하고 열도록 되어 있잖아요. 우리는 교회법대로 했어요.' 내 말에 김 목사는 '흐 흥! 자기들끼리만 한 게!' 하고 코웃음을 쳤다.

하나님은 왜 저런 이를 목사직에 그대로 두시는가? 내가 '당시 교인들 대부분이 적극적으로 호응하고 찬성했어요. 하나님한테도 그렇게 자기들끼리만 한 교인총회라고 하실 수 있나요?' 하고 내질렀다. 박 목사님이 '땅이 우리 건데 뺏겼다는 응어리가 있어요. 선교회는 그대로 유지되어야 하고 별도의 시설을 만들어야 합니다.' 라고 말했다. 김 목사는 노회를 믿어야 한다는 말을 반복하다가 장애인들이 땅 사는데 기여했으니까 내보내지 않게 하고 생계비는 본인들이 갖도록 하고 장애인들한테 함부로 못하도록 노회가 관여할 것이고 어쩌고저쩌고 했다. 장애인 것은 모조리 다 뺏으려 하면서도 인권과 주권까지 뺏으면서도 그게 장애인을 위해서라던 노회가 정식으로 관여한다면 장애인의 피만 빠는 게 아닌 뼈까지 추려내겠지. 그리고 그것이 장애인을 위해서라는 궤변을 늘어놓겠지. 내가 '노회가 관여하지 않았다면 우리는 이렇게 안 되었어요. 우리는 지금 돈이 없어서 누수가 되는 수도관도 못 고치고 수도세도 못내요.' 라고 말했다. 김 목사가 아주 고소하다는 듯이 '후원이 다 끊겼지?' 하고 지껄였다. '후원을 목사님이 다 끊어 놓았죠? 소망교회 후원까지도요.' 내 추궁에 김 목사는 자랑하는 어조로 '그랬지' 했다. '훌륭하십니다. 그러고도 믿으라 하시는군요.' 하고 내가 내뱉었다. 그리고는 식구가 나에게 원장을 하라고 했는데 내가 겨우 4명에 원장 하는 건 우스우니 가정처럼 한 가족으로 지내자고 했다는 이야기를 했다. 김 목사는 같잖다는 어조로 예전에 이옥진 집사도 그렇게 말했었지 하고 말했다.

내가 예전에 부활교회교인들이 이순자에 대한 불신임을 의결해서 노회에 보냈었는데 그게 어디 있냐고 물었더니, 이대기 목사님이 없다고 대답했다.

참으로 개떡 같은 노회다. 장애인들 것은 모조리 다 뺏으려는 노력 외엔 그 어느 것도 제대로 하는 게 없다. 김 목사가 '나한테 서운함이 있겠지만 이다음엔 나를 좋게 여길 거예요.' 하면서 뭐라고 지껄여댔는데 뭐라고 지껄였는지 기억이 안 난다. 내가 내뱉은 말만 기억난다. 그럴 일은(좋게 여길 일은) 없을 것입니다.

노회를 나섰을 때 박 목사님이 말했다. '이 목사님한테 만나고 싶어 한다고 했는데 김 목사님이 나서고 싶었나 봐요.'

느닷없이 부활교회에 나타나서 '장애인들에게 장애인들은 자기가 사는 곳은 관리 할 권리가 없습니다. 장애인들이 이순자 지시를 안 따르려면 선교회를 떠나야 합니다.' 라고 위협한 김 목사. 선교회와 땅을 뺏으려고 부활교회 옛 담임자들을 일일이 찾아다니며 선교회에 불리한 증언을 요구하고 담임자들이 선교회와 교회는 분리된 기관이라는 증언을 했음에도 분리가 안 되었다고 증언했다는 거짓 내용의 공문서를 선교회에 보내왔던 김 목사. 그 무엇 하나 가진 게 없는 장애인이 방 하나 사용하는 게 배 아파서 재판에 무성의하게 대처했을지 모른다는 생각이, 이종성 권사가 선교회를 돕는다며 나타나서 이 집사를 위해 선교회를 매장시킨 것처럼 김 목사도 이순자를 위해 노회를 배신하고 있다는 불안감이 자꾸만 들었다.

2011.6.3.(금)

박완성 목사님이 오셨다. 노회에서 전화가 왔는데 내게 법원에 제출할 글을 써 달라 하더라고 말했다. 한승주 장애인이 선교회 설립한 것은 쓰지 말고 선교회는 노회 관리를 받겠다고 쓰라고 했단다. 재판에 필요치도 않은 내용을 쓰라는 것이다. 내가 어쩜 그렇게도 이순자와 똑같은지 모르겠다고 땅 뺏은 것도 모자라서 선교회까지 뺏으려 하냐고 최소한의 양심도 인정도 없다고 말했다. 박 목사님은 공증을 해서 안전을 보장받으면 될 거라고 말했다. 내가 안전을 보장해 줄 리가 없다고 말했다. 박 목사님이 '이 집사한테서 전화가 왔어요. 이쪽 이야길 들었겠지. 내가 교인총회서 이야길 하니까 이순자가 가지고 있다더라구요.' 하고 말했다. 내가 '우리가 쫓겨날 상황임에도 안 도와주려는 거네요. 하긴 쫓겨나길 바랄 테니까. 이순자가 가지고 있다는 건 말도 안 되는 말이에요. 교회 서기인 손영빈 집사님이 기록을 해서 자기한테 준 것을 이순자가 가지고 있다면 자기가 이순자한테 주었다는 것인데, 이순자가 없애버릴 게 분명한 것을 이순자한테 준 건 교인총회를 무용지물로 만들려는 것인데, 그럴 걸 왜 교인총회를 했대요. 거짓말도 그럴듯하게 해야지.' 하고 말했다.

박 목사님이 '노회가 원칙대로 하려니까.' 라고 말했다. 내가 '교회법을 어기고 재산문제에 끼어들어서 장애인들 땅을 뺏는 게 원칙은 아니잖아요. 땅 뺏은 것도 부족해서 장애인들을 내쫓으려고 시청을 찾아가서 선교회를 폐쇄시켜 달라 하고 후원도 다 끊어놓는 게 원칙은 아니잖아요. 목사 아닌 일반인들도 못할 패악질이 잖아요.' 하고 말했다. 박 목사님이 사람들이 얼마나 악랄한지, 피도 눈물도 없다고, 노회가 참 멍청하다고, 이순자를 3년 임기로 한다는(교회 담임자로) 제직회 기록이 필요하면 법원이 이순자에게 제출하라고 명령할 수 있는데 그런 것조차 모르더라고 잘난 척 하지만 멍청하다고 말했다.

멍청하기로는 이 집사만한 이가 있을까? 이순자가 땅도 선교회도 뺏으려고 발광할 때 전도사님 임기는 머잖아 끝난다고, 이래봐야 아무것도 챙기지 못한다고 위협했다면 이순자는 만행을 멈췄을 것이다. 그 무엇도 얻을 게 없는데 아무리 이순자지만 무엇 하러 욕을 먹으며 힘든 짓을 하겠는가? 교회제직회가 선교회 부탁은 다 들어주던 그때 이순자가 선교회를 빼앗지 못하도록 제직회를 열어서 선교회는 교회와 분리되었지만 재분리시킨다는 의결을 하자는 내 요청도 묵살했었다. 그 외에도 온갖 멍청한 짓을 해서 선교회를 짓밟아놓고 기어코 숨통을 끊으려는 이 집사, 부디 그의 다리가 하나라도 부러졌으면… 이순자 다리는 필히 둘 다 부러졌으면…

글을 썼다. 노회 지시대로 쓰지 않고 이순자의 행태와 우리 장애인들은 건물반환을 반대한다는 내용을 썼다.

2011.6.27.(월)

이대기 목사님한테 전화로 소망교회와 영락교회 서명을 받았냐고 물었더니 김수인 목사가 일을 맡았으니 알아서 할 거란다. 나는 자기한테 받으라고 했는데 대책위원은 폼으로 맡았는가? 내가 그 목사님은 미덥지 않다고 서명을 받았는지(부활선교회 장애인들을 위해 건물 건축비 지원을 했다는) 확인하시고 안 받았으면 목사님께서 꼭 좀 받으시라고 부탁했다. 이 목사님은 알았다고 대답했다.

2011.6.28.(화)

교회 식당 수도관이 파손되어 누수가 된 지가 5개월이 넘었다. 교회 하우스 식당은 건물 외에 별도로 있고 그곳 수도는 선교회 수도관에 연결되어 있기에 선교회 수도 계량기가 24시간 쉬지 않고 돌아간다. 지난 4월에 체납된 3개월 수도요금 521,000원을 납부했는데, 남아있는 요금이 1,078,960원이다. 지난달부터 물을 받아놓고 계량기를 거의 잠가놓는데도 그 정도다. 이순자에게 수도요금을 절반 내달라고 사정해도 듣지 않는다. 요금이 더 체납되면 단수된다고 이야기하면 식당을 사용 안 하면 되니까 단수 돼도 교회는 아쉬울 거 없다고 지껄인다. 교회 수도관이 누수 되는 것이니 교회와 절반씩 부담해서 수도관을 교체하자고 사정하고 또 사정해도 듣지 않는다. 교체하지 않으면 교회 수도관을 끊을 수밖에 없다고 위협해도 마음대로 하란다.

이전부터 교회는 수도요금을 한 푼도 안 내고 선교회에 부담시켰었다. 독사인들 이순자만큼 독할까. 교회 수도계량기를 별도로 설치하려고 했더니, 건물주만이 할 수 있단다. 어쩔 수 없이 교회수도관을 끊고 선교회수도관끼리만 연결시켰다. 교회수도관을 교체하면 비용이 훨씬 더 든다고 해서다. 누수 되는 곳을 찾는데 30만 원이 들었는데 공사비 파이프 비용해서 60만 원이 들었다.

(이후 이순자는 교회 수도관을 연결시키라는 압박을 쉴 새 없이 가했다. 별도로 수도를 놓으라고 해도 직접 연결시키라 해도 연결 비용을 절반 부담하라 해도 다 묵살하면서 압박을 멈추지 않았다. 안 하면 무슨 짓을 할 것 같아서 파손된 것을 새것으로 교체해 연결시키는데 이순자는 기존에 없던 곳, 교회 앞까지 수도관을 새로 설치하라는 요구를 했다. 그렇게 해주는데 120만 원이 들었다. 이순자는 한 푼도 내

주지 않았다)

2011.6.29.(수)

노회에 수도요금을 부탁했는데 재판 후에 내주겠다더니 오늘 박 목사님이 전화를 걸어와 노회가 수도요금을 보내준다더라고 말했다. '목사님이 안 내준다고 마악 몰아치셨군요.' 내 말에 박 목사님은 짐짓 '나는 착한 사람이에요.' 라고 말했다. 내가 말했다. '착하신 거 맞는데요. 노회에도 착하게 구셨다면 돈을 줄 노회가 아니잖아요.'

(노회는 박 목사님 앞으로 180만 원을 보내주었고 박 목사님이 수도요금을 납부했다)

2011.7.3.(일)

이 형제에게 6월 수입내역과 지출내역을 주면서 내가 너무 힘들어서 머리가 횡해 계산을 잘못했을 수 있으니 합계가 맞는지 계산기로 맞춰보라고 했다. 이 형제는 얼마 후 나를 불러서 7만 원이 더 많다고 했다. 내가 수입에서냐 지출에서냐 물었는데 이 형제는 대답을 하지 않았다. 내가 내 방에 와서 장부에 적은 것을 다시 수동으로 계산해 보니 종전의 내 계산과 일치했다. 이 형제에게로 가니 그새 잠자리에 들어있었다. 이른 밤에 잠자리에 드는 이가 아닌데, 내가 사실 이야기를 하자 이 형제는 분명히 7만 원이 더 많다고 말했다. 내가 어느 쪽에 더 많냐고 캐물어도 대답을 하지 않았다. 내가 아까 준 내역서를 달라고 했더니 찢어서 버렸다고 했다. 이 형제 쓰레기통을 내 방으로 가져와 여러 조각으로 찢겨진 것을 꺼내 맞추니 빈 지면에 이 형제가 계산한 숫자가 적혀있었는데 합계 숫자가 내가 계산한 것과 똑같았다. 종이를 구기거나 그대로 버리는 이가 갈갈이 찢어서 버린 이유를 알 듯했다.

2011.7.4.(월)

아침에 이 형제가 잠을 깬 것을 확인하자마자 '내가 계산한 게 더 많다고? 어서 일어나 말해! 수입이야 지출이야' 하고 다그치면서 그가 찢은 내역서 조각을 방바닥에 나열해 놓았다. 이 형제는 신경질적으로 '몰라!' 하고 내뱉었다. '그건 모르면서 7만 원이 더 많은 건 어떻게 아니!' 내 추궁에 이 형제는 '내가 잘못했다고 해!' 하고 와락 짜증을 냈다. '그렇게 말하면 안 되지, 7만 원이 더 많다고 해놓고 어느 게 더 많은지 설명을 안 하면 내가 돈을 빼돌리려 7만 원을 부풀렸다는 게 되지, 네가 나를 도둑으로 모는 거지, 말 해! 어떤 게 7만 원이 더 많다는 거야!' 하고 내가 닦달하자 이 형제는 일어나 앉아서 핸드폰을 내게 들이대며 보면서도 묻냐고 나무랐다.

'7만 원의 숫자는 보이지 않아서 내가 7만 원이 어디에 있냐?' 고 물었더니 이 형제는 '나는 7만 원 얘기한 적 없어!' 라고 말했다. '한 적 없다고? 7만 원이 더 많다는 말을 네가 한 번만 했냐! 7만 원 소리도 내가 지어낸 말이라고 하려는 구나! 잘못을 해놓고 내가 나무라면 내가 지어내서 말한다고 거짓말하고... 7만 원도 내가 지어낸 말이지?' 하고 내가 소리를 지르자 이 형제는 '그래서 내가 누나한테만 말했잖아! 다른 식구들한테는 말 안 했잖아! 잘못된 거 같아서.' 하고 말했다. '방금 7만 원 얘기 안 했다고 해놓고 잘못된 거 같다고? 내가 부정행위를 한 것 같아서 숫자를 부풀려놓고 그 차액을 내가 훔쳤을 것 같아서 말 안 했니?' 내 빈정거림에 이 형제는 잠자코 있었다.

어젯밤 내가 다시 계산을 하려고 내 방으로 들어올 때 주방장님이 들렀었고 이 형제는 즉시 7만 원이 더 많다는 말을 했는데 그때 박 자매도 있었다. '왜 말 안 하니 잘못 없어도 말하면서 잘못이 있으면 말해야지!' 하고 내가 내지르자. 이 형제는 '나는 7만 원 얘기한 적 없엇——!' 하고 악을 썼다. 또 나를 짓밟으려고 작심한 것이다. 이 집사 이탈 후부터 놈은 열흘이 멀다 않고 이유 없이 억지를 쓰고 내가 나무라면 직전에 억지를 썼으면서도 '내가 언제 그랬엇——! 나는 안 그랬엇! 거짓말 하지맛——! 말을 지어내서 하넷——!' 등등의 포악을 쳐왔었다.

놈에 대한 분노가 미친 듯이 끓어올랐다. '이 집사가 사람을 안 씹고는 못살더니 너는 사람을 안 짓밟고는 못 살겠냐! 인간의 탈을 쓰고 어떻게 그렇게 악랄하닛! 네가 사람도 아니라고 여기는 이 집사도 너만큼은 악랄하지 않았닷! 나를 짓밟으려고 내 심장을 난도질 하려고 온갖 짓을 다하는구낫! 온갖 패악을 부린 이 집사한테는 해야 할 말도 안 하고 천사처럼 굴더니 아무 잘못도 행치 않는 나한테는 걸핏하면 패악질을 하고 내 심장에 비수를 꽂고 너라는 애 정말이지 지긋지긋 하닥——!' 하고 내가 악을 썼다. 이 형제가 '말을 아주 독하게 하넷! 내가 뭘 어쨌다곳. 말을 그렇게 독하게햇——!' 하고 악을 썼다. 내가 '네가 하는 짓거리보다 내 말이 더 독하냣! 어떻게 그렇게 비열하고 악랄 하냣! 내가 이 집사처럼 나쁜 인간이거나 아줌마 같은 정상인이라면 나한테도 천사처럼 굴겠지, 악마와 정상인한테는 천사처럼 굴고 사람한테는 같은 장애인한테는 악마인 네가 사람이냣——!' 하고 악을 썼다. 이 형제는 '내가 뭘 어쨌다고 그랫——! 이것 봣! (핸드폰을 내밀며) 계산 맞잖아——!' 하고 악을 썼다. 내가 들여다보니 어떤 숫자도 떠 있지 않았다 7만 원 많은 게 어딨냐고 다그쳐도 이 형제는 '눈으로 보면서도 몰랏! 이렇게 나왔잖앗——!' 하고 악을 썼다. 숫자는 하나도 없고 한글만 떠있기에 내가 숫자를 짚어 보라고 몰아쳐도 이 형제는 그러지 않고 같은 악을 쓰고 또 쓰고 미친 듯이 써댔다. 나를 미치게 하고 싶어 환장을 한 듯했다. '네가 나를 미치게 하려고, 미쳐서 죽게 하려고 발광을 하는구낫! 숫자는 있지도 않은 걸 들이대며 7만 원이 많다고 악을 쓰곳, 네가 악마냣! 악마도 네 정도는 아니겠다——!' 하고 내가 악을 써도 이 형제는 '이렇게 서 있는 데도 아니얏——!' 하고 악을, 아니 포악을 쳤다. 쉴 새 없이 쳤다. 나도 계속해서 악을 썼다.

'나를 짓밟다 짓밟다 도둑으로까지 모는구낫! 나를 미쳐 죽게 만들려고 인간의 탈을 쓰고 어떻게 그렇게 악랄하냣! 악마도 너한테 배워야겠닷. 이순자가 무슨 짓을 하고 있는지 내가 얼마나 힘든지 알면서 힘을 보태주긴커녕 힘을 더 못쓰도록 짓밟앗? 나를 짓밟으면 선교회가 피해를 입고 그러면 너도 피해를 볼 것이 뻔한데 네가 얼마나 악하면 네 피해를 감수하면서까지 나를 짓밟냣! 짓밟지 않으면 못살겠냣! 나를 짓밟고 고문하면 사이코패스처럼 쾌감이 느껴지냣——!' 하고 죽을 듯 악을 써대자, 이 형제는 '내가 잘못했엇——! 잘못했다굿——!' 하고 포악을 쳤다. '잘못했다는 게 포악치는 거냣——!' 내 악에 이 형제는 '모르고 그랬잖앗——!' 하고 포악을 쳤다. 내가 '몰랐다면서 포악을 치냣! 너같이 악랄한 놈, 내 평생에 처음 본닷! 나를 미쳐 죽게 하려곳 발악을 하는구낫! 네 치다꺼리 싫어하지 않고 늘 잘 해주니까 짓밟아 죽여도 되는 존재로 보이냣! 네가 사람이라면 돈이 생긴대도 그렇게 악랄하게 못할거닷! 내가 잘못한 게 있어도 그렇게 못할거닷! 내가 너 때문에 골병이 다 들엇닷. 이 악마얏——!' 하고 악을 쓰자 놈은 '모르고 그랬다잖아! 모르고 그럴수도 있는거잖앗——!' 하고 포악을 치고 또 쳤다 .줄기차게 쳤다. 발악하듯이 쉬지않고 포악을 쳐대는 그의 괴력은 대체 어디에서 나오는 것일까.

'입 다물엇! 내가 미쳐서 너한테 해코지 하기 전에 입 다물엇——!' 하고 내가 악을 쓰자 놈은 포악을 뚝 그쳤다. 나도 악을 그치고 내 방으로 들어오는데 놈이 나를 부르더니 또 핸드폰을 들이밀며 '봐 맞잖아.' 했다. 내 입에서 즉시 '이 새끼가 미쳤네, 이 집사가 정신병자라고 하더니 진짜네. 모르고 그랬다 해놓고 또 딴소리네!' 라는 말이 저절로 튀어나왔다. 더 상대하기 싫어서 다시 내 방으로 들어오는데 주방장님이 들어왔다. 놈은 아무일도 없었는듯 밝은 음성으로 인사를 하더니 재미있는 듯 뭐라고 지껄이면서 유쾌하게 웃었다. 나는 소름이 끼쳤다.

심장이 파열되는듯하고 전신이 옥죄이며 아프다. 이순자가 마녀가 아니라면 그에게 선교회를 넘겨버리고픈 마음 간절하다.

2011.7.5.(화)

이 형제가 내 방 앞에 와서 나를 불렀다. '말 걸지 마, 이 악마야!' 하고 내지르자 이 형제는 영문을 모르겠다는 듯 '왜 그러는지 모르겠네.' 하고 씨부리더니, '대체 왜 그러는 거야!' 하면서 방에 들어오려 했다. 내가 잽싸게 방문을 닫아 잠그며 들어오지 말라고 외쳤다. 이 형제는 내가 뭘 어쨌다고 그래하고 볼멘소리로 외쳤다. 내가 진저리가 쳐져서 '어떻게 저런 놈이 있을 수 있을까! 너란 놈 정말 진저리가 난다.' 하고 외쳤다.

이 형제는 박 자매한테 뭐라고 볼멘소리를 토했다. 박 자매가 웬일이지 '언니한테 미안하다고 해.'하고 말했다. 이 형제는 '뭐가 미안해. 누구나 말 할 수 있는 거지, 말도 못하냐!' 하고 언성을 높였다. 아무 죄 없는 식구에게 너를 돌봐주는 식구에게 도둑누명을 씌우는 말을 할 수 있는 거라니 너 정말 악마구나! 하고 퍼붓고 싶은걸, 더 싸울 기운이 없어서 잠자코 있었다. 이 형제는 주방장님이 출근하자 또 볼멘소리를 토하면서 나를 헐뜯었다.

2011.7.6.(수)

이 형제가 풀죽은 모습으로 미안하다고 말했다. 말이 채 끝나기도 전에 내가 '말 걸지 마, 너를 생각만 해도 끔찍하고 몸서리쳐진다!' 하고 내질렀다. 그저께부터 나는 그의 빨래를 해주지 않았다. 다른 식구와 내 빨래만 했다. 커피도 타 주지 않았다. 깔끔해서 하루나 이틀에 한 번꼴로 빨래를 내놓는 이 형제는 박 자매에게 빨래를 해달라고 했는데, 박 자매는 즉시 '내가 왜 빨래를 해주닛! 미친 새끼얏!' 하고 폭언을 퍼부었다. 치다꺼리를 안 해주니 마지못해 미안하다는 것이다. 이 형제는 한참 후에 또 미안하다고 말했다. 내가 '말이나 붙이지 마, 네가 진정으로 미안해하는 것도 아니고 아쉬워서 마지못해 하는 거잖아! 진정인들 며칠 지나면 또 그럴 걸 무슨 의미가 있냐!' 하고 내질렀다. 이 형제는 어떻게 해야 받아줄 거냐고 물었다. 내가 '뭘 받아줘, 네가 패악질로 나를 짓밟은 게 한두 번이냐! 악하기 짝이 없는 이 집사한테는 폭행을 당하고도 찍소리 안 하고 일요일마다 중국음식 주문해 바치고, 네 치다꺼리 하는 나한테는 사탕을 잔뜩 사고도 한 개도 안 주고 다른 사람한테는 봉지째 주고 내가 나쁜 인간이라면 나한테도 잘 할 거다. 내가 나쁜 인간이 아니고 너한테 잘하니까 네가 걸핏하면 비수를 휘두르고 짓뭉개지. 이 악한 인간아!' 하고 내질렀다. 이 형제는 잠자코 있었다. 주방장님이 내게 요새 얼굴이 너무 안 좋다고 화병난 거 아니냐고 말했다.

2011.7.10.(일)

예배에 참석하러 갔던 박 자매가 황급히 들어오면서 '큰일 났어, 이순자가 우리 내쫓고 현 집사한테 이곳을 맡긴대.' 하고 말했다. 박 자매는 하얗게 질려있었다.

잠시 후 이순자가 현 집사와 함께 들어오더니, 최영준 형제 매트리스를 가리키며 외쳤다. '남의 교회에 왜 들어와, 내일 동사무소에 가서 다 말할 거야! 수도를 끊어놓고 내가 전부터 협력하여 선을 이루자고 했는데, 내일부터 현 집사님이 여길 관리 할 거예요.' 내가 '수도관 교체하자고 그렇게 사정할 때는 묵살하더니 수도 끊었다고?' 하고 내지르자 이순자는 '언제 말이나 했어!' 하고 외쳤다. 나도 외쳤다. '내가 한두 번 얘기했냐! 행여나 함께 교체할까 봐 몇 달을 사정하며 기다려도 단수 돼도 상관없다며 외면해 놓고!' 이순자는 '나는 안 들었어!' 하고 외쳤다. 내가 외쳤다. '입만 열었다 하면 거짓말이야! 거짓말 안 하고는 못 살겠지? 예배드릴 때도 거짓말 하지? 하나님이 장애인들 것은 다 뺏으라고 했냐!'

현 집사 놈이 네가 어쩌고 하며 소리를 질렀다. 내가 '너라니 반말하지 마! 교회수도관이 파손되어 수도세가 엄청 나왔으니 절반 부담해 달라고 몇 달을 사정해도 외면하고 절반씩 부담해서 수도관을 교체하자고 몇 달을 사정해도 묵살해 놓고 뭐? 안 들었다고' 하고 외치자, 현 잡놈이 '교회 수도관이 누수 되어? 어떤 놈이 그따위 소릴 햇! 그놈 데려 왓!' 하고 외쳤다. 이순자가 비난 기를 잔뜩 담은 목소리로 '노회가 수도요금 내준 거 다 알아요. 내가 모를 것 같아요!' 했다. 왜 배 아프냐고 외쳐야 했는데 김수인 목사가 알려주었을까? 김 목사는 이순자와 내통하고 있는 거 아닐까? 라는 생각이 드는 바람에 못하고 말았다.

이순자가 '어디에서 전화가 와서 전혜성 목사님이냐고 묻더만' 하고 빈정댔다. 내가 '선교회 전화로 전화를 하면 그때마다 가로채 받아서 내가 선교회 원장이다.' 라고 했다더만 하고 빈정댔다. 이순자는 '나는 그런 말 한 적 없어!' 하고 거짓말을 하더니, '교회대표니까 선교회대표도 되는 거지.'라고 말했다. 내가 '거짓말 한다고 그렇게 욕을 먹으면서도 거짓말을 계속하는 것 좀 봐. 완전 병이야! 허언증 환자 그것도 아주 중증환자야!' 라고 내뱉고 나서 '이곳을 관리하겠다고?' 하고 물었다. 이순자는 '당연히 관리해야지 내일 현 집사님이 여기 들어올 거예요.' 하고 말했다. 내가 '마음대로 해봐! 주거 침입으로 고발할 테니까.' 라고 내뱉자 이순자는 '주거 침입이 되는지 두고 보자.'고 내뱉으며 밖으로 나갔다.

그 뒤를 향해서 내가 '인간의 탈을 쓰고 어떻게 저렇게 악랄할 수 있을까. 악마도 저 정도로는 악하지 않을 거야!' 하고 외쳤다. 이순자는 '인간의 탈을 쓰고 어떻게 저렇게 악랄할 수 있을까. 악마도 저 정도로 악하지 않을 거야 저렇게 악랄한 줄 나는 몰랐어!' 하고 외쳤다.

(다음날 현 집사는 나타나지 않았다. 이후 현 집사는 암에 걸렸는데 이순자가 자기한테 비정하다고 이를 갈았다. 그리고 죽었다.)

2011.7.12.(화)

밤 10시가 되어 가고 비가 오는데 이순자가 경찰 두 명과 나타났다. 웬일이냐고 묻자 경찰이 '사람이 들어왔다 해서' 하고 말했다. 내가 이순자에게 '사람 사는 곳에 사람 들어온 게 잘못이냐고' 물었다. 이순자는 '안 되지 동네사람들이 더 야단이야! 다 내게 이야기 해줘.'했다. 그 눈에서는 살기가 뿜어지고 있었다. 경찰이 내게 직함이 뭐냐고 물어서 '내가 이곳 책임자입니다.' 하고 대답했더니, 이순자가 즉각 '아닙니다.' 하고 반박했다. 그리고는 '내일 두 사람 다(엄 형제와 최 형제) 내 보내세요. 안 그러면 112에 신고할 거예요!' 하며 나갔다. 경찰이 이순자를 가리키며 '이곳이 저 분거라면서요?' 하고 말했다. 이순자가 뒤돌아서며 '아니 교회 거요.' 했다.

'흐 흥, 경찰서에서도 거짓말 했구만.' 하고 내가 내뱉은 뒤 '교회 이름으로 노회에 등록되어 있는데 선교회가 건축했고 위층은 장애인들이 살도록 한다는 내용이 명시되어 있습니다.' 하고 말했다. 이순자가 '노회에 안 들어 있습니다.' 하고 또 거짓말을 했다. 경찰이 내게 '이곳 관리하세요.' 하고 물었다. 내가 '네.' 하고 대답하자 이순자가 즉각 '아닙니다.' 하고 반박한 뒤 기가 막힌다는 웃음을 '허' 하고 웃었다. 기막힐 사람은 나인데, 경찰이 관리를 어떻게 하냐고 물어서 내가 '예전에 후원금으로 운영했는데 지금은 후원이 다 끊겨서 식구들의 생계비를 얼마씩 거둬서 운영하고 있습니다.' 하고 대답했다. 경찰이 '교회가 지원하는 게 아녜요?' 하고 묻는 말이 채 끝나기도 전에 이순자가 '맞아요. 교회가 지원해요.' 하고 또 거짓말을 했다.

내가 '저희 선교회가 교회를 지원 했습니다. 후원금 들어오면 후원금에서 십일조와 감사헌금을 내고 예전에 스물여덟 명의 장애인이 있었는데 장애인 개개인이 십일조와 감사헌금을 내서 교회가 운영되어 왔습니다.' 라고 말했을 때 이순자가 황급히 '아닙니다. 다 거짓말입니다.' 하고 거짓말을 하면서 서둘러 경찰을 데리고 나갔다.

2011.7.15.(금)

이순자가 내용증명을 보내왔다. 교회는 나를 선교회 대표로 임명한 적 없다고 동 사무소에 부활선교회 거주자는 4명 외에는 없어야 한다는 걸 통보했다고 두 사람을 퇴출시키고 협력하여 선을 이루었음 한다는 내용이었다.

이순자에게 편지를 썼다. 잘 아시다시피 선교회는 그동안 단 한 번도 교회가 대표를 임명한 적 없고, 장애인들이 직접 대표를 선임해 왔다고, 장애인들은 상처 많은 영혼들인데 꼭 그렇게 해야겠냐고, 악을 행하면서 선을 이루자는 건 궤변이라고, 연약한 장애인들의 권익과 영혼을 짓밟는 것에서 쾌감을 느끼는 신앙 장애, 양심장애인이 아니라면 적당히 하라고, 장애인의 피 같은 땅을 뺏고 생존권까지 뺏으면 하나님이 언제까지 봐줄 것 같냐고 썼다.

2011.9.4.(일)

박 자매가 말했다. '운기 그 개새끼가 언니하고 마음 안 맞아서 이곳에 못 있겠대, 나가고 싶대.'

이 집사도 그랬었다. 이유 없이 나를 미워하고 욕하면서 죄 없이 욕을 먹으면서도 잠자코 있는 나와 마음 안 맞아서 함께 못살겠다고 했었다. 자기에게 온정적인 나를 그렇게 미워하고 욕하면서 자기를 강간하겠다는 놈은 미워하지도 욕하지도 않으면서 아주 가깝게 지냈었다. 이 형제는 나를 도둑으로 몰려고 한 이후에도 이전과 똑같이 열흘이 멀다 않고 내게 억지를 쓰고 내가 나무라면 포악을 치는 패악질을 반복해 왔다. 나를 짓밟으며 고문했다.

처음으로 이 형제 욕을 했다. 박 자매가 이 형제에게 이르기를 바라면서 '제 놈하고 마음 맞을 사람 이 세상에 단 한 명도 없다. 나한테 하는 짓 다른 사람한테 했다면 백번도 더 맞아 죽었을 거다. 내가 여태껏 본 악마들 중에 제일 악한 악마야!' 하고 말했다. 박 자매가 또 말했다. '그 새끼 아주 나쁜 새끼야! 언니가 말을 지어내서 한 대, 자기가 안 한 말을 언니가 지어내서 자기를 뭐라 한 대, 그런 말을 맨 날 해. 내가 언니가 커피도 타 주고 빨래도 해주니까 언니한테 뭐 좀 사주라고 해도 안 사주고 주방 아줌마한테만 화장품 사주고 두유 사주고 온갖 걸 다 사 줘. 아주 무서운 새끼야! 내가, 안 사주는 건 잘못 아냐. 사람을 욕하고 미워하는 게 잘못이지.' 하고 말했다. 그리고 속으로 웃으며 말했다. 자네도 내가 자네 서방님 대소변 뒤치다꺼리를 다하는데 아무것도 안 사 주잖아!

(내 바람대로 박 자매는 이후에 내가 한 욕을 그대로 이 형제에게 일렀다)

2011.9.5.(월)

주방장님이 '추석에 집에 갈 사람?' 하고 물었는데 이 형제는 대답을 하지 않았다. 추석에 집에 간 적 없는 이 형제지만 내가 작심하고 내질렀다. '다들 집에 가! 명절에까지 뒤치다꺼리 해줄 맘 없으니까. 해 줘봤자 처먹고 헐뜯고 고문하고 나도 이젠 진저리 난다.' 하고 내 방으로 들어오는데 이 형제가 뭐라고 욕하는 소리가 들렸다. 점심 후 외출에서 돌아온 이 형제가 홍삼 상자를 내 방에 들이밀며 '진작 이렇게 했어야 했는데 안 했어!' 하고 말했다. 명절엔 주방장님이 쉬기에 내가 밥을 해주는데 이번 추석 땐 안 해줄 것 같으니까 사주는 것이다.

그저께도 이 형제는 패악을 부렸었다. 내가 손으로 떠밀며 필요 없다고 외쳐도 이 형제는 한사코 들이밀며 내가 문을 못 닫도록 문설주에 손을 짚고 버텼다. 내가 '너라면 생각만 해도 몸서리쳐지는 자가, 주는 걸 받겠냐! 내가 언제 이런 거 바랬냐! 말이나 걸지 마라! 말소리도 끔찍하다!' 하고 외치자 이 형제는 잘못했다고 다신 안 그럴 거라고 제발 받아달라고 애원을 했다.

'미친개가 사람 안 무는 게 쉽지 네가 나를 안 짓밟고 살겠냐! 전에도 잘못했다고 다신 안 그런다 해놓고 이전과 똑같이 했어! 도움을 받으면서도 도움 주는 사람을 너만큼 짓밟고 학대하는 자 없을 거다. 짓밟는 게 아니라 짓이기는 거지. 악마도 도움 주는 이에겐 너만큼 악랄하게 안 할 거다. 나한테는 악마 이상으로 굴면서도 외부인에겐 천사처럼 굴고, 이 야누스야! 지금은 안 그런다 해놓고 며칠 후엔 또 그럴 거, 네가 더 잘 알 거다. 여태까지 그래왔으니까. 내가 악마들을 여럿 만났었지만 너처럼 의도적으로 사람 짓이기는 악마는 없었어!' 하고 내가 마구 퍼붓자 주방장님이 달려와서 잘못했다고 비니까 받아주라고 말했다.

내가 뉘우쳐서 비는 게 아니고 추석 때 아쉬울 것 같으니까 비는 거라고 말했다. 주방장님은 참으라고 말했다. 내가 왜 참아야 하냐고 참으니까 짓밟고, 짓이기고 또 짓이긴다고 내가 외쳤다. 그래도 참아야지 안 그러면 분란이 인다고 이런 곳을 운영하면 참아야 된다고 주방장님은 말했다. 박 자매가 악귀처럼 포악을 치며 쌍욕을 퍼부울 때도 박 자매에겐 한마디도 하지 않고 내게만 참으라며 제지하는 주방장님이다. 나를 짓이기는 자를 제지하지 않고 짓이겨지는 나를 굼틀하지 말라고 제지한다. 나를 짓이기는 자의 기를 더 살려주는 것이다. 이 형제와 박 자매가 내가 곁에 없을 때 거의 매일 번갈아 자기들이 한 패악질까지 내게 덮어씌우고 헐뜯고 욕을 해도 단 한 번도 제지한 적 없고 어느 땐 말장구까지 치는 주방장님이다. 그런 이가 나를 짓이기는 악마는 적극적으로 엄호하는 것이다.

'아줌마도 그러시는 게 아니죠? 왜 아무 죄도 없이 치다꺼리 해주면서 짓밟는 걸 참아야 되죠? 다른 시설에선 운영자가 식구들 돈 뜯으면서 식구를 짓밟아요. 저 인간도 다른 시설에 있어봐서 잘 알 거예요!' 하고 내가 외쳐도 주방장님은 그래도 참아야지 안 참으면 분란이 일어나니 참아야 한다는 말을 반복하고 또 반복했다. 불난 집에 물을 뿌리긴커녕 기름을 끼얹는 주방장님의 뇌구조는 대체 어떤 형태일까? 나는 더 상대하기 싫어서 구석으로 피했다. 이 형제도 주방장님도 물러났다. 나는 즉시 홍삼을 이 형제 자리에 내던지고 내 방문을 잠가버렸다.

퇴근을 한 주방장님이 전화를 걸어와서 '매번 언니한테만 참으라고 해서 미안해요. 그렇지만 참아야 돼요.' 하고 지껄였다. 짓밟혀 만신창이가 된 사람에게 계속 짓밟히고 있어야 된다는 주장을 하고 또 하다니, 피도 눈물도 없는 듯했다. 내가 짓밟혀 죽기를 바라는 것인가? 내가 '이 집사는 땅을 말아먹고 온갖 못된 짓을 해도 원장처럼 섬겨놓고 자기한테 잘 해주고 못된 짓도 안 하는 나한테는 걸핏하면 거짓말을 하고 악한 인간으로 몰면서 포악을 치잖아요. 나를 죽이려고 하고.' 말했다. 주방장님은 '나도 알아요. 두 사람이 이 집사한테 한 거하고 언니한테 하는 게 완전 달라요. 그래도 참아야 돼요. 안 그러면 분란이 일어요.' 하고 말했다.

'그러면 나는 짓밟혀서 죽어도 되나요? 안 그래도 둘 때문에 골병이 들었는데 분란이 안 일도록 나는 죽어야 되나요?' 하고 내가 묻자 주방장은 '그러면 어떡해요. 내보낼 수도 없잖아요.' 하고 지껄였다. 내가 죽어도 상관없는 듯했다. 분란이 이니까 참으라니 분란 일지 말라고 자기는 이 형제와 박 자매가 끊임없이 나를 모함하며 쌍욕을 퍼대는 것을 제지하지 않고 구경하며 때로는 패악질하는 둘의 기를 북돋아 주는가? 다른 사람이라면 거의 매일 사람을 헐뜯고 욕하는 것 오래전에 진저리가 나서 안 들으려 했을 것이다. 이 형제 박 자매가 이 집사하고 나한테 하는 게 완전히 다르다고 했는데 자기도 나한테 이 집사한테 한 것과 완전히 다르게 한다. 하늘과 땅만큼 차이 나게 한다. 내가 이 집사같이 나쁜 인간이라면 이 집사에게처럼 내게도 잘할 것이다.

2011.9.11.(일)

식구 셋은 추석 쉬러 본가에 가고 나, 이 형제, 진 집사님만이 있는데 주방장님도 쉬는지라 내가 아침 점심을 차려주었다. 오후 6시에 저녁을 차려주려고 나가니 이 형제가 전화에 대고 내가 배가 고픈데 어쩌고 하고 있었다. 아침 점심 잘 처먹고 3시에 송편 한 접시 준 것 다 처먹고, 대식가도 아닌 놈이 배고프다고 하는 건 나를 나쁜 이로 몰기 위해서다. 대체 놈의 악마성, 깊이는 어느 정도일까? 어떻게 저 토록이나 양심이 없을 수 있을까? 라는 생각을 하면서도 추석 때 치다꺼리 안 해 줄 거라고 했던 게 찔려서 아무 말 않고 저녁을 차려주었다.

2011.9.16.(금)

이대기 목사님한테 전화로 대법원에 제소한 거 어떻게 되었냐고 물었더니 기각되었단다. 왜 기각되었냐고, 그걸 왜 나한테 안 알려 주었냐고 묻자 김수인 목사한테 물어보라고 했다. 김 목사한테 전화를 했더니 그는 이 문제를 유지재단에(교회재산 관리기관) 넘길 거라고 말했다. 내가 그곳에서는 건물반환을 막을 수 있냐고 묻자 김 목사는 '그곳에선 안 넘겨주려 하고 있고, 주 부처인 문화관광부에 장애인들이 살고 있다는 이야기를 해서 생활할 수 있도록 할 거예요.' 하고 말했다. 내가 '노회 때문에 우리가 죽게 되었어요. 노회 아니면 우리가 이렇게 안 되었어요. 건물을 뺏겨야 한다면 땅이라도 찾아야겠는데, 땅을 가져오도록 도와주세요.' 하고 말했다. 김 목사는 지난번 재판 때 건물과 함께 땅을 넘기라는 판결이 났기에 찾을 수가 없다고 말했다.

'어떻게 그런 판결이 나요. 땅은 선교회식구 명의로 이전키로 한다고 교인총회에서 의결했는데,' 내 말에 김 목사는 이순자가 소송할 때 땅도 넘기라고 해서 그렇게 판결이 났다고 말했다. 이순자가 건물을 반환하라는 소송을 낼 때 땅도 포함시켰고(한 목사 명의로 되어있었다) 그 때문에 건물과 함께 땅도 교회로 넘기라는 판결이 났다는 것이다. 건물과 땅을 넘기라는 소송을 냈는데도 김 목사는, 선교회가 땅을 포기하겠다는 서명을 노회에 해줄 테니(노회가 땅을 갖도록) 땅은 선교회에서 샀다는 것을, 건물은 선교회가 건축했다는 것을 법원에 제시하자는 내 청원을 묵살한 것이다.

세상에 이런 경우가 있다니, 선교회 땅을 지켜준다며 나서서 땅을 이순자에게 넘겨주려고 땅을 가져오자는 내 호소를 묵살한 선교회 후원회장 까마귀 권사처럼 선교회 땅을 지켜준다며 나서서 후원회장이 되어 선교회를 배신한 까마귀 권사처럼 노회임원인 김 목사도 이순자 소송에 대항한다며 나서서 노회를 배신한 게 아닌가? 이순자에게 모두 넘겨주려 한 게 아닌가? 내가 귀가 막혀서 '그런데도 제가 땅을 선교회가 샀다는 것을, 건물은 장애인들이 산다는 걸 내세워 달라고 하는 걸 묵살하셨어요!' 하고 따지자 김 목사는 거짓말 말라는 투로 '언제 그랬어!' 하고 따졌다. '편지로 하고 전화로도 했잖아요. 몇 번이나 했는데,' 내 말에 김 목사는 뭐라고 지껄여대다가 그동안 재판 때 사용한 자료를 유지재단에 넘겨줄 테니 그곳에 가서 사정해 보라고 하더니 전화를 끊어버렸다.

유지재단 박성남 장로님한테 전화를 했더니 엊그제 이순자가 와서 건물을 넘기라 했다고 말했다. 내가 기각당하면 항소할 수 없는 거냐고 묻자 박 장로님은 대법원은 고법이 재판을 잘못했는지를 보는 곳이라고 말했다. '그럼 이전 재판이 중요했네요.' 내 말에 장로님은 '그래요. 왜 그동안 가만히 있었어요. 재판 때 입장을 밝혔어야지.' 하고 말했다. 내가 '김수인 목사님한테 건물에 장애인들이 살고 있다는 걸 내세워 달라고 몇 번이나 말했는데 안 받아 주었어요.' 하고 말했다.

2011.10.9.(일)

이 형제가 말했다. '미영이가 자기는 이제 이순자 편이래, 그걸 누나한테 말해도 된대, 그러면서 여기서 안 나간대, 내가 이순자 편이면 이순자한테 가야 된다고 이순자 집에 가라고 했더니 그건 싫대, 죽어도 여기서 안 나갈 거래.'

박 자매는 이전에도 이순자 편이었다. 바보는 상대가 힘이 있으면 악인이어도 그 편에 선다. 죽어도 선교회에서 안 나가겠다는 것을 보면 미영이가 아주 바보는 아니지만 말이다.

이순자는 나와 마주쳐도 인사를 않고 찬바람을 일으키며 지나간다. 이전엔 내가 외면을 해도 상냥히 인사하더니 재판 후 달라진 것이다.

2011.10.11.(화)

김수인 목사한테 전화로 앞으로 우리가 어떻게 해야 되냐고 물었더니 노회가 더 이상 이 일에 신경 쓸 필요는 없어요. 그동안 노회가 애쓴 것은 교회를 바로 세우기 위해서 어쩌고저쩌고 했다. 이순자를 선동해서 땅을 뺏게 만들고 안식처인 건물에서 쫓겨나게 만들어놓고 신경 쓸 필요 없다니, 댁이 목사가 맞나 묻고 싶은 걸 차마 못하고 있는데, 김 목사는 '집사님이 건물을 차지하려고 그러는데' 어쩌고 지껄였다. 장애인들의 땅과 생존권을 빼앗아 벼랑 끝에 내몰아놓고 억지를 쓰다니, 그는 추호의 미안함도 없는 게 분명했다. '노회에 등록된 건물을 제가 어떻게 차지해요!' 하고 내가 반발하자 김 목사는 '노회건물에 살면 노회관리를 받아야지 예전에 노회가 하자는 대로 했더라면 이런 일이 없었을 것 아녜요.' 하고 언성을 높였다. 내가 '왜 그랬는데요. 노회가 오로지 우리 권리를 뺏으려는 이순자 편만 들어서 우리가 노회를 믿을 수 없어서 그런 거잖아요!' 하고 반격하자 김 목사는 '집사님이 지도자가 되려고 그러는데' 하고 지껄였다.

참으로 같잖은 목사였다. 힘없는 장애인을 위기 상황에 몰아넣고 개망나니처럼 근거도 없이 아무 말이나 씨부리는 꼴이라니 그러면서도 본인 교회에서는 진정한 목사인 척 그럴듯한 설교만 하겠지...

'나는 지도자가 되면 안 되나요? 왜요? 같잖은 장애인이어서요? 내가 아무리 장애가 심해도 댁의 그 험한 쌍판보다는 낫다.' 고 해야 했는데 미처 그런 생각을 못하고(생각했어도 등신 같은 내가 못했겠지만), '지도자요? 저는 몸도 마음도 아파서 제 자신 하나도 감내할 기운이 없는 사람입니다. 예전에 이 집사한테 악하게만 안 하면 원장으로 인정해 준다고 했고, 이순자한테도 그런 식으로 말했었습니다!' 하고 내질렀다. 김 목사는 이순자하고 협력하면 되는데 안 하고 쫓겨나니 어쩌니 한다 고 말했다. 내가 말했다. '협력해도 될 것 같으면 왜 안 하겠어요. 이순자는 물질에만 혈안이 되어있고 허언증 환자처럼 거짓말도 엄청 잘하는 이에요. 하나님 앞에서도 거짓말하지 않나 의심돼요. 그런 사람과 협력하려면 똑같은 자가 되어야 하는데 저는 선천적으로 그런 사람이 못돼요.' 김 목사는 그건 집사님 편견이고 집사님 기준으로 이순자를 보지 말고 협력해야 되고 마음을 열고 협력하면 안 쫓겨나고 어쩌고저쩌고 마구 씨부려댔다. 마녀 이순자와 완전 동급인 놈. 이순자가 지옥에 굴러 떨어질 때 부디 함께 떨어지길... 재판 판결문을 보내달라 하려고 다시 김 목사한테 전화를 했는데, 내 목소리를 듣자마자 전화를 끊어버렸다. 이대기 목사한테 전화했더니 받지도 않고 끊어버리고 내가 다시 했는데 또 받지 않고 끊어버렸다. 무당보다 못한 목사 놈들.

2011.10.12.(수)

유지재단에 전화를 해서 건물 등록증을 발급해 달라면서, 등록부에 '위층은 장애인들이 살도록 한다.' 는 조항이 명시되어 있냐고 물었다. 박성남 장로님이 안 되어 있다고 말했다. 내가 분명히 명시했다고, 예전의 부활선교회 장애인들은 다 그렇게 알고 있다고 해도 박 장로님은 아니라고 말했다.

눈앞이 캄캄했다. 그걸 믿고 이순자한테 더 꼿꼿했는데, 부활교회 옛 교인 오경숙 권사님한테 전화로 물었더니, 오 권사님이 '그때 부활교회 이정훈 목사님하고 김기용 집사가 그렇게 했다고 해서 그렇게 믿었지 확인은 안 했어, 두 사람이 거짓말 한다고는 생각도 못 했으니까.' 하고 말했다. 장애인 교회가 생활터전인 목사와 집사가 장애인들을 속여먹은 쾌감이 어느 정도였을까?

(다음날 유지재단을 찾아간 나는 박 장로님의 말이 사실임을 확인했다)

2011.12.22.(목)

점심 때 동지죽을 끓였다. 완전 소금죽이었다. 진저리가 쳐지도록 짰다. 절대로 먹을 수 없는 것이었다. 내가 못 먹도록 하려고 소금을 왕창 퍼 넣었구나! 라는 생각이 들었다. 종종 음식으로 횡포를 부리는 주방장이다. 내가 먹을 찰밥에 소금을 켜켜이 하얗게 뿌려놓은 적도 있었다. 이 형제와 박 자매는 '맛에 민감한데 맛있다.' 하며 먹고 있었다.

'짜도 너무 짜네요.' 내 말에 주방장은 묘한 웃음을 띄며 항의조로 '안 짜요. 언니가 싱겁게 먹어서 짜게 느끼는 거에요!' 하고 말했다. 반복해 말했다. 오기로 설탕을 몇 숟갈을 퍼 넣고 한 대접을 다 먹었다. 주방장 퇴근 후 남아있는 죽을 맛보았더니 언제나 간을 잘 맞추는 주방장이 끓인 죽답게 간이 알맞았다. 나처럼 짠 것을 못 먹는 세 사람이 설탕을 전혀 넣지 않고 맛있게 먹은 이유였다. 내게 주는 죽에만 소금을 잔뜩 퍼 넣은 것이다. 그런데도 화가 안 난다. 이 형제 박 자매의 패악질 때문에 화가 날 여력이 없는 것일까 따져야 되는데 따지고 싶은 마음도 안 생긴다. 주방장이 무안해 할까봐서...

'언니가 돈을 가져가서 안 줬어. 그런데 무슨 돈이 있어!' 주방에서 들려오는 박 자매 말이었다. 또 나를 도둑으로 몰고 있는 중이었다. 이 형제가 '누나한테 말해.'라고 하자, 박 자매는 신경질적으로 '뭘 말해!' 하고 소리를 질렀다. 내가 나가니 주방장님이 '미영이가 돈이 없대.' 보험금(갑상선에 걸려서 탄 것) 있지 않느냐고 해도 없대 하고 말했다. 보험금 1,000만 원을 이순자가 교회명의로 예금하자고 압박하는 것을 내가 박 자매 오빠 내외를 불러와서 오빠 명의로 예금하게 했는데, 예금할 때 박 자매도 함께했다. 그런데도 이후 박 자매는 내가 없을 때 종종 내가 보험금 1,000만 원을 가져갔다는 누명을 씌웠다. 예금통장과 도장을 자기가 가지고 있으면서. 도둑누명을 씌우는 건 도둑질 하는 것보다 더 나쁜 거라고 타일러도 소용없었다.

기억력 뛰어난 박 자매가 예금한 것을 잊을 리는 없었다. 도둑 누명을 쓰고 있으면서도 가끔 박 자매에게 이순자한테 절대 돈 이야기 하지 마라. 뺏길 수 있다고 주의를 주었는데 예금만기가 되자 박 자매는 내게는 말 않고 이순자하고 우체국에 갔다 왔다. 이순자가 어떻게 하지 않았을까 걱정이 되었지만 도둑 누명을 쓰고 있는지라 신경을 쓰지 않았는데, 박 자매는 이후에도 변함없이 내가 그 1,000만 원을 가져갔다는 거짓말을 하고 있었다.

박 자매에게 보험금 어떻게 했냐고 물었다. 박 자매는 대답하지 않았다. 내가 '전에 이순자하고 우체국에 갔었잖아. 그때 어떻게 했어?' 하고 재차 묻자 박 자매는 '뭘 함께 가!' 하고 소리를 질렀다. 내가 '함께 갔었잖아. 그때 이순자 앞으로 예금했어?' 하고 다그치자, 박 자매는 성난 얼굴이 되어 아니라고 하면서 방으로 들어가 버렸다. 이 형제가 목소리를 낮춰서 아줌마가 몇 번이나 이순자와 함께 우체국에 간 이야기를 해도 누나를… 라고 말했다.

박 자매를 불러내서 통장을 보자고 했다. 박 자매는 지금 못 본다고 다음에 보여주겠다고 하더니 '이순자가 언니한테 있다고 했어!' 하고 말했다. 반복해서 말했다. '1,000만 원 통장은 네가 가지고 있지. 그걸 언제 나한테 줬어?' 하고 내가 묻자 박 자매는 대답을 하지 않았다. '그 1,000만 원 이순자 앞으로 해놨니? 찾아줄 테니까 말해!' 내 다그침에 박 자매는 마지못한 듯 '우리 아저씨 앞으로 해놨어!' 하고 말했다. '그런데 왜 내가 가져왔다고 했어! 왜 나를 도둑으로 모는 거야!' 내 추궁에 박 자매는 내 앞으로 할 걸 그랬나! 하고 지껄였다. 선교회가 안정되면 가고 싶은 곳 백화점, 인사동, 등등에 박 자매를 데리고 가리라던 마음이 사라졌다.

2012.1.25.(수)

설이 온다고 전을 부치는데 엄지환 형제가 꼬지 17개와 동태전 2개를 먹었다고 주방장이 말했다. 내가 왜 그걸 내버려뒀냐고, 다음에 먹으라 해야지 않냐고 나무라자 주방장은 많이 못 먹게 하면 얼마나 야속하게 여기겠냐고 말했다. 야속하게 여겨도 엄 형제 건강을 생각해야 되지 않느냐는 내 말에 주방장은 건강에 해가 되더라도 먹고 싶은 대로 먹고 빨리 죽는 게 낫다고 말했다.

주방장은 이웃의 김유진 아줌마와 원자 씨를 두고 건강을 생각해서 적게 먹고 살을 빼야 한다고 말한다. 김 아줌마와 원자 씨는 엄 형제보다 덜 뚱뚱하고 건강하다. 엄 형제는 당뇨 전단계라는 의사의 진단을 이전에 받았다. 내가 그 사실을 전하며 엄 형제에게 음식을 한꺼번에 많이 주지 말라는 부탁을 해도 주방장은 많이 주곤 하더니 빨리 죽으라고 그랬던가? 나는 충격으로 말이 나오지 않았다.

정상인인 김 아줌마와 원자 씨 건강은 걱정하는 걸 보면 엄 형제가 장애인이기 때문에 그럴 것이다. 장애인 때문에 생활비를 벌면서 정상인인 교회 집사한테 수천만 원을 사기당했는데, 그 돈이 남의 돈이어서 빚으로 고스란히 남았다기에 이 형제와 내가 200만 원씩 꾸어준 것을 전액 탕감시켜 주기도 했는데 장애인은 빨리 죽는 게 낫다니, 엄 형제는 신체장애에 지능도 낮지만 착하고 밝아서 누구에게 해를 끼치는 사람도 아닌데...

2012.1.26.(목)

바깥 화장실이 막혔는데 내가 너무 힘들어 뚫지 못해서 진 집사 대변 덩이가 그대로 있는데 (변기를 막는 대변은 언제나 진 집사 것이다) 박 자매가 대변과 생리혈까지 누어놓았다 생리혈이 섞인 시뻘건 똥물이 변기에 가득 차 있었다. 년도 좀 그랬는지 변기 뚜껑을 덮어놓았다. 화장실이 막혔을 때는 다른 화장실을 사용하라고 그동안 몇 번을 말했는데 년은(내가 일기에까지 년이란 욕을 쓰게 될 줄 내 어찌 상상이나 했으리) 도무지 들어먹지를 않는다.

내 속을 뒤집어 놓으려는 심산으로 지 서방 대소변 처리하게 하는 것으로 모자라 대변과 생리혈까지 처리하게 하는 년을 끌어다가 시뻘건 변기 물에 주저앉혀야 된다는 생각을 하면서도 입에 올리기도 더러워서 나는 년의 남편 똥과 년의 똥, 년의 생리까지 처리했다. 년에게 시켜봤자 포악이나 칠뿐 때려죽이려 하기 전엔 절대로 하지 않을 년이기에 또다시 한 시간여 동안 죽는 힘을 다해 처리했다.

<h2 style="text-align:center">2012.1.28.(토)</h2>

엄 형제가 퇴근할 때 호떡을 8개 사 왔다는데 적게 사 왔다고 이 형제가 성질을 냈다. 내가 그게 왜 적다고 하냐니까 이 형제가 '누나도 먹어야 할 거 아냐!' 했다. 그동안 수없이 야식을 먹으면서도 한 번도 내게 준 적 없는 인간이. 엄 형제가 다음에 돈을 많이 받으면(직장에서) 많이 사오겠다고 하자 이 형제는 '그걸 말이라고 하는 거얏——!' 하고 악을 바락바락 쓰기 시작했다.

엄 형제는 나와 마찬가지로 이 형제 먹잇감이다. 사람의 마음을 끊임없이 갈갈이 찢어서 찢기는 자의 고통을 먹고 사는 소시오패스의 먹잇감. 이 형제는 걸핏하면 내게 억지를 쓰고 포악을 치면서 엄 형제에게도 똑같이 한다. 3살 위의 엄 형제를 형이라고 부르면서도 명령조로 이렇게 해라 저렇게 해라! 하고 잔소리를 한다. 엄 형제는 늘 미소 띤 얼굴로 하라는 대로 하는데, 이 형제는 내키는 대로 성질을 부리고 악을 써댄다. 엄 형제가 착하고 온순해서다. 이 형제는 자기보다 2살 아래인 최 형제에겐 이래라 저래라 하지도 않고 악은커녕 성질 한번 낸 적 없다.(언제나 온화하고 친절하다) 최 형제는 사나운 이가 아니다. 그저 만만해 보이지 않을 뿐이다.

이 형제는 사흘이 멀다 않고 직장에 다니는 엄 형제에게 내일은 뭘 사 와라 하고 야식거리를 시키는데 매번 돈을 주면서 시키는 게 아니기에 엄 형제는 대답을 즉시 안 한다. 이 형제는 즉각 악을 쓰고 엄 형제는 알았다고 사 오겠다고 한다.

엄 형제는 돈 애착이 강하다. 내가 '나 한 사람 못살게 하는 것으로 부족해서 지환 씨까지 못살게 하냐! 너보다 약한 사람(엄 형제는 신체장애에 지적장애) 돈을 쓰게 하고 싶냐! 돈에 벌벌 떠는 사람에게 왜 돈을 쓰게 하냐! 먹고픈 것 있으면 낮에 나가서 사 먹든지 내게 사 오라 시켜라!' 하고 몇 번이나 이야기해도 듣지 않는다.

자기 돈으로 한 번 사 오게 하고 다음에 엄 형제 돈으로 사 오게 한다고 이 형제는 주장하지만, 나는 그가 공정하게 돈을 지불한다고 여기지 않는다. 건강한 주방장님에겐 화장품 등등 온갖 것을 끊임없이 사 바치면서 같은 장애인의 돈은 끊임없이 뜯어내는 놈의 머리통을 갈기고 싶다. 내게 돈이 있다면 아주 악한 자 한 명 찾아서 선교회를 맡겨버리고 다른 곳으로 떠나고 싶다.

2012.2.8.(수)

밤에 이순자가 올라와서 전기세를 왜 안 내냐고 다그치면서 나는 다 싸안고 싶은데 그런다고 했다. 수도세도 한 푼 안 내면서 전기세를 선교회에서 안 낸다고 비난하는 것이다. 습기가 찬다며 24시간 내내 교회에 환풍기를 틀어놓고 있으면서, 내가 수십억짜리 땅을 빼앗고, 후원 다 끊어놓고, 수도세 부담시키면서 전기세까지 내라는 게 말이 되냐고 따지자 이순자는 '내가 땅 가졌어요? 나는 한 뼘도 안 가졌어! 그리고 내가 언제 후원을 끊어놨어요?' 하고 대들었다. 내가 '당신이 땅을 경작하고 있는데 한 뼘도 안 가졌어? 후원도 당신이 선교회를 나쁜 곳이라고 모함해서 그 훌륭하신 김수인 목사가 끊어놨잖아!' 하고 내지르자 이순자는 얼굴에 비웃음을 가득 채우며 김수인 목사를 욕하면서 '그 목사한테 도와 달라 했어요? 김 목사가 그러더만 도와 달라 했다고, 돈도 180만 원이나 받아놓고 말도 안 하고 그러지 마세요. 그러면 안 되는 거예요.' 하고 훈계를 했다. 김 목사가 이순자와 내통하고 있는 게 맞는 듯 했다. 노회임원이면서 노회의 적인 이순자와 내통하는 건 뇌물을 받아서일까? 누수가 되는 수도세는 180만 원이 아니었다. 선교회가 100만 원 정도를 납부하고 남은 게 180만 원이었다.

'내가 그걸 왜 말해야 되지? 당신이 내주었다면 안 그랬잖아! 교회수도관 때문에 수도세가 그렇게 많이 나오는데도 절반만 부담해 달라고 사정해도 외면해 놓고 남이 대신 부담해주니까 배 아픈 거야? 가난한 장애인 돈이 안 들어가서? 우리를 장애인이라고 이렇게 뼈까지 추려 먹으려 하지만 당신은 피도 눈물도 없고 양심도 없고 우리보다 더 심한 장애인이야 양심 장애인이라고, 언제까지 하나님이 봐주실 것 같아. 욕심도 지나치게 부리면 그 욕심 무게에 당신이 치여, 당신이 안 치이면 당신 자식이 치여!' 하고 내질렀다.

이순자는 '그 말이 그 말한 사람에게 돌아갈 거예요!' 하고 내뱉었다. 내가 '예전에 내가 이 집사보다 이 전도사가 10배는 낫다고 했는데, 이 집사보다 이순자가 10배 더 악하네! 내가 멍청이네. 그걸 이제 알다니. 수도세도 한 푼 안 내면서 전기세까지 다 내라니 어떻게 이토록 양심이 없어요. 당신이 사람 맞아!' 하고 내지르자 이순자는 뭐라고 씨부리면서 물러갔다. 지옥 가기 딱 좋은 이순자 목사, 끼리끼리라는데 협력하며 악을 이룬 김수인 목사와 필히 지옥에 함께 가서 영원히 함께 지내기를…

2012.3.5.(월)

밤인데 진 집사님이 복도 문 앞에 나뒹굴고 있었다. 술을 먹고 들어오다가 그렇게 된 것이다. 바닥에 피가 흘러있어서 살펴보니 머리에 상처가 나 있었다. 박 자매와 함께 상체는 간신히 일으켰는데 전신은 일으킬 수가 없었다. 안으로 들어가 119를 불러놓고 나가니 아무리 일으켜 세우려 해도 꼼짝 않던 분이 앉은 상태로 비적비적 안으로 들어오고 있었다. 병원에 가기 싫어서 없는 능력을 발휘하는 것이다. 119가 왔는데 진 집사님은 버릇대로 안 간다고 버텨서 강제로 태워 병원으로 향했다. 그동안 진 집사님이 술을 먹고 넘어져 다치거나 움직이지 못해서 119를 불러댄 게 한두 번이 아니기에 자꾸 불러서 미안하다고 했더니 대원은 아니라고 앞으로도 필요하면 언제라도 부르라고 했다.

그리고는 어떻게 그렇게 늘 미소를 띠고 있냐고, 그리고 매번 동행을 하냐고, 다른 사람들 경우는 보호자가 짜증을 내거나 동행을 안 하는 게 다반사라고 말했다. 내가 속으로 '나는 그릇된 행동을 용납 못하는 성격인데도 하도 흉한 꼴을 많이 당해서인지 웬만한 것엔 짜증도 화도 안 난답니다.' 하고 말했다. 성심병원 응급실에 들어가 응급처치를 받자마자 박 자매가 집에 가고 싶다고 징징거렸다. 병원에 동행할 때마다 빨리 집에 가고 싶다고 징징대는 게 그의 버릇이다. 간신히 달래놓고 입원수속을 마친 뒤 택시를 타고 집으로 돌아오니 밤 11시였다.

2012.3.25.(일)

작년 12월부터 전기세가 밀렸다. 12월의 전기세가 11만8천 원이어서 6만 원을 봉투에 넣어 박 자매에게 들려서 이순자에게 보냈다. 가난한 장애인을 그렇게 뜯어먹고 싶냐! 절반 보태니 12월의 전기세를 납부해달라는 글과 함께...

조금 있으니 이순자가 올라와서 눈으로 나를 죽일듯한 살기를 내뿜으며 '내가 언제 장애인을 뜯어 먹었어웃! 전기세 안 내줄 거니까 다 내세웃!' 하고 외쳤다. '땅 뺏고 수도세 한 푼 안 내고 누수 되는 교회 수도관도 고치라고 사정해도 우리가 고치게 해놓고 전기세까지 다 내라고, 여태껏 안 내는 게 뜯어먹는 게 아니에요.' 하고 내가 내질렀다. 이순자는 노회에서 수도세를 내줬다 해서 안 냈다고 외쳤다. 내가 교회에서 안 내니까 노회가 내준 거 잖냐고 외쳤다. 이순자는 왜 수도세 얘길 교회에 안 했냐고 외쳤다. 내가 한두 번 했냐고, 단수된다니까 단수 돼도 상관없다 하고, 수도관도 교체하자고 수없이 사정해도 묵살하고 수도관 놓는 것도 우리에게 하라 해놓고 돈 한푼 안 내 곳! 하고 외쳤다.

이순자는 누가 하랬냐고 왜 이어놓고 그러냐고 외쳤다. '이'라고 몇 번이나 독촉해 놓고 누가 하랬냐닛! 내 외침에 이순자는 '나는 하라고 한 적 없엇!' 하고 외쳤다. '한두 번 한 것도 아니면서 안 했다니! 인간 탈을 쓰고 어떻게 저럴 수가 있지. 입만 열면 거짓말이 자동적으로 나오넷!' 하고 내가 외쳤다. 이순자는 '나는 한적 없엇!' 하고 외쳤다.

나는 그만 공포에 휩싸였다. 이순자는 인간이 아니다. 완전한 악마다. 아니고서야 저토록이나 살기등등하게 거짓말을 해댈 수는 없었다. 내가 몸서리를 치면서 그만하자고 팔을 내젓자 이 악마는 '할 말이 없으면 그만 하재' 하고 내뱉은 뒤 내가 준 6만 원 봉투를 식탁 위에 탁 놓으며 '자, 다 내, 나는 못 내줘, 좋게 하려고 했더니' 어쩌고 씨부리면서 나갔다. 뒤에 대고 내가 외쳤다. '내 주면 이순자가 아니지 사람이짓!'

하나님이 정의로운 분이 아니지 않나. 안 그러고서야 어떻게 저런 악마를 그냥 둘 수가 있는지 생각이 들었다.

(이후로 교회와 공용인 전기를 수도세와 마찬가지로 선교회가 요금 전액을 납부해야 했다).

2012.4.12.(목)

이순자가 와서 컨테이너 방 열쇠를 달란다. 이 집사 이탈 후 종종 달라고 했는데 매번 제 것인 양 내놓으라는 식의 요구를 해왔다. 내가 왜 또 달라냐니까. 이순자는 이젠 말도 하기 싫으니까 빨리 달라고 안 주면 문을 딸 거라고 말했다. 내가 나야말로 더 말하기 싫다고 왜 선교회 것을 자꾸 달라 하냐고 따고 싶으면 따라고 말했다. 이순자는 어이없다는 웃음을 웃으며 '선교회 것이 어딨어! 내가 사무실로 쓸 거예요!' 하고 말했다. 내가 '왜 선교회 것을 마음대로 써요. 방 하나는 우리가 창고로 쓰고 있고 하나는 세를 놔서 쓸 수도 없어요!' 하고 말했다.

이순자는 눈으로 살기를 뿜으며 '누구 맘대로 세를 놔욧! 왜 맘대로 세를 놔욧!' 하고 덤빌 듯 따졌다. '내 맘대로요. 우리 것 우리 맘대로 놓지 누구 맘대로 놓겠어요! 왜 놨겠어요. 후원 다 끊어놓고 생활비 때문에 논 거예요.' 내 말에 이순자는 주방장에게 정말이냐고 물었는데, 주방장은 알면서도 대답하지 않았다. 가스점검원이 선교회 관리자가 누구냐고 묻자 모른다고 잡아뗐던 주방장이다. 내가 곁에 없었다면 이순자라고 했을지 모른다. 이순자가 선교회를 빼앗을 경우를 대비해 미리 비위를 맞추려는 것으로 보였다.

내가 '나는 전도사님하고 다른 사람이에요. 선천적으로 쓸데없는 거짓말 싫어하는 사람이에요.' 하고 말했다. 이순자는 세놓은 명세서를 달라고 했다. 내가 왜 남의 것을 달라냐고 우리가 정상인이면 안 이럴 거면서 힘없는 장애인이라고 이러는데 하나님이 언젠가는 전도사님이 행한 거 다 전도사님한테 돌려주실 거라고 말했다. 이순자는 '악담을 해요 악담을 해!' 하더니 (악인 것을 모르고 악을 행하는 자는 없다) 또 열쇠를 달라고 했다.

내가 '이 세상 어떤 날강도도 남의 재산 강탈할 때 전도사님처럼 그게 왜 네 거야. 네 거 아냐 내놔 라고 하지 않아요. 전도사님은 하늘 아래 둘도 없는 사람이에요. 못 주니까 문 따세요!' 하고 들이받자 이순자는 '세놓은 걸 어떻게 따' 했다. 내가 '전도사님이 못하는 게 뭐가 있어요? 땅 뺏고 집 뺏고 전화까지 뺏고 장애인 것 뺏은 일은 뭐든지 다 하잖아! 장애인 것은 뭐든지 다 뺏잖아!' 하고 내뱉었다. 이순자는 "마음대로 세놓고 큰 일 했네"를 연발하며 나갔다.

하나님은 왜 저런 자를 장애인으로 만들지 않고 건강했을 때 여건이 되면 불쌍한 이들을 도우며 살아야지 라고 마음먹었던 나를 장애인으로 만드셨을까?

2012.4.14.(토)

우리가 월 4만 원에 창고용으로 세를 놓은 컨테이너 방문에 임차인은 연락을 바란다. 안 하면 피해 가 갈 수 있다는 문구와 이순자 전화번호가 적힌 경고문이 붙어있었다. 내가 그것을 떼어 바람에 날려버리고 그 자리에 "장애인 것은 무엇이든 다 뺏는 부활교회" 라는 글을 써 붙였다.

2012.4.27.(금)

김동일 목사님이 오셨다. 이순자 행각을 이야기하다가 교인총회를 했는데 교인총회서는 이 집사가 가져갔다는 말을 하게 되었다. 그 말을 하자마자 목사님의 얼굴이 험악하게 변하면서 '왜 그걸 이 집사가 가지고 있다고 생각해요. 왜 그런 거짓말을 하세욧!' 하고 거세게 호통을 쳤다. 나는 당황했으나 '저는 거짓말을 싫어해서 잘 안 하는데요'. 하고 말했다. 목사님은 '지금 하고 있잖아욧! 예전부터 전해 듣기를 강퍅하고 이기적이고 교만하다고 했어욧!' 하고 호통을 쳤다. 내가 손영빈 집사님이 교인총회를 기록해서 이 집사에게 건네준 상황을 설명해도 거짓말 말라고 무섭게 호통을 쳤다. '제가 왜 쓸데없이 그런 거짓말을 하겠어요. 저는 그런 상황을 꾸며댈 만큼 머리 좋은 사람이 아니에요.' 하고 호소하듯이 말해도 마찬가지였다. 내가 강퍅하고 이기적이고 교만하면 얼마나 좋을까 그렇다면 지금의 이 꼴은 아닐 것이다. 나는 예전에 다른 장애인시설에서 아픈 상태로 다른 장애인을 위해 일하다가 관절이 망가져 장애인이 되었다. 나를 매도할 사람은 이 집사뿐이다. 김 목사님과 개인적으로 우리 이야기를 나눌 수 있는 이는 그 사람뿐이니까. 그가 선교회를 유린하고 떠났음에도 나는 김 목사님한테 이야기 안했는데, 그는 내 인성까지 모함한 것이다. 대체 얼마나 모함을 했으면 늘 온화하시고 점잖으신 김 목사님이 직접 목도하시지도 않았으면서 나를 중죄인처럼 대하는가?

예전에 부활교회 권선숙 집사님도 한 목사님에게 '전혜성 자매는 성격이 강해서 함께 생활하기 힘들다.'는 말을 했었다. 교회와 선교회를 알게 된지 오래되지 않았으면서 내가 강한 것을 전혀 본 적이 없으면서 그렇게 말했었다. 내가 지독하게 아프고 영양실조가 심해서 얼굴이 병든 호박처럼 붓고 제대로 거동 못할 때도 이 집사가 일은 안 하고 처먹기만 한다고 욕을 하고 감금해도, 내가 안에 있는데 밖에서 문을 잠가버렸어도, 그 사실들을 한 목사님이나 누구에게 말 않던 무렵에 그렇게 말했었다. 그때는 내가 지금보다 더 해야 하는 말도 못하는 더 등신이던 때였다. 권 집사님도 식구들 중 거의 이 집사하고만 대화한 사람이었다.

건강할 때 일반사회에서는 어떤 곳에 있어도 주변인들로부터 착하다는 말을 듣고 사랑을 받았는데, 하나님을 믿는 공동체시설에서는 나쁜 자라는 말을 주로 들으며 사냥감마냥 공격받고 유린당한다. 아! 적의 심장을 찌르듯 힘차게 비수질 하는데 거침이 없는 잔인한 사람들이여! 장애인이 되고 싶어 된 것도 아닌데 장애인인 죄가 하늘만큼 크다.

각설하고, 믿을 수 없는 목사님의 사나운 호통에 나는 정신이 아뜩하고 아픔과 슬픔이 차오르는 와중에도 이 집사님이 전혜성이가 선교회 재정을 빼돌리고 자기를 폭행까지 했다는 말은 안 하더냐고 묻고 싶어졌다. 이 집사는 자신의 행각도 딴 사람에게 뒤집어 씌우며 욕을 한 경우도 있어서다. 그러나 목사님이 더 진노하실 것 같아서 할 수가 없었다.

목사님은 내가 행한 게 아닌 여러 패악들을 열거하면서 그런 일까지 했다고 거세게 몰아쳤다. 내가 잘못 알고 계신 거라면서 열심히 그건 이렇게 된 것이다. 라는 설명을 해도 들으려 하지 않고 거짓말까지 한다면서 쉬지 않고 호통을 쳤다. 대역죄인 심문하는 폭군 같은 사나운 기세로 호통을 쳤다. 사실 확인도 않고 말도 안 되는 억지를 부리며 나를 몹쓸 인간으로 거짓말장이로 몰고 있는 것이었다. 나는 얼마나 얼이 빠졌는지 무슨 패악들을 나열하면서 호통을 쳤는지 기억도 안 난다. 기억력 좋은 내가, 다 오해인 것, 목사님이 나열하신 내용들이 다 왜곡

된 것이었다는 생각밖에 안 난다. 머리 좋은 목사님을 세뇌시킨 이 집사는 얼마나 대단한 사람인가.

성난 사자처럼 무섭게 나를 몰아치다가 목사님은 한참만에야 이전의 온화한 얼굴이 되어 미안하다고 말했다. 나는 아니라고 미안해 하지 마시라는 말을 하고 싶었는데 호통 치신 것은 정말 괜찮은데(몰라서 그런 거니까) 충격이 너무 컸는지 말이 나오지 않았다. 괜찮다는 뜻의 미소만 지어졌다.

(이후 나는 목사님께 괜찮다는 표현을 못한 죄의식으로 10여 일을 끙끙 앓았다. 목사님은 그 뒤 한번 다녀가시고 발길을 끊었다)

2012.5.14.(월)

김미화 라는 여전도사님이 고강운 이라는 법무사와 함께 찾아왔다. 김 전도사님은 이 형제 지인인데 이 형제로부터 이순자 만행을 전해 듣고 도와준다며 온 것이다. 고 법무사가 건물 분할청구를 할 수 있다고 말했다. 이 형제 의향을 물으니 분할청구를 하자고 했다.

2012.5.15.(화)

고 법무사님한테 전화를 하니 내가 사무실에 다 돈 없는 사람들이라고 했더니 '도와주라고 해서 1,000만 원으로 시작할 거예요.' 하고 말했다. 분할청구를 할 수 있는 것만으로 지옥을 벗어난 듯 했는데... 구세주를 만난 기분이었다. 이 형제에게 전하며 선교회에 돈이 없기에 소송을 하면 식구들이 비용을 부담해야 된다고 했더니 이 형제는 그래도 좋다고 했다.

2012.6.7.(목)

고 법무사님한테 며칠째 전화를 하는데 받지 않아서 무슨 일이 있나 걱정된다. 오늘 오경숙 권사님과 통화하면서 건물 분할청구를 할 수 있단다 라며 고 법무사 이야기를 했는데 오 권사님이 전화를 해보겠다고 전화번호를 달라했다. 그래서 가르쳐 주었다.

2012.6.13.(수)

오 권사님한테서 전화가 왔다. 고 법무사님 하고 통화했는데 장애인들이라 돈이 없을 것 같아서 접었다고 하더란다. 일부러 전화를 안 받았던 모양이다. 오 권사님은 이야기를 해보니 교회 권사이고 좋은 사람 같다면서 착수할 것이면 우선 600만 원이 필요하다더라고 말했다. 그러면서 '내가 대리인 역할을 맡았다고' 했어요. 그러면 더 잘 해 줄 것 같아서 하고 덧붙였다. 내가 고맙다고 승소하면 답례하겠다고 했더니, 오 권사님은 '답례는 무슨 하나님 일을 하는 건데, 선교회를 돕는 게 하나님 뜻이에요. 선교회가 그대로 있으면 언젠가 쫓겨날 거예요.' 하고 말했다.

2012.6.16.(토)

오 권사님한테서 전화가 왔다. 법무사를 만나 이야기를 나누었다면서 법무사가 신앙이 아주 깊은 분인데, 나를 믿고 일을 맡겠대, 내가 관여 안 하면 안 맡겠대, 그래서 내가 위임을 맡았다고 했어. 내가 제대로 할 테니까 믿고 맡겨요. 600만 원과는 별도로 3,000만 원이 필요하대요. 내가 식구들은 돈이 없고 내가 빌려서 줄 거라고 했으니까 절대 식구들 돈으로 한다는 말을 하면 안 돼! 하고 말했다.

2012.6.18.(월)

오 권사님 계좌로 내 개인 돈 650만 원을 보냈다. 50만 원은 권사님 활동비로 쓰시라고 했다.

2012.7.18.(수)

　오 권사님이 찾아와 약정서라는 것을 주었다. 이두구 변호사 이름으로 된 것인데 착수금으로 880만 원을 지급하기로 한다는 조항도 있었다. 오 권사님은 이 집사에게 전화를 했더니 내 욕을 잔뜩 하더라는 이야기를 했다. 그의 도움이 필요할 것 같아서 전화를 했는데, '그년이 날 쫓아내 놓고 잘 살 줄 알았냐' 면서 한참 욕을 하더라고 했다. 내가 말했다. '이순자를 내쫓자고 졸라도 노회 때문에 못 내쫓는다고 거짓말 하고, 한 목사님을 재청빙하기로 의결해 놓고도 노회 때문에 재청빙 안 된다고 거짓말해서 이순자가 소송을 하게 만들고 교인들이 땅을 찾게 만들어줬는데도 땅을 거부하며 선교회를 떠나려고 발광을 해서 떠나놓고 아직도 악심을 품고 거짓말을 하네요. 하나님 앞에서도 거짓말할 것 같네요. 나는 아무 힘없는 무수리였고 이 집사는 왕이었는데 왕이 무수리한테 쫓겨났다면 왕이 크게 모자란다는 증거죠.'

　(다음날 내 개인 돈으로 280만 원을 오 권사님 계좌로 보냈다)

2012.8.16.(목)

　이 형제 동생들이 이 형제 땅을 이 형제 몰래 팔아서 자기들끼리만 나누어 먹었단다. 동생 명의로 되어있었는데 팔아서 나눠 먹은 것을 이 형제를 제외하곤 친척들까지도 다 알고 있었단다. 동생들은 다 건강하고 잘 산다. 그런 동생들한테 뒤통수 맞았다고 이 형제는 한탄했다. 막내 남동생은 땅 판 돈을 챙기고도 그것을 숨기고 이 형제가 생계비 나온 것을 모아놓으면 이자를 준다며 가져갔단다. 그 이야기를 하면서 이 형제는 노기등등해서 전화로 막내동생을 불렀다. 그런데 동생이 나타나자 직전의 노기등등한 기세는 갑자기 온순하게 돌변하더니 땅 문제를 언급조차 하지 않았다. 그러더니 동생이 가자마자 말을 못했다고 푸념을 했다.

　왜 못했냐는 내 물음에 이 형제는 마음이 약해서 못하겠더라고 말했다. 자기 땅을 몰래 팔아먹은 못된 동생한테는 어떻게 그럴 수 있냐는 말 한마디 못 할 정도로 심약한 인간이 내겐 온갖 억지를 쓰고 거짓말을 하면서 포악을 치다니… 악귀같이 악랄한 박 자매도 본가에 있었을 때는 말 잘 듣는 착한 이였다고 했다. 그러니 둘의 실체를, 둘이 내게 하는 만행들을, 둘의 형제인들 믿겠는가? 이 집사 형제들도 이 집사 실체를 모를 것이다.

이 형제가 '미영이는 내 없을 때 내 욕 안 해?' 하고 물었다. 안 한다는 내 대답에 이 형제는 '누나한테는 늘 마귀라고 욕하는데 누나만 없으면 마귀라고 욕해' 하고 말했다. 내가 주방에 없을 때 주방장이 출근하면 그 즉시 나에 대한 욕설을 쏟아놓는 박 자매가 주방장 없을 때도 나를 마귀라며 욕을 한다고 이 형제는 말했다.

과일이 한두 박스 들어오면 거의 3분의 1을 박 자매에게 주고, 주방장님께 좀 드리고, 다른 식구는 2개 정도만 주고, 나머지는 남자 식구들이 먹고 싶을 때 꺼내먹으라고 주방 냉장고에 넣어두는데 며칠 후에 보면 박 자매가 하나 남김없이 다 가져가고 없다. 다른 간식거리도 언제나 나와 다른 식구의 몇 곱절을 주건만(다른 식구는 많이 안 먹는다) 남겨둔 것을 다 가져가버린다. 아침에 일찍 못 일어나는 내가 뒤늦게 주방에 나가면 특정 반찬의 분량이 많지 않을 때는 충분히 나눌 수 있는 분량인데도 내 몫을 남기지 않고 다 먹어버리고 없다. 그래도 언급하면 악을 쓸 것이기에 일체 말 않고 내버려 두는데… 내가 그 이야기를 하면서 '내가 마귀라서 그렇게 봐 준다고 생각하나 보다 하며' 서글피 웃었더니, 이 형제가 '그래도 미영이는 누나가 다 꺼내가서 혼자 먹는대.' 하고 말했다.

'미영이가 꺼내가는 거 네가 다 봤을 거 아냐. 그 말을 하지 그랬어!' 내 말에 이 형제는 '그러면 나를 잡아 죽이려 할 걸' 하고 말했다. 내가 '그년은 누가 자기를 위해서 살점을 떼서 줘도 그 사람이 자기 살점을 떼 갔다고 욕하고 미워할 년이야!' 하고 내뱉은 뒤 언제부터 나를 마귀라 했냐고 물었더니 이 형제는 '이곳에 들어온 지 며칠 안 됐을 때부터야!' 하고 대답했다.

박 자매는 이 형제가 외출만 하면 기다렸다는 듯이 미움이 들끓는 목소리로 이 형제에 대해 쌍욕을 쏟아놓는다. 이 형제가 미워서 미치려 하는 태도다. 내가 나무라거나 타이르면 '미워죽 겠는 걸 어떡하나' 고 왜 그 새끼 편만 드냐고 죽일 듯 날뛴다. 이 형제는 이 주일에 한 번씩 중국음식을 박 자매 부부에게 시켜주는 등 싸울 때 외엔 잘 해준다. 아무 이유 없이 주변인들을 미워해서 내겐 이해불가였던 이 집사도 박 자매만큼은 극렬히 누굴 미워하지 않았다. 이 집사만큼 이유 없이 사람을 미워하는 이는 세상에 없을 거라고 생각했는데…

박 자매가 입주 전에는 나를 많이 좋아하고 이 형제도 미워하지 않았다. 지금도 떨어져 살고 있다면 그러할 것이다. 나도 이 형제도 입주 전보다 몇 배 더 잘해준다. 사랑이 비수가 되는 이 기막힌 현실, 나는 처음으로 이 형제에게 박 자매가 뒤에서 엄청 욕하고 죽일 듯 미워하는 사실을 말해버렸다.

2012.9.7.(금)

이 형제가 불만 가득 찬 목소리로 지환이 형이 내 말을 안 듣고 누나 말만 들어서 기분 나빠 죽겠어! 를 연발했다. 어떻게 말을 안 듣냐는 내 물음에는 대답 않고 같은 말만 반복했다.

엄지환 형제는 3살 아래의 이 형제가 이래라저래라를 명령조로 시켜도 늘 미소 띤 얼굴로 시키는 대로 한다. 돈 쓰기를 몹시 싫어하면서도 이 형제가 이것 사 와라 저것 사 와라 시키면 시킨 대로 퇴근길에 사 온다.(이 형제는 엄 형제 돈으로 사 온 다음에는 자기가 돈을 주면서 사 오라고 한다지만 나는 이 형제 인성상 돈을 공정하게 지불한다고 생각지 않는다) 내가 그것을 언급하며 '지환 씨가 내 말을 안 듣고 무시하면 좋겠니?' 하고 묻자 이 형제는 '그렇지는 않지만 누나하고 나하고 차별하는 거 기분 나빠 죽겠어!' 를 반복했다. 내가 '너만큼 사람 차별하는 사람 어딨냐!' 고 핀잔을 주자, 이 형제는 '내가 언제 차별을 해? 나는 차별한 적 없어.'하고 말했다. 주방 아줌마와 나를 차별하지 않냐는 내 말에 이 형제는 내가 왜 차별해? 나는 차별한적 없어, 나는 사람 차별하는 사람 아냐! 하고 계속 우겼다. '아줌마한테는 온갖 것을 사주면서 나한테는 잔뜩 있는 사탕도 한 개 안 주잖아! 그러면서 먹고 싶은 거 있으면 아줌마한테 해달라 하지 않고 나한테 하고, 그래도 나는 기분 나쁘게 생각 안 해, 네 돈, 가지고 네 맘대로 쓰는 거 나무라는 마음 없어. 그런데 다른 사람이라면 너 그러는 거 절대 안 봐줄 거다. 하다 못해 너를 죽어라 미워하는 미영이하고도 나를 차별하지, 미영이한테는 가끔 뭘 사주고 내게는 가지고 있는 것도 안 주고, 그러면서 지환 씨가 차별한다고? 너는 나와 아줌마를 하늘과 땅만큼이나 차별하면서 너는 차별받으면 안 된다고 생각하니? 너는 네가 특별한 존재라고 생각하니?'

내 반격에 이 형제는 잠시 가만있더니 '함께 못살면 늦게 들어온 사람이(엄 형제) 나가야 돼.' 하고 내뱉었다. 아침 일찍 직장에 나가서 밤 9시쯤에나 들어오는 식구 꼴을 못 봐서 거의 매일 갈구는 것으로는 부족한 모양이었다. 박 자매가 나와 이 형제를 미칠 듯 미워하듯이 이 형제는 엄 형제를 죽어라 미워한다. 억압받지 않고 자유롭게 편안하게 생활하는 탓에 머릿속이 한가해서 불필요한 세포들, 악마 뇌세포가 마구잡이로 생겨나서인지...

2012.9.18.(화)

식구들이 냉면을 좋아해서 점심은 냉면을 주로 먹는다. 진 집사님만이 밥을 먹으려 한다. 점심을 먹으러 방에서 나왔다가 냉면이면 먹지 않고 도로 방으로 들어가 버린다. 내가 '아저씨는 밥을 주세요. 영양상태가 나빠서 밥을 먹어야 해요. 아침도 저녁도 잘 안 먹는데 점심까지 굶으면 안 되니 밥을 주세요.' 하고 청해도 주방장은 들은 척도 안 한다. 진 집사가 냉면인 것을 알고 앉은 채로 슬금슬금 방으로 가는 것을(잘 먹지 않아서 쉬 일어서지 못한다) 보면서도 밥은 안 준다. 밥도 반찬도 있는데…

이웃집 개는 잘 챙기는 주방장이다. 퇴근할 때 음식 찌꺼기를 챙긴다. 개한테 주기 위해서인데 그 개는 주인이 잘 챙기고 있다. 박 자매년도 주방장을 따라서 내가 '아저씨는 밥을 먹어야해, 밥을 드려.' 해도 묵살하면서 음식 찌꺼기는 열심히 챙겨서 주방장에게 준다. 오늘은 주방장이 깜빡했는지 빠뜨리고 갔는데 지저분한 게 있는 게 싫어서 내가 버렸다. 박 년이 왜 버렸냐고 악을 쓰기 시작했다. 신랑은 안 챙기면서 남의 개는 챙기냐는 내 나무람에 년은 아줌마가 챙기는 거잖앗──! 하는 등의 포악을 쳐댔다.

주방장은 천사다. 이웃분들 몇 명이 거의 매일 자기 집에 놀러오는데 몇 년째 공짜 점심을 제공하고 있다. 낯선 장사꾼이 들러도 식사를 대접한다고 자기 입으로 이야기 한 주방장이다. 그를 이해 할 수 없어서 '아줌마는 왜 진 아저씨한테 밥을 안주는 거야!' 하고 푸념했더니, 이 형제가 '아줌마는 아저씨가 죽어야 한다고 했어! "저런 사람은 죽어야 돼" 라고 했어!' 하고 말했다. '설마, 네가 잘못 들었겠지. 아줌마가 악한 사람이 아니잖아!' 내 말에 이 형제는 '한두 번 그런 말 한 게 아닌데 여러 번 했는데 잘못 들어?' 했다. 그래도 내가 믿지 못하자 이 형제는 '예전에 누나가 아저씨한테 밥 많이 주면 해롭다고(당뇨라서) 많이 주지 말라 해도 부득부득 잔뜩 준거 생각 안 나?' 하고 말했다. 생각났다 충격이었다.

주방장은 이런 이야기도 했었다. '아저씨가 그 전에 술에 안 빠져 있을 때는 내가 놀러 간다고 하면 길에서 기다리고 있다가 돈을 주고 산에 가서 밤을 주워 와서 내가 퇴근할 때 주고 참 잘했어!' 그렇게 잘한 사람인데 술에 좀 빠져 있다고 죽어야 한다고 여기다니 밥을 많이 먹으면 해가 될 땐 밥을 잔뜩 주고 밥을 안 먹으면 해가 될 땐 밥을 안 주는 게 죽어야 된다는 생각에서라니 진 집사님이 술에 빠져있다고 자기한테 해를 끼치는 것도 아닌데…

참담한 심경으로 내가 탄식했다. 장애인은 아무리 잘해도 남의 집 개보다 못한 존재구나!

(내가 밥을 챙겨주기 시작하자 주방장은 마지못한 듯 진 집사에게 밥을 주기 시작했고 박 자매도 따라서 밥을 챙겨주었다)

2012.9.19.(수)

오 권사님이 전화를 걸어와서 또 돈을 빌려달란다. 이번이 4번째다. 3번에 걸쳐 빌려주었는데 소송비도 만만치 않은데 무슨 돈이 많을 거라고 자꾸 빌려달라는 것일까. 후원회를 조직해서 지원을 하겠다더니 그에 대한 언급은 없다. 이번에도 빌려주면 앞으로도 꾸준히 빌려달라 할 것 같아 죄송하다면서 여유 돈이 없다고 말했다. 오 권사님은 알았다고 했다.

2012.10.12.(금)

그릇 살균기 작동을 중지시켰다. 주방장이 출근해서 왜 그러냐고 물어서 내가 전기세 낼 돈이 없어서라고 대답했다. 주방장은 이순자가 전기세를 안 내주냐고 물었다. 기억력 좋은 분이 자기 입으로 기억력 좋다고 말했던 분이 내가 화날 문제에 대해선 했던 말을 하고 또 한다. 내화를 돋우려 일부러 그러는 듯하다. 수백만 원의 수도세, 수백만 원의 교회 수도관 교체 비용을 단 한 푼도 안 내준 자가 어떻게 전기세를 내 줄 거라고 끊임없이 묻는지... 나는 또 별 수 없이 그동안 수없이 했던 안 내준다는 대답을 또 하는데, 박 자매가 성난 목소리로 '고집을 부리고 있는데 뭐 하러 내줘!' 하고 소리를 질렀다. 내가 무슨 고집을 부리냐고 묻자 박 자매는 '전도사님이 자기 말 들으면 도와준다고 했잖아!' 하고 외쳤다. '어떻게 도와준다든. 통장 뺏고, 땅 뺏고, 집 뺏고, 또 뭘 뺏으려고 도와준다든. 통장, 땅, 집을 다 뺏은 자의 말을 믿니?' 내 말에 박 자매는 '믿어 전도사님이 거짓말 하겠어!' 하고 외쳤다.

머저리를 상대하는 건 아주 저급한 것이라는 생각을 상대하면 안 된다는 생각을 하면서도 저급성을 죽이지 못하고, '이순자가 믿어지면 이순자한테 가랏!' 하고 외쳤다. 박 자매가 '그래 갈 거닷 내 돈 내놧!' 하고 외쳤다. '네가 나한테 돈 맡겨 놨닛!' 내 외침에 박 자매는 '1,000만 원 가져 갔잖앗——!' 하고 악을 썼다. '에라이 벼락 맞아 죽을 년! 내가 언제 가져왔닛!' 내 외침에 박 자매는 '그럼 안 가져 갔냣 이년앗——!' 하고 포악을 쳤다. 나는 저절로 악이 써졌다. '이 흉악한 년잇 걸핏하면 도둑 누명 씌우는 것 봐 이년앗! 모자라면 마음보라도 곱게 먹어랏! 모자라는 게 어째 마음보까지 더럽닷——!' 박 자매는 '너는 안모자라냣 이년앗——!' 하고 발악하듯이 포악을 쳤다. 어떻게 잘 해 주는 식구한테 걸핏하면 도둑 누명을 씌울 수가 있어, 인간이 아니야! 내 탄식에 박 자매는 네년도 인간 아냣——! 하고 포악을 쳤다. 내가 인간 아니지 내가, 인간이라면 너같이 흉악한 년을 들여놨겠냐! 이 집사가 안 들여놓으려 해서 싸움까지 했더니 이 꼴을 당하네! '이 집사가 네가 이런 년인 줄 알고 안 들여놓으려 했구나!' 하고 외쳤다.

"이 집사가 네년보다 낫다. 이년앗——!"

"네년을 이곳에 못 들어오게 해서 더 낫냣! 더 나으면 이 집사한테 갓——!"

"그래 갈 거 닷 이년앗——!"

"이년앗 죄 없는 사람한테 도둑 누명 씌우면 감옥에 가야 됏! 네 주둥아리로 아저씨 이름으로 통장에 넣어 놨다 해놓고 내가 가져왓! 에라이 이순자보다 흉악한 년!"

"내가 가면 네년은 안 가냣 이년앗——! 네년도 날 도둑으로 몰았잖 앗 이년앗——!"

"내가 언제 널 도둑으로 몰앗닛! 네년이 날 도둑으로 몰아놓고 네년이 한 악행은 모조리 나한테 뒤집어 씌우는구낫! 내가 널 도둑으로 몰앗! 네년은 인간이 아니고 악귀구낫! 하늘 아래 너만큼 흉악한 악귀는 없을 거닷! 내가 네 올케한테 네년이 나한테 한 것 다 말해서 네년이 얼마나 흉악한지 다 알게 할 거닷——!"

"해. 해. 하나도 겁 안낫——!"

내가 '네 올케나 친언니한테는 이렇게 안 했지? 나한테 하듯이. 아니 나한테 하는 것 만분의 일만 했어도 벌써 맞아 뒈졌을 거닷! 어떤 형제들이 이러는 거 봐 주겠니! 친동생처럼 잘 해준다고 걸핏하면 도둑으로 모냣! 이 쓰레기 같은 년앗!' 하고 내뱉자 박 자매는 '네년도 쓰레기 같은 년이닷!' 하고 내뱉은 뒤 아주 기분 좋은 얼굴로 커피를 타 마셨다.

2012.10.14.(일)

이 형제가 말했다. '미영이는 누나한테 한 것처럼 올케한테 했다면 맞아 죽었을 걸 자기도 안대.'

내가 탄식했다. 모자랄려면 확 모자라지 설은 무당 사람 잡는다고 이 집사 말처럼 살짝 모자라니 생사람 잡는다. 모자라도 그년처럼 악랄한 인간 세상에 없겠지만...

이 형제가 또 말했다. '누나는 자기를 감옥에 안 보낼 거래! 자기를 좋아해서 안 보낼 거래.'

위대한 착각이다. 나는 이제 좋아하지 않는다. 그런데도 년에 대한 악감정이 오래가지 않는다. 아무리 미친 악귀처럼 포악을 치고 도둑 누명을 씌우며 쌍욕을 퍼대도 몇 시간만 지나면 분노가 사라진다. 년의 만행이 여전히 비수처럼 심장을 저미고 있어 고통스러운데, 등신인 탓이다. 뱀 없는 등신임을 알고 년이 더 극악하게 군다는 것을 알면서도 등신성을 못 버리는 내가 어느 땐 년보다 더 싫다.

2012.10.29.(월)

외출에서 돌아오니 주방장이 정색을 하고 말했다. '미영이가 통장이 2개 밖에 없대요. 그래서 언니가 돈을 안 준다고 하는 거 아니에요?'

박 자매가 선교회 입주 며칠 후부터 3년 내내 나를 모함하면서 쌍욕하는 것을 출근할 때마다 봐 왔으면서 나를 도둑으로 모는 걸 수없이 봐 왔으면서 돈을 진 집사 명의로 예금한 것을 나보다 먼저 알았으면서 하는 말이다. 주방장 나이 곧 일흔이다. 그동안 나이를 안 먹고 똥을 잡수셨는가?

'나를 도둑으로 모는 거 한두 번 보신 거 아니잖아요. 자기 돈을 내가 가져갔다는 게 거짓말인 것 여러 번 드러났잖아요. 통장 2개가 적나요? 통장 2개엔 돈이 안 들어 있대요?' 내 말에 박 자매는 얼른 방으로 들어가 버리고 주방장은 '언니가 자기 돈을 다 썼대요.' 하고 말했다. 이 형제가 '미영이는 통장이 어떻게 된 건지 모르나 봐.' 하고 말했다. 내가 화가 나서 '미영이가 얼마나 기억력이 좋은데 모른다고 생각하니? 얼토당토않은 거짓말을 해대는 걸 3년이나 봐 오고도 그 애 말을 믿니? 그렇게나 그 애 거짓말을 믿고 싶니?' 하고 나무란 뒤 주방장에게 '지 말대로 내가 지 돈을 썼다면 그 애가 가만히 있을 앱니까! 오래전에 100번도 더 뜯어 죽였을 겁니다. 안 그래도 걸핏하면 아무 잘못 없어도 죽일 듯 날뛰는 애가 나를 살려뒀을 것 같으세요?' 하고 묻자 주방장은 맞다고 수긍했다.

그때 김가인 자매가 들어왔다. 점심을 먹을 때 박 자매에게 통장 어쨌냐고 물었다. 박 자매는 대답을 않다가 내가 다그치자 찾아보겠다고 했다. 그리고는 밥을 급하게 먹더니 방으로 들어가 나오지를 않았다. 내가 문을 두드리며 통장 다 가져오라고 안 그러면 경찰을 불러서 조사하겠다고 말했다. 얼마 후 박 자매는 4개의 통장을 들고 나왔다. 김 자매가 하나하나 펼쳐보면서 '돈 다 들어있네!' 하고 말했다. 통장 하나엔 4백만 원이 들어 있고 다른 하나엔 1,400만 원이 들어 있었다. 진 집사 명의로 된 것인데 나머지 2개는 해지된 것이었다. 박 자매는 천연덕스레 "나는 잘못 없어 잘못 없어 나는"을 반복적으로 지껄여댔다. 나는 아무 말도 하지 않았다. 하기가 싫었다. 주방장도 김 자매도 아무 말 없었다.

두 사람이 나가자 박 자매가 '오해해서 미안해. 통장에 돈이 없는 줄 알고 그랬어!' 하고 말했다. '네가 가지고 있는 통장에 돈이 없다면 네가 쓴 거지, 돈 없는 줄 알면서 돈 찾아서 쓰고 다녔니! 네가 나를 도둑으로 몰려고 그런 거잖아!' 하고 내가 내지르자 박 자매는 한심하다는 듯 어유——어유——를 연발했다. '내가 너한테 잘못한 게 없는데 왜 이렇게까지 못살게 하냣! 으 웃——!' 하고 내가 진저리를 치자 박 자매는 '왜 경찰을 안 불러! 불러! 불러!' 하고 들이받았다. 내가 '진짜 부를까?' 하고 외치자 박 자매는 나를 노려보는 두 눈에 죽일듯한 독기를 내뿜으면서 '너는 나를 도둑이라고 안 했니? 너도 그랬잖아! 기억 안 나? 치매 걸렸니!' 하고 마구 몰아쳤다. 숨도 안 쉬는 듯 쉬지 않고 몰아쳤다.

내가 몸서리를 치면서 '어떻게 인간의 탈을 쓰고 너처럼 흉악할 수가 있니! 내가 안 도와줘도 이렇게 못할 텐데 네가 인간이닛!' 하고 외치자 박 자매는 '너는 인간이닛——!' 하고 계속 악을 써대다가 쌍욕을 하면서 밖으로 나가버렸다. 이 형제가 '누나가 잘못했어! 아까 경찰을 불렀어야 했어!' 하고 나무랐다. 맞는 말이다. 박 자매는 결코 봐주면 안 되는 이다. 그것을 알면서도 나는 그를 어떻게 할 마음이 일지 않는다. 지능이 정상이라면 어떻게 해버리겠는데 모자라는 이인데 위력을 행하기가 영 내키지 않는다. 그의 지적장애가 내겐 저주다.

2012.11.14.(수)

오 권사님한테 착수금 8백8십만 원을 보낸 지 몇 달 되었고 인지대로 4백만 원 보냈는데 도통 연락이 없다. 전화를 해서 법원에 접수시켰냐고 물었더니 다음 주에 시킬 거란다. '돈 보낸지가 언젠데요.' 내 말에 오 권사님은 '내가 바빠서… 서두르면 안 되니 마음 푹 놓고 기다려요.' 하고 말했다. 내가 자료준비는 왜 안 하냐고 묻자 오 권사님은 예전 재판 때 사용한 게 법원에 그대로 있기에 그것을 받아서 사용해도 충분하다고 말했다. 이상하다는 생각이 자꾸만 든다.

최 형제는 다른 곳으로 떠났다.

2013.1.13.(일)

박 자매가 세면장에서 온수를 얼마나 오래 틀고 있었는지 그가 세면장을 나온 지 몇 분이 지났는데도 수증기가 가득 차 있었다. 날씨가 서늘한 가을부터 다음해 봄까지 거의 매일 박 자매는 세면장에서 온수를 사용하지도 않으면서 최고로 높은 온도로 수십 분씩 틀어서 배수구로 흘러보낸다. 보일러 기름을 낭비하는 것으로 내 속을 뒤집으려는 것이다.

그래도 그의 포악이 싫어서 일체 언급을 않는데 오늘은 별생각 없이 뜨거운 물을 얼마나 틀었기에 수증기가 아직도 차 있는 거야! 하고 한마디 하면서 세면장에 들어갔다가 곧장 나오니

,주방장이 성난 얼굴로 박 자매에게 괘씸하다는 듯 '뜨거운 물을 많이 틀었단다.' 하고 일러바치고 있다가 나를 보고 움찔했다. 주방장도 나를 미워하고 있는 것이다. 자기 입으로 말했듯이 너무 잘해주는 나를, 박 자매가 자기한테 너무 잘해주는 나를 미워하는 것처럼 주방장도 너무 잘하는 나를 미워하는 것이다. 충격이었지만 나는 아무 말 못했다.

2013.2.6.(수)

주방장이 청국장을 끓이는데 세 끼 이상의 분량이었다. 국 종류는 매번 그 정도의 분량을 끓이지만, 말을 안 했는데 오늘은 웃으며 '그걸 언제 다 먹어요.' 하고 말했다. 점심에 그것을 먹었는데 주방장 퇴근 후에 보니 먹기 전보다 더 많아져 있었다. 남아있는 재료와 물을 더 넣고 늘려놓은 것이다. 내가 한마디 했다고 심술을 부린 것이다. 일흔이 다 된 어르신이…

이 형제에게 이야기했더니 이 형제가 '이 집사는 태클을 많이 걸었는데, 누나는 안 걸고 다 봐주니까 그러잖아. 누나도 태클 좀 걸어!' 하고 말했다.

2013.2.23.(토)

감기몸살로 식사를 하루 한 끼도 제대로 못 할 때가 있을 정도로 아픈지 보름째다. 그래도 걱정하거나 관심 가지는 식구 한 명도 없다. 하루 종일 굶고 있을 때도 좀 먹어야 되지 않냐? 는 말 한마디가 없다. 식사시간 때 내가 방에서 안 나가도 한번 들여다보지도 않고 자기들끼리만 식사를 한다. 내가 더 심하게 아파서 내 방에서 못 나가면 주방장도 다른 식구들도 내가 굶어죽도록 놔둘 것 같다. 개가 아파도 걱정이 될 텐데 나는 개만도 못한 신세다.

오늘도 아무것도 못 먹고 오후에 간신히 방을 나갔더니 이 형제가 커피를 타 달란다. '아프고 식사도 제대로 못한 지가 보름째인 식구한테 그런 말이 나오냐?'는 내 핀잔에 이 형제는 빙긋 웃을 뿐 관심을 전혀 안 기울인다. 얄미워서 안 타주려다 타주었는데 고맙다는 말도 없다. 내 몸을 가누기 버거운 상태로 아침 설거지를 하고 사흘에 한 번씩 실내청소를 하고 진 집사님이 변기를 막혀놓으면 죽을 힘을 다 해 뚫어놓고 청소를 한다. 그때마다 쓰러질듯 휘청대는 나를 보면서도 박 자매는 한 번도 거들어주지 않는다. 거들어 달라고 말해봐야 결코 들어줄

이가 아니기에 아예 말도 하지 않는다.

2013. 2. 27. (수)

이순자의 만행에 대해 써놓은 글을 출력해 달라고 이 형제에게 부탁했는데 문장 중간에 1번, 2번, 3번 등의 번호와 별표까지 끼워놓고 전도사를 전 도사로 컨테이너를 컨 테이너 식으로 단어를 띄워 써서 출력해 놓았다. 내가 쓴 내용의 문장은 안 바꾸면 안 되는 놈이다. 그동안 단한 번도 안 바꾼 적이 없다. 바꾸지 말고 그대로 해 달라고 신신당부를 해도 대답만 해놓고 기어코 바꾸고 만다. 좋은 문장으로 바꾼다면 왜 뭐라 하겠는가? 엉뚱한 문장이나 용어로 바꿔서 문맥에 맞지 않게 만들어 놓는다. 내가 나무라면 잘못 쓴 글이라서 바로잡은 것이라는 주장을 하다가 포악을 친다. 그랬는데 이번엔 문장 중간중간에 엉뚱한 것을 끼워 넣고 단어를 띄워쓰기 해놓은 것이다.

고퇴 학력이니 몰라서 그런 건 아니다. 문장도 군데군데 바꿔어 있었다. '또 이래놨구나 어쩜 그토록 변함이 없니! 내 한숨에 놈은' 인터넷에서 검색을 해서 고친 것이기에 잘못이 없다고 말했다. 검색을 왜 했냐는 내 물음에 놈은 '잘못된 걸 고치려고 검색했다' 고 말했다. 어디가 잘못된 거냐는 물음엔 대답은 않고 한 줄 한 줄 검색했다는 말을 반복하고 또 반복했다. '내가 초등생만도 못하다고 생각하니? 초등생도 이 정도의 글은 제대로 쓴다. 어떤 사이트에 단어가 띄워쓰기로 나오니. 문장 중간에 숫자와 별표가 나오니!' 하고 내가 언성을 높이자, 놈은 화난 목소리로 '누난 페이지를 안 썼어! 페이지를 쓴 거야.' 하고 소리를 질렀다. 내가 페이지를 문장 중간에 쓰는 게 어디에 있냐고 소리를 지르자 놈은 같은 소리를 반복해 지르다가 내가 알아보려고 써넣은 거얏——! 하고 포악을 쳤다.

사이코패스가 사람을 죽이고 학대하면서 쾌감을 느끼듯 놈은 나를 유린하고 할키면서 희열을 느끼는 것이다. 아니고서야 어떤 유익도 얻지 못하는데 매번 이런 횡포를 부릴 수 없는 것이다. 나도 더 참을 수 없을 정도로 화가 치밀었다. '문장 중간에 숫자를 안 넣으면 글을 못 알아 보냇! 한 줄 한 줄 검색해서 바꾸는 게 힘든 일일 텐데, 네가 나를 얼마나 밟고 싶으면 그렇게 했냣! 네가 제대로 된 인간이라면 내 개인적 일을 부탁해도 그렇게 일부러 망치지 않을 거닷! 다른 사람, 정상인의 부탁이라면 절대로 안 망쳤겠지 나쁜 놈! 내가 글을 잘못 쓰면 얼마나 잘못 쓸 거라고 일일이 검색을 해! 네가 나보다 얼마나 잘 쓴다고 매번 엉망으로 고쳐 놓 냣! 어떻게 그렇게 비열 하냣! 그렇게 인간이 아니고 싶냣! 한두 번도 아니고 매번 그렇게 나를 깔아뭉개면 네가 잘난 것 같고 우월감이라도 느껴 지냇! 그래봤자 너 하나도 잘난 거 없엇——!' 하고 악을 바락 바락 써댔다. 놈은 '네가 나를 깔아뭉개 짓! 내가 언제 너를 깔아 뭉갯! 마음대로 지껄여랏——!' 등등의 포악을 쳐대다가 '왜 해달라고 했엇——!' 하고 발악하듯 포악을 쳤다.

'네가 사람인줄 알고 했다. 끝끝내 네가 사람이 안 될 걸 모르고 이제는 사람이 좀 된 줄 알고 했닷——!' 하고 내가 악을 썼다. 놈은 '나를 시험한 거넷! 사람을 시험한 건 잘못 아냣——!' 하고 포악을 쳤다.

'너를 사람이라 여긴 게 시험한 거냐! 그래 너를 사람으로 여긴 게 잘못한 거다. 세상천지에 고의로 잘못을 해놓고 잘했다고 악쓰는 사람 너밖에 없을 거다.' 하고 내뱉은 뒤 내가 '장애인인 게 참 더럽다. 같은 장애인한테도 이렇게 괄시받고 유린당하니!' 하고 한탄했다. 그리고 방으로 들어와 버렸는데 주방장이 나타나자 놈이 뭐라고 씨부리기에 열린 방문 사이로 귀를 기울이니, 누나가 글을 잘못 써서 내가 좋게 고쳐놨더니 고마워하긴 커녕 욕을 하고 어쩌고 하면서 나를 헐뜯었다.

이 형제는 박 자매와 마찬가지로 내게 패악을 부려놓고 주방장한테 사실을 왜곡시키거나 나를 모함하면서 나를 욕한다. 나는 자기들의 잘못도 거의 말 안 하는데...

2013.3.7.(목)

이 형제 빨래를 했다. 사흘을 안 했기에 팬티가 오늘 내놓은 것까지 4장이나 되었다. 몇 년을 그의 팬티를 세탁해서 꺼내고 널고 걷어다 주었지만 더럽다는 생각을 안 했는데 이젠 더럽게 느껴진다. 내가 관리자만 아니라면(권익은 없고 학대만 받는) 돈을 준다 해도 안 해줄 텐데 책임감 때문에 더러움을 참고 할 수밖에 없다. 원장을 영입하고 싶은데 영입해서 이 형제, 박 자매, 기를 죽여 놓고 싶은데 믿을만한 사람이 없다. 이 집사가 떠났을 때 왜 한 목사님을 영입하지 않았던가? 부활교회에 치가 떨린다고 했지만 그러기에 한 방씩 먹이려고 또 땅이 있기에 선교회를 맡았을지 모르는데, 한 목사님 생각을 안 한 건 아닌데 안 받아줄 거란 생각에 그 마음을 떨쳐버렸었다. 그게 원통할 만큼 후회된다. 아니다. 그 이리떼 노회 목사들이 한 목사님을 물어뜯어 죽이려 할 텐데 후회할 게 아니지...

박 자매가 말했다. '저 개새끼가 이 형제가 자기 통장의 돈을 누가 빼갔대, 그러면서 그 말을 언니한테 절대 하지 말래.'

생사람 사냥꾼 박 자매 말이지만 말하지 말라는 걸 보면 거짓말이 아니다. 박 자매처럼 나를 도둑으로 본 것이다. 자기가 가지고 있는 통장의 돈을 자기 아니면 누가 뺄까, 뇌는 박 자매보다 좋으면서 인성은 똑같은 놈.

2013.3.10.(일)

건물 분할소송비를 이 형제와 엄 형제가 3백 5십만 원씩 부담키로 했는데 오늘 이 형제에게서 그 돈을 받았다. 엄 형제에게서는 다음에 받기로 했고 박 자매는 나를 죽이려 할 것이기에 소송이 끝난 후 부담시키기로 이 형제와 합의를 했다.

2013.3.12.(화)

지난 일기를 들춰보는데. 이옥진 집사님이 '오 권사가 사기범으로 고소를 당해서 집행유예로 풀려났단다. 라고 말했다는 내용이 적혀있는 게 아닌가?' 가슴이 무너져 내렸다. 수년 전에 들었던 이 집사의 그 당시 목소리가 순식간에 되돌려 왔다. 그걸 왜 그동안 한 번도 기억 못했을까? 정신적 고통 때문인지 내 머리가 내 머리 아닌지 오래 되었지만 이 정도로나 망가져 있을 줄이야! 그동안 의심을 하면서도 권사인데 생존권이 위태로운 장애인들에게 사기를 치겠어 라는 마음으로 애써 의심을 떨쳐버리곤 했는데... 불안이 거대한 파도처럼 덮쳐온다.

고강운 법무사는 내가 매일 전화를 건지 일주일쨈데도 받지 않는다. 오늘은 사무실로 전화했더니 나가고 없단다. 어떻게 의뢰인의 전화를 일주일이나 안 받을 수 있냐고 할 이야기가 있으니 꼭 전화를 해달라고 부탁을 했다.

2013.3.13.(수)

오 권사님한테서 전화가 왔다. 아주 불쾌해 하는 목소리로 고 법무사한테서 전화가 왔는데, '이상한 전환가 하고 안 받았대' 하고 말했다. '선교회 번호를 알 텐데, 이상한 전화라니, 아니

의뢰한 지가 언젠데 여지껏 얘기도 없고 이해가 안 되잖아요.' 내 말에 오 권사님은 여전히 불쾌하다는 목소리로 '내가 다 말 해주잖아! 내가 다 알아서 잘 해줄 건데 그래 6개월 걸린다고 마음 푹 놓고 기다리라고 했잖아!' 하고 말했다.

진 집사님은 자리에서 일어나지 못해서 강제로 입원을 시켰다.

2013.3.18.(월)

진 집사님을 간병 하러 병원에 가 있는 박 자매가 저녁 때 전화를 해왔다. 진 집사님이 호흡장애를 일으켜서 경희대 응급실에 옮겨왔다고 했다. 택시를 타고 경희대 병원으로 달려가니 진 집사님이 호흡기를 끼고 있었다. 의사가 폐렴이라면서 중환자실에 입원시켜야 한다고 했다. 입원수속을 하고 나니 의사가 상태가 안 좋아서 나중엔 목에 호흡기를 달 수도 있는데 그러면 비용이 엄청 나 올 거라고 했다. 호흡기를 다는 건 환자측 선택이라는 말도 했다. 박 자매에게 아저씨를 살려야 되니 돈이 들더라도 호흡기를 달게 하자고 했더니 박 자매는 눈물을 글썽이며 고개를 끄덕였다.

2013.3.20.(수)

진 집사님 소식을 듣자마자 김 자매가 반가운 소식이라도 되는 양, 호들갑스럽게 웃으며 '폐렴이면 거의 다 죽어, 미영이 살판났네! 팔자 폈어!' 하고 말했다. 주방장은 호흡기를 못 끼게 했어야 한다고 말했다. 김 자매와 주방장은 함께 저녁을 열심히 먹으면서 진 씨는 죽을 거라고 죽는 게 낫다고 살아나도 또 술을 먹을 테니 죽는 게 낫다는 말을 열심히 쏟아놓았다. 진 집사님이 살면 변기 뚫느라 화장실 청소하느라. 힘든 나는 진 집사님이 살기를 간절히 바라는데(좋은 분이기에) 티끌만한 힘도 소모된 적 없고 손실도 입은 적 없는 이들이 죽기를 바라니...

(두 사람의 소원을 걷어차고 진 집사님은 살았다)

2013.3.28.(목)

엄 형제가 말했다. 오 권사님이 100만 원을 보내달라고 해서 보내주었는데 또 100만 원을 보내 달라 한다고, 내게는 절대 말하지 말라 했다고, 이곳에 들어올 때 오 권사님이 짐을 챙겨준다 하면서 비싼 물건들을, 아버지의 유품들을 다 가져가 버렸다고...

오 권사한테 전화로 엄 형제 돈을 받았냐고 묻자 그는 대답 대신 엄 형제 동생을 만난 이야기를 장황하게 늘어놓았다. 돈을 빨리 보내달라는 내 요구에 오 권사는 엉뚱한 이야기를 늘어놓다가 내가 계속 채근하자 토요일까지 갖다 주겠다고 했다. 권사가 장애인, 그것도 지적장애인 돈을 갈취하다니 나는 소송비도 부담시키는 게 불편해서 이 형제 몰래 100만 원을 보내줄까 라는 생각을 하고 있는데...

2013.4.14.(일)

이 형제가 말했다. '아줌마가 음식에 매실청을 넣어, 예전부터 넣었어!'

매실청은 내겐 독청이다. 특이체질이어서인지 먹으면 통증이 심해진다. 매실청 이야기가 있을 때마다 주방장에게 그 이야기를 했었고 주방장은 해롭다 해서 안 넣는다고 말했었다. 그런데 예전부터 넣었다니, 병자를 도와주지는 못할망정 병을 약화시키는 짓을 하다니, 그동안 통증이 자주 심했던 건 그 때문이었던가? 등에 비수가 꽂힌 듯했다.

주방장은 그동안 음식으로 많은 횡포를 부려왔다. 동지죽에 소금을 왕창 퍼 넣어 소금죽을 만들어 내게 주고, 자기는 다른 식구와 함께 간을 알맞게 한 동지죽을 먹고, 자기가 먹은 김치전에는 소금을 안 넣고 내게 줄 김치전에는 소금을 넣어 짜게 만들고, 내게는 언제나 차갑게 식은 부침개를 주고 자기는 언제나 따끈한 부침개를 먹고(나는 바닥에 앉기 힘들어서 홀로 식탁에서 식사를 하고 주방장은 다른 식구들과 한 상에서 식사를 하는데 이 형제가 그것을 말해 주었다) 떡볶이를 하면 떡을 좋아하는 내게 거의 오뎅만 주고 자기는 떡을 많이 먹고, 자기가 먹을 밥상엔 씨가 하얀 신선한 파프리카를 썰어놓고 내겐 씨가 새까맣게 썩은 파프리카를 주는 등등의 횡포는 이루 헤아릴 수 없을 정도다.

자기는 여러 가지 반찬을 놓고 먹으면서 내게는 내가 싫어하는 마늘장아찌 한 가지 반찬만을 준 적도 있다. 땅콩버터를 된장쌈장에 넣으면 어떤 맛일까? 라는 생각에 땅콩버터를 사 와서 쌈장에 조금만 넣어봐 달라고 했더니 쌈장을 버무리면서 나를 향해 화사하고도 묘한 미소를 날린 적도 있었다. 미소가 이상하다 싶었는데 쌈장을 먹어보니 진저리가 쳐지도록 달아서 먹을 수가 없었다. 내가 단것을 싫어하니까 쌈장에 설탕을 퍼 넣어 버무리면서 나를 조롱하는 미소를 날렸던 것이다. 주방장은 그 이전에 쌈장에 설탕을 넣은 적이 없었다. 그 이후에도 넣지 않았다. 주방장의 이유 없는 그런 횡포를 나는 한 번도 따지거나 지적하지 않았다. 박 자매, 이 형제, 이순자의 패악질에 만신창이가 된 내게, 그런 사소한 문제를 심중에 담을 여력이 없었다.

나 때문에 수백만 원의 빚을 청산한 주방장이다. 여러 사람에게 수천만 원의 빚을 지고 있는데 이자만 겨우 갚는 형편이라기에 내가, 빌려준 내 개인 돈 200만 원을 탕감시켜 주면서 다른 사람에게도 이자를 주지 말고 이자 줄 돈 몇 달치를 모아서 원금을 갚으라고, 상대가 안 받아 주면 내가 죽을 상태다. 죽으면 이것도 못 갚는다. 하고 버티라고, 죽을 상태여서 이자를 못 갚는 건 죄가 아니라고, 언제까지 이자만 갚을 거냐고 주방장을 선동했는데 주방장은 그대로 해서 한 사람의 빚은 청산했다고 이야기 했었다. 이야기하면서도 고맙다는 말은 하지 않았다. 이 형제도 나를 따라서 200만 원의 빚을 탕감해 주었는데 그 얼마 뒤 주방장 집에(월세) 간 나는 혼자 사는 주방장의 냉장고가 김치냉장고를 포함해 3대나 되고 그 3대 모두에 홍삼 등의 건강식품과 그 외의 좋은 먹거리가 가득 가득 들어차 있는 것을 보았다. 주방장이 자랑하듯 다 보여주었다.

내게 있어서의 200만 원은 정상인의 2,000만 원 이상의 금액과 맞먹는 돈이다. 읽고 싶은 책 한 권을 안 사고 얼굴에 로션 하나 안 사 바르며 생계비를 모은 돈이다. 그런 돈을 탕감하면서 나는 내가 돈이 많다면 아줌마의 다른 빚도 다 갚아드릴 텐데 가난뱅이라 그러지 못하는구나 하면서 많이 아쉬워했었다. 그런데 주방장은 내게 독성물질을 공급했다니...

매실청은 이 형제가 주방장의 손을 빌어 만든 것으로 이 형제가 주방장에게도 주었기에 필요하면 자기 집에서 섭취하면 될 것이었다. 이유 없이 횡포를 부리는 것에서 상냥하고 친절한 태도 속에 고약한 면이 숨겨져 있구나! 라고 생각하면서도 악한 분이라는 생각을 안 했는데... 충격에 빠져 멍해 있는 나를 보며 이 형제가 누나가 잘못한 게 없는데 아줌마는 왜 그러지 하고 말했다. 내가 말했다. '잘못한 게 없으니까 그러는 거야! 잘해 주니까 밟아도 봐 줄 거라는 심리로 해코지를 하는 거야! 나는 다른 시설에서도 자기한테 잘해주는 사람에겐 악마처럼 굴면서 자기한테 악하게 구는 것들한테는 천사처럼 구는 것들을 여럿 봤어! 주방 아줌마도 자기한테 고약하게 구는 이 집사에겐 충견처럼 잘했잖아.'

이 형제가 또 말했다. '아줌마가 매실청을 잊어먹고 안 넣으면 미영이가 갖다주면서 왕창 넣어, 왕창 넣어 하고 선동 질을 해.'

미영이도 매실청이 내게 독이 된다는 걸 알고 있다. 심장이 또 난도질당하는 듯 저민다.

2013.4.16.(화)

이옥진 집사는 식구가 주방장에게 도움 주는 꼴을 못 보았다. 주방장이 아프다고 해서 야채라도 다듬어 놓으려 하면 난리를 쳤다. 설거지를 해주려 했다간 선교회가 뒤집어질 것이기에 그건 꿈도 못 꿀 일이었다. 이 집사 이탈 후 나는 주방장이 아프다고 하면 반드시 쉬게 해주고 아침 설거지는 박 자매와 번갈아서 매일 대신 해주었다. 배려가 칼이 되어 나를 찌른 것을 여러 번 체험하고도 버릇을 못 고친 것인데 역시나 또 칼이다. 몸이 아프다 해도 절대로 쉬게 해 주지 않고 아프지도 않으면서 아프다고 한다며 뒤에서 욕하는 이 집사에겐 충신이었던 주방장이다.

오늘 아침 설거지는 내 차례인데 하지 않았다. 박 자매에게도 말했다. '나는 앞으로 아줌마가 오는 날엔 설거지 안 할 테니까 미영 씨는 하고 싶으면 하고 하기 싫으면 하지 말고 알아서 해.'

(박 자매도 얼씨구나 하고 안 해서 주방장은 몇 년간 안 한 아침 설거지를 이 집사 때처럼 다시 하게 되었다)

2013.5.19.(일)

이순자가 올라와서 흉측한 눈을 번뜩이며 교회와 살 생각이 없는 거냐고 물었다. 내가 너무 힘들어서 아무 생각이 없다고 말했다. 이순자는 '혜성 씨가 그동안 겪어봐서 알겠지만 내가 욕심이 없는 사람이잖아요'. 하고 말했다. 얼굴색 하나 안 변하고 진정어린 목소리로 하는 말이었다. 순간 나도 모르게 푸하하 하고 웃음이 터졌다. 대체 그의 낯짝 두께는 몇 미터나 되는 것일까? 이 집사도 온갖 악행을 일삼으며 나는 나쁜 사람이 아니야! 하고 주장했었다.

웃으면서도 나는 소름이 쫙 끼쳤다. 이순자의 정신 상태는 정상이 아니다. 이순자는 '이곳이 법인체가 된 거 아시잖아요. 회계보고를 해야 돼요. 회계보고 하세요!' 라고 하더니 '저 컨테이너 창고 교회에서 써야 돼요!' 하고 말했다. '왜 우리 걸 교회에서 써요? 욕심이 없어서 땅 뺏고 창고까지 뺏으려는 거예요?' 하고 내가 대들자 이순자는 '빼앗아서 내가 가졌어요?' 하고 따졌다.

치미는 분노를 억누르려고 밖으로 피했다가 이순자 악마가 나간 후 들어와서 인간의 피가 한 방울이라도 몸에 들어있다면 저렇게 못할 거야! 컴퓨터를 못하니 인터넷에 올릴 수도 없고 하고 탄식했다. 박 자매가 '운기가 못해'? 하고 물었다. 내가 '몇 달이나 배우고 몇 년이나 해왔

357

기에 너무 잘해, 그런데 뭘 좀 해달라고 하면 마귀가 장난친 것처럼 이상하게 해놓는다.' 고 말했다. 이 형제가 조롱조로 '나는 인터넷 못하는데 왜 그래?' 했다. 내가 '너는 그렇게도 사람이 아니고 싶냐! 신체장애인인 것도 모자라서 양심 장애인, 정신 장애인까지 되고 싶냐! 네가 사람이라면 내가 네 치다꺼리 안 해 줘도 나를 도와주려 할 거다. 내 개인일도 아니고 선교회 일이니까 선교회가 좋아지면 그게 네게도 주어질 텐데, 네가 얼마나 나 좋은 게 싫으면 네가 얻을 수혜를 버리면서까지 죽어라 나를 안 도와주려 하냐! 너만큼 이기적인 자 하늘 아래 없을 거다. 나는 실수한 것도 생각나면 낯 뜨거운데 너는 의도적으로 비열하고 비정한 짓을 하면서도 쾌감을 느끼냐 이 별종아!' 하고 말했다. 이 형제는 뭐라고 구시렁댔다.

이 집사도 식구들이 컴퓨터를 못하도록 했었다. 왜 한국인은 장애인조차도 장애인의 삶이 좋아지는 꼴을 못 볼까? 컴퓨터를 배워야 되는데 배울 엄두가 안 난다. 박 자매, 이 형제. 이순자 패악질을 감내하기에도 나는 버겁다.

2013.5.20.(월)

주방장이 퇴근하고 없는 저녁, 정수기와 냉장고가 죽어있었다. 전기코드를 보니 빠져 있었다. 그것을 언급하자 이 형제가 '아줌마가 냉장고에 불이 나갔다고 했어! 누나한테 말한다고 했더니 자동으로 나갔다 들어왔다 하는 거니까 말하지 말라고 했어!' 하고 말했다. 설마? 내 반응에 이 형제가 정말이라고 주장하고 엄 형제도 아줌마가 정말로 그렇게 했다고 말했다.

냉장고 음식들을 상하게 하려는 심보다. 예전엔 이런 적도 있었다. 주방장 퇴근 후 주방에 나가니 이 형제가 '아줌마가 가스밸브가 헐렁하대, 가스가 새서 위험하대.' 하고 말했다. 가스밸브를 돌려서 조이면 되는 것을 내버려두고 선교회가 위험하다는 생각을 하면서도 내게 알리지도 않고 퇴근을 해버린 것이다. 김 자매가 왔기에 주방장 행태를 이야기했더니 김 자매는 어떻게 그럴 수 있냐고 이 집사와 싸우면서까지 섬기고 배려했는데 잘해도 너무 잘하는데 어떻게 그러냐. 고 이해가 안 되고 믿어지지도 않는다고 말했다. 내가 이해가 안 되고 안 믿어지는 게 정상이라고 동네주민들도 안 믿을 거라고, 동네주민들은 천사 같은 사람으로 알고 있는데 어떻게 믿겠냐고 말했다. 이 형제가 '누나한테만 나쁘게 하는 게 아니고 나한테도 그래, 내가 뭘 해먹자고 하면 자기가 안 좋아하는 것은 안 좋은 내색을 해. 그리고 안 해 줘.' 하고 말했다. 내가 말했다. '우리가 장애인인 때문일 거야! 자기 집에 놀러오는 이웃사람들한테는 몇 년째 공짜 밥을 해준다잖아. 운기 씨는 뭘 자주 사주고 선교회 것으로 해달라는데도 안 해주

고 장애인인 게 죄지 뭐...'

2013.5.26.(일)

이 형제가 말했다. 지환이 형이 저녁을 시켜준다고 했는데...

왕 짠남이 자의적으로 시켜줄 리가 없었다. 왜 그렇게 싫어하는 걸 시키게 하냐는 내 나무람에 이 형제는 이번엔 형이 사야 된다고 말했다. 싸우면서까지 사게 하는 네 심사를 모르겠다. 내 말에 이 형제는 '얻어 먹었으면 사 야지 안 사는 게 말이 되냐' 고 말했다. 내가 싫다는 사람에게 기어코 사게 하는 게 말이 되냐. 고 말했다. 이 형제는 누가 기어코 사게 하냐고 언성을 높였다. 내가 '지환 씨가 사기 싫어한다고 걸핏하면 네가 성질 내고, 포악 쳤잖아. 먹고픈 게 있으면 혼자 나가서 사 먹어. 왜 돈 쓰기 싫어하는 사람에게 돈 쓰게 하는데.' 하고 언성을 높이자 이 형제는 '어떻게 나 혼자 사먹어!' 하고 소리를 질렀다.

먹고픈 게 있으면 나가서 사 먹든지 나에게 사 오게 하라는 내 지시는 절대로 듣지 않고 지능 낮은 엄 형제에게 기어코 시키는 그의 속셈은 너무도 뻔했다. 정상인인 주방장한테는 끊임없이 뭘 사주면서 같은 장애인은 왜 그렇게 뜯어 먹냐는 말이 목까지 치솟은 걸 간신히 누르며 '나가서 먹고 와 싫다는 사람 억지로 사 오라 말고.' 하고 말했다. 이 형제는 '내가 뭘 어쨌는데 그래!' 하고 대들었다. '네가 하는 짓거리를 네가 모르니?' 내 말에, 이 형제는 '내가 무슨 짓을 했는데. 난 아무 짓도 안 했어!' 했다.

완전히 조롱하는 말투였다. 그 말투에 피가 거꾸로 솟았다. '그런 식으로 살고 싶냐' 하고 내가 내지르자 이 형제는 여전히 조롱조로 '점심 잘 먹었는데 그러고 싶어?' 하고 지껄였다. 내가 '그런 식으로 안 하면 못살겠지? 같은 장애인한테 더구나 더 힘없는 장애인한테 해를 안 끼치고는 못살지?' 하고 내뱉고 방으로 들어와 버리는데 이 형제는 뭐라고 지껄여댔다. 그리고 저녁 때 엄 형제에게 짜장면을 시키게 해서 잘 처먹었다.

2013.5.30.(목)

엄 형제 돈을 이달 20일까지 준다던 오 권사가 또 돈을 주지 않았다. 다음 주엔 틀림없이 주겠다 해놓고 제날짜에 연락도 안 주는 게 벌써 여러 번째다. 이번에도 연락이 없어서 전화를 했더니 예상대로 또 다음에 다 6월 20일까지 내게서 빌린 돈까지 몽땅 다 주겠다고 말했다.

2013.6.4.(화)

고 법무사님한테 아무리 전화를 해도 받지 않아서 편지를 했는데 여전히 무응답이다. 그래서 이두구 변호사 사무실에 전화를 해서 소송문제가 어떻게 되었냐고 물었더니 고강운 실장한테 연락하란다. 지난달에도 두 번 문의했는데 두 번 다 그런 말을 했었다. 고 법무사님은 수없이 전화를 해도 안 받는다는 말을 해도 그런 말을 하더니 또 같은 말을 하는 것이다. 내가 아무리 전화를 해도 안 받는다고 했지 않냐고 말해도 김수희 라는 여직원은 같은 말만 반복했다. 내가 사건을 의뢰한 지 거의 1년이 되어 가는데, 그에 대한 것을 안 알려주는 경우가 어디에 있냐고, 내가 몸이 아픈 사람인데 피가 마른다고 말했다.

내가 말을 하고 있는 중에도 김수희는 차디찬 음성으로 무슨 뜻인지 알겠다는 말을 반복하면서 내 말을 차단하려 했다. 그래도 내가 굴하지 않고 재판날이 언제냐고 묻자 김수희는 모른다고 했다. 내가 이두구 변호사님 이름으로 약정했는데 그 직원이 모른다는 게 말이 되냐고 따지자 김수희는 마지못한 듯 알아봐서 연락을 주겠다고 말했다.

2013.6.5.(수)

이두구 변호사 사무실에 전화를 했는데 받지 않아서 한참 후에 다시 했지만 역시 받지 않았다. 고의로 안 받는구나 싶어서 이 형제 핸드폰으로 했더니 즉시 받았다. 알아봤냐는 내 물음에 김수희는 고 실장이 전화한다 했다고 말했다.

내가 전화 안 왔다고 그분은 연락을 안 주는 분이니 좀 알아봐 달라고 말했다. 그 말을 하는 동안에도 김수희는 윽박지르는 어조로 고 실장한테 연락하라는 말을 반복했다. 내가 연락해도 응대를 안 한다고 하지 않았냐고, 일을 주관하는 분은 변호사님인데 왜 꼭 법무사님을 통해서만 알아야 하냐고 좀 알려주는 게 그렇게 힘드냐고, 왜 안 알켜 주는지 이해할 수 없다고, 안 알려 주면 내가 그곳으로 찾아갈 수밖에 없다고, 아픈 사람이 그곳까지 찾아가야겠냐. 고 말했다. 그 말을 하는 동안에 김수희는 사나운 어조로 윽박지르듯 "김 실장하고 통화하세요. 아셨어요!"를 반복했다.

무례하기 짝이 없는 년의 행태는 내가 장애인임을 알기 때문이리라. 전화를 끊은 지 얼마 안 되어서 오 권사한테서 전화가 왔다. 기다리라고 했는데 왜 전화를 하고 난리를 쳤냐고, 이달 6월에 재판이 열릴 예정이고 자기가 다 알아서 할 텐데 기다리지 않고 난리를 치고 쫓아간다 했다고 나무랐다. 내가 난리도 안 쳤고 내가 말하는 도중에도 그쪽에서 고 실장하고 통화하라는 말을 윽박지르듯이 했다고 말했다. 오 권사는 '궁금한 건 나한테 물어보라고 했잖아, 그런데 난리를 치면 어떻게 해!' 하고 계속 나무랐다.

내가, 돈은 작년 여름에 주었는데 접수는 12월에 했다지(오 권사의 말이), 자료준비 하라는 말은 없지, 이순자에게 송달은 안 간 것같, 고 법무사님은 전화를 수없이 해도 안 받지, 내 돈만이 아니고 식구들 돈이 들어갔기에 피가 마른다고 이상하니까 알려고 하는 것 아니냐. 고 말했다. 오 권사는 원래 오래 걸리고 고 법무사 사정도 있고 어쩌고 하다가 앞으로는 전화 하지 말라고 전화를 해서 감정을 상하게 하면 될 것도 안 된다 를 반복했다. 내가 재판 날이 언제냐고 묻자 오 권사는 날짜는 안 정해졌다고 말했다. 날짜도 안정해졌는데 6월인 것은 어떻게 아냐는 내 물음에 오 권사는 예정된 것이라서 날짜는 안 정해졌다고 말했다.

2013.6.20.(목)

꾸어간 내 돈과 갈취한 엄 형제 돈을 오늘까지 틀림없이 준다던 오 권사는 역시나 전화조차 없다.

2013.6.25.(화)

이 형제 핸드폰으로 고 법무사한테 재판 날이 언제냐는 문자를 보냈다. 법무사는 무슨 재판이냐는 문자를 보내왔다. 작년에 건물 분할청구 소송을 의뢰했고 그 비용을 오 권사님한테 드렸다. 오 권사님이 대리인이 되어서 법무사님한테 전달할 것이라고 해서다. 그 재판이 6월에 있다고 오 권사님이 말했다. 라는 문자를 보냈다. 법무사가 얼마를 드렸냐는 문자를 보내와서 착수금 8백 8십만 원과 인지대 4백만 원을 드렸다고 했다. 얼마 후 법무사가 '오 권사님이 한 푼도 안 받았다는데요.' 라는 문자를 보내왔다. 사기당한 거라는 확신을 하고 있었음에도 하늘이 무너졌다. 잠시 후 오 권사가 전화를 해 와서 '아니 나는 도와주려고 하는데 혜성 씬 왜 나를 못 믿어! 내가 도와줄 거라고 했잖아. 그런데 나를 못 믿고 8백을 보내고 4백을 보내고 하면 내 얼굴이 어떻게 돼! 너무 섭섭해!' 하고 정말 섭섭해 하는 목소리로 말했다. 내가 도와주려고 속였냐고 어떻게 그럴 수 있냐고 대들었다. 오 권사는 속인 게 아니라고. 도와준다고 하지 않았냐고 이야길 들어보면 알 거라고 말했다. 뭘 더 속이려 하냐며 전화를 끊어버리고 법무사한테 오 권사에 송금한 영수증이 있다. 오 권사가 우리를 속였다. 그는 사기죄로 집행유예를 받은 전력이 있다. 우리를 좀 도와 달라. 후에 사례하겠다는 문자를 보냈다.

오 권사에게는 생존권을 위협당하고 있는 장애인들을 도와주지는 못할망정 짓밟다니요. 그러고도 왜 못 믿냐구요? 누굴 조롱하는 겁니까? 사람을 조롱하고 농락해도 정도가 있는 것입니다. 제가 미쳐서 무슨 짓을 하기 전에 빨리 돈을 돌려주세요. 라는 문자를 보냈다. 오 권사는 절대 기망한 게 아니다. 이야기를 들어보면 이해 될 것이다. 라는 문자를 보내왔다. 나는 더 이상 속지도 농락당하지도 않을 것이다. 내가 폭발할 것 같다. 그동안 준 돈 다 보내라는 문자를 보냈다. 오 권사는 변호사한테 착수금을 주었는데 착수금이 모자라서 그렇다. 나는 절대 나쁜 사람이 아니다. 나쁘게 살아오지 않았다. 어쩔 수 없는 상황도 있으니 이야기를 들으면 이해 할 것이다. 꼭 도와줄 테니 기다려달라는 등등의 문자를 계속 보내왔다.

법무사님은 한참 후에 전화를 걸어와 말했다. '오 권사가 장애인들이 돈이 없어서 자기가 돈을 구해서 하는 것이라고 하면서 200만 원을 주고 나타나지 않은 지 1년이 돼가요. 어쩌다 전화를 하게 되면 혜성 씨한테 전화가 오면 골치 아플 거라고 받지 말라고 했어요. 무슨 그런 여자가 다 있어! 장애인 돈을 가로채다니. 그 여자 아주 나쁜 여자네요.'

내가 보낸 수십 번의 이상 신호에도 오 권사의 말이 안 되는 지시에만 순종한 자기는 오 권사 개. 인가? 소송의뢰인이 수없이 연락을 하고 소송문제를 문의하는데도 그것은 묵살하고 누가 봐도 이상하고 수상쩍은 지시를 하는 여자를 개처럼 충실히 따랐다니 참 기가 막힌다. 그러고 보니 고 법무사도 권사라고 했었다.

위의 사실을 쓰고 있는데 전신이 떨리고 순간순간 심장이 멎으려 한다. 이상함을 느끼면서도 송금 영수증이 있는데 설마! 그보다 벼랑 끝에 내몰린 장애인들의 돈을 사기 칠 리가 없다는 생각으로 방임하고, 사기당한 거라는 생각이 든 후에도 아닐 거라고 한동안 부정하려 했던 나는 얼마나 왕멍청이인가. 내 자신에게 혐오감이 미친 듯 끓어오르고 박 자매, 이 형제가 나를 학대하지 않았다면 제대로 신경을 썼을 텐데 둘의 패악질에 기진맥진해서 방치하고 미적대고 있었다는 책임 전가 생각까지 든다.

2013.6.26.(수)

고 법무사님한테 전화를 했더니 '많이 괴롭겠네요.' 했다. 내가 괴로운 정도가 아니고 고통스럽다고 병이 하나 더 생겼다고 전신이 다 아프다고 말했다. 법무사님은 '천하에 그런 나쁜 여자가 어디에 있어요. 그동안 계속 거짓말을 해 왔어! 그러면서 장애인을 도와야 된다면서 천사인 척 해왔어요. 그래서 난 천사인 줄 알았잖아요. 내가 혜성 씨한테서 사건번호가 몇 번이냐! 라는 등의 전화가 자꾸 온다. 무슨 사건번호를 말하는 거냐고 물으면 조급해서 그런다고 골치 아프니 전화 받지 말라고 했어요. 내가 어떻게 장애인들 돈을 갈취하나 당장 갚으라고 안 그러면 고소할 것이다. 하고 난리를 쳤더니 오늘 저녁에 만나자고 해서 만나기로 했어!' 하고 말했다. 내가 심장이 터질 듯 하고 거동을 제대로 할 수 없다고 내일까지 돈을 받아야 한다고 오 권사는 예전부터 돈 모으는 능력이 있는 이로 알려져 있었고 분명히 돈이 있을 거라고 말했다.

저녁 늦게 법무사에게서 무조건 돈을 갚으라 했다고 오 권사로부터 일주일 내로 꼭 다 갚겠다는 약속을 받았다는 문자가 왔다.

고 법무사 권사님은 건물 분할청구를 할 수 있다고 했었고 소송을 맡겠다는 뜻의 말도 했었다. 오 권사와 함께 찾아와 식구들의 신상정보와 선교회 고유번호증을 복사해 갔었다. 그 때문에 내가 믿었었다. 사무실 직원으로부터 내가 통화를 애타게 원하는 것도 소송에 대한 문의를 하는 것도 내가 쫓아온다고 했다는 보고를 받았으니 심상치 않음을 바보가 아니니 느꼈을 것이다. 자기가 한 행동이 있으니 예의상으로라도 한 번쯤은 내 연락에 응했어야 하지 않는가? 장애인이니 그런 기본적 예의도 차릴 필요가 없다고 여긴 것인가? 아무리 내가 장애인이기로서니 어떻게 그 토록이나 철저히 무시하고 무경우로 일관했는지 생각할수록 기가 막힌다.

2013.6.27.(목)

오 사기꾼 권사에게 '빨리 돈 다 보내라. 1년이나 농락당한 것 분하고 치 떨려서 살수가 없다는 문자' 를 보냈다. 법무사 권사에게도 오 사기꾼이 얼마나 그동안 거짓말을 남발해 왔는지를 밝히며 그는 약속을 지키는 이가 아니다. 법무사님에게 한 약속 또한 미운 개 걷어차듯 걷어찰 것이다. 라는 문자를 보냈다. 반응이 없어서 얼마 후 전화를 걸었더니 말할 틈을 주지 않고 내가 '빨리 갚으라고 했어요. 안 그러면 가만 안 있는다고 했어요.' 라는 등등의 말을, 자기 공로를 밝히는 말들을 쉴 새 없이 지껄여댔다. 나와 통화할 때마다 하는 행태다. 이런 말도 빠뜨리지 않는다. 자기가 '장애인을 도우려고 돈을 구해서 한다면서 매번 장애인을 도와야 한다고 해서' 천사인줄 알았네...

2013.6.29.(토)

이 형제가 동생이 사기꾼한테 돈을 잘 받아낸다면서 동생에게 좀 와 달라 했다고 말했다.

동생 순기 씨는 밤에 찾아왔다. 오 권사의 행각을 이야기했더니 통화를 해보겠다며 전화를 걸었다. 오 권사는 대화를 하면 이해할 수 있는데 내가 만나주지는 않고 악플만 보내서 자기가 노이로제에 걸리겠고 자기도 억울하고 어쩌고 하면서 진짜 억울해하는 어조로 나를 비난하는 말들을 잔뜩 쏟아놓았다. 좀 만나자는 순기 씨의 말에 오 권사는 다음 주 월요일에 만나자고 했다. 통화를 끝낸 순기 씨는 오 권사가 나쁜 사람이어서가 아니라 형편이 어려워서 그렇게 한 것이라는 어이없는 말을 했다. 내가 어려우면 생존권 위협을 받는 우리보다 더 어렵냐고, 사기꾼들이 어려워서 사기 치는 거 아니라고, 온갖 사치 부리며 재산축적을 위해 사기 치는 거라고, 실제 오 권사도 능력이 있어서 풍족하게 산다고, 오 권사는 전문적인 사기꾼이고 그동안 허언증 환자처럼 거짓말만 했다고, 절대로 그의 말을 믿으면 안 된다고, 다음 주 목요일까지 틀림없이 갚는다고 약속했는데 몇 번이나 어긴 약속이지만 이번에는 꼭 갚도록 해야 한다고 말했다.

2013.7.2.(화)

오 권사를 만났는데 일이 잘 되었다면서 전화를 주겠다던 순기 씨가 오후가 되어도 전화를 주지 않았다. 심장이 멎을 것 같아서 전화를 했더니, 순기 씨는 한 달에 얼마씩 벌어서 갚기로 한다는 차용증을 썼다고 말했다. 내가 '왜 그렇게 했어요? 목요일까지 갚기로 했는데 그러면 안 돼요.' 라는 말을 하자마자 순기는 '누나 참 이상하다. 왜 그러면 안 돼. 기껏 해줬더니 말을 그렇게 하고 있어!' 하고 볼멘소리로 나무랐다. 내가 '그 여자 거짓말 하는 거 이루 말할 수 없다고 했잖아요. 이때까지 거짓말만 해왔듯이 좋게 대하면 또 안 갚을 거예요. 순기 씨가 나를 도와주려 나선 거잖아요.' 하고 말했다.

순기는 '그러면 나한테 무슨 이득이 있는데?' 하고 따졌다. '일이 잘되면 아무렴 내가 그냥 있겠나, 그리고 형의 돈도 들어갔는데 돈 받으면 그것만으로도 이득이고 기한을 그렇게 늘리려면 나한테 물어보고 했어야지 묻지도 않고 그렇게 하면 안 되지.' 내 말에 순기는 '누나 참 못됐다. 그 여잔 돈이 없어! 아무것도 없다고. 왜 나한테 막말하는 거야! 나한테 왜 생떼를 쓰는 거야!' 하고 대들었다. 순간 공포가 확 덮쳐왔다. 정신 이상자 같은 느낌이 들었다. 막말 한다니 생떼 쓴다니 내가 타이르듯 '그 여자가 돈이 있건 없건 순기 씨는 그러면 안 돼, 내가 분명히 목요일까지 갚기로 했고 갚도록 해야 한다고 말했잖아요. 그런데 그렇게 마음대로 기한을 늦추어 버리는 건 경우가 아니지.' 하고 말했다.

순기는 공격조로 '여태껏 그런 식으로 살아왔어! 어떻게 살아왔는지 알만하네. 그런 식으로 하면 대화를 못하지. 어떻게 대화를 하냐고, 누나가 그곳에서 어떻게 하는지 알겠다. 그곳 사람들 엄청 괴롭겠다.' 라는 등등의 막말을(비난기가 가득 찬 목소리로) 마구 쏟아놓았다. 황당했다. 그래도 나는 화를 내지 않고 나는 '순기 씨가 똑똑하고 좋은 사람인 줄 알았어요. 그런데 어울리지 않게 왜 이래요. 내 일만이 아니잖아요. 형의 돈도 3백5십만 원이 들어있는데 어떻게 순기 씨가 그럴 수 있어요. 결과적으로 그 여자 편에 선 거예요. 내 의사도 묻지 않고 그렇게 한 건 경우가 아니지, 그 여자 또 안 갚을 게 뻔한데.' 하고 말했다. 순기는 성난 음성으로 '누나 참 막되게 군다. 세상사람 누구도 누나처럼 안 굴어. 그 여잔 갚을 돈이 없어. 돈이 없는 사람한테 돈을 갚으라고 하면 돼? 그 여잔 아무것도 없어. 내가 애써서 일을 봤는데 그래도 되는 거야!' 라는 등등의 말을 공격조로 내가 내 말 좀 들어보라고 해도 듣지 않고 계속 쏟아놓았다.

내가 차분히 '그 여자 차 있는 거 봤잖아요. 사치스런 차림새도 봤잖아요. 그 여자 잘 산다니까 왜 사기꾼 말을 믿어요. 이때껏 거짓말만 해왔다고 이야기했는데, 돈이 없다면 이번 목요일까지 갚는다고 했겠어요.' 하고 말했다. 그래도 순기는 내가 막되게 군다는 막말을 계속 쏟아놓았다. 내가 '형 입장을 생각해서라도 나한테 이러면 안 되지 나는 순기 씨가 도와준다며 나섰기에 맡긴 거예요. 안 나섰으면 안 맡겼어요. 왜 피해자 쪽에 안 서고 사기꾼인 가해자 쪽에 서는지 알 수가 없네! 더구나 피해자 쪽에 친형이 포함되어 있는데, 내가 막된 인간이니까 그만하죠.' 라고 한 뒤 전화를 끊었다. 순기는 즉시 전화를 걸어와서 '통화중에 전화 끊는 버릇은 누구한테 배워 먹었어!' 하고 폭언에 가까운 말이 날려왔다.

그는 나보다 12살이 적었다. '순기 씨는 잘 배워먹어서 말을 그렇게 함부로 해요?' 내 물음에 순기는 '정말 못 배워먹었네! 아주 막돼 먹었어!' 등등의 폭언을 쏟아놓다가 '그 여잔 돈이 없어! 아무것도 없어. 아주 불쌍한 여자라고, 그런데 어떻게 돈을 달라고 해. 돈 없는 사람에게 돈 갚으라고 하면 안 되지. 그런 식으로 살지 마!' 하고 협박조로 훈계를 했다. 내가 '그 여자가 순기 씨 돈을 사기 쳤대도 그렇게 말할 수 있어요. 그 여자가 돈 없는 거 확인했어요? 운기 씨가 동생이 돈 떼먹은 사람을 위협해서 돈을 잘 받아낸다고 그래서 그 여자한테도 위협을 가해 줄줄 알고 이야기 했더니... 나는 배워먹지 못했고 막돼먹었으니까 잘 배우고 선량한 순기 씨가 나 좀 봐줘, 그 차용증 좀 빨리 갖다줘.' 하고 말했다. 순기는 '갖다 줘? 뭘 갖다 줘, 찢어버릴 거야.' 하고 말했다. 내가 '형의 일이기도 한데 어떻게 그래. 좀 갖다 줘.' 하고 사정하듯 말했다.

악마의 공격도구가 된 느낌이 들었다. 불한당의 행패인가? 라는 생각도 들었지만 아무리 불한당일지라도 사기꾼 편을 들어서 자기 친형을 돌봐주는 이를 공격할 수는 없지 않은가?

00의집 이동진 목사놈이 떠올랐다. 자기가 벌레처럼 싫어하고 멀리하는 배순환 식구가 여자 식구를 성폭행한 이후부터 배순환 놈을 사랑하는 친동생처럼 좋아하며 가까이하던 놈. 그 목사 놈처럼 순기도 사람이 짓밟히는 것에 쾌감을 느끼는 것일까? 그래서 우리에게 치명상을 입힌 사기꾼을 엄호하는 것일까? 이 형제에게 '네 동생 이상하다. 너도 조심해라!' 라고 했더니 이 형제가 '지 형수한테도(순기의 또 다른 형의 부인) 폭언을 퍼부은 적 있어!' 라고 말했다.

2013.7.3.(수)

순기가 왔다. 나를 보자마자 성난 얼굴과 음성으로 '나를 뭐로 보고 그렇게 막말을 한 거야! 왜 나를 멸시하는 거야! 막돼먹었어! 왜 그렇게 나를 무시하는 거야!' 하고 마구 몰아쳤다. 내가 '누가 막말하고 무시했는지를 하늘이 내려다보고 있고 땅이 올려다보고 있 고, 내가 너무 황당해서 정신 이상자인 줄 알고 공포스러웠다.'고 내질렀다. 순기는 '나는 여태껏 착하게 살았어, 나를 아는 사람들은 다 나를 착하다고 해. 못된 인간 취급 받고 막말 들은 게 어제가 처음이야! 왜 그렇게 못되게 굴어, 왜 그렇게 막돼먹었어! 그따위로 살지 마!' 등등의 폭언으로 계속 몰아쳤다.

어쩜 이 형제와 그렇게도 똑같은가. 나는 너무 분해서 심장이 터질 듯했다. 아는 사람들은 정상인이니까 착하게 대하고 나는 장애인이니까 불한당처럼 막되게 구는구나!

범죄 수호자는 범죄 피해자 고통에 기쁨을 느끼지. 라고 내뱉으며 내 방으로 들어와 통곡을 했다. 식구들한테 당하는 칼질도 고통스러운데 식구 형제한테까지 치욕의 칼질을 당하는 내 자신이 미치도록 저주스러웠다. 순기는 급히 돌아가는지 차 소리가 났다. 한참 후에 이 형제에게 내가 '늪에 빠진 이들을 꺼내주긴커녕 늪 속에 밀어 넣는 범죄자를 엄호하고 수호하는 심리는 범죄행위에 대리만족을 느껴서야! 네 동생은 남의 고통과 불행에 기쁨을 느끼는 사이코패스야!' 하고 말했다. 이 형제는 아무 말도 하지 않았다.

오 사기꾼에게 차용증 내용은 순기 씨가 임의대로 한 것이기에 무효다. 약속대로 목요일까지 갚으라. 안 갚으면 고소할 것이다. 라는 문자를 보냈다. 그리고 이 형제에게 동생이 차용증을 가져왔으면 보여 달라고 했다. 사기꾼의 주민번호가 있을까 해서였다. 사기꾼이 그것도 속였을 수 있지만 혹시나 해서였는데 이 형제는 가져왔는데 도로 가져갔다고 말했다.

(몇 달 후 알게 되었는데 이 형제는 차용증을 받아두고도 도로 가져갔다고 거짓말을 한 것이었다.)

2013.7.4.(목)

예상대로 사기꾼 권사는 또 사기를 쳤다. 또 돈을 보내오지 않았다. 사위가 알게 되면 딸이 멸시를 받을 텐데 참 대단하시다.

하나님을 입에 달고 살더니 사기를 치기 위해서였냐! 감옥에 계실 때 면회 가겠다. 라는 문자를 보냈다. 사기꾼은 고소만이 능사가 아니다. 틀림없이 갚기로 약속 하겠다. 고소하고 싶으면 그렇게 해라. 라는 문자를 보내왔다.

정신 이상자 같았다. 약속을 수없이 어기고 연신 어기면서 또 약속하겠다니, 내가 정신이 어떻게 된 거 아니냐. 내가 정박일지라도 그 정도로 농락당했으면 더는 안 당하겠다. 법무사님도 고소할 준비를 하고 있다. 라는 문자를 보냈다. 법무사는 민사 형사 고소를 함께 하자면서 월요일에 사무실로 오라고 했다.

2013.7.8.(월)

법무사한테 오늘 11시까지 가도 되냐고 문자를 보냈더니, 네, 라는 간단한 응답이 왔다. 선교회를 나서기 전부터 슬렁슬렁 오던 비가 버스를 타고 수원에 도착했을 때는 세차게 쏟아지고 있었다. 늦을까봐 택시를 타고 이두구 변호사 사무실로 갔는데 법무사는 없었다. 여직원이 전화를 걸더니 안 받는다고 말했다. 여직원은 3명이나 되었는데 내가 불편한 다리로 한참을 서 있어도 단 한 명도 내게 앉으라는 말을 하지 않았다. 내가 휠체어 장애인이라면 완전 벌레쯤으로 취급하겠구나! 라는 생각이 들었다. 계속 서 있기 민망해서 밖으로 나와 한참을 서 있으니 고 법무사가 차를 몰고 나타났다. 나를 차에 태운 법무사는 내가 목요일에 올 줄 알았다고 말했다. 내가 월요일에 오라고 하지 않았냐고 하자 법무사는 목요일에 오라 했다고 거짓말을 했다.

    법무사 사무실에 들어서서 내가 오 사기꾼 주소를 꺼내주자 법무사가 들고 나가더니 한참 후에 돌아와 그 주소의 아파트가 박윤주(딸)라는 이름으로 되어있다고 말했다. 사기꾼이 재산을 제 명의로 할 리가 없지, 법무사는 오 사기꾼이 계속 문자를 보내오고 있다며 핸드폰을 보여주겠다. 갚겠다고 약속했으니 꼭 갚겠다. 약속한다. 혜성 씨와는 대화가 안 통한다. 라는 등의 문자였다. 법무사는 아주 나쁜 인간이라면서 민사소송을 하고 일주일 후에 형사고소를 하라고 말했다. 그리고는 변호사비는 330만 원이고 인지대는 별도인데 변호사 선임을 안 하고 소송장만 쓰는 데는 40만 원이라면서 변호사를 선임할 거냐고 물었다. 내가 하겠다고 말했다.

    사무실을 나설 때 오후 2시인데 법무사는 수임료를 오늘 내로 입금할 수 있냐고 물었다. 내가 몸이 아프고 농협은 멀어서 오늘은 어렵다고 하자 법무사는 자기들도 일을 해야 하기 때문에 오늘 입금시켜 주었음 한다고 말했다. 소송장을 쓰기도 전에 돈을 달라니, 비가 쏟아지고 있는데 법무사는 버스 타고 가라면서 차를 몰고 가버렸다. 점심도 굶고 돌아와 생각하니 소송에서 이긴다 해도 사기꾼이 끝까지 돈을 안 갚고 버티면 330만 원과 인지대를 날리게 되는 것이기에 엄청난 부담이 되는 것이었다. 법무사에게 전화를 걸어 고소를 할 때도 비용이 드냐고 물었더니 200만 원이 든다고 말했다. 내가 오 권사가 재판에 져도 돈을 안 갚을 수 있는데 그러면 내게 3백여만 원이 너무 큰 부담이 된다고 말했다. 법무사는 아주 고까워하는 목소리로 하기 '싫으면 하지 마세요. 마음대로 하세요!' 하고 내뱉으며 전화를 끊어버렸다.

    사무실에서 법무사는 돈 받았냐는 문자만 보냈으면 진작 알았을 것 아니냐고 나를 나무랐었다. 그러고 싶었지만 사기꾼이 자기를 의심한다고 기분 나빠할까 봐 못했는데 그 정도로 소심병이 심한 내가 문제지만 소송을 맡겠다 해놓고 뱀처럼 차갑고 냉혹하게 내 연락을 거부한 도의적 책임도 있는데 미안해하는 기색은 먼지 알갱이만큼도 없었다. 그래도 나는 아무 말 안 했는데 양심도 없이 돈을 챙기려는 것이다. 오 사기꾼처럼 믿음이 깊다더니... 아픈 몸으로 비를 헤치고 하남에서 수원까지 찾아간데 대한 위로 한마디 안 하고 점심시간이 한참 지나도 식사에 대한 언급도 안 하고, 비가 맹렬히 쏟아지고 있는데도 버스정류소까지 좀 태워다 주지도 않고 혼자 차를 몰고 가버린(점심 처먹으러 갔는지) 몰인정의 최고봉, 고강운 권사 법무사 놈. 소송을 맡겠다는 거짓 혓바닥은 왜 놀렸냐!

2013.7.9.(화)

법무사에게 이후에 건물에 대한 소송을 해야 되기에 부담이 너무 커 변호사 선임은 도저히 할 수 없으니 이해를 하시고 소송장만 써달라는 문자를 보냈다. 그를 내쳐버리고 다른 법무사한테 맡기고 싶은 마음 간절했으나 상황을 잘 아는 이가 나을 것 같아서였다. 즉시 전화를 걸어온 법무사는 오늘 하루 종일 전화를 했는데 받지 않더라고 말했다. 나는 하루 종일 집에 있었고 전화는 한 번도 울리지 않았는데…

그는 소송장을 써주겠다고 말했다.

2013.7.10.(수)

이틀이 멀다 않고 엄 형제를 갈구고 고함을 지르는 이 형제가 오늘은 아침 6시 전부터 엄 형제를 공격하기 시작했다. 내가 나가서 그만하라고 야단을 쳐도 계속했다. 7시가 되고 엄 형제가 출근을 하려 할 때는 '여기서 나갓! 나가서 들어오지 맛——!' 하고 고함을 질렀다. 엄 형제가 대응을 않고 얌전히 당하고 있는데도 그러는 것이다. 내가 화가 나서 '너도 나가라.' 하고 내질렀다. 이 형제는 '내가 왜 나가!' 하고 대들었다. 내가 아무 잘못 없는 사람을 나가라는데 잘못 있는 사람은 당연히 나가야지 하고 말했다. 이 형제는 '내가 뭘 잘못했어!' 하고 대들었다.

주방장이 출근하자 이 형제는 엄 형제를 헐뜯기 시작했다. 얼마간 듣고 있다가 주방장은 '왜 자꾸 TV를 내가 샀다 하는 거야! 좋은 소리도 한두 번이지, 이제 그만해요!' 하고 말했다. 이 형제가 터무니없는 거짓말을 하면서 나를 헐뜯을 때는 절대로 제지하지 않는 이가, 박 자매가 수년간을 거의 매일 나를 모함하며 쌍욕을 해도 절대로 제지하지 않고 곱게 들어주는 이가, 이 형제, 박 자매가 다른 식구를 욕하거나 둘이서 싸울 때는 반드시 제지하거나 뜯어말린다.

주방장의 제지에도 이 형제는 엄 형제 헐뜯기를 계속했다. 나는 텔레비전도 샀는데 그 인간은 1,000원도 안 쓰고 어쩌고저쩌고 했다. 내가 도저히 참을 수 없어서 네가 텔레비전을 안 샀으면 지환 씨는 매달 5,000원씩 안 내도 되는데(할부라고 이 형제가 부담시켰다. 내가 뭐라 해도 소용없었다.) '텔레비전이 있는데도 네가 새로 사서 5,000원씩 내게 하면서 왜 걸핏하면 텔레비전 샀다고 갈구냐! 이틀이 멀다 않고 갈구고 소리 지르는데 듣는 내가 괴로워 못살겠다. 당하는 당사자는 어떻게 살겠냐! 너 같으면 살겠냐! 다른 사람이 너한테 그랬다면 너는 벌써 때려죽였을 거다!' 하고 퍼부었다. 이 형제는 '텔레비전은 그 인간이 원해서 바꾼 거얏!' 하고 외쳤다. '네가 바꾸자고 해도 이틀이나 대답을 안 하고 있다가 너한테 시달리다 못해 바꾸라고 했는데, 지환 씨가 원해? 네가 원해서 바꾸면서 그 비용을 지환 씨한테 부담시키고 지환 씨는 할 줄도 모르는 인터넷 비용까지 5,000원씩 부담시키고 걸핏하면 야식거리까지 사오게 하면서 돈을 안 써? 지환 씨가 지적장애인이 아니라면 그렇게 부담 안 시키겠지. 너보다 약자인 사람에게 그러는 거 양심에 찔리지도 않냐!' 하고 내가 퍼부어도 이 형제는 '그 인간이 원했다.'를 반복했다.

주방장이 없다면 내가 언제 그랬엇——! 하고 포악을 쳤으리라! 내가 '하여튼 너는 사람하고 살면 안 돼. 악마 같은 것들하고 살아야지 좋은 사람은 어떻게든 괴롭혀서 못살게 해, 아주 지긋지긋하고 진절머리 난다.' 고 내뱉자, 이 형제는 '누나는 사람 아냐?' 하고 물었다. 내가 '사람이지, 그래서 네가 나를 죽어라 하고 고문하고 괴롭히며 못살게 굴다가 지환 씨도 착하니까 지환 씨까지 괴롭히는 거잖아! 네가 다른 사람한테 그런다면 너는 100번도 더 맞아죽었어. 어째 그렇게 집요하고 줄기차게 착한 사람을 괴롭히냣! 사람을 안 괴롭히고는 못살겠지. 이 진절머리 나도록 집요한 인간앗!' 하고 내지르자 이 형제는 잠잠해졌다.

2013. 7. 11. (목)

법무사가 소송비용이 100만 원이란다. 자기 입으로 40만 원이라 해놓고 내가 40만 원이라 하셨지 않냐고 했더니 법무사는 법원이 오경숙의 주민번호를 알아 와라 뭐 알아 와라 할 텐데 40만 원으로는 그런 걸 할 수 없다고. 차 기름값도 안 나온다고 송달료와 인지대 제외하고 100만 원은 받아야 한다고 말했다.

믿음 깊은 강도가 또 한 명 있다. 자기 책임이 없다고 할 수 없는 입장인데, 나라면 내 돈이 들어간다 해도 그냥 써 줄 것이다. 내가 그 비용으로 써달라고 말했다.

2013.7.12.(금)

　　법무사한테 가서 민사소송장을 받아본 나는 굉장히 놀랐다. 깨알같이 작은 글씨에 벼랑 끝에 서 있는 우리의 절박한 상황이 들어있지 않았다. 내가 간략하나마 상세하게 쓴 경위서를 주었었는데, 사기 당한 내용만 무미건조하게 간단히 적혀있었다. 시력 좋은 이도 읽으려면 짜증이 날 것 같은 작은 글씨는 무식한 좀팽이가 쓴 것처럼 보여서 신뢰가 안 느껴질 것 같았다. 이따위로 써놓고 100만 원이나 받아 처먹으려 하다니, 어이가 없었다. 글솜씨 없는 내가 쓰는 게 차라리 나을 것 같았다. 100만 원은 그대로 주고 내가 새로 쓰고 싶어졌다. 그러나 법무사 놈이 싫어할까봐 말도 못하고 선교회로 돌아와 인지대 등을 포함한 150만 원을 송금했다.

2013.7.31.(수)

　　이 형제가 8월에 삼촌네로 떠난단다. 언젠가 내가 너도 나가라고 했던 게(엄 형제더러 나가라고 해서) 찔려서 그것을 들추며 그래서 떠나는 거냐고 물었더니, 이 형제는 아니라고 말했다. '지환 씨 살판났네! 엄청 좋아하겠네.' 내 말에 이 형제는 '지환 형 때문에 떠나는 거야!' 하고 말했다. 이틀이 멀다 않고 갈구고 소리 지르며 괴롭혀 놓고 그 패악질에 대응을 거의 하지 않는 엄 형제 때문에 떠난다니, 이 집사도 내게 모질게 굴고 심지어 폭행까지 해놓고 나 때문에 떠난다고 했었지...

2013.8.3.(토)

　　법무사한테 전화로 오 권사를 고소해야 될 것 같다고 했더니, 오 권사 주민번호를 모르는 상황에선 고소를 할 수 없는 거예요. 라는 말과 거의 동시에 전화를 끊어버렸다. 자기가 전화했을 때도 내가 전화했을 때도 인사한 적 없는 개자식, 내가 '안녕하세요.' 하면 '네,' 하는 대답만 할 뿐 절대로 인사를 안 한다. 아무리 내가 장애인이기로서니 인사 한번 하기 아까운 정도로 같잖은가? 개 법무사라서 개소리를 한다. 범죄자 주민번호를 모르면 고소를 할 수 없다니, 이전에도 내가 고소를 하고 싶다고 하면 민사소송이 끝나야 고소를 할 수 있다는 등의 똥소리를 지껄였었다. 놈도 이 형제 동생처럼 사기꾼 편에 선 것이다. 범죄 피해자 고통보다 범죄자의 안위가 중요한 것이다. 무릇 악인은 선인보다 악인을 더 좋아하나니, 고광운 권사 법무사 놈아, 오경숙 권사 사기꾼이 지옥에 떨어질 때도 함께 해라.

2013.8.7.(수)

그제 빤 청바지를 걷어다 주었더니 이 형제가 '언제 빤 건데 이제 주는 거야!' 하고 볼멘소리를 했다. 거의 매일 비가 오는데도 이틀이 멀다고 내놓는 빨래를 군소리 않고 빨아 말려서 갖다주다가 청바지라서 바짝 마르지 않아 늦게 갖다 바치니 불만을 토하는 것이다. '이 역대급 장마에 청바지 말리는 게 쉬운 줄 아나.' 내 말에 대꾸를 않고 이 형제는 다음과 같은 말을 했다. '예전에 미영이가 누나가 원장이냐고 물어서 내가 아니라고, 이곳에 사는 사람은 절대로 원장을 해선 안 된다고 외부에서 영입해야 된다고 말했어!' '내가 미영이가 그렇게 악랄하게 구는 건 그 말 때문이기도 하겠구나!' 라고 말한 뒤, '왜 나는 원장이 되면 안 된다고 생각하니? 예전엔 원장하라고 했잖아.' 하고 묻자 이 형제는 '그냥 내 생각일 뿐이야!' 하고 말했다. '왜 그런 생각이야? 생각만 하지 않고 안 그래도 나를 짓밟는 애한테 그런 말을 한 건 나에 대한 배신이야! 악인의 특징 중 하나는 아무리 잘해줘도 절대로 좋은 사람 편에는 안 서지, 본능적으로 선한 사람을 싫어하거든. 나만큼 양심적이고 도덕적인 사람 봤어? 네 형제와 외삼촌을 앞으로도 겪어봐 나 같은지, 내가 다른 단체에 있을 때 효성이라는 지적장애인이 친척들한테서 용돈을 받아서 내게 맛있는 것을 사주곤 했는데 나는 그러지 못하게 하고 그 돈을 저금하도록 했어!' 하고 늘어놓은 뒤 내가 어떤 사람을 원하기에 외부인 타령이냐고 물었다. 이 형제는 '따로 사는 사람, 인서 엄마 같은 사람.'하고 대답했다. 나는 어이가 없어서 웃음을 터트릴 뻔 했다.

김가인 자매는 온화한 성품이 아니다. 깐깐해서 이 형제, 박 자매의 사소한 잘못도 왜 그런 걸 봐주냐고 나를 나무란다. 사람에 대한 애정이 나보다 깊은 것도 아니다. '인서 엄마가 너와 미영이 행태를 봐줄 것 같냐! 두 번도 안 봐줄 거다.' 내 말에 이 형제는 '나도 알아!' 했다. 내가 말했다. '나는 병 때문에 한이 골수에 박힌 사람이야! 그래서 건강이 우선인데 건강에 전혀 신경을 못 쓰고 있어. 그러므로 원장이 되어선 안 되고 되고픈 마음도 없어 좋은 사람을 못 찾아 이러고 있을 뿐이야. 그렇지만 네가 나를 안 믿고 거부하니 얄밉다.' 이 형제는 '누나를 믿으니까 여태껏 있었지, 누가 누나를 믿냐고 물어서 한 소리야!' 하고 말했다. 누가.. 그런 걸 물었냐는 내 물음에 이 형제는 인서 엄마 라고 대답했다.

뜻밖이었다. 김 자매는 나를 좋은 사람이라고 내게 말하는 사람이다. 나는 그가 근거 없이 함부로 말하는 사람이 아닌 줄 알고 있다. 그런데 뒤에서는 나에 대해 불신을 일으킬 수 있는 말을 했다니, 내 앞에선 자기 입으로 내가 주방장과 식구들에게 너무 잘한다는 말을 하면서, 나는 김 자매에 대해 뒷말을 한 적 없다. 나로선 이해 안 되는 행동을 했을 때도, 예전에 목양교회 집사님들이 점심을 해주었을 때 식구들이 공동으로 먹어야 할 국에서 조개만을 일일이 골라내서 딸들이 좋아하는 것이라며 가져가고, 선교회에서 빨래를 할 수 없는 상황이 되어 이옥진 집사가 식구들의 빨래를 자기네 세탁기로 좀 돌려달라는 부탁을 했는데 그걸 두고 여러 사람에게 이 집사를 씹고 나를 찾아와서도 괘씸하다는 투로 씹어서 선교회에서 밥을 먹으면서 겨우 빨래 한번 돌려주기도 싫고, 인서 엄마도(김 자매) 가끔 선교회에 와서 선교회 세탁기로 빨래하지 않냐고 말하고 싶었는데 무안해 할까봐 아무 말 않고 다른 사람한테도 말하지 않았다.

그 외에도 이상행동을(?) 더러 했지만 그의 남편도 그럴 때가 있었지만 속으로 혀를 차면서도 본성은 나쁜 사람이 아니니까 라면서 괘념치 않고 다른 사람에게 일체 말하지 않았다. 후원인이 내게 준 삼베 이불을 빨아서 빨랫줄에 널어놨는데 그의 남편이 자기 거라며 걷어가 버린 적도 있었는데, 그 삼베 이불이 너무 아까운데도 얼마나 탐이 나면 하고 털어버리고 누구한테도 말 않고 마음에 두지도 않았다. 김 자매도 그런 것을 알고 내게 언니는 '뒷말 안하더라, 나도 안 해, 죽어도 안 해!' 라고 하더니 뒤에서 나를 밟다니 최근에 와서도 일주일에 몇 번씩 제집 밥 놔두고 선교회에 와서 저녁을 먹으면서 먹는 것을 뭐라 하지 않는 내게, 싫어하지 않는 내게, 악영향을 끼칠 수 있는 말을 하다니…

착하면 억울함이 생기는 개똥 같은 세상.(나는 착한 게 아닌 등신일 뿐이지만) 기분이 완전 소태 맛이다.

2013.8.13.(화)

고 법무사를 우리에게 데려와 소개시켰던 김미화 전도사가 전화로 사기 당한 거 어떻게 되었냐고 묻더니 내가 대답을 하기 전에 나는 '이제 고강운 법무사 안 믿기로 했어요. 예전에 측량을 해서 소송하면 이길 수 있다기에 내 돈을 다 털어서 5,000만 원을 주고 측량을 해서 소송을 했는데 졌어요. 돈만 다 잃고 빈손으로 교회를 나왔는데 알고 보니 이길 수 없는 거였어요.' 하고 지껄였다. 이전에도 그 같은 말을 지껄였었다. 내가 그때가 언제냐고 물었었는데 고 법무사를 우리에게 데려오기 훨씬 이전이었다. 고 법무사 놈이 준 사기꾼임을 알고도 생존권 위협을 받는 우리에게 소개시킨 것이다. 고 놈을 데려왔을 때 김 전도사는 고 법무사가 아주 뛰어난 실력자라고 씨부렸었다.

내가 후에 변호사에게 상담해 보니 우리 건물은 분할청구를 할 수 없는 것이었다. 준사기꾼 놈을 일부러 데려와 소개시킨 심보는 나만 당할 수 있나, 다른 사람도 당해야지 라는 것이었을까? 욕을 퍼부어야 하는데 그럴 기분도 안 났다. 믿음 얕은 나는 돈이 생긴대도 절대로 하지 않을 무책임할 행각들을 믿음 깊은 목사, 전도사, 권사들은 참 열심히도 한다. 그래서 나는 내 믿음이 결코 깊어지는 걸 원치 않는다.

이 형제에게 오 사기꾼에게서 돈을 받으면 돈을 돌려주겠다고(소송비로 낸 350만 원) 했더니 이 형제가 '내 돈은 신경 쓰지 마! 150만 원은 받았어! 나머지도 다 갚는다고 오 권사가 말했어!' 하고 말했다.

하여튼 더러운 권사 년이다. 벼랑 끝에 서 있는 장애인들을 도와주지는 못할망정 벼랑 아래로 미는 게 사람으로서 할 짓이냐! 하나님이 노하시지 않겠냐! 등등의 문자를 보내며 수없이 돌려달라고 고소하겠다. 라는 문자를 보냈는데도 내게는 안주고 이 형제에게만 준 건 이 형제 동생이 만만치 않아 보였기 때문이리라.

2013.8.27.(화)

떠날 날이 다가오자 이 형제가 힘들어하는 게 역력하다. 며칠째 웃지도 않고 어두운 얼굴로 큰 번뇌에 빠진 사람처럼 옴짝달싹 않고 한동안 앉아있고 나와 엄 형제를 고문하지도 않는다. 오늘은 삼촌 집에 들어가야 할지 말아야 할지 모르겠다는 넋두리까지 했다. 내가 떠나기 싫으면 떠나지 말라고 떠나서 힘들면 언제든 되돌아오라고 단 지환 씨를 괴롭히려면 오지 말라고 말했다.

주방장은 시장에 가고 점심을 내가 준비하면서 감자채볶음을 많이 만들었다. 이 형제가 좋아해서다. 이 형제는 밥을 한 숟갈도 안 먹고 큰 과일 접시에 수북이 담아준 감자볶음을 다 먹었다. 저렇게 좋아하는 것을 1년에 한 번도 못해주었다는 죄책감이 들었다. 주방장은 자기가 싫어하는 것이라서 안 해주고, 나는 힘들어서 해주고 싶은데도 못해주었다. 이 형제에게 떠나기 전에 컴퓨터를 좀 가르쳐 달라고 했더니 그답지 않게 아주 친절하게 기초를 가르쳐 주었다.

2013.8.29.(목)

이 형제가 떠나는 날이다. 이 형제 동생 순기와 외삼촌이 이 형제를 데리러 왔다. 외삼촌이 내게 만만치 않은 애 데리고 있느라 고생했다고 인사했다. 이 형제는 '주방 아줌마한테 선물을 안 주고 떠나는 게 찝찝하네!' 라는 말만 했다. 자기 개인적 부탁은 거의 안 들어주는 주방장에게는 매달 물품을 사주고 연말마다 선물을 하고도 그냥 떠나는 것을 켕겨 하면서도 자기 치다꺼리를 수년간 한 내게는 양말짝 하나 안 사주고도 그런 마음 티끌만치도 비취지 않았다. 수고했다는 말 한마디도 않고 '누나 갈께!' 라는 말만 던지고 떠났다.

2013.8.31.(토)

이순자가 나타나서 이곳을 정리하라고 공사를 할 것이라고 말했다. 무슨 공사를 하냐고 묻자 이순자는 분리를 해서 사람을 들여놔야 된다고 말했다. 우리더러 나가라는 거냐고 묻자 이순자는 나가라 한 적 없다고 이곳은 교회 거라고 말했다. 땅을 빼앗으면 됐지, 어떻게 생존권까지 빼앗냐는 내 말에 이순자는 '나와 함께 하자고 했는데 듣지 않으니 어쩔 수 없어요. 미영이 돈을 1,000만 원 가져가고 사기를 당하고 하는데 어떻게 그냥 내버려 둬요.' 하고 말했다. 내가 박 자매에게 내가 언제 돈을 가져왔냐고 묻자 박 자매는 '가져갔잖아!' 하고 대들었다. 내가 '나는 너를 이곳에 들여놓으려고 내 돈을 50만 원 내놓으려고 했었고 온갖 배려는 다 하는데, 너는 어찌 은혜를 원수로 갚니. 내가 잘못한 게 있어도 이러지 못할 텐데 잘 해주는데 왜 걸핏하면 도둑으로 모니! 1,000만 원 통장에 들어있는 것 여러 사람이 확인했는데도 계속 도둑으로 모니! 이 날벼락 맞을 인간아!' 하고 박 자매에게 퍼붓자, 이순자 악마가 '내가 통장을 봤어요.' 1,000만 원을 현금으로 찾았더라고 했다. 1,000만 원 찾은 통장 보자고 왜 고소하지 않냐고 고소하라고 당신이 내가 돈을 가져왔으면 그냥 있을 사람이냐고 얼씨구나! 하고 나를 잡았을 것이고 미영이도 마찬가지라고 해야 했는데 너무 열 받아서인지 그 생각을 못하고 말도 안 되는 소리 말라는 말만 내질렀다. 이순자 악마는 안색 하나 안 변하고 같은 말을 반복하고 또 반복했다.

장애인들의 모든 것을 다 빼앗고 도둑누명까지 씌우는 목사가 세상 천지에 당신 말고 어디 또 있을까 하고 내가 탄식했다. 이 악마는 '나하고 함께 할 것인지 어쩔 것인지 수요일까지 결정하세요!' 했다. '가난한 자를 멸시하는 것은 그를 지으신 이를 멸시하는 거라고 했어요. 장애인을 짓밟는 것은 장애인을 만드신 하나님을 짓밟는 거예요. 하나님을 안 믿고 악마를 믿는군요. 땅 빼앗으면 됐지, 생존권을 뺏으면 되겠어요! 하나님도 안 무서우세요?' 내 말에 이 악마는 '내가 땅 빼앗았어요? 그럼 선교회가 후원금을 6,000만 원 나눠먹는데 가만있어요? 6,000만 원 나눠먹은 것 때문에 소송한 거 아녜요. 6,000만 원 나눠먹은 거 때문에 소송을 했고 내가 한 것도 아니고 노회가 한 거예요.' 하고 말했다.

구제불능이다. 식구들이 6,000만 원 아닌 5,000만 원을 나눴다가 다 생활비로 반납한 것은 2009년이고, 이 악마가 노회의 지원을 받아 토지 이전 소송을 한 건 그 몇 년 전인 2005년도다. 내게서 입만 열었다 하면 거짓말한다고 허언증 환자라고 수없이 지적 당하고 비난을 받고서도 또 거짓말을 토하는 것에 나는 할 말을 잃었다. 하나님은 선한 이에겐 설암을 주면서 왜 거짓말 지껄이는 이 악마 혓바닥은 마냥 내버려 두시는가? 이 악마 뇌구조를 들여다봤으면... 이 악마는 점심밥까지 처 먹고 나갔다. 밥까지도 안 뺏으면 못 견디는지 밥을 보면 기어코 처먹지 그냥 가는 법 없다.

2013.9.4.(수)

장애인의 피를 빼먹고 뼈까지 추려 먹으려는 사이코패스님이라는 등의 글을 써서 교회 문에 붙여놓았다. 오후 늦게 이순자가 경찰 2명과 나타났다. 경찰이 내게 교회 문에 무엇을 써 붙였냐고 물어서 '네,' 하고 대답했다. 경찰이 왜 그랬냐고 물었다. 내가 이순자의 행각을 잠깐 이야기한 뒤, '아무리 교회명의로 되어있는 건물이지만 선교회가 건축한 것이고 선교회 장애인들이 살고 있는데 분리해서 외부 장애인들을 들여놓겠다는 게 말이 되나요. 우리들더러 나가라는 거잖아요.' 하고 말했다. 이순자가 경찰에게 나가라 한 적 없고 장애인들을 들여놓겠다 하지도 않았다고 자기가 들어와 살겠다고 말했다. 내가 사람을 들여놓겠다 했다고 장애인을 말하는 거라고 반박하자 이순자는 녹음이 다 되어있으니, 들어보면 안다고 말했다. 내가 '잘됐네! 녹음한 거 들어봅시다. 거짓말만 하라고 만들어진 로봇처럼 입만 열면 거짓말이 자동으로 튀어나와 거짓말 안 하고는 못살겠죠!' 하고 들이받았다. 경찰이 그런 내용을 사람들이 볼 수 있도록 붙여놓는 건 명예훼손이 될 수 있다고 말했다. 내가 잘 안다고 오죽했으면 그랬겠냐고 말했다. 경찰은 이순자에게 절차를 밟아서 하라고 말했다. 경찰과 함께 돌아서 나가는 이순자를 향해 내가 외쳤다. 입만 열었다 하면 거짓말인데 어떻게 함께 햇!

2013.9.11.(수)

하남경찰서에서 시설점검을 하러 나왔다면서 남자 2명이 찾아왔다. 신원확인을 하고 사진을 찍으며 신기하다는 듯 '방마다 TV가 있네.' 하더니 '이곳에 살다가 다른 시설에 가서는 못 살겠네요.' 하고 말했다. 내가 '그럼요 이곳에서는 자유롭게 통장도 본인들이 직접 관리하면서 본인 마음대로 써요.' 하고 말했다.

2013.9.15.(일)

이순자가 올라와서 교회와 함께 하기가 죽기보다 싫냐고 물었다. 내가 몇 달간 봐달라고 하자 이순자는 그렇다면 어쩔 수 없다고 말했다. 내가 내쫓으라고 쫓아내면 길에 나앉아야지 힘없는 우리가 별 수 있냐고 마음대로 하라고 말했다. 이순자는 '동네사람들이 다 말해요. 밖에 있으면 동네사람들이 지나가면서 이야기하는 거 다 들려요.' 하고 말했다. 내가 맞장구를 쳤다. '맞아요. 나도 다 듣고 있어요. 동네사람들이 하나같이 교회가 장애인들 땅을 뺏었다고 욕해요. 그게 무슨 교회냐고 해요.'

후원회장 이종성 권사한테 이순자가 이러하니 좀 도와달라 하는 편지를 썼다.

2013.9.17.(화)

이 형제가 선교회 떠난 것을 후회한단다. 주방장이 전한 소식이다. 내 그럴 줄 알았지, 주방장, 박 자매, 김 자매에겐 전화를 하면서도 내게는 안 한 인간, 은근히 고소하다. 고소하면서도 한편으론 걱정이 되어서 전화를 했더니 이 형제는 다 죽어가는 목소리로 살고 싶지 않고, 밤에는 눈물만 난다. 고 말했다. 적응이 되면 괜찮아질 거라고 내가 위로했다.

2013.9.21.(토)

주방장이 이야기했다. 이 형제가 전화를 걸어와서 선교회에 가도 되냐고 묻더라고. 선교회 주인인 식구한테 묻지 않고 직원한테 묻다니, 주방장이 거의 본인 하고픈 대로만 하니까 주인이라고 여기는 건가?

이 형제 기척이 나서 급히 맞이하러 나가니 이 형제는 전동휠체어에 앉은 채 복도 앞에서 나를 보는 둥 마는 둥 하며 인사도 않고, '아줌마 저 왔어요!' 하고 큰소리로 주방장만 챙겼다. 끝까지 나는 무시하는 것이다. 챙겨봤자 주방장은 좋아하지도 않는데, 이 형제한테 다녀온 주방장은 냉장고에 포도가 있던데 그거 하나 안 주더라구요! 하고 씹었었다. 선교회에 있을 때 수년 동안 매달 선물을 주었는데도 그러는 것이었다.

내가 '운기 씨가 그럴 사람이 아니잖아요. 미처 생각 못해서 그랬을 거예요.' 라고 했으나 주방장은 그런 걸 어떻게 생각 못하냐고 내게 면박을 주었었다. 지극정성으로 자기를 챙길 때도 주방장은 이 형제를 좋아하지도 아끼지도 않았다. 선교회에 가도 되냐고 묻더라는 이야기를 할 때도 주방장은 좋아하지 않는 기색이 역력했다. 각설하고... 이 형제는 신세한탄을 했다. 삼촌 집을 얻어서 동생 아들과 함께 사는데 16살짜리 그 조카가 큰아버지인 자기한테 개새끼 등의 욕을 한다.

동생은 이 형제 돈을 수천만 원 가져갔다. 내가 그것을 언급하며 '큰아버지 때문에 큰 어려움 없이 살면서도 그러는구나?' 라고 말하자, 이 형제는 '개새끼라고 하는 건 아무것도 아냐. 그보다 더한 짓도 했어. 그러면서 지 아버지 있을 때는 아주 잘해.' 하고 말했다. '그게 다 네가 장애인인 탓이야. 장애인이 아니면 어디 감히 큰아버지한테 쌍욕을 해. 장애인인 죄가 크다.' 내 말에 김 자매가 맞다고 말했다. 이 형제는 저녁식사를 하고 돌아갔다.

2013.9.25.(수)

고 법무사한테 오 권사에 대한 고소장을 써달라고 몇 번이나 요청을 해도 놈은 상대방 주민번호를 알고 고소해야 된다는 똥소리만 지껄이며 도통 들어주지 않는다. 가난한 사기 피해자의 돈을 뜯은 놈이 사기꾼을 위해서는 돈을 거부하는 것이다. 누구를 위해 돈을 거부하는 것은 누구에 대한 헌신이다. 같은 사기꾼이라고 사기 피해자의 고통은 외면하고 사기꾼에게 헌신하는 더러운 고강운 권사 놈, 어쩔 수 없이 고소장을 직접 써서 하남경찰서를 찾아갔다.

담당부서에 들어가니 젊은 남자 2명이 있는데 1명이 통화 중이기에 다른 1명에게 인사를 했더니, 치한 같은 인상의 그놈은 인사도 받지 않고 턱으로 건너편 옆자리의 통화중인 남자를 가리켰다. 통화를 끝낸 옆자리 남자는 용건을 밝히며 내가 고소장을 내밀어도 읽지를 않고 사기당한 액수가 얼마냐고 물었다. 고소장에 씌어있다는 내 말에 남자는 신경질적으로 다그치듯 재차 물었다. 액수를 밝히자 남자는 고소장을 대충 읽고 오 사기꾼에게 전화를 걸었다. 고소를 하러 왔다는 남자 말에 오 사기꾼은 자기가 그것 때문에 협박을 당했다는 둥, 갚을 것인데 그런다는 둥, 만나주지도 않는다는 둥, 온갖 장광설을 늘어놓는 게 내게 들려왔다.

내게 냉랭하던 남자는 웃으면서 친절하게 '나도 말 좀 합시다'. 하고 제지한 뒤 만나서 돈을 갚으시고 어쩌고 했다. 내가 돈을 안 갚으려고 만나려 하는 것이라고 말했다. 그러자 옆자리의 치한 놈이 '할머니 우리한테 휙 던져놓고 알아서 하라고 하면 되는 거예요? 만나서 얘기는 해봤어요?' 하고 시비조로 다그쳤다. '그동안 수없이 전화로 문자로 돈을 달라고 했었어요.' 내 말에 치한 놈은 '그걸 증명해야지 내용증명은 보냈어요? 휙 갖다 던져놓으면서 '알아서 하라고 하면 되는 줄 알아요! 우리가 할머니 전용수사관이에요!' 하고 사납게 몰아쳤다. 불한당 같았다. 사람은 반드시 인상대로 논다. 할머니 나이도 아니고 누구도 할머니라고 안 하는데 놈이 할머니라고 칭하는 건 나를 할퀴기 위해서 모욕감을 주기 위해서일 것이다.

그럼 범죄 피해자가 범죄자를 잡아다 대령해야 하냐고, 전용 수사관도 있냐고 들이받고 싶은데 어이가 없어서 그보다 고소장도 안 받아줄까 봐 잠자코 있었다. 옆자리 남자도 '만나서 해결해야지 얼마는 갚았다면서요.' 하고 말했다. 다른 식구 돈은 그 식구한테 남동생이 있으니까 갚고 나는 혼자 같으니까 안 갚고 있다는 내 말에 남자는 묻는 말에만 말하라고 면박을 주었다. 그리고는 고소장을 되돌려주면서 어디에 가면 소액사건을 한 달 내에 해결을 해주니 그곳에 가보고 안 되면 다시 오라고 말했다.

경찰서를 나서는데 내가 어쩌다 장애를 입어서 형사 놈한테까지(치한 놈) 모욕을 당하나 싶어 한스러웠다. 용무도 없이 선교회에 찾아와서 터무니없는 시비를 걸던 머리숱 성근 하남시청의 남자 놈, 정부가 그린벨트 지역엔 장애인들의 거주를 금한다기에 내가 정상인의 거주는 허용하면서 장애인의 거주는 금하는 건 차별이라는 말 한마디 했다고, 하소연 하듯이 했는데, 다른 사람들에게 나를 두고 성질 사납다고 욕한 하남시청의 아줌마 년, 돈이 없어 자궁근종 수술을 못한다기에 100만 원을 거져 주었더니 이후에 일부러 찾아와 터무니없는 누명을 씌우며 포악을 치고, 그 이후엔 내가 모아놓은 도자기 화분 수십 개를 다 훔쳐 간 시청 자원봉사실 소속의 봉사원 최재린 등등, 이유 없이 나를 모욕하고 할퀸 것들이 수없이 많지만 형사에게까지 모욕을 당하게 될 줄 몰랐다. 형사도 한국인이니까 한국인은 장애인조차도 장애인을 같잖게 여기니까 정상인의 발아래 존재로 취급하니까 라는 생각을 하면서도 치욕감 모멸감을 떨쳐버릴 수가 없다.

(다음날 오 사기꾼에게 내용증명을 보냈으나 수취거부로 되돌아왔다).

2013.9.27.(금)

노회 유지재단의 박성남 장로님을 찾아갔다. 건물 반환소송의 판결문을 좀 달라고 했더니 박 장로님은 재판 때 왜 나서지 않고 가만히 있었냐고 나무랐다. 노회를 상대로 하는 것이라서 노회를 통해서만 나서야 되는 줄 알았지 자체적으로 나서야 되는 건줄 알았어야 말이지…

장로님은 이순자가 전라도에 재단을 만들어서 소송을 했다면서 문건 하나를 보여주었는데 거기에 '부활장애인 선교회'가 재단으로 되어있었다. 그 재단은 재산 없이 된 거라서 잘못된 것이라고 장로님은 말했다. 그리고는 이순자가 건물을 왜 자기 것이라 하냐고 하나님 것이지, 어떻게 자기 것이냐고 절대로 건물에서 떠나지 말라고 했다. 김수인 목사 놈은 판결문을 보내달라는 내 요청을 묵살했는데 박 장로님은 기꺼이 내주니 고마움에 눈물이 나왔다. 선교회로 돌아와 판결문을 들여다보니 이순자가 장애인선교회를 운영하는 것으로 되어있고 그 때문에 이순자가 승소한 것으로 되어있었다. 이순자는 소송장에 부활교회 교인총회에서 선교회 장애인들이 자기를 부활교회 대표로 뽑는데도 찬성하고, 노회 탈퇴도 찬성했다는 거짓으로 기술해놓았다.

이순자가 소송제기를 했을 때 나는 김수인 목사에게 토지를 포기한다는 서명을 노회에 해줄 테니 건물에 장애인들이 거주함을 내세우라고 권고했었다. 그런데도 김 목사는 선교회가 노회관리를 받겠다는 서명을 하라는 요구만 하면서 내 권고를 묵살했었다. 내 권고를 수용하고 이순자와 부활장애인 선교회는 무관함을 제기했더라면 패소하지 않았다는 것이다. 건물을 뺏기지 않았다는 것이다. 대체 왜 김수인 놈은 노회임원으로 있으면서 노회를 배신하고 이순자에게 건물을 안겨줬을까. 고강운 권사 놈이 같은 사기꾼인 오경숙 권사 편에 섰듯이 김 목사 놈도 이순자가 자기와 같은 악마라서 그 편에 섰을까? 이순자처럼 지옥 가기 꼭 좋은 김수인 목사 놈.

2013.9.28.(토)

이 형제가 왔다. 오는데 40여 분이 걸린다는 전동휠체어를 타고서 왔다. 며칠 지내다 가겠다고 했다. 온다는 전화를 해왔을 때 박 자매는 안색이 안 좋게 확 바뀌며 오지 못하게 하라고 팔팔 뛰고 개새끼가 왜 오냐고 욕설을 쏟아냈었다. 너한테 얼마나 잘 해줬는데 그러냐고 내가 달래도 소용없었다. 직전까지 성난 얼굴로 욕설을 쏟던 박 자매는 이 형제가 도착하자 금시 얼굴에 웃음을 채우고 어서 오라며 반가워했다. 연기까지 잘하는 이를, 신체도 건강한 이를, 지적장애인이라고 정상인들이 뼈 닳게 일해서 낸 세금으로 평생을 빈둥거리며 놀고 먹게 해주고 있으니...

2013.10.5.(토)

전화가 왔기에 받으니 '이종성 장로예요.' 했다. 권사였으니 지금쯤 장로님이겠구나 했는데 역시나였다. 내 편지를 받고 전화한 것이었다. 다음에 찾아오겠다고 이 장로는 말했다. 도와달라는 편지를 해놓고 막상 도와줄 듯하니 부담감이 일었다.

2013.11.9.(토)

이종성 장로가 찾아왔다. 10kg짜리 쌀 2포와 고추가루 4근쯤을 가지고, 이 장로는 두 번 다시 선교회에 못 올 줄 알았는데(못 오게 한 적 없다) 오게 해줘서 고맙다고, 오니 너무 좋다고 인사한 뒤, 땅을 매입한 자료가 자기 집에 잔뜩 있다고 말했다. 이순자의 그동안 행각을 이야기했더니 이 집사하고 얘기를 해보겠다고 말했다. 도와주길 원했으면서 막상 도움을 줄듯하니 내가 쓸개도 없는 비굴한 인간 같아서 내 자신에게 혐오가 치밀었다.

2013.11.10.(일)

일주일에 한 번씩 돌아와서 며칠씩 지내다 가는 이 형제는 돌아가려는 준비를 끝냈을 때마다 가방을 둘러멘 채, 어두운 얼굴로 고뇌에 찬 듯 한참을 앉아 있다가 돌아가곤 했는데, 오늘도 그러다가 '나 다시 들어올까?' 하고 지나가는 말처럼 물었다. 조카와 떨어져 나와, 혼자 방을 얻어 자유롭게 살면서도 그러는 것이다. 신중히 생각하고 들어오라는 내 말에 이 형제는 '그냥 해본 소리야! 이곳에 오면 가기 싫어서' 하고 말했다.

2013.11.11.(월)

구세주 아저씨가 와서 이 형제 이야기를 잠깐 했는데 아저씨가 나가자마자 박 자매가 방으로 들어가서 '이 새끼야! 내가 죽으면 밥도 못 얻어먹을 거면서 지랄이야! 내가 죽어봐라! 네가 사람 대접 받을 줄 아나 개새끼야! 내가 없을 땐 밥도 못 얻어 처먹어서' 어쩌고 욕설을 퍼댔다. 남편이 술에 취해 하루 종일 굶고 있어도 밥을 먹으려 하지 않고 술만 열심히 사다 처먹이는 년이, 남편이 굶고 있을 땐 종종 죽을 쑤어 주는 등 음식을 먹이려 애를 쓰는 나를 음해하면서 얌전히 있는 남편을 잡는 것이다. 이 형제 이름만 들어도 성을 내는 년이라 또 그런 것 같은데 사람 모함하고 음해하는 머리는 어쩜 그렇게 좋은지 도무지 알 수가 없다.

2013.11.18.(월)

경찰서에 가는데 겨울처럼 추웠다. 버스에서 내려서 경찰서를 향해 걷는 동안 추위로 전신이 떨렸다. 하남경찰서에 들어서서 고소 고발 전담팀을 찾아가니 처음 봤을 때 봤던 치한 놈과 빤질하게 생긴 놈이 그대로 앉아있었다. 빤질 놈이 오늘은 안 된다고 일이 너무 밀려있어서 접수할 수가 없으니 26일에 다시 오라고 했다. 내가 사기당한 지 오래되었고 다시 오라고 한 지도 2달이 되어간다고, 나는 몸이 아픈 병자이기도 해서 다시 오기 힘들다고, 이곳이 버스정류소에서 가까운 곳도 아니잖냐고 다음에 오라면 그대로 하겠지만 빨리 고소를 해야만 한다고 말했다. 빤질 놈은 훈계조로 고소한다고 돈 받을 수 있는 거 아니라고, 자기들한테 그런 것 기대하지 말라고 했다. 내가 안다고 혹시나 고소하면 줄까해서 라고 말했다. 빤질 놈은 그러면 내일 접수할 테니 내일 오전 9시까지 오라고 말했다. 나는 몸이 아픈 상태라 그때까지 못 온다는 내 말에 빠질 놈은 그럼 10시까지 오라고 했다.

집에 와 있는데 오후에 빠질 놈이 전화를 걸어왔다. 오후 6시까지 오라고 했다. 고소사건이 너무 많아서 내일은 안 된다고 했다. 장애까지 있는 환자를 밤에 불러대는 건 무슨 경우인가. 찾아가기도 쉽지 않은 위치에 있는 곳을, 내가 환자라 몸이 아프고 거리도 멀어서 안 된다고 했다. 밤에 아픈 몸으로 인적 없는 한적한 길을 한참 걸어 나와야 될 것을 생각하니 끔찍했다. 빠질 놈은 오죽하면 이러겠냐고 했다. 내가 그러면 처음에 말씀하신 26일에 가겠다고 했더니 빠질 놈은 그때도 안 된다고 했다. 그럼 지금 가면 안 되냐고 묻자 빠질 놈은 4시까지 오라고 했다.

버스에서 내리니 눈보라가 사납게 몰아치고 있었다. 경찰서를 향해 걸어가는데 저 만치에 내 평생 듣도 보도 못한 거대한 눈 폭풍이, 외국영화에서도 못 본, 이 지구상의 세상 아닌 다른 세상에 존재하는 듯 무시무시한 눈 폭풍이 세상을 그냥 두지 않겠다는 듯 거세게 회오리치고 있었다. 지구 아닌 다른 별, 다른 세상에 온 느낌이 들었다.

경찰서에 들어섰을 때 내 머리와 어깨엔 눈이 하얗게 쌓여있었다. 빠질 놈은 내가 왔다는 보고를(?) 해도 대꾸도 않고 40cm쯤의 높이로 쌓여있는 서류를 가리키며 다 고소장이라고 말했다. 빠질 놈은 컴퓨터를 두드리며 질문을 해놓고 내가 대답을 하면 도중에 포악을 쳐서 중지시켰다. '오경숙은 언제 만났냐? 그를 왜 믿었냐?' 등등의 질문을 해놓고 내 대답이 더 필요치 않을 때는 잡아 죽일 듯이 '알았어욧!' 하고 포악을 쳤다. 번번이 그랬다. 정신병자 같았다. 그럴 때 40대 정상인 여자가 들어왔다. 뭘 좀 알아보려고 왔다고 했다. 빠질 놈은 즉시 내게 뒤에 가서 기다리라 한 다음 정상인인 그녀를 내가 앉았던 자리에 앉게 했다. 내게 냉랭하던 얼굴에 미소를 가득 채우고 빠질 놈은 너무도 친절하고 온화한 음성으로 여자와 이야기를 나누며 무언가를 설명했다. 그렇게 한 게 30분 이상은 된 듯했다. 아픈 사람을 배려 해 주긴커녕 장애인이라고 정해진 순서마저 빼앗아서 건강인에게 준 것이다.

여자가 나가고 내가 다시 빠질 놈 앞에 앉았다. 여자는 억대를 사기당했다고 1,000만 원대는 사기도 아니라고 빠질 놈은 말했다. 가난한 장애인의 1,000만 원은 정상인의 억대 이상인데, 빠질 놈은 종전의 미소를 싹 거두고 다시 냉랭한 얼굴이 되어 이런저런 것을 캐물었다. 캐묻곤 '알았어욧!' 하고 포악을 치는 것으로 내 진술을 중단시켰다. 단 한 번도 좋게 평범하게 중단시키지 않았다. 범죄자의 심문인들 그같이 포악스럽게 하겠는가? 아, 가난한 여자장애인으로 수십 년 살지 않았으면 인간의 본질에 대해, 실체에 대해 말하지 말라! 범죄 피해자인데도 범죄자보다 더 같잖은 취급을 받는구나! 모멸감 치욕감에 살이 떨리고 장애인인 내 자신에게 저주와 분노가 용광로처럼 들끓었다. 원해서 장애인이 된 것도 아닌데 피해를 준 것도 아닌데 어떻게 이렇게까지 적대시 하는가? 장애인의 사건이면 업무에 포함 안 되냐! 월급 안 받고 공짜로 일하냐! 고 뒤집어 버리고 싶은데 조서를 제대로 안 쓸까봐 끝까지 당하고 있었다.

정상인 남자가 노트북 같은 것을 들고 들어오자 빤질 놈은 남자에게로 가서 그 기기에 대한 것을 물어보고 이야기도 나누었다. 미소 띤 얼굴과 온화한 음성으로 10분쯤을 그렇게 하고 자리로 돌아와 나를 대할 때는 또 이전의 냉랭한 얼굴로 되돌아갔다.

조서를 끝낸 빤질 놈은 미안하다며 버스정류소까지 차로 모셔다 드리겠다고 했다. 꼴갑 떨고 있네, 더러운 쥐새끼가, 그냥 걸어가겠다며 자리를 물러 나왔다. 시간은 7시 10분, 가로등도 인적도 없는 컴컴한 길을 무서움과 추위에 오돌오돌 떨며 한참을 걸어 버스를 타고 신장에 와서 버스를 갈아타고 동네에 내려서 또다시 컴컴한 길을 걸어서 집에 들어서니 9시 직전이었다.

2013.11.22.(금)

이순자가 나와 엄 형제는 선교회에서(건물에서) 퇴거하라는 소송을 냈다. 박 자매를 제외시킨 건 둘을 이용하기 위해서일 것이다. 이종성 장로에게 전화로 사실을 알리고 '이 집사가 교인총회서를 안 줄까요?' 하고 물었더니 그는 그건 이미 예전에 법원 판결이 난 거라서 의미가 없다고 말했다. '땅을 선교회 식구 명의로 이전하기로 한다고 교인총회에서 의결한 거잖아요.' '땅도 우리 거라는 걸 알려야 좋을 것 같아서예요'. 라는 내 말에도 그는 같은 말을 반복했다. 합당하지 않은 말을 반복하는 버릇을 그는 여전히 가지고 있다.

2013.11.29.(금)

그제 소고기미역국과 된장국이 있는데도 둘 다 싫다며 소고기 안 넣은 미역국을 새로 끓여 달라고 해서 먹었던 박 자매가 오늘 아침엔 자기가 먹기 싫다고 했던 소고기미역국을 한 대접 가득 떠서 먹었다. 평소에 반 대접 먹던 국을 한 그릇 정도 남아있으면 매번 대접 가득히 떠서 먹어버린다. 내 몫을 남겨두지 않기 위해서다. 나눠 먹어야 한다고 타이르면 못 먹게 한다고 포악을 칠 것이기에(그런 적 있다) 나는 언급도 안 한다.

점심 때 주방장에게 내가, 감자가 많으니 감자국을 끓여 달라 했더니 박 자매가 '된장국도 끓여, 나는 감자국 안 먹을 거야!' 하고 말했다. 된장국 있을 때는 된장국은 싫다고 한 년이 내가 감자국을 끓이라 하니 된장국을 먹겠다는 것이다. 감자를 좋아하고 감자국을 어느 국보다 좋아하는 년이, 주방장 결근일 때 찬밥이 잔뜩 있어서 그 밥을 데우려 하면 찬밥 싫다며 새 밥을 해서 처먹는 년이다. 주방장은 자기가 싫어하는 반찬을 해 달라고 하면 횡포를 부리거나 해주지 않는다. 내가 된장국 하나만 끓이라고 한 뒤, '다 여왕이다. 자기 하고픈 대로만 하고 나만 내 맘대로 못하고 무수리로 살고, 다 제 맘대로 하고 여왕처럼 사네!' 하고 말했다. 두 여왕님은 아무 말씀이 없으셨다.

이 장로가 전화를 걸어와서 하나님께 잘못을 뉘우치고 용서를 구하란다. 땅과 선교회를 지키려 한 것을 뉘우치고 용서 구하라는 것인가? 이 집사 패악질에 동참하지 않은 걸 뉘우치고 용서 구하라는 것인가? 땅과 선교회를 지켜준다며 나서서 많은 후원인과 식구들을 배신하고 땅을 말아먹고 선교회를 아작낸 이가 땅과 선교회를 지키려던 내게 잘못을 뉘우치고 용서를 구하라니...

2013.12.4.(수)

이 장로한테 전화로 예전 재판 때 사용한 선교회 자료를 달라고 청했다. 알았다면서 이 장로는 땅은 주장하지 말라고 이미 다 끝난 것이라고 말했다. 땅이 선교회 것이 될까봐 걱정하는 듯했다. 내가 땅을 찾으려는 게 아니고 땅을 우리가 샀음을 알리는 게 우리한테 좀 유리할 것 같아서 라고 말했다.

2013.12.5.(목)

이 장로가 선교회 자료를 갖다 주겠다는 전화를 해왔다. 새벽 1시였다 한참 후 창밖에 그림자가 어른거려서 나가보니 김치가 담긴 비닐봉지와 쇼핑백만 보이고 이 장로는 가고 없었다. 쇼핑백 내용물을 꺼내 보니 많은 문건들 중에 '토지를 선교회식구 명의로 이전키로 한다.' 는 교회총회서 복사본이 들어있었다. 원본은 이 집사가 가지고 있을 테지, 내가 애타게 원할 때 이 장로에게 돌려달라고 간절히 청할 때 이 장로는 자기는 모른다고 이 집사에게 물어보겠다고 했었다. 이 집사는 자기가 왜 그걸 가지고 있겠냐고 펄쩍 뛰면서 이순자가 가지고 있을 거라고 황당한 거짓말을 했었고…

당시엔 이 집사만 거짓말하는 줄 알았다. 그런데 이 장로는 자기도 가지고 있으면서 모른다고 거짓말을 한 것이다. 선교회 후원회장이면서 식구 모두가 땅 가져오기를 원하는데 선교회를 이탈할 생각으로 혼자서만 땅을 거부하는 이 집사 한 명의 뜻만 받들어 땅을 안 가져오려고 나를 수없이 농락하고 쇼까지 벌였던 이 장로, 이 집사 충견, 이다음에 둘이 부부가 되었으면 좋겠다. 야누스와 마녀가 함께 살면 천생연분일 것이다.

<h2 style="text-align:center">2013.12.8.(일)</h2>

지금이라도 사람으로, 목사로 돌아오라는, 나와 엄 형제는 선교회를 떠날 수 없다는 글을 써서 이순자에게 주었다. 오후 예배 후에 이순자가 경찰관 여러 명을 데리고 나타났다. 경찰 한 명이 내게 교회와 어떤 사이냐고 물었다. 간단히 설명하자 목사는 이곳과 무슨 관련이 있냐고 물었다. 내가 부활교회 목사일 뿐 선교회완 관련 없다고 그저 장애인들 내쫓으려고 그러는 거라고 대답했다. 경찰이 무슨 이득이 있어서 내쫓으려는 거냐고 물어서 내가 내쫓고 자기가 차지하려는 것이라고 대답하는데 이순자가 다급하게 아니라고 처음부터 이 건물은 부활교회 건물이었다고 하면서 서류를 경찰에게 들이밀었다.

경찰은 그런 일은 집행관이 하는 거라고 이런 일에 경찰을 부르는 게 아니라고 말했다. 이순자는 몰랐다고 말했다. 내가 '하이고――! 목사가 되는 분이 그 정도도 모르셔!'하고 내뱉자 경찰이 그러지 말라고 타일렀다. 내가 오죽하면 목사한테 이러겠냐고 했다.

경찰이 엄지환 이가 여기 살면 안 된다고 해서 조사하는 거라고 말했다. 내가 '땅 뺏으려고 발광을 하더니 땅을 뺏고 나선 장애인을 내쫓으려 발광을 하네, 얼마나 발광이 되면 목사라는 사람이 지적장애인 같은 짓을 번번이 할까.'하고 내뱉었다.

이순자가 경찰업무와 상관없는 것에 경찰을 불러댄 게 몇 번인지 모르겠다. 경찰들은 엄 형제 신원을 확인하고 돌아갔다.

2013.12.9.(월)

오 사기꾼이 용인에 살고 있어서 돈을 변제하라는 소송을 용인 법원에 냈는데 그곳에서 오늘 송달이 왔다. 조정을 하라는 내용이었다.

2013.12.19.(목)

버스를 기다리고 서 있는데 눈보라가 마구 몰아쳤다. 버스는 무슨 사고라도 생겼는지 지독하게 오지 않았다. 거의 30분이 지나서야 나타난 버스를 타고 신장에 내려서 택시로 갈아타고 성남으로 향했다. 이순자의 소송에 대한(건물에서 퇴거하라는) 답변서를 성남법원에 제출하고, 용인행 버스를 찾는데 눈이 춤추듯 내리기 시작했다. 추위가 전신을 파고들었다. 버스정류소 찾기도 힘에 부쳐 또 택시를 타고 용인으로 향했다.

용인법원에 들어서니 12시였다. 오후 2시까지 기다리기 지루해서 법원 내를 거니니 힘이 들었다. 대기실 의자에 앉아있으니 오돌오돌 떨리며 춥고 아프고 고단해서인지 자꾸만 앞으로 고꾸라지려 했다. 오후 2시가 거의 되어 조정실 문이 열리고 60대 남자가 내 이름을 불렀다. 안으로 들어갔는데 오경숙 사기꾼이 뒤이어 들어왔다. 남자가 몇 가지 질문을 하더니 합의를 하라고 재판까지 가봐야 몇 달 걸린다고 말했다. 오 사기꾼이 한 달에 100만 원씩 갚으려고 했는데. 소송하고 고소까지 했다고 씨부렸다. 뉘우치거나 미안해하는 기색은 털끝만큼도 없고 나에 대한 악감정만 가득 찬 음성이었다. 내가 그에게 가진 악감정보다 훨씬 수위 높은 악감정 같았다.

내가 '이분이 그동안 다음 주까지 틀림없이 갚겠다. 약속한다고 철석같이 약속해 놓고 다음 주가 되면 연락도 없고 연락하면 또 다음 주까지 틀림없이 갚겠다고 약속한다고 약속을 하고 또 연락도 안 하는 그런 거짓말을 수십 번 반복해 왔어요. 합의하면 또 그럴 거예요.' 하고 말했다.

남자가 문건 하나를 흔들며 내년 3월 31일까지 3등분으로 나눠 갚기로 하세요. 이렇게 해놓고 안 갚으면 법원에서 강제집행 해버려 이자도 20%씩 붙고, 하고 말했다. 내가 법원에서 돈을 받아주는 거냐고 묻자 남자는 그렇다고 강제 집행한다고 말했다. 춥고 아픈 탓인지 내 머리속은 깜깜하고 생각을 제대로 할 수가 없었다. 남자는 재판으로 가봐야 몇 달 걸리니까 이게 낫다는 말을 위압적으로 반복했다. 안 갚으면 강제집행 한다는 말이 의심스러우면서도 법원이 거짓말 할 리는 없다는 생각에 그렇게 하겠다고 했다. 거부할 기운도 없었다.

　판사에게 불려가 합의사실을 인정하고 법원 밖으로 나오니 난생처음 보는 초현실적인 함박눈이 퍼붓듯 쏟아지는데 회오리를 치며 쏟아졌다. 2m 앞도 제대로 보이지 않았다. 천지사방이 환상적인 백색이었다. 날씨마저 왜 내게 고난을 주는가? 휘청대며 회오리 눈 폭풍 속을 걷고 있는데 오 사기꾼이 차를 몰고 유유히 지나갔다. 사기꾼 범죄자는 건강한 몸으로 좋은 옷을 입고 좋은 차로 눈 폭풍을 즐기듯 여유롭게 가고 있는데 범죄 피해자인 나는 아픈 몸에 허름한 옷을 걸치고 추위에 떨며 전신을 후려치는 눈 폭풍을 맞으며 쓰러질 듯 위태롭게 걸었다. 저녁을 늘 굶는데 점심도 굶고 택시와 버스를 번갈아 타고 집에 돌아와 쓰러진 내 눈앞에 사기꾼 범죄자가 아늑한 집에서 장애인들의 피를 빨아먹는 것을 유쾌해하며 안락함에 취했다가 맛있는 저녁을 먹으며 즐거워하는 행복한 모습이 떠올랐다. 사람을 믿으면 심장과 영혼이 고통을 당한다.

　(오 사기꾼은 당연히 조정합의 서약도 이행치 않았고 법원이 거저 강제집행할 거라는 식의 법원 남자 말도 사실이 아니었다.)

2013.12.21.(토)

　이 장로가 전화를 걸어와서 자기가 아는 사람이 변호사 사무실 사무장인데 보통 뛰어난 게 아니니까 만나서 의논을 해보자고 했다.

2013.12.27.(금)

　이 장로가 갖다준 자료들을 가지고 택시로 성남에 가서 이 장로와 함께 사무장을 만났다. 사무장은 여자였다. 이 장로는 자료들을 살펴보며 '땅을 가져올 것을 그랬어!'하고 탄식하듯 말했다. 내가 땅을 가져오라고 애원할 때는 거짓말에 쇼까지 하면서 안 가져 와놓고... 언젠가는 그가 후회할 거란 생각을 당시에 했었는데 예상대로인 것을 보면서도 기분이 씁쓸했다. 사무장은 자료를 들여다보더니 땅까지도 찾을 수 있겠다고 말했다. 집으로 돌아와 이 장로와 통화할 때 이 장로가 이 집사의 증언이 필요할 수 있으니까 이 집사와 화해하라고 말했다. 내가 이 집사를 언니처럼 의지하며 섬기며 살고 싶었다고 말했다. 이 장로는 이 집사에게 사과를 하라고 말했다.

뭐지 이 남자. 아직도 이 집사한테 미쳐 있네. 아무리 미쳐 있어도 그렇지 피해자더러 가해자에게 사과를 하라니, 온갖 패악을 부리며 선교회를 아작낸 패악인에게 선교회 원수에게 선교회식구더러 사과를 하라니, 미쳐도 너무 더럽게 미친이 아닌가? 이 집사를 섬기는 정신이 완전 사탄숭배자 격이다. 나를 폭행한 것을 사과하냐? 선교회 땅을 말아먹고 선교회를 유린해서 우리를 생존 위기로 몰아넣은 것을 내가 사과 하냐고 묻고 싶은걸 도움 받을 생각에 아무말 못했다. 내가 어쩌다 이렇게까지 비굴하게 되었는가?

chapter 4

2014.1.2.(목) - 2019.8.30.(금)

2014.1.2.(목)

이 장로가 전화를 걸어와서 이 집사에게 미안하다. 사과하라고 또 말했다. 예전에 3번이나 폭행을 당해서 공황장애를 앓는 나를 피도 안 났는데 무슨 폭행이냐며 끊임없이 꾸짖더니, 폭행범 이 집사를 줄기차게 옹호하더니 또 시작인 것이다. 교류가 없었던 몇 년 동안 나를 죄인으로 몰지 못해서 나를 고문하지 못해서 어떻게 살았을까? 이 집사가 선교회 아작낸 것을 사과하냐 고 따지고 싶었지만 또 아무말 못했다.

2014.1.3.(금)

결국 이 집사에게 전화를 했다. 적에게 고개 숙이는 것처럼 이루 말할 수 없이 굴욕스러워 내 개인적 문제라면 죽지 않는 한, 안 할 것이지만 선교회 일이기에, 우선 선교회부터 살려야겠기에 치욕감을 누르고 전화를 했다. 이 집사는 착 가라앉은 목소리로 나중에 전화를 하겠다고 말했다.

이 장로는 전화를 걸어와서 이 집사는 결코 나쁜 사람이 아니라고 말했다. 이 집사가 나와 선교회에 한 짓을 자기한테 했다면 만 번도 더 때려죽이려 했을 것이면서, 똥을 된장이라고 파리를 벌이라고 끊임없이 우기는 그의 뇌는 대체 어떤 구조로 되어있을까? 뇌 상태가 완전 이옥진, 이순자급이다. 이 장로는 땅뿐 아니라 건물도 되찾을 거라고 하더니 이순자가 욕심을 안 부리고 잘하면 내가 혜성 자매와 함께 선교회를 잘 운영하도록 할 텐데 그러네 하고 말했다. '내가, 잘한다면 이순자 혼자 하는 게 저는 좋아요. 저는 선교회 때문에 건강도 챙기지 못하고 있는데 선교회에 신경 안 쓰고 건강에 신경 쓰면서 이곳저곳 다니고 싶어요. 인사동에도 한번 못 가봤고 남산이랑 백화점에 가본 지도 수십 년이 되었어요.' 하고 말했다.

이 장로는 한참 후에 다시 전화를 걸어와서 '내가 예전에 한 목사한테서 땅은 장애인들 것이다. 라는 서명을 받은 게 있는데 그것이 확실한 자료가(땅이 선교회 거라는) 된대, 땅에 가압류를 붙여야 된대, 이 집사하고 내 이름으로 붙일 거야!' 하고 말했다. '부활선교회 땅을 찾으려 하면서 선교회 이름이 빠지면 안 되잖아요.' 내 말에 이 장로는 '나를 못 믿어?' 하고 물었다. 선교회 땅을 이 집사 개인에게 주려고 그렇게나 많은 거짓말에 쇼까지 하면서 선교회에 안 주었나? 왜 그토록이나 이 집사에게 미쳤는가? 얼굴이 예쁜 것도 아니고 나이도 자기보다 훨씬 많고 사악하고 잔인하기 이를 데 없는 여자인데...

'장로님은 믿지만 이 집사는 믿으면 안 되는 사람이잖아요. 물욕의 화신이에요. 장로님도 아시지만 예전에 식구들이 땅을 제 명의로 가져오길 원하는데 이 집사가 훼방한 뒤 자기 이름으로 가져오려고 했잖아요. 그런데 가압류하는데 선교회를 왜 배제시키는 거예요?' 내 물음에 이 장로는 볼멘 음성으로 '나를 못 믿으면 일 못해, 내가 이 일에 나선 건, 전 자매가 쫓겨나는 게 가슴 아파서인데 나를 못 믿으면 어떻게 하냐.' 하고 말했다. 못 믿게 하면서 못 믿는다고 뭐라 하니 유구무언이다. 그를 두고 예전에 이 집사가 암까마귀인지 숫까마귀인지 모르겠다고 했었는데 사람 본성 안 변한다고 여전히 심성이 까마귀처럼 새까맣다. 얼마 후 이 장로가 다시 전화를 걸어왔을 때 가압류 붙일 때 선교회를 포함시켜 달라고 했더니 그렇게 하겠다고 했다. 선교회를 제외하면 가압류를 붙일 수 없음을 알았기 때문이리라. 양심이라곤 겨자씨 만큼도 없는 까마귀 장로.

이 집사가 전화를 해왔다. 내가 나는 집사님이 나에 대한 감정을 다 안 버렸을 것으로 생각하고 있었다고 했더니, 이 집사는 다 지난 일인데 그렇지 않다고, 그렇지만 조금만 이해를 했더라면 좋았을 거라고 말했다. 내가 자기처럼 했다면 그 잔인한 성격에 나를 100번도 더 죽이려 했을 거면서...

2014.1.6.(월)

이 장로가 전화로 '이 집사가 협조를 않겠다는 게 문제네, 자기는 예전에 법원이고 경찰서에 몇 번이나 불려 다녔던 게 너무 힘들어서 또다시 땅 문제에 끼기 싫대.' 하고 말했다. 내가 말했다. '그건 핑계일 뿐 저를 도와주기 싫어서일 거예요. 이 집사님이 그렇게 나오니까 말인데요, 이 문제 발단은 이 집사님으로부터 시작된 거로 저는 생각해요. 한 목사님이 선교회를 사임한 것은 선교회 재정이 바닥난 때문인데요. 이 집사님도 선교회에 돈이 있었다면 절대 사임 안 했을 거라는 말을 몇 번이나 했어요. 그런데 돈이 없었던 건, 이 집사님이 돈을 빼돌렸기 때문이더라고요. 자기 말로는 500만 원이라고 했지만 저는 그 이상일 것으로 봐요. 그런데다 이순자를 내쫓으라고 주변에서 아우성을 쳐도 안 내쫓고, 한 목사님을 재청빙하기로 해놓고 안 하고, 선교회에 치명타를 몇 번이나 가해놓고 죄의식은 조금도 없고, 저도요, 이 집사님이 조금이라도 잘못을 인정했으면 이 집사님이 판단 잘못으로 그랬나 보다 하고 그렇게 안 씹었어요. 추호도 잘못한 거 없다면서 식구들을 노예처럼 억압하고 권익을 박탈하고 패악질을 일삼으니까 저도 사람이라서 비난하고 씹은 거예요.'

이 장로는 이제 와서 그런 이야기 할 필요는 없는 거고, 누가 상처를 더 입고 덜 입었는지 저울에 달면 똑같고 어쩌고 했다. 이 집사 잘못은 죽어도 인정하기 싫은 사탄 숭배자 같은 이 집사 숭배자, 내가, '이 집사에게 땅을 찾든 보상을 받든 선교회와 절반 나누자고 해주세요. 이 집사님은 안 그래도 산다고 하겠지만 평생 남의 도움만 받고 사는 입장이잖아요. 도움만 받는 삶, 무슨 의미가 있어요. 물론 어쩔 수 없어서이지만 여건을 만들어서 더 장애가 심한 사람들을 도와주면서 살면 좋잖아요.' 하고 말했다. 이 장로는 반가워하는 목소리로 그렇게 이야기 해보겠다고, 땅을 찾아와서 좋은 일에 쓰자고 말했다.

전화를 끊고 나니 예전에 이 장로에게 땅을 가져오자고 사정할 때 땅을 가져와서 우리보다 더 힘든 전신마비 장애인들을 위한 시설을 별도로 만들기 원하는 내 소망을 이야기했더라면 좋지 않았을까? 라는 생각이 들었다. 그땐 너무 힘들어 그런 이야기하는 것조차도 버거워 못했고, 했대도 이 집사 추종자가 이 집사 뜻을 거역하고 땅을 가져올 리 없지만 그래도 모른다는 생각에 후회가 된다.

2014.1.8.(수)

오 사기꾼과의 대질심문을 받으러 경찰서에 가야 되는데, 오 사기꾼이 아침 일찍 전화를 걸어왔다. 한 푼도 손해 안 되게 다 갚을 거라고 계좌번호를 가지고 나오라면서 왜 자기를 욕했냐고 나무랐다. 벼랑 끝에 내몰린 장애인들의 생존권을 빼앗아놓고 왜 그렇게 거짓말을 했냐는 내 나무람에 오 사기꾼은 미안하다고 했지 않냐고 얘기 좀 하게 한 시간 빨리 나오라고 돈을 다 돌려줄 거라고 말했다.

경찰서 대기실에 앉아 있으니 오 사기꾼이 나타났다. 또 거짓말을 해댈 게 뻔해서 화장실로 피했다가 시간이 되어 조사실에 들어갔다. 오 사기꾼은 사기가 아니라고 착수금도 주었고 변호사도 선임하려 했는데 내가 안 한다 해서 못한 거라고 말했다. 여담당관이 '1년이나 지나서요?' 하고 면박을 주었다. 오 사기꾼은 남에게 돈을 맡겼는데 못 돌려받아서 그렇게 된 거라고 우겼다. 담당관이 '그동안에 돈 갚으라고 했겠네요.' 하고 내게 말했다. '네, 사기임이 작년 6월에 확실히 드러났는데 왜 몇 달 후에 고소했겠어요. 돈을 갚으라고 다그쳐도 안 돼서 고소한다고 협박까지 했어요. 그런데도 다음 주까지 꼭 갚겠다. 틀림없이 약속한다 해놓고 다음 주가 되면 연락도 안 하고 제가 연락하면 또 다음 주까지 틀림없이 갚겠다. 약속한다고 철석같이 약속해놓고 또 연락도 안 하기를 수없이 반복했어요.'

내 대답에 오 사기꾼이 '내가 언제, 만나주지도 않아놓고' 하고 펄쩍 뛰었다. 내가 '하나님한테 기도하면 하나님이 거짓말 열심히 하고 가난한 장애인들 등골 빼먹으라고 시키시죠? 하루라도 거짓말 안 하면 혓바닥에 가시가 돋죠?' 하고 면박을 주자, 오 사기꾼은 잡아뜯을 듯한 목소리로 '너나 잘해랏!' 하고 내쏘더니 나를 달래듯 '나를 잘 알잖아 나쁜 사람이 아니라는 걸 내가 그렇게나 도와줬는데' 했다. 오 사기꾼은 단팥빵 3만 원어치를 선교회에 보내준 적 있는데 평화교회 라는 교회에서 준 것이었다. 내가 뭘 도와줬냐고 도와준 거 얘기해보라고, 아침에도 돈 갚는다고 했으니 지금이라도 갚으라고 들이받자, 오 사기꾼은 또 잡아뜯을 듯한 목소리로 '됐 엇! 갚는다고 했잖앗!' 하고 내질렀다. '참 똥싼 놈이 성낸다더니 범죄자가 오히려 성을 내고 있네!' 하고 내가 내뱉었다.

(오 사기꾼이 왜 그렇게 형사고소를 두려워하지 않는지 나는 후에야 알았다. 1,500여만 원을 사기친데 대한 법적처벌이 벌금 300만 원이었다.)

2014.1.11.(토)

이 장로가 전화를 걸어왔다. 사무장과 함께 이 집사한테 갔었다고, 이 집사가 몹시 힘들어한다고 말했다. 내가 그러면 놔두라고 땅은 안 찾아도 된다고, 힘들어 하면 억지로 도와달라 할 필요 없다고 말했다. 이 장로는 '내가 바쁜데도 이 일에 뛰어들었는데 내가 내 사업을 못 하더라도 꼭 이순자한테서 땅을 빼앗어 올 테니까 좋은 일에 쓰자고요. 사무장이 자신만만해 하니까 잘 될 거야 혜성 자매, 퇴거시키려는 소송은 유보시켜놓고 가압류를 붙인 다음 퇴거문제와 땅 소송을 한꺼번에 할 거야!' 하고 말했다.

2014.3.17.(월)

나를 상대로 퇴거 소송을 낸 후 이순자가 법원에 제출한 준비서면에 이순자가 쓴 글도 있었는데 그가 쓴 글답게 전혜성이가 행패를 부려서 이옥진이가 떠났다는 등의 거짓 내용이 가득 채워져 있었다.

점심 때는 미역국과 김치찌개가 잔뜩 있는데 주방장이 또 김치찌개를 했다. 왜 또 했냐고 묻는 내게 주방장은 미영이가 찌개가 없다. 고 해서 라고 대답했다. 바로 엊저녁에 자기가 끓였고 자기가 출입하는 부엌문 앞에 놓여있는데 나를 갉으려고 불필요한 음식을 기꺼이 만든다. 내가 미역국도 있지 않냐고 했더니 쉬어서 버렸단다. 끓인 지 얼마 되지도 않았는데 왜 쉬었냐는 내 말에 주방장은 날이 따뜻해서 쉬었단다. 내가 날이 따뜻하면 냉장고도 따뜻하냐고, 냉장고에 있는 게 왜 쉬냐니까. 주방장은 겉이 허옇고 어쩌고저쩌고 터무니없는 거짓말을 지껄여댔다. 주방장이 거짓말을 하면서까지 음식을 버리는 건 내 속을 할퀴기 위해서이리라.

2014.3.27.(목)

박 자매는 타고 난 게으름뱅이다. 진 집사가 몇 달을 손을 안 씻어도 절대로 씻겨주지 않고 빨래도 마당에 내다 널기 귀찮아서 꼭꼭 방안에 넌다. 주방장이 해서 차려준 밥을 먹은 후 바로 곁에 있는 정수기 물을 뽑으면서 물 떠다 주는 사람도 없다고 탄식한 적도 있다. 그런 인간이 밥하는 데는 그렇게 부지런할 수가 없다. 주방장이 휴무하거나 결근했을 때 내가 밥솥에 쌀을 안치는 기적이 있으면 방에서 성난 들개처럼 튀어나와서 내가 앉혀 놓은 쌀을 쏟아버리고 자기가 새로 쌀을 꺼내 씻어 앉힌다. 내가 왜 그러냐고 물으면 쌀이 많아서, 또는 물이 많아서라고 한다. 찬밥이 많이 있어도 새로 밥을 한다. 내가 찬밥이 많으니 그걸 먹어야 된다고 해도 찬밥 먹기 싫다며 듣지 않는다. 찬밥은 어떻게 하냐고 내가 나무라면 엄 형제에게 주면 된단다. 식구인데 똑같이 먹어야 된다는 내 말은 그에게 폭언이고 횡포. 새 밥을 해서 자기네 밥을 푸고 나머지는 반듯이 꺼내놓는다. 아침 일찍 거동을 잘 못해서 뒤늦게 식사를 하는 내게 따뜻한 밥을 못 먹게 하려고… 다른 식구에게 찬밥 먹으라는 건 나쁜 거라고 나무라도 소용이 없다. 더 말하면 쌍욕을 퍼대며 포악을 칠 것이기에, 그보다 그런 것에까지 신경 쓰기 싫어서 내버려 두는데 대체 어떻게 그토록 못된 생각만 머리에 가득 차 있는지 도무지 알 수가 없다.

2014.4.4.(금)

며칠 전에 산 캔, 팥을 마냥 내버려 두기에 따서 쏟아놓고 주방장에게 팥죽을 끓여달라고 했다. 팥죽을 끓이는데 박 자매가 자기는 죽이 싫다고 밥을 먹을 거라고 말했다. 주방장이 팥죽을 잘 먹지 않았냐고 말하자 박 자매는 '전에는 아줌마가 끓인 거라 먹었지.' 하고 지껄였다. 아줌마가 끓인 것은 먹고 내가 끓이라고 한 것은 안 먹겠다고? 내 말에 박 자매는 눈을 사납게 부릅뜨고 나를 노려보면서 '꼭 말을 저렇게 한다.' 하고 내뱉었다. 내가 '네 말이 그렇잖아! 왜 내가 끓이라고 한 것은 안 먹는데?' 하고 묻자 박 자매는 '그래서 너 안 먹는 것을 나한테 먹으라고 했어!' 하고 대들었다. '언제 내가 나 안 먹는 것을 너 먹으라고 했어? 너는 내가 떡볶이를 해줘도 안 먹고 새로 밥을 해먹고 찬밥이 있어도 새 밥을 해먹고 하는데 내가 안 먹는 것을 네게 먹으라 하면 네가 먹을 애냐!' 하고 내가 받아쳤다.

박 자매는 '그래서 내가 먹는 반찬 버리고 냄비도 버렸냐!' 하고 외쳤다. '우엉 졸임? 그거 너무 오래돼서 버렸잖아!' 내 말에 박 자매는 '왜 오래 됐! 오래 안 됐엇——!' 하고 포악을 치며 나를 무섭게 노려보았다. 그 눈에서는 언제나처럼 사람을 죽일듯한 시퍼런 독기가 마구 뿜어져 나왔다. 그거 한 달이 넘은 거라 해도 박 자매는 포악도 독기도 멈추지 않았다. 다른 반찬 먹느라 한 달이 넘도록 냉장고에 처 박아 둔 우엉 졸임이 아까워서가 아니라 내게 칼질을 하고 싶어서다. 연쇄살인범이 이유 없이 살인을 하고 싶듯 박 자매는 이유 없이 언어 칼질을 해서 나를 난도질 하고픈 것이다. 내가 자기보다 지능이 낮아서 대항할 힘이 없다면 나를 벌써 죽였을지 모른다.

내가 혹시 네가 오래된 거 먹을까봐 우엉 졸임은 버렸고 냄비는 너무 낡아 중금속 나올까봐 버렸는데 그걸 트집 잡으면 되냐! 하고 나무라도 박 자매는 오래 안 되었다는 포악을 쳐댔다. 내가 '하여튼 너는 사람대접을 해주면 안 돼, 너는 장애인을 짐승 취급하는 곳으로 가야 돼! 원장은 좋은 것 처먹으면서 정박들한테는 상한 음식, 오래된 음식만 먹이는 곳이 수두룩한데, 너는 그런 곳에 가야돼. 떡볶이를 아줌마가 만들면 먹고 내가 만들면 안 먹고 밥을 해먹고 찬밥이 많이 있는데도 새 밥을 해먹고 그래도 가만히 있었더니 내 안 먹는 것을 너한테 먹게 했다는 거짓말까지 하고, 네가 너 안 먹는 찬밥을 내게 먹게 하려고 너는 따뜻한 밥 먹으면서 내게는 찬밥을 먹게 하려고 일부러 따뜻한 밥을 찬밥으로 만들잖아. 그래도 나는 뭐라 하지 않는데 너는 네가 한 짓을 내가 했다고 뒤집어 씌우니!' 하고 나무랐다.

박 자매는 '너도 떡볶이 안 먹었잖앗——!' 하고 악을 썼다. '왜 안 먹어 안 먹고 어떻게 했겠니?' 내 물음에 박 자매는 '버렸겠지 뭐,' 하고 내뱉었다. 내가 '버릴 걸 왜 만들었겠니! 내가 먹는 걸 보고도 그런 말이 나오니! 밥이 잔뜩 남았는데도 네가 새 밥을 해먹고 내게는 따뜻한 밥 못먹게 하려고 밥을 퍼내서 식게 만들고 그래도 뭐라 하지 않는데 거짓말까지 하냐! 네 친정에서 그래봐라 네 친언니들도 안 봐줄 거다.' 내 말에 박 자매는 '내가 네가 먹으라는 것만 먹어야 됐——!' 하고 악을 썼다. 내가 말했다. '하여튼 너는 사람대접 해주면 안 되는 애야! 일요일 점심상은 내가 차려놓는데(예배드리러 교회에 가고 없을 때) 그건 잘 처먹고 반찬도 내가 해놓은 거처먹고, 사라다 하면 좋아라 하면서 처먹으면서, 내가 하라고 한 것은 안 먹어? 정박들은 잘 해 주면 머리 꼭대기에 앉는다는 말이 있는데, 너는 그 정도가 아니고 아예 짓밟지. 아껴주고 위해주니까 기고만장해서 안하무인이야! 자기한테 오래된 음식 안 먹이려 하는 것까지 트집 잡는 사람은 하늘 아래 너밖에 없을 거다. 잘 해주는 나한텐 하늘 아래 둘도 없이 흉악하면서 아무것도 안 해 주는 정상인한테는 또 하늘 아래 둘도 없이 착하고 상냥하게 애교까지 부리지, 세상에 둘도 없는 야누스야!'

칼로 난자당한 듯 저미는 가슴을 달래며 팥죽을 한 숟갈 먹는데 진저리가 쳐지도록 달았다. 도로 뱉어버리고 싶었다. 주방장에게 왜 설탕을 넣었냐고 했더니 안 넣었단다. 그러고는 '단것 좋아하는 나도 너무 달아서 못 먹겠네' 하고 지껄였다.

내 식탁에 있는 설탕통 설탕이 절반으로 줄어있었다. 한 대접 분량이 사라진 것이다. 팥이 너무 달아서 설탕을 넣으면 안 된다고 내가 분명히 말했는데 적게도 아니고 왕창 처넣은 것이다. 아무리 팥이 달아도 쌀도 들어가고 물도 몇 배 합해졌는데 설탕을 안 넣었으면 진저리가 쳐질 정도로 달 수는 없는 것이다. 내가 단것을 안 좋아 하니 일부러 그렇게 퍼 넣은 것이다. 박 자매가 내게 칼질하는 것을 보고 안쓰러워하긴커녕 피 흘리는 칼집에 소금을 뿌린 것이다.

대체 얼마나 사악하면 자기 입으로 자기한테 너무 잘 해준다고 했을 정도로 잘 해주는 내게 걸핏하면 음식으로 횡포를 부리는가? 언젠가는 동지죽을 끓여서 자기는 간을 알맞게 해서 먹고, 짠 것을 잘 못 먹는 내게는 소금을 잔뜩 퍼 넣어 소금죽을 만들어 준 적도 있고, 부침개도 소금 부침개를 만들어 준 적이 있다. 부침개를 부쳐서 매번 내게는 차디차게 식은 것을 주고 자기는 따끈한 것을 먹는다. 같은 상에서 함께 먹었던 이 형제 말에 의하면 자기는 단 한 번도 식은 것을 먹은 적이 없다. 그 외에 음식 횡포도 헤아릴 수 없도록 많다.

내가 죽을 먹지 못하고 숟가락을 놓은 채 멍하니 앉아 있는 것을 보면서 주방장은 아주 신이 난 목소리로 나를 약 올리듯 '연신 달아서 못 먹겠네!' 라고 지껄이며 연신 팥죽을 퍼먹었다. 얼굴엔 환한 미소가 가득했다. 내가 못 먹는 게 아주 통쾌한 듯했다. 박 자매가 정상인과 외부인한테는 천사이면서 내게는 이마 끝에서 발가락 끝까지 악으로 가득 차 있는 악귀이듯이, 주방장도 정상인인 이웃사람들한테는 천사다. 자기 집에 놀러오는 이웃분들에게 몇 년째 정성을 다한 식사를 공짜로 제공하면서 행복해 한다.

그래서 이웃분들은 주방장을 천사쯤으로 알고 있다. 정상인들한테는 자기 것도 거저 주면서 장애인인 내게는 우리 것을 주는 것도 배 아파하는 것이다. 이웃분들은 어느 누구도 주방장이 그런 야누스임을 결코 믿지 못하리라. 내가 곁에 없을 때는 어김없이 박 자매가 나에 대해 쏟아놓는 모함과 쌍욕을 몇 년째나 곱게 들어주는 것도 무심해서가 아니라 내가 짓밟히는 것에 쾌감이나 즐거움을 느껴서일 것이다. 아니라면 내가 자기의 철천지원수 일지라도 예전에 진저리가 났을 것이다.

2014.4.25.(금)

사무장이 땅에 가압류를 붙였다고 전화로 알려왔다. 건물에도 붙일 거라고 했다. 이 장로는 이순자가 세웠다는 전북 익산의 부활장애인 선교회 재단의 주소를 알아보니 교회 주차장이고 교회는 예전에 이순자가 전도사로 있었던 곳이라고, 이순자의 부활선교회는 실체가 없는 유령단체라고 전화로 말했다. 이순자가 노회에 건물 반환소송을 냈을 때 그 이름으로 냈는데 교회 상위기관인 노회가, 장애인들을 갈잖은 존재로 여기는 잘 나신 목사들의 조직인 노회가, 실체도 없는 유령단체에 진 것이다. 노회의 김수인, 이순자가 한패가 아니면 이름마저 도용한 가짜단체에 졌겠는가? 지옥에 굴러떨어질 김수인 목사 놈.

2014.4.26.(토)

이 장로가 전화를 해 와서 '어제 한 목사님한테서 전화가 왔는데 한 목사가 가압류를 해지하라고 하는 거야! 이순자가 토지세 300만 원을 내고 있어서 가압류 얘기를 이순자한테 해야 된대. 그러면서 이순자하고 합의를 하래요. 내가 이순자한테 당하고도 그렇게 하시는데 이순자와 뭐가 있는 거 아니냐고 했더니 자기도 피해자라면서 선교회가 자기한테 뭘 해줬냐는 거야!' 하고 말했다. 내가 말했다. '한 목사님이 몰래 대출을 받아서 우리를 엄청 힘들게 해도 우린 원망하지 않았고 재판 때 토지가 선교회 거라는 걸 말 안 해서 이순자에게 넘어가게 만들어도 미워하지 않았고, 최재린 씨와 몇몇 사람들이 한 목사님을 고소해야만 땅을 찾을 수 있다고 고소하라고 강권해도 제가 땅을 포기하고 말지 목사님을 고소할 수 없다고 했어요. 선교회가 어려워도 좀 참고 그대로 계셨더라면 선교회가 땅이 있어서 엄청 성장했을 것이고, 그러면 교회도 당연히 창대해졌을 거고 그러면 그 혜택을 목사님이 가장 크게 받았을 거예요.'

2014.5.14.(수)

선교회 설립자 한승주 목사님한테 전화를 했다. 선교회 상황을 이야기하며 좀 도와달라고 선교회가 먼저 설립되었다는 증거자료가 있으면 좀 달라고 간청했다. 그런 건 없다면서 한 목사님은, 이순자 모가지를 비틀어버리고 싶다고 말했다. 내가 이순자는 선교회도 교회도 김기용이 세웠다면서 교회가 선교회보다 먼저 생겼다는 주장을 한다고 이야기하자, 목사님은 선교회도 교회도 내가 세웠는데 김기용이 뭘 세워 하고 펄쩍 뛰었다. 내가 '예전에 책을 내셨는데 그 책에 부활자립회에 대한 내용이 없나요? 가지고 계시면 제가 사면 안 될까요?' 하고 묻자 목사님은 책은 찾아봐야 한다고 말했다. 그러더니 2시간 후 전화를 걸어와서 자료를 찾아놨으니 내일 자기 사무실로 오라고 했다.

2014.5.15.(목)

한승주, 예전에 식구들로부터 부활장애인 선교회 설립자로 수없이 들었던 이름. 그분도 휠체어 장애인이었다. 그는 화난 목소리로 선교회를 내가 설립했는데 어떤 인간이 함부로 해, 하더니 예전에 도와준다고 했는데 왜 그냥 있었냐고, 그때 자기가 나섰더라면 이순자 따위가 감히 선교회를 유린하지 못했을 거라고 나무랐다. 그러면서 전도지 3장을 주었는데 예전에 만든 것이었다. 자기에 대한 소개도 실려 있었는데 부활교회설립자로만 되어있고 선교회에 대한 내용은 없었다. 내가 책도 좀 달라고 하자 목사님은 책은 없다고 그것만으로 충분하다고 재판 때 자기를 증인으로 내세우라고 말했다.

내가, 증언도 중요하지만, 이렇게 책까지 쓰신 분이라고 내세우면, 책까지 쓰신 분의 증언이면 더 신뢰할 거라서 그러니, 죄송하지만 좀 주세요! 하고 애원하듯 간청했다. 목사님은 이거 한 권뿐인데 하면서 책 한 권을 꺼내주었다. 내가 앞으로도 은혜를 잊지 않겠다며 핸드백에서 돈 봉투를 꺼내자 목사님은 은혜는 무슨 은혜냐면서 팔을 내저어 완강히 거부했다. 그리고는 재판 때 '증인으로 꼭 불러요. 부활선교회를 건드리는 인간은 누구든지 머리통을 부셔버려야 돼!' 하고 말했다.

책은 '사랑하는 자녀들을 위해서' 였다. 목사님 사무실을 나와서 기다리고 있는 이 장로한테 책을 건네니 이 장로는 좋아하면서 책을 펼쳐 살피기 시작했다. 얼마 만에 이 장로는 '부활자립회에 대한 게 여기 있네!' 하고 환호성을 질렀다. 정말 한승주 목사님이 부활교회보다 부활선교회 전신인 부활자립회를 먼저 설립한 대목이 들어있었다. 2005년 소송 때도 먼저 설립된 게 중요하다고 해서 내가 이 집사에게 한승주 목사님의 증언을 받자고 했었다. 한승주 목사님이 장애인들을 힘들게 하는 것들은 용서 안 한다면서 증언을 해주겠다고, 자기는 소송을 많이 해봤기에 어떻게 대처해야 되는지를 잘 안다고, 어떤 도움이든 줄 테니 말만 하라고 했었기 때문이다. 그런데 이 집사는 한승주가 나중에 어떻게 나올지 모른다며 거부했었다. 어떻게 나오든 법적으로 대응하면 될 것을, 선교회에 필요한 것은 그 어떤 것도 하지 않은 이 집사 사탄이 선교회를 죽이려고 보낸 사탄의 사자 같다.

(한승주 목사는 이틀 후 선교회가 먼저 설립되었다는 사실 확인서를 써주는 등 마음을 써주었으나 개인 사정 때문에 증인으로 나서지는 못했다)

2014.5.20.(화)

사무장이 땅을 가처분했다고 말했다. 그런데 문제가 있다고, 한 목사가 2005년도에 선교회 쪽에 '땅은 선교회 것이라는 확인서를 써주기 몇 달 전에' 이순자에게 땅은 교회 것이다. 라는 확인서를 써주었다고 우리 변호사가 이순자 변호사로부터 그쪽 자료를 받았는데 그 확인서가 있었다고 말했다.

충격이었다. 한 목사는 땅을 자기 명의로 넘기라는 이순자의 소송 제기 후 선교회에 올 때마다 땅은 선교회 거라는 식의 말을 했었고, 갈 때는 선교회 돈을 몇 만 원씩 받았었다. 이순자에게 교회 땅이라는 확인서를 써주고 그랬다니 믿을 수 없는 일이었다. 땅을 살 때 한 목사는 강대상에서 몇 번이나 '여러분들이 살 집을 지을 땅인데 최소한 한 평씩은 사야 되지 않겠습니까?' 하고 식구들에게 헌금독려를 하고 선교회에서도 그 같은 말을 하면서 거의 강요하다시피 식구들의 비상금을 다 털어 넣게 했었다. 선교회 후원자들에게도 선교회 장애인들 집을 지으려고 땅을 사는 거라고 해서 헌금을 받았다. 그렇게 해서 산 땅을 교회 땅이라 했다니 완전 패악질 아닌가?

사무장은 땅에 대한 소송을 해야 하는데 그 확인서 때문에 엄청 골치가 아프다고 변호사도 골치 아파한다고 말했다. 이 장로는 전화로 2005년 재판 때 패한 게 그 확인서 때문이라고 사무장이 그렇게 말하더라고 말했다. 그리고는 한 목사하고 1시간 30분을 전화로 싸웠다고, 한목사는 무슨 소릴 하냐고 화를 내다가 확인서를 써준 게 아니고 교인들의 이름으로 땅을 교회로 넘기라는 편지가 왔기에 서명을 해주었다 하더라고 말했다. 한 목사가 또다시 땅이 선교회 거라고 해줄 수는 없다 라는 말도 했다. 내가 말했다. '그렇게 땅을 주기 싫으면 식구들의 비상금을 다 털어 넣게는 안 했어야지, 선교회가 뭘 해 줬니, 우리는 능력이 없어서 못 해주었고 해도 안 끼쳤어요. 목사님 때문에 우리가 생존의 기로에 서 있어도 원망을 안 했는데 목사님은 끝까지 우리한테 비정하시네요.'

2014.5.23.(금)

이 장로님이 전화를 해왔다. '익산에 내려와 부활장애인 선교회재단 의 주소지를 현장조사 했는데 공터가 분명해' 하고 말했다. '실체가 없는 유령재단인 것이 확실한 거네요.' 내 말에 이 장로님은 그렇다고, 전라도 문화재청에 문의하니 왜 그곳에 재단 허가가 났는지 모르겠다. 하더라고 말했다. 사무장은 이순자가 소송을(내게 퇴거하라는) 취하했다고 전화로 알려왔다.

2014.5.29.(목)

성남 법원으로부터 건물명도 소장이 날라 왔다. 이순자가 만든 유령 부활장애인 선교회재단 이사장 이름으로 제소한 것이었다. 이 장로에게 명도가 무슨 뜻이냐고 물으니, 건물을 비워 달라는 것이라면서, 땅은 한 목사 명의 그대로 있지만 건물은 선교회 재단 명의로 옮겨져 있다고 말했다. 사무장한테 전화를 하니 사무장이 이순자를 어떻게 해버려야 할지 모르겠다고 너무 악독하다고 말했다.

2014.5.31.(토)

사무장이 한 목사에게 손해배상 청구소송을 할 것이라고 말했다. 내가 한 목사님도 피해자인데 하면 안 된다고 펄쩍 뛰자 사무장은 '해야만 땅이 선교회 것임이 입증되기에 해야 한다고, 그래야 땅을 되찾는 소송을 할 수 있다고' 이 장로하고도 얘기 된 것이라고 말했다. 내가 이 장로한테 전화를 걸어 소송을 해서 승소하더라도 배상은 안 받을 거라고 말했다.

2014.6.4.(수)

사무장이 전화를 걸어와서 사무실에 나왔는데 주변 사무실이 다 텅 비어있어서 이상하다 했더니 오늘이 투표하는 날이네요! 하고 말했다. 내가 웃으며 얼마나 이 일에 열정을 쏟으면 무슨 날인지도 모르고 있었냐고 말했다. 사무장은 힘드냐고 물었다. 내가 내 힘든 건 괜찮은데 사무장님하고 이 장로님이 힘든 거 생각하면 죄짓는 기분이라고 말했다. 사무장은 정의적 차원에서도 이 문제를 내버려두면 안 된다고, 불의를 이겨야 한다고, 지면 안 된다고 말했다. 나도 그런 생각에서 더 이순자한테 안 지려 하는 것인데...

2014.6.5.(목)

박 자매가 또 날뛰기 시작한다. 이 형제가 온다고 했기 때문이다. 이 형제가 온다는 걸 알기만 하면 매번 즉시 미친 듯 욕설을 쏟아내며 그런 새끼 왜 자꾸 오게 하냐고 못 오게 하라고 외친다. 그 목소리엔 미움이 가득 차 있다. 내가 같은 장애인을, 더구나 너한테 잘 해주는 사람을 미워하면 안 된다고 아무리 타이르고 나무라도 소용이 없다. 이 형제가 눈에서 멀어지면 미움도 사라질 줄 알았는데 아니었다. 그래도 늘 눈앞에 있지 않아서인지 예전처럼 맞대놓고 욕설을 퍼대지는 않는다.

이 형제는 저녁 때 들어왔다. 그는 저녁을 먹자마자 자리에 가서 드러누우며 '누나가 센터장에 전화를 해서 사촌인 척하고 내가 사촌한테 와있는 것처럼 해줘' 하고 말했다. 왔을 때마다 자기가 다니는 장애인지원 센터장에게 비밀로 해서, 내가 왜 그러냐고 물으면 센터 사람들이 이곳에 오는 걸 싫어해서, 라고 대답해도 신경을 안 썼는데, 오늘은 왜 매번 선교회에 온 것을 숨기냐고 따졌다. 이 형제는 '센터장이 이곳을 엄청 나쁜 곳으로 알고 있어서 와 있는 걸 알면 안 돼.' 하고 말했다. '네가 나쁜 곳이라고 했구나!' 내 말에 이 형제는 '아니야 순기가 말했어!' 했다. '순기가(이 형제 동생) 센터장하고 언제 만났다고, 또 만났다 하더라도 왜 쓸데없이 나쁘다고 말 하냐!' 내 핀잔에 이 형제는 '만나서 이야기 했어!' 하고 말했다. '네가 나쁜 곳 아니라고 얘기하면 되잖아,' 내 말에 이 형제는 이야기해도 안 믿는다고 말했다. 내가 '순기가 센터에 갈 일이 없을 텐데 나를 모함하려고 일부러 센터를 찾아갔구나!' 하고 말했는데 이 형제는 부인하지 않았다.

센터장은 이 형제를 관리할 신분도 아니면서, 이 형제가 자기와 상, 하 관계가 아닌 센터회원일 뿐인데도 이 형제의 사생활을 이전부터 통제하고 있었다. 이전에 이 형제는 전화를 건 내게, 거의 죽어가는 목소리로 살기 싫다고 너무 힘들다고 센터장이 선교회에 못 가게 한다고 말했었다. 내가 '네가 센터장 소유물이냐! 자기가 네 보호자도 아니고 네가 어린애도 아닌데 왜 네 자유를 억압하는 거야. 다른 곳에 가는 체하고 와!' 하고 말했더니 이 형제는 금시 알았다는 듯 활기찬 음성으로 그렇게 하겠다고 했는데 여전히 부당한 통제를 당하고 있는 것이다.

내가 '센터장도 그렇다. 너도 판단력이 있는데 선교회에 자주 가려고 하면 나쁜 곳이 아닌가? 라는 생각을 해야지 어떻게 한 사람 말만 듣고 확인도 안 하고 너를 통제 하냐! 네가 인권도 주권도 없는 존재 마냥!' 하고 말했다. 전화도 해주지 않았다.

이 형제 동생 이순기, 그는 형을 만나러 선교회에 종종 왔었고 내게 친절했었다. 그가 오경숙 권사 사기꾼이, 사기 친 돈을 받아준다며 오 사기꾼을 만나려 할 때 내가 '오경숙은 전문적인 사기꾼이고 거짓말을 엄청 잘하는 허언증 환자이고' 이때까지 거짓말만 해왔다고 절대 그의 말을 믿으면 안 된다는 등의 주의를 주었었다. 그런데 오 사기꾼을 만난 후에 완전한 오 사기꾼 수호자가 되어 내게 그 여잔 돈이 없는데 돈을 받으려 한다며, 못됐다는 등의 막말을 날려왔다. 내가 그 여잔 돈 없는 게 아니라 해도, 묵살하며 계속 막말을 마구 쏟아놓다가 내가 전화를 끊어버리자 즉시 전화를 걸어와 전화 끊는 버릇은 누구한테 배워먹었냐? 정말 못 배워먹었다. 막 돼먹었다는 등의 폭언을 마구 쏟아놓았다. 그 외의 폭언은 기억도 안 난다.

그러고도 다음날 찾아와 내가 자기한테 막말했다는 등의 누명을 씌우며 나를 막돼먹었다고 몰아쳤다. 그는 나보다 12살인가 아래였다. 그런데도 자기가 한 짓을 내가 했다고 뒤집어 씌우며 막돼먹었다고 마구 몰아쳤다. 불한당도 그런 불한당이 없었다. 나는 너무 분해서 통곡을 하고 치를 떨면서도 그가 정신병자 같은 느낌에 공포에 떨었었는데 그것으로 부족해서 2달이 더 지난 시점에 나를 알지도 못하는 센터를 찾아가서 나를 모함했다니, 나를 모함하기 위해 일부러 센터를 찾아갔다니,(이 형제는 선교회를 떠난 며칠 후에 센터를 알게 되었다고 했으니 순기도 그 무렵에 알았을 것이다.) 생존권이 위협받는 상황인데 사기당한 돈을 찾으려 하는 게 그렇게도 치 떨렸는가?

본인이 사기꾼과 아는 사이도 아니고 내가 돈을 받는 게 본인한테 손해 될 거 없고 형한테도 이익인데,(형의 돈도 들어있어서) 그 비열하고 악독한 심성에 소름이 끼친다. 그도 이종성 장로처럼 악인을 좋아하고 비 악인을 싫어하는 심리가 있는가? 아무리 이 형제지만 친동생을 모함하지는, 패악질을 안 했는데 했다고 하지는 않을 것이다. 그 이전에 순기가 내게 패악을 안 부렸다면 나는 결코 이 형제 말을 믿지 못할 것이다.

2014.6.18.(수)

찬밥이 잔뜩 있는데 박 자매가 또 밥을 안쳤다. 주방장은 아프다며 며칠째 결근인데 주방장이 없을 때마다 내가 밥하는 것을 훼방하고(내가 쌀을 앉치면 다 쏟아놓고 새로 쌀을 씻어 앉친다) 자기가 밥을 하는데 찬밥이 있어도 마찬가지다. 적당히도 안 한다. 잔뜩 해서 찬밥을 만들어 놓고 또 새 밥을 해 먹는다. 제지하면 포악을 치며 달려들기에 늘 내버려 두는데 오늘은 왠지 입이 놀려졌다. 찬밥이 많이 있는데 그걸 먹어야지, 내 말에 박 자매는 찬밥 먹기 싫다고 말했다. 먹기 싫어도 먹어야 된다고 데우면 맛이 새 밥과 거의 같다고 타이르자 박 자매는 '지환이 오빠 먹으면 되짓!' 하고 외쳤다. 너는 새 밥 먹으면서 다른 식구는 찬밥 먹게 하는 건 안 좋지, 내 말에 박 자매는 내가 따뜻한 밥 먹는 게 배가 아프냣——! 하고 악을 썼다.

비무장으로 악귀를 상대하는 건 미친개를 맨손으로 제압하려는 것임을 잘 알면서도 나는 왜 가끔 정신통이 폭발하는 것일까. '네가 여왕이라도 되냣! 찬밥이고 따뜻한 밥이고 같이 먹어야짓, 왜 너만 따뜻한 밥 먹닛, 찬밥도 데우면 따뜻한 밥과 맛이 거의 똑같잖아——! 하고 내가 악을 썼다. 박 자매는 '나도 찬밥 먹었엇——! 밥도 못 먹게 하넷——' 등등의 포악을 미친 듯이 쳐댔다.

"네가 아줌마만 없으면 찬밥을 잔뜩 두고도 새 밥을 해 먹잖앗! 찬밥은 아줌마가 줄 때만 먹었곳——!"

"어쩌다 한번 따뜻한 밥을 하는데 네가 뭔데 따뜻한 밥을 못 먹게 하닛——!"

"다른 식구에겐 찬밥 먹이고 저 혼자 새 밥 해먹는 건 양심 없는 짓이얏——"

"너는 따뜻한 밥 안 먹었닛——!"

"네가 찬밥 놔두고 새밥 해서 찬밥 만들어 놓은 것 나하고 지환 씨가 다 먹었다. 너는 계속 새 밥 해먹었곳——!"

"그래 너는 계속 찬밥만 먹엇! 나는 따뜻한 밥 먹을 거니까! 양심 없는 인간앗! 그동안 찬밥만 먹었는데 한번 따뜻한 밥 먹을라니까, 저러 넷 양심 없는 인간잇——!"

내가 악이 받혀서 네 애미는 대체 어떤 인간이기에 너 같은 걸 낳아놨니! 하고 내뱉으며 내 방으로 들어와 버렸다. 년이 즉시 '뭐얏! 이 씨발년앗! 우리 친정을 왜 걸고 넘어지닛, 이 개 같은 년앗――!' 하고 포악을 치면서 내 방문을 열어 제치며 나를 잡아 죽일 듯한 험악한 얼굴로 노려보며 '네 에미년은 어떻게 너 같은 년을 낳아 놨닛! 네 에미년이 너를 그렇게 가르쳐 놨닛! 씨발년앗! 네 에미년도 너 같닛, 이 개 같은 년앗 씨발년앗――!' 하고 발악하듯 포악을 쳐댔다. 눈에서는 뼈라도 뚫고 들어올 듯한 독기가 무섭게 뿜어져 나왔다. 내가 '네 에미년이 씹 팔던 년인가 보구나. 씹 팔던 년이니까 너 같은 걸 낳았겠지!' 라고 응수하면서 문을 닫고 잠가버렸다.

년은 계속 씨발년, 개 같은 년 등의 쌍욕의 포악을 쉬지 않고 쳐댔다. 내가 문을 열고 이다음에 이순자가 들어오면 이순자한테도 나한테 하는 것 그대로 해라 한번만 해도 이순자는 네 혓바닥을 잘라버릴 거다 하고 말했다. 년은 이순자한테는 안 그래! 하고 외쳤다. 내가 '그래 안 그럴 거야! 너한테 잘하는 사람은 짓밟고 네 것 빼앗은 악마한테는 잘해야 박미경이지' 하고 내뱉자 년은 '네년이 악마닷, 이순자가 왜 악마얏――!' 하고 악을 썼다. '그래 너한테 잘 해주는 사람은 악마고 장애인 것을 다 뺏어가는 년은 사람이다.' 내 말에 년은 '동네사람들이 네년이 흉측하다고 그랬엇!' 하고 외쳤다. 내가 동네사람들이 너하고 이순자를 흉측하다고 그러지 이순자가 여기에 들어오면 너를 인신매매 있는 곳에 데려갈지 모르니까 꼭 따라가라고 말했다. 년은 '내가 바보야! 이순자를 따라가겟!' 하고 외쳤다. 내가 '너, 바보야' 하고 놀리자 년은 '네 년보다는 똑똑햇――! 네 년보다는 나앗――!' 등등의 악을 미친듯이 써댔다.

2014.6.21.(토).

점심때 쫄면을 하기에 나는 조금만 달라고 했는데 그래서인지 주방장이 한 대접 가득 주었다. 덜어내기 귀찮아서 그대로 먹다가 소화가 잘 안 되는 것이어서 나중에 먹어야겠다며 남겨 두었다가 버렸다. 박 자매가 알아채고 버렸다고 비난을 했다. 내가 소화가 안 돼서 어쩔 수 없이 버린 거라고 말해도 박 자매는 '왜 버려 지환이 오빠라도 주짓――!' 하고 악을 썼다. '덜어 먹은 것도 아니고 먹던 거라서 줄 수가 없어, 먹던 것을 주면 안 되잖아,' 내 설명에도 박 자매는 같은 악을 바락바락 써댔다. 내가 그만하라고 너라면 먹던 걸 주면 좋겠냐고 나무라도 소용없었다. 밥을 국에 잔뜩 말아서 먹다가 종종 내버리는 년이(그래도 나는 아무 말 않는다) 딱 한번을 버린 나를 늑대처럼 물어뜯는 것이다.

엊그제 물어뜯긴 고통이 멈추지 않고 있는데, 내가 '그렇게도 트집을 잡고 싶냐! 소화가 안 돼서 어쩔 수 없이 그런 걸 꼭 그렇게 해야 되겠니!' 하고 나무라자 년은 '네가 트집을 잡지 내가 무슨 트집을 잡앗! 밥을 많이 먹으면서 그건 왜 소화가 안됏——!' 하고 포악을 쳤다. 내가 '무슨 밥을 많이 먹니? 하루 두 끼밖에 안 먹고 한 끼에 한 공기도 제대로 안 먹는데,' 내 말에 년은 '많이 먹잖앗! 많이 먹으면서 거짓말 하는 것 좀 봣——!' 하고 포악을 쳤다. 내가 입을 다물고 있어도 줄기차게 포악을 쳐댔다.

결국 내가 '네가 인간이니 인간의 탈을 쓰고 어떻게 이토록 집요하고 악랄하니? 악마인들 너만큼 악랄하겠냐! 내가 네 먹을 걸 버린 것도 아니고, 악마도 너만큼은 악랄하지 않을 거다.' 하고 말했다. 년은 즉시 '너는 마귀야, 네가 더 악랄해!' 하고 내뱉었다. 나는 내 방으로 들어와 버렸는데 얼마 후부터 세면장에서 물소리가 하염없이 들려왔다. 너무 오래 들려와서 들여다보니 년이 대야에 물을 틀어놓고 서 있었다. 가을과 겨울에는 석유를 낭비하려고 수증기가 자욱하도록 온수를 마냥 틀어서 하수구로 흘러보내고, 날이 더우니 수증기가 싫어서 냉수를 틀어 하염없이 하수구로 흘러보내는 것이다. 수도세 많이 나오게 하려고, 그래도 나는 싸우기 싫어 그냥 내버려 두었다.

2014.6.22.(일)

나도 이젠 사람이 되었다. 일요일이라 주방장이 쉬는데 박 자매네 점심상을 차려놓지 않았다. 박 자매가 교회에 가고 나면 매번 나는 박 자매네 밥상을 차려놓았다.(엄 형제는 서울의 교회에 다니고 있어서 점심 때엔 없다) 박 자매가 전날 나를 도둑으로 몰면서 쌍욕을 퍼댔어도 반찬 가짓수가 적을 땐 반찬을 만들어서 한결같이 밥상을 차려놓았었다. 박 자매네 입주 후 부터니까 거의 5년을 그렇게 했다. 이젠 그런 내가 한심스러워 손을 놓고 나니 내가 사람이 된 것 같아 무척 기쁘다.

박 자매는 내가 차려놓은 밥상으로 식사를 하고 설거지를 하지 않는다. 아침에만 하고 점심 후에도 저녁 후에도 하지 않고 내가 하도록 만든다. 나는 저녁을 금식하는데도 자기네 설거지를 하는데 박 자매는 아침 설거지만 하면서도 나와 엄 형제 설거지 거리는 옆으로 치워버리고 자기네 것만 한다. 그러면서도 자기네 점심 설거지 저녁 설거지를 하지 않는다. 그래도 나는 따지기 싫어서 내가 하는데, 앞으로는 그것마저 하기 싫어졌음 좋겠다. 예배 후 올라온 박 자매는 말없이 상을 차려 밥을 먹더니 식사 그릇들을 탕, 탕 소리가 나도록 세차게 싱크대에 갖다 놓았다.

원자 씨가(이웃주민) 봉지 냉면 2개를 가져와서 말했다. 아줌마가 '미영이가 가져오라고 했다고 해서 가져왔어!' 그러자 박 자매가 '내가 언제 가져오라고 해, 그 아줌마 이상하네!' 하고 난리를 치기 시작했다. 내가 얼른 냉면값을 주면서 '아줌마가 무슨 생각이 있어서 그랬을 거야! 두고 먹으면 좋잖아!' 하고 달래도 박 자매는 국수도 있고 라면도 있는데 왜 냉면이야! 하면서 난리를 그치지 않았다. 원자 씨는 말없이 그냥 돌아갔는데 얼마 후 주방장이 전화를 걸어와서 '미영이 신랑이 잘 먹기에 가져오라 했더니 그년이 그 지랄을 했다고, 원자가 나한테 지랄 지랄 하는 거예요. 그년이 난리가 아니었다고' 하고 말했다.

진 씨는 잘 안 먹는다. 주방장, 자기가 잘 먹는다. 주방장은 '미영이 그년이 아주 못됐어요. 언니(나)하고 지환 씨가 쫓겨나길 바라고 있어요. 내가 언니가 쫓겨나고 이순자가 들어오면 언니만큼 잘해줄 것 같냐고, 아주 못되게 굴 거라고 하면 그년이 그러면 방 얻어 나가면 되지 라고 해요. 아주 못된 년이에요.' 하고 말했다. 그러더니 출근해서 박 자매에게 이전과 조금도 다름없이 상냥하게 웃으며 말을 건넸다. 박 자매 또한 이전과 똑같이 어쩌고 저쩌고 하며 애교를 떨었다. 얼마 후 주방장이 원자가 냉면 때문에 나한테 막 지랄을 하더라구 했다. 순간 얼굴이 굳으면서 충격을 받은 모습으로 말없이 저만큼 가서 한참을 바닥에 앉아있던 박 자매는 '원자 씨한테 미안하다고 해, 아줌마한테도 미안해' 하고 사과를 했다. 진정 어린 목소리였다. 내게는 이유 없이 온갖 패악을 부리고도 며칠이 지나도록 악심을 품고 있는 년이 내게 하는 패악질에 비하면 아무 잘못 아닌 행동을 사과하는 것은 물론 두 사람이 정상인이기 때문일 것이다.

오후엔 사무장한테 갔더니 사무장이 '한진수 목사가 난리 났다고' 본인에게 소송낼걸 알았기 때문이라고 말했다. 사무장은 골치가 너무 아프고 잠도 못 잔다고 이 장로님도 고생이 많으니 후에 은혜를 갚아야 한다고 말했다. 내가 '당연히 갚아야죠. 사무장님한테도요.' 하고 말했다.

이 장로가 나타나서 '한 목사가 땅을 당장 가져가라면서 자기가 피해 입은 것 다 배상한다는 서명을 하라고 하네, 그래서 내가 이게 다 그 인간 같지도 않은 이순자 때문 아니냐고 혜성 자매를 내쫓으려고만 안 했으면 이렇게 안 했다고 했어요.' 하고 말했다.

사무장은 구성원들의 동의가 있어야 소송제기가 인정된다며 이 집사 쪽과의 회의를 해야 한다고, 여기서 멈출 수는 없다고 땅을 가져올 수 있다고 말했다.

2014.7.2.(수)

사무장이 이 장로가 시간약속을 너무 안 지킨다고... 할 일이 많은데 죽을 지경이라고 말했다. 이 장로가 사업 때문에 바빠서일 거라는 생각에 나는 또 죄인 된 기분이 되었다. 이 장로가 나타났다. 사무장과 이 장로가 운전하는 차를 타고 이 집사를 만나러 안산으로 갔다.

이 집사는 안산에서 OOO집을 만들고 그토록 소망하던 원장을 하고 있었다. 이 집사는 냉기가 도는 얼굴로 우릴 맞았다. 내게 이를 갈며 떠난 지 거의 5년, 생각대로 거의 얼굴은 떠날 때 그대로였다. 나는 고통에 절어서 소금에 절인 배춧잎처럼 찌든 얼굴인데...

늘 밝았던 이성기 집사도 성이 났을 때를 제외하곤 늘 나를 보면 웃던 성용단 형제도 무덤덤한 얼굴로 나를 보는둥 마는둥 했다. 조한수 형제와 김지훈 형제만이 반가워하며 웃었는데, 조 형제는 살이 빠져 볼이 홀쭉했다. 내가 왜 사랑하는 식구를 셋이나 한꺼번에 잃고 5년이나 못 봐야 했나 라는 생각에 가슴이 저몄다.

사무장이 부활선교회 소송에 예전식구들의 동의가 있어야 해서 찾아왔다는 말을 했다. 이 집사는 '하남은 (선교회는) 생각조차 하기 싫다며 자기를 쫓아냈다는' 말을 몇 번이나 반복했다. '한맺힌 목소리로 쫓겨 나와서 2년 동안은 너무 너무 힘들어서 많이 울었어예!' 라고도 했다. 가해자가 수년이 지나서까지 피해자를 가해자로 모는 기막힌 현실, 선교회를 떠나는 것만이 살길이라는 주장을 되풀이하면서 떠나기 위해 수십억짜리 땅도 걷어차고 떠난 이가 쫓겨났다니, 개꼬리 3년 되어도... 라는 생각을 하면서 나는 잠자코 있었다. 모든 권한을 가진 이가 제왕 같은 권력자가 무수리 같은 자에게 쫓겨났다면 그는 모지리 라는 증거다.

내가 속으로 말했다. '수십억짜리 땅을 내던질 만큼 소망하고, 소망대로 떠났으면서 왜 힘들었나요? 돈도 풍족하지 않았나요? 한 목사님이 원장일 때도 수백만 원을 빼돌렸는데 직접 원장 노릇 할 때는 몇 배 더 빼돌렸을 거잖아요.'

이 집사는 내가 고소했던 것까지 들먹거리며 다른 길을 찾아보라고 말했다. 내가 집사님을 이해한다고, 내가 지나쳤던 것도 있다고 집사님이 안 도와주시면 길이 없다고, 있다면 이렇게 낯두껍게 찾아오지 않았다고 말했다. 말하는 도중에 치욕감에 가까운 굴욕감이 들었다. 그럼에도 사무장이 웃으며 '잘못한 게 있어서요?' 하는 걸. '네,' 하고 대답했다. 대답하고 나니 내가 어쩌다 이토록이나 비굴한 인간이 되었나? 라는 생각이 들면서 내 자신에게 혐오와 분노가 용광로처럼 들끓었다. 그런데 잠시 후 이 집사가 뜻밖에도 '내가 잘못한 것도 있어예.' 하는 게 아닌가? 사무장이 말했다. 내가 정의감이 강해요 선교회 문제를 듣고, '있을 수 없는 일이라 생각했어요. 그냥 두면 안 되는 일이에요.'

돌아오려 할 때 이 집사가 미소 띤 얼굴로 내 두 손을 꼬옥 잡아주었다. 생각만 해도 진저리쳐지고 소름끼치는 이가 손을 잡았는데 징그럽고 몸서리쳐야 되는데 갑자기 종전까지의 이 집사에 대한 나쁜 감정들이 눈 녹듯 녹아내리며 고맙고 감사함이 일었다.

2014.7.7.(월)

사무장이 전화가 와서 건물에 가압류를 하고 본안소송을 하자는 회의를 해서 그것을 기록하라고 말했다. 이 장로는 이 집사가 아직도 마음이 안 열린다 한다고 선교회를 떠날 때 모든 것을 버리고 떠났기에 다시 선교회와 연결되는 게 두렵다더라고 말했다. 선교회 회의록에 서명만 하면 된다는데, 두려운 게 아니라 선교회식구들이 권익과 재산을 찾는 게 싫은 거겠지, 식구들에게 컴퓨터가 주어지는 것도, 박 자매네 선교회 입주도 싫어하는 등, 식구들의 삶이 조금이라도 좋아지는 꼴을 못 보던 이 집사가 아닌가? 며칠 동안 봄눈처럼 녹아버렸던 이 집사에 대한 소름끼치는 감정들이 슬렁슬렁 스며들었다.

2014.7.15.(화)

임마누엘 여선교회원들이 갖다준 미숫가루가 봉지째 없어졌다. 2kg이 훨씬 넘어보였는데, 냉장고에 넣어 둔 것을 손댈 사람은 박 자매밖에 없으니 그의 짓이다. 자기가 좋아하는 것은 남김없이 자기 방에 갖다 놓고 먹고, 특정 식품들은 가끔 남김없이 주방장에게 주어버리는 박 자매다. 식용유가 병에 아주 약간만 남아있는데 새 식용유 3병이 한꺼번에 없어진 적도 있고, 큰 라면 박스에 3분의 2가 차 있던 여러 봉지의 미역과 다시마가 하나 남김없이 다 사라진 적도 있다. 식용유도 다시마 등도 후원품이다. 다 어디로 갔냐고 내가 물으면 주방장은 천연덕스레 다 먹었다고 대답한다.

몇 달 먹을 분량을 하루 이틀 사이에 다 먹다니, 그 사이엔 한 번도 먹은 적 없는데, 주방장은 물론 내가 자기의 그 말도 안 되는 거짓말을 안 믿을 것임을 알 것이다. 그럼에도 눈 하나 깜박 않고 거짓말을 하는 것이다. 내가 챙겨준 것을 받아가고도 모지리가 생색내려고 먹을 것도 안 남기고 다 쓸어주는 것을 내게 묻지도 않고 다 받아가는 것은(혼자 살면서), 잘사는 이웃들에게 밥해 줄 때 사용하기 위해서였는지... 박 자매에게 아줌마에게 드렸는데 왜 또 드렸냐고 나무라면 안 드렸다고 펄쩍 뛴다. 가져가라 하는 것을 내가 들은 적 있는데, 미숫가루도 자기 방에 갖다 놨거나 주방장 드렸을 것이다.

2014.7.16.(수)

병원에서 돌아올 때 미숫가루를 한 봉지 샀다. 집에 오니 점심시간이 지났고 진 집사만 홀로 있었다. 점심을 먹으려고 가자미 튀김과 사라다를 찾으니 둘 다 없었다. 점심에 먹고 남을 분량이었는데, 제육볶음만 남아있었다. 박 자매 방에 들어가 냉장고를 열어보니 둘 다 들어 있었다. 바보 똑똑이 답게 제육볶음도 잘 처먹으면서 내가 못 먹는 것이니 주방 냉장고에 그대로 놔두고 내가 먹을 수 있는 가자미와 사라다는 자기들 냉장고에 갖다 둔 것이다. 자기네만 먹으려고 자두 등의 과일도 잔뜩 들어있었는데 내가 저에게 주고 나머지를 주방 냉장고에 넣어둔 것을 하나 남김없이 다 꺼내 갖다 둔 것이다. 입주 얼마 후부터 5년 내내 해온 짓거리인데도 그동안 한 번도 나무라지 않았는데 오늘은 웬일인지 더런 년이라는 쌍욕이 새어나왔다. 다 꺼내오고 싶은걸 차마 못하고 진 집사에게 점심 드셨냐고 물으니 안 먹었단다. 차려주겠다고 하니 완강히 거부해서 미숫가루를 한 대접 뻑뻑하게 타서 얼음을 넣어 갖다주니 좋아라 하며 금방 다 먹어버렸다. 너무 좋아서 내 입에 고맙다는 말이 몇 번이나 튀어나왔다.

진 집사가 음식을 제대로 먹을 때는 언제든 기분이 좋다. 걸핏하면 쌍욕을 퍼대고 패악을 부리는 원수의 남편에게 눈이 아픈 상태로(뻘겋게 충혈된 채 콕콕 찌르듯 아파서 병원에 다닌다) 음식을 챙겨주고 진심으로 고마워하고 감사히 여기는 얼간이는 하늘 아래 나 외엔 거의 없으리.

2014.7.23.(수)

한 목사 부인 진세희 사모한테서 전화가 왔다. 땅이 교회로 넘어갔다고, 자기들은 이전 안 해주었는데 법원 판결을 받은 것은 강제집행을 할 수 있다더라고 말했다. 자기가 힘들어서 잠을 못 잔다고도 했다. 내가 나는 잠 못잔 지 5년이 넘었다고, 너무 고통스럽고 공황장애가 심해서 가까운 곳에 나가서도 방향을 잃고 헤매기도 하고 머릿속은 늘 휑한 상태라고 말했다.

사모는 비난하는 어조로 식구도 4명뿐인데 대표라고 하는 건 그렇지 않냐고 했다. 내가 사실대로 말했다. '대표를 하고파서 대표라고 한 건(가압류 붙일 때) 아니에요. 대표이름이 들어가야 된다 해서 어쩔 수 없이 그렇게 한 거예요. 운기 씨가(이 형제)대표를 하라고 했는데도 제가 4식구에 대표를 세우는 건 우습지 않냐면서 거부했고 시청에 미인가 시설로 신고할 때도 식구들 모두를 대표로 올렸어요. 그래도 관리는 해야겠기에 누가 대표를 찾으면 제가 책임자라고 나서긴 해요. 선교회를 누구한테 맡기고 훌훌 여행을 떠나고 싶은데 선교회를 살려야겠기에 어쩔 수 없이 이러고 있는 거예요.'

사모는 자기들은 아무 잘못이 없다고 말했다. 내가 말했다. '목사님이 융자만 안 냈으면 이 순자 악마가 그렇게 못했어요. 우리한테 얘기했으면 융자 받는 거 반대 할 사람 없었고(이 집사는 반대 했을려나?) 선교회 재정이 넉넉해지면 그 융자금 대신 갚을 수도 있었어요.'

얼마 후 이 장로가 전화를 걸어와 땅이 부활교회로 넘어가버려서 우리의 채권 가압류가 무효가 되었다고 말했다. 본안소송에서 승소하면 되는 것 아니냐는 내 말에 그렇다고 하면서 이 장로는 땅을 예전에 가져와야 했는데 하고 탄식했다. 내가 땅을 가져오자고 애원할 때는 말도 안 되는 거짓을 늘어놓으며 가증스런 쇼까지 벌이는 등의 같잖기 짝이 없는 짓까지 행하며 안 가져와 놓고... 아무리 끼리끼리고 악인은 악인편이지만 어떻게 그 정도까지 이 집사에게 미쳤었던가. 이 장로가 이 집사에게 미쳐서 땅을 안 가져오려고 가증스런 쇼를 벌이고, 거짓을 반복해 지껄일 때 하나님은 왜 그 혀를 일시로라도 마비시키지 않으셨는가. 그때 땅을 가져왔다면 선교회도 교회도 창대해졌을 수 있고 이 집사와 이 장로한테도 혜택이 주어졌을 것이다.

각설하고, 이 장로는 김계성 권사님이 사실을 알고 속상해 죽으려 한다고 말했다. 임화연 권사님도 마찬가지일 것이다. 땅을 선교회 소유가 되게 하려고 얼마나 많은 애를 쓰셨던가. 땅 매입금도 적지 않게 후원했을 것이다. 백인혜 권사님은 2,500만 원을 후원하셨는데 그러도록 유도한 이는 이 장로다. 이 장로는 100만 원을 후원했다. 어떤 시각장애인 목사님은 가난한데도 1,000만 원을 후원했다.

그런 분들의 마음과 비상금을 다 털어 넣은 식구들을 배신하고 인격 장애인 한 명에게 미쳐서 수십 명의 선한 선교회 후원자들과 식구들을 배신하는 만행과 패악을 행해놓고(정작 이 집사는 자기를 두고 암까마귀인지 숫까마귀인지 모르겠다며 비 호의적인데) 이제 와서 후회하는 꼬라지라니... 그러게 배신이나 불의는 함부로 하는 게 아닙니다. 이 장로님,

전에 없이 밉살스러운데도 내가 말했다. '장로님 너무 속상해 하지 마세요. 저는 괜찮아요. 땅을 못 찾게 되더라도 선교회만 지킬 수 있으면, 건물에서 쫓겨나지만 않으면 괜찮아요.'

2014.7.24.(목)

이순자가 제기한 건물 명도소송 재판 날이다. 사무장과 변호사만 재판장에 나갔다. 사무장이 돌아와서 판사가 여자인데 왜 장애인을 내쫓으려 하냐고 이순자를 야단치더라고 말했다. 판사가 다음 재판 날을 최대한 늦춰주었다고, 우리에게 철저히 준비하라는 것이라고 사무장은 말했다. 판사가 소망교회와 영락교회가 건물건축비를 장애인을 위해 지원했다는 증언을 하면 된다고 했다는 이야기도 했다.

2014.7.26.(토)

소망교회 예전 담임목사님이셨던 김천수 목사님께 전화를 해서 도와달라면서 선교회 상황을 이야기했더니 목사님이 '노회에 등록된 건물이 어떻게 그렇게 될 수 있냐고'(교회로의 반환) 말했다. 선교회후원회장과 통화해 보시겠냐는 내 물음에 목사님은 흔쾌히 그러겠다고 대답했다. 한참 후 이 장로님이 전화로 말했다. 김천수 목사님과 통화를 했는데, '목사님이 건물을 노회에 등록한다는 조건으로 건축비를 지원했는데 그렇게 되었다고 개탄하셨어. 내가 서명을 부탁한다고 했더니 서명보다는 자기가 직접 법정에 나가서 소상히 밝히고 증언을 서겠다고 하셨어!'

너무도 감사한 목사님이다. 내가 건물을 찾게 되면 다시 노회에 등록시키고 싶다고 했더니 이 장로는 그렇게 하자고 말했다.

(재판 때 김 목사님은 서명만 필요한 상황이 되어서 서명을 해주었다. 소망교회는 부활선교회 장애인들을 위해 건축비를 지원했다고)

2014.7.27.(일)

이 장로님한테서 전화가 왔다. '지금 영락교회에 와 있어요. 안태훈 집사님하고 이야기를 하고 있는데 어떤 분이 지나가니까 안 집사님이 장로님 이리 와서 인사 좀하세요. 하고 부르더라고, 인사하고 보니까 그분이 김영대 장로님이에요. 장로님이 선교회에 대해서 잘 알고 계시더라고' 했다. 내가 '혹시 예전에 우리 선교회에 개인적으로 식품들을 갖다 주신 분 아닐까요?' 하고 물었다. '이 장로님이 맞아요. 장로님이 이야길 듣고 노발대발, 어떻게 그럴 수 있냐고 하시면서 도와주겠다고 하셨어. 얼마나 고마운지 눈물이 다 나더라구.'하고 말했다. '고맙고 감사하네요. 다 장로님 덕분이에요.' 내 말에 이 장로님은 다 하나님의 은혜라고 말했다.

(안 집사님과 김 장로님은 영락교회는 선교회장애인들을 위해 건물 부지비를 지원했다는 서명을 교회가 해주도록 힘을 써주었다.)

2014.7.31.(목)

며칠 전부터 박 자매가 세면장 문을 꽝──! 소리가 나도록 세차게 닫아서 그때마다 내 심장이 놀라서 내려앉는다. 견디다 못해서 오늘은 내가 이러니 문을 좀 살살 닫으라고 했더니 박 자매는 대접 등의 집기들을 바닥에 거칠게 내던졌다. 그래도 쌍욕을 하거나 포악은 안치니 고맙게 여겨야지.

아침을 먹은 지 한 시간이 채 안 되었는데 박 자매는 주방장이 전날 깎아 놓은 감자를 전기밥솥에 안쳐놓고 미숫가루를 한 대접 타서 마셨다. 그리고 감자가 익자 꺼내서 자기네 방으로 가져갔다. 언제나 그렇듯 내게는 한 개도 안 준다.

일주일에 한두 번 시내에 나가서 여러 가지 간식거리를 20리터짜리 재활용 봉투에 절반이 넘도록 많이 사서 둘러메고 들어와서도 자기네만 먹는다. 몇 년 동안을 그렇게 사다 먹으면서도 내게는 단 한 번도 준 적 없다. 냉장고에 넣어 둔 과일은 소리도 없이 다 갖다 놓고 먹는다. 자기네에게 주고 남겨놓은 것인데, 때가 되면 어김없이 식사를 한다. 너무 먹어서 당뇨에 걸릴까봐 나는 걱정이 되는데도 절제하라는 말을 못한다. 먹는 것도 아까와 한다고 길길이 날뛸 것이기에, 그렇게 먹어대는데도 소화가 되고 살이 안 찌니 복 받은 체질이다. 하나님은 주로 악인들에게만 복을 주시는 듯하다.

내 방에 도둑이 들었다. 5만 원짜리 4장을 약 봉투에 넣어서 약품 보관용 미니 냉장고에 두었는데 오늘 보니 2장뿐이었다. 어제 농협에 가느라 방을 비웠었는데 그때 훔쳐 간 듯하다. 그때 집에 있었던 사람은 박 자매네인데 진 집사는 늘 누워있고 내 방에 들어 올 사람은 박 자매뿐이다. 나를 종종 도둑으로 몰더니 본인이 도둑질을 한 것일까? 내가 없으면 그가 온 집안을 샅샅이 뒤지는 걸 알면서도 문을 안 잠근 내 잘못이 크다.

박 자매 입주 몇 달 후까지 나는 문을 잠그지 않고 외출했다. 박 자매는 집안 깊은 구석까지 (깊은 구석이 많은 집안 구조다) 뒤져서 그곳에 무엇이 들어있는지를, 내가 넣어놓고 잊고 있는 물건까지 다 알고 있어서, 내 방에 들어와서도 뒤져보리란 생각을 하면서도 호기심으로 그럴 수 있으려니 여기고 개의치 않았다. 어느 때부터 새 양말 등이 없어지곤 해서 외출 시 문을 잠그기 시작했는데 어제는 지척에 있는 농협에 가느라 방심했더니 일이 터진 것이다. 내 돈 아닌 선교회 돈이고 10만 원이 우리에겐 큰돈이기에 속이 쓰리다. 돈이 도망갈 리는 없고 내 방에 들어올 수 있는 이는 박 자매뿐이니 그가 범인이라는 확신이 드는데 증거가 없으니 말을 할 수가 없다. 박 자매는 돈을 안 훔친 나를 도둑으로 모는데 나는 돈을 훔쳤을 그에게 도둑이라고 할 수 없는 이 아이러니…

2014.8.2.(토)

이웃에 갔다가 돌아오니 박 자매가 또 어김없이 나를 씹어대고 있었다. 그년이 돈에 빠져서 식구를 더 들여놓으려 한다는 둥, 아줌마는 그년에 대해 잘 모른다는 둥, 함께 살아봐야 아는데 아줌마는 안 살아봐서 모른다는 둥 떡을 안 먹으려면 남이라도 줘야하는데 아까 와서 못 준다는 둥, 온갖 음해를 하면서 씹어대고 있는데 주방장은 또 어김없이 곱게 들어주고 있었다. 매번 그렇듯이 주방장이 오자마자 씹었을 텐데 내가 들어오기 전엔 뭐라고 씹어댔을까? 나를 씹거나 모함할 때의 박 자매는 완전 정상인이다. 지적장애인이 함께 살아봐야 아는데 안 살아봐서 모른다는 말을 어떻게 할 수 있는가.

어제 들어온 송편을 박 자매가 안 먹을 거라고 해서 주방장에게 훨씬 많이 주었다. 한 움큼 남기고 다 주었는데 박 자매가 그것마저 주려 했다. 자기가 안 먹고 싶은 건 모조리 주방장에게 주려는 박 자매다. 내가 먹을 거라며 제지했는데 그것까지 트집 잡아서 씹어대는 걸 주방장은 자기에게 준 떡이 훨씬 많은 걸 봤으면서도 자기에게 더 안 줘도 된다는, 식구도 먹어야 되지 않냐는 말 한마디 안 하고 경청하고 있었다. 박 자매가 내게 그 어떤 모함을 하고 쌍욕을 해도 절대로 제지하지 않고 재미있는 이야기인양 끝까지 들어주는 주방장이다. 5년을 그래왔다 앞으로도 그럴 것이다.

내가 원수일지라도 보통사람이면 예전에 진저리가 쳐지고 지긋지긋했을 것이다. 내가 짓밟히는 게 즐겁지 않고서야 그토록 오랫동안 듣고 있을 수 없을 것이다. 내가 곁에 없기만 하면 증오가 가득 찬 음성으로 나를 씹어대고 모함하고 음해하는 악귀보다 더 악랄한 박 자매보다, 년의 패악을 구경만 하는 사이코패스 같은 주방장이 더 징그럽고 끔찍하다.

　각설하고, 나는 기분이 안 좋았지만 그러려니 하고 말없이 의자에 가서 앉았다. 박 자매가 뒤돌아보고 화들짝 놀라더니 왜 소리도 없이 들어왔냐고 소리를 질렀다. 문이 열려져 있어서 소리를 낼 필요는 없었다. 계속하라고 권하고 싶은데 그러는 것도 귀찮아 그만두었다.

2014.8.3.(일)

　박 자매가 아침부터 왜 송편을 먹지 않느냐고 따졌다. 나는 한꺼번에 많이 못 먹기에 다음에 먹을 거라고 하지 않았느냐는 내 말에 박 자매는, 먹는다고 했으면 어서 먹어야지 하고 들이받았다. 남에게 많이 주고 조금 남겨둔 것마저 못줘서 화가 난 것이다. 내가 '다음에 먹을 거라고 했잖아. 왜 그렇게 남을 못 줘서 안달이니!' 하고 나무라자 년이 즉시 '물어보지도 못햇――!' 하고 악을 썼다. 내가 '그게 묻는 거니. 왜 식구가 먹으려는 걸 남 주려고 안달이니. 내먹는 게 아깝니!' 하고 소리를 질렀다. 년이 예의 그 잡아먹을 듯한 목소리로 '묻지도 못하닛 이 미친 년앗――!' 하고 포악을 치기 시작했다. 내가 '대답했잖아! 왜 내먹는 것까지 갈구닛――!' 하고 악을 썼다. 년은 '썩을까봐 그런닷 이년앗. 미친 년앗――! 이 개 같은 년앗――!' 등등의 포악을 미친 듯이 쳐댔다.

　'냉동실에 있는 게 왜 썩닛! 네 몸엔 인간의 피 아닌 악마의 피가 흐르나 보다. 아니고서야 어떻게 너같이 악독할 수가 있닛!' 하고 내가 외치자, 년은 '네년 몸에는 마귀 피가 흐르고 있다 이년앗――! 이 마귀 같은 년앗――! 네년이 뭔데 개지랄이얏 이 미친 년앗――!' 하고 발악하듯 포악을 쳐댔다. 악귀가 발악하는 듯했다. 한참을 발악해도 내버려 두다가 다소 주춤했을 때 왜 그렇게 남을 주고 싶어 하냐고 물었다. 년은 '주면 좋아하니까 그러지' 했다. '식구인 나는 틈만 나면 못 살게 하면서 남은 좋아하게 하고 싶냐! 그렇게 주고 싶으면 식구 먹을 것 주지 말고 네 꺼 줘, 너 같으면 내가 먹을 거 너한테 안 주고 다른 사람 주면 좋겠냐!' 내 말에 년은 '좋다, 좋다, 어쩔래!' 하고 들이받았다. 년의 주둥일 돌로 짓이겨 놓고 싶었다. 그런데도 년이 교회에 간 사이 년의 밥상을 차려놓았다. 반찬이 신통찮아서 가지나물과 미역을 무쳐서 차려놓았다. 년은 걸핏하면 나를 죽이려고 포악을 치고 쌍욕을 퍼대는데 나는 년을 위해 반찬을 만드니 세상에 나같이 밸 없는 인간이 또 있을까?

　교회에서 예배를 드리고 올라와서 내가 차려놓은 밥상으로 점심을 잘 처먹은 박 자매 년은 내가 설거지를 끝낸 후 싱크대 앞바닥에 또 물을 부어놓았다. 최근에 와서 매일 한 번씩 싱크대 주위에 물을 부어놓는다. 나를 미끄러져 넘어지게 하려는 수작이다. 정박치곤 머리가 좋은 년은 고의로 부어놓은 티를 안 내려고 실수로 흘린 것마냥 한 접시 정도만 부어놓는다. 년이 그랬을 때마다 말없이 닦곤 했는데 오늘은 닦기 싫어서 그대로 두었다. 얼마 후 년이 싱크대 쪽으로 가더니 미끄러지며 나동그라졌다. 년이 일어나서 미친 듯 포악을 치기 시작했다.

'씨발년앗! 물을 흘렸으면 닦아야짓, 왜 안 닦았닛, 이 개 같은 년앗 미친 년앗——!' 나도 악을 썼다. 네가 '물을 부어놓고 왜 나한테 뒤집어 씌우냣! 걸핏하면 나를 도둑으로 몰더니 그것으로 부족하냣——!' 년은 '네년이 부엇짓. 왜 내가 부엇. 네년이 설거지 했잖아 씨발년앗——!' 하고 발악하듯 포악을 쳤다. 내가 '설거지 한 후에 물이 있었잖앗, 언제나 네년이 부어놓잖 앗——!' 하고 악을 썼다. 년은 '어디 저런년이 있을까? 제년이 부어놓고 아니라고 거짓말 하넷! 거짓말 하지맛. 이 미친 년앗——! 씨발년앗——!' 하고 쉬지 않고 포악을 쳐댔다. 사람이 포악을 치는 게 아니라 악귀가 미쳐서 치는 포악 같았다. 포악을 칠 때 언제나 그렇듯 년의 두 눈에선 나를 죽일 것 같은 무서운 살기가 마구 뿜어져 나왔다.

'네가 사람이니 네가 부어놓고 나한테 뒤집어 씌우고, 악마인들 너만큼 흉악하겠니! 네가 죽도록 미워하는 이 집사도 너만큼은 안 흉악했다.' 하고 내가 탄식했다. 년은 '네년은 마귀닷, 마 귀도 네년만큼 안 흉악할 거닷. 일부러 나 미끄러지라고 물을 부어놓고 안 했다고 거짓말 하 곳 이 나쁜 년앗 미친 년앗——!' 하고 나를 죽일듯한 기세로 쉬지 않고 포악을 쳤다. 누구라도 본다면 나를 범인으로 100% 믿을 수밖에 없을 년의 초인적 포악이었다. 발끝에서 머리끝까지 악이 채워져 있지 않다면 쳐질 수 없는 극악한 포악이었다. 년의 포악은 계속되었다. '이 씨발 년앗! 더런년앗! 왜 부어놓고 안 했다고 거짓말 하닛! 씨발년 앗! 미친 년 앗! 어디 저런년이 있을까? 개 같은 년앗——! 나쁜 년앗——!'

언젠가 김가인 자매가 년에게 사탄이 든 것 같다고 했는데 년 자체가 사탄이다. 세계최강 사 탄, 정말이지 년의 머리통을 작살내고 싶었다. 식탁에 가위가 놓여있었는데 그것을 집어서 년 의 목을 푹 찔러버리고 싶었다. 선교회를 말아먹은 원흉 이 집사에게도, 우리의 땅도 집도 다 뺏은 이순자 악마에게도 내 손으로 위해를 가하고픈 적이 없었다.

년의 포악을 받고 나면 늘 그렇듯 심장이 비수로 저미는 듯하고 전신이 몽둥이로 맞은 듯 옥죄이며 아프다. 이순자만 아니라면 선교회를 해체시키는 한이 있더라도 년을 내쫓고 싶다. 감옥에 가더라도 년을 흠씬 두들겨 패고 싶다. 감옥살이가 년과의 생활보다는 몇 배 편안할 것이다. 년이 몸서리쳐지고 끔찍하다. 아무 잘못 없이 악마의 고문과도 같은 년의 포악을 받아 온 지 5년, 고통스럽다. 죽을 듯 고통스럽다. 년이 악마로 보인다. 너무도 고통스러워 이 일기도 간신히 쓴다.

2014.8.5.(화)

심장이 계속 저민다. 전신도 아프다. 아프면서 기운이 없다. 박 악귀는 아침을 먹자마자 어제 주방장이 깎아 둔 감자를 밥솥에 앉혔다. 문득 주방장이 악귀에게 돈을 못 주게 해야겠다는 생각이 들었다. 주방장은 자주 결근을 하는데 그때마다 미안하다며 악귀에게 짜장면을 사먹으라고 만 원을 준다. 악귀는 내가 없을 땐 나를 씹어대지만 주방장이 없을 땐 주방장을 씹어댄다. 나는 그때마다 그러면 안 된다고 타이르며 주방장을 두둔하는데 주방장은 그런 내게는 돈을 한 번도 준 적 없다.

주방장이 씹히면서 돈을 들이는 게 아깝다는 생각이었다. 주방장에게 전화를 해서 악귀의 행태를 밝히고 년에게 돈을 주지 말라고 했다. 주방장은 '안 그래도 언니를 엄청 씹어대서 나도 씹겠구나. 했어요. 엊그제는 왜 싸운 거예요? 암사동이 이야기했는데 언니 소리는 잘 안 들리고 미영이 년이 악쓰는 소리만 들리더라더만. 암사동이 미영이 그년 내쫓아야 한다고, 어떻게 언니한테 그렇게나 악을 쓰고 쌍욕을 하냐고 하더라고요.' 하고 말했다. 내가 사실대로 전하자 주방장은 '그런 걸 그냥 뒀어요. 뺨이라도 갈겨야지.' 했다.

내가 '자기가 물을 부어놓고도 내가 그랬다고 포악을 치는 년이 뺨을 갈겨보세요. 자기를 죽이려 했다고 날뛰면서 저를 죽일 년이에요.' 하고 말했다. 주방장이 '그렇겠네요.' 하더니 '그년이 송편을 나보고 가져가라는 거예요. 내가 언니가 먹는다 하지 않았냐고 했더니 년이 내 버리겠대요. 그래서 내가 못 버리게 했지. 아니 왜 그렇게 뭘 못 내버려서 안달이에요.' 하고 말했다. '왜 안달이긴 내먹는 게 아깝고 내게 손실을 입히고 싶어서지. 지가 나보다 몇 배 대식가처럼 처먹어도 나는 아깝지 않은데, 지는 내가 겨우 생명 유지 수준 정도만 먹는 것도(위장 장애로) 아까워하고 배 아파하니…'

통화를 끝내고 나가니 년이 솥에서 감자를 꺼내고 있었다. 늘 그렇듯이 꺼내서 내겐 하나도 주지 않고 제방으로 가져가 버렸다. 아침을 먹은 지 얼마 안 됐는데 감자를 먹고 점심도 잘 처먹을 것이다. 점심 후엔 과일을 처먹고 저녁도 처먹고… 먹는 만큼 살이 쪘다면 100kg 이상일 것이다. 그런데 전혀 뚱뚱하지 않으니…

오후엔 눈 때문에 안과에 갔다 오니 년이 '그년이 한 목사님한테도 그랬어! 한 목사님이 뭘 잘못했다고 그래. 그년 아주 무서운 년이야!' 하고 나를 헐뜯고 있었다. 그러다 나를 발견하고 다급히 주방장에게 목소리를 낮춰서 '언니 왔어!' 하고 알렸다. 그 행동으로 봐서 주방장이 또 년의 패악질에 장단을 맞추지 않나 싶었다. 한 목사님한테 그랬다는 말은 이순자 악마의 선동질에 의한 것이리라. 왜 그년이라고 하지 언니라고 하냐고 나무라고 싶은데 상대하기가 싫어서 잠자코 있었다.

2014.8.10.(일)

통화 도중에 주방장이 말했다. '미영이 그년이 언니하고 지환이하고 내쫓아 버리고 자기 둘만 살았으면 좋겠대요. 암사동은(이웃주민) 미영이 년을 내쫓아 버려야겠다더만, 언니한테 악쓰고 달려드는 소리가 바깥에까지 들리더래요.'

악마의 발악 같은 박 자매의 패악질을 5년이나 봐오고도 며칠 전까진 단 한 번도 박 자매에 대해 부정적인 말을 한 적 없는 주방장이, 최근에 와서 하는 건 무슨 의도에서일까. 박 자매가 주방장에게 나를 내쫓고 싶다고 하는 걸 나도 이전에 들었다(내게는 또 주방장을 짤라버려야 한다는 말을 가끔 한다). 나는 자기네를 입주시키려고 내 개인 돈까지 지출하려 했건만 그것을 알면서도 박 자매는 오래전부터 나를 내쫓고 싶어 했다. 내 생각에도 내가 너무 잘해주는데, 자기네만 살면 생활비가 엄청 들고 화장실 청소 실내 청소도 자기가 다 해야 하는 것도 알고 있는 박 자매다. 내가 그런 이야기를 했을 때 박 자매는 자기도 안다고 했었다. 자기 남편 대소변 처리까지 내게 맡겨둘 정도로 게을러터지고 돈 미영 이라고 해도 될 만큼 돈 애착이 강한 년이 내가 얼마나 미우면 그것을 알면서도 변함없이 나를 내쫓고 싶어 하는가. 지적장애인조차 사람에게 이유 없는 미움과 적의를 가진 것이 슬프고 아프다.

2014.8.12.(화)

주방장이 말했다. '미영이 그년, 아주 무서운 년이에요. 냉장고에 과일이 없어졌을 때마다 내가 그새 누가 다 먹었냐고 물으면 그년이 언니가 다 먹었다고 했는데 나중 보니까 지가 다 꺼내 가더라구요. 어떻게 지가 다 꺼내먹고 언니한테 뒤집어씌울 수가 있어요.'

내게 자기 돈을 가져갔다고 도둑누명을 씌우며 포악을 치고 달려드는 년인데 그러면서 내 방에 와서 돈을 훔쳐 간 년인데 그 정도야 뭐, 아무것도 아니지...

내가 사실대로 말했다. '과일이 들어올 때마다 지한테 몇 배 많이 줘서 그때마다 제 입으로 왜 이리 많이 줘, 해놓고 며칠 안 돼서 냉장고에 든 것까지 다 꺼내 가 버리고 그 외의 먹거리도 지가 좋아하는 것은 다 꺼내가도 단 한 번도 뭐라 하지 않았어요. 며칠에 한 번씩 시내에 나가서 빵과 과자 등을 잔뜩 사 와서 내게 안 주려고 밖에서 내가 있나 없나 동태를 살피다 나 몰래 살짝 들어와요. 그래서 그렇게 안 해도 된다. 네 돈으로 사먹는 거 나 안 줘도 내가 뭐라 안 하잖아. 걱정 말고 편하게 들어와라. 하고 말해 주고 싶은데 그 애가 무안 할까봐 말 안 하고 그 애가 동태를 살피면 눈에 안 띄게 얼른 피해줘요. 그렇게 배려를 해주는데도 그 애는 악귀같이 군다니까요. 지난 몇 년간 그렇게 먹거리를 사와도 내게 단 한 개도 준 적 없어요. 그래도 나는 섭섭해 한 적이 없는데 그 애는 나를 죽일 듯 미워한다니까요.'

2014.9.16.(화)

부엌문 앞에 인스턴트 짜장면 봉지가 놓여 있었다. 박 자매에게 물으니 안 먹을 거라서 버렸단다. 자기가 많이 안 좋아 하는 건 뭐든지 꺼내놨다가 주방장에게 주고 주기 전 내게 들키면 버린 거라고 말하는 박 자매다. 내가 '미영 씨가 안 먹어도 다른 식구가 먹을 거니까 버리지 말라고 했잖아 앞으로는 버리지 마!' 하고 타일렀다. 박 자매는 '내 맘대로 손대지 말라고 네가 뭔데 손대지 말라야!' 하고 대들었다. 내가 '네가 먹기 싫어도 다른 식구가 먹게 놔두라고 네 입만 입이 아니잖아!' 하고 또 타일렀다. 타이르면 더 안 되는 년임을 처음부터 무섭게 굴어야 되는 년임을 알면서도 나는 왜 그렇게 안 될까. 박 자매는 역시나 '못 먹는 거라서 버렸다. 왜! 왜!' 하고 대들었다.

짜장면은 유효기한이 한 달이나 남은 것이었다. 내가 그 이야기를 하자 박 자매는 '못 먹는 거얏――!' 하고 악을 썼다. 왜 못 먹냐고 묻자 박 자매는 '오래 된 거잖앗――!' 하고 악을 썼다. 나도 모르게 '오래 안 된 거라고 했잖앗! 오래 되었어도 너 먹으라 안 할 테니까 버리지 맛――!' 하고 악을 썼다가 내 자신이 한심해서 '말하는 내가 잘못이다.' 하고 말한 뒤 입을 다물었는데, 박 자매는 계속 '오래 된 거얏――!' 하고 악을 쓰다가 '왜 안 먹었엇! 먹을 라면 진작 먹짓――!' 하고 포악을 쳤다. 내가 이다음에 먹을 거라고 해도 줄기차게 쳤다. 참으로 악랄하고 집요한 년이었다.

이전에는 떡도 모조리 주방장에게 주려다가 내가 제지하자 왜 안 먹었냐고 쌍욕을 퍼대면서 포악을 쳤다. 내가 나중에 먹을 거라고 해도 소용없었다. 그 떡을 며칠 후에 쪘더니 말도 없이 서너 개 남겨두고(송편이었다) 다 갖다 처먹었다. 그래도 나는 아무 말 안 했다. 엊그제는 동태전이 깡그리 없어졌는데 나중에 보니 년의 냉장고에 있었다. 때마다 잔뜩 처먹고도 남기지 않고 다 가져간 것이다. 그런 경우가 빈번해도 나는 내버려 두는데 년은 온갖 억지를 쓰면서 패악을 부리는 것이다. 내가 '또 시작이구나! 그만해라! 네가 왜 내 먹는 것까지 네 맘대로 하니. 어떻게 그렇게나 집요하니! 그렇게 못되게 안 굴면 못 살겠니!' 하고 내지르자 년이 또다시 쌍욕을 퍼대며 발악하듯 포악을 치기 시작했다. '이 씨발년앗! 개 같은 년앗! 네 년이 못 됐닷——!'

나는 얼른 내 방으로 들어와 녹음기를 찾았다. 년의 만행을 녹음하려고 엊그제 샀는데 악에 찬 정신이어서인지 어디에 두었는지 기억이 나지 않았다. 얼마 만에 서랍에 넣어둔 것을 꺼내는데 분기로 손이 부들부들 떨렸다. 들고 나가니 년의 포악은 그쳐 있었다. 내가 계속하라고 다그치자 년이 '네 년한테는 욕하는 것도 아까워 이년아! 욕할 가치도 없어! 개 같은 년아!' 하고 내뱉고 또 내뱉었다.

심장이 또다시 칼로 저민다. 친동생처럼 아끼고 사랑하고 좋아했던 자로부터 아무 죄 없이 수년을 열흘이 멀다 않고 언어 칼질을 당하는 자가 나 외에 세상에 또 있을까. 내 자신이 저주스럽고 하나님이 원망스럽다. 이젠 년이 악귀보다 더 악랄하게 여겨지고 끔찍하고 징그럽다.

2014.9.24.(수)

어제 푸드 뱅크에서 들어온 인스턴트 잣죽이 유효기간이 다 되었기에 빨리 먹으려고 아침에 끓였더니 밥을 다 먹은 박 자매가 빈 그릇들을 싱크대에다 탕탕 소리가 나도록 사납게 내려놓았다. 내가 먹으려는 게 화가 난 것이다.

얼마 후에 보니 잣죽 봉지가 없어졌기에 박 자매에게 '그거 오래된 거야' 하고 말했다. 이전에 유효기한이 한 달 남은 인스턴트 짜장면을 버리지 말라는 내게 오래 되어서 못 먹는 거라서 버렸다고 포악을 치면서 쌍욕을 퍼댄 게 떠올라 얄미워서 한 말이었다. 박 자매는 '설마 먹고 죽을 걸 갖다 줬겠어!' 하고 말했다. '맞아 먹고 죽을 건 안 갖다 주지. 그래도 오래된 거야' 내 말에 박 자매는 '오래됐으면 너는 왜 먹닛——!' 하고 악을 썼다. 내가 '나는 오래된 것도 잘 먹잖아!' 하고 말했다. 박 자매는 '내 먹는 게 아깝냣! 너는 왜 먹을 걸 네 방으로 가져가냣——!' 하고 포악을 쳤다.

내가 '내 방에 가서 찾아봐라. 먹을 거 갖다 놨는지.' 하고 언성을 높였다. 박 자매는 '가져다 놓고 안 가져갔다고 거짓말 하는 것봐. 거짓말 하지맛 씨발년앗——!' 하고 발악하듯 포악을 쳤다. 내가 내 방에 가져오는 먹거리는 과일뿐이다. 과일 한 박스가 들어왔을 당시에 한두 번

먹을 양만 가져온다. 사과의 경우 하나, 귤은 두세 개가 전부다. 위장 장애로 사과 하나를 나흘 걸쳐 먹는 상태여서다. 과일이 들어오면 주방장에게 몇 개 주고 일반적으로 쓰이는 큰 검은 비닐봉지에 가득 담아서 박 자매에게 주고 내 먹을 것 한두 개, 엄 형제 먹을 것 두세 개를 남기고 냉장고에 넣어두면 사흘도 안 돼서 다 꺼내 가버리는 박 자매다.

과일 외의 먹거리도 제 입맛에 특별히 맛있는 것은 식구들 몫을 안 남기고 다 가져가 버린다. 내가 그것을 언급하자 박 자매는 '네 년이 가져갔짓! 내가 언제 가져갔닛! 씨발년앗——!' 하고 포악을 쳤다. 특별히 제 입에 맛있는 것은 뭐든지 제방에 갖다놓고 자기네만 처먹기를 5년 동안 계속해 와도 나는 여태까진 언급하지 않았는데 지가 5년간이나 해온 짓을 내게 뒤집어 씌우며 포악을 치는 것이다.

왜 악마들 대부분은 자기가 한 짓을 상대에게 뒤집어 씌우는가? 이 집사도 온갖 비양심적 짓을 하면서 내게 양심 없다고 했었다. 나도 내가 과일 줄 때마다 네 주둥이로 '왜 이렇게 많이 주냐 하면서 받아갔던 것도 안 가져갔다고 해랏! 어째 그러닛——!' 하고 악을 썼다. 박 자매는 '네년은 어째 그러 닛! 나는 네년보다 나아 이년앗! 네년은 이 집사보다 더한 년이얏! 이년 앗——!' 하고 포악을 쳤다. 쉬지 않고 쳤다.

아무리 보통사람보다 몇 곱절을 처먹지만(친정에서 그렇게 처먹는다면 예전에 올케 속이 뒤집어 졌을 것이다) 어떻게 괴물과도 같은 기운이 차고 넘치는가. 내가 '이 집사 같으면 너를 천 번도 더 때려 죽였엇! 이 집사가 너를 안 들여 놓으려고 하고 나는 들여놓았는데 그런 말이 나오닛! 짐승도 은혜를 아는데 너는 어떻게 짐승만도 못하닛——!' 하고 악을 썼다. 년은 '네년이 짐승 만도 못하닷! 이 씨발년앗 개 같은 년앗——!' 하고 포악을 치고 또 쳤다. 내가 입을 닫고 있어도 혼자서 미친 듯 포악을 치다가 얼마 후 그쳤다. 내가 계속하라고 다그치자 '네 년한테 욕하는 것도 아까워 이년앗!' 하고 내뱉었다. 그러더니 '왜 감옥에 보낸다고 안 해. 보낸다고 하지.' 하고 들이받았다. 자기 돈을 내가 가져갔다고 몇 번이나 누명을 씌우기에 그 말을 했더니 그걸 들추는 것이다. 내가 '이다음에 보내줄 게 기다려' 라고 해도 년은 보내 얼른 보내! 하고 약 올리듯 쉬지 않고 들이받았다.

참으로 사람을 미치게 하는 년이었다. 사람을 학대하면서 쾌감을 느끼는 사이코패스나(남의 고통에 공감하지 못 하는 게 사이코패스라지만 내가 볼 때의 사이코패스는 남의 고통에 쾌감을 느낀다) 악귀가 아니고서야 걸핏하면 발악하듯 포악을 못 칠 것이다. 년의 형제들은 상상도 못 할 것이다. 이야기해도 못 믿을 것이다. 년이 친정에 있을 때는 착했다니까 나도 년의 형제들처럼 정상인이면 년은 내게도 착할 것이다. 년의 형제들을 불러와서 년의 만행을 다 알리고 싶다. 그래야만 년의 만행이 덜 할 것이다. 그런데 그렇게 할 수가 없다. 년과 같은 피가 흐르는 이들이란 의식에선지 형제들까지도 떠올리면 끔찍하고 몸서리쳐져서 생각조차 하기 싫다. 년은 한 목사님 때도 선교회에서 생활한 적 있다. 그때 쌍욕하는 식구 한 명도 없었고 지금도 마찬가지다. 사회생활은 한 적도 없는데 제 집구석 아니면 어디서 그 흉측한 쌍욕을 배웠겠는가?

2014.9.25.(목)

신문이 여러 장으로 분리되어 마당 여기저기에 흩어져 있었다. 바람도 없기에 박 자매 짓으로 여겨졌다. 컨테이너 앞에는 우편으로 배송된 대한뉴스가(월간지) 봉투가 찢겨진 채 바닥에 버려져 있었다. 지난달 것은 박 자매가 봉투를 찢어서 쓰레기통 앞에 버렸었다. 저만치 서 있는 박 자매에게 책봉투를 찢었냐고 물었더니 '고양이가 찢었겠지.' 했다. '우편함이 저렇게 높이 있는데 고양이가 어떻게 찢어!' 내 말에 박 자매는 '그런데 그걸 왜 나한테 물어!' 하고 따졌다. 내가 '네가 그 전에 그런 적 있어서 묻는 거야!' 하고 말했는데 놀랍게도 박 자매는 잠자코 있었다. 앞으로는 그러지 말라고 타이르면 결코 가만있을 박 자매가 아니기에 속이 부글부글 끓는 것을 진정시키며 현관으로 들어섰는데 화분의 배초향 줄기가 다 꺾어져 있었다.

분명히 조금 전까지 곧게 서서 보랏빛 꽃으로 향기를 뿜고 있었는데… 현관으로 오간 사람은 박 자매와 나 뿐이니 박 자매 짓이라고밖에 볼 수 없다. 나를 죽어라 고문하고 학대하는 것도 성에 안 차서 내가 키우는 식물까지 학대하는 것인가? 예쁜 아기처럼 애지중지 키우는 식물들 중 하나이기에 이루 말할 수 없이 아깝고 마음이 아팠다. 그럼에도 년을 어쩌지 못하는 어떻게 할 마음조차 없는 무기력한 내 자신이 참으로 혐오스러웠다.

실내로 들어가니 내가 화단에 심어서 키우는 콩을 다 자라지도 않은 콩을 박 자매가 따와서 싱크대에 놓고 있었다. 화분의 식물도 콩도 내 개인 돈으로 사다 심고 가꾸는 것들이다. 주방장이 익지도 않은 것을 왜 땄냐고 나무라자 박 자매는 상냥하게 웃으며 익었다고 우겼다. 주방장이 안 익었다고 해도 계속 익었다고 우기며 상냥하게 웃었다. 내게라면 대들다가 쌍욕을 퍼부으며 포악을 칠 년이…

2014.9.27.(토)

박 자매에 대한 애정이 드디어 죽었다. 입에 담을 수 없는 쌍욕과 포악을 받고 도둑누명을 쓰고도 다음날이면 어김없이 사랑스러우면서 미움과 분노가 사라지곤 했는데 이젠 사라지지 않는다. 사랑스럽지도 않다. 죄 없이 쌍욕을 듣고 도둑누명을 써 온 지 몇 년 만인데 몹시 기쁘다. 칼이 되어 날아오는 그 사랑, 부디 영원히 되살아나지 않기를, 년이 교회에 가고나면 년 네의 점심상을 차려놓는 개 같은 마음 또한 영원히 사망하기를…

2014.10.1.(수)

엄 형제가 직장에서 짤렸다며 출근을 하지 않았다. 그가 늘 집에 있게 되면 박 자매가 이전에 이 형제를 죽일 듯 미워한 것처럼 엄 형제 또한 미워할 것이기에 엄청 걱정이 된다.

점심때 주방장이 말했다. '미경이 그년이 이순자에게 언니를 빨리 안 보고 살게 해달라고 했대요. 자기가 그랬다고 나한테 이야길 하는 거예요. 그랬더니 이순자가 기다리라고 하더래요.'

과일 한 박스를 10중 9를 다 처먹어도, 특정 먹거리들은 거의 다 처먹어도, 자기 방 외엔 청소 한 번을 안 해도 나무라지 않고 지 남편 대소변 처리까지(변기 뚫기와 청소) 해주면서도 그걸 불만스러워하지 않는 나를 어떻게 그토록 깊이 미워할 수 있는 것일까?

주방장이 또 말했다. '그년이 옛날엔 우리 집에 자주 오다가 안 왔는데 오기만 하면 언니하고 운기를(이 형제) 하도 씹어대니 건넛집 아줌마가 듣다 못해서 그러는 게 아니라고 뭐라 했더니 삐져서 안 오는 거예요. 말도 못 하게 악독한 년이에요. 건넛집 아줌마도 미영이 년 너무 못됐대요. 그년 악쓰는 소리가 자기 집까지 들린대요. 암사동은 미영이 년을 내쫓아야 된대요. 잘해주지 말아요. 너무 잘 해주니까 지가 뭐나 되는 줄 알고 그러잖아요.'

2014.10.17.(금)

커튼을 빨아서 새로 다는데 엄 형제가 '도와줄까요?' 하고 물었다. 가슴이 뭉클했다. 공동체 시설에서 인간미를 느낀 적이 언제였던가. 건강한 이들이 자기들은 가사 일을 안 하면서 아픈 내겐 하기를 원했다. 같은 장애인들까지도 내가 일하기를 원했다. 내 건강상태엔 모두 다 관심이 없었다. 엄 형제는 팔다리가 한 쪽씩 불편하고 지능도 박 자매보다 약간 낮다. 그럼에도 내가 설거지를 하거나 청소를 하면 꼭 거들어 주려한다. 박 자매는 신체가 정상인데 내가 아무리 지독히 아파도 아픈 상태로 청소를 해도 절대 거들어 주지 않고 걸레도 한 번 빨지 않는다. 내가 세탁기로 빨아놓고 꺼내서 널어달라는 부탁만 해도 싫어한다.

인간은 지적장애인조차 그 인성이 하늘과 땅만큼이나 차이가 난다. 오후엔 이 장로가 전화로 말했다. '이순자가 예전에 전 자매가 자기한테 이 집사를 선교회에서 내보내달라고 했었다.' 하더라고, 내가 말했다. '하여튼 그 인간은 거짓말을 안 하고는 못사는 인간이라니까요. 그 인간은 이 집사를 내보낼 권한이 없었어요. 내가 왜 그런 자한테 말도 안 되게 그런 말을 했겠어요. 나는 사리에 맞지 않는 짓을 할 성격이 못돼요. 이 집사가 떠난다고 했을 때 나는 가슴이 철렁했고 어떻게 막을 길이 없을까 하고 조언을 구하려고 좀 와달라고 한 적은 있어요.'

전화를 끊고 나니 예전에 이순자가 내게 노회에 이야기해서 이 집사를 내보내게 해주겠다고 했던 게 떠올랐다. 내게 그때 노회에 이야기하면 안 된다고 펄쩍 뛰었던 것도 생각났다.

2014.10.24.(금)

길에서 김가인 자매를 만났다. 김 자매는 인사를 끝내자마자 미영 이와 진 씨가 얼굴이 너무 안 좋더라고 말했다. 지난 화요일 선교회에서도 김 자매는 같은 말을 했었다. 보건소 사람들이 독감 예방주사를 놓주러 왔는데 그 사람들 앞에서 그 말을 반복했었다. 그런데 작심한 말인 듯 길에서 또 같은 말을 하는 것이다.

어쩌라는 것인가. 과일 한 박스 들어오면 거의 다 먹고 특정 먹거리들도 거의 다 갖다먹고 세 끼 식사도 빠짐없이 챙겨먹는데 보약이라도 사먹이라는 것인가. 식사도 하루 두 끼, 과일도 들어왔을 때만 며칠에 걸쳐 한두 개밖에 못 먹고 영양결핍 상태가 짙은 내 얼굴보다 박 자매네 얼굴이 더 안 좋은가. 김 자매는 진 씨는 눈도 휑하더라고 또 말했다. 5년 전 선교회 입주 당시엔 지지대를 붙잡고도 쉬 일어서지 못하다가 이제는 혼자 힘으로도 일어서고 그때보다 발음도 더 또렷하고 멍하던 눈빛에 어느 때는 생기도 도는데 5년 동안 줄창 술을 마셔대고도 그렇게 상태가 나아졌는데, 박 자매도 더 나빠진 데가 없는데(대식가처럼 왕창 먹어대는데도 살이 안 찌는 건 갑상선 때문인 듯) 같은 말을 자꾸 하는 건 무슨 의도에서인가. 내가 못해 준다는 뜻인가. 그러니 어쩌라는 거냐고 그대가 내 입장이라면 박 자매를 데리고 있지도 않을 거라고 예전에 내쫓았을 거라고 말해야 했는데 멍청하게도 그 생각을 못했다.

나는 아무 말도 못했다. 위의 사실을 쓰고 나니 이전에 김 자매가 진 씨를 두고 죽어야 된다는 식의 말을 했던 게 떠올랐다. 그런 잔인한 여자가 내가 진 씨네한테 잘못한다는 투의 발언을 한 것이다.

2014.10.28.(화)

사무장이 빨리 오라고 해서 갔더니 이순자가 법원에 제출한 준비서면을 내밀었다. 박 자매가 쓴 것으로 되어 있는 글도 첨부되어 있었는데 박 자매는 문장을 완성하지 못한다. 내용은 내가 진 집사에게 먹을 것도 잘 안 줘서 진 집사 건강이 아주 안 좋다는 등등이었다. 허언증 환자인 이순자가 쓴 것이겠지만 박 자매의 거짓말에 기초한 것이었다. 언젠가 이순자는 박 자매 앞에서 내게 진 집사에게 먹을 것도 안 준다면서요! 하고 나무란 적 있고 내가 박 자매에게 네가 그런 말 했냐고 물었는데 박 자매는 아무 말도 안 했다. 진 집사에게 매일 술을 처먹여서 식사를 제대로 못하게 하는 년이, 진 집사가 식사를 안 할 때 가끔이지만 죽을 끓여주기도 하는 내게 그런 식의 보답을 했었다. 박 자매는 거의 대식가 수준으로 처먹으면서도 점심 후원을 하러 온 임마누엘 여선교회원이 안색이 안 좋다는 말을 하자 즉시 못 먹어서 그렇다는 말을 한 적도 있다.

내가 이순자와 박 자매 흉악함의 깊이는 잴 수도 없겠구나! 라는 생각을 하는데 사무장이 '김기용이라는 인간 아주 나쁜 인간이라며 사실 확인서'를 주었다. 김기용 목사와 그의 부인이 쓴 것으로 김 목사가 선교회와 교회를 세웠으며 건물은 부활교회 것이어야 한다는 내용이었다. 이순자가 건물 반환소송을 했을 때 사용한 것을 이번에 재탕한 것이었다. 부활선교회 여러 옛 식구들의 증언에 의하면 부활선교회는 한승주라는 장애인이 설립했다. 한승주 장애인이 시장에서 장사하는 13명의 장애인을 모아서 부활선교회 전신인 부활자립회를 설립해서 함께 생활했고 당시 집사였던 김 목사는 자립회장애인들에게 돈을 받고 식사와 차량을 제공한 사람이었다. 한승주 장애인은 86년도에 부활자립회를 설립한 것으로 기록했는데 김 목사는 자기가 '87년에 자립회 장애인들을 처음 만난 것으로 기록해 놓았다. 한 장애인 기록도 김 목사 기록도 내게 있다.

한승주 장애인이 시장에서 전도를 하면서부터 자립회를 선교회로 바꾸었고 선교회에서 예배를 드리면서 부활교회가 생겨났다. 교회 탄생 후 한승주 장애인은 다른 곳으로 떠나고 집사였던 김 목사는 전도사가 되어 교회에서 오랫동안 머물면서 선교회와 교회의 대표가 되길 소망했으나 선교회식구들의 거부로 교회를 떠나야 했다. 내가 선교회에 입소한 몇 년 후였다.

　선교회 식구들이 김 목사를 거부한 것은 그의 부인이 장애인들을 꺼려하고 괄시하는데다 선교회를 교회에 부속시키고파 해서였다. 장애인을 싫어한 김 목사 부인은 후에 뇌일혈로 장애인이 되었다. 김 목사가 두 기관의 설립자라면 식구들의 의중과 상관없이 뜻을 이루었을 것이다. 경찰 신분을 내세워 장애인들을 도와달라며 여러 물품들을 얻어다 선교회에 갖다주면서 자기 돈으로 사다 주는 척했던 조정일 목사 놈도 선교회와 교회를 자기가 설립했다고 주장했었다. 목사가 되면 저절로 허언증 환자가 되나 보다.

2014.11.4.(화)

　사무장이 전화로 이순자가 법원에 또 자료를 제출했는데 박미영 진병수 부부가 쓴 것으로 되어있는 글이라면서 내용을 읽어주었다. 엄지환은 식구가 아닌데 전혜성 이가 돈을 받기 위해서 데려왔으며 데리고 와서 돈을 달라고 했다는 등의 내용이었다. 엄 형제가 입소했을 때 이 형제가 선교회에 돈이 없으니 입소비를 받자고 다른 단체는 다 받는다고 말했었다. 내가 우리는 다 안 내고 들어왔는데 다른 식구한테 받으면 안 된다며 거부했는데 그때 박 자매도 곁에 있었다. 왕악귀 년이 그걸 창작을 해서 이순자 마녀한테 일러바친 것이다.

　오후엔 주방장이 전화로 말했다. '미영이년 너무 나쁜 년이에요. 지환이가 집에 있으니 속 터져 죽겠다면서 너무 미워하더라고요. 언니하고 지환이가 하루빨리 쫓겨나길 바라고 있어요. 엊그제는 언니하고 지환이 쫓겨나고 이순자 들어와도 밥 할 거냐고 묻는 거예요. 내가 안 할 거라면서 이순자 들어오면 미영이가 밥하고 이순자한테 돈 달라 하라고 했더니 이순자가 돈을 줄 것 같애 절대로 안 줘. 이러는 거예요.'

　박 자매는 이전에 이순자가 얼마나 악독한지 자기도 안다고 했었다. 알면서도 이순자가 들어오고 내가 쫓겨나길 원하는 것이다. 나에 대한 이유 없는 증오가 극에 달해 있는 것이다.

2014.11.17.(월)

아침 식사시간 박 자매가 잡아 뜯을 듯한 목소리로 '밥을 먹으려면 큰 상을 놔야 짓!' 하고 외쳤다. 엄 형제에게 하는 것이었다. 내가 나가서 잠자코 오뎅국을 데우는데 진 집사가 물을 달라고 했다. 정수기에서 물을 받아서 컵을 세차게 내려놓으면서 박 자매는 진 집사한테 '이 개 새끼야!' 등의 쌍욕을 퍼부었다. 엄 형제에게 밥을 퍼주어야 되는 게 화가 난 것이다. 자기는 주방장 휴무일 때 저희 부부만 먹고 난 설거지도 엄 형제에게 시키면서 엄 형제에게 밥 한 공기 퍼주는 것도 싫어서 종종 성질을 부리는 박 자매다.

나는 일찍 못 일어나는 경우가 많아서 엄 형제에게 직접 밥을 푸라고 하면 더러운 손으로 밥 퍼라 한다고 악을 쓰면서 말이다. 그렇게 걸핏하면 화내는 거 몸에 안 좋다는 내 지적에 박 자매는 '내가 봉이야!' 하고 소리를 질렀다. 내가 '지환 씨는 설거지도 하잖아. 밥 한 공기 퍼주는 게 훨씬 쉽잖아. 그러니까 너무 그러지마!' 하고 타이르자 박 자매는 '나는 밥하잖앗——!' 하고 악을 썼다. 내가 '누가 너보고 밥하랬니! 제발 하지 마!' 하고 내질렀다. 박 자매는 '네가 뭔 뎃 해라 말아랏 하닛——!' 하고 포악을 쳤다. '네가 밥한다고 유세해서 하는 소리다. 내가 밥을 하려고 해도 못하게 하면서 쌀을 앉혀놔도 쏟아버리고 다시 하면서 웬 유세야. 유세하려고 밥 하니!' 하고 내가 내질렀다. 내지르는 동안에도 계속 포악을 쳐대던 박 자매는 '너는 밥도 못 하 잖앗! 네가 밥을 못하니까 내가 하는 거닷! 밥도 못하는겟——!' 하고 미친 듯 포악을 쳐댔다.

'옛날에 내 별명이 요리도사였다. 너보다 잘한다.' 내 핀잔에도 박 자매는 '못 하잖앗! 네가 무 슨 밥을햇——!' 하고 줄기차게 포악을 쳐댔다. 내가 '밥 한번 퍼주는 것도 싫어서 성질내고 네 친정에서도 그랬니?' 하고 내뱉으며 내 방으로 들어오는데 박 년이 '저 년 말하는 것 봐랏! 개 같은 년잇!' 하고 내뱉었다. 피가 거꾸로 치솟는 걸 참고 있는데 년은 계속 욕설을 내뱉었다. 결 국 내가 녹음기를 켜서 나갔는데 년은 욕설을 그쳤다. 내가 계속하라고 다그치자 년은 '계속 하면 어쩔 건데!' 하고 대들었다. '네가 인간이라면 내가 욕을 해도 넌 안 해야 돼. 그런데 어떻 게 먼저 욕을 하니!' 내 나무람에 년은 '그러 겟 왜 건드렷——!' 하고 포악을 쳤다. 내가 '네가 가 만히 있는데 내가 뭐라 했냐! 네가 여왕이라도 되냐! 네 밥그릇은 다른 식구더러 씻으라면서 너는 밥 한번 퍼주는 것도 싫어하니.' 하고 나무랐다. 나무라는 동안에도 년은 미친 듯이 포악 을 쳐댔다.

보다 못 보겠는지 엄 형제가 그만 하라고 말했다. 년은 '왜 나섯! 저 인간이 오빠를 이용하는 거얏!' 하고 외쳤다. 엄 형제가 당치도 않다는 듯, '이용은 무슨 이용을 해!' 하고 반박하자 박 자 매는 '이용하고 있잖앗——!' 하고 계속 악을 쓰다가 엄 형제가 아니라고 계속 반박하자 멸시 조로 '으이그——! 이용하는 것도 모르고 그래. 계속 이용당하며 살아라!' 하고 내뱉었다. 내가 '어떻게 이용하니? 어떻게 이용하는지 말해!' 하고 다그쳤으나 박 자매는 '이용하잖아! 그럼 안 이용하니 안 이용 하니!' 하고 나를 몰아쳤다. 내가 엄 형제에게 '내일 아침부터 밥 함께 먹지 마! 내가 챙겨줄 테니까. 밥 한번 퍼주는 걸 가지고 난리를 치니!' 라고 말한 뒤 박 자매에게 '이용은 네가 하잖아. 너네만 먹은 그릇도 설거지하게 하고. 그래도 지환이는 아무 불평 없이 해주고 나는 너네만 사용하는 화장실 청소를 5년이나 해주면서도 너한테 한 번도 하라고 안 했잖아. 너는 실내청소도 한 번 안 하고 세탁기로 빨면 되는 걸레도 한 번 안 빨았잖아. 이제부터 너네만 쓰는 화장실 네가 청소해!' 하고 말했다. 년은 '네 집인데 네가 해야지 누가 해! 네 집인데 네가 해야지 왜 내가 해.' 하고 약 올리듯 마구 지껄여 댔다. 내 집인데 왜 뭐든 네 맘대로 하냐고 나무랄라다가 년이 꼬투리를 잡을 것이기에 잠자코 있었다.

오후엔 외출에서 돌아오니 엄 형제와 진 집사만 있었다. 박 자매는 외출했다고 엄 형제가 이야기했다. 무심결에 내가 '내 욕 또 엄청 했겠군.' 하고 내뱉자 엄 형제가 말도 말라는 듯 어유! 하면서 고개를 절레절레 저었다. 물어볼 게 있어서 주방장한테 전화를 했더니 주방장이 대뜸 '미영이 걔 왜 그래요? 점점 더해. 언니 욕할 때 살기가 뻗어 나와 아유 무서워' 하고 정말 무서운 듯한 목소리로 말했다. 내가 말했다. '내가 예전에 말 했잖아요. 이곳에 들어온 지 며칠 되지도 않아서 내가 잘못한 것도 없는데 다짜고짜 얼굴이 흉포해지면서 네가 인간이냐며 포악을 치고 욕을 퍼부으며 대들었다고, 내가 잘못을 해도 그러지 못할 텐데 잘못한 게 없는데도 걸핏하면 쌍욕을 퍼부으며 포악을 치는 게 선천적으로 타고나서 그래요. 포악을 칠 때도 두 눈을 부릅뜨고 나에게 살기를 내뿜잖아요. 내 잘못도 커요. 악마 기질을 타고 난 년을 몽둥이로 다스리지 않고 사랑으로 대해서 악마성을 안 감추고 다 드러내는 거예요. 악마를 칼이나 몽둥이로 다스려야지 사랑으로 대하면 사람을 죽이고 싶어 날뛰는 법인데, 그걸 잘 알면서도, 많은 사람을 겪어봐서 알면서도, 내가 무섭게 굴지를 못해요. 그년과는 반대로 사람을 너무 좋아하는 등신기질을 타고 났어요. 그년이 그걸 알고 더 마음껏 살기를 품고 물어뜯는 거예요. 그년이 지가 아무리 악독하게 굴어도 내가 어떻게 안 할 거라고 도둑누명을 씌워도 놔둘 거라는 생각을 하고 있더라구요.'

그때 박 자매가 들어오는 기척이 나더니 내가 통화를 끝냈는데도 내 방문 앞을 서성거렸다. 내가 주방장과 통화를 할 때면 자기네 방에서 TV를 보고 있다 가도 귀신처럼 알아채고 나와서 엿들으려 하는 년이다. 지 만행을 알기에 그러는 것이다.

2014.11.20.(목)

아침에 박 자매 년이 자기네만 처먹은 식사 설거지를 엄 형제에게 시켰다. 내가 함께 밥 먹지 말라고 해서 엄 형제는 식사도 않고 있는데, 년의 머리통을 후려치고 싶은 걸 참고 농담조로 '지환 씨가 봉이구나!' 라고 했더니, 년이 즉시 '저년 미친 년이야! 개 같은 년!' 하고 내뱉었다. 나는 못들은 척하고 엄 형제 밥을 차려주었다. 엄 형제는 식사 후 설거지를 했다. 주방장은 김장 때문에 결근이어서 점심 설거지는 내가 하려는데 엄 형제는 자기가 하겠다고 했다. 그래도 미안함에 내가 했다. 년은 저녁도 처먹기만 하고 설거지는 하지 않아서 엄 형제가 했다.

2014.11.22.(토)

주방장은 오늘도 결근이다. 박 자매는 오늘도 자기네만 먹은 식사 설거지를 하지 않았다. 앞으로도 그럴 것이다. 엄 형제가 박 자매네 설거지를 하고 있기에 내가 할 테니 밥을 먹으라고 했는데, 엄 형제는 해놓고 밥을 먹었다. 엄 형제는 장애인 시설에선 보기 드문 사람이다. 여러 시설에서 생활했지만 주방일을 하는 나를 도와주거나 배려하는 장애인은 한 명도 없었다. 나보다 경한 상태의 장애인들도 자기들은 빈둥거리면서 내가 더 일하기를 원했다. 사람한테 잘 해주면 안 된다. 잘 해주면 얕잡아보고 짓밟는다는 의식이 뇌리에 팽배해 있는데도 엄 형제에게 잘 해줘야겠다는 생각이, 잘 해주고픈 마음이 일었다.

2014.11.24.(월)

사무장한테 갔다. 사무장이 '내가 죽겠어요. 일주일 동안 잠도 못 잤어요.' 등등의 말을 쏟아 놓았다. 그러다 탄원서를 내밀었다. 이 장로가 후원회장 이름으로 쓴 것인데 선교회시설을 국가에 맡겨서 국가 관리를 받고 싶다는 내용이었다. 나는 그런 생각을 한 적이 없는데, 예나 지금이나 이 장로는 선교회를 자기 마음대로 하고픈 욕망이(?)있다. 이 집사가 예전에 그랬던 것처럼...

사무장이 말했다. 천사는 없다고, 장애인을 위해 헌신하고 희생할 사람 없다고, 전혜성 씨도 그렇게 못한다고, 전혜성 씨도 이순자와 똑같다고, 욕심에 차 있다고, 그러니 국가에 맡겨서 투명하게 관리해야 한다고, 그러지 않고는 재판에서 이길 수 없다고...

국가관리 운운이 법인시설로의 전환을 의미하는지는 모르지만, 그렇게 하려 한다고 해서 패소할 재판이 승소가 되나, 내가 사실대로 말했다. '나도 욕심이 있다고, 수십 년을 지옥에서 살았고, 그게 돈이 없어서인데 어떻게 욕심이 없겠냐고, 그러나 이순자처럼 남의 것 부정한 돈은 탐내지 않는다고, 다른 시설에 있을 때 부잣집 딸인 지적장애인이 집에서 돈을 가져와 나한테 먹을 걸 사주곤 했는데, 내가 그러지 못하게 하고 저금을 하게 했다고, 엄지환 식구가 입소할 때 다른 식구가 입소비를 받자고 하는 걸 내가 거부했다고, 내가 장애를 입은 것도 다른 시설에 있을 때 다른 장애인들에게 헌신하다가 이렇게 되었다고, 나는 건강할 때 일반사회에서는 주변사람들로부터 착하다는 소릴 들었다고, 지금도 내 본성은 달라지지 않았다고, 이 일이 끝나면 선교회를 영락교회나 소망교회에 맡기고 나는 보상을 좀 받아서 선교회를 떠나 혼자 살까 하는 생각도 하고 있다고, 사람한테 너무 시달렸다고, 사람이 끔찍하다고, 일이 잘 되면 사무장님과 이 장로님한테도 보상을 넉넉히 할 마음이라고…'

사무장은 자기는 안 받아도 된다고 말했다. 내가 그동안 얼마나 애를 쓰셨는데 안 받냐고 꼭 받아야 된다고, 내가 내 몸 건사하기도 힘든 상태에서 이순자한테 맞서는 것은 악과 불의에 굴복하기 싫어서라고, 장애인 것이라고 죄의식 털끝만치도 없이 재산을 강탈하고 생존권까지 짓밟는 이순자에게, 곱게 져주기 싫은 게 제일 크다 고 말했다. 사무장은 이번 재판은(건물 명도소송) 조종재판이라고 재판부가 조정을 하라는 지시를 내렸다고 말했다.

2014.11.25.(화)

아침에 박 자매가 악을 써 대서 나가보니 엄 형제에게 왜 밥을 안 하냐고 악을 쓰고, 엄 형제는 언제나처럼 온화한 얼굴로 '지금 할게!' 라면서 밥솥 스위치를 누르고 있었다. 엄 형제가 그만 일찍 잠을 못 깨서 늘 하던 일을 놓친 것이었다. 박 자매는 계속 악을 써댔다. '우리는 찬밥 먹고 너희는(나와 엄 형제) 따뜻한 밥 먹으라고 밥 안하닛——! 찬밥을 먹으려면 다 같이 찬밥을 먹어야짓, 왜 너희만 따뜻한 밥 먹닛——!'

찬밥이 잔뜩 남아있어도 그건 지환이 오빠 먹으라면서 새로 밥을 해 처먹는 년이, 새로 밥을 해서 따뜻한 밥을 먼저 처먹고 나와 엄 형제에게 따뜻한 밥을 못 먹게 하려고 밥솥을 꺼내놓는 년이 왜 너희만 따뜻한 밥을 먹냐고 정신병자처럼 계속 악을 써댔다. 악귀인들 그토록이나 철면피하고 흉측할까? 기억력 좋은 년이니 어제까지 해 온 짓을 잊어서 그러는 건 물론 아니다.

박 년은 입도 벙긋 않는 엄 형제에게 '저것 나한테 대드넷! 씨발 새끼얏! 내가 만만하게 보이닛! 대들겟! 씨발 새끼얏——!' 등등의 포악까지 쳐댔다. 정말이지 년의 주둥아릴 갈갈이 찢어버리고 싶었다. 얌전히 있는 사람이 대드는 것으로 보이고, 네가 미쳐도 너무 미쳤구나! 정신병원에 '입원 해야겠다'라고 말하고 싶은데 년이 미친 듯 날뛰며 포악을 칠 것이기에 나는 잠자코 있었다.

2014.12.1.(월)

조정재판 날이다. 주방장에게 곧 나가야 되기에 점심을 안 먹을 거라고 말했더니 박 자매가 어디 가냐고 물었다. 성남에 간다는 내 대답에 박 자매는 웃기지 말라는 시늉을 하더니 주방장에게 법원 어쩌고 하면서 마구 떠들어댔다. 주방장이 성남에 간다고 했지 않냐고 하자 박 자매는 '언제 그랬엇! 안 그랬엇!' 하고 외쳤다. 계속 외치다가 살기 가득 찬 눈으로 가만히 있는 나를 죽일 듯 노려보며 '저게 나를 짓밟네! 왜? 나를 짓밟닛——!' 하고 포악을 쳤다. '네가 나를 짓밟았지 내가 언제 너를 짓밟았니! 네가 짓밟히고 그냥 있을 사람이냐' 하고 곱게(?) 응수하는 내게 박 자매는 '내가 이러는 건 여기 들어와서앗! 여기 들어오기 전엔 안 그랬엇——!' 하고 악을 썼다. 내가 '당연히 안 그랬겠지 나한테 하듯이 다른 사람한테 했다간 네 부모형제들도 너를 때려죽일 거라는 거 너도 알고 있으니까.' 하고 말했다. 웬일인지 박 자매는 잠자코 있었다.

점심상이 차려지는 걸 뒤로 하고 현관문을 나서니 눈보라가 몰아치고 있었다. 추위가 덤벼들었다. 사무장한테 가니 그가 일이 너무 힘들어서 울었다고 말했다. 나는 또 너무 미안해서 어쩔 줄 몰라 했다. 사무장은 빠지고 이 장로, 변호사, 나, 셋이 법원으로 향했다. 오후 5시가 지나서 조정실에 들어섰다. 이순자도 변호사와 함께 들어섰다. 판사가 우리에게 자리를 피해 달라고 해서 우리는 밖으로 나왔다. 한참 만에 이순자와 변호사가 나오고 우리가 다시 들어갔다. 판사는 나와 엄지환 이는 그대로 거주하고, 이순자 목사가 실내에 사무실을 만들어 사용하도록 하고, 사람들이(외부 장애인들) 들어오는 것을 막지 말고 건물을 증축할 때는 협조를 하도록 하고, 비방 비난하는 것을(이순자에 대한) 중단하고, 건물에 대한 소유권 주장을 하지 말라고 말했다.

내가 말했다. 우리는 생존권 문제이기에 소유권 생각을 안 할 수 없다고, 우리같이 힘없는 장애인이 힘 있는 상대를 비난할 때는 상대가 웬만큼 해서 그랬겠냐고, 이순자 목사가 선교회에 사무실을 만들겠다는 건 우리의 자유를 뺏고 감시를 하려는 것이라고, 건물 증축에 협조하라는 것은 증축한다는 핑계로 우리를 내보내려는 것일 거라고, 사람 들어오는 것을 막지 말라는 것은 교회의 장애인들을 들여놓으려는 것인데 그 장애인들 질이 너무 낮아서 함께 살 수 없다고...

인상이 무척 좋은 젊은 판사는 미소를 짓더니 '이걸 안 받아들이면 건물소유권이 교회에 있기에 떠나야 된다고, 증축을 할 때는 나갔다가 다시 들어오기로 하면 된다고, 건물이 불법이라서 계고장이 날라 오고 해서 증축을 해야 된다더라고(이순자가)' 말했다. 내가 불법건축물이 아니라고 말했다. 우리 변호사가 그동안 이순자가 자행한 만행을 간단히 말했다. 내가 컨테이너 방도 있는데 실내에 사무실을 만들겠다니 참, 하고 탄식했다. 판사가 '컨테이너 이야기도 했어요.' 하고 말했다. '그것도 달라구요?' 내 물음에 판사는 그렇다고 대답했다. 그것도 우리 선교회 거라는 내 말에 판사는 알겠다는 듯 '네,' 라고 응답했다.

그리고는 '이쪽이 받아들이는 게 있어야 이순자 목사한테 조정을 할 텐데 거부하면 저로선 할 수 있는 게 없어요. 이순자가 집행을 붙여버리면 꼼짝없이 떠나야 돼요.' 하고 말했다. 내가 조정안을 당장 수용하긴 너무 힘들다고, 그동안의 이순자 행각으로 봐서 우리한테 어떻게 할지 훤하다고, 우리 것은 티끌 만한 것까지도 빼앗는데 피도 눈물도 없었다고, 그가 선교회에 들어오는 것 끔찍하고 공포스럽다고 말한 뒤 조정을 다음에 다시 하면 안 되냐고 물었다. 판사는 또 미소를 짓더니 그러라고 한 다음 손수 밖으로 나가서 이순자와 변호사를 데리고 와서 내 의사를 전했다. 이순자는 좋다고 말했다.

조정실을 나와서 변호사가 못마땅한 목소리로 '노회가 건물을 왜 증여했는지 모르겠어요. 노회 거라고 거부를 했어야지, 이순자 측에 증여한 것으로 되어 있더라고요.' 하고 말했다. 이순자의 열혈지원자 김수인 목사 놈의 짓이겠지. 법원을 나서니 사방은 어두운데 추위가 힘차게 전신을 파고들었다. 사무장이 나타나 문건 두 장을 건네주었다. 두 사람과 헤어져 이 장로와 함께 식당에 들어가 문건을 들여다보았다. 부활교회 교인총회서, 로 통합교단의 노회를 탈퇴하고 합동 교단의 중앙노회에 가입하는 것을 찬성하는 교인 명단에 나, 이 형제, 박미영 이름이 실려 있었다. 우리 셋 다 노회 탈퇴를 반대한다는 의사를 밝혔었는데, 중앙노회는 이름조차 들어보지 못했는데, 참으로 끔찍한 이순자다. 하나님은 왜 이순자를 그냥 두시는가. 목사라는 게 교인총회서, 까지 조작하는데 그 손가락이라도 분질러야 하지 않은가.

2014.12.2.(화)

박 자매에게 잘못되지 않았나 걱정이 되어서 묻는다면서 보험금 그대로 있냐고 물었더니 박 자매가 '우체국 통장에 있잖아!' 하고 대답했다. 내가, 이순자가 이곳에 들어오면 틀림없이 그 돈 탐낼 테니까 잘 가지고 있으라고 말했다. 박 자매는 '우리 언니들도 이순자가 나쁜 인간이래, 우리 땅을 빼앗았다.' 하고 말했다. 박 자매 친정 가족들은 물론 박 자매도 이순자 실체를 인지하고 있다. 이전에도 이순자가 악하다는 걸 자기도 알고 있다는 말을 한 적 있다. 그럼에도 내게 품고 있는 죽일듯한 증오와 살기를 이순자에겐 품지 않고 있다. 힘없는 선인보다 힘있는 악인이 존중받고 행복한 게 인간사다.

2014.12.15.(월)

사무장에게 갔다. 이순자에게 '실내 대신 컨테이너를 사무실로 사용하게 할 거라고 했더니 사무장이 사용하고 사용료를 내게 하라' 고 말했다. 이순자의 만행을 그동안 몇 번이나 이야기하고 그 만행을 기록한 글도 보여주었는데, 어떻게 기회만 되면 컨테이너를 내놓으라고 압박하는 날강도가 사용료를 낼 거라고 생각하는가. 내가, 이순자가 선교회에서 지내는 것 생각만 해도 끔찍하다고 했더니, 사무장은 '전혜성님도 이순자와 똑같아요.' 하고 내뱉었다. 이전에도 사무장은 그 같은 말을 했었다. 그래도 잠자코 있는데 사무장은 박미경이는 생활하는데 도움을 주냐고 물었다. 아니라고, 나를 너무 괴롭힌다는 내 말에 사무장은 '전혜성님도 만만치 않아요.' 하고 내뱉었다. 나를 언제 겪어봤다고 그런 말을 하냐는 내 말에 사무장은 기세등등하게 안 겪어봐도 다 안다고 말했다.

힘이 들어서 화풀이를 하는 듯했다. 내가 일을 맡아달라고 등 떠민 것도 아닌데 자발적으로 나서서 맡았으면서... 겪어보지도 않고, 알고 하나님이라도 되냐고, 다른 의뢰인한테도 그렇게 함부로 지껄이고 모욕을 주냐고 묻고 싶은데 참아야 했다.

이 장로가 나타나고 변호사와 이야기를 나누었다. 변호사는 이순자가 건물반환 소송을 냈을 때 선교회가 나섰어야 했다고, 그랬으면 승소했을 거라고 말했다. 그때 내가 김수인 목사 놈에게 우리를 내세워 달라고 조를 게 아니라 변호사에게 상담을 받았어야 했다. 노회를 상대로 낸 소송이어서 선교회는 노회를 통해서만 나설 수 있는 것으로 알고 나서지 못했다. 무식한 내 자신을 쥐어뜯고 싶다. 내가 우리를 내세워 달라고 졸라도 묵살하고 선교회 뺏을 생각만 하다가 결국 건물을 빼앗기게 한 김수인 악마 목사 놈, 꼭 지옥에 굴러떨어지기를...

변호사와 다음 조정 재판에 대한 이야기를 나누고 밖으로 나오니 어둑어둑한데 눈발이 처량하게 휘날리고 있었다. 집에 돌아와 방에 들어서니 사무장의 막말 언사가 가슴을 후벼 팠다. 개, 돼지만도 못한 장애인 신세, 나는 왜 죄 없이 사람들의 언어칼질을 당하는 장애인이 되었는가?

2015.1.1.(목)

이 형제가 전화를 해왔다. 너무 힘들고 매일 눈물만 난다고 우울증이 올 것 같다고 말했다. 선교회에 있을 땐 눈물이 없었지 않았냐는 내 말에(피도 눈물도 없었지) 이 형제는 선교회에 있을 때는 힘들지 않았다고 말했다. 다른 장애인들을 많이 만나라는 등의 권유와 위로를 해줬지만 먹히지 않았다 고의로 엄 형제와 나를 학대하지만 않는다면 이순자한테 애원을 해서라도 되돌아오라고 할 텐데...

이전에 이 형제는 다시 들어가면 안 되냐고, 들어가고 싶다고 했는데 예전에 그에게서 받은 고통이 되살아나서 거부했었다. 김가인 자매는 나를 만날 때마다 내가 묻지 않는데도 이 형제는 즐겁게 잘 지낸다면서, 정말 잘 나왔어!(선교회를) 라고 하는데 왜 그러는 것일까? 선교회가 나쁜 곳이라는 것을 선교회관리자인 내가 나쁜 사람이라는 자각을 하도록 하기 위해서인가?

2015.1.5.(월)

조정재판 날이다 내가 이순자에게 요구하는 사항을 글로 쓴 것을 사무장에게 주면서 판사한테 제시할 거라고 했다. 사무장이 들여다보더니 주면 안 된다고, 주지 말라고, 이순자에게도 보이면 안 된다고 말했다. 이해가 안 돼서 변호사한테 가서 좀 봐달라고 했더니 변호사는 읽은 다음 판사한테 드리자고 말했다.

변호사, 이 장로, 나, 셋이 조정실로 들어갔고 이순자와 그의 변호사도 들어갔다. 판사가 들어오고 우리 변호사가 내가 쓴 문건을 판사에게 전했다. 이순자는 이 장로를 가리키며 무슨 자격으로 나왔냐고 판사에게 따지듯 물었다. 판사가 그냥 보조자로 나온 거라고 대답했다. 판사가 우리에게 자리를 피해달라고 해서 우리는 밖으로 나왔다. 한참 만에 이순자 쪽이 나와서 우리에게 들어가라고 했다. 들어가니 판사가 컨테이너를 사무실로 사용하라는(실내에 만들지 말고) 내 요구를(문건에 적은) 이순자가 수용하기로 했다고 말했다. 그리고 박미경이를 괴롭히지 말라고 말했다. 나는 기가 막혀서 말이 나오지 않았다.

판사가 건물이 선교회 것이 아니라는 것을 써줄 수 있냐고 물었다. 우리 변호사가 그걸 왜 써 주냐고 펄쩍 뛰었다. 나도 같은 생각이었다. 내가 건물은 우리 거라고 써달라고 해도 안 써 줄 건데 왜 요구하는지 이상하다고 말했다. 판사가 미소를 띠며 '나도 그렇게 말했거든요.' 하고 말했다. 내가, 이순자가 컨테이너를 달라 했냐고 묻자 판사가 그렇다고 대답했다. 내가, 컨테이너 방 하나는 우리가 생활비가 모자라서 월세 4만 원에 세를 놓았으니 방 하나만 사용해야 한다고 말했다. 우리 변호사가 컨테이너 방이 2개인데 그중 하나를 쓰는 거라고 말했다.

판사가 컨테이너는 누가 산 거냐고 물었다. 내가, 우리 선교회가 산 거라고 대답하고 우리 변호사가 한 목사 때 산 거라고 말했다. 판사가 '그럼 교회에서 산 게 맞네' 했다. 이순자 악마가 교회에서 샀다고 거짓말한 게 분명했다. 우리 변호사가 한 목사가 선교회도 맡고 있었다고 말했다. 이 장로가 '그건 저도 알고 있습니다. 선교회에서 샀습니다.' 하고 말했다. 판사는 컨테이너 방 하나만 쓰라고 해보겠다고 말했다. 우리가 나오고 이순자 쪽이 들어갔다. 한참 만에 우리는 다시 들어가서 이순자 쪽과 마주 보는 자리에 앉았다. 판사가 우리 변호사에게 문건 하나를 건넸고 변호사가 그걸 읽은 뒤 내게 주었다. 이순자의 요구사항이었는데 외부 장애인들이 입주해 있어도 그들을 관리 감독하거나 간섭하지 말라고, 박미경이를 포함해서, 라고 쓰여 있었다. 컨테이너 방은 내 요구대로 하나만 쓰겠다고 했다.

개처럼 마당에도 세탁장에도 변을 싸놓고, 화장실 바닥과 변기에도 변을 발라놓고, 교회 안에서 예배 직전에 자기들끼리 욕설을 하며 싸우고, 박 자매 성추행하고 햇살 눈부신 대낮에 교회 문 앞에서 바지를 한껏 내리고 오줌을 누는 자들에게. 초면부터 내게 반말을 지껄이고 시비를 걸었던 자들에게 관여 말라니, 놈들의 패악질을 앞으로도 당하라는 뜻이다. 놈들의 패악질을 이순자는 알고 있다. 나를 완전히 죽이려는 심보다. 놈들을 언급하는 것조차 싫었다.

내가 박미경이는 선교회 식구인데 간섭치 말라는 건 말이 안 된다고 말했다. 이순자가 미경이를 괴롭힌다고 해서 그러는 것이라고 말했다. 내가 누가 괴롭히는지 하나님은 아신다고, 어떻게 괴롭히냐고 물었다. 이순자는 '나야 모르죠. 미경이가 살을 부들부들 떨면서 언니가 욕 퍼붓고 한다니까 그런 거지.' 하고 말했다. 년이 이순자에게도 나를 모함하는 건 알고 있었지만 자기가 한 짓을 내게 덮어씌우며 분기로 살을 부들부들 떨기까지 한 것은 충격이었다. 나에 대한 증오가 얼마나 처절하기에 그랬는가? 이순자 말이지만 내게 포악을 칠 때마다 년이 눈으로 살기를 내뿜는 것을 보면 거짓말이 아닐 거였다. 나는 '그 애는 자기가 한 짓을 내게 덮어씌우는 습관이 있지만 댁도 허언증 환자이니 댁이 거짓말을 하는 건지 그 애가 거짓말을 한 건지 모르겠네요.' 하고 내뱉으면서도 년에 대해 몸서리를 쳤다. 치면서도 박미경이는 지적장애인이기에 간섭 안 할 수가 없다고 말했다.

판사는 지적장애인이라도 간섭할 권리는 없다고 말했다. 우리 변호사가 조정서를 내밀며 서명을 하라고 말했다. 내가 지적장애인은 판별을 못해서 해선 안 되는 행동을 많이 하기에 그럴 때 제지하지 않을 수 없다고 말했다. 우리 변호사는 그래도 간섭할 수 없는 거라고 말했다. 나는 본인은 물론 남에게 해가 되는 행동을 하는데 그런 걸 내버려 두는 건 말이 안 되는 것이라고, 간섭이 아니고 관리 보호차원이라는 말을 하고 싶은데 맥이 빠져서인지 그 말이 정리가 안 되고 머릿속에서 뒤엉켜 휘돌았다. 입 밖으로 나오지 않았다.

내가 수용할 기색을 보이지 않자 판사가 박미경이 때문이냐고 물었다. 그렇다는 내 대답에 판사는 '그럼 박미경이는 제외시킵시다.' 하더니 박미경이를 포함해서, 라는 부분에 검은 줄을 그어버렸다. 나는 그 조정서에 서명을 했다.

법원을 나설 때 이 장로가 '혜성 자매가 이순자에게 이 집사를 내보내 달라는(선교회에서) 편지를 보낸 게 안 드러났을 때는 우리가 유리했는데 그게 드러난 후에 이순자가 유리해진 거지.' 하고 말했다. 제 버릇 개 못 준다고 그런 편지를 안 보낸 것을 확인하고도 나를 뭉개려고 억지를 쓰는 것이다. 예전에도 그랬었다. 이 집사가 나를 세 번이나 폭행했는데도 그 원인이 내게 있다는 식의 말을 줄기차게 늘어놓았었다.

'임태성 권사님! 권사님이 불의를 못 참는 정의로운 분이라고, 훌륭한 분이라고 믿고 있는 이 장로는, 사실은 이렇게 비루하고 비열하기 짝이 없는 분입니다요.'

내가 차갑게 말했다. '저는 그런 편지를 보낸 적 없습니다. 이 집사님이 식구들을 데리고 떠나려는 것을 막아달라는 편지를 보냈을 뿐이지요. 그리고 속으로 덧붙였다. 장로님이 이순자에게 땅을 바치지 않았다면 건물도 안 빼앗겼어요. 이 집사와 함께 땅을 이순자 악마에게 바쳐 선교회를 짓밟아놓고 태산만큼 행복했나요? 사이코패스가 살인할 때만큼 행복했겠군요.'

2015.1.6.(화)

박 자매가 괘씸해서 그의 전용화장실인 실내화장실을 청소 안 한지 20일이 넘은 듯 해서 오늘 해주러 들어갔더니 냄새는 코를 찌르고 바닥은 끈적거리고 변기 깔판과 변기 속에 누런 물질이 덕지덕지 달라붙어 있었다. 박 자매는 그동안 단 한 번도 자기네만 사용하는 화장실을 청소하지 않았다. 자기를 학대하고 짓밟는 악귀의 화장실을 자발적으로 청소해주는 등신은 하늘 아래 나 외엔 없을 거란 생각을 하면서 청소를 하다가 그동안 변기도 뚫는 기적이 없었음을 깨달았다. 변기가 안 막혔던 것이다. 내가 청소를 이틀마다 할 때는 닷새가 멀다 않고 막혀서 그때마다 내가 건너편 세면장에서 뜨거운 물을 10여 대야씩 받아서(일부러 온수 보일러를 틀어놓고) 들이붓는 등의 수단으로 뚫었었다.

진 집사 변이 딱딱해서 변기가 막혔는데 내가 화장실을 외면한 후에 박 자매가 진 집사 변비를 해소시킨 것이다. 입주 초기에 내가 박 자매에게 변비약을 먹여보라고 했었다. 박 자매는 먹였는데 듣지 않더라고 했는데 거짓말이었던 모양이다. 지적장애인이 단번에 해결한 문제를 나는 5년이나 붙들고 닷새에 한 번꼴로 진이 빠지도록 씨름을 했으니... 내가 진짜 지적장애인 같다.

이 장로가 전화로 이달 내로 꼭 갚을 테니, 500만 원을 빌려달라고 했다. 땅을 이순자한테 넘겨준 데 대한 미안함이 추호도 없나보다 라는 생각이 들었다. 미안함이 조금은 있으리라고 나는 여겼었다. 미안함이 조금이라도 있다면 내게 부담되는 행동을 안 할 것이다. 이 장로는 그동안 세 번에 걸쳐서 1,100여만 원을 빌려갔다. 선교회 돈은 남아있지 않고 내 개인돈만 2,000만 원 있는데 그것으로 변호사비 등을 충당해야 한다고 내가 처음에 말했었다. 1,000여만 원을 빌려주고 변호사비 등이 몇백 나가고(몇백이 나갔는지 기억도 안 난다) 무슨 돈이 있을 거라고 또 빌려달라는 것인가. 교회에서의 인맥도 넓은데 왜 거부하기 힘든 입장의 내게, 돈이 없는 내게 자꾸 빌려달라는 것인가. 내가 나중에 전화를 드리겠다고 말했다.

통화를 끝내고 나니 오경숙 권사 년이 생각났다. 선교회를 도와주겠다며 나서서 돈을 계속 빌려가면서 사기까지 치고도 당당하더니 여태까지도 안 갚는 년, 내가 도중에 거부하지 않았다면 사기를 쳐놓고도 끝없이 빌려갔을 년, 이 장로도 또 빌려준다면 계속 빌려달라고 할 것 같았다. 내게 돈이 많다면 거져 줄 텐데... 이 장로한테 전화를 해서 말했다. '죄송한데요. 돈이 300 정도밖에 안 남았어요. 그거라도 드려야 되는데 제가 돈 때문에 고통을 너무 많이 당해서 돈이 없으면 굉장히 불안해요. 다른 사람한테 빌리면 안 될까요?' 이 장로는 알았다고 괜찮다고 말했다. 내가 죄송하다고 일이 잘되면 잊지 않고 보답하겠다고 말했다.

2015.1.7.(수)

오늘 점심 때는 고구마튀김을 해먹자고 주방장에게 이야기를 해놨기에 아침 설거지를 내가 했다. 다소 번거로운 음식을 할 예정이면 늘 설거지를 내가 하는데 걸핏하면 음식으로 횡포를 부리는 사람한테 왜 배려를 하나 라는 생각을 하면서도 뱉이 없는지 계속 배려를 하게 된다.

주방장이 와서 김치부침개를 하겠다고 말했다. 내가 고구마튀김을 해달라고 했지 않냐고, 고구마를 주문해놨다고(야채 장사에게) 했더니 주방장은 날이 추워서 얼었을 거라고 말했다. 고구마튀김을 좋아하면서도 내가 원하는 걸 하기 싫어서 딴 것을 하려고, 말도 안 되는 말을 하는 것이다. 그런 적이 한두 번이 아니다. 날이 추우면 고구마가 어냐고, 장사들이 보온도 안 하고 얼려서 파냐고 반격해야 되는데 그러면 또 다른 말 같지도 않은 말을 끌어댈 것이기에 잠자코 있었다. 그때 주문한 고구마가 도착했고 당연히 얼지 않은 것이었지만 주방장은 김치부침개를 했다.

2015.1.11.(일)

이순자가 올라와서 '서로 간섭 말고 살자고 했으니까.' 하고 말했다. 내가 '그쪽에서 간섭 받기 싫으면 우리에게도 간섭 말아야지.' 하고 받아쳤다. 이순자를 뒤따라 들어온 박 자매가 살기 가득 찬 눈으로 나를 노려보며 '왜 내가 바보야! 나 바보 아니야!' 하고 언성을 높였다. 재판정에서 내가 지적장애인이라고 한 것을 이순자가 일러바친 모양이었다. 이순자가 '미영이한테 간섭 말라는 거예요. 미영이가 원치 않아서.' 하고 말했다. 내가 '간섭이 아니고 관리차원이에요. 미영이 같은 사람은 관리 안 하면 성범죄도 당할 수 있고 사기도 당할 수 있고 위험에 빠질 수도 있어요. 예를 들어 미영이는 방에 촛불을 켜놔요. 바로 옆에 휴지가 널브러져 있고 뒤에는 커튼이 있어서 촛대가 넘어지면 바로 불이 붙을 수 있어요. 진 집사님은 하루 종일 술 취해 누워 있어요. 불이 나도 빨리 피할 수 있는 상태가 아니에요. 그런데 그걸 간섭 안 하고 내버려 둘 수 있어요!' 하고 말했다.

박 자매가 '촛불은 냄새를 없애려고 켜놨어. 왜 불이 나, 불 안 낫! 불이 나면 내가 가만히 있겠엇!' 하고 외쳤다. 며칠 전 내가 촛불을 발견하고 같은 설명을 했을 때 즉시 촛불을 끄고 다시 안 켰으면서, 위험성을 인지했으면서 억지를 쓰는 것이다. 박 자매는 계속 살기 가득 찬 눈으로 나를 노려보며 '난 바보 아니야! 내가 바보면 언니는 뭐얏!' 하고 외쳤다. 이순자는 '미영이가 밥을 안 해 먹으려면 언니가 나가라고' 한다고 말했다. 밥을 안 해 먹으려면 나가라고 했다고? 내 물음에 박 자매는 '나가라고 했잖아!' 하고 들이받았다. 내가 '너 참 무서운 애구나! 어떻게 그런 거짓말을 하니.' 하고 기막혀 하자, 박 자매는 '언니가 거짓 말 하잖아. 나보고 나가라고 했잖아! 나는 언니가 무서워.' 하고 쉬지 않고 내질렀다. 내가 '그런 거짓말하려고 내가 밥을 앉혀놓으면 다 쏟아내고 네가 밥을 했구나! 아이 징그러' 하고 진저리를 치자 박 자매는 '나는 언니가 징그러 아이 징그러' 하고 내뱉었다.

　나는 몸서리를 쳤다. 이순자가 미영이가 언니 간섭 안 받고 살고 싶다고, 언니가 이곳을 자기 집이라고 했다고 말했다. '맞아요. 우리 집이에요. 우리식구들 집요.' 내 말에 박 자매가 '언니 집이라고 했잖아!' 하고 몰아쳤다. 내가 언제 그랬냐고 반박해도 박 자매는 왜 해놓고 안했다고 거짓말 하냐고 쉬지 않고 몰아치다가 '나가면 편할 텐데 왜 안 나갓——!' 하고 악을 썼다. 그리고는 또 뭐라고 거짓을 쏟아놓으면서(어떤 거짓말이었는지 기억도 안 난다) 나를 몰아쳤다. 내가 세상 어떤 최강 악마도 너보다는 덜 사악하고 흉악하겠다고 내뱉었다. 이순자가 이곳은 하나님 집이고 어쩌고 했다. 하나님 집을 왜 빼앗았는가?

　박 악마 년에게 밥 안 해 먹으려면 나가라고 한 적이 없는데 생각조차 한 적이 없는데 어떻게 그런 기막힌 거짓을 만들 생각을 했을까. 내 머리로는 절대 생각지 못할 거짓을 생각했을까 의문이었는데, 이순자가 나간 뒤에야 악마 년이 새벽에 걸핏하면 엄 형제에게 밥을 안 하려면(밥솥 스위치를 안 누르려면) 나가라고 악을 썼던 게 상기되었다. 나에게 언니집이니까 어쩌고 지껄였던 것도 떠올랐다.

2015.1.28.(수)

　이순자가 나타나 자기와 잘해볼 생각이 없냐고 물었다. 내가 나는 잘할 능력이 없다고 많이 아프다고 말했다. 이순자는 '미영이가 지환 씨가(엄 형제) 자기를 때리려고 해서 무서워서 못 있겠다고 말려달라고 해서 올라왔어요.'하고 말했다. 그리고는 '이곳에 있으면 안 되는 사람이 그러면 혜성 씨가 말려야 되잖아요.' 하고 나무랐다. 지환 씨는 사람을 때릴 사람도 아니고 때리려고 한 적도 없다는 내 주장에도 이순자는 같은 말을 되풀이 하고, 박 자매 년은 때리려고 했다고 계속 우겼다. 걸핏하면 포악을 치고 욕설을 퍼대 놓고 그래도 화를 안 내고 웃으며 달래는 사람을 자기네만 처먹은 설거지도 하라고 시키면서. 그래도 기꺼이 설거지 해주는 사람을 모함하는 건 극렬한 증오 때문일 것이다. 잘해주는 나를 죽도록 증오하듯이 이전에 매달 두 번씩 중국음식을 시켜주는 이 형제를 죽어라 증오했듯이 노비처럼 시키는 대로 다하면서 늘 웃는 얼굴로 친절하게 구는 엄 형제를 죽일 듯 증오하는 것이다. 주방장도 내게 몇 번이나 이야기했다. 미영이는 지환이를 미워 못 견뎌 한다고 예전에 이 집사가 주변인 대부분을 이유 없이 미워해서 어떻게 저럴 수 있나 하고 이해를 못했는데 박 자매의 약자에(장애인) 대한 증오는 이 집사 미움과 비교 불가 급이다. 예전에 나는 지적장애인들은 이유 없는 사람을 미워할 줄 모르는 줄 알았다. 그 영혼이 맑고 순수한 줄 알았다. 내가 예전에 있었던 시설들의 지적장애인들 모두가 그랬다.

저능아 치곤 지능이 높아서인가 박 자매는 악귀본성을 가졌다. 그 본성이 정상인에겐 상냥하고 애교 넘치는 천사가 된다.

걸핏하면 지환 씨에게 밥 안 하려면 나가라고 악을 쓰면서 내가 나가라 했다고 덮어씌우더니 네가 지환 씨에게 욕 퍼붓고 악써놓고, 지환 씨가 때리려고 했다고? 네가 때리려했구나! 네가 사람이냐! 하고 퍼붓고 싶은데 상대도 하기 싫어서 알았다고 말했다. 이순자는 '이곳에 있어선 안 되는 걸 봐주는데' 라고 몇 번이나 지껄여 놓은 다음 나갔다. 여태껏 잠자코 있던 엄 형제가 '때리려 한 적 없어요.' 하고 억울해 했다. 참으로 몸서리 쳐지도록 끔찍한 박 악마 년이다. 처음으로 박미경 이순자 두 악마 년이 죽어버렸으면 좋겠다는 마음이 일었다.

2015.2.7.(토)

엄 형제는 아침을 한동안 박 자매와 함께 먹지 않았다. 거의 아침마다 박 자매가 욕설을 퍼대며 포악을 치거나 소리를 질러서 내가 함께 못 먹게 했다. 후에 내가 차려주었는데 며칠 전부터 다시 함께 먹기 시작했다. 왜 식구끼리 밥을 따로 먹냐고, 박 자매가 악을 써 대서다. 함께 아침을 먹도록 해놓고 박 자매는 또다시 이전의 행태를 되풀이했다. 오늘 아침에도 여지없이 박 자매가 잡아 뜯을 듯한 목소리로 소리를 지르는 게 들려왔다. 내가 나가서 박 자매에게 지환 씨는 놔두고 먼저 먹으라고 했더니 박 자매는 '왜 우리하고 함께 먹기 싫대!' 하고 대들듯 따졌다. '네가 힘들까봐 힘 안들 게 하려고 먼저 먹으라는 거야.' 내 말에 박 자매는 '내가 뭘 어쨌는데 억지야!' 하고 소리를 질렀다.

'밥을 함께 먹으려 할 때마다 네가 악을 써서 힘들어서 그런가보다 하고 그런 건데 너를 생각해 주는 것도 고깝냐!' 하고 나도 소리를 질렀다. 박 자매는 '내가 언제 그랬엇——! 게을러터진 새끼가 밥은 꼬박꼬박 처먹고 더러운 새끼갓——!' 등등의 악을 써댔다. 내 입에서 나도 모르게 내가 무슨 죄를 지었다고 이런 꼴을 당하는지 모르겠다고 탄식이 터져 나왔다. 박 자매는 기다렸다는 듯이 '왜 그 꼴을 당하며 살아? 나가면 될 텐데. 나가면 안 당하잖아!' 하고 몰아쳤다. 왜 그렇게 내가 나가길 원 하나는 내 물음에 박 자매는 '나가면 편하잖아!' 하고 말했다. 이 집사가 본다면 들여 놓으려고 지랄병을 하더니 꼴좋다 하면서 속 시원해 하리라.

'네가 나를 내쫓으려고 안달을 하는데 내가 나가면 이순자가 들어와 나처럼 편하게 해줄 것

같니! 화장실 청소는 물론 실내화장실 청소도 설거지도 네가 해야 하고 네가 가진 돈 이순자가 언젠가 뺏을 거다. 네 돈 예전에 이순자가 교회 이름으로 예금하자고 얼마나 졸랐니.' 내 말에 박 자매는 '나도 이순자가 악한 거 알앗! 왜 자꾸 얘기햇——! 네가 나를 나가라고 했잖앗——!' 하고 포악을 쳤다. 나를 향해 두 눈으로 살기를 내뿜으면서 쉬지 않고 포악을 쳤다. '밥 안 하려면 나가라고 했잖앗——!'

나는 몸서리를 쳤다. '밥 안 하려면 나가라고 한 건 너잖아! 네가 지환 씨에게 밥 안 하려면 나가라고 했잖아. 짐승도 은혜를 아는데 너는 어찌 네가 한 짓을 다 내가 했다고 뒤집어 씌우니. 그러면 안 되는 거야!' 내 말에 박 자매는 '네가 나한테 뭘 잘했는데!' 하고 외쳤다. 미친개나 악귀는 칼로 상대해야 안 그러면 다치기만 할 뿐임을 알면서도 나는 왜 유치한 말로 상대를 하는 것일까.

'이 집사가 너를 이곳에 안 들여놓으려 할 때 나는 50만 원을 내서라도 너를 들여놓으려고 했잖아. 너도 알다시피 저번 재판 때 변호사비도 운기 씨와 지환 씨가 300만 원씩 내고 나는 700만 원을 내면서 너한테 한 푼도 안 내게 했잖아! 그렇게 너를 아껴주는데 잘한 게 없어? 내가 얼마나 너를 좋아하고 사랑했는데 너는 나를 못 잡아 죽여서 안달을 하니!' 하고 넋두리를 하는데 나도 모르게 눈물이 솟구쳤다. 그런 나를 멸시하는 눈으로 바라보며 박 자매는 '하이고 무서워! 하이고 언니 얼굴 무서워!' 하고 조롱하는 말투를 쏟아놓았다.

2015.2.10.(화)

김가인 자매가 찾아왔다.(그는 다른 곳으로 이사를 가서 이전과 달리 저녁을 먹으러 오지 않는다) 이야기를 나누다 돌아갈 때 그는 묻지 않는데도 또 '운기 씨는 잘 지내, 정말 잘 나왔어!(선교회를)' 하고 말했다. 나를 찾아왔을 때마다 한 번도 안 빠뜨리고 한 말인데 벌써 몇 번째인지 모르겠다. 그런 말을 하려고 찾아오나 싶을 정도다. 이 형제가 힘들어 죽고 싶다고 할 때도, 선교회로 되돌아오고 싶어 할 때도 그런 말을 했었다. 자기가 내 입장인데 내가 그런 말을 한다면 두 번만 해도 그 성격에 성을 벌컥 냈을 것이면서, 나는 성나지 않는다. 자꾸 듣다 보니 기분이 유쾌하지는 않지만 성은 안 나는데, 이 친구가 왜 했던 말을 또 하고 또 하는 거지. 선교회 관리자로서 내가 나쁘다는 걸 내게 각인시키기 위해서인가? 라는 의문이 든다.

2015.2.28.(토)

아침에 세면장으로 가는 엄 형제를 미움이 가득한 얼굴로 노려보면서 박 자매가 늦게까지 자빠져 자고 미친놈이 하고 욕설을 뱉었다. 하루라도 욕설을 안 하면 혓바닥에 가시가 돋는 듯하다. 엄 형제는 박 자매보다 3살이 위인데도 년의 이유 없는 욕설은 거침이 없다. 년의 주둥아릴 찢어놓을 수만 있다면 내 뼈와 살 같은 선교회도 포기할 수 있을 것 같다.

인터넷 아고라에 이순자의 만행을 고발하는 글은 "장애인들을 피눈물 흘리게 하는 교회"라는 제목으로 올렸다.

2015.3.8.(일)

이순자가 올라와서 '인터넷에 올린 거 잘 보고 있어요.' 하고 말했다. 글을 내려달라는 말은 하지 않았다. 하나님도 안 무섭다는 악마이니 사람들이 무서울 리는 없겠지…

2015.3.13.(금)

가끔씩 이런저런 핑계로 결근을 하는 주방장이 오늘도 결근했다. 점심 때 박 자매가 엄 형제에게 상을 펴라고 했다. 엄 형제가 늘 하던 대로 큰 상을 펴자 박 자매가 '웬일로 밥을 같이 먹으려고 해, 아침에는 안 먹으면서 낮에는 왜 먹으려고 해!' 하고 빈정대듯 말했다. 점심 때는 늘 함께 먹어놓고 또 트집을 잡는 것이지만 엄 형제도 나도 잠자코 있는데, 박 자매는 기어코 내 속을 뒤집으려는 듯이 집요하게 빈정댔다. 점심 때는 늘 함께 먹었지 않냐는 내 말에도 박 자매의 집요함은 멈추지 않았다. 내가 '아침에는 네가 힘들까봐 못 먹게 했다고 말했잖아.' 하고 말했다. 박 자매는 '허이고 언제부터 내 생각 했어!' 하고 코웃음을 치더니 '내가 언제 힘들다고 했엇——! 왜 아침에는 함께 안 먹고 낮엔 함께 먹으려고 햇——!' 하고 악을 썼다.

참으로 사람을 환장하게 하는 년이었다. 아침 식사시간 때 거의 매일 엄 형제에게 욕설을 퍼대며 포악을 치기에 내가 엄 형제에게 함께 밥을 못 먹게 했었다. 며칠 후부터 박 자매는 왜 식구끼리 함께 먹지 않고 따로 먹느냐고 악을 썼다. 그래서 내가 함께 먹으라고 했다. 년은 싫다면서 자기 부부만 밥을 먹었다. 점심은 주방장과 거의 함께 먹기에 그동안엔 얌전했는데 오늘은 기회를 잡았다 싶은지 아침때처럼 트집을 잡아 발악을 하는 것이다. 내가 '여태껏 점심은 함께 먹어서 또 그런 거잖아! 이렇게 하면 저렇게 안 한다고 야단이고 저렇게 하면 이렇게 안 한다고 난리치면서 이젠 점심으로도 난리냐!' 하고 소리를 질렀다.

박 년이 '내가 언제 난리를 쳤엇——! 잔소리도 못햇——! 그럼 손도 안 씻고 밥을 먹는데 가만히 있엇——!' 하고 포악을 쳤다. 내가 '네 신랑은 몇 달째 안 씻고 먹잖아.(봉사자가 와서 씻겨주지 않았다면 몇 년째 안 씻고 있을 것이다) 지환 씨는 매일 씻잖아!' 하고 말했다. 년은 '우리 아저씨는 옛날부터 안 씻었엇——!' 하고 악을 쓰더니 '지환이 내보냇!' 하고 외쳤다. '죄 없는 식구를 왜 내보내. 같은 장애인끼리 서로 위하며 살아야지. 미워하면 안 되는 거야!' 내 말에 년은 '내가 언제 미워했엇——! 나는 미워한 적 없엇——! 왜 안 내보내는 거얏! 지환이 들어올 때 돈 받아서 안 내보내는 거얏! 얼마 받았엇——!' 하고 악을 썼다.

엄 형제가 입소했을 때 이 형제가 선교회에 돈이 없으니 입소비를 받자고 했는데 내가 거부한 것을 년은 알고 있다. 내가 이순자파 장애인들이 들어와 살 때도 지금처럼 똑같이 해라 하고 말했다. 년이 '네가 인간이얏——!' 하고 포악을 쳤다. 내가 '인간 아니지. 내가 인간이면 너를 여태껏 그냥 뒀겠냐! 천사도 그냥 안 있었을 거다. 지환 씨, 운기 씨, 나, 세 사람은 변호사비를 수백만 원씩 내면서도 너한테는 한 푼도 안 내게 했는데, 그렇게도 너를 생각해 주는데도 너는 나를 못 죽여서 안달이구나! 사람이라면 고마운 줄을 알아야 되는 거야!' 라고 타이르며 내 방으로 들어오는데 년은 '씨발년이, 개 같은 년이' 어쩌고 욕설을 내뱉었다. 그리고는 남편하고 둘이서만 점심을 처먹었다. 엄 형제는 내가 차려주는 걸 먹었다.

2015.3.17.(화)

사무장한테 갔다. 사무장이 이 장로님한테 후원회 회의록을 작성하라는 말을 몇 번이나 했는데도 안 하고, 그 때문에 싸움을 했는데, 이 장로님이 인신공격까지 하더라고 말했다. 반복해서 말했다. 나는 또 죄인의 심경이 되어서 미안하다고, 이 장로님이 욱하는 성질에 그랬지만 많이 후회하고 있을 거라고, 내 앞에서는 사무장님을 칭찬 많이 한다고 말했다.

2015.3.20.(금)

박 자매네 전용화장실을 청소하러 들어갔다. 꽤씸해서 청소를 안 해준지 4개월쯤 되는 듯한데 차마 눈뜨고 볼 수 없는 경악스런 풍경이었다. 바닥은 발자국을 제외하곤 먼지로 뒤덮여 있고 변기 깔판 뒤쪽은 진 집사 오줌이 말라붙었는지 누런 물질로 뒤덮여 있고 변기 속은 똥을 발라놓은 듯했다. 내 내부 장기들이 뒤틀리며 다 넘어오려 했다. 그동안 박 자매는 단 한 번도 청소를 하지 않았다. 몸서리쳐지게 흉악한 년이 몸서리쳐지게 더럽다. 화장실에는 온수가 안 나오기에 복도 건너편 세면장에서 뜨거운 물을 대야로 받아다 똥 같은 물질들을 제거하고 청소를 했다. 주방장에게 몇 달 만에 청소했다는 이야기를 했더니 주방장이 '미영이가 안 그래도 요새는 청소도 안 해준다고 욕하더라고요.' 하고 말했다. 악귀를 칼로 대하지 않고 사랑으로 대하고 있는 등신이니 욕 처먹어도 싸지 뭐...

2015.4.12.(일)

예배를 드리고 올라온 박 자매가 말했다. 이순자가 컨테이너 방 2개 다 치우래, 2개 다 자기가 쓴대.

예배드릴 때 이순자 마녀는 컨테이너 방을 2개 다 갖게 해달라고(빼앗게 해달라고) 기도했겠지. 법적으로도 터치 못하게 된 방까지 기어코 뺏고자 하다니, 아무리 목사지만 너무 극악하다. 거기다 빼앗을 방을 나더러 치우라니...

2015.4.15.(수)

냉동시켜 놓은 찰밥을 먹어야 한다고 했더니 주방장이 또 찰밥을 잔뜩 했다. 흰 찬밥도 잔뜩 남아있는데, 쑥국도 몇 끼 먹을 분량이 있는데, 된장국 추어탕도 있는데 콩나물국을 잔뜩 끓였다. 박 자매가 이젠 오지 말라고, 선교회를 그만두라고 한 것을 내가 계속 나오시라고 했는데 그것을 고마워하면서도 끊임없이 나를 무시하고 음식으로 횡포를 부린다.

진 집사는 또 식사를 잘 하지 않는다. 한동안 잘 했으니 이젠 또 내 속을 썩일 때가 되긴 했다.

2015.5.18.(월)

세면장 바닥에 더러운 낯선 양말이 던져져 있기에 들고나와서 엄 형제에게 누구 거냐고 물었다. 박 자매가 방에서 튀어나오며 자기 거라고 말했다. 그러냐고 하면서 도로 갖다 놓으려는데 박 자매가 확 낚아채면서 왜 가지고 나왔냐고 따졌다. 곁에 빨래바구니가 있는데도 지저분하게 바닥에 던져놓았다고 나무라야 했지만 누구 건지 몰라서 그랬다고, 도로 갖다놓겠다고 했는데 년은 발악하듯 쌍욕을 퍼대며 포악을 치기 시작했다. '씨발년앗——! 개 같은 년앗인서 엄마하고(김 자매)똑같다. 이 씨발년앗! 개 같은 년앗——! 지가 뭔데 와서 개지랄이얏! 인서 엄마가 나한테 그러니까 좋더냣, 씨발년앗——!'

며칠 전 김 자매가 다니러 왔다가 년이 엄 형제에게 설거지를 하라고 명령조로 시키는 것을 보고 그렇게 하면 안 된다고 지적을 했었다. 그때 나는 아무 말 안 했었는데 김 자매한테는 잠자코 있던 년이 나한테 화풀이를 하는 것이다. 발악하듯 쌍욕을 마구 퍼대고 포악을 치면서 년은 나를 죽일 듯 노려보며 눈으로 살기를 내뿜었다. 잘못한(?) 김 자매한테는 절대로 포악도 안 치고 살기도 내뿜지 않을 년이…

나는 몸서리가 쳐졌다. '인서 엄마가 미우면 인서 엄마한테 그러지, 인서 엄마한테는 아무 말도 안 하고 왜 나한테 그러냐! 인서 엄마가 나무란 것도 아니고 겨우 말 한마디 한 걸 가지고 죄 없는 나를 잡고, 네가 사람이냐' 하고 내가 퍼대자 년은 '네년은 사람이냣! 씨발년앗! 개 같은 년앗——!' 하고 미친듯 포악을 치다가 '인서 엄마 불러왓 인서엄마 불러왓——!' 하고 발악하듯 악을 썼다. '진짜 불러와?' 내 물음에 년은, '불러왓! 불러왓——!' 하고 쉼 없이 악을 써댔다.

김 자매한테 전화를 해서 상황을 이야기하고 좀 오라고 말했다.

김 자매는 년을 바꿔달라고 했는데 년은 거부했다. 내가 핸드폰을 들고 밖으로 나가서 김 자매한테 미영이 패악을 멈추게 하려고 오라고 한 것이니 오지 말라고 했다. 김 자매는 아니라고, 그냥 있어선 안 된다고, 그년이 그러면서도 밖에서는 천사인 척한다고, 그년 언니한테 알려서 어떻게 해야 된다고 말했다. 내가 말했다. '나는 언니들조차 떠올리면 몸서리쳐지고 끔찍해서 생각도 하기 싫어. 언니들한테 이야기한들 언니들이 믿겠어! 힘 있는 이나 정상인들한테는 천사처럼 구는데, 언니들한테도 그랬을 텐데, 그년이 얼마나 흉악하고 악랄한지 어떻게 믿겠어! 이순자와 법적문제 끝나면 끝장을 낼 거야. 이순자와의 문제만 아니라면 벌써 끝장냈을 거야! 인서엄마 힘든데 오지 마!'

김 자매는 힘 안 든다고 곧 가겠다며 전화를 끊었다. 김 자매는 빨리도 나타났다. 년에게 '왜

언니한테 그러는 거야! 언니가 너한테 너무 잘해주는 거 내가 다 안다. 욕을 하려면 나한테 해!'
하고 야단을 치자 년은 '인서 엄마가 뭔데 와서 이러는 거야! 여기에 오지 마!' 하고 언성을 높였
다. 년이 공격을 할 때마다 심장이 칼로 저며지는 듯하는 나는 또 그러해서 얼른 밖으로 나왔
다가 얼마 후 들어가니 김 자매도 년도 보이지 않았다. 김 자매한테 전화로 '애썼어. 고맙고 미
안해.' 라고 했더니 김 자매는 '아니야 전화 잘했어! 그냥 넘어가선 안 돼. 그게 사람이야! 그년
한테 네가 어디에서 언니와 지환 씨 같은 사람을 만나겠냐.'고 했더니 피해버리더라고 했다. 내
가 말했다 '내가 말했다면 죽일 듯이 포악을 치지 절대 안 피했을 거야!...'

2015.5.25.(월)

내가 화분에 심은 체리가 빨갛게 익어가고 있었는데 어느새 하나도 남김없이 다 사라지고
없었다. 박 자매 짓이 뻔해서 따갔냐고 물으니 대답을 안 했다. 화단에 체리도 남김없이 다 따
먹은 박 자매다. 처음 열렸을 때도 남김없이 다 따먹어서 나는 맛도 못 보았다. 화분의 체리도
화단의 체리도 내 개인 돈으로 사서 심은 것이고 박 자매도 그것을 알고 있다. '내 개인 것인데
내게 하나도 주지 않고 혼자 다 따 먹었니!' 내 나무람에 박 자매는 '몇 개 안 되었어!' 하고 대꾸
했다. 화분의 체리도 10송이가 넘었고 화단의 체리는 더 일찍 심은 것이어서 훨씬 많았는데, 너
무 아쉬웠지만 더 말하지 않았다.

2015.6.15.(월)

사무장한테서 전화가 왔다. 본안 소송이 각하되었다고 말했다. 각하된 건 선교회로서의 자
격이 없어서란다. 고유번호도 있고 선교회 명의의 계좌도 있고 전기세, 수도세, 선교회 이름으
로 납부해왔는데 선교회 자격이 없다니...
주방장이 말했다. '미영이 년이 언니와 지환 씨를 두고 저것들을 빨리 내쫓아야 된다고 또 몇
번이나 말하더라고요.'

2015.6.23.(화)

변호사 사무실에 갔다. 사무장이 내주는 판결문엔 소송 각하 이유가 선교회 구성원들이 소송제기를 한다는 의결을 하지 않았다. 고 되어 있었다. 구성원들이 회의를 해서 소송제기를 하기로 결의를 해야 되는데 그것을 안 했다는 것이다. 분명히 식구들의 의사를 물은 다음 의결을 한 회의록을 작성해 사무장한테 주었는데... 내가 황당해서 아무 말도 못하고 있는데 변호사가(정태선) '처음부터 요건을 갖춰서 소송을 했다면 가능성이 있었는데 중간에 자료를 하나씩 제출해서 각하 된 거예요. 이제는 한 목사와 부활교회를 상대로 토지에 대한 소유권 소송을 할 수밖에 없는데 그러려면 옥X선교회가(후원회) 필요해요.' 하고 말했다.

사무장이 자기 사무실로 나를 데려가서 '이 장로한테 옥X선교회 회의록을 작성하라고 했는데도 묵살해서 대판 싸움을 했는데, 그때 이 장로는 인신공격까지 하면서 언제 회의록을 작성하라고 했냐고, 안 했다고 억지소리까지 하더라고요. 환장하겠더라고요. 죽겠더라니까.' 하고 하소연하듯 쏟아놓았다. 이 장로에 대한 앙심으로 회의록을 재판정에 제출하지 않은 게 분명했다. 그래도 여전히 분노에 차 있는 사무장을 나무랄 수가 없었다. 위로가 되라고 '그래도 이 장로님은 사무장님 대단하다고 누가 그렇게 열정적으로 해주겠냐고 해요.' 하고 다소 거짓을 보탠 말을 했다.

이 장로는 땅을 지켜준다며 나타나서 돈과 에너지를 쏟아넣게 한 다음 땅을 말아먹고, 선교회를 지켜준다며 또 돈과 에너지를 쓸어넣게 한 다음 선교회를 외면했다.

(몇 달 후 선교회 회의록을 왜 누락시켰냐고 묻자 사무장은 자기로서는 그럴 수밖에 없었다고 말했다)

2015.7.1.(수)

토지 소유권 소송을 하면 승소 할 가능성이 있다는데 땅을 찾아야겠다던 이 장로도 꼭 땅을 찾아주겠다던 사무장도 그에 대한 언급이 일체 없다. 나도 할 마음이 일지 않는다. 할 기운도 없다.

<h1>2015.7.11.(토)</h1>

또다시 박 자매의 포악 소리가 들렸다. 왜 혼자 처먹으려 하냐는 것이었다. 엄 형제가 부드러움에 웃음을 담은 목소리로 같이 먹자고 하면 되지, 왜 소리를 질러 하고 말하는데 박 자매의 미친 듯한 포악 소리가 뒤를 이었다. '이 새끼가 누굴켯——!' 나가보니 박 자매가 벽에 걸린 빗자루를 잡아채더니 엄 형제에게 달려가 겨누면서 '약값 내놧 이 새끼얏! 너 때문에 다쳤으니까 약값 내놧——!' 하고 포악을 쳤다. 내가 어딜 다쳤냐고 묻자 박 자매는 '저 새끼가 나를 밀쳐서 내가 다쳤엇!' 하고 외쳤다.

엄 형제는 나보다 더 등신이어서 쉽게 사람을 밀칠 주제가 못 된다. 정말 밀쳤냐고 묻자 엄 형제는 웃으며 소리 지르지 말라고 슬쩍 쳤는데, '뺨을 때리네, 아이 아파.' 하면서 뺨을 만졌다. 거의 매일 욕설을 퍼 대거나 포악을 쳐대도 화를 내지 않고 미소로 대하는 엄 형제의 특성상 달래려는 의도로, 그러지 말라면서 등을 다정히 두드리는 형태의 제스처를 썼을 것이다. 엄 형제는 '같이 먹자고 말로 하면 되는데' 어쩌고 했다.

엄 형제 자리에는 부침개가 놓여 있었다. 어제 먹고 남은 것을 가져갔다가 아무 잘못 없어도 미친 악귀처럼 날뛰는 박 자매한테 걸린 것이다. 내가 박 악귀한테 '그런다고 오빠 뺨을 때려? 다른 사람이라면 네 손목을 자르려 했을 거다.' 하고 말했다. 박 악귀는 '나를 만졌어! 나를 만만히 보고 내 엉덩이를 만졌어! 네놈을 가만히 안둘 거얏 이 새끼얏——!' 하고 악을 썼다. '아까는 밀쳤다 해놓고 이제는 만졌다고 하면 되니! 네가 악을 쓰니까 달래려고 그런 거잖아!' 하고 내가 타일러도 박 악귀는 미친 듯이 포악을 쳐댔다. '언니는 만지면 좋겠엇! 언니도 당해 봣! 이 새끼 가만 안 둘 거얏——!'

내가 아까 어딜 쳤냐고 묻자 엄 형제는 박 악귀 등을 가리켰다. 이성기 집사 놈이 가슴을 만져도 또 다른 집사 놈이 엉덩이를 만져도 찍소리도 안 한 년이, 달래려는 제스처로 등을 슬쩍 친 것을 가지고 미친 듯 날뛰는 꼬라지가 가관이다. 내가 '그게 진짜 만지는 것이었으면 고소를 해라. 네 언나나 이순자한테 말해서 고소해! 지환 씨는 네가 뺨 때리고 욕한 것을 고소하면 되니까. 고소해!' 하고 말했다. 박 악귀는 '고소할 거얏! 네 놈을 그냥 안 둘 거얏' 하고 쉴 새 없이 외쳐댔다. 주방장이 출근하자 '저 새끼가 내 엉덩이를 만졌어. 고소할 거야!' 하고 또 쉬지 않고 떠들어 댔다. '입도 안 아프냐! 그렇게 계속 떠들지 말고 고소를 해, 맨날 욕 퍼붓는 네가 뭐가 좋아서 만지겠냐!' 하고 내가 나무라도 멈추지 않았다.

점심을 처먹은 즉시 년은 또 떠들어 댔다. 아주 자연스럽게 만졌어! 라는 말까지 했다. 년도 위대(?)하지만 같은 말을 줄기차게 떠들어대는 것을, 귀도 안 아픈지 듣고만 있는 주방장도 보통 인물은 아니다. 주방장은 퇴근 후 전화를 걸어와 '미영이 년이 왜 그렇게 못됐어요? 지환 씨에게 아무것도 아닌 걸 가지고 욕을 퍼대고, 아까는 지환 씨가 엉덩이를 자연스럽게 만졌다 하더라고요. 그러면서 이순자를 불러와서 고소할 거예요.' 하고 말했다.

내가 말했다. '그년은 알건 다 아는 머리 좋은 바보에요. 자연스럽게 만졌다는 말, 저는 생각도 못할 거예요. 내가 이순자나 언니한테 알려서 고소하라고 했는데 남남인 이순자하고 하겠다는 건 언니가 제 잘못을 알까봐 그럴 거예요. 이순자는 같은 악마라서 무조건 제 편을 들어줄 것을 알고 그러는 거예요. 그년이 걸핏하면 이유 없이 미친 듯 포악을 치고 욕설을 퍼붓는데 뭐가 좋아서 만졌겠어요. 그년이 포악을 치니까 그러지 말라고 달래느라고 웃으면서 장난치듯이 등을 슬쩍 친 거 같더라고요. 지환 씨는 그년이 미치광이처럼 날뛰며 포악을 치고 욕설을 퍼대도 화를 안내고 웃으면서 곱게 말하는 사람이에요 그년이 처음엔 지환 씨가 밀쳐서 다쳤다고 했었어요.'

주방장은 '그년이 틈만 나면 저것들이(나와 엄 형제) 나가야 되는데, 어서 저것들을 쫓아내야 되는데, 쫓아내야 되는데, 하고 안달을 해요. 언니가 얼마나 잘 해주는데 그년이 그러는지 모르겠어요. 그년 때문에 언니 속병 생기겠어요. 방 얻어서 나오세요.' 하고 말했다. 내가 벌써 생겼다고, 5년이나 년이 칼로 난도질하는 고문을 했는데 내가 성하겠냐고 말했다.

(박 자매와 이순자는 나 몰래 엄 형제를 고소하러 갔는데 경찰이 받아주지 않았다고 주방장이 내게 이야기했다).

2015.8.23.(일)

이순자가 올라와 내게 교회에 나올 생각 없냐고 물었다. 아직은 없다는 내 말에 이순자는 '조정서에 앞으로 어떻게 해야 한다고 써 있지 않냐.' 고 했다. 내가 조정서에 교회에 나가야 된다고 써 있냐고 묻자 이순자는 엉뚱하게 혜성 씨가 1억 2천만 원을 받은 줄 아는데 어쩌고 했다. 누가 그런 소릴 했냐는 내 물음에 이순자는 '나야 모르죠? 전화가 와서 그렇다기에 그런가보다 했죠? 안 받았어요?' 하고 물었다. 며칠 전에도 똑같은 말을 해서 누가 그런 큰돈을 주겠냐며 아니라고 했는데 또 묻는 것이다.

"내가 누구로부터 그런 돈을 받았겠어요. 누가 전화 한 건데요?"

"내가 어떻게 알아요. 안 받았다면 이용당하고 있을지 모른다는 생각이 들었어요."

"뭐로 어디다 이용해?"

"사업자 등록증."

"그걸로 돈을 받을 수 있는 거예요?"

"모르죠. 이용당하고 있는지 법원에 가 봅시다."

"법원하고 이용당하는 것하고 무슨 관계가 있어요!"

"법원에 가서 알아봐야지, 전화 건 사람이 사건번호를 알으켜 주면서 돈 이야길 했으니까 사업자 등록증을 위임했는지 생각해 보세요."

"그런 거 내지도 않았는데 뭘, 냈을지라도 위임했다가 수십억 빚쟁이가 될 수도 있는데 내가 왜 그런 짓을 해."

"고유번호증이 사업자등록증이에요(따지는 어조로). 그건 왜 냈어요?"

"왜 그걸 내면 안 돼요?"

"이곳은 법인이에요. 법인에 그걸 내면 안 되는 거예요."

"댁이 법인 만들기 수년 전에 냈잖아요. 그걸 알면서 억지는, 세무서에 가서 따져요. 왜 그걸 내줬냐고, 내면 안 되는 것을 내줬으면 왜 내줬냐고 따져야지."

이순자는 기가 차다는 표정이다가 정말 돈을 안 받았냐고 물었다. '돈을 받았던 안 받았던 무슨 상관인데 그걸 물어요? 나는 쓸데없는 거짓말, 검은 거짓말은 안하는 사람이에요. 내가 제일 싫어하는 사람 중 하나가 거짓말하는 사람이에요.' 내 말에 이순자는 '내가 거짓말하는 것 같으세요?' 하고 물었다. 내가 '거짓말 잘 하잖아요. 허언증 환자처럼' 하고 내뱉자 이순자는 말없이 밖으로 나갔다.

2015.8.30.(일)

이순자 악마가 올라와서 남자 방의 장롱을 치우라고 말했다. 내가 장애인들이(외부에서) 돌아오는 거냐고 묻자 이 악마는 엉뚱한 말을 늘어놓다가 내가 다그치듯 계속 묻자 자기가 들어올 거라고 했다.

"컨테이너 방에 들기로 했잖아요."

"이 안에 들기로 했어요. 조정서에 그렇게 되어 있어요."

"허언증이 얼마나 심한지 문서에 기록되어 있는 것까지도 거짓말을 하네. 조정서에 컨테이너를 사용하기로 되어 있는데, 대체 이 안에 왜 들어오려는 거예요?"

"이상한 소리가 자꾸 들려와서 그래요."

"무슨 이상한 소리요?"

"돈을 받았다는데 안 받았다 하고 법원에 가보자니까 싫다하고"

"그런 소리 때문에 들어오려는 거예요?"

"그래요."

"그런 소리가 목사님한테 해가 되나요?"

이 악마가 즉시 '안 받았다더니 받았네!' 하며 나를 쏘아보았다. 그런 말이 아니라는 내 반박에도 이 악마는 같은 말을 반복하고 또 반복했다. 정신병자 같았다. 한참을 그러다 이 악마는 '받았으니까 그런 말 하는 거잖아요.' 했다. 내가, 해가 되냐고 묻는 게 어떻게 돈 받은 게 되냐고 따지자 이 악마는 '받았으니까 그런 말 하는 거잖아요. 교회로 전화가 왔어요. 돈 찾아가라는 전화가 왔으니 알지, 내가 어떻게 알겠어요.' 하고 말했다. '무슨 돈을 찾아가?' 내 물음에 이 악마는 '이때껏 말했잖아요. 1억 2천만 원 찾아가라고' 하고 말했다.

'1억 2천을 받았다고 했지, 찾아가라고는 안 했잖아, 왜 거짓말해요!' 하고 내가 따져도 이 악마는 눈 한번 깜박 않고 나를 쏘아보며 '찾아가라고 해서 받은 줄 알았지. 그날로 찾아가면 된다고 해서 나는 받은 줄 알았지.' 하고 몰아쳤다. '댁이 그런 전화 받았다며? 댁한테 찾아가면 된다고 했는데, 내가 어떻게 알고 받아!' 하고 내가 내지르자 이 악마는 '법원에 가보자니까 싫다 해서 받은 줄 알았지.' 하고 말했다.

참으로 사람을 환장하게 하는 악마 목사 년이었다. 어느 날 뜬금없이 '사업자등록을 해서 1억 2천을 받았다면서요.' 하고 시비를 걸기 시작해서 내가, 아니라면서, 그런 소릴 한 사람이 누구냐고 물어도 대답은 않고 거머리처럼 파고든지 몇 번째인지 모른다.

'무식한 무당, 수준이 더 높겠네. 내가 설사 1억 2천을 받았다 한들 그게 댁하고 무슨 상관인데 이렇게 걸핏하면 몰아치나. 오호라! 그 돈도 뺏고 싶어서 환장을 했구나! 그래서 이 안에 들어오려 하고, 그 돈 뺏고 싶어 환장을 해서 밤에 잠도 못자겠네. 어디 한 번 뺏어 봐요. 뺏으면 내가 그 돈의 곱절을 포상금으로 얹어 줄게요. 사업자등록 내서 그걸 팔아서 포상금으로 줄 테니 뺏으세요.' 하고 내가 들이받자 이 악마는 '관둡시다.' 하면서 나가버렸다. 그 위에 대고 내가 소리를 질렀다. '저러고 싶을까. 똥 소리나 해대고 목사라는 게 귀신 섬기는 무당보다 더 수준 이하야!'

2015.12.16.(수)

김치전을 내 방까지 갖다주면서 주방장이 김치가 짠 것 같다고 말했다. 전을 먹어보니 심하게 짰다. 김치는 내 동생이 갖다준 것인데 싱겁다고 주방장은 말했었다. 주방장 퇴근 후 남은 것을 먹어보니 짜지 않았다. 수일 전에 부친 것도 지독하게 짜서 이후에 남은 것을 먹어보니 조금도 짜지 않았다. 박 자매에게 부침개가 짰냐고 물어보니 안 짰다고 했다. 주방장은 간을 아주 잘 맞추는 실력자고 짜게 먹지도 않는다.

그때도 오늘도 내게 줄 것에만 소금을 쳐넣은 것이다. 내가 짠 것을 싫어하기에, 전을 부치면 매번 내게 차디찬 것을 주고 자기는 뜨근뜨근한 것만 처먹으면서(함께 먹는 이 형제가 예전에 확인시켜 주었다) 그것만으론 만족이 안 되는 것이다. 내가 좋아하는 반찬은 내게 잘 안 주는 등 음식으로 이런저런 횡포를 부리지만 주방장은 이웃사람들에겐 천사다. 내게도 겉으로는 천사다. 늘 화사한 미소와 상냥한 음성으로 나를 대한다.

2016.3.3.(목)

박 자매가 내게 국을 어쨌냐고 물었다. 냄비에 국이 있었는데 없다고 했다. 엄 형제가 그 냄비 빈 거라서 자기가 씻었다고 말했다. '비긴 왜 비어 국이 있었는데' 박 자매가 펄펄 뛰었다. 엄 형제는 '진짜 비어있었어! 아무것도 없이 다른 그릇과 함께 저기에(싱크대 상판을 가리키며) 있었어!' 하고 말했다. 엄 형제가 가리키는 곳은 언제나 설거지거리를 놓는 곳이다. 먹거리가 담겨진 냄비 등은 식구 모두가 가스렌지 왼쪽의 싱크대에 놓아둔다. 내가 그 이야기를 해도 박 자매는 국이 남아있었다고 악을 쓰고 엄 형제는 아니라고 분명히 아무것도 없어서 설거지할 때 함께 했다고 언성을 높였다.

내가 너무 적게 있어서 찌꺼기인 줄 알고 버렸나 보다면서, 내가 사주겠다며 달래도(보신탕을 박 자매가 사 와서 자기네만 먹은 것이었다) 박 자매는 일부러 버렸다며 포악을 쳐댔다. 엄 형제는 찌꺼기도 없었다고 소리를 질렀다. 박 자매가 아무리 쌍욕을 퍼대도 소리는커녕 언성조차 높인 적 없던 엄 형제였다. 내가 둘 다 그만 하라며 '지환 씨가 나쁜 사람이 아닌데 왜 일부러 그러겠어. 실수로 그런 것이니 봐줘, 내가 더 많이 사줄게.' 하고 달래도(아무리 달래도 절대로 안 듣는 년임을 잘 알면서도 쉬 화를 못 내는 내 자신이 한심스러우면서도 타고난 기질을 못 고친다) 박 자매는 줄기차게 일부러 버렸다고 포악을 치며 쌍욕을 퍼댔다.

엄 형제가 '이게 정말!' 하면서 성이 나서 벌개진 얼굴로 달려가 박 자매 뒷목을 한 대 때렸다. 박 자매가 엄 형제 멱살을 잡고 엄 형제도 박 자매 멱살을 잡았다. 내가 '둘 다 다쳐, 뒤로 물러서! 지환 씨처럼 착한 사람이 어딨니! 미영이네만 먹은 설거지도 다 해주잖아! 실제 버렸을지라도 실수로 그런 걸 그만큼 퍼댔으면 됐지. 어떻게 그렇게 오래도록 포악을 치며, 어떻게 그렇게 기운도 좋니!' 하고 소리를 지르자, 박 자매는 '내가 설거지할 테니까 내보내!' 하고 말했다. '지환 씨는 내보낼 수 없어. 미영 씨는 내보낼 수 있어도' 내 말에 박 자매는 '나는 죽어도 못나가. 언니도 똑같애' 하면서 제 방으로 들어가 버렸다.

내가 아무리 억울해도 그렇지 왜 사람한테 손을 대냐고 야단을 쳐도 엄 형제는 잠자코 있었다. 지렁이도 밟으면 꿈틀한다는데 엄 형제는 참 오래도 가만히 있었다. 박 자매 년이 몇 년이나 다짜고짜 쌍욕을 퍼대도 엄 형제는 웃으며 그러지 말라고 달래기만 했었다. 국이 남아 있었다면 화를 낼 사람이 아니다. 찌꺼기 국물이 조금만 그릇에 남아있어도 반듯이 버려도 되냐고 물어본 다음에 설거지하는 사람이다. 얼마 후 박 자매 년이 국이 남아있었다던 냄비가 완전히 비어 있었던 게 생각났다. 엄 형제에게 내가 밥을 챙겨주러 나갔을 때 박 자매 년 설거지거리와 함께 놓여 있을 때 보았다. 년은 주방장이 휴무일 때 자기네만 처먹은 설거지를 엄 형제에게 시킨다. 엄 형제가 좋은 일이라도 하는 양 즐거운 얼굴로 시키는 대로 하니까 자기네가 다 처먹은 국을 버렸다는 누명을 악귀답게 씌워서 날뛴 것이다.

(박 자매와 이순자는 또 엄 형제를 고소하러 경찰서에 갔으나 또 접수 거부를 당한 게 후에 드러났다).

2016.3.6.(일)

아침에도 잘 살아있던 화분의 체리나무가 오후에 보니 몸통이 부러져 있었다. 외부인은 들어오지 않았으니 박 자매 짓일 것이다. 화단에 심어놓은 비단철쭉도(일반철쭉보다 늦게 피는 종인데 이름이 별도로 있는 것 같지 않아서 이름을 내가 멋대로 붙였다) 몸통이 부러져 있었는데 그 또한 년의 짓일 것이다. 년의 방 앞을 지나면서 '악귀가 나무를 분질러 났네! 걸리기만 해봐 손목을 분질러 버릴 거다.' 하고 말했는데 년은 내다보지 않았다.

모르는 이야기가 들리면 반듯이 튀어나와서 관심을 기울이는 년이, 이 집사가 나를 죽일 듯 미워하면서 자기가 잘못해놓고도 내가 사서 가꾸는 나무들의 가지를 분질러 놓곤 했는데, 년은 아예 나무를 죽이려고 밑둥을 잘라버렸다. 이 집사보다 더 잔혹성이 깊은 듯해서 몸서리가 쳐졌다. 정말이지 년의 머리통을 바수어 버리고 싶다. 나를 도둑으로 몰고 씨발년 개 같은 년 등의 쌍욕을 퍼댈 때보다 더 이가 갈린다.

2016.3.7.(월)

엄 형제에게 앞으로는 설거지하지 말라고, 죄 없이 욕먹으며 하면 안 된다고 말했다. 박 자매에게는 '오늘부터 너네 설거지는 네가 해.' 하고 말했다. 박 자매는 '왜 나보고 하라는 거얏!' 하고 소리를 질렀다. '지환 씨를 미워하면서 시키면 안 되잖아. 사람이 염치가 있어야지.' 내 말에 년이 밥을 먹다가 발딱 일어나 눈으로 살기를 내뿜으며 '내가 언제 널 미워했냐? 이년 앗——!' 하고 악을 썼다. 입에 밥을 담은 채였다. 년의 뺨을 후려갈기고 싶었다. 그런데 내 손이 내 것이 아니다. 류마티스가 내 손을 소유하고 있어서 내 맘대로 사용하지 못한다. 힘을 쓰면 통증이 날뛰며 힘을 차단한다. 나를 미워한다고 한 게 아닌데 년이 그런 악을 쓴 건 나에 대한 증오가 극렬하기 때문이리라.

'나를 안 미워하는데 나무를 분질러놨냐 이년앗!' 하고 나도 욕설을 퍼부었다. 년은 '그럼 내가 미끄러졌는데 그냥 있엇! 나무를 왜 거기 놔뒀냐? 이년앗! 거기다 나둬서 내가 미끄러져서 그랬다 이년앗——!' 하고 포악을 쳤다. '나무가 너를 밀었냐? 미끄러지게 이년앗!' 하고 내가 외치자 년은 '나무를 왜 거기다 뒀엇 이년앗! 이 개 같은 년앗——!' 하고 미친 듯이 포악을 쳤다.

체리나무 화분은 현관문 반대편의 약간 깊숙하고 구석진 곳, 갈 필요가 없는 공간에 있었다. '거기엔 왜 갔니? 이년앗 일부러 나무 분지르러 갔지!' 하고 내가 외치자. 년은 '그냥 갔다 개 같은 년앗! 내가 분질렀낫? 이년앗! 나무가 넘어져서 분질러졌지 이년앗——!' 하고 포악을 쳤다. 나도 있는 힘을 다 해 악을 썼다. '거짓말 하지 마랏 이년앗! 내 돈으로 산 나무에 체리가 열리면 내게 하나도 안 주고 다 따 처먹으면서 나는 맛도 못 보고 그래도 아무 말 안 하는데 나무까지 분질러 어떻게 그렇게 양심이 없닛! 잘해주면 고마운 줄은 모를망정 악심은 품지 말아야짓 어떻게 그렇게 줄기차게 악랄하닛——!'

"네년은 이 집사보다 더 악랄해 이년앗——!"

"네 년보다는 덜 악하닷 이년앗——!"

"나이값 좀 해랏 이년앗 씨발년앗——!"

"나이값을 안 하니까 네년이 살아있짓. 내가 나이값을 하면 네년이 나이 많은 나한테 걸핏하면 씨발년 개 같은 년 하는데 내가 가만히 있었겠냣! 네가 다른 사람한테 그런다면 네년은 천 번도 더 맞아 죽었엇 이년앗──! 네년이 이곳에 들어온 지 몇 년이 되어도 청소를 한번 했냣! 걸레를 한번 빨았냣! 너네만 쓰는 화장실도 내가 다 청소해주고 특별히 맛있는 것은 네가 거의 다 처먹고 과일도 네가 거의 다 처먹고 그래도 뭐라 안 하는뎃 지환 씨는 거의 매일 욕설을 들으면서도 군말 없이 설거지도 다 해주는데 어떻게 그렇게도 줄기차게 미워하닛! 잘 해주는 사람을 미워하는 건 인간이 아니얏! 악귀얏! 너같이 악랄한 악귀는 세상에 없닷──!"

내가 죽을 힘을 다해 악을 쓰고 년은 발악하듯 네년이! 악마닷. 개 같은 년앗! 씨발년앗──! 하고 포악을 쳤다.

2016.3.10.(목)

주방장이 아파트로 이사를 간다며 1일부터 결근이었는데 오늘 출근을 했다. 박 자매는 내가 가까이 없는 사이 주방장에게 '나는 아무 권한이 없어' 어쩌고 지껄여 댔다. 주방장은 퇴근 후 전화로 말했다. '미영이 그년이 죽어도 언니와 지환이를 내쫓고 싶어 해요. 내쫓아야 되는데, 내쫓아야 되는데 하면서 발광을 해요. 내가 언니가 그렇게 잘해주는데 왜 그러냐고 하면 잘해주는 것 지도 안 대요. 그런데 잘 해줘도 밉대요. 미워 죽겠대요. 그년이 그전에 운기 씨도(이 형제) 미워 죽으려 했어요. 식구는 다 그렇게 미워하는데 이순자도 함께 살면 미워할 것 같애요.'

내가 말했다. '이순자는 안 미워 할 거예요. 힘이 있는 데다 무서운 인간이라서, 나는 이유 없이 사람을 미워하는 것들을 많이 접해봐서 잘 알아요. 미영이 정도는 아니지만 자기를 위해주고 존중해 주는 사람을 미워하는 것들은 다 자기한테 악하게 굴거나 무시하는 사람은 절대로 안 미워해요. 안 미워하려고 해서가 아니고 본성이 비굴하고 비루해서 센 사람한텐 미움이 안 생기는 것 같더라고요.'

2016.3.12.(토)

박 자매의 포악 소리가 또 들렸다. 계속 들리기에 나가서 또 왜 그러냐고 소리를 질렀더니 약이 없어져서 박 자매에게 감췄냐고 물었더니 그런다는 엄 형제 대답이었다. 가방에 있던 정관장이 없어졌단다. 엄 형제가 자기네 설거지까지 해줘도 엄 형제를 미워 못 견뎌 하며 엄 형제가 TV를 못 보도록 리모컨을 감추고 엄 형제 책까지 감춘 년이다. 이젠 약까지 훔쳐 가? 참 가지가지 한다. 도둑년은 때려잡아야지 또 없어지는 게 있으면 경찰에 신고하자고 내가 말했다. 그러는 동안에도 박 자매는 쉬지 않고 포악을 쳐댔다. '내가 훔쳐 갔다곳! 이 새끼얏. 왜 나를 도둑으로 모닛! 내가 만만하니까 도둑으로 모넷 저 새끼갓——!'

2016.3.13.(일)

박 자매가 교회에 갔는데 나는 년의 밥상을 차려놓지 않았다. 전날 년의 쌍욕과 포악을 듣고도 심지어 도둑누명을 씌워도 년이 교회에 예배드리러 가면 점심상을 차려놨었는데, 반찬이 부족하다 싶으면 반찬을 만들어서, 6년여를 그렇게 했는데 이젠 안 할 것이다. 이전에도 안 하려 했다가 한두 번 안 한 다음에 다시 차려놓곤 했는데 이젠 정말 안 할 것이다. 년네의 전용 화장실 청소도 년은 한 번도 하지 않고 6년여를 내가 해왔는데 그 또한 이젠 안 할 것이다. 정말 하면 안 된다.

2016.3.23.(수)

나무화분이 또 없어졌다. 치자나무 화분이었다. 외부인은 들어오지 않았고 엄 형제는 자기 것 외에는 손을 안 대기에 박 자매 짓이라고 여길 수밖에 없었다. 어느 구석에 감춰놨나 싶어서 집안 구석구석을 샅샅이 뒤져도 없었다. 박 자매에게 '화분 손댔니?' 하고 물었다. 년이 당장 나를 잡아먹을 듯이 험악하게 노려보며 '씨발년앗! 왜 나한테 그러닛! 이 개 같은 년앗!' 하고 욕설을 퍼댔다. 쉬지 않고 퍼댔다. '너 아니면 손댈 사람이 없잖아!' 내 말에 년은 '모함하지 맛! 씨발년앗! 아까 고양이가 지나갔엇! 이 개 같은 년앗——!' 하고 포악을 쳤다.

현관문이 닫혀있어서 쥐새끼도 못 들어오게 되어있는데 나도 욕설을 퍼댔다. '고양이가 화분을 물어가니 이년앗!' 년은 '고양이가 지나 갔엇! 씨발년앗! 네년이 인간이 얏——!' 하고 포악을 쳤다. 나도 질세라 악을 썼다. '내가 인간이 아니니까 네년을 여태껏 그냥 뒀짓 인간이면 네년을 천 번도 더 때려죽였다. 이 세상 어떤 인간이 너같이 흉악한 년을 살려두겠니! 내가 너한테 잘못한 게 있을지라도 네년이 인간이면 이렇게 오래도록 못살게 하지 않을 거닷. 너처럼 흉악한 년은 세상 어디에도 없닷──! 년도 눈으로 살기를 내뿜으면서 미친 듯이 '씨발년앗! 개 같은 년앗──!' 등등의 포악을 쳤다. 쉬지 않고 쳤다. 내가 '나무가 무슨 잘못을 했다고 내가 무슨 잘못을 했다고 나무를 분지르고 없애고 하닛! 이년앗! 경찰에 신고할 거닷!' 하고 외치자 년은 발악하듯 '신고햇 씨발년앗──! 얼른 햇 이 개 같은 년앗──!' 하고 쉬지 않고 포악을 쳤다. 나는 내 방으로 들어와 버렸다.

년의 악마성에 몸서리가 쳐졌다. 어떻게 자기에게 잘해주는 사람에게 그토록이나 극렬한 증오를 품을 수 있는가? 년의 머리가 정상이라면 그 증오 때문에 그 어떤 방법으로 예전에 나를 죽였을 것이다. 대체 년의 부모는 어떤 이들이기에 년 같은 최강 악귀를 낳아놓았을까. 이순자와 법적문제가 끝났으니 년을 내쳐도 되는데, 내쳐야 되는데 왜 나는 내치고 싶은 마음이 안 생기는 것일까. 이젠 사랑하지도 않는데 년의 쌍욕에 치욕감으로 피가 혈관 밖으로 터져 나올 듯하고 심장이 비수로 난도질당하는 듯한 패악질에 치가 떨리는데...

내 부모는 어찌해서 나 같은 등신을 낳았을까?

2016.4.3.(일)

화분의 국화와 배초향 어린 줄기가 모조리 뜯겨져 사라지고 없었다. 두말할 것도 없이 박 자매 짓이다. 정말이지 년의 손목이 잘려졌으면 좋겠다. 년을 그대로 두면 식물들을 다 죽일지 모른다. 내게 가하는 패악질보다 내겐 더 견딜 수 없는 일이다. 고소장을 써놓고 그것을 년의 친정에 알리려고 전화를 했으나 아무리 계속해도 받지 않는다.

2016.4.5.(화)

박 악귀에게 '네 언니 오라고 해. 지금 너를 고소하러 가는데 네 형제들도 알아야 되니까.' 하고 말했더니 년이 즉시 '씨발년앗 고소해랏! 개 같은 년앗──!' 하고 미친 듯이 포악을 쳤다. 년이 아무리 포악을 치고 쌍욕을 퍼대며 날뛰어도 죽을 듯 잠자코 있는 진 집사가 시원찮은 발음으로 뭐라고 마구 소리를 질러댔다.

하남경찰서에 들어가 담당부서로 갔더니 형사계장이라는 이가 고소장을 읽어보고 지적장애 1급이면 심신미약자로 간주되어 고소가 각하되거나 기소유예 처분만 받을 수 있다고 말했다. 악귀는 1급 수준이 아니다. 경계선 지능장애에 가깝다. 그런데도 1급으로 등록되어 평생을 빈둥거리며 살도록 되어 있는데 죄를 지어도 처벌을 안 받는다는 것이다. 전혀 예상못한 것이 아님에도 깊은 좌절감이 밀려왔다. 1급이 아님을 내가 입증하더라도 결과는 비슷할 것이다. 가해자가 장애인이면 법이 혜택을 주니까? 장애인이 피해자일 땐 전혀 안 준다.

형사는 악귀에게 전화를 걸어서 왜 그렇게 화분을 훔치고 욕을 하냐고 물었다. 악귀는 '나를 모함하는 거야!' 하고 내지르더니 이따가 그곳에 갈 께요.' 하고 말했다. 내가 1급은 절대 저렇게 말 못 한다고 말했다. 형사는 고소장을 돌려주었다. 경찰서를 나섰는데 악귀가 저의 만행을 올케가 알까봐 친정엔 알리지 않고 같은 부류인 이순자를 데리고 올 거라는 생각이 들었다. 되돌아가서 형사에게 이순자하고 올 것이니 좀 전해달라면서 악귀의 패악질을 기록한 몇 장의 내 일기 복사본을 주었다. 형사는 이순자와의 관계를 물은 뒤 '목사한테 해결해 달라고 해요.' 하고 말했다. 내가 말했다. '그 목사도 박미영이와 같은 사이코패스라서 더 하도록 선동질을 할지언정 절대로 못하게 할 위인이 아니에요.'

집에 오니 박 악귀도 그의 남편 진 집사도 없었다. 몇 시간 후에 박 악귀와 이순자 악마와 진 집사가 함께 들어왔다. 나를 뭉개려고 몇 달이나 얼굴도 손도 안 씻고 양치도 안 해서 지린내 구린내가 합쳐진 냄새를 내뿜는 이를, 그 상태 그대로 경찰서에 대동한 것이다. 악귀는 들어서자마자 '저년이 생사람을 잡네!' 하고 폭언을 내뱉고 진 집사는 나를 죽일 듯 험악하게 노려보았다. 이순자 악마가, '함께 살기로 해놓고 왜 고소하냐. 왜 그렇게 고소하는 걸 좋아하냐. 경찰서에서 시청에 전화를 해서 시설을 해체시키라고 했다. 부활선교회 대표는 "나, 다"라는 등등의 같잖은 소릴 쏟아놓으며 왜 좋게 살지 못하냐.'고 나무랐다.

내가 미영이는 내게, 자기 돈을 가져갔다는 누명까지 씌운다고, 경찰서에 가져간 내 기록은 미영이 패악질의 천분의 일도 안 된다고 말했다. 박 악귀가 즉시 '그럼 안 가져갔냐? 이년앗!' 하고 욕설을 퍼댔다. 내가 '하늘 아래 너같이 흉악한 년은 없을 거야. 예금을 해서 통장을 네년이 가지고 있으면서 그런 말을 하닛!' 하고 욕설을 퍼대자 이순자 악마가 그 돈 말고 예전에 식구들이 떠날 때 받은 돈, 했다. 박 악귀도 '그 돈 말고 이년앗!' 하고 외쳤다. 악귀는 그동안 나를 도둑으로 몰 때 매번 보험금 1,000만 원을 가져갔다고 했었다. 그런데 이 악마는 예전 식구들이 떠날 때 나눈 돈을 내가 가져갔다는 것이다. 박 악귀가 예금 해놓은 것을 내가 알고 있음을 알기 때문이다.

내가 몸서리가 쳐져서 '나보다 고소하는 걸 천배는 좋아하면서 왜 내가 돈 가져갔다고 고소 안 했어요? 지금이라도 하세요.' 하고 들이받은 뒤 '아이고 나는 더 이상 너하고 못 살겠다. 너는 선교회 퇴출이야! 이제부터 너를 선교회식구로 안 여기겠어! 내가 너 때문에 죽을 것 같다. 너는 이제 나하고 완전 남이야!' 하고 내질렀다. 박 악귀 년은 잘 됐다는 듯이 '바라던 바야! 내가 바라던 바야!' 하고 말했다. 내가 '잘 됐다. 이제 앞으로 우리 별도로 사는 거다. 너는 너대로 나는 나대로 앞으로 내게 태클 걸지 마! 나도 안 할 테니 먹거리든 뭐든 선교회 것에 손대지 마! 너는 지금부터 선교회식구 아니야!' 하고 말했다.

이순자 악마가 미영이를 원해서 데려와 놓고 왜 그러냐고 나무랐다. 내가 말 할 새도 없이 박 악귀가 '나를 이용하려고 데려왔지. 저년하고 말하지 마! 저년하고 말하면 안 돼.' 라는 등의 막말을 속사포처럼 쏟아놓았다. 그래도 이순자 악마는 제지 않고 내게 지환 씨가 미영이 때릴 때 왜 안 말렸냐고 따졌다. 악귀가 또 즉시 '안 말렸잖앗! 안 말렸잖앗!' 하고 미친 듯이 몰아쳤다. 나는 할 말을 잃었다.

이 악마가 돌아간 뒤 박 악귀 년에게 '먹거리도 따로 먹을 거니까 냉장고도 따로 써야지. 너는 오른쪽 냉장고를 써 우린 왼쪽 거 쓸 테니까.' 하고 말했다. 악귀는 '우리 물건에 손대지 마! 세탁기 쓰지 마!' 했다. 내가 '그럼 가스렌지는 선교회 거니까 쓰지 마!' 하고 말했다. 악귀가 '왜 쓰지 말라하닛 씨발년앗——!' 하고 악을 썼다. '너는 세탁기 못쓰게 하면서 선교회 거를 쓰면 안 되잖아!' 내 말에 악귀는 '내 맘이닷 이년앗! 이 개 같은 년앗——! 내 돈 1,000만 원 가져간 것 내놧 이 도둑년앗——!' 하고 미친 듯이 포악을 쳤다.

하나님이 있다면 어떻게 년의 만행을 보고만 있는가? 이순자 앞에서는 보험금이 아니라 해놓고 이순자가 없으니 또 보험금 1,000만 원이라는 것이다. 나는 또 몸서리를 쳤다.

2016.4.6.(수)

박 악귀가 주방장에게 전화를 해서 자기들은 밥을 따로 해먹을 거라고 하더란다. 주방장이 이젠 그만두라는 거냐고 묻자 악귀가 '저년(나)한테 물어봐.' 하더란다. 그 이야기를 하면서 주방장이 '그만 둬요?' 하고 물었다. 내가 죄스러워하면서 '죄송해요. 어쩔 수가 없네요.' 하고 말했다. 주방장은 괜찮다고 필요하면 언제든지 다시 부르라고 말했다.

주방장은 떠났다. 15년 이상을 일하셨는데 퇴직금도 드리지 못했다. 그것이 가슴을 짓누른다. 악귀 년은 냉장고에 있던 계란과 방풍나물을 하나 남김없이 가져가 버렸다. 좋아하는 먹거리는 다른 식구 몫까지 다 자기 방의 냉장고에 갖다놓고 처 먹는 년인지라 그러려니 하겠는데,

나무와 꽃을 죽이는 것은 정말 참기 힘들다. 년은 화단에 있는 할미꽃까지 잘라 없앴다. 정말이지 년의 손을 잘라버리고 싶다. 그런데도 나는 년의 포악이 싫어서 또 잠자코 있었다.

복도 여기저기에 똥이 짓이겨져 발려져 있었다. 일부러 짓이기며 발라놓은 게 분명했다. 구린 내가 진동했다. 진 집사 짓이다. 선교회에서 내쳐지자 앙심을 품은 것이다. 밥을 안 먹을 때는 죽을 끓여주기도 하고(정작 내 자신을 위해서는 못 끓여 먹으면서) 자기 똥오줌 처리를 수년간 해주면서도 싫어하지 않던 내게, 똥 보답을 한 것이다.

진 집사는 차라리 신체장애인과 결혼했어야 했다. 그랬다면 이토록이나 망가지지 않았을 것이다. 내가 똥을 닦아내면서 '세상에 남의 똥까지 닦아주는 사람 세상에 나밖에 없을 거야!' 하고 큰소리로 말했다. 악귀가 방에서 암팡진 목소리로 '닦지 마. 내가 닦을 거야!' 하고 외쳤다. 알고서도 안 닦고 있었던 것이다. 내가 화장실이나 청소하라고 말했다. 화장실에서도 냄새가 진동을 하고 있었다. 악귀는 하지 않았다. 나도 해주지 않았다.

2016.4.7.(목)

역시 박 자매는 똑똑한 바보다. 내가 언급하지도 않았는데 선교회 밥솥 아닌 자기네 밥솥에 밥을 했다. 쌀은 선교회 것을 퍼갔는데 나는 내버려 두었다. 선교회 냉장고에 있는 먹거리는 이전엔 좋아하는 것만 쓸어가더니 오늘 보니 있는 것 모두를 쓸어갔다. 그래도 좋다. 주방장 결근일 때 밥을 잔뜩 해, 찬밥을 만들어 놓고 새로 밥을 해 처먹는 꼴을 안 봐도 될 거니까, 쌀을 자기네 몫으로 알맞은 양만 주고 손 못 대게 할 거니까.

2016.4.14.(목)

하남경찰서에서 전화가 왔다. 선교회에 무슨 문제가 있냐고 물었다. 이전에 부활교회 목사가 와서 안 좋은 이야기를 했다고 말했다. 내가 말했다. '그 목사 아주 나쁜 여자예요. 우리 선교회가 산 땅을 빼앗고 건물도 빼앗았는데 거짓말도 엄청 해요. 그래서 내가 말해놓고 허언증 환자 같다고, 입만 열었다 하면 거짓말한다고 면박을 주는데 그래도 거짓말을 계속해요. 어떻

게나 안색도 안 변하고 거짓말을 사실처럼 잘 하는지 거짓말탐지기에 걸리지 않을 것 같다니까요.'

박 자매는 오늘도 선교회 반찬을 훔쳐 갔다.

2016.4.20.(수)

이순자가 박 자매 방에 들어가더니 뭐라고 지껄여 댔다. 내가 왜 그러냐고 물었더니 진 집사가 누워서 눈을 뜬 채 옷에다 오줌을 싼단다. 이순자는 119를 불러서 병원으로 진 집사를 데려갔다. 이전엔 매번 내가 데려갔는데, 사랑의 마음을 버리니 이토록 편하구나!

2016.4.23.(토)

주방장이 찾아왔기에 내 개인 돈으로 50만 원을 드렸다. 돈이 많다면 퇴직금을 드리고 싶은데 그러지 못해서 아쉽고 기분이 좋지 않다.

2016.5.11.(수)

이순자가 올라왔기에 진 집사는 어떠냐고 물었더니 이렇게 말했다. '충격을 받아서 피가 머리에 고여 있다고 하더라고요. 의사가 무슨 충격을 받았냐고 나한테 묻더라고요. 수술을 두 번이나 받았어요. 혜성 씨가 미영이를 고소한 다음 날 119에 실려 갔잖아요.'

무슨 고소한 다음 날이냐는 내 반박에 이순자 악마는 눈을 치뜨고 나를 쏘아보며 '고소한 다음 날이 분명해요.' 하고 말했다. '나 때문에 그렇게 되었다는군요. 나는 6년이나 미영이한테 온갖 쌍욕과 포악을 들어왔어요. 자기 마누라가 그럴 땐 한 번도 제지 않고 얌전히 있어놓고 견디다 못해 고소를 하니까 충격을 받았대요?' 하고 내가 대들자 이 악마는 엉뚱하게 '밭에 건물을 지으려면 감나무를 어떻게 해야 되는데 어떻게 하면 되냐'고 물었다. 내가 밭에다 건물을 지을 거냐고 묻자 이 악마는 '거기 짓던 여기 짓던 팔아야 지을 것 아니냐'고 했다.

내가 '감나무가 땅 이용하는데 방해가 되면 자르세요. 앵두나무도 잘라놓고 감나무까지 자르겠군요.' 하고 말했다. 이 악마는 '나는 모르는 일이에요. 나는 안 잘랐어!' 하고 말했다. '교회에서 잘랐는데 교회 대표가 모른다는 게 정상이에요.' 내 면박에도 이 악마는 '내가 어떻게 알아요! 몰라요!' 하고 거짓말을 하면서 나갔다. 내가 박 자매를 고소한 다음 날 진 집사가 119에 실려 갔다는 주장도 거짓일 것이기에 일기를 들춰보니 박 자매를 고소하러 간 날짜는 4월 5일이었고 진 집사가 실려 간 날짜는 4월 20일이었다. 입만 열었다 하면 거짓말한다고 수없이 비난을 내게서 받고도 거짓말을 멈추지 못하는 것이다.

끔찍한 악마다 진 집사 머리에 피가 고였다는 등의 말도 거짓말일지 모른다. 감나무값을 주고 자르라고 예전에 멋대로 자른 체리나무, 매실나무, 포도나무 등등의 나무값도 달라는 문구를 써서 교회 문에 붙여놓았다.

2016.5.18.(수)

이순자 악마가 올라와서 말했다. '언제까지 이렇게 살 거예요. 이곳은 부활선교회가 아니에요. 혜성 씨는 선교회대표가 될 수도 없어요. 선교회대표가 아니에요. 내가 진정서를 냈는데 선교회가 아니고 혜성 씨는 대표가 될 수 없다는 답변이 왔어요.'

"어디에 진정서를 냈다는 말은 왜 안 하세요. 법적으로 해체시키세요!"

"이곳은 내가 대표로 있는 부활선교회예요."

"댁이 대표인 선교회는 익산에 있는 선교회지 실체가 없는 유령 선교회(이 악마는 익산에 유령 부활선교회를 만들어서 그 이름으로 소송을 해서 건물을 빼앗았다)."

"유령선교회가 아니에요. 이곳으로 주소가 되어 있어요. 미영이 하고는 왜 그래요. 물도 못 먹게 한다면서요."

"앞으로는 정수기 비용을 절반 부담시키겠다고 했을 뿐이에요. 선교회식구도 아닌데 선교회가 다 부담할 수 없잖아요."

박 악귀가 '나는 물 안 먹었엇 이년앗――! 내가 언제 물 먹었닛 이년앗――!' 하고 악을 썼다. 내가 '양칫물까지 정수기에서 뽑아 쓰고도 안 먹었다고 하니 이년앗!' 하고 내질렀다. 이 악마가 '미영이는 혜성 씨한테서 1,000만 원을 받아야 나가지 이대로는 죽어도 못 나간다던데요.' 하고 말했다. 말이 끝남과 동시에 박 악귀가 '내 돈 1,000만 원 내놧! 씨발년앗――!' 하고 악을 썼다. 내가 '네 에미년이 씹 팔던 년이지, 그래서 너 같은 걸 낳아 놨지.' 하고 내뱉었다. 박 악귀가 미친 듯이 같은 욕을 내게 퍼댔다. 박 악귀가 씨발년이라고 악을 쓸 때는 가만히 있던 이 악마가 어떻게 그런 욕을 하냐고 나를 나무랐다.

'내가 오죽하면 이러겠어요. 나는 6년여를 아무 잘못 없이 나이도 나보다 더 적은 저년한테 씨발년 개 같은 년 등의 쌍욕을 듣고 도둑누명까지 수없이 썼어요.' 하고 말했다. 박 악귀가 다급히 팔을 마구 내저으며 '씨발년잇! 다 거짓말이야! 듣지 마! 듣지 마!(이 악마에게) 씨발년이 거짓말 하는 것 좀 봐!' 하고 미친 듯이 외쳐댔다. 내가 언제 1,000만 원을 가져왔냐고 묻자 박 악귀는 눈을 부릅떠 나를 똑바로 노려보고 살기를 내뿜으면서 '치매 걸렸니? 기억 안낫? 치매 걸렸닛!' 하고 쉬지 않고 몰아쳤다. '그래, 나 치매 걸렸으니까 내가 돈 가져온 증거 내놔 봣! 네 올케 오빠 언니들한테 내가 네 돈 가져갔다고 얘기해. 내가 네 돈을 가져왔다면 네년이 가만있을 년이냣! 안 그래도 나를 죽이고 싶어 하는 년잇! 네 돈 가져온 것 이자까지 다 쳐 줄 테니까 네 올케와 언니들 다 불러오고 경찰에 고소햇——!' 하고 내가 악을 쓰자 악귀는 '내가 언니가 어딨냣! 나는 고아얏 이년앗——!' 하고 악을 썼다. 내가 이 악마한테 '저년 좀 보세요. 내가 잘못한 게 있어도 저렇게 못할 텐데 잘못한 게 없는데도 욕 퍼대는 것도 모자라서 도둑누명까지 씌우네요. 이런 곳에는 악마가 꼭 하나씩 있어서 착한사람을 공격하는데 미영이 같은 악마는 못 봤어요. 하늘 아래, 아니 지옥에도 저런 악마는 없을 거예요. 댁보다 한 단계 위에요.' 하고 말했다.

이 악마는 진 집사가 어쩌고 했다. 내가 '나 때문에 충격 받아서 머리에 피가 고였다는 식으로 말했는데 미영 이를 고소하러 간 날은 4월 5일이고 진 집사가 입원 한 날은 4월 20일이에요.' 하고 말했다. 이 악마는 '나는 혜성 씨 때문에 충격 받았다고 한 적 없어요.' 하고 말했다. '충격을 받아서 피가 고였는데 고소한 다음 날 119에 실려 갔다고 했잖아요. 그게 그 소리지 뭐에요.' 내 반격에도 이 악마는 '나는 혜성 씨 때문에 충격 받았다고 한 적 없어요 고소한 다음 날 119에 실려 갔어요.' 를 반복했다. 내가 목사라는 이가 무당보다 못하니 하고 탄식했다.

박 악귀가 '우리 아저씨가 그렇게 된 거 네년 때문이얏! 아저씨 나사낫——!(낫게 해놧) 하고 악을 썼다. 왜 나 때문이냐는 물음에 악귀는 '네년이 밀어서 그렇게 된 거얏! 네년 때문이 얏——!' 하고 포악을 쳤다. 나도 악을 썼다. '네년이 얼마나 천벌을 받으려고 그런 거짓말까지 하닛! 내가 네 서방 곁에 가지도 않았는데 무슨 재주로 멀리 떨어진 곳에서 미냣곳! 내가 밀었으면 네년이 그냥 있을 년이냣! 안 그래도 나를 죽이려 발광하는 네년잇——!' 악귀는 '네년이 밀어서 그렇게 된 거얏——!' 하는 포악을 미친 듯이 쳐대다가 '네 년이 우리 아저씨 먹을 것도 안 주고 구박 했잖 앗! 씨발년앗——!' 하고 쉬지 않고 포악을 쳐댔다. 이 악마는 보기 좋은 듯 구경만 하고 있었다.

내가 '네 서방이 국수류를 주면 안 먹고 굶어도 네년은 밥을 안 주고 내가 밥을 주라고 해도 안 주고 구박은 네년이 했지, 밥 안 먹으면 죽까지 끓여준 내가 구박한 거냣――!' 하고 반격해도 년은 같은 포악을 줄기차게 쳐대다가 '이 집사 쫓아내고 나까지 쫓아낼랫! 나는 절대로 안 나갓――!' 하고 악을 썼다. 나도 악을 썼다. '네년이 나를 쫓아내려고 발광하면서 주방장을 볼 때마다 나를 쫓아내야 한다고 발광하면서 그것까지 내게 뒤집어 씌우냣――!'

문득 악귀 년이 진 집사를 밀었을지 모른다는 생각이 들었다. 자기가 한 못된 짓은 모조리 내게 뒤집어씌운 년이 아닌가? 진 집사에게도 가끔 악을 쓰며 욕설을 퍼 대고 어느 때는 머리를 때리고 머리칼을 잡아 뜯은 적도 있으니 밀어버릴 수도 있는 년이다.

나는 더 이상 쓸 수가 없다. 심장이 비수에 저며지는 듯한 고통 때문에, 악귀 년의 포악을 더 기록할 수가 없다.

2016.5.27.(금)

전 주방장이 전화를 걸어와 말했다. '어제 신장에서 미영이를 만났는데 가농 전화번호를 묻더라고요.' 내가 쌀을 못 가져오게 하려고 그러냐고 했더니 '그냥, 이라고 하는 거예요. 그년이 언니를 두고 그년이 쌀도 못 먹게 하고 김치도 못 먹게 하고 밥도 못 해먹게 해. 그래서 김치도 사 먹고 밥도 밥솥을 사다가 방에서 해 먹어 하면서 언니 욕을 하는 거예요. 욕을 하면서 박 씨 전화번호를 묻더라고요. 그년, 꼴 보기 싫어서 못 오게 하려고 그런대요.'

가농은 쌀과 석유를 후원해 주는 곳이고 박 씨는 푸드 뱅크 물품들을 매달 배달해 주는 사람이다. 주방장의 말은 계속되었다. '그년이 언니를 내쫓고 싶어 발광을 하더니 뭘 갖다 주는 것도 못하게 하고 싶어 발광이 나는 것 같더라고요. 그런데 이웃아줌마들은 언니가 미영이를 내쫓으려 한다더라고요. 그년이 노인정을 찾아와서 언니를 엄청 욕을 하면서 그런 이야길 한대요.'

내가 말했다. '그년이 내가 지 돈 1,000만 원 가져갔다고 거짓말 하는 거 아시죠. 이제는 1,000만 원 내놓으라고 해요. 그년이 선교회식구 아니잖아요. 그런데도 쌀이고 김치고 말도 없이 퍼가요. 찹쌀도 거의 다 퍼가고 맵쌀 퍼내는 걸 내가 보고도 못 본 척했어요. 고춧가루, 고추장, 식용유에 휴지까지 뭐든지 다 훔쳐 가도 내가 귀찮아서 모르는 척하는데, 그년은 그렇게 거짓말을 하면서 나를 매도하네요. 얼마 전에 진 집사가 입원했잖아요. 그게 내가 진 집사를 밀어서 그렇대요. 내가 밀었으면 지 년이 나를 그냥 놔뒀겠어요. 안 그래도 나를 못 죽여서 발악하는 년이, 그년이 진 집사를 민 것 같애요. 그동안 자기가 한 나쁜 짓은 전부 내게 뒤집어씌운 년이잖아요. 나를 쫓아내고 싶어 발광을 하면서 내가 자기를 쫓아내려 한다는 거 보세요. 이다음에 진 집사가 죽으면 그년 틀림없이 내가 죽였다고 할 년이에요.'

2016.5.28.(토)

상필 씨가 또 전화를 걸어와서 부활에서 나오라고, 나와서 옛 식구들끼리 함께 모여 살자고 했다. 목사 놈과 권정미 외에는 악인들이 아닌 00의 집(내가 예전에 있었던 시설) 식구들, 그들을 사랑하고 좋아하는데도 헤어진 지 20여 년 동안이나 그리워할 여유도 보고파 할 여유도 없었던 지옥의 내 삶, 나는 왜 살고 있는 것일까?

블루베리 화분이 또 없어졌다. 노지나 다름없는 마당에, 있는 것도 안 없어지는데 건물 안에 있는 게 없어진 건 물론 악귀 년 짓이다. 그동안 없어진 화분나무가 10그루가 넘는다. 모두 내 개인 비상금으로 사서 가꾸는 나무들이다. 화분 어쨌냐고 물어도 또 없애면 가만 안 있겠다고 협박을 해도 악귀 년은 미친 듯이 쌍욕을 퍼 대고 다음에 또 없앤다. 고소를 해도 경찰은 장애인 문제라고 귀찮아 할 것이고 미칠 것 같다. 정말이지 년의 손목을 잘라버리고 싶다.

2016.6.5.(일)

가농과 푸드뱅크 맨 박 씨 전화번호를 알려고 기를 쓴 박 자매, 결국 박 씨 전화번호를 알아냈다. 전화를 해서 '갖다줘도 언니는 안 먹으니까 갖다 주지 말고 우리한테만 갖다줘' 라고 했단다. 박 씨가 지나가다 내게 들려준 이야기다.

2016.6.13.(월)

박 악귀네 방에서 속을 뒤집는 악취가 복도 건너편에 있는 내 방까지 날아온다. 가끔씩 찾아와서 진 집사를 씻겨주던 조 집사는 더 이상 오지 않고, 반년이나 목욕도 세수도 손도 안 씻고 양치도 안 한 진 집사에게서 삐져나오는 악취가 방에 배어있는데, 악귀가 방문을 열어놓고 있기 때문이다. 그 악취 속에서 악귀는 밥도 잘하고 식사도 잘한다. 악귀네 전용 화장실에서도 내부 장기를 뒤집는 악취가 진동한다. 그런데도 악귀는 청소를 안 하고 진 집사도 안 씻긴다.

참다못해 오늘은 악귀에게 냄새가 너무 지독하니 신랑 목욕 좀 시키라고 했더니, 나는 '아파 못시켜 언니가 시켜!' 하고 말했다. '남의 신랑을 어떻게 목욕을 시키냐! 마누라가 시켜야지!' 내 말에 악귀가 '씨발년앗! 무슨 냄새가 나닛! 네년한테서 난닷. 이년앗! 냄새가 나건 말건 네 년이 무슨 상관이얏 이년앗! 냄새가 나면 나가면 될 것 아냣! 이 개 같은 년앗——!' 하고 악을 썼다. 나도 어찌 그리도 더럽냐고 악을 썼다. 전 주방장은 또 전화를 걸어와서 아파트를 신청해서 나오라고, 안 그러면 명대로 못산다고, 왜 그런 년한테(악귀 년) 고통을 당하며 있냐고 채근했다. 내 생각을 티끌만치도 안 하던 이가 왜 이제는 하는 척하는 것일까?

2016.6.27.(월)

박 자매는 나가고 방문이 열려있어서 들어가 봤더니 더러움으로 끈적거리는 전기매트가 뜨끈뜨끈했다. 전기를 켜놓은 것이다. 진 집사는 웃옷을 다 벗은 채 땀을 뻘뻘 흘리며 앉아있었다. 바닥이 뜨거워서 누워 있지 못한 듯했다. 박 자매는 가을부터 다음 해 봄까지 거의 매일 보일러 온수를 수십 분씩 틀어서 하수구로 흘러보낸다. 석유를 낭비하려고, 그것으로는 만족이 안 돼서 숨 막히게 더운 날을 제외하곤 전기를 낭비하려고 전기매트를 켜놓는다. 그리곤 선풍기를 틀어놓는다. 내가 지적을 하면 아저씨가(진 집사가) 춥다고 해서 라고 말한다. 식구 아니라고 지난달부터 내가 전기세를 3분의 1을 자기에게 부담시키는데도 내가 더 많이 부담해서인지 여지껏 부려온 횡포를 멈추지 않는 것이다.

2016.7.3.(일)

이순자가 박 자매네 방으로 들어가는 기척이 나더니, 박 자매가 다른 곳으로 보내던지 해, 안 그래도 저 방에서 어쩌고 하는 소리가 들려왔다. 그러려니 하고 있는데 같은 소리가 계속 들려왔다. 내가 나가서 내 방에서 뭘 어쨌다는 거냐고 물었다. 박 자매는 '냄새 난다고 했잖아!' 하고 대들었다. 아저씨 좀 씻겨주라는 소린데 그게 잘못이냐는 내 말에 박 자매는 '내가 아파서 못 씻겨 주잖아! 네가 씻겨주면 되잖아!' 하고 외쳤다. '남의 남자를 어떻게 씻기니! 네 남자니까 네가 씻겨야지. 그리고 아프면 시내엔 어떻게 그렇게 잘나가니. 너는 잘 씻잖아. 네 서방은 반년이 넘도록 손 한번 안 씻겨주고 너만 잘 씻으면 되니!' 하고 내가 나무라자 박 악귀가 이순자에게 '저년이 저렇게 독해 씨발년이'! 하고 내뱉었다.

내가 '반년이 넘도록 신랑이 손 한번 안 씻어도 대신 안 씻겨주는 네년이 독하지!' 하고 퍼부었다. 악귀가 씨발년, 개 같은 년! 등의 쌍욕을 미친 듯이 퍼부었다. 그런 년을 그대로 두고 이순자는 '미영이는 인지능력이 떨어지는데 그러면 누가 참아야겠어요.' 하고 나를 제지했다. 내가 있는 힘을 다해 외쳤다. '저년이 어떤 줄 아세요! 내가 쌀을 먹지 말라 하지도 않았는데 먹지 말라 했다고 거짓말하고, 김치도 먹지 말라고 안 했는데 먹지 말라 했다고 거짓말하면서 나를 욕하고 다녀요. 그러면서 쌀이고 김치고 반찬까지 온갖 것을 다 훔쳐 가요. 그래도 나는 뭐라 하지 않는데 저년은 끊임없이 내 욕을 하면서 쌀을 못 가져오게 하려 하고, 푸드 뱅크 것도 못 가져오게 하려고 전화를 해서 갖다줘도 안 먹으니 선교회건 갖다주지 말고 자기네한테만 갖 다달라고 했대요. 그런 년이 인지능력이 떨어져요. 얼마나 거짓말을 많이 하고 내 욕을 많이 하고 다니는지 동네사람들이 저년을 사람 아니라고 해요. 과일이 들어오면 언제나 저한테 몇 배 많이 줘서 제 년 입으로 왜 이리 많이 줘 해놓고 나머지를 남자들 먹으라고 냉장고에 넣어두면 그걸 다 꺼내다 처먹고 내가 다 꺼내갔다 그러고, 좀 귀한 먹거리는 다 제 방에 갖다놓고 처먹으면서 나한테다 네 년은 왜 먹거리를 네 방에 가져가니 이년아! 하고 욕을 퍼 대요. 세상 천지에 저렇게 흉악한 년이 어딨어요.'

이순자가 참아야 한다면서 나를 내 방으로 밀어 넣으려 했다. 뿌리치면서 내가 7년 동안이나 지옥의 형벌 같은 학대를 받으며 도둑누명까지 써왔다고 외쳤다. 악귀는 눈으로 살기를 내 뿜으며 '씨발년, 개 같은 년, 네년이 인간이냣——!' 등의 포악을 쳐댔다. 나도 사력을 다해 악을 썼다. '내가 인간이면 네년을 수천 번도 더 때려죽였다. 너같이 흉악한 년을 그냥 둘 인간은 하나도 없다. 이년앗——! 나한테 포악 치는 기운이면 하루 백번도 더 네 서방 목욕시킨다. 이년 앗——!'

이순자가 그냥 나가버리자 악귀 년이 즉시 내 앞으로 달려와 살기가 뿜어져 나오는 눈으로 나를 죽일 듯 노려보고 포악을 쳐대면서 두 팔을 쳐들어 나를 패려고 했다. 내가 패라고 들이 댔다. 년은 차마 못하겠는지 팔을 내리고 씨발년앗, 더런 년앗——! 등의 포악을 치다가 '지환 이 약도 네년이 먹었지 씨발년앗——!' 하고 악을 썼다. 그리고 또다시 쌍욕 포악을 쳐댔다.

'네년이 훔쳐 간 것을 내가 무슨 재주로 먹냣! 오호라! 네년이 훔쳐 가서 처먹었구넛! 네 서방도 네가 밀었지? 그래놓고 나한테 뒤집어씌운 거지. 이 벼락 맞아 죽을 년앗! 악마보다 더 흉악한 년앗——!' 하고 나도 악을 바락바락 써댔다. 악귀년은 뻔뻔스런년, 뱀 같은 년, 등의 욕설을 퍼대다가 '이 도둑년앗! 내 돈 훔쳐간 것 내 낫——!' 하고 포악을 쳤다. 내가 '네년이 나를 도둑으로 모는 것도 부족해서 돈까지 뜯어내려 하는구넛! 네년이 도둑년이구낫. 경찰에 신고해랏 고소하면 돈줄 테니 고소 햇 이년앗——!' 하고 내가 악을 썼다. 년은 그래도 눈으로 살기를 내뿜으면서 '도둑년앗 내 돈 내놧——!' 하는 포악을 쉬지 않고 쳐댔다. 누가 봐도 나를 도둑으로 볼 수밖에 없는 년의 살기등등한 기세였다. 취약자인 장애인으로 수십 년을 사는 동안 수없이 만난 악마들 중 최고봉이요 최고로 극악했다. 직접 안 본 이들은 년의 극악함을 아무리 이야기해도 절대 믿지 않으리라.

나는 몸서리를 쳤다. 치면서 '도둑질은 네년이 하면서 나를 도둑으로 모냣! 화분은 훔쳐서 어쨌니? 이년앗——!' 하고 악을 썼다. 악귀 년이 악을 썼다. '갖다 버렸다 이년앗——!'

2016.7.13.(수)

접시 3개가 한꺼번에 없어졌다. 박 악귀에게 가져갔냐고 물었더니 '안 가져갔어! 왜 시비야!' 하고 대들기 시작했다. 물어보는 게 왜 시비냐는 내 말에 악귀는 '시비지 그럼 뭘 담아서 냉장고에 넣어놨는데 왜 시비얏——!' 하고 악을 썼다. '네 방 냉장고에 넣어놨으면 그랬다고 말하면 되지 그렇게 악을 쓰닛——!' 하고 나도 악을 썼다. 악귀는 '뭘 담아놓지도 못해 씨발년앗! 개 같은 년앗——!' 하고 포악을 치기 시작했다. '담아놨다고 내가 뭐라 했니 이년앗! 물었을 뿐인데 라면이다, 휴지다, 온갖 것을 다 훔쳐 가도 모른 척해주는데 남의 그릇에 담아놓고도 그렇게 욕을 하닛 이년앗——! 네 에미년이 씹 팔던 년인가 보구낫! 그러니까 너 같은 년을 내질러 놨을 거닷——!' 하고 나도 악을 쓰고 년도 한참 동안 포악을 쳤다.

2016.7.18.(월)

악귀네 방 앞을 지날 때는 똥 썩은 냄새 같은 악취 때문에 숨쉬기조차 힘들다. 창자가 다 뒤집어져 넘어오려는 그 악취 속에서도 악귀는 한 끼도 거르지 않고 먹으면서 중간중간에 빵 과자 등도 챙겨 먹는다. 늘 방문이 열려져 있기에 아는 사실이다. 후각이 예민한 악귀인데도 식욕 앞에서는 지옥의 악취도 장애물이 안 되는 모양이다. 악취가 속을 뒤집는데도 진 집사가 옷을 벗은 채 땀을 흘리고 있는데도 악귀는 전기세를 많이 나오게 하려고 선풍기를 틀어놓고 전기매트를 켜놓는다. 고온 때문에 악취가 더한 듯한데, 36도에 육박하는 날씨라 선풍기를 틀어도 전기매트 때문에 방안에 열기가 넘치는데 악귀는 인간이 아니어서인지 땀도 안 흘린다.

영구임대아파트 신청을 했다.

2016.8.29.(월)

악귀한테 전기세 수도세 영수증을 주면서 이전처럼 요금의 3분의 1을 요구했더니 사나운 얼굴로 돈을 주면서 왜 많이 받냐고 따졌다. 절반 이상을 내야 하는데 절반이 아니니 많은 게 아니라는 내 말에 악귀는 '왜 절반을 내야 해? 우리가 물을 먹어 뭘 먹어!' 하고 대들었다. 내가 '정수기 물은 안 먹지만 다른 물은 먹잖아. 빨래는 할 때마다 2번씩 돌리고 여름에도 전기매트 켜놓고 너희가 훨씬 많이 써.' 하고 말했다. 악귀는 나를 죽일 듯 노려보며 '너는 더 많이 썼잖아!' 하고 계속 몰아쳤다. 내가 '절반 이상을 네가 내야 하는데도 여태껏 조금만 내게 했는데 그것도 아깝냐!' 하고 핀잔을 주자, 악귀는 '아까워 내게는 많아!' 하고 말했다. 이게 다 네가 지랄해서 선교회에서 퇴출당해서 선교회식구가 아니기 때문이잖아. '네가 선교회식구면 내가 다 내줄 꺼잖아. 많이 내야 되는 걸 조금 내게 하면 고마워해야지!' 내 나무람에 악귀는 씨발년하고 내뱉었다. 내가 '짐승도 잘해 주면 고마운 줄 아는데 너는 어떻게 그렇게 악하냐!' 하고 퍼부었다.

내가 알아서 한다 해도 자꾸만 전화를 해 와서 아파트를 신청해서 나오라고 왜 미영이 년한테서 그런 고통을 당하고 있냐고 채근하는 전 주방장이 또 전화를 해 와서 아파트 타령을 해댔다. '아파트로 이사 오니까 너무 좋아요. 내가 사는 동엔 다행히 장애인이 한 명도 없어요. 이 운기는(이 형제) 바로 옆 동에 이사 왔어요. 언니는 우리 옆집에 들어왔으면 좋겠어요.'
장애인 때문에 10여 년간 돈을 벌고, 장애인인 나 때문에 수백만 원의 빚을 갚았으면서 장애인이 같은 동에 없어서 다행이라니, 그러면서 장애인인 나를 자기 옆집에 왔으면 좋겠다니…

2016.9.5.(월)

아파트 신청을 하라고 전화로 성화를 부리던 전 주방장이 아파트 선정이 된 것을 알고는 아파트 계약할 때 자기와 함께 가자는 전화를 매일 해 온다. 나 혼자 가고 싶다고 혼자 갈 거라고 잘라도 소용이 없다. 나는 용무가 있을 땐 누구와 함께 하는 걸 싫어하는 성격임을 잘 아는 주방장이다. 나를 벌레처럼 괄시하면서 왜 집요하게 졸라대는가? 아파트에 가면 자기와 완전히 인연을 끊을 참인데 그것을 알고 달라붙는 것일까? 안 그래도 혐오스런 이가 싫다는 데도 집요하게 졸라대니 더 혐오스럽다 시달리다 못해 오늘은 대체 왜 함께 가자냐고 묻자 주방장은 '함께 가면 좋잖아요.' 하고 대답했다. 아줌마나 좋지 나는 싫다는 말이 튀어나오려다가 멎었다 '혼자 갈게요. 신경 쓰지 마세요. 안녕히 계세요.' 하면서 얼른 전화를 끊었는데 그래도 또 전화를 해오겠지 지겨운 어르신.

선교회를 죽어도 안 나간다던 박 악귀가, 나를 내쫓고 싶어 발광하는 악귀가 아파트 신청을 했단다. 나는 년을 피해 신청을 했는데... 분명 이순자 악마가 신청을 강요했을 것이다.

2016.9.8.(목)

배정받은 아파트에 들어섰는데 공간 하나에 현관도 주방도 들어있고 방이 없었다. 비어있는 부분을 방으로 사용해야 하는 것이다. 8평이라 했는데 생각보다 좁아서 살면 숨이 막힐 듯했다. 새 집인 줄 알았는데 헌 집이었고, 화장실 바닥엔 검은 때가 잔뜩 끼어있었다. 전 주방장이 '복도도 엄청 넓고 베란다도 엄청 커서 화분을 얼마든지 놓을 수 있어요. 걱정 말고 빨리 신청해서 나와요!' 하고 독촉했었는데, 베란다 크다는 것에 신청을 결정했는데 발코니는 거짓말 많이 보태서 손바닥만 했다. 화분으로나마 나무를 키울 수 없는 배경은 내겐 절망적인 것이었다. 계약하기가 싫어졌다. 한참을 고민하다 억지로 마음을 달래어 계약하는 곳으로 갔더니, 전 주방장이 나타나지 않는가? 같이 가자고 전화를 해 올 때마다 나 혼자 가겠다고 했건만 기어코 내 의사를 묵살한 것이다. 참으로 질리게 하는 이다. 나를 똥개마냥 괄시하고 무시하면서 왜 집요하게 달라붙는가?

계약서 작성 순서를 기다리다 보니 주방장이 박 악귀와 이순자 악마와 이야기를 하고 있었다. 언니가 불러서 왔냐는 박 악귀 물음과 부르긴 뭘 불러 언니가 온다기에 그냥 왔지 라는 주방장 응답이 들려왔다. 계약을 하고 나올 때 주방장이 '미영이 그게 어쩜 그렇게 감쪽같이 감출 수가 있어요. 그동안에 나를 몇 번이나 만났는데 신청했다는 말을 한 번도 안 했어요. 그 앙큼한 것이 우리 동에 될까봐 걱정이네.' 하고 말했다.

선교회에 돌아와서 악귀에게 '이순자하고 살려고 식구들을 내쫓고 싶어 안달을 하더니 왜 이순자하고 안 살려 하나!' 하고 핀잔을 주었다. 악귀는 '그래서 너는 아줌마를 불러냈냣! 씨발 년앗, 내가 언제 네년을 쫓아내려고 했냣! 거짓말하지 마랏! 이 개 같은 년앗——!' 하고 미친 듯이 포악을 쳤다. 나는 못 들은 척했다.

2016.9.17.(토)

박 악귀가 돌아왔나보다. 친정에 가고 없는 동안 말끔하던 부엌 바닥에 또 물이 부어져 있다. 물을 부어놓아도 내가 닦아 버리고(년이 미끄러지도록 내버려 두고픈데 엄 형제가 미끄러질까봐) 안 미끄러지는데도 줄기차게 부어놓는다. 누구보다 싫증을 잘 내는 년이 악을 행하는 데는 가공할만한 끈기와 집념이 넘친다. 년의 머리가 정상이라면 그 사이코패스 기질로 예전에 나를 죽였을 것이다. 지적장애인도 사이코패스 기질이 있을 수 있는 것, 누가 상상이나 할 수 있을까. 년은 현관에 있는 내 신발에도 물을 가득 부어놓았다. 그래도 년의 포악이 싫어서 잠자코 있었다.

2016.9.20.(화)

전 주방장이 또 전화를 걸어와서 빨리 이사 왔으면 좋겠단다. 장애인을 벌레같이 여기면서, 빨리 죽어 없어져야 할 존재로 여기면서 왜 장애인인 나한테 집착하는 것일까? 내 예비아파트는 주방장 아파트와 박 악귀 아파트와 동이 다르다. 멀찍이 떨어져 있다. 그래도 같은 단지 내에 있는 것만으로도 싫다. 계약을 취소하려 했더니 한번 취소하면 다음엔 선정되기가 어렵단다. 이순자 악마가 이다음에 어떤 극한 상황을 만들지 모르는데 로또에 당첨되어서 주방장, 박 악귀, 이순자 악마와 완전히 단절된 생활을 할 수 있다면 얼마나 좋을까? 그러나 그런 일은 결코 생기지 않을 것이다. 하나님이 언제 내 간절한 소망을 단 한 번이라도 들어주신 적 있던가?

2016.10.11.(화)

날이 많이 서늘해졌나보다. 박 악귀가 밤중에 실내화장실 문을 활짝 열어놓았다. 여름에는 안 열어 놓으면서 가을과 겨울에는 종종 열어놓는다. 화장실 환풍구로 들어오는 찬바람이 실내로 들어와서 보일러를 가동시켜 석유를 낭비하려고 악을 행하는데 어떻게 그렇게 다방면으로 머리가 돌아가는지 모르겠다. 년은 또 체리나무 화분과 앵두나무 화분을 없앴다. 년이 못 없애게 보일러실에 감춰놨는데 게을러터진 년이 뒤쪽 후미진 그곳까지 들어가 없앴다. 년이 없앤 화분의 나무들이 몇 그루인지 기억도 안 난다.

2016.10.12.(수)

악귀에게 화분을 가져오라고 그러면 없던 일로 해주겠다고 말했다. 년이 즉시 '무슨 화분을 가져 왓 씨발년앗——!' 하고 욕설을 퍼부었다. '네가 화분을 훔쳐 갔잖아. 그거 가져와. 어디 갔다 놨는지 말만해 없던 일로 해줄 테니까. 그동안 네가 온갖 것을 다 가져가도 내가 봐줬잖아. 그런데 화분까지 가져가서 안 주면 안 돼. 떠나는 데 좋게 떠나야지.' 내 타이름에 년은 또 다시 눈으로 살기를 내뿜으면서 '내가 언제 화분을 가져갔닛 씨발년앗——!' 하고 포악을 쳤다. 나도 악을 썼다. '네년 입으로 갖다 버렸다 해놓고 안 가져갔다고 하니 이년앗! 떠날 때라도 좋게 굴어봐 랏, 그러면 다 덮어줄 텐데 끝까지 도둑질을 해야 되겠닛——!'

악귀는 '아파트에 가서도 떠들어 대랏! 이 미친 년앗——!' 하고 발악하듯 포악을 쳤다. 대체 년에겐 내게 대한 증오가 얼마나 깊기에 나를 죽일듯한 살기가 뿜어져 나오고 극에 달한 포악이 터져 나오는 것일까? 내가 '떠들어야지 그래야 네년이 어떤 년인지 알지!' 하고 외치자 년은 '그러면 나는 가만히 있을 줄 아냣! 이 개 같은 년앗——!' 하고 포악을 쳤다. 역시 년은 경계선 지능장애에 가깝다. 장애 1급이 아니다. 자신의 실체를 인지하고 있다. 악랄성은 정상인을 훨씬 뛰어넘는다.

'제발 가만히 있지 말아랏! 그래야 네년이 사람이 아닌 줄 알지. 아파트에 가서도 나에게 하듯이 해랏——!' 하고 내가 악을 쓰자, 년은 '내가 아무한테나 그러는 줄 아냣 이 미친 년앗——!' 하고 악을 썼다. '그럼 안 그러지. 정상인한테는 천사처럼 착하고 상냥하게 굴고 친동생처럼 잘해주고 위해 주는 나한테만 그러지. 내가 정상인이라면 내가 잘 안 해줘도 나한테 잘 보이려고 천사처럼 굴겠지. 이 천하에 둘도 없는 악독한 년앗——!' 하고 내가 악을 써대고 악귀년은 미친 듯이 이 미친 년앗! 씨발년앗——! 등등의 포악을 쳐댔다.

2016.10.19.(수)

위아랫니가 갑자기 한꺼번에 빠져버렸다. 빨리 병원에 가야 된다고 생각하면서도 몸을 움직일 수가 없었다. 빠진 이빨들을 손에 움켜쥐고 이러고 있으면 안 되는데 하고 애태우다가 번쩍 정신이 들었다. 꿈이었다. 엄 형제와 헤어지는 날 이어서인가? 엄 형제와 함께 아파트 신청을 하고 싶었는데 엄 형제를 가까이 두고 보살피고 싶었는데 엄 형제가 다니는 교회 목사님이 자기가 데려다 돌볼 것이라고 해서 못했다.

그 목사님이 엄 형제를 데려가려는 날이다. 아침에 오뎅국을 끓였다. 소고기국을 끓여줘야 하는데 형편상 하찮은 오뎅국을 끓여서 오뎅을 듬뿍 넣어주었더니 엄 형제는 '고맙습니다.'를 연발했다. 식사 후에 10만 원을 주면서 목사님과 함께 피자를 사 먹으라고 했더니 또 '고맙습니다.'를 연발했다.

목사님이 승합차를 몰고 나타났다. 박 악귀가 '아파트 얻어서 가는 거야?' 하고 물었다. 엄 형제가 팔을 내저으며 '말 붙이지마 어유!' 하면서 진저리를 쳤다. 악귀가 '물어보지도 못햇——!'하고 악을 썼다. 다른 사람이 없다면 즉시 쌍욕을 퍼댔을 텐데... 계속 악을 써대기에 내가 '그동안 네가 얼마나 못살게 굴었니! 그래서 그러잖아!' 하고 말했다. 그래도 계속 악을 써대서 내가 '너 때문에 떠나잖아. 그런데 왜 물어!' 하고 언성을 높였다. 악귀는 '왜 나 때문에 떠낫! 너 때문에 떠나는 거잖앗——!' 하고 계속 악을 써댔다. 엄 형제는 그동안 너무 잘 해주셨는데 하면서 또 '고맙습니다.'를 연발했다. 엄 형제는 박 악귀보다 지능이 살짝 떨어진다. 그런데도 힘들어서 별로 잘해주지도 못한 내게 진심으로 고마워한다. 정말 잘해준 악귀는 내게 죽일 듯한 증오를 발가락 끝에서 머리끝까지 품고 있는데...

목사님이 그동안 잘 돌봐줘서 고맙다고 말했다. 내가 아니라고 엄 형제가 내게 도움을 줬다고 설거지도 해주고 청소도 거들어 주었다고 말했다. 엄 형제와 목사님이 차에 오르기 전 인사를 나누는데 눈물이 솟구치고 목이 메었다. 착한 탓에 같은 장애인인 이 형제와 박 악귀로부터 죽일듯한 미움과 학대를 받은 엄 형제가 무기력한 나 때문에 떠났다. 말할 수 없어 참담했다.

악귀네 방에서는 테이프 뜯는 소리가 며칠째 들린다. 방문이 열려져 있기에 바라보았더니 포장된 박스가 작은 산처럼 쌓여있다. 전자제품과 옷 몇 가지와 침구 외에는 숟가락 하나 안 가지고 들어온 년이(다 버렸다고 했었다). 선교회 것은 그릇과 플라스틱 용기와 수건도 챙겼다.

2016.10.22.(토)

이순자 악마가 트럭을 달고 나타났다. 수많은 박스와 세탁기 등이 트럭에 실렸다. 지난 7년간 자기네 화장실 청소 한 번도 안 하는 등의 수혜를 받으며 식구를 고문하고 지옥으로 몰아넣은 악귀가 떠났다. 내게 사람을 지적장애인조차도 무조건으로 사랑하면 안 된다는 큰 깨우침을 안겨주고서, 물론 인사 한마디 없었다. 이순자 악마가 동행했다. 한참 후 두 악마는 다시 나타나 박 악귀가 방을 치웠다. 내가 박 악귀에게 그토록 미워서 못 견디는 식구들을 안 보게 돼서 속이 시원하겠다고 말했다.

악귀가 '언니야말로 나를 안 보게 돼서 속 시원하겠네!' 하고 말했다. '당연히 속 시원하지. 지옥에서 천국에 살게 되었는데 그런데 웬일로 씨발년이라 안 하고 언니라고 하니. 씨발년이라고 해라 그래야 너 박미영이니까.' 내 말에 악귀는 잠자코 있었다. 내가 또 말했다. '거기 가서도 너를 안 보고 싶다.' 악귀가 즉시 '나를 안 보려고 가는 거잖아.' 하고 말했다. 역시 년은 똑똑한 지적장애인이다. 내가 '맞아 너를 안 봐야 돼. 나를 보더라도 아는 척하지 마.' 하고 말했다. 악귀는 아무 말도 안했다.

2016.10.23.(일)

이순자 악마가 올라와서 살림살이를 다 가져가냐고 물었다. 그렇다는 내 대답에 이 악마는 왜 가져가냐고 따졌다. 내가 '부활선교회 것이고 나는 부활선교회 사람이니까.' 라고 대답하자, 이 악마가 '부활선교회가 누구 건데요!' 하고 몰아쳤다. '왜요? 우리게 아니라고 하고 싶으세요?' 하고 내가 대들자 이 악마가 나를 쏘아보며 '교회 거예요.' 하고 말했다. 내가 진저리를 치며 악을 바락바락 써댔다. '땅 뺏고 집 뺏고 그것도 모자라서 알량한 살림도구까지 뺏고 싶낫——! 어떻게 그렇게 철면피하고 악독해욋! 인간의 피가 한 방울도 안 흐르는 거얏? 아이 몸서리 쳐졋! 아이 아이 징그러웟. 하늘 아래 댁 같은 인간 하나도 없을 거닷! 땅 뺏고 집 뺏은 것으로도 만족을 못해서 구닥다리 싸구려 살림도구까지 뺏으려고 햇! 고소 햇! 부활선교회가 부활교회 것을 도둑질한다고 고소햇——!

　김가인 자매가 전화를 걸어와서 '주방 아줌마를 우연히 만났는데 언니 아파트가 00동이라고 알으켜 주더라고, 맞아? 운기 씨한테도 내가 가리켜 줬는데.' 하고 말했다. 내가 누구한테도 내 아파트 입주를 말하지 말라고 혹시 묻는 사람 있어도 모른다고 해 달라고 몇 번이나 신신당부를 했는데도 몇 동이라는 것까지 말한 것이다. 참 사람 환장하게 하는 주방장이다. 전화를 해서 김 자매가 한 말을 하면서 앞으로는 절대로 가리켜주지 말라고 가리켜 주면 안 된다고 말했다.

　주방장은 '나는 언니가 인서 엄마하고(김 자매) 친해서 말해도 되는 줄 알았지.' 하고 말했다. '친한 사람은 사람이 아닌가요. 누구한테도 말하면 안 된다고 했잖아요. 친하다고 해서 다른 사람한테 말 안 한다는 보장이 없잖아요.' 내 말에 주방장은 '묻는데 대답 안 할 수도 없고' 하고 지껄였다. 내가 몇 번이나 신신당부를 했는데도 묵살하고 주둥아릴 나불대려고 내가 싫다고 수차례나 거부했는데도 기어코 찾아와 아파트 계약을 지켜봤는가?

2016.10.28.(금)

　주방장이 언제 이사 오냐는 전화를 또 해왔다. 내가 언젠가부터 본인을 싫어함을 느꼈을 텐데 왜 집요하게 달라붙는 것일까? 내가 가기 싫다고 미영이 년과 같은 단지 내라서 생각만 해도 끔찍하고 소름끼친다고, 그년이 내가 있는 곳을 알면 이순자한테 틀림없이 알려서 해코지를 당하게 할 수도 있다고 말했다. 주방장은 그년이 어떻게 아냐고 했다. '벌써 아는 사람이 있잖아요. 아줌마가 말해서' 내 말에 주방장은 '나는 말 안했어.' 했다. 내가 '인서 엄마한테 말해서 인서 엄마가 운기 씨한테 말 했잖아요. 운기 씨가 그년한테 말 할 거예요. 그년은 틀림없이 이순자한테 말 할 거구요'. 라고 말하는 동안에 주방장은 '그래서 이순자가 알게 되었다는 거예요? 알아서 해코지를 했다는 거예요?' 등등으로 마구 몰아쳤다. 완전히 따지고 야단치는 어조였다.

　내가 '이순자가 알 수도 있게 되었다는 거예요. 나를 해치고 싶어 하는 사람은 이순자뿐만이 아니에요(사실이다). 내가 다른 시설에 있을 때 그곳 목사가 나를 너무 학대해서 내가 그것을 폭로한 적이 있어요. 그 목사가 나를 해치려고 이순자에게 내 소재지를 물으면 이순자가 알으켜 줄 거예요. 그래서 말하지 말아 달라고 그렇게 신신당부를 한 거예요.' 하고 말했다. 주방장이 '언니 죽으면 그 사람은 안 죽어요? 언니 죽으면 그 사람도 죽어요. 걱정하지 말아요!' 어쩌고 마구 지껄여 댔다. 내가 죽임을 당할지라도 나 혼자 죽는 건 아니니 괜찮다는 식이었다. 주방장은 같은 말을 계속 지껄이다가 내가 '말 안 했다고 몰라요? 다 알게 돼 있어!'를 또 쉬지 않고 지껄여 댔다. 걱정을 하거나 미안해하는 기색은 추호도 없었다.

저토록 지껄이고 나불대기 좋아하는 혓바닥이 악귀가 7년간이나 나를 모함하고 쌍욕을 퍼댈 때는 어떻게 혀가 썩은 듯 단 한 번도 움직이지 않았을까? 너 때문에 아파트로 가기 싫다는 말이 튀어나오려 했다. 전화를 끊자마자 이 쌍년! 하고 욕을 저절로 튀어나왔다. 내가 단 한 번도 한 적 없는, 7년 동안이나 패악질을 하며 쌍욕을 한 악귀한테도 선교회를 말아 먹은 이 집사, 이 장로, 이순자, 악마에게도 한 적 없는 쌍욕을 일흔이 넘은 어른에게 하게 될 줄이야!

건너집 아줌마가 '앞으로는 못 보겠네, 안 가면 안 돼. 너무 섭섭해.' 하고 말했다. '임시로 나가는 거예요. 다시 올 거고 그동안 왔다 갔다 할 거예요.' 내 말에 아줌마는 '아이고 그래 제발 그렇게 해.' 하고 반색을 했다.

2016.11.7.(월)

마당에 화단을 만들어 주는 등 물리적인 도움을 엄청 주었던 구세주 씨 부인이 찾아와 나를 안으면서 너무 섭섭하다고, 안가면 안 되냐고, 안 갔으면 좋겠다고 말했다. 나도 부인을 안는데 울음이 나오려 했다. 울음을 참으며 내가 나는 우리 동네가 너무 좋고 동네사람들이 너무 좋아서 죽기 전엔 떠나기 싫기에 임시로 나갈 뿐 아주 나가는 게 아니고 왔다 갔다 할 것이라고 말했다. 사실 그렇게 할 생각이었다.

구세주 씨와 또 다른 이웃분이 살림살이를 트럭에 싣고 아파트로 향했다. 복도 문에 이사를 가는 게 아니고 임시로 살림도구만 옮기는 것이고, 나는 그대로 살면서 왔다 갔다 할 것이니 내 방, 내 물건들 그리고 화분들을 건드리지 말라 는 문구를 써 붙이고 아파트로 향했다.

건너편 아파트 예쁜 불빛들이 나를 조롱하는 듯하다. 지적장애인 하나를 이기지 못해서 포근한 고향처럼 좋아하는 동네와 이웃분들을 떠나오다니, 내가 멍청한 짓을 했다는 자괴감과 참담함이 가슴을 휘젓는다.

2016.11.14.(월)

주방장이 또 찾아왔다. 그는 '사람 인심이 어쩜 그래요. 감북동엘 갔는데 수년간을 우리 집에서 공짜 밥을 먹은 사람들이 노인정에서 자기들은 밥을 먹으려 하면서 나한테는 밥 먹으라는 말을 안 하더라고요. 자기들한테 밥을 준 적 없는 사람한테는 밥 먹으라는 말을 자꾸 하면서 나한테는 한 번만 하더라고요. 내가 수년 동안 공짜 밥을 안 먹여 줬다면 억울하지 않을 건데' 억울하고 서러워, 하면서 눈물을 글썽였다. 내가 속으로 말했다. 아줌마는 아줌마한테 매정한 이 집사한테는 충견처럼 잘하면서 아줌마한테 잘하는 나는 벌레처럼 무시하고 괄시하면서 음식으로 온갖 횡포를 부렸잖아요.

2016.11.20.(일)

세간살이를 제대로 정리하면서 숨이 멎는 듯했다. 수정원석이 아주 조금이기 때문이었다. 밤 톨만한 원석이 30개가 넘었는데 10개 정도 뿐이었다. 그러고 보니 선교회에서 포장할 때도 그것뿐이었던 게 상기되었다. 왜 그것을 이제사 알아챘을까? 박 악귀 패악질 때문인지 늘 무기력하고 머릿속이 멍했는데 이제 정신이 좀 돌아온 것일까 예전에 눈앞의 책상에서 탁상시계가 사라졌는데 몇 년 뒤에야 알아챘다. 식구물건을 탐내는 이는 이 집사뿐이어서 이 집사를 범인으로 생각했는데 아끼는 시계임에도 없어졌다는 이야기도 못 할 만큼 내 영혼은 죽어있었다. 박 악귀와의 생활 때는 훨씬 더 심한 상태였다.

악귀년 짓이다. 내 방에 들어갈 식구는 년밖에 없다. 년은 돈도 양말 속옷 등도 훔쳐 갔다. 나는 왜 년이 예쁜 것은 다 탐을 내는 것을 알면서도 훔쳐 가리란 생각을 안 했을까? 나는 왜 무턱대고 사람을 사랑하는 장애에다, 무턱대고 사람을 믿는 장애까지 가졌을까? 두 장애가 장애 중 가장 큰 장애인데, 수정이 별건 아니지만 예쁘기에 보고 있으면 기분이 좋아지기에 내겐 귀중한 것이다. 지년이 도둑질을 하면서 나를 도둑으로 몰았다니 선교회에서 알았다면 아무리 선교회 이미지가 실추되어도 경찰을 불러서 년을 압박했을 텐데 너무 늦었다.

아까워 미칠 것 같다. 그 어느 때보다 년에게 분노가 치민다. 년을 갈갈이 찢어놓기 전엔 분이 안 풀릴 것 같다. 악귀 년에게 작은 복수라도 했어야 했다는 생각이 비로소 들었다. 뒷산에 올라가면 천남성 등의 독풀이 있으니 그런 것들로 년이 쓸어갈 먹거리에 배탈이 날 정도의 소량을 투입하는 등의 방법으로 얼마든지 년을 골탕 먹일 수 있었는데 복수할 마음조차 품지 못

했다니... 고문과도 같은 년의 학대를 너무 받아서 내 뇌세포가 훼손되어서 복수할 생각을 못했다는 생각을 하면서도 한편으로 내가 멍청해서 그랬다는 의식에 내 자신에 대한 분노와 혐오가 미친 듯 끓어오른다.

2016.12.4.(일)

김 자매가 찾아왔다. 귤과 휴지를 가지고, 자주 찾아올 수 있는 곳이어서 너무 좋다고 말했다. 그는 돌아갈 때 아주 신이 난 모습으로 자랑하듯 '운기는 아주 잘 있어요. 정말 잘 나왔어!(선교회를)' 하고 말했다. 나를 만날 때마다 하는 말인데 벌써 몇 번째인지 모르겠다. 내가 묻지도 않는데 어쩜 그렇게 단 한 번도 잊지 않고 하는지 신기하다. 마치 선교회가 나쁜 곳이었다는(관리자인 내가 나쁘다) 각인을 박아주려는 듯하다.

2016.12.5.(월)

김 자매가 전화를 걸어와서 '미영이 하고 돈 문제는 해결했어?' 하고 물었다. 박 자매가 나를 도둑으로 모는 것을 해결했냐는 말인 줄 알고 '글쎄 어떻게 해야 해결 될 수 있는 거지' 라고 말하다가 그게 아님을 알아챘다. 무슨 말 들었냐는 내 물음에 김 자매가 '누가? 그런 말을 하는 거야. 언니가 미영이 돈을 어떻게 했다더라고. 그래서 내가 그 돈 다 해결되었을 거라고 했지.' 하고 말했다. 내가 소리를 질렀다. 그년이 아직도 나를 도둑으로 몰고 있구나! 그 흉악한 년이, 헤어진 다음에도 나를 도둑으로 몰아! 거기다 인서 엄마는 해결되었을 거라고 말을 해? 내가 도둑질 했다가 돌려준 것처럼...

김 자매는 당황한 듯 나는 그 문제에 끼어들고 싶지도 않고 누가 묻기에 그렇게 대답했고 어쩌고저쩌고 했다.

'말을 그렇게 하면 상대가, 내가 진짜 미영이 돈을 훔쳤다가 돌려준 것으로 알 거 아냐! 해결되었다고 하면' 내 말에 김 자매는 '말 안 할걸 괜히 했네.' 하더니 또 어쩌고저쩌고 마구 씨부려댔다. 변명 같았는데 뭐라고 씨부렸는지 기억도 안 난다.

내가, 맛있는 먹거리가 양이 적으면 내가 안 먹고 박 자매에게 다 준 것, 박 자매를 선교회에 입주시키기 위해 내게는 큰돈인 50만 원을 지출하려 했던 것, 이 집사가 변제하길 거부한 돈을 대신 갚아준 것을 마구 쏟아놓았다. 김 자매는 미안해하는 기색은 티도 없이 오히려 불만스런 목소리로 도중에 내 말을 막으며 그 얘기 수십 번도 더 들었어. 나는 그 문제에 끼어들고 싶지 않아. 어쩌고저쩌고 또 씨부려 댔다. 누가 끼어들라 했냐고, 나는 그런 이야기를 수십 번 한 적이 없다.

김 자매가 박 악귀년 이야기를 할 때 '나는 그렇게 저를 생각해주는데 저는 나한테 그런다'는 푸념으로 두 번쯤 했다. 수십 번을 더 들었으면 내가 박 악귀 년을 얼마나 위했는지가 뇌리에 박혀있을 텐데 어떻게 내가 돈을 훔쳤다는 생각을 할 수 있는가? 박 악귀 년이 돈을 예금해 놓고 내게 돈 가져갔다고 포악을 치는 걸 김 자매는 확인했다. 통장에 1,000만 원 이상이 들어있는 것을 확인하고 돈이 있는데 왜 언니한테 그러냐고 악귀 년을 야단쳤었다. 그것을 언급하면서 내가 '어떻게 눈으로 통장에 돈이 있는 것을 확인하고도 나를 도둑으로, 도둑질했다가 돌려준 것처럼 해결 되었다고 말할 수 있지? 나를 도둑이라 믿으니까 말을 그렇게 한 거 아냐!'하고 말했다. 김 자매는 '아니야 언니가 그럴 사람이 아니라는 걸 알아.' 하고 말했다.

너무나 어이없고 기가 막혀서 전화를 끊고 나서 전 주방장에게 전화를 걸어서 김 자매의 이야기를 한 뒤 미영이 그 흉악한 년이 아직도 나를 도둑으로 몰고 있다고 말했다. 주방장은 '인서 엄마가(김 자매) 미영이 통장 확인할 때 나도 있었어요. 언니가 말한 그대로 자기가 여기 돈 들어 있네 라고 해놓고 무슨 말 같잖은 말이야!' 하고 말했다. '몇 년 전 일이라서 잊어버렸을 거예요.' 내 말에 주방장은 '뭘 잊어 늙은 나도 다 생각나는데' 하고 말했다.

문득 예전에 김 자매가 이 형제에게 누나를 믿냐고 물었던 게 떠올랐다. 이 형제가 그것을 내게 이야기했을 때는, 나를 의심하도록 만들 수도 있는 그런 말을 어떻게 할 수 있나 섭섭해하면서도 '별 생각 없이 한 것이겠지' 하고 심중에 두지 않았는데 나를 도둑으로 여겨서 그런 말을 한 것이다. 20여 년을 가까이에서 나를 봐온 사람이, 내가 나쁜 짓 하는 걸 본 적 없는 사람이, 악귀 년이 거짓말까지 잘하는 걸 아는 사람이 자기 입으로 미영이는 사탄이 든 것 같다고 말 한 사람이, 사탄 그 자체인 악귀 년의 말을 듣고 아무 근거도 없이 나를 도둑이라고 믿는 것이다. 나를 도둑이라 믿으면서 왜 그동안 내게는 나를 좋은 사람인 것처럼 말해 왔을까? 내가 돈을 빼앗았다면 절대 그냥 있지 않을 악귀 년임을, 그 악랄한 성품에 나를 죽이려 발악했을 것이고 언니 오빠한테 일렀을 것임을, 언니 오빠가 달려왔을 것임을 너무도 잘 알 수 있는 것임에도 나를 도둑이라고 믿는 것이다.

태산 같은 충격이었다. 내가 000집이라는 시설에 있을 때 그곳 여자 지적장애인이 본인 집에 자주 갔었는데 갔다 올 때마다 얻어온 용돈으로 내게 맛있는 것을 사주곤 했다. 내가 그것을 금하고 저금을 하도록 했다. 선희 라는 또 다른 지적장애인이 동전이 생길 때마다 멋대로 내 돼지저금통에 넣었는데 언니를 따라서 다른 곳으로 떠날 때. 그 돈을 챙기지 않았다. 내 동전도 몇 개 들어있었지만 나는 동전을 다 꺼내 주었다. 전 주방장이 빚에 시달린다기에 그에게 빌려준 내 비상금 200만 원을 탕감시켰다. 이웃집 최재린이가 100만 원이 없어서 자궁근종 수술을 못 받는다기에 100만 원을 거져주었다. 아는 동생이 생활고에 시달리기에 100만 원을 보내주었다. 엄 형제 입소 때 이 형제가 선교회에 돈이 없으니 입소비를 받자고 하는걸(다른 시설에선 다 받는다며) 거부했었다. 그 사실들을 김 자매에게 이야기했었다.

악귀가 걸핏하면 나를 도둑으로 몰기에, 남도, 정상인도 도와주는 내가 왜 같은 장애인 그것도 지적장애인 식구 돈을 뺏겠냐는 취지로 이야기했었다. 그런 나를 믿지 않고 자기 입으로 사탄이 든 것 같다고 말한 악귀 년의 말을 믿고 나를 도둑이라 믿고 있으니 기막히고 억울해 죽을 일이다. 나를 도둑이라 안 믿으면, 1,000만 원을 내가 가져갔다는 악귀 년의 말을 안 믿으면, 그 돈 해결했을 거라는 말을 안 했을 것이다. 사람은 믿고픈 것만 믿는다고 나를 도둑이라 믿고파서 믿어진 게 아닌가? 내 평생에 나를 진정으로 나쁜 인간이라 믿는 이는 김 자매가 처음이다. 내가 좋아하는 김 자매인데 만정이 다 떨어졌다. 악귀 년의 만행을 방임하는 하나님도 싫어졌다. 착하다고 복 받는 게 아님을, 하나님도 착하다고 복 주는 게 아님을 새삼 절감한다.

2016.12.13.(화)

주방장이 말했다. '미영이가 언니 사는 곳을 알려고 발광을 해요. 언니한테 미안하다면서 언니 어디 사냐고 자꾸 물어요. 모른다고 해도 만날 때마다 어디 사냐고 물어, 어제도 미영이한테 갔더니 또 물어. 미영이 하고 서로 자주 오가요.'

내가 '왜 찾아가서 또 못살게 하려고 그러냐고 해보시지 그랬어요.' 하고 말했는데 주방장은 응답하지 않았다. 장애인을 벌레처럼 싫어하고 멸시하는 이가 끼리끼리라고 흉악한 악귀는 싫지 않은가 보다.

2017.1.3.(화)

부활선교회에 갔다. 실내에 들어가니 완전 냉골인데 바닥에 먼지가 뿌옇고 남자 방엔 미니 텐트가 놓여 있었다. 텐트 속엔 담요 등의 침구가 들어있고 사람이 자는 흔적이 뚜렷했다. 김연배 집사 놈이 들어와 산다더니 놈의 자리인 듯했다. 냉장고며 살림 도구들이 갖춰져 있었는데 싱크대며 그 아래 바닥이 차마 눈 뜨고 볼 수 없을 정도로 더러웠다. 검은 똥이 발려져 있는 듯했다. 세면장 바닥과 벽은 곰팡이 천국이고 세숫대야 겉 부분은 검은 똥 같은 물질이 새까맣게 뒤덮고 있었다. 부활선교회 식구가 없다고 선교회 공간이 완전 똥집으로 변했다니 가슴이 저몄다.

이전 박 자매 방문이 열리더니 부활교회 교인이며 페루인인 호세 씨가 내다보았다. 내가 노려보자 그는 서투른 발음으로 '나 여기 있어요.' 하고 말했다. 이순자 악마는 집주인인 가난한 장애인들을 내쫓고 정상인과 돈 많은 장애인을 들여놓은 것이다. 김연배 집사 놈은 구걸을 하는 것으로 알려져 있는데 자기는 하루에 10만 원을 번다고 속초에 모텔도 있다고 예전에 자랑했었다.

아파트로 돌아와 있는데 이 장로가 전화를 해왔다. 그는 '그렇게 장애인들을 내쫓고 이순자는 마음이 편할까? 저도 안 편할 거야!' 하고 말했다. 장로님은 땅을 이순자한테 넘겨주고 선교회를 유린하고 마음이 안 편했나요? 하고 속으로 반박하면서 내가 말했다. '장로님은 장애인이 아니라서 사람의 실체를 잘 모르실 거예요. 우리나라엔 장애인한테는 악하고 무례하면서도 정상인한테는 아주 예의 바르고 착한 사람이 엄청 많아요. 이순자는 그런 사람들하고도 급이 달라요. 사이코패스에요. 사이코패스는 남의 고통에 공감하지 못한다는데 제가 겪은 사이코패스들은 공감을 못 느끼는 정도가 아니라 남의 고통에 쾌감을 느끼는 것들이에요. 이순자는 티끌 만한 죄의식도 안 느껴요. 내가 맞대놓고 인간이 아니라고 퍼부어도 얼굴색 하나 안 변하고 당당해요. 장애인들 것을 다 빼앗았다고 결국 승리했다고 희열을 느낄 거예요. 마음이 안 편하면 어떻게 10년 세월을 장애인 것 뺏는데 전력투구 했겠어요. 사이코패스 중에서도 최강이에요.'

2017.3.14.(화)

박 악귀가 버스정류소에 서 있었다. 일부러 곁을 지나면서 년을 째려보았는데 년은 내 시선을 피했다. 그동안 여러 번 마주치거나 지나쳤는데 언제나 년의 얼굴은 어두웠다. 선교회에 있을 때는 식구들에게 포악 칠 때를 제외하곤 늘 밝았는데 어두운 얼굴이 살까지 빠져있었다. 포악을 못 쳐서 그런 것인가?

2017.3.15.(수)

부활선교회에 갔다. 컨테이너 앞에 건너집 아줌마가 앉아 있다가 반색을 했다. 화분에 물을 주고 화단의 마른풀을 베고 있는데 이순자가 나타나서 물건들을 가져가라고 말했다.

"내 물건 내 집에 있는데 왜 가져가!"

"건물이 철거되기 때문에 가져가야 돼요!"

"철거를 왜 하는데요?"

"불법건축물이기 때문에 철거해야 돼요!"

"왜 불법건물이야!"

"예전에 내가 말 했잖아요. 계고장이 날라 왔고 벌금도 물었다고."

"20년 동안 살은 내가 불법건물인지 아닌지를 모를 거라고 그렇게 씨도 안 먹힐 거짓말을 하세요? 거짓말 할 때도 쾌감이 느껴지세요?"

"건물이 불법이 아니고 허가된 곳을 조금 벗어나서 철거해야 돼요."

"내가 속으로 네 주둥아리는 거짓말을 하기 위해서 만들어진 것 같구나 라면서 내가 거주하고 있을 때는 내 방으로 도로가 날 거라고 거짓말하더니… 거짓말 안 하고는 못 사는구만."

"이사를 갔으면 물건을 가져가야 되는 거잖아요!"

"내가 왜 이사를 가? 임시로 옮겨가는 것이고 왔다 갔다 하며 지낼 것이고 다시 들어와 살 거라고 했잖아요. 그래서 가스렌지도 안 가져 간 거예요."

"땅을 팔 거예요. 팔아서 건물을 새로 지을 거예요."

이 장로한테 전화로 이순자가 땅을 판다더라는 이야기를 했더니 이 장로는 '시가로 20억인데 아깝네!' 했다. 내가 '땅 가져오자고 수없이 애원해도 전 자매가 앉아서 천 걸음을 걸어도 땅 못 가져와(법적으로) 하고 말도 안 되는 거짓말을 씨부리며 이순자 악마 품에 땅을 안겨주고서 이제와서 아깝다니, 내가 그때 땅을 가져오고 한 목사님을 다시 모셨더라면 선교회는 이미 재건축을 새 건물을 완공했을 수도 있어요!' 하고 말했다. 이 장로는 의외로 '그랬을 거야' 하고 수긍했다. 내가 '이전에 내가 이상한 책을 하나 만들었는데 보실래요.' 하고 물었다. 이 장로가 '당연히 봐야지' 라고 해서 우편으로 보내드리겠다고 말했다.

2017.4.14.(금)

이 장로에게 전화로 책을 다 읽으셨냐고 물었더니 바빠서 다 못 읽었다고 했다. 이 장로는 제목도 바꾸고 아름다운 내용을 넣어서 개정판을 내자고, 장애인을 위해서 그렇게 하자고 말했다. 어린아이와 같은 지적장애인들을 인격 장애인 이 집사에게 보낸 이가 장애인을 위해서 라니, 내가, 장애인을 위한 일도 안 하고 싶다고, 장애인들도 한국인이라서 장애인한테 잔인하다고 말했다(장애인을 위해서 살고 싶었던 내가 어쩌다 이렇게 되었는가). 이 장로는 내가 고생을 많이 했다고, 책을 읽으면서 마음이 많이 아팠다고 하면서 부활선교회 생활도 책 속에 들어있냐고 물었다. 내가 안 들어 있다고, 부활선교회에 입소할 때까지의 기록만 들어있다고, 부활선교회 생활은 책에 있는 시설 생활보다 더 심했다고, 영양실조로 얼굴이 퉁퉁 부어있는 상태로 간식거리 좀 먹었다고 일은 안 하고 처먹기만 한다고 욕을 먹고(이 집사로부터) 아파서 거동을 빨리 못하는 상태에서도 실내에 감금당하기도(이 집사에 의해) 했었다고 말했다.

문득 부활선교회 생활도 이 집사 때문에 지옥이었던 사실과 부활선교회를 이 집사가 뭉개는데 이 장로가 큰 역할을 했던 사실을 책으로 만들면 이 장로는 어떤 마음일까? 라는 심술궂은 생각이 들었다. 보나 안 보나 그 검은 까마귀 심보에 자기가 한 짓거리는 생각지 않고 내게 악심을 품고 이를 갈겠지. 예전에 그랬던 것처럼...

2017.7.27.(목)

이 장로가 전화로 '혜성 씨가 파란만장한 삶을 살고 어쩌고' 했다. '악마들의 천국' 을(내 책) 다 읽은 것인가? 내가 그래도 부활선교회 생활에 비하면 아무것도 아니라고 말했다. 이 장로는 한 목사가 대출을 안 받았으면 이순자가 소송 내는 일도 없었다고, 선교회 문제는 한 목사가 대출을 받은 것에서부터 시작되었다고 말했다. 내가, 이 집사가 돈을 빼돌려서 선교회에 돈이 없어지고 그 때문에 한 목사가 사임하고 이순자가 소송을 했으니까 이 집사 때문에 시작되었다고, 그래도 그 후에라도 이 집사가 재선임 된 한 목사를 받아들였다면 아무 문제없었다고, 이 집사가 선교회를 강탈하려는 노회 편에 서서 한 목사 재선임도 거부하고 이순자 퇴출도 반대하고 땅 가져오는 것도 반대했다고, 땅만 가져왔어도 아무 문제없었다고, 재선임 된 한 목사만 받아들였어도 이순자는 내쫓겼고, 땅이며 선교회 건물도 빼앗길 필요도 없어서 지금쯤 선교회가 재건축을 했거나 최소한 착공을 했을 거라고 말했다.

웬일인지 이 장로는 반박을 안 하고 한 목사에게 제기한 소송이 잘 됐으면 어땠을까? 라는 생각을 한다고 말했다. 내가, '그 소송에 승소했더라도 본안소송이 각하되었을텐데요. 뭐 본안소송이 각하된 건 선교회 회의록이 없었기 때문이잖아요. 사무장이 회의록을 법정에 제출하지 않았잖아요.' 하고 말했다. 이 장로는 '나는 몰랐어!' 하고 말했다. '모르긴 뭘 몰라 판결문에 그렇게 되어 있는데, 내가, 사무장이 제출하지 않은 건 사무장이 장로님하고 싸운 것 때문에 그 앙심으로 안 한 것으로 나는 생각하고 있어요.' 하고 말했다. 이 장로는 싸운 건 맞는데 어쩌고 하더니 이전에 빌린 돈 얼마씩이라도 갚겠다고 말했다.

2017.9.4.(월)

더위 때문에 석 달이나 못 갔던 선교회에 갔다. 우려했던 대로 화단에 내가 심어놓은 비단패랭이 등등(석죽) 뿌리째 뽑혀지고 없었다. 더덕도, 다래나무도, 방풍나물도, 초피나무까지도 없어졌다. 박 악귀는 없으니 이순자 악마 아니면 누가 식물까지 도둑질할까? 화분의 브루벨리와 체리나무와 라일락은 거의 죽을 듯하고, 화단의 체리나무와 인동초가 싱싱했다. 꽁지 밭의 밤나무는 밤송이를 벌써 달고 있었다. 화분에 물을 주고 나오는데 건넛집 아줌마가 반색을 했다. 아줌마가 땅이 팔렸다는 이야기를 하면서 동네사람들이 다들 이순자가 땅을 차지한 것이 분해 죽겠다 한다고 말했다. 그리고는 하나님은 없다고 말했다.

아파트에 돌아와 전화로 이 장로한테 땅 이야기를 했다. 이 장로는 몹시 애통해 하면서 한번 찾아가서 시비를 걸어야겠다고 말했다. 예전에 이 장로는 땅을 이순자에게 안겨주려 하면서 노회가(이순자가) 땅을 마음 대로하면 그때도 자기가 나설 것이라고 했었다. 마음대로 하도록 넘겨주면서 마음대로 하면 가만 안 있을 거라는 식의 그 말에 나는 어이없어 속으로 코웃음을 쳤었는데 그때 또 나설 것이라고 했던 말을 들추고 싶었다. 들추면서 그때 그러지 않았냐고 어떻게 조치를 취하라고 촉구하고 싶었다. 그런데 차마 그렇게 되지 않았다.

이 장로는 이순자가 벼락 맞아 죽도록 하나님께 기도하라고 말했다. 내가 하나님이 안 계신데 무슨 기도를 하냐고 말했다. 그리고 그가 얄미워서 통화 후, 이전에 꾸어 준 1,160만 원 중 500만 원을 돌려주시면 좋겠다는 편지를 썼다.

2017.11.4.(토)

편지를 보낸 지 2달이 거의 되었는데도 반응이 없어 전화를 했더니 늘 반가워하는 목소리던 이 장로가 무뚝뚝한 목소리로 웬일이냐고 물었다. 편지 못 봤냐는 내 물음에 이 장로는 못 받았다면서 확인해보고 전화하겠다고 말했다. 그리고 밤늦게 전화를 걸어와서 편지를 읽었다고 준비해서 15일까지 연락 하겠다고 말했다.

2017.11.9.(목)

선교회에 갔다. 옹기화분을 가지러 갔는데 2개 다 없어졌다. 지난 주일에 왔을 때 옹기 항아리가 없어져서 불안해 가져오려 했더니 없어진 것이다. 지난 주일에 화단의 오가피나무에 걸어 둔 도둑질 그만하라는 경고문은 화단 앞에 나뒹굴고 있었다. 화단의 조팝나무도 파내려다가 뿌리가 깊어서인지 중단한 흔적이 뚜렷했다. 어떻게 이토록 끊임없이 도둑질을 하는가? 년의 두 다리가 부러져 장애인이 되었으면 좋겠다는 생각을 해왔는데 장애인도 되지 말고 그냥 죽어버렸으면 좋겠다는 마음이 되었다. 정말 이가 갈린다. 박 악귀가 도둑질한 화분의 나무들도 이순자 악마 년이 받아 갔을 거란 생각이 또 들었다. 써 가지고 간 가져간 꽃모와 항아리를 제자리에 갖다 놓던지 그 대금을 달라는 벽보를 교회 벽에 붙여놓고 돌아왔다.

2017.11.17.(금)

15일까지 연락하겠다던 이 장로가 연락이 없어서 전화를 했다. 이 장로는 형편이 안 돼서 한꺼번에는 못 갚고 월별로 해야겠는데 하고 말했다. '나누어 갚다가 조금 갚고 나서 중단하시려고?

장로님은 능력이 있으시잖아요. 건강도 있으시고, 가족도 집도 있으시고,' 내 말에 이 장로는 '그러면 집을 팔아? 공장을 팔아?' 하고 따졌다. 집 있고 공장 있는 이가 500만 원을 만들지 못해서 채권자에게 따지는가? 내가 '저보다는 수십 배를 가지셨잖아요. 거기다 능력도 건강도 있으시고' 라고 했더니 이 장로는 '그렇지, 수십 배는 가졌으니까 내가 부활선교회를 위해서 애를 썼지' 어쩌고 했다.

'그래서 어쩌시려고요?' 내 물음에 이 장로는 '내가 능력은 있는데 파산을 했어! 그래서 이번에 100만 원 보내고' 어쩌고 했다. 그동안 몇 번이나 통화를 해도 파산 이야기는 없던 이 장로다. 이 장로는 내가 선교회를 위해서 애를 많이 썼지, 그 때문에 혜성 자매가 선교회에 계속 거주할 수 있었고 어쩌고 를 반복했다. 얄미워서 내가 '이제 와서 이런 말 하는 건 좀 그렇지만 장로님께서 땅을 가져오게 하셨다면 선교회식구들이 이 꼴이 되진 않았어요. 저와 운기 씨는 더없이 불행하고 한수 용단 씨도 선교회에 있을 때보다 훨씬 못해보였어요.' 하고 말했다.

이 장로는 놀라는 목소리로 '내가 땅을 못 가져오게 했다니 그게 무슨 소리야?' 했다. '장로님께서 땅을 안 가져오려 하셨잖아요.' 내 말에 이 장로는 천부당만부당 하다는 듯 '내가 왜 땅을 안 가져오려 해!' 하고 강력히 부인하고 또 부인했다. '내가, 땅을 가져오자고 제가 수없이 애원했어요. 그래도 장로님은 혜성 자매가 앉아서 천 걸음을 걸어도 법적으로 못 가져온다고 우기시며 안 가져왔어요!' 하고 계속 우기자, 이 장로는 '그때 재판을 해서 교회 땅이 되어서 안 가져온 거잖아!' 하고 말했다. 내가 말했다. '교회로 땅을 넘기라는 판결이 난 뒤에 한 목사님이 교회재산권은 교인들한테 있으니까 교인총회를 해서 땅을 가져가라고 했잖아요. 그래서 교인총회를 열어서 땅을 이전 시 선교회식구 명의로 이전키로 한다 는 의결을 했잖아요. 그래서 땅을 가져와도 되게 되었는데 이 집사가 선교회를 떠나려고 땅을 안 가져 오려하니까 장로님이 이 집사 편을 들어서 땅을 법적으로 절대 못 가져온다면서 안 가져 오셨어요.'

이 장로는 교인총회를 한다고 땅을 어떻게 가져와 재판에서 교회 땅이라고 했는데 하고 말했다. 교회 땅이라고 해서 교인총회 한 거 아니냐? 교인총회에서 땅을 선교회 명의로 이전키로 했으면 그대로 해도 된다고 한 목사님도 땅 가져가라 하고 태원우 변호사도 땅 가져와도 아무 문제없다고 했다. 땅을 가져올 수 없으면 교인총회를 왜 했겠냐? 교인총회도 장로님이 하라고 해서 한 거 아니냐! 라는 거듭된 내 설명에도 이 장로는 교인총회 해도 땅을 못 가져온다고 줄기차게 우겨댔다. 사실을 거짓이라고 된장을 똥이라고(비유가 맞나?) 우겨대는 게 예전과 똑같다. 예전에도 사이코처럼 거짓을 줄기차게 우겨대면서 땅을 안 가져왔었다.

아닌 것을 기라고 그렇게 억지를 부리는 거 추하다는 생각도 안 드세요? 나 같으면 누가 돈을 준대도 그런 거짓 주장은 낯 뜨거워 못할 텐데, 라는 말이 튀어나오려 했다. 저토록 천하고 비루한 이가 교회에서는 정의롭고 올바른 사람으로 존경을 받는다니… 나도 따라서 줄기차게 사실을 읊어 댔다. 이 장로는 혜성 자매가 안 싸웠으면 이렇게 안 되었고 어쩌고저쩌고, 혜성 자매가 이 집사를 고소해서 어쩌고저쩌고, 이 집사가 혜성 자매하고는 절대 못산다 해서 어쩌고저쩌고, 씨부리기 시작했다. 나도 조금도 지지 않고 이 집사가 패악질을 너무 해서 싸웠음을, 이 집사의 만행으로 그를 고소할 수밖에 없었음을 지껄여댔다. 이 장로는 전화를 끊어버렸다.

2017.11.25.(토)

이 장로가 전화를 걸어와서 이번 달 말일에 100만 원을 보내주고 다음에 또 보내주겠다고 말했다.

2018.1.30.(화)

이번에도 역시 이 장로는 돈을 보내오지 않는다. 그리고 연락도 없다. 며칠까지 보내주겠다 해놓고 그때가 되면 돈도 안 보내오고 연락도 않는 게 벌써 몇 번째 인지 모르겠다. 돈을 그냥 갈취하긴 억울하니 골탕을 먹이며 갈취하자는 식의 행태가 오 경숙 권사 사기꾼과 너무도 똑같다. 오 사기꾼 년, 아직도 돈을 안 갚고 있다. 갈취해도 곱게 갈취해야지 그냥 형편이 안 돼서 못주겠다고 하면 내가 화가 덜 날 것 아닌가. 땅과 선교회를 지켜준다며 나타나서 땅과 선교회를 말아먹고 선교회 식구 돈까지 갈취하려는 이 장로, 그런자가 교회에서는 정의파로 불린다니…

예전에도 그랬다. 땅을 가져와도 될 상황인데 법적으로 절대로 못 가져오는 거라고 거짓말을 해놓고, 며칠 후엔 가져와도 된다며 가져오자고 하고 그 다음엔 또 절대 못 가져오는 거라고 박박 우기는 짓을 수차례 반복했다. 그것으로 부족해서 이순자 때문에 못 가져오는 상황을 연출하는 쇼까지 벌였었다. 온갖 패악질을 자행하면서 선교회를 유린하고 있는 이 집사에게 미쳐서 그렇게 했다. 나는 그때 이 장로는 제쳐놓고 땅 이전을 추진할 생각을 했어야 했다. 방법을 모색했다면 찾았을 텐데 무기력증 상태에다 좌절감에 빠져 그럴 생각도 노력도 안 했다.

임화연 권사님께 부탁해서 이 집사를 제외한 다른 식구들끼리 땅 이전을 해 오도록 할까? 라는 생각은 했는데, 임 권사님도 힘들까봐 이 집사의 실체를 폭로해야 되는 상황까지 이르게 될까봐 차마 부탁 못 했다. 아무튼 이 장로는 땅을 찾게 해준다며 나서서 식구들의 비상금을 소송비로 쳐넣게 한 다음에, 안 그래도 힘든 나를 그렇게 질탕 농락한 다음에, 이순자 악마에게 땅을 넘겨주어서 이순자가 선교회 건물까지 빼앗게 만들었다. 그렇게 땅과 선교회 건물을 말아먹고 땅과 건물을 되찾아 준다는 사무장을 인신공격해서 또다시 땅과 건물을 말아먹었다.

사무장이 약속을 취소하도록 만들었다. 선교회를 회생 불가능하도록 짓뭉개놓고 내게 치명상을 입혀놓고 이제는 내 개인 돈까지 갈취하려는 것이다. 예전과 똑같이 나를 한껏 농락하면서. 양심이라곤 겨자씨만큼도 없는 양심 장애인, 사악하고 비열한 야누스 장로 놈.

돈을 갈취하는 건 참을 수 있지만 농락당하는 모멸감과 치욕은 참을 수가 없다. 예전엔 선교회를 뭉개고 내게 치명타를 가하면서 나를 비웃기까지 했겠다. 온갖 패악 질을 행하면서 나를 3번이나 폭행한 이 집사 편만 들면서 나를 폭행한 것까지 두둔하더니 3년 전에는 나더러 이 집사에게 사과하라는 가증스럽고도 황당한 요구까지 했었지. 피해자더러 가해자에게 사과하라는 파렴치의 최고봉. 까마귀 장로, 착하거나 똑똑한 이에게 미쳐서 그런 거라면 덜 같잖을 것이다.

2018.2.1.(목)

이 집사는 이 장로를 두고 암까마귀인지 숫까마귀인지 모르겠다고 했었다. 그런 이 집사를 하나님인양 추종하고 섬기는 까마귀 장로 놈에게 협박편지를 보냈다. '500만 원을 갚아 달라 했는데 취소한다. 1,160만 원 전액을 다 갚아라! 갚기 싫으면 형편상 못 갚겠다고 버티면 내가 어쩌지 못할 텐데 그렇게 나를 농락하면서 안 갚고 싶니! 어떻게 그렇게 예전과 똑같니! 예전에 땅을 가지고도 이랬다저랬다 또 이랬다를 몇 번이나 반복하면서 나를 농락했었다. 농락하면서 이순자에게 땅을 안겨주고 이순자가 식구들의 안식처인 선교회까지 빼앗게 만들었다. 그러고도 여전히 나를 농락 하냐? 나를 장애인이라고 얕잡아보고 그러는 모양인데 나는 그래도 양심은 있다. 장로님은 양심 없는 양심 장애인이다. 누가 진짜 장애인이냐! 임태성 권사님께 돈을 좀 받게 해달라는 부탁을 하길 원하시냐! 땅이 이순자에게 넘어간 걸 속상해 하신 임 권사님 외 회원들이 땅을 넘긴 이가 누군지를 알게 되길 원하시냐! 장로님을 의로운 분으로 훌륭한 분으로 믿고 있는 임태성 권사님과 여전도 회원들께 내가 장로님의 실체를 폭로하길 원 하냐? 나를 더 이상 농락하지 않는 게 좋을 것이다.' 라고 써서 보냈다.

예전에 이 장로가 나를 농락하던 때의 일기와, 나와 선교회를 뭉개면서 나를 비웃던 날의 일기와, 이 집사가 이 장로를 두고 까마귀 타령을 하던 날의 일기를 그대로 베껴서 동봉했다. 500만 원을 돌려 달라 요청할 때는 죄짓는 기분이었는데 1,160만 원 전액을 돌려주지 않으면 가만있지 않겠다는 협박편지를 보내는 것엔 추호의 죄의식도 들지 않았다.

(이후 이 장로는 1,100만 원을 보내왔는데 60만 원은 고의로 남긴 게 아닌가? 라는 생각을 하면서도 나는 나머지는 안 보내도 된다는 문자를 보냈다)

2018.2.2.(금)

주방장이 전화로 '이순자가 언니를 만나자고 나한테 전화를 걸어왔어요!' 하고 말했다. 생각만 해도 소름끼쳐서 안 만날 거라는 내 말에 주방장은 '그럼 언니 있는 곳을 알으켜 달라고 할텐데, 나로선 알으켜 줄 수밖에 없어요.' 하고 말했다. '나를 해칠 수도 있으니 절대로 가르쳐 주면 안 된다고, 가르쳐 주지 말라고 몇 번이나 신신당부를 했는데 가르쳐 줄 수밖에 없다니, 아니 아줌마! 가르쳐 줘야 할 의무라도 있어요?' 어이없어하는 내게 주방장은 쓸데없는 여러 말들을 쏟아놓으면서 돈을 받고 선교회 방을 비워주라고 말했다.

내가 '지금까지도 도둑질하는 거 보세요. 나무에 화분에 항아리까지 훔쳐 가는 년이에요. 그 년이 돈 줄 년이에요.' 하고 말했다. 주방장은 '다 뺏어갔는데 왜 돈을 안 줘. 1,000만 원을 달라고 해요.' 하고 말했다. 1,000만 원은 턱도 없는 거지만 1,000만 원은커녕 100만 원도 안 줄 년이라고 내가 말해도 주방장은 자꾸만 1,000만원을 달라고 하라고 했다. 내가 '아무튼 이순자에게 우리 집을 가르쳐 주면 안 돼요. 절대로 가르쳐 주지 마세요.' 하고 또다시 부탁했다. 주방장은 알았다고 말했다.

2018.2.5.(월)

전화가 왔는데 이순자였다. 내 소재지를 아는 듯해서 가슴이 철렁하며 공포가 몰려왔다. 번호를 어떻게 알았냐고 묻자 이순자는 이 사람 저 사람에게 물었다고 대답했다. 감북동에서 내 전화번호를 아는 이는 구세주 씨뿐인데 누구에게도 가르쳐 주면 안 된다는 당부를 했기에 그분이 가르쳐 주지는 않았을 것이다. 이순자는 방을 비워달라고 했다. '왔다 갔다 하고 있고 이 다음에 들어가 살 건데 왜 비워줘.' 내 말에 이순자는 날카로운 목소리로 왜 들어와 사냐고 따졌다. 내가, 내 방에 왜 사냐니! 하고 응수했다. 이순자는 '왜 혜성 씨방이에요?' 하고 언성을 높였다. 내 방이지 그럼 누구 방이냐는 내 말에 이순자는, 그러지 말고 만나서 얘기 좀 하자고 말했다. 내가 목소리만 들어도 소름끼치고 끔찍한데 뭘 만나. '나는 내년부터 들어가 살 거예요. 훔쳐간 항아리와 옹기화분이나 제자리에 갖다놓든지 그 값을 내놔요.' 하고 말했다. 이순자는 '나는 안 가져갔어요.' 했다(도둑 없는 동네에서 네년 아니면 누가 훔쳐 가).

주방장에게 전화를 해서 이순자 이야기를 하면서 이순자가 우리 집을 물으면 절대 모른다 해달라고 또다시 부탁했다. 주방장은 몇 층인지는 모르겠다고 하면 되겠다고 말했다. 그렇게 말하면 안 된다고 내가 펄쩍 뛰며, 몇 동인지도 말하면 안 된다고 해도 주방장은 같은 말을 반복했다. 동은 가르쳐 주겠다는 것이다. 나를 해 칠 수 있는 것들은 이순자 외에 더 있다고 절대로 가르쳐 주면 안 된다고 몇 번이나 신신당부를 했는데도 가르쳐 주겠다는 것이다. 내가 왜 그렇게 가르쳐 주고 싶어 하냐고, 동을 가르쳐 주면 나를 금방 찾을 수 있다고, 가르쳐 주면 안 된다고 계속 주장하자 주방장은 동은 알고 있을 것 아니냐고 말했다.

어떻게 아냐는 내 말에 주방장은 '미영이가 알고 있어! 미영이가 보니까 언니가 그곳에서 나오더래. 그래서 내가 12층에 사는지 몇 층에 사는지 모르겠다고 했어!' 하고 말했다. 내가 몇 동에 사는지 확인시켜 주었다는 것이다. 참으로 징그럽고 끔찍한 어른이다. 박 악귀가 나를 7년 간이나 모함하며 쌍욕을 퍼대도 단 한 번도 나를 옹호하거나 비호하지 않은 주둥아리로, 내게 해를 입히는 말은 하고 싶어 환장을 하더니 결국 한 것이다. 이순자 악마에게 내 전화번호를 가르쳐 준 것도 주방장일지도 모른다. 이미 집도 가르쳐 줬을지 모른다. 미영이는 멀리 떨어진 곳에 있다. 그런데다가 그가 사는 아파트 앞엔 다른 아파트가 늘어서 있어서 우리 아파트는 보이지도 않는다.

'그년이 내가 나가는 것을 어떻게 봐요. 봤다 할지라도 아줌마가 거기에 안 산다고 해야 되는 거 아녜요. 내가 그렇게나 신신당부를 했는데' 내 말에 주방장은 뭐 어차피 알게 되고 어쩌고저쩌고 쉬지 않고 지껄여댔다.

주방장은 '바로 며칠 전에 자기가 그동안 병원에 입원해 있었는데 감북동(이전에 살던 동네) 사람들이 한 명도 문병을 안 왔다면서 나는 언니가 200만 원 탕감해 준거 죽을 때까지 못 잊을 건데 나한테 몇 년이나 공짜 밥을 먹는 사람들이 어쩌면 그래요.' 하고 서러워했었다. 내가 자기한테 끝까지 잘해 줬다는 말도 했었다. 내게 있어서 200만 원은 정상인의 2,000만 원과 맞먹는다. 200만 원만 탕감했나, 이 형제도 나를 따라서 200만 원을 탕감했고 다른 사람의 빚도 수백만 원을 변제하게 했다. 다른 사람에게도 빚이 있어서 이자만 수십만 원 나간다기에 내가 아줌마가 죽을 지경인데 이자가 뭐냐고 죽을 상태라서 이자를 못 갚는다 선언하고 이자 줄 돈을 몇 개월 모아서 원금을 갚아나가라고 권고했는데 주방장은 그대로 해서 두 사람의 빚을 다 갚았다. 나 때문에 그렇게 수백만 원의 빚을 갚은 사람이 200만 원의 탕감을 잊지 않은 사람이 나를 해치려는 것이다. 자기 말대로 끝까지 잘해 준 나를 해치고 싶어 환장을 한 것이다.

2018.2.16.(금)

주방장이 약밥과 수정과를 가지고 찾아와서 내가 자기한테 해준 거에 비하면 아무것도 아니라고 200만 원이나 되는 빚을 탕감해 준 것을 생각하면 죽을 때까지도 못 잊는다고 말했다. 그렇게 못 잊어서 그 보답으로 내 심장에 비수를 꽂는구나? 빚을 탕감해 줄 때 딱 한 번 고맙다는 말을 하고, 이후 그에 대한 언급이나 고마워 하는 태도는 한 번도 보이지 않았다. 걸핏하면 음식으로 횡포만 부렸었다. 그런데 수년이 지난 이제 와서 고맙다고 한다. 고맙다고 하면서 나를 해친다.

2018.2.28.(수)

주방장이 또 전화를 해 와서 팥죽을 갖다주겠단다. 내가 싫은 티를 내는데도 집요하게 먹거리를 갖다주려 한다. 작년엔 김장을 잔뜩 했다면서 김치 한 포기를 안 주더니 안 먹겠다는 내 말에 주방장은 '내가 너무 고마워서 갖다주려는 것인데 언니는 나를 거부하니 너무 섭섭하네요. 내가 잘못한 거 있어요? 언니한테 왔다 갔다 하면서 살려고 하는데 너무 섭섭하고 서럽네요!' 하면서 울먹였다.

뭐지? 이 아줌마, 나를 가까이할 생각이면서 나를 해치고 싶어 하는가? 내 신신당부를 깔아 뭉개면서 나를 해치고 싶어 환장을 하면서, 나와 교류할 마음인가. 나한테 칼을 휘두르는 자기를 내가 받아 주리라 여겼는가? 잘못한 게 있냐니! 사이코인가? 그 철면피의 극치에 나는 할 말을 잃었다.

2018.3.4.(일)

이순자 악마가 찾아왔다. 벨이 울리기에 인터폰을 쳐다보니 그가 어른거렸다. 전신에 소름이 끼치고 공포가 몰려왔다. 악마는 벨을 재차 울려도 반응이 없자 사라졌다. 주방장이 가르쳐 주었을 것이다. 나를 해칠 수 있는 자는 이순자 외에도 더 있다고, 절대 알으켜 주지 말라고 간곡히 부탁하는데도 가르쳐 주고 싶어 환장을 해서 가르쳐 줄 수밖에 없다던 이. 가르쳐 주어서 전에 없이 고마워하는 척 요사를 떤 것이다. 그가 가르쳐 주지 않았다면 가르쳐 줄 사람이 없는데 이순자가 벌써 알아내지 못했을 것이다. 내가 싫다는 데도 아파트 계약할 때 함께 가자고 집요하게 달라붙은 이유를 알 듯했다.

나 때문에 수백만 원의 수익을 얻고도 끊임없이 내게 횡포를 부리던 이. 이웃이 변질된 된장을 버리려 하자 변질된 것을 숨기고 선교회에 가져와 5만 원을 요구해서 부자인 된장 주인에게 갖다준 이. 내가 일부러 부탁해서 얻은 20박스쯤 되는 옷을 내게 말도 없이 부자인 이웃사람들을 불러와서 다 챙겨가게 한 이. 그러고도 미안한 기색 티도 없던 이. 내 건강에 매실청이 해가 된다는 걸 알면서도 나 몰래 음식에 매실청을 꾸준히 넣던 이. 전을 부칠 때마다 자기는 따끈한 것을 처먹으면서 내게는 차디찬 것을 주고 동지죽에 소금을 왕창 퍼 넣어서 소금죽을 만들어 내게 주고 자기는 간을 알맞게 해서 처먹는 등 온갖 횡포를 자행하면서 자기 집에 놀러오는 이웃분들에겐 수년 동안 무료식사를 정성을 다해 대접하며 정상인들에겐 천사로 구는 야누스 늙은이.

그래도 나는 자기 말대로 끝까지 잘해 주었는데 끝까지 만행을 자행하는 것이다. 내가 사랑했던 또 한사람 최재린이도 그랬다. 자궁근종이 있는데 100만 원이 없어서 수술을 못 받는다기에 100만 원을 거저 주었는데 수술 잘 받았다며 고맙다더니(그때 무슨 수술을 그새 받았지? 안 받은 것 아닌가? 라는 의심이 들었었다) 그 후에 나를 병신이라며 노골적으로 멸시하다가 어느 때 찾아와서 다짜고짜 '왜 나를 못살게 하닛! 너 때문에 내가 이 동네서 못살게 되었엇——!' 하고

포악을 쳐댔다. 어이가 없어 화도 못 내고 왜 그러냐고 말을 해보라고 달래기만 하는 내게 30
여 분을 저 혼자 발악하듯 포악을 쳐놓고, 다음날 또 찾아와서 똑같은 포악을 또 30여 분 쳐
댔다.

　영문을 몰랐는데 후에 알고 보니 집주인이 전세 인상을 요구하자 아무 상관이 없는 나를 일
부러 찾아와서 그렇게 패악을 부린 것이었다. 전세 인상이 취소되지 않았다면 얼마나 더 계속
했을지 모른다. 그 후에는 또 선교회에 있는 도자기 화분 20여 개를 훔쳐 갔다. 중고지만 내가
아끼는 것들이어서 아까워 미칠 것 같았지만 미안하다고 말하는 년을 고소할 마음도 없었다.
미안하다고 해놓고 다음 날 년은 구석 깊숙이 들어있는 나머지 도자기화분 2개마저 훔쳐 갔
다. 훔쳐 가서 팔아먹은 듯 했다. 년은 시청의 자원봉사센터 봉사원이었다. 내가 혼자 몸이니
노후대비를 해놓고 봉사를 하라고 권하면 '돈 그까짓 거 뭐라고' 나는 돈 없이는 살아도 봉사
를 안 하고는 못살아! 하고 훌륭한척 하면서 도둑질도 봉사라고 여겼는지 내게는 아주 소중
한 내 개인화분들을 하나도 남김없이 다 훔쳐 간 것이다. 그러고도 당당했다.

　박 악귀 년이 자기가 내게 그 어떤 패악질을 해도 내가 자기를 어쩌지 못할 거라는 생각으로
(자기가 어떤 짓을 해도 내가 자기를 어쩌지 못할 거라는 말을 누군가에게 했었다) 악랄하게 굴었듯이
년도 내가 자기를 고소하지 못할 거라는 생각으로 그랬을 것이다. 주방장 마귀년도(내가 일흔
이 넘은 이에게 년을 사용하게 되었다니) 박 악귀 년, 최마녀 년과 마찬가지로 내가 잘해주지 않았
다면 내게 함부로 칼을 휘두르지 않았을 것이다. 내가 봐주리라는 의식을 안 가졌을 테니까.
박 악귀 년이 7년이나 나를 모함하고 쌍욕을 퍼대도 썩은 듯 벙긋도 않다가 나를 해치는 말은
나불대고 싶어 환장한 그 간악한 주둥아리를 갈갈이 찢어놓을 수 있다면 나라도 팔아먹을 수
있을 것 같다. 팔아먹을 능력이 있다면…

　나는 어쩌자고 걸핏하면 횡포를 부린 주방장 그 마귀 년에게 끝까지 잘했을까. 내게는 큰돈
인 50만 원까지 주었을까. 안 줘도 되는 것인데…

2018.3.28.(수)

　나를 해치고 싶어 환장한 주방장 마귀할멈이 나와의 관계는 계속 유지하고 싶어 환장이 되
는지 받지도 않는 전화를 거의 매일 해 온다. 엊그제는 딴사람인 줄 알고 받았더니 상냥하고
당당한 목소리로 '이 늙은이가 궁금하지도 않아요?' 하고 지껄였다. 나는 차갑게 인사만 하고
끊었지만 그 뻔뻔하고 철면피함에 소름이 끼치고 진저리가 쳐졌다. 마귀할멈이 나와 절연할 생

각이 없는 게 분명했다. 최재린 마녀도 그랬다. 나를 병신이라고 멸시하며 화분을 모조리 훔쳐 가고도 내가 자기를 멀리하자 몹시 힘들어 했다(그 마녀 하늘로 사라졌는지 몇 년째 흔적이 없다).

박 악귀는 내가 사는 곳을 알고 싶어서 내게 놀러오고 싶어서 안달을 한다고 마귀할멈은 이야기했었다. 박 악귀는 모자라지만 마귀할멈도 최 마녀도 멀쩡한 대가리로 나와 절연할 마음 추호도 없으면서 나를 해치는데 거침이 없었으니 기가 막힌다. 내가 지렁이만도 못해서 밟아도 꿈틀대지 않으리라 여긴 것인가? 사람을 쉽게 사랑하고 웬만해선 사람을 미워하지 못하는 내가 제일 문제이긴 하다. 내가 처음 해코지를 당했을 때부터 미워했다면 셋 다 내가 앙심을 품을까봐 끝까지 해치지는 않았을 것이다.

2018.4.3.(화)

선교회에 갔다. 땅 가장자리에 살구꽃, 앵두꽃이 화사하게 웃고 있고 벌떼들이 노래를 부르며 잔치를 벌이고 있었다. 참새들 재잘거림도 여기저기서 들렸다. 이 집사는 악을 얼마나 행하려고 이토록 예쁜 땅 좋은 동네를 버리고 낯선 곳으로 떠났을까. 화단의 체리나무는 꽃망울이 맺혔는데 화분의 체리나무는 죽어 있었다. 작년에 화단에다 옮겨놓고 싶었는데 너무도 힘들어서 그대로 둔 것이었다. 호미를 가지러 보일러실에 들어갔는데 있어야 할 화분들이 보이지 않았다. 창밖을 내다보니 박살이 나 있었다. 일부러 내던진 것이다. 마사토가 가득 채워져 있는 것들인데… 물론 마사토를 내가 돈 주고 산 것이다. 플라스틱 화분이 아닌 옹기화분이었으면 또 훔쳐 갔겠지. 벼락을 맞아 뒈져야 될 이순자 악마 년…

2018.4.8.(일)

선교회에 갔다. 일요일이라 이순자를 마주칠까봐 끔찍했지만 오가피 순을 그대로 두면 이순자 악마가 훔쳐갈 것이기에 그것을 채취하러 갔다. 꽁지 밭으로 내려가는데 이순자 악마가 나타서 새로 건축을 할 건데 뭘 또 심으려 하냐고 꾸짖었다. 5월부터 건축을 시작할 거라고 했다. 내가 '댁은 입만 열었다 하면 거짓말이잖아!' 하고 내뱉자, 이 악마는 '내가 무슨 거짓말을 해요. 거짓말 하는 걸 증명하세요!' 하고 몰아쳤다. '여태껏 해 온 수많은 거짓말이 증명하잖아!

설마 하나님한테도 나는 거짓말쟁이가 아닙니다. 하지 못하겠지.' 내 반격에 이 악마는 뭐라고 씨부리더니 '밭의 (땅)나무를 혜성 씨가 심었다면서요. 나무를 어떻게 할까요?' 하고 물었다.

내가 꼭 처분해야 한다면 돈으로 달라고 말했다. 이 악마는 언제 사고 얼마가 들었는지 청구하라고 말했다. 법적으로 청구하란 말이냐고 묻자 이 악마는 그렇다고 대답했다. 언제 샀는지 얼마가 들었는지를 입증하지 못할 거라는 생각에 법적으로 청구하라는 것이다. 나무값도 안 주려는 것이다. 내가 노려보며 '인간의 피가 한 방울이라도 흐르고 있다면 이러지 못할 거야!' 하고 내뱉어도 이 악마는 늘 그렇듯 안색하나 안 변하고 '그러니까 청구를 하라니까요.' 하고 지껄였다. 나는 진저리를 치며 꽁지 밭으로 내려가서 오가피 순을 채취하고 올라와서 화단의 오가피 순도 채취했다.

2018.4.21.(토)

예전에 자른 체리나무, 브루벨리, 홍매화, 포도나무 등등을 포함해서 나무값 200만 원을 달라, 땅을 팔아서 수십 억을 챙겼으면 몇 푼씩이라도 선교회 식구에게 줘야 하지 않냐는 편지를 써서 선교회에 갔다. 예전에 자른 나무들도 5, 6년 생으로 과실이 열리는 것들이었고 제일 비싼 품종이었다. 아직 살아있는 감나무, 앵두나무, 살구나무 등은 수십 그루고 2001년에 심은 것들이기에 과실이 엄청 열리는 것이어서 비싸다는 생각은 안 들었다. 거기에다 조팝나무, 밤나무, 다래나무, 엄나무 오가피나무, 초피나무, 복숭아나무까지 2, 3그루씩 있다. 선교회에 도착해서 비닐봉투에 넣은 편지를 부활교회 문에 걸어놓고 화단에 있는 각시붓꽃과 부채붓꽃을 조금씩 분리해 파내서 가지고 돌아와 아파트 화단에 심었다.

2018.4.30.(월)

구세주 아저씨가 전화를 걸어와서 밭의 (땅)나무들이 다 잘렸다는 것을 알려주었다. 내가 피같은 비상금으로 사서 심은 수많은 나무들이, 그것도 유실수들이, 이순자 악마에 의해 다 잘렸다니, 벼락을 맞아 죽어도 부족할 이순자 악마 년…

2018.5.1.(화)

미세먼지가 심한데도 선교회에 갔다. 이순자 악마가 빼앗은 우리 부활선교회 땅 가장자리에 내가 비상금으로 사다 심은 감나무, 체리, 앵두나무들이 다 무참히 잘려지고 살구나무들도 다 잘려지고 없었다. 수십 그루의 유실수들이었다. 내 몸통이 잘려진 느낌이었다. 피 한 방울 눈물 한 방울도 없는 악독함의 최고봉, 이순자 악마 년의 몸뚱이도 내 나무들처럼 잘려졌음 좋겠다. 년은 화단의 할미꽃이며 방아까지 훔쳐 갔는지 한 포기도 남아 있지 않았다.

2018.5.15.(화)

장애인들 땅을 빼앗아 수십억을 챙겼으면 선교회건물이라도 선교회식구들에게 돌려줘야 되는 거 아니냐? 그러면 지옥에 굴러떨어질 형벌도 면할지 누가 아냐고 쓴 편지를 비닐봉투에 넣어서 부활교회 문에 걸어놓고 선교회에 들어가니 페루인 호세 씨가 이순자 목사는 수술로 갈비뼈 3개를 잘라냈다고 말했다. 뼈를 잘라냈다니 골암이냐고 내가 묻자 그렇다고 대답했다.

세상에 이런 희소식이… 어떻게 이런 기쁜 일이… 기쁨이 샘물처럼 솟아났다. 남의 불행에 기쁨을 느끼는 건 내 평생에 처음인 듯했다. 그런데 왜 3개만 잘랐나 다 잘랐으면 더 좋을 것을…

2018.5.26.(토)

우리 부활선교회 땅에, 우리 부활선교회 식구들이 선교회건물을 재건축하려고 피 같은 비상금을 다 털어 넣어서 산 땅에, 내가 먹고 싶은 것, 읽고 싶은 책 하나 안 사고 모아놓은 비상금으로 사서 심은 체리 앵두나무, 감나무, 체리나무, 홍매화나무 등등이 가장자리에 서 있던 금밭 같은 땅에, 부활선교회 새 건물이 들어서 있어야 할 땅에, 선교회와 무관한 건물이 서 있었다.

이 집사가 선교회 재정을 안 빼돌렸다면, 이종성 까마귀 장로 놈이 땅을 가져왔다면, 선교회건물이 이미 들어섰거나 착공을 했을 것이다. 땅을 찾아준다며 나서서 이 집사 한 사람만을 위하여 많은 후원자들과 선교회식구들을 배신하고 땅을 이순자 악마에게 넘겨준 이종성 까마귀 장로 놈아, 천당이든 지옥이든 이 집사와 꼭 함께 가서 그토록 추종하는 이 집사 곁에서 영원히 살아라! 이 집사의 추악성이 좋아서 그를 추종하겠지만 이 집사가 네게 추악하게 굴면 너는 나보다 100배는 더 못 참을 테니...

처음으로 까마귀 장로 놈에게 이가 갈렸다. 선교회 마당의 화단엔 체리가 꽃처럼 예쁘게 익어있었다. 체리가 열리기 시작한 지 5년째인가 되는데 처음으로 익은 체리를 따먹었다. 맛이 기가 막혔다. 언젠가 먹어 본 미국산과는 비교할 수 없는 천상의 맛이었다. 이렇게 맛있는 걸 여태껏 악귀 년이 다 따먹었구나 싶어서 분한 생각이 들었다. 작년엔 모르지만 그 이전에는 해마다 박 악귀가 하나도 남김없이 다 따먹었다. 내게 끊임없이 패악질을 하면서 다 따먹는데도 나는 약간 아쉽기만 했을 뿐 화도 안 났다.

이순자 악마가 잘라버린 6그루의 체리나무 중 4그루는 화단의 체리나무와 같은 품종이기에 맛이 기가 막힐 것이었다. 다른 품종과 섞여 있었고 나이도 화단 것보다 더 먹었으니 살아있다면 양도 엄청 많을 것이었다. 땅 살 때 아낌없이 후원한 분들도 얼마나 좋아할 것이었는가? 여러 종류의 유실수 수십 그루가 다 죽은 걸 생각하니 또다시 까마귀 장로 놈이 이갈린다. 금밭 같은 땅을 이순자 악마에게 넘겨주려 하면서 나를 비웃은 놈, 그래놓고도 위로하는 체 나를 안으려 했던 가증스럽기 짝이 없는 놈.

각설하고, 방주인에게 방을 내놓으라니 정신병자냐! 장애인의 땅과 집을 빼앗고 방까지 내놓으라는 댁이 사람이냐! 훔쳐 간 옹기화분과 항아리와 꽃나무들을 내놔! 라고 쓴 벽보를 선교회건물 벽에 붙여놓고 돌아왔다.

2018.6.2.(토)

선교회에 갔다. 건넛집 아줌마가 교회를 새로 짓는다더라고, 3층으로 짓는다더라고 말했다. 다른 아줌마는 이순자가 교회 짓는 것을 동네사람들은 못마땅해 한다고 말했다. 내가 '교회만 지을 것이면 이순자 악마가 돈 아까워 못 지을 것인데 자기 집을 지어서 교회로 부속시키려는 거예요.' 하고 말했다.

화단의 인동화를 채취해서 돌아올 때 교회에 가보려는데 교회 통로에 기도소리가 흘러나왔다. 창문으로 교회 안을 들여다보니 이순자 악마가 기도를 하고 있었다. 년은 땅을 뺏을 때도 열심히 기도했었지. 우리 부활선교회 땅을 뺏으려 발악하면서 하나님! 선교회 장애인들과 서로 사랑하게 해 주소서! 하고 부르짖으며 기도했었지, 이 집사도 선교회를 아작내면서 열정적으로 기도했었고...

2018.6.8.(금)

장애인들 땅을 빼앗아 팔아서 수십 억을 챙겼으면 선교회 건물이라도 선교회에 돌려줘야 되지 않냐! 지금이라도 사람이 되어라. 나무값 200만 원을 달라는 내용증명을 이순자에게 보냈다.

2018.9.30.(일)

이순자가 문자를 보내왔다. 나무와 옹기화분은 자기와 상관없다고, 교회에 와서 정리를 하고 교회와 화해를 하면 200만 원을 주겠다고 했다. 나무값을 청구하라 해놓고 이제는 상관없다니, 법적으로 청구하라고 할 때 그렇게 못하리란 생각에서 그런다는 걸, 안 주려고 그런다는 걸 알았지만 막상 그걸 확인하니 몸서리가 쳐졌다. 어떻게 그렇게 끝없이 장애인의 것을 강탈하려는지 공포스럽다. 내 방을 정리하고 교회와 화해하면 200만 원을 주겠다는 것도 거짓일 것이다. 방을 비워주면 또 말이 달라질 것이다. 장애인의 모든 것을 빼앗기 위해 온갖 거짓말을 해 온 년이 아닌가? 하나님이 없으니까 년이 벼락을 안 맞고 끊임없이 강도짓을 할 것이다.

2018.10.20.(토)

구세주 아저씨가 전화를 해왔다. 선교회 건물을 부수려 한다고 말했다. 내 물건이 있을 거라고 아내가 전화를 하라더란다. 이순자 악마는 내 방에 물건들이 있는 것을 알면서도 내게 연락을 안 하는데 내 물건을 자기가 챙기려고 그럴 것이다. 큰 것을 빼앗은 자는 소소한 것은 탐내지 않는데 발끝에서 머리털 끝까지 강도 세포로 채워져서 티끌 만한 것까지도 빼앗는 이순자 악마 년이 아닌가?

구세주 아저씨는 자기가 물건을 챙겨놓을 거냐고 물었다. 내가, 아니라고 이순자가 물건을 어떻게 하는지 두고 볼 거라고 말했다. 예전에 선교회식구 누군가가 이옥진 집사는 선교회에 저주라고 했었다. 이 집사 때문에 부활선교회도 부활교회도 아작 났다. 이 집사가 부활교회와 부활선교회를 아작내도록 헌신적으로 지원사격한 이종성 까마귀 장로 놈한테도 이 집사가 저주가 되었으면 좋겠다.

2018.12.6.(목)

선교회에 갔다. 선교회가 산 땅 39번지에는 선교회와 무관한 건물이 들어서 있고 영락교회와 소망교회 지원으로 지었던 부활선교회 건물은 헐리고 없었다. 헐린 그 자리엔 완공되면 꽤 육중할 것 같은 새 건물이 들어서고 있었다. 부활선교회 세탁장도, 마당의 시멘트 바닥을 걷어 내고 내가 흙을 사다 채워서 만들어 놓은 화단도, 건물 옆의 꿍지 밭도, 다 새 건물이 점령하고 있었다. 60평은 족히 될 듯한 건물이었다. 내 개인 돈으로 사다 심은 화단의 체리나무, 오가피, 다래나무, 복숭아나무, 엄나무, 인동초, 부채붓꽃, 각시붓꽃, 산국화, 더덕, 방풍나물 등등이 화단과 함께 깡그리 사라지고 꿍지 밭에 심어놓은 밤나무, 엄나무, 두릅, 오가피, 더덕, 들국화 등도 사라졌다. 티끌 만한 것까지도 강탈하는 이순자 악마가 챙겨갔거나 팔아 처먹었을 것이다.

아! 내 뼈 같은 내 나무 나무들, 내 물품들, 침대, 옷장, 문갑, 미니서랍장, 오성식 영어테잎세트, 그림액자 등은 컨테이너 방에 옮겨 놓았으려나 했는데 그 방엔 페루인 호세 씨가 들어있었다. 내 물건들 다 어쨌냐고 물었더니 호세 씨는 모른다면서 방안을 보여주었는데 내 물건은 하나도 보이지 않았다. 컨테이너 옆방은 법적으로 선교회 것으로 보장된 것인데도 사용자는 연락을 바란다는 문구와 이순자 악마의 전화번호가 적힌 쪽지가 방문에 붙어있었다. 기어코 뺏으려는 것이다. 하늘 아래 이순자 악마 같은 악마가 어디에 또 있을까?

아파트로 돌아와서 이순자 악마한테 내 물건들 또 훔쳐 갔냐! 고소하기 전에 돌려 달라! 청와대 청원게시판에 호소하기 전에 나무값 달라. 컨테이너 방 건드리지 마라. 고소할 거다. 라는 문자를 보냈다.

(이순자는 나무값도 물품들도 주지 않았다)

2018.12.18.(화)

김가인 자매가 찾아왔다. 그는 이순자가 교회를 새로 짓는다는데 잘된 거라고 말했다. 내가 이순자 개인 건물을 짓는데 어떻게 잘된 거냐고 말했다. 김 자매는 잘된 거라고, 장애인들이 돈을 얼마나 냈는데(선교회를 새로 지으려고) 안 짓냐고 자기도 500만 원을 냈다고, 개인 건물은 될 수가 없다고 말했다. 내가, 자기 개인 것을 안 할 것이면 왜 그렇게 혈안이 되어서 장애인들 것을 빼앗겠냐고, 그 전에 재판할 때 부활교회 회칙서를 봤는데 교인들은 교회재산에 권리행사를 못하도록 되어있었다고 말했다.

그러자 김 자매가 얼굴이 일그러지고 시뻘개 지면서 성난 목소리로 '그것은 언니 감정이지 나한테 감정이입 시키지 마!' 하고 소리를 질렀다. 내가 '감정이입 시키는 게 아니고 건물 짓는 것을 인서 엄마가 잘된 거라니까 이순자 개인 것을 짓는 거라고 하는 거지.' 하고 말했다. 김 자매는 여전히 성난 기세로 '나는 상관없어! 언니 말만 듣고 이순자를 판단할 수는 없어! 이순자 말도 들어봐야지. 사람은 양쪽 말을 들어봐야 아는 거야! 나는 언니 감정에 공감할 수 없어!' 등등의 소리를 마구 질렀다. 내가 어이가 없어서 '내 말만 들었어? 다 알잖아. 이순자가 식구들의 개인통장도 선교회 통장도 뺏으려 했고 땅도 건물도 뺏은 것을' 하고 말했다. 그래도 김 자매는 '이순자 말도 들어봐야지. 언니말만 듣고 이순자를 나쁘다고 말할 수 없어! 언니 말만 듣고 사람들한테 이순자가 나쁘다고 말할 수 없어! 이순자 말도 들어봐야지. 무슨 사정이 있는지, 뭐가 있는지.' 하고 소리를 지르고 또 질렀다. 같은 소리를 반복해 질렀다.

'그 인간이 내가 내 개인 돈으로 사서 땅 가장자리에 심어놓은 나무들을 말도 않고 다 베어 버리고 나무값을 청구하니까 자기는 모른다고 했어! 내 물건이 방 안에 있는데도 내게 말도 않고 치워버리고 돌려달라 해도 응답이 없어! 개인 것까지 그렇게 해도 문제가 없는 인간이야?' 내 반격에도 김 자매는 이순자 말을 들어 봐야지, 뭐가 있는지 소리를 반복했다.

이순자 수호신 같았다. 당장 가서 그 허언증 환자 말을 들어보라고 해야 했는데 멍청하게 그 생각을 못했다. 내가 '남의 나무를 말도 않고 잘라버리고 그 값도 안 주고 물건도 안 돌려 주는데, 예전엔 식구들의 개인통장까지 뺏으려 했는데, 그런 인간에게 뭐가 있어! 내 말이 다 거짓이라고 생각해?' 하고 반격해도 김 자매는 '나는 아무 상관이 없어(누가 있댓냐고). 언니 말만 듣고 이순자를 나쁜 사람이라고 욕할 수가 없어. 언니가 이순자를 나쁘게 보는 거 다 언니 감정일 뿐이지 나는 언니감정에 공감할 수가 없어!' 하고 말했다. 반복해 말했다. 이순자는 나쁘지 않다는 것이다.

내가 '욕하라는 게 아냐. 그냥 이야기한 것뿐이야. 나쁜 짓을 한 자에게 싫은 마음 안 가질 수는 있지만 어떻게 나쁜 인간이라는 인식을 안 가질 수가 있지?' 내 말에 김 자매는 벌떡 일어 나 나가며 뭐라고 지껄였다. 뭐라고 했는지 기억도 안 난다. 내게 올 때마다 매번 잊지도 않고 하던 '운기는 잘 지내 정말 잘 나왔어!'(선교회를) 라는 말을 처음으로 하지 않고 나갔다. 여전히 성난 얼굴로 내가 잘 가라고 인사해도 받지 않았다.

대체 이순자의 만행이 얼마나 좋으면 저토록 노할까. 내가 사랑하는 사람이 아군이 아닌 적 군임이 또 드러났다. 김 자매는 선교회 파처럼 굴었다. 어떻게 그러냐며 이순자를 비난한 것도 여러 번이다. 그것이 연기였다니, 연기력이 그토록 뛰어났다니 소름이 끼친다. 내가 선교회에서 지내고 있다면 여전히 연기를 하고 있으리라. 땅 뺏고 집 뺏는 것을 지척에서 봤으면서 무슨 사정이 있는지 뭐가 있는지, 이순자 말을 들어봐야 한다니, 강도에게 모든 것을 다 뺏겨서 거지가 된 사람에게 강도가 무슨 사정으로 네 것을 다 빼앗는지, 뭐가 있어서 그랬는지 강도에게 물어봐야 된다니, 그 강도를 나쁘다고 할 수 없다니.

이순자는 서울에 집도 있고 감일동에 넓은 땅도 가지고 있는 것으로 알려져 있다. 핸드백에 현금도 많이 넣고 다니는 것을 본인 입으로 이야기한 적도 있다. 교회를 짓고 싶으면 본인 재산으로 짓거나 융자로 지어야 할 것이다. 단언컨대 김 자매가 내 입장이면 그 쎈 성격에, 물질욕에 나보다 몇 배는 더 이순자에게 악감정을 품었을 것이다. 박 자매의 만행과 거짓말을 몇 번이나 목격하고 들었으면서 자기 입으로 사탄이 든 것 같다던 박 자매의 거짓말을 믿고 내가 나쁜 짓 하는 거 한 번도 본 적 없으면서 나를 도둑이라 믿은 것처럼, 나보다 이순자를 믿는 것인가? 기분 참 똥벼락 맞은 듯 더럽다.

김 자매도 내가 좋아하고 사랑하는 사람이다. 그래서 근거도 없이 나를 도둑이라 믿을 때도 화내지도 배척하지도 못했다. 정나미가 다 떨어졌는데도 그랬다. 시일이 지나자 정이 다시 생겼는데 또다시 떨어졌다. 정이 몸통만 아닌 뿌리까지 뽑혔으므로 이젠 다시 생기지 않을 것이다. 내가 혈육처럼 사랑한 최 재린, 주방장, 박 자매가 내 심장에 비수로 난도질했듯 김 자매도 내 심장에 비수를 꽂았다. 나를 찾아왔을 때마다 운기는 선교회를 정말 잘 나왔다고 했는데, 7, 8번이나 그런 말을 한 것은 내게 못을 박으려 고의로 그랬을 거라는 생각이 비로소 들었다.

이 형제가 죽고 싶다면서 선교회에 되돌아오려고 할 때도 운기는 정말 선교회를 잘 나왔다고 했던 김 자매, 이 형제에게 나를 불신하도록 언니를 믿냐고 했던 김 자매, 이순자가 선교회의 모든 것을 빼앗은 게 좋지 않다면 얼굴이 빨개지고 일그러지도록 성이 나지 않았을 것이다. 그러고 보니 내가 사랑했던 내 주변인들은 다 내 심장에 비수를 꽂았다. 내가 약자가 아니라면 장애인이 아니라면 누구도 그러지 않았을 것이다.

2019.5.20.(월)

마트 앞에서 박 자매와 함께 서 있던 주방장이 눈 깜짝할 새 자취를 감췄다. 나를 본 것이다. 이 장로가 자기를 까마귀로 지칭한 이 집사를 교주처럼 섬기며 함께하듯 주방장은 기회만 닿으면 자기를 양심 없다고 욕한 박 자매와 자주 함께한다. 노상에서 버스정류소에서 여러 번 함께 있는 걸 보았다. 박 자매와 함께든 혼자든 나를 보기만 하면 주방장은 진짜 마귀처럼 순식간에 사라진다. 내 심장에 비수 짓을 하고도 미안한 기색 티도 없이 당당하게 전화를 계속 걸어오고 나를 보면 반색을 하더니 내가 차갑게 외면한 후로 나를 무서워하는 것이다. 내가 예전처럼 온정적이면 여전히 철면피하게 당당할 마귀할멈.

2019.8.14.(수)

이순자의 건물이 완공되었단다. 이순자는 완공식에 동네주민들을 다 초청했었단다. 구세주 아저씨가 전화로 알려주었다. 선교회 건물이 완공된 거라면 땅 살 때 아낌없이 지원한 후원자들이 얼마나 기뻐했을까? 체리나무, 살구나무, 체리앵두나무, 감나무 등등 유실수가 많았는데 나는 동백나무 등 나무를 더 심을 생각이었으니(이순자 때문에 못 심었다) 후원자들은 재미나 구경삼아 찾아오는 경우도 있었을 것이다.

나는 예쁜 건물을 짓고 예쁜 꽃나무들도 많이 심어서 이웃주민들은 물론 가까운 이웃동네 주민들까지 놀러 오는, 놀러 와서 편안히 쉬다 가는 모습을 그렸었다. 그러면 전도도 꽤 될 거라 생각했었다. 땅을 찾아준다며 나서서, 안 그래도 없는 식구들의 에너지를 몽땅 소진시킨 다음 땅을 이순자에게 넘겨주려고 쇼까지 했던 선교회후원회장 까마귀 장로는, 이 집사가 권사가 되고 집도 샀다고 이야기했었다. 물욕에 눈 뒤집혀서 피도 눈물도 양심도 없이 선교회를 유린한 물욕의 화신들은 그토록 탐하던 것을 얻고, 물질보다 선교회와 나무를 더 사랑한 나는 내 피와 살과 뼈 같은 선교회의 식구와 나무들을 다 잃었다. 무기력하고 무능한 탓에...

2019.8.30.(금)

선교회식구를 내쫓은 이순자 악마가 새 건물에 입주해 살고 있단다. 다 이옥진, 이종성 장로 덕분이다. 땅과 선교회를 지켜준다며 나타나서 혜성 자매가 앉아서 천 걸음을 걸어도 법적으로 절대로 땅을 못 가져 와! 라고 말도 안 되는 거짓말을 씨 부리며, 땅을 이순자 악마에게 넘겨주고 선교회와 내게 치명타를 가하면서 내게 비웃음까지 날린 놈, 세 번이나 폭행을 당해서 공황장애까지 앓는 내게, 걱정을 하거나 위로 한마디는 않고 나를 죄인으로 몰아치면서 고함까지 질러댄 놈, 몇 년이 지나서까지 피해자인 내게 가해자인 이 집사에게 사과하라던 놈, 이젠

503

치가 떨린다. 이 집사가 지 마누라일지라도 양심이 있고 이성이 있다면 그러지 못했으리라. 하늘 아래 둘도 없이 철면피하고 후안무치하고 비열하고 악랄하고 불의한 놈이 교회에서는, 정상인들 앞에서는 정의의 사도 탈을 쓰고 있었다니… 내가 장애인이기에 얕잡아보고 내겐 본색을 드러낸 것이리라. 내가 임태성 권사님한테 자기 실체를 폭로하면 자기 잘못은 인정치 않고 나를 매도하며 내게 이를 갈겠지. 자기가 추앙하고 섬기는 이 집사처럼, 이 집사는 물욕 권세욕에 미쳤지만 그는 이 집사의 무엇에 미친 것일까? 이 집사가 지옥에 갈 때 필히 함께 가서 그곳에서도 이 집사를 추앙하고 섬기며 영원히 함께 하기를…

세 번이나 폭행을 당해서 공황장애를 앓는 나를 집요하고 줄기차게 피도 안 났는데 무슨 폭행이냐고 꾸짖으며 이 집사가 뭘 잘못했냐고 끊임없이 폭행범 이 집사를 옹호하다가, 몇 년 후엔 이 집사에게 사과하라는 황당한 요구까지 했던 게 자꾸 떠오르고(피해자더러 가해자에게 사과하라는 파렴치가 하늘 아래 그놈 외에 또 있을까) 떠오를 때마다 놈을 죽이고 싶어진다. 이 집사가 나를 죽이고 싶어 하는 것을 알면서도 나는 이 집사를 죽이고 싶어 한 적이 한 번도 없었는데, 이순자도 죽이고 싶어 한 적이 한 번도 없었는데, 지금도 그러한데(죽어버렸으면 하는 마음은 순간적으로 든 적 있었다) 이 집사 이순자보다 더 악랄하게 나를 고문하고 학대한 박미영, 이운기도 죽이고 싶어 한 적 없는데, 야누스 장로놈을 내 손으로 죽이고 싶다. 곱게도 안 죽이고 때려죽이고 싶다. 부활교회와 한국에서 장애인 권익을 가장 잘 보호하던 부활선교회를 아작낸 이종성 악마 장로 놈을 때려죽이고 싶다.

장애인들의 안식처인 부활선교회 건물을 헐고 그 자리에 새로 건물을 지어 그 건물에서 살고 있는 이순자는 건물에 '영광의 빛교회'라는 명판을 달고 하나님께 감사 기도하면서 살고 있다.

장애인의 피로 지은 '영광의 빛 교회'